AMÉRICA LATINA GASTRONOMÍA

AMÉRICA LATINA

GASTRONOMÍA

VIRGILIO MARTÍNEZ
CON NICHOLAS GILL
Y MATER INICIATIVA

Introducción

Al haber crecido en Lima, la capital del Perú, mi conocimiento de la cocina de otros países latinoamericanos, como Argentina o Brasil, por no hablar de las zonas más lejanas del Perú, era limitado. Nos llegaban algunos productos «raros», pero desconocíamos todo su potencial. Sin embargo, viajar por la región me ha dado la oportunidad de conocer de primera mano lo espectacular que es nuestra gastronomía y lo mucho que queda por descubrir.

Uno de los principales objetivos de nuestro centro, Mater Iniciativa, es investigar los ingredientes andinos en su contexto natural, social y cultural para arrojar luz sobre los mismos y preservar la riqueza de nuestra biodiversidad. En este sentido, es esencial mantener un registro permanente de todo lo que descubrimos para difundir estos nuevos conocimientos e integrarlos en nuestra visión de la cocina aplicada en nuestros restaurantes. Somos conscientes de las oportunidades que ofrece abordar las cuestiones relativas a la recuperación y conservación de los productos autóctonos. Con Mater, viajamos por nuestro territorio, explorando todos los rincones, pero, con el tiempo, hemos decidido expandirnos por toda América Latina: ino encontramos ninguna justificación para limitar nuestra investigación solo al Perú!

Los ingredientes y recetas documentados tienen su propio origen e historia particular, son el resultado de recorrer y rastrear una gran variedad de ecosistemas, altitudes, dinámicas sociales y preparaciones culinarias. Muchas recetas no han dejado de evolucionar desde el día en que se crearon, las diferentes culturas han ido adaptando los ingredientes a los suyos propios y cada persona puede preparar el mismo plato de una manera distinta. El origen del ceviche peruano, por ejemplo, es precolombino, pero las recetas modernas incluyen limones y cebollas, que fueron introducidos por los españoles, y el tratamiento del pescado ha sido modificado por los inmigrantes japoneses de Lima. Cada receta está tejida a partir de capas complejas que conforman diferentes momentos de su historia. Al recopilar las recetas para este libro, hemos seleccionado las que consideramos más representativas de la cocina latinoamericana.

A lo largo del proceso de creación de esta obra, hemos analizado minuciosamente lo que los latinoamericanos tenemos en común: las comidas caseras, las comidas típicas de los puestos ambulantes y de los mercados y las que restaurantes emblemáticos de barrio llevan sirviendo durante décadas. Aunque los sabores pueden cambiar de un lugar a otro, estas recetas son nuestra identidad compartida. El compromiso de hacer platos exquisitos es lo que nos une a todos.

Las papas, los tomates, el maíz, el cacao y los pimientos son ya ingredientes básicos en todo el mundo. Estés donde estés, estás comiendo América Latina a diario, aunque no seas consciente. Disponemos de una enorme variedad de recursos autóctonos y de la sabiduría necesaria para utilizarlos sin dañar el medio ambiente y para adaptarlos a los cambios futuros. Nuestra región es la despensa del mundo y creemos firmemente que el sector de la alimentación puede animar a otros a potenciar el desarrollo social, económico y cultural de nuestra región.

Durante muchos años, hemos admirado la sofisticación de las cocinas francesa e italiana, sintiendo quizá que la brecha era demasiado grande para superarla. Pero, con el tiempo, hemos aprendido a valorar nuestros propios productos y tradiciones y a apreciar a los artesanos que los hacen posibles. Cuando hablamos de una cocina que nos representa, hablamos de cientos de colores y formas estrechamente relacionados con nuestra cultura, que nos hablan de nuestra propia identidad.

Dotar a un libro que abarca una geografía tan extensa de un cierto equilibrio geográfico y cultural no es fácil: a la hora de decidir cómo recopilar y probar las recetas, acudimos a una gran variedad de fuentes. Nuestro método principal, que generalmente demostró ser el más eficaz, consistió en viajar al lugar de origen de la receta y vivirla en todo su esplendor para que los sabores se fijaran en nuestro recuerdo. Así sucedió con el *pirarucu com açaí* que comimos en el Mercado Ver-o-Peso de Belém, arrullados por el río Amazonas, o con los cuencos humeantes de caldo de costilla que reconfortaron nuestras almas una fría noche en Bogotá. También hay recetas que nos recomendaron nuestros cientos de colegas de toda la región, y otras que nos llamaron la atención mientras investigábamos en libros de recetas antiguos, muchos ya descatalogados o solo accesibles en los rincones más oscuros de Internet. Con independencia de cómo las obtuvimos, dar con una conclusión certera sobre cómo elaborarlas fue muy difícil. Por ejemplo, cuando intentamos determinar la forma correcta de darle una «palmada» al roti de Guyana, cada persona o video de YouTube que vimos tenía una técnica ligeramente diferente. Tampoco cabe esperar que los equipos de cocina de Central, Kjolle, Mil y Mayo, integrados por personas provenientes de diversas partes de la región y a los que encargamos recrear muchas de las recetas, dieran con una receta única que evocara el recuerdo de la cocina de sus abuelas. Nos centramos, simplemente, en crear recetas que no desentonaran en su lugar de origen, platos cuyos ingredientes y elaboración resultaran adecuados para los locales, aunque no se correspondieran exactamente con la forma en la que la receta se preparase en sus hogares.

Nos gusta pensar en nuestro libro de cocina como en una fotografía de la gastronomía latinoamericana. Hemos querido ser fieles a las raíces de los platos investigados, aunque eso no significa que se deban preparar exactamente igual que la primera vez que se crearon ni que vayan a tener el mismo sabor que en su lugar de origen. Puede que ni siquiera sepan exactamente como nosotros los hemos cocinado. Incluso si pudiera obtener cada ingrediente en las mismas condiciones del lugar de donde procede la receta, el propio ambiente en el que se cocina tendría algún efecto en el plato.

No solo está bien sustituir los ingredientes, sino que es lo deseable. El glosario de este libro (véanse págs. 413-416) le ayudará a saber exactamente qué es cada producto, ya que ciertos términos regionales pueden resultarle extraños. En algunas recetas también se mencionan posibles sustituciones, pero la consigna es: utilice los productos de temporada disponibles. Busque los mejores ingredientes y pruebe.

Los latinoamericanos no solemos seguir las recetas al pie de la letra. Nos gusta improvisar, ser espontáneos, cocinar pensando en cómo va a cambiar ligeramente un plato si falta un ingrediente, o ser creativos cuando sentimos el impulso de utilizar uno completamente diferente. Quizá esto se deba a que hemos pasado por momentos difíciles y hemos tenido que conformarnos con lo que teníamos a mano. Nunca hemos sentido que la falta de un ingrediente pudiera limitarnos a la hora de llevar un plato a la mesa. Nunca hemos creado recetas tan estandarizadas como la de una salsa holandesa, por ejemplo, que se puede preparar con idénticos resultados en cualquier parte del mundo. ¿Se imagina que un mole oaxaqueño supiera igual en cualquier lugar? ¿No se perdería parte de su esencia? En el Perú, algunos insisten en que no se puede hacer ceviche sin el ají limo, un chile autóctono, mientras que otros están seguros de que, sin los limones del norte del país, su leche de tigre nunca quedará perfecta. Las abuelas que cocinan para sus familias, los jefes de restaurantes locales grandes y pequeños, los apasionados cocineros autodidactas y los jóvenes estudiantes de cocina hacen sus propias versiones de las recetas, añadiendo los sabores e ingredientes que los rodean, adaptándolos para su uso personal. Así es como entendemos nuestra cocina. Y eso explica que sea tan versátil y que, al mismo tiempo, pueda ser tradicional y vanguardista.

Desde el Río Grande hasta el Cabo de Hornos, este territorio es inmenso, diverso y extremadamente complejo. Hay glaciares y humedales, bosques nebulosos y desiertos, sabanas y arrecifes de coral. Dentro de estos ricos biomas se encuentra aproximadamente la mitad de la biodiversidad del mundo, lo que nos proporciona un surtido casi infinito de sabores y texturas. Muchas de las especies que se encuentran en América Latina son autóctonas y probablemente nunca se podrán adaptar o reproducir en otros lugares. También reconocemos que nuestra cocina nace de diversas raíces geográficas: de culturas que construyeron antiguas civilizaciones, que dejaron débiles huellas, que fueron traídas a la fuerza, que fueron desplazadas por la guerra y el clima cambiante o que llegaron desde los lugares más lejanos del planeta en busca de una vida mejor. La variedad de recetas que han surgido y siguen cobrando vida en esta obra maestra biológica y cultural que llamamos hogar es aparentemente interminable. Al preparar y difundir muchas de estas recetas, no solo fomentamos su conservación, sino también la de la diversidad de ingredientes que las hacen únicas y la del patrimonio gastronómico de los pueblos que las ha creado.

La comida habla… y dice mucho. Las recetas aquí recopiladas expresan nuestro aprecio por la incesante grandeza y promesa de las cocinas de América Latina, que, a efectos de este libro, se extiende por toda América del Sur y Central, incluyendo países y regiones de habla inglesa, francesa, holandesa y alemana e innumerables territorios indígenas, entre otros.

Aunque es probable que ya haya oído hablar de muchas de estas recetas, confiamos en que también encuentre algunas sorpresas. Esperamos haber conseguido seleccionar platos que se puedan preparar con bastante facilidad, que transporten a nuestros lectores a sus raíces y los animen a conocer la sorprendente historia que tienen detrás. No se tome las directrices a rajatabla. Adapte cada receta a su tiempo y lugar concretos. No hay nada mejor ni peor. El propio acto de cocinar ayuda a mantener la riqueza de la gastronomía latinoamericana presente, visible y relevante. Tanto para los que reviven los sabores, texturas y olores de su infancia como para los que preparan un plato por primera vez, el objetivo es el mismo: compartirlo con los amigos y seres queridos. El verdadero espíritu de nuestra cocina es acercarnos unos a otros.

Sin gluten	
Sin lactosa	
Vegetariano	
Vegano	
Menos de 5 ingredientes	
Menos de 30 minutos	

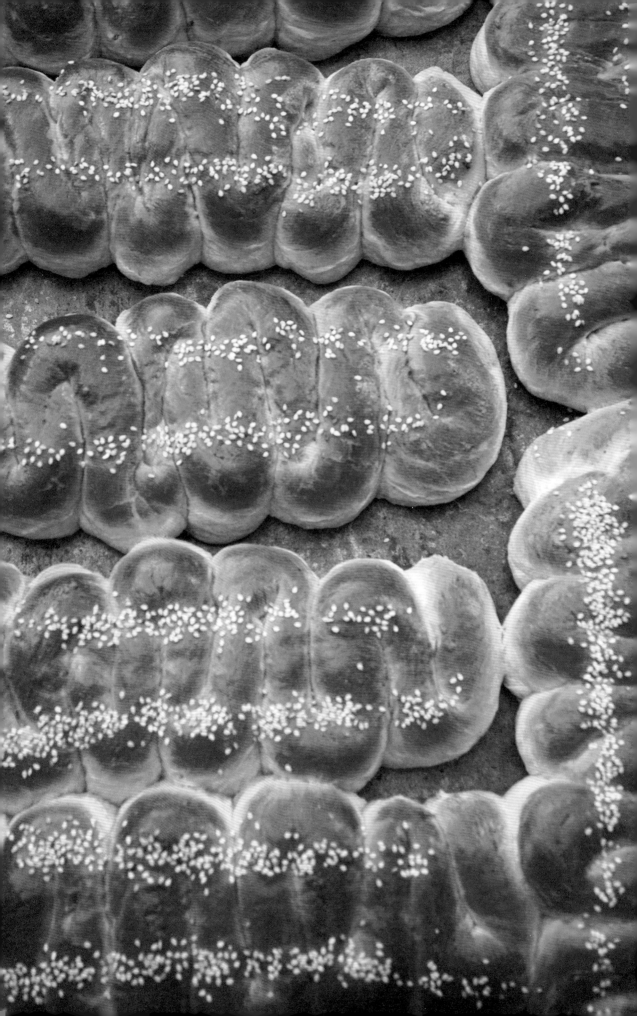

Panes y elaboraciones al horno

Antes de la llegada del trigo no había panes blancos esponjosos en América Latina, aunque sí existían otros tipos de pan. Además de las tortillas en sus múltiples formas y variedades, también los había planos, densos y sin levadura, y tortas hechas de maíz en Mesoamérica. En todo el Amazonas y otras regiones tropicales, los panes se solían preparar, y todavía se hace, con harina de yuca gruesa. En otros lugares, la masa se envolvía alrededor de palos y se horneaba sobre brasas o en hornos de barro. Aun así, la introducción del trigo en las dietas autóctonas no supuso un cambio radical.

Mientras que los colonos españoles y portugueses, así como las cocinas de los conventos, establecieron sus propias tradiciones de elaboración de pan en toda la región, muchos lugares siguieron su propio camino. Comunidades desde Ambato (Ecuador) hasta Minas Gerais (Brasil) crearon panes con formas únicas usando los ingredientes que tenían a mano, y desarrollaron sus propias técnicas para hacer la masa. En las regiones tropicales de Brasil, Paraguay y del noreste de Argentina, los panes de yuca autóctonos se adaptaron a la leche, los huevos y el queso que se encontraban disponibles. En los Andes, cada pueblo desarrolló su propio estilo de pan, que a menudo se cocía en hornos de leña comunitarios. Existen los *t'anta wawas*, panes dulces con forma de bebés envueltos en mantas, y masas madre hechas con los posos de chicha, una cerveza de maíz. En las comunidades afroantillanas de la costa caribeña de América Central, los panes se suelen infusionar con leche de coco, mientras que en Guyana, el *roti*, traído de la India, se lanza y se aplaude para liberar las bolsas de aire de la masa. Hay harinas de quinua, papas, garbanzos y hojas de coca. Hay panes para las celebraciones y otros para sándwiches. Hay panes cocidos en hornos de barro y otros cocinados al sol. Aunque los hornos de gas y las harinas industriales han encontrado un lugar en la sociedad latinoamericana, el oficio de la panadería artesanal se niega a verse relegado.

Panecillos Johnny

Belice, Honduras

Preparación: 20 minutos
Cocción: 15 minutos

Para 15 unidades

Los Johnny Cakes son típicos del desayuno en Belice y están presentes en numerosas comunidades afro-latinoamericanas a lo largo de la costa atlántica de América Central. Relacionados con el pan plano de harina de maíz del mismo nombre, consumidos por los nativos norteamericanos y todavía habituales en Nueva Inglaterra, se cree que llegaron hasta el sur en el siglo XVI con la trata de esclavos en el Atlántico. De hecho, también se los conoce como *journey cakes*, pasteles de viaje, ya que podían durar semanas en buen estado durante las largas travesías marítimas. En el Caribe se utiliza harina de trigo en vez de maíz y los panecillos se untan con mantequilla y mermelada o se rellenan de jamón y queso.

> 340 g de harina común
> 2 cdtas. de levadura en polvo
> 1 cdta. de sal
> 1 cdta. de azúcar
> 115 g de mantequilla
> 475 ml de leche de coco

Precaliente el horno a 200 °C.

Tamice la harina, la levadura en polvo y la sal en un bol. Añada el azúcar y la mantequilla en dados. Frote la mantequilla y la harina con la yema de los dedos hasta conseguir una textura arenosa. Agregue la mitad de la leche de coco y siga trabajando la masa con las manos. Vierta la leche de coco restante por tandas, varias cucharadas cada vez, y siga amasando hasta obtener una masa homogénea. Puede que no necesite toda la leche. No trabaje la masa en exceso.

Forme un cilindro de unos 30-38 cm de largo y córtelo en 15 porciones iguales. Deles forma de bola y colóquelas en una bandeja de horno sin engrasar. Aplástelas ligeramente con la palma de la mano y márquelas con un tenedor.

Hornee los panecillos de 10 a 15 minutos hasta que se doren. Si dispone de una parrilla, tuéstelos los 2 últimos minutos para conseguir una corteza completamente dorada; si no, suba la temperatura del horno esos 2 últimos minutos a 220 °C. Sírvalos calientes.

Buñuelos de pan

Belice

Preparación: 20 minutos,
más 20 minutos para reposar
Cocción: 15 minutos

Para 8-10 unidades

Estas porciones de masa frita, generalmente en forma de círculos, son uno de los desayunos más populares de Belice. Se suelen servir como acompañamiento o rellenos de los típicos frijoles refritos con huevos.

> 260 g de harina común, y un poco más
> para espolvorear
> 3 cdtas. de levadura en polvo
> 1 cdta. de sal
> 30 g de mantequilla
> 175 ml de leche de coco
> aceite vegetal, para freír

Tamice la harina, la levadura en polvo y la sal en un bol y añada la mantequilla en dados. Frote la mantequilla y la harina con la yema de los dedos hasta conseguir una textura arenosa.

Agregue la leche de coco por tandas, varias cucharadas cada vez. La masa debe quedar fina, pero no pegajosa. Divídala en unas 8 o 10 porciones iguales. Déjelas reposar de 15 a 20 minutos.

Espolvoree ligeramente con harina la superficie de trabajo y forme un círculo con cada porción de masa, córtelo por la mitad y haga un corte en el centro de cada semicírculo.

Vierta suficiente aceite vegetal para freír en una cazuela de fondo grueso, asegurándose de que no supere los dos tercios de su capacidad, y caliéntelo a 177 °C.

Fría los buñuelos, por tandas, de 3 a 5 minutos o hasta que se doren. Retírelos con una espumadera y páselos a un plato forrado con papel de cocina para eliminar el exceso de aceite. Sírvalos templados.

Pão de queijo

Panecillos de queso brasileños
Brasil

Preparación: 20 minutos
Cocción: 20 minutos

Para 12 unidades

Estos panecillos de queso sin levadura y sin gluten, con una corteza fina y un interior suave y cremoso, se han convertido en una de las recetas más emblemáticas del país en la última mitad del siglo. Su origen es incierto, aunque se cree que los esclavos de Minas Gerais elaboraban un pan con los restos de almidón de yuca, o tapioca, donde el trigo no era de buena calidad. Más tarde, a finales del XIX, con el desarrollo de la industria láctea de Minas, se añadieron la leche y el queso. En la década de 1950 la receta traspasó la frontera de Minas y panaderías como Casa do Pão de Queijo, que comenzó en 1967 como un único establecimiento y ahora cuenta con cientos, la propagaron por todo el país. En la década de 1990, el presidente Itamar Franco, oriundo de Minas Gerais, insistió en que se sirviera en las reuniones del Gobierno, lo que le valió a su administración el nombre de «república do pão de queijo».

El *queijo mineiro*, un queso de leche de vaca salado y semiblando que puede ser fresco, semicurado o curado, es el más utilizado. El *polvilho azedo* (harina de tapioca fermentada) es la más utilizada y le da al pan un toque ácido, aunque también se puede utilizar el *polvilho doce* (harina de tapioca dulce).

> 1 huevo
> 175 g de harina de tapioca
> 80 ml de aceite de oliva
> 160 ml de leche
> 65 g de queso Minas (u otro queso curado
> semiblando) rallado

Precaliente el horno a 200 °C.

Ponga todos los ingredientes en una batidora, o amáselos a mano, y tritúrelos hasta obtener una masa homogénea.

Divida la masa en 12 bolas del mismo tamaño. Colóquelas en una bandeja de horno forrada con papel vegetal.

Hornee los panecillos de 15 a 20 minutos hasta que se doren.

Panes y elaboraciones al horno

Pão de queijo

Catuto, mültrün

Pan de trigo mapuche 🍳
Chile

Preparación: 20 minutos
Cocción: 1 hora y 15 minutos
Para 15-20 unidades

También llamado *mültrün* en mapuche, el *catuto* es un pan plano y alargado elaborado con trigo mote (de grano entero) cocido y descascarillado. El trigo fue introducido por los españoles, pero los mapuches aportaron el proceso de descascarillado al igual que hicieron con el maíz, como lo atestiguó el soldado chileno Francisco Núñez de Pineda y Bascuñán cuando fue hecho prisionero en la década de 1620. Tradicionalmente se machaca con una piedra llamada *kudi*, se mezcla con manteca y se cuece sobre rescoldos.

1 kg de trigo en grano entero
$\frac{1}{8}$ de cdta. de sal
1 cda. de mantequilla o manteca
aceite vegetal (si se fríe)

Cubra el trigo con agua y llévelo a ebullición. Baje el fuego y déjelo cocer 1 hora o hasta que esté tierno. Escúrralo y cuélelo. En un mortero, macháquelo hasta obtener una pasta. Pásela a un bol, añada la sal y la mantequilla y mezcle con la yema de los dedos.
Cuando la masa adquiera consistencia, forme de 15 a 20 cilindros alargados y relativamente planos con los extremos puntiagudos.
Hornéelos a 200 °C o, si lo prefiere, fríalos con 2 o 3 cucharadas de aceite. En cualquier caso, deberían tardar unos 4 minutos en estar ligeramente dorados.
Sírvalos con miel o mermelada. En Chile, se toman también como aperitivo con ají pebre (salsa de ajo con hierbas).

Almojábanas

Panecillos de queso colombianos
Colombia

Preparación: 25 minutos
Cocción: 40 minutos
Para 8 unidades

Similares al *pandebono* o al *pão de queijo* brasileño, pero elaboradas con harina de maíz precocida, a diferencia de los buñuelos salados de queso portorriqueños del mismo nombre, las almojábanas colombianas se toman con café por toda Colombia. Las más famosas son las de los departamentos de Boyacá y Cundinamarca. Se puede utilizar requesón u otro tipo de queso fresco, pero su exquisito sabor viene de la cuajada, un queso blanco fresco elaborado con leche de vaca.

120 g de masarepa (harina de maíz precocida) o harina de maíz
450 g de queso cuajada (requesón o queso fresco)
1 cda. de mantequilla derretida
$\frac{1}{2}$ cda. de levadura en polvo
$\frac{1}{4}$ de cda. de sal
2 huevos
30 ml de leche

Precaliente el horno a 200 °C.
En una batidora, triture la *masarepa* con el queso hasta obtener una pasta.

Pase la pasta a un bol y añada la mantequilla, la levadura en polvo, la sal, los huevos y la leche. Amase poco a poco. Si está muy pegajosa, añada más *masarepa*. Cuando esté fina, divídala en 8 porciones.
Deles forma de bola y colóquelas en una bandeja de horno. Hornéelas de 30 a 40 minutos hasta que se doren y sírvalas calientes.

Paratha roti

Roti
Guayana Francesa, Guyana, Surinam

Preparación: 10 minutos, más 1 hora para reposar
Cocción: 40 minutos
Para 6 unidades

Más de un tercio de los habitantes de Guyana tienen una herencia cultural india, aunque el *roti* se ha extendido a la población en general, incluidas las comunidades indígenas alejadas de la costa. Este famoso pan plano también se elabora en otras zonas del sur del Caribe, aunque los guyaneses han aportado su propio toque, que llaman *aplauso*. Este método consiste en lanzar la masa de pan caliente al aire justo después de cocinarla con un movimiento giratorio y darle una palmada para liberar las bolsas de aire y conferirle una textura más hojaldrada. En Guyana, el *roti* se cocina en una *tawa*, una sartén plana de metal específica para este pan, aunque puede prepararlo en una sartén de hierro fundido.

460 g de harina común
$1\frac{1}{2}$ cdtas. de levadura en polvo
$\frac{1}{4}$ de cdta. de sal
1 cdta. de mantequilla
350 ml de agua
60 ml de aceite vegetal (ghee o mantequilla derretida)

Tamice la harina, la levadura en polvo y la sal en un bol. Añada la mantequilla y mézclela con la yema de los dedos hasta que se incorpore. Vierta el agua y amase hasta obtener una masa fina.
Cubra la masa con un paño de cocina húmedo para evitar que se forme una costra y déjela reposar 45 minutos.
Divida la masa en 6 porciones iguales. Con ayuda de un rodillo, forme 6 círculos de unos 3 mm de grosor. Enrolle cada disco de masa de un extremo a otro (como un cigarro) y forme espirales. Pellizque los extremos.
Cubra las espirales de masa con un paño húmedo y déjelas reposar unos 15 minutos.
Caliente a fuego vivo una sartén de hierro fundido.
Desenrolle una espiral de masa formando un círculo delgado de unos 13 cm de diámetro. Pinte un lado con aceite (o *ghee*), coloque el *roti* sobre ese lado en la sartén caliente y fríalo hasta que el aceite empiece a burbujear, unos 5 minutos.
Dele la vuelta y pinte el otro lado con más aceite o *ghee*. Fríalo 1 minuto más o hasta que aparezcan manchas marrones.
Retire el *roti* de la sartén, láncelo al aire y dele una palmada para liberar las bolsas de aire (utilice un paño de cocina si estuviera demasiado caliente). Si lo prefiere, colóquelo en un recipiente hondo y cúbralo con un plato antes de agitarlo vigorosamente. Resérvelo envuelto en un paño de cocina para mantener el calor.
Repita la operación con la masa restante. Sirva el *roti* templado.

Catuto, mültrün

Sopa paraguaya

Pan de maíz paraguayo
Paraguay

Preparación: 25 minutos
Cocción: 45 minutos

Para 10 personas

A pesar de su nombre, no es una sopa, sino un pan de maíz con queso. Entonces, ¿por qué se llama así? Se cuenta que el primer presidente de Paraguay, Carlos Antonio López, le pidió a su cocinera que le preparara una sopa espesa con leche, queso fresco, huevo y harina de maíz. Pero ella añadió demasiada harina y, al no tener tiempo para preparar otra, decidió ponerla en una sartén de hierro fundido y hornearla en un *tatakua* (un horno de arcilla y adobe), un método no muy diferente al que los guaraníes empleaban para cocinar sus masas de harina de maíz (en hojas de plátano sobre cenizas calientes). En broma, el presidente, al que le encantó, la llamó sopa.

250 g de cebolla blanca picada
350 g de mantequilla
8 huevos
300 g de queso Paraguay (u otro queso suave) en dados o rallado
20 g de sal
1 kg de harina de maíz
1 litro de leche

Precaliente el horno a 190 °C.

Sude la cebolla en la mantequilla a fuego lento hasta que esté translúcida, resérvela y déjela enfriar. En un bol, mezcle los huevos con el queso, la cebolla sudada y sal. Agregue la harina de maíz, alternando con la leche, hasta obtener una masa no demasiado líquida, pero tampoco muy espesa, como para un pastel.

Vierta la mezcla en una fuente de horno engrasada de 33 x 23 cm y hornéela 40 minutos hasta que se dore por los bordes y esté firme por el centro. Déjela enfriar y, antes de servir, córtela en cuadrados.

Pan de tres puntas

Pan de tres puntas
Perú

Preparación: 15 minutos, más 1 hora y 40 minutos para leudar
Cocción: 10-20 minutos (según el tipo de horno)

Para 30 unidades

Este pan triangular, tradicionalmente cocido en un horno de leña de arcilla, está presente en las mesas de todos los hogares de Arequipa, acompañando a guisos como el Adobo arequipeño (véase pág. 288), para mojarlo en el caldo.

20 g de levadura fresca
370 ml de agua templada
3 cdtas. de sal marina
40 g de azúcar
625 g de harina de fuerza
15 g de manteca (o mantequilla)
aceite vegetal, para engrasar

En un bol, disuelva la levadura en el agua templada con la sal, el azúcar y 1 cucharada de harina. Deje reposar la masa durante 1 hora en un lugar cálido.

Mezcle la harina restante con la manteca en otro bol. Haga un hueco en el centro, vierta en su interior la mezcla de levadura y amase con las manos hasta conseguir una masa fina. Cúbrala con un paño y déjela leudar 40 minutos en un lugar cálido.

Precaliente el horno a 190 °C o caliente un horno de leña a 226 °C.

Vierta un poco de aceite vegetal en un trozo de papel de cocina y engrase una superficie de trabajo limpia.

Coloque la masa en la superficie y forme 30 bolas de 40 g cada una. Aplástelas ligeramente con la palma de la mano. Tome un lado de cada bola aplanada y dóblelo hacia el centro. Repita la operación con otros dos lados para formar un triángulo. Disponga los triángulos en una bandeja de horno forrada con papel vegetal dejando un mínimo de 2,5 cm de distancia entre ellos y hornéelos 10 minutos en un horno de leña o 20 minutos en uno convencional, o hasta que se doren.

T'anta wawa

Figuritas de pan andinas
Bolivia, Ecuador, Perú

Preparación: 35 minutos
Cocción: 30 minutos

Para 6 unidades

Estos panes con forma de bebé, cuyo nombre es una combinación de los términos aimara y quechua para «pan» y «bebé» (*t'anta* y *wawa*), se consumen en toda la cordillera andina. Probablemente datan de la época colonial y son una adaptación del ritual del desfile de humanos momificados, a menudo decorados con pinturas y pelucas para las celebraciones. Al igual que el pan de muerto mexicano, son típicos del Día de Todos los Santos y se dejan como ofrendas en las tumbas.

1 kg de harina común
80 g de azúcar
25 g de sal
300 g de mantequilla fría
300 ml de leche
4 huevos batidos
50 g de levadura fresca

Para el glaseado
1 clara de huevo
75 g de azúcar glas
colorante alimentario en los colores que desee

Precaliente el horno a 190 °C.

En un bol, mezcle la harina con el azúcar y la sal. Añada la mantequilla y trabájela con la yema de los dedos.

En otro bol, mezcle la leche con los huevos batidos y la levadura.

Mezcle ambas preparaciones hasta obtener una masa fina y homogénea.

Divida la masa en 6 partes iguales y moldéelas. Cada región les da una forma diferente. En algunas, las figuras simulan un bebé envuelto; en otras, moldean la cabeza e incluso los brazos y las piernas. Ninguna es mejor que otra. Coloque los panes en dos bandejas de horno forradas con papel vegetal.

Hornéelos 30 minutos o hasta que se doren. Sáquelos del horno y déjelos enfriar por completo en las bandejas.

Para preparar el glaseado, mezcle la clara de huevo con el azúcar glas y use diferentes colores para decorar las figuritas.

Pan de jamón

Pan de jamón venezolano
Venezuela

Preparación: 40 minutos,
más 1 hora para leudar
Cocción: 40 minutos

Para 8 personas

Se cree que este típico pan navideño fue inventado por un panadero de Caracas en 1905 y que estaba relleno solo de jamón. A medida que otros comenzaron a elaborarlo, se fueron añadiendo otros ingredientes como nueces, fruta deshidratada y aceitunas.

5,5 g de levadura seca activa
250 ml de agua templada
500 g de harina común, y un poco más
para espolvorear
30 g de leche en polvo
3¼ cdas. de azúcar blanco
15 g de sal
2 huevos batidos, más 1 para glasear
60 g de mantequilla derretida
500 g de jamón ahumado en filetes
75 g de pasas
180 g de aceitunas verdes rellenas de pimiento
en rodajas
1 cda. de panela o azúcar moreno

Ponga la levadura en el agua y déjela en remojo 10 minutos. En un bol, bata la harina con la leche, el azúcar blanco y la sal con unas varillas. Haga un hueco en el centro de la mezcla y vierta los huevos batidos y el agua con la levadura. Mezcle bien. Cuando la harina haya absorbido el agua, añada la mantequilla y amase.

Coloque la masa sobre una superficie enharinada y continúe amasando, añadiendo un poco de harina hasta obtener una masa fina. Pásela a un bol enharinado, cúbrala con un paño húmedo y déjela leudar 1 hora.

Precaliente el horno a 150 °C.

Vuelva a poner la masa sobre una superficie enharinada y estírela con un rodillo hasta formar un rectángulo. Distribuya el jamón, dejando un espacio libre en los bordes. Esparza las pasas y las aceitunas por encima. Con el dedo o con un cepillo, humedezca los bordes de la masa con agua y enróllela como un brazo de gitano. Pliegue los bordes hacia dentro para cerrarlo.

Coloque el pan en una bandeja de horno forrada con papel vegetal, pínchelo con un tenedor y hornéelo 20 minutos. Retírelo del horno, píntelo con huevo batido y esparza la panela. Hornéelo 20 minutos más hasta que esté dorado.

Retírelo del horno y déjelo enfriar en la bandeja. Córtelo en rebanadas y sírvalo caliente o frío.

Chochoca

Pan de papa chilota
Chile

Preparación: 30 minutos,
más el tiempo para enfriar
Cocción: 50 minutos

Para 12 personas

La masa de este pan se envuelve alrededor de un *chochoquero*, un gran palo de madera, que se hace girar despacio sobre brasas calientes. Es tradicional del archipiélago de Chiloé, frente a la costa del sur de Chile, donde abundan las papas, y también de los huilliches, grupos sureños del pueblo mapuche, en Osorno y Ranco, donde se llama *trutruyeko*. Es típico de festivales o fiestas destacadas. Hay dos versiones: blanco y negro. El negro, cuya receta es la que presentamos aquí, es la versión tradicional, aunque hoy no es tan común. El blanco no requiere rallado y usa harina de trigo y puré de papas cocidas a partes iguales.

3 kg de papas (patatas) crudas
2,5 kg de papas (patatas) cocidas, trituradas y frías
28 g de sal
1 cda. de mantequilla derretida
95 g de manteca
1,4 kg de chicharrones (véase pág. 276; se pueden
comprar hechos)

Pele y ralle las papas crudas y presiónelas con un paño de cocina para eliminar el exceso de agua. Póngalas en un bol, añada el puré de papas, la sal y la mantequilla derretida y amase hasta obtener una masa fina.

Envuelva la masa alrededor de un *chochoquero* (véase arriba; puede usar un rodillo) y colóquelo sobre una parrilla de carbón.

Mantenga el fuego bajo y gire el *chochoquero* para que el pan se cocine de forma lenta y uniforme.

Cuando esté medio dorado, de 30 a 40 minutos, úntelo con la manteca y cuézalo otros 10 minutos.

Retire el pan de la parrilla, córtelo por la mitad a lo largo para desprenderlo del *chochoquero* y páselo a una superficie limpia. Rellénelo con los chicharrones, junte las dos mitades para cerrarlo, córtelo en 12 raciones y sírvalo caliente.

Pan amasado

Pan rústico chileno
Chile

Preparación: 30 minutos,
más 1 hora para leudar
Cocción: 30 minutos

Para 12 personas

Este pan amasado tiene una corteza hojaldrada y un interior blando. Se sirve con pebre o puré de aguacate.

7 g de levadura seca activa
250 ml de agua templada
420 g de harina de fuerza
1 cdta. de sal
2 cdas. de mantequilla derretida
1 cdta. de azúcar
leche o huevo batido, para glasear

Ponga la levadura en el agua y déjela 10 minutos.

En otro bol, mezcle la harina con la sal. Haga un hueco en el centro y vierta en él la mantequilla derretida junto con la mezcla de levadura y agua y el azúcar. Mezcle todo con las manos hasta formar una bola y amásela unos 10 minutos, hasta que esté fina y homogénea, añadiendo más agua si fuera necesario.

Divida la masa en 12 porciones iguales y deles forma de disco. Colóquelos en dos bandejas de horno forradas con papel vegetal, cúbralos con un paño de cocina húmedo y déjelos leudar 1 hora. Precaliente el horno a 180 °C.

Unte los discos de masa con un poco de leche o huevo batido y pínchelos en el centro con un tenedor. Hornéelos 30 minutos hasta que se doren.

Deje enfriar ligeramente los panecillos en la bandeja y sírvalos templados.

Tortilla de rescoldo

Pan horneado al carbón 🔲
Chile

Preparación: 20 minutos
Cocción: 20 minutos

Para 8 unidades

Horneadas sobre las cenizas todavía calientes de una hoguera, las tortillas de rescoldo eran el alimento tradicional de las personas que se embarcaban en largos viajes. Con tamaños que van desde el de una pupusa hasta el de una pizza extragrande, están impregnadas de los sabores del humo y la ceniza y se suelen servir con mantequilla o con pebre, aunque hay variantes rellenas o acompañadas de marisco o cerdo. Hoy en día, mujeres conocidas como «palomitas», por su atuendo blanco, las venden en las calles más transitadas de Antilhue y Laraquete.

- 560 g de harina común
- 1 cdta. de bicarbonato de sodio
- 225 g de mantequilla derretida
- 475 ml de agua templada con 1 cda. de sal añadida (para preparar una salmuera)

En una superficie de trabajo, mezcle la harina con el bicarbonato de sodio y forme un volcán. Haga un hueco en el centro y vierta la mantequilla derretida y un poco de salmuera. Mezcle con los dedos, añadiendo la salmuera poco a poco hasta obtener una masa fina y maleable.

Divida la masa en 8 porciones iguales y forme discos de 3 cm de grosor como mínimo.

Prepare una parrilla u hoguera con cenizas calientes y carbón. Coloque los panes directamente encima y cúbralos con más cenizas y algo de carbón. Cuézalos de 15 a 20 minutos, dependiendo del calor.

Retire las cenizas y limpie los panes con un cepillo y un paño de cocina. Utilice un cuchillo para retirar las partes quemadas y sírvalos calientes.

Pan marraqueta, pan francés, pan batido

Panecillos chilenos crujientes
Chile

Preparación: 10 minutos,
más 2 horas y 20 minutos para leudar
Cocción: 25 minutos

Para 6 personas

Este panecillo se hizo muy popular a finales del siglo xix entre los inmigrantes europeos del puerto de Valparaíso y enseguida se convirtió en el pan más común en todo el país, tanto que su popularidad se ha extendido por toda la mitad sur del continente. Como tiene la forma de cuatro panecillos unidos entre sí, encargar este pan en una panadería suele ser confuso, ya que no existe un acuerdo estándar sobre si cada unidad está compuesta por cuatro panes o solo uno. Se recogen ya envasados en la panadería y se comen solos mientras aún están calientes o se usan para preparar sándwiches.

- 460 g de harina común, y un poco más para espolvorear
- 480 g de harina de fuerza
- 2½ cdtas. de sal
- 1 cdta. de azúcar moreno

- 1½ cdtas. de levadura seca activa
- 625 ml de agua fría
- aceite, para rociar

Mezcle los dos tipos de harina en un bol y añada la sal, el azúcar y la levadura. Vierta el agua poco a poco y mezcle todo con las manos hasta formar una bola.

Colóquela en una superficie enharinada y amase vigorosamente unos 10 minutos hasta obtener una masa lisa. Pásela de nuevo al bol, cúbrala con un paño de cocina húmedo y déjela reposar unos 30 minutos. Amásela una vez más y déjela de nuevo en el bol cubierto durante 1 hora más o hasta que duplique su tamaño.

Divida la masa en 12 bolas iguales, rocíelas con un poco de aceite y déjelas reposar otros 30 minutos sin cubrirlas.

Para dar forma a las marraquetas, tome 2 bolas y únalas por los lados, amasándolas ligeramente para hacerlas más alargadas (pero manteniéndolas más o menos redondas). Utilice el mango de una cuchara de madera para presionar a lo largo de los panes unidos, creando una cruz con la unión. Rocíe un poco de aceite en la parte superior y coloque los panes en dos bandejas de horno forradas con papel vegetal.

Déjelos leudar, sin cubrir, 20 minutos. Precaliente el horno a 180 °C y hornéelos 25 minutos hasta que se doren.

Hallullas

Galletas chilenas
Chile

Preparación: 20 minutos,
más 1 hora para leudar
Cocción: 20 minutos

Para 20 unidades

Estas típicas galletas redondas chilenas, que se suelen tomar con la infusión de la tarde o utilizarse como pan para los sándwiches, tienen el sabor y la textura de un bollo, pero son más grandes.

- 420 g de harina común, y un poco más para espolvorear
- 7 g de levadura seca activa
- 2 cdtas. de sal
- 1 cdta. de azúcar
- 300 ml de agua templada
- 50 g de mantequilla a temperatura ambiente
- 1 huevo batido con un poco de leche, para glasear

En un bol, mezcle la harina, la levadura, la sal y el azúcar con las manos y vierta el agua poco a poco. Amase unos 10 minutos, agregue la mantequilla y continúe amasando hasta que la masa esté lisa. Déjela reposar 10 minutos cubierta con un paño de cocina húmedo.

En una superficie enharinada, extienda la masa formando un rectángulo de 1 cm de grosor aproximadamente y dóblela por la mitad. Repita el proceso 4 veces, la última vez estirando y enrollando la masa hasta darle un grosor de 1 cm. Con un cortapastas redondo de 10 cm, corte 20 círculos de masa y colóquelos en una bandeja de horno forrada con papel vegetal.

Cúbralos con un paño y déjelos leudar durante 1 hora. Precaliente el horno a 180 °C.

Pinte las galletas con la mezcla de huevo batido y pinche cada una en el centro con un tenedor. Hornéelas de 15 a 20 minutos o hasta que se doren.

Retírelas del horno y déjelas enfriar sobre una rejilla metálica. Sírvalas templadas.

Panes y elaboraciones al horno

Tortilla de rescoldo

Rodillas de Cristo

Pan estilo ecuatoriano
Ecuador

Preparación: 35 minutos,
más 2 horas y 30 minutos
para leudar
Cocción: 20 minutos

Para 10 unidades

La tradición de la elaboración de pan en la ciudad colonial de Cuenca, Ecuador, está marcada por los hornos de diseño único, que utilizan madera de eucalipto y están hechos de materiales locales como adobe, huesos de ganado, sal gema y trozos de vidrio. Muchas de las recetas típicas de esta ciudad surgieron en sus conventos, como esta, donde el queso se tiñe de rojo con el achiote para simular la sangre que gotea de las rodillas de Cristo.

> 3 cdas. de azúcar
> 300 ml de agua
> 2½ cdas. de mantequilla
> 1 cdta. de levadura seca activa
> 480 g de harina común, y un poco más
> para espolvorear
> 1 cda. de sal
> 120 g de queso fresco desmenuzado
> 1 cda. de aceite de achiote

Ponga a fuego lento el azúcar, el agua y la mantequilla en un cazo para que la mezcla se caliente despacio, sin parar de remover hasta que el azúcar se haya disuelto por completo. Deje que se enfríe y añada la levadura mientras aún esté templada. Déjela reposar hasta que burbujee y bátala.

Mezcle en un bol la harina con la sal. Haga un hueco en el centro y añada poco a poco la mezcla de levadura. Remueva hasta que se incorporen todos los ingredientes y coloque la masa sobre una superficie de trabajo enharinada. Amase hasta obtener una masa fina, unos 10 minutos.

Vuelva a poner la masa en el bol, cúbrala con un paño de cocina húmedo y déjela leudar durante 1 hora y 30 minutos o hasta que duplique su tamaño. Coloque de nuevo la masa en una superficie enharinada, amásela unos 3 minutos y forme un cilindro. Córtelo en 10 porciones iguales y deles forma de bola.

En otro bol, mezcle el queso fresco con el aceite de achiote y 1 cucharada de agua templada.

Coloque las bolas de masa en una bandeja de horno forrada con papel vegetal y aplástelas ligeramente con la palma de la mano. Haga un corte en el centro de cada panecillo con unas tijeras y rellénelo con 1 cucharada de la mezcla de queso. Cúbralos con un paño y déjelos leudar durante 1 hora.

Precaliente el horno a 200 °C y coloque una bandeja de horno en la parte inferior para calentarla.

Disponga la bandeja con los panecillo encima y baje la temperatura a 175 °C. Después de 10 minutos, vierta rápidamente un poco de agua en la bandeja inferior para mantener la humedad. Prosiga con la cocción 10 minutos más hasta que se doren. Retírelos del horno y déjelos reposar sobre una rejilla metálica para que se enfríen un poco antes de servirlos.

Fugazzeta

Pizza argentina rellena de queso
Argentina

Preparación: 30 minutos,
más 1 hora y 10 minutos
para reposar
Cocción: 30 minutos

Para 8 personas

Los inmigrantes de Génova y Nápoles comenzaron a abrir pizzerías en Buenos Aires a finales del siglo XIX y, con el tiempo, la pizza argentina se convirtió en un fenómeno incontrolable, a menudo rebosante de queso. La más universal es la pizza de molde, rebanadas gruesas que se preparan en una sartén con mucho queso, mientras que la *fugazza o fugazza* con queso es un pan plano inspirado en la *focaccia*, cubierto con cebollas dulces, hierbas y queso. Una variante más rebelde, que utiliza más o menos los mismos ingredientes, es la *fugazzeta*, que se hace rellenando la masa con queso y colocando las cebollas encima, generalmente con más queso.

> 60 ml de leche templada
> 9 g de levadura fresca
> 1 cdta. de azúcar
> 360 g de harina de fuerza, más 1 cda. extra
> 1 cdta. de sal, y un poco más para las cebollas
> 1 cda. de aceite de oliva
> 240 ml de agua templada
> 1 cda. de aceite vegetal, y un poco más
> para engrasar
> 2 cebollas blancas en aros finos
> 1½ cdas. de orégano seco
> 1 cdta. de chile en polvo
> 230 g de mozzarella rallada

En un bol, mezcle bien la leche templada, la levadura, el azúcar y la cucharada de harina con las manos y déjelo reposar en un lugar cálido 10 minutos o hasta que empiece a formarse una ligera espuma.

Mientras, ponga la harina en otro bol. Forme un volcán, haga un hueco en el centro, añada la sal y el aceite de oliva y mezcle ligeramente. Agregue la mezcla de levadura lentamente y vierta el agua templada poco a poco. Amase con las manos hasta obtener una masa fina.

Coloque la masa en una superficie enharinada y amásela 7 minutos más.

Vuelva a poner la masa en el bol, cúbrala con un paño de cocina y déjela reposar durante 1 hora.

Caliente a fuego medio el aceite vegetal en una sartén y sude las cebollas 6 minutos o hasta que estén blandas. Agregue el orégano, el chile y un poco de sal. Retire la sartén del fuego y déjela enfriar.

Divida la masa en dos partes desiguales, un tercio y dos tercios. Precaliente el horno a 200 °C.

Engrase un molde de pizza de 30 cm. Coloque la porción de masa más grande en el molde y estírela con las manos desde el centro hacia los bordes. Esparza el queso por encima, reservando un poco para la parte superior. Estire la masa restante y úsela para cubrir la primera masa. Pellizque los bordes con los dedos para sellarlos. Con un tenedor, pinche ligeramente la parte superior de la masa unas cuantas veces.

Disponga las cebollas por encima y esparza el queso restante. Hornee la pizza unos 20 minutos o hasta que los bordes estén dorados. Sírvala caliente.

Fainá

Pan plano de garbanzos
Argentina, Uruguay

Preparación: 15 minutos
Cocción: 20 minutos

Para 6 unidades

Este pan plano de harina de garbanzos y emparentado con la *farinata* italiana se suele servir como acompañamiento de la pizza. Si se coloca justo encima de una porción, se llama pizza a caballo.

> 90 g de harina de garbanzos
> 600 ml de agua
> 1³/₄ cdas. de aceite de oliva, y un poco más para engrasar
> sal y pimienta blanca

Precaliente el horno a 190 °C.
    En un bol, mezcle la harina con el agua y el aceite. Salpimiente y deje reposar la masa 15 minutos.
    Mientras, caliente un poco de aceite de oliva en una sartén y viértala en un molde de horno redondo de 15 cm de diámetro para engrasar la base y los lados.
    Coloque la masa en el molde y extiéndala con una espátula de forma uniforme. Hornéela 20 minutos hasta que se dore. Déjela enfriar antes de cortarla en triángulos y sirva el pan templado.

Sopaipilla

Buñuelos de calabaza chilenos
Chile

Preparación: 20 minutos
Cocción: 30 minutos

Para 30 unidades

Las sopaipillas típicas del centro de Chile se elaboran con harina de trigo y calabaza y pueden ser dulces o saladas. Las saladas son como un pan esponjoso que se toma con pebre y que puede reemplazar a los panes para sándwiches. En invierno, es más habitual la versión dulce, llamadas sopaipillas pasadas. Se cuecen en chancaca infusionada con ralladura de naranja y canela.

> 400 g de harina común, y un poco más para espolvorear
> 1 cdta. de levadura en polvo
> 2 cdas. de mantequilla derretida
> 230 g de puré de calabaza (colado)
> 1 pizca de sal marina fina
> aceite vegetal, para freír

Mezcle la harina y la levadura en un bol. Forme un volcán, haga un hueco en el centro y vierta poco a poco la mantequilla derretida. Mezcle bien y añada el puré de calabaza y la sal. Amase hasta obtener una masa fina.
    Estire la masa sobre una superficie enharinada con un rodillo hasta obtener una lámina de 5 mm de grosor. Con un cortapastas redondo, corte discos de 10 cm de diámetro y pínchelos con un tenedor varias veces.
    Vierta suficiente aceite vegetal para freír en una cazuela de fondo grueso, asegurándose de que no supere los dos tercios de su capacidad, y caliéntelo a 182 °C.
    Fría las sopaipillas, por tandas, 2 minutos por cada lado o hasta que estén doradas y crujientes. Páselas a un plato forrado con papel de cocina para eliminar el exceso de aceite. Sírvalas calientes.

Dobles

Pan de garbanzos al curry
Guyana

Preparación: 20 minutos, más 1 hora y 30 minutos para leudar
Cocción: 40 minutos

Para 5 unidades

Originarios de la isla de Trinidad, frente a la costa de Venezuela, constituyen un excelente sándwich vegetariano para el desayuno. Una adaptación del plato punyabí *chole bhature*, que los trabajadores procedentes de la India trajeron a las plantaciones de Trinidad y Guyana tras la abolición de la esclavitud, se elaboran con dos panes planos fritos llamados *bara*, teñidos de amarillo por la cúrcuma y rellenos de un curry de garbanzos picante llamado *channa*.

> 600 g de harina común
> 1 cdta. de sal marina fina, y un poco más para sazonar
> 1¹/₂ cdas. de azúcar
> 1¹/₂ cdtas. de comino molido
> 1 cdta. de cúrcuma molida
> 3 cdtas. de levadura seca activa
> 475 ml de agua templada
> aceite vegetal, para cocinar, engrasar y freír
> 1 cebolla blanca en dados
> 3 cdtas. de ajo picado
> 3 cdtas. de tomillo seco
> 1¹/₂ cdtas. de comino molido
> 1¹/₂ cdtas. de pimienta de Jamaica molida
> 4 cdas. de curry en polvo
> 1¹/₂ cdtas. de nuez moscada molida
> 2 cdtas. de pimentón
> 1¹/₂ cdtas. de pimienta molida
> 750 ml de caldo de verduras
> 350 g de garbanzos envasados escurridos y lavados
> 1 cda. de salsa de chile Scotch Bonnet (opcional)
> 3 cebolletas picadas
> 3 cdas. de perejil picado

En un bol, mezcle la harina con la sal, el azúcar, el comino, la cúrcuma y la levadura.
    Vierta el agua templada poco a poco y mezcle hasta obtener una masa homogénea. Retire la masa, engrase el bol con aceite y vuelva a colocar la masa. Cúbrala con un paño de cocina y déjela leudar en un lugar cálido 1 hora y 30 minutos o hasta que duplique su tamaño.
    Mientras, caliente a fuego medio un poco de aceite en un cazo y sofría la cebolla y el ajo 5 minutos. Añada el tomillo, las especias y una pizca de sal y rehóguelo todo, sin parar de remover, 3 minutos. Agregue el caldo y los garbanzos con la salsa de chile y las cebolletas.
    Llévelo a ebullición, baje el fuego y cuézalo 15 minutos hasta que la salsa espese. Añada el perejil y rectifique la sazón si fuera necesario. Reserve el relleno caliente.
    Cuando la masa esté lista, forme 10 bolas iguales y extiéndalas con un rodillo hasta obtener discos de 1 cm de grosor.
    Vierta suficiente aceite vegetal para freír en una cazuela de fondo grueso, asegurándose de que no supere los dos tercios de su capacidad, y caliéntelo a 182 °C.
    Fría los dobles de uno en uno 30 segundos por cada lado. Páselos a un plato forrado con papel de cocina para eliminar el exceso de aceite. Sirva 2 por persona mientras aún estén calientes, con el curry caliente en un bol al lado para extenderlo en el centro.

Tustacas

Pan de maíz, queso y rapadura
Honduras, El Salvador

Preparación: 10 minutos
Cocción: 10 minutos   Para 12 unidades

Secas, dulces y crujientes, las tustacas se toman con el café de la mañana en el sur de Honduras y en varias zonas de El Salvador.

    950 ml de agua
    450 g de queso cuajada (requesón o queso fresco)
    420 g de harina de maíz
    115 g de mantequilla en pomada, y un poco más para engrasar
    3 cdas. de bicarbonato de sodio
    2 huevos
    12 cdas. de rapadura (o azúcar mascabado claro)

Precaliente el horno a 200 °C.
    Ponga a hervir el agua en una cazuela y añada poco a poco el queso, cortado en rodajas. Bata con las varillas y pase la mezcla por una muselina. Mezcle el queso con la harina de maíz y amase con la mantequilla, el bicarbonato y los huevos hasta obtener una masa fina y homogénea. Divídala en 12 porciones iguales y deles forma de bola. Aplástelas para formar tortillas y doble los bordes para crear un cordón alrededor de los mismos.
    Coloque 1 cucharada de azúcar en el centro de cada una y dispóngalas en una bandeja de horno forrada con papel vegetal engrasado.
    Hornéelas durante 10 minutos hasta que se doren y sírvalas templadas.

Hojaldres

Pan frito panameño
Panamá

Preparación: 30 minutos,
más 2 horas para reposar   Para 20 unidades
Cocción: 20 minutos

Estos hojaldres se toman a cualquier hora del día. Para el desayuno, se suelen acompañar de huevos o queso. Para el almuerzo o la cena, se sirven con un filete y cebollas. Para el postre, pueden llevar azúcar y canela espolvoreados por encima.

    650 g de harina común
    3 cdtas. de levadura en polvo
    3 cdtas. de sal
    2 huevos batidos
    2 cdas. de aceite
    350 ml de agua
    aceite vegetal, para freír

Tamice los ingredientes secos en un bol y mézclelos. Haga un hueco en el centro y añada los huevos y el aceite. Amase todo con las manos mientras incorpora poco a poco el agua hasta obtener una masa fina. Cúbrala con un paño y déjela reposar 2 horas.
    Divida la masa en 20 bolas del tamaño de una pelota de golf y aplástelas con la mano hasta obtener discos de 5 mm de grosor.

Vierta aceite vegetal para freír en una cazuela de fondo grueso, asegurándose de que no supere los dos tercios de su capacidad, y caliéntelo a 182 °C.
    Fría los hojaldres, de uno en uno, 2 minutos por cada lado o hasta que estén dorados y crujientes.
    Páselos a un plato forrado con papel de cocina para eliminar el exceso de aceite y sírvalos templados.

Esfiha

Pan plano con carne al estilo de Oriente Medio 🔲
Argentina, Brasil

Preparación: 30 minutos,   Para 20 unidades
más 1 hora y 15 minutos
para leudar
Cocción: 30 minutos

Los inmigrantes libaneses y sirios trajeron consigo la receta de este pan cuando llegaron a ciudades como São Paulo y Buenos Aires a finales del siglo XIX. En el Levante, donde se llama *sfiha*, se prepara con carne de cordero o de vaca picada y sazonada, aunque en Sudamérica los aderezos son bastante variados, desde las carnes más tradicionales hasta el pollo, el queso, la Carne-de-sol (véase pág. 264) y los palmitos. Suele tener forma circular.

    7 g de levadura seca activa (o 14 g de levadura fresca)
    2 cdtas. de azúcar
    250 ml de leche templada
    260 g de harina común, y un poco más para espolvorear
    2 cdtas. de sal
    120 ml de aceite
    400 g de carne de ternera picada
    1 cda. de mantequilla
    140 g de cebolla picada
    175 g de tomates picados
    4 dientes de ajo picados
    15 g de perejil picado
    sal y pimienta negra molida
    cuñas de limón (lima), para servir

Disuelva la levadura y el azúcar en la leche templada y deje que se active de 15 a 30 minutos.
    En un bol, mezcle la harina con la sal, el aceite, la levadura y la leche. Amase sobre una superficie enharinada hasta que la masa esté fina, cúbrala con un paño de cocina húmedo y déjela leudar durante 1 hora o hasta que haya duplicado su tamaño.
    Mientras, mezcle la carne picada con la mantequilla, la cebolla, el tomate, el ajo y el perejil y salpimiente.
    Coloque la masa en una superficie enharinada. Divídala en 4 porciones y forme un cilindro grueso con cada una de ellas. Corte cada cilindro en 5 partes y deles forma de bola. Cúbralas y déjelas reposar 15 minutos. Precaliente el horno a 190 °C.
    Aplaste las bolas con las manos, empezando por el centro de la masa y en un movimiento circular para formar discos con los bordes levantados. Distribuya el relleno en el centro de cada círculo, presionándolo para aplastarlo.
    Hornee los panes 30 minutos hasta que se doren y sírvalos con gajos de limón.

Nota: para un relleno de queso, utilice una mezcla de 450 g de ricotta, 75 g de nata para montar y perejil picado. Salpimiente y proceda de la misma manera.

Esfiha

Pastei

Pastel de pollo de Surinam 🍲
Surinam

Preparación: 45 minutos   Para 8 personas
Cocción: 45 minutos

Llegados al país en 1638, los judíos sefardíes fueron una comunidad próspera durante algún tiempo. Poseían plantaciones de caña de azúcar y esclavos y, aunque la mayoría emigraron tras la independencia en 1975 y la guerra civil posterior, dejaron platos como el *pastei* y el *pom*, una cazuela de pollo con raíz de taro.

    Para la masa
175 g de mantequilla, y un poco más para engrasar
175 ml de agua fría
200 g de harina común
2 cdtas. de levadura en polvo
1 cdta. de sal marina

    Para el relleno
115 g de mantequilla
2 cebollas grandes picadas
1 chile fresco picado
1 pimiento rojo despepitado y picado
3 trozos de pollo grandes
1 rama de apio picada
1 hoja de laurel
1 cdta. de pimienta de Jamaica molida
250 ml de agua
1 cda. de aceite
2 tomates grandes picados
120 g de guisantes congelados
120 g de zanahoria picada
 1 cda. de piccalilli
2 cdas. de kétchup
1 cdta. de salsa Worcestershire (opcional)
3 huevos duros en rodajas
sal marina y pimienta molida

    Para servir
arroz blanco cocido

Caliente a fuego medio una cazuela, derrita la mantequilla y sofría la mitad de la cebolla, el chile y el pimiento unos 6 minutos hasta que la cebolla empiece a tomar color. Agregue el pollo, el apio, el laurel y la pimienta de Jamaica y sofríalo unos minutos. Vierta el agua y salpimiente. Cuézalo 30 minutos hasta que el pollo esté hecho. Retírelo y desmenúcelo, reservando el caldo de cocción y las verduras y desechando el laurel.
    Caliente a fuego medio el aceite en una sartén y sofría la cebolla restante y el pollo desmenuzado unos 2 minutos. Agregue los tomates, los guisantes y la zanahoria. Después de un par de minutos, vierta el caldo de cocción reservado y añada el *piccalilli*, el kétchup y la salsa Worcestershire, si utiliza. Cueza el pollo hasta que absorba todo el líquido y déjelo enfriar. Precaliente el horno a 200 °C mientras prepara la masa.
    Bata la mantequilla con una batidora eléctrica o una cuchara de madera. Añada, poco a poco, el agua hasta que la mantequilla la absorba por completo.
    Tamice la harina con la levadura en polvo y la sal. Mezcle, poco a poco, los ingredientes secos con la mezcla de mantequilla. La masa debe quedar consistente; si fuera necesario, añada más harina.
    Divida la masa en 2 porciones desiguales, un tercio y dos tercios, de unos 5 mm de grosor y extienda ambas con un rodillo. Engrase un molde de horno de 27 cm de diámetro con mantequilla, fórrelo con la porción de masa más grande, bordes incluidos, y pínchela con un tenedor.
    Distribuya el relleno de forma uniforme sobre la masa y disponga los huevos duros encima. Cubra el pastel con la porción de masa reservada, presione los bordes para sellarlos y pellízquelos con un tenedor. Hornéelo 45 minutos hasta que se dore.
    Sírvalo caliente en porciones, con arroz blanco.

Pastel de carne de Belice

Belice

Preparación: 30 minutos   Para 12 unidades
Cocción: 20 minutos

Se cree que este pastel relleno de carne llegó a Belice con la ocupación británica, cuando era conocido como la Honduras británica. Con el tiempo, surgió esta variante claramente beliceña, en la que la carne picada se mezcla con recado rojo o chiles picantes como los habaneros.

    225 g de carne de ternera picada
$\frac{1}{2}$ cdta. de tomillo seco
$\frac{1}{2}$ cdta. de pimienta de Jamaica molida
$\frac{1}{2}$ cdta. de recado rojo (pasta de achiote)
2 cdas. de aceite vegetal
$\frac{1}{2}$ cebolla roja picada fina
$\frac{1}{2}$ pimiento verde despepitado y picado fino
2 cdtas. de ajo picado
1 cda. de harina común
250 ml de agua
sal marina y pimienta molida

    Para la masa
400 g de harina común, y un poco más
para espolvorear
1 cda. de sal
115 g de mantequilla en dados
250 ml de agua

Para preparar el relleno, salpimiente la carne picada y mézclela con el tomillo, la pimienta de Jamaica y el recado rojo.
    Caliente a fuego medio el aceite en una cazuela y sude la cebolla, el pimiento y el ajo durante 5 minutos. Añada la carne picada condimentada y el agua. Remueva bien y déjela cocer 15 minutos. Disuelva la harina en 2 cucharadas de agua, incorpórela a la cazuela y prosiga con la cocción otros 5 minutos o hasta que espese. Retire la sartén del fuego y déjelo enfriar.
    Precaliente el horno a 200 °C.
    En un bol, mezcle la harina con la sal. Añada la mantequilla, frótela con la yema de los dedos y empiece a amasar con las manos. Vierta el agua y continúe amasando hasta obtener una masa fina.
    Divida la masa en 2 porciones iguales. Estire una de ellas sobre una superficie enharinada hasta obtener una lámina de 5 mm de grosor. Con un cortapastas redondo de 7,5 cm, forme 12 círculos y forre los huecos de un molde para 12 magdalenas. Extienda la mitad de la masa restante de la misma manera y forme otros 12 círculos.
    Coloque 1 cucharada colmada del relleno en cada hueco y humedezca con los dedos los bordes de la masa. Cubra cada hueco con otro círculo de masa y presiónelo con suavidad para sellar los bordes. Con un palillo, pinche el centro de cada pastelito. Hornéelos de 15 a 20 minutos hasta que estén dorados. Retírelos del horno, déjelos enfriar un poco y sírvalos todavía calientes.

Pastei

Torta pascualina

Pastel de Cuaresma
Argentina, Uruguay

Preparación: 15 minutos,
más 30 minutos para reposar
Cocción: 1 hora

Para 8 personas

Esta torta se podría confundir con una Empanada gallega (véase pág. 41), ya que ambas son masas saladas gruesas, originarias de poblaciones inmigrantes y se suelen encontrar una al lado de la otra en los estantes de las panaderías. Sin embargo, la torta pascualina, traída por los genoveses y típica de Cuaresma, se rellena con espinacas o acelgas y ricotta, en lugar de atún.

Para la masa
600 g de harina común, y un poco más
para espolvorear
1½ cdtas. de sal
285 g de mantequilla en dados, y un poco más
para engrasar
120 ml de agua fría
1 yema de huevo, para glasear

Para el relleno
225 g de espinacas frescas
1½ cdas. de aceite vegetal
1 cebolla blanca picada fina
½ pimiento rojo despepitado y en dados
1 cdta. de nuez moscada molida
¼ de cdta. de orégano seco
5 huevos duros, más 2 huevos batidos
115 g de ricotta
35 g de parmesano rallado
azúcar glas, para espolvorear
sal y pimienta negra molida

Mezcle la harina con la sal en un bol. Añada la mantequilla, mézclela con la yema de los dedos hasta que se incorpore y amase hasta obtener una masa de textura arenosa. Añada el agua poco a poco, mientras continúa amasando hasta que la masa se despegue fácilmente del bol. Divídala en 2 porciones iguales y colóquela sobre una superficie enharinada. Forme 2 discos que quepan en un molde para tartas de 20 cm, dejando que uno de ellos sobresalga un poco más. Cúbralos con film transparente y refrigérelos 30 minutos.

Precaliente el horno a 180 °C y engrase ligeramente el molde con mantequilla.

Para preparar el relleno, ponga a hervir una olla de agua con sal y cueza las espinacas 1 minuto. Retírelas con una espumadera y páselas a un bol de agua con hielo. Estruje las espinacas para eliminar el exceso de agua y resérvelas.

En una sartén, caliente a fuego medio 1 cucharada de aceite y sude la cebolla y el pimiento 5 minutos o hasta que se ablanden. Añada las espinacas y sofríalo todo otros 5 minutos. Sazone la mezcla con nuez moscada, orégano, sal y pimienta. Retire la sartén del fuego.

Mezcle el huevo batido con ambos quesos rallados, añádalo a las espinacas y déjelo enfriar.

Retire la masa del frigorífico y utilice el disco más grande para forrar el molde engrasado, dejando unos 2,5 cm de masa sobresaliendo por los bordes. Distribuya la mezcla de verduras sobre la base, corte los huevos duros por la mitad y dispóngalos por encima. Humedezca el borde de la masa con agua, coloque el segundo disco de masa encima y selle el pastel presionando los bordes con la punta de los dedos.

Píntelo con la yema de huevo y pinche ligeramente la masa por varios sitios con un tenedor. Espolvoree el pastel con azúcar glas y hornéelo 40 minutos hasta que se dore.

Retírelo del horno y sírvalo templado.

Mbejú

Pan plano de queso paraguayo
Paraguay

Preparación: 15 minutos
Cocción: 10 minutos

Para 6 unidades

El *mbejú*, que significa «torta» en guaraní, es un básico del desayuno paraguayo y forma parte de la *tyrá*, alimentos que se toman con el mate cocido, una infusión de hierbas amargas, junto con las *chipas* y la sopa paraguaya. Hay once variantes, entre ellas el *avevó*, que utiliza más ingredientes grasos, y el *mbejú jopará* o mestizo, en el que se emplea harina de yuca y de maíz.

75 ml de agua
150 ml de leche
560 g de harina de yuca
140 g de harina de maíz
1 cdta. de sal
120 ml de mantequilla derretida, más 1 cdta.
para freír
1 huevo batido
300 g de queso Paraguay desmenuzado (o havarti)

Mezcle el agua con la leche y resérvela.

En un bol, mezcle la harina de yuca con la de maíz y la sal. Haga un hueco en el centro y vierta en él la mantequilla derretida, el huevo y la mezcla de agua y leche. Amase con las manos.

Cuando la masa esté fina y homogénea, añada el queso y continúe amasando hasta conseguir una textura seca.

En una sartén, derrita a fuego medio-alto la cucharadita de mantequilla.

Añada la masa y extiéndala en la sartén hasta que tenga un grosor de 1 cm, aplastándola de forma uniforme para que no queden huecos.

Fríala 3 minutos hasta que se dore, dele la vuelta y fríala otros 3 minutos.

Panes dulces

Cuando los españoles introdujeron los panes de trigo en el siglo XVI, la mayoría no los aceptó. Muchos los consideraron insípidos hasta un incidente en el que, supuestamente, un virrey mojó uno de estos panes en un bol de chocolate caliente en México y se ganó su confianza. A medida que la Ciudad de México se volvió más cosmopolita, su pan dulce se convirtió en una tradición para el desayuno o la merienda. Durante el siglo XIX, tuvieron lugar dos guerras entre Francia y México (una de ellas conocida como la Guerra de los Pasteles, porque comenzó por una deuda impagada de una panadería) y el arte francés de hacer pan se extendió a las panaderías mexicanas y de ahí hacia el sur. Los panaderos comenzaron a usar una masa similar a la de un brioche para sus panes, a añadir ingredientes locales, como la harina de maíz y la guayaba, y a darles formas divertidas como *moños*, o lacitos, y *puerquitos*.

Rosca de Reyes

Roscón de Reyes
México

Preparación: 1 hora,
más 7 horas para reposar
y leudar
Cocción: 30 minutos

Para 2 roscones

De origen español, está muy extendida en toda la región, sobre todo en México. Se suelen hornear de 6 a 8 bebés de plástico, que representan al niño Jesús, dentro del roscón. Quienes encuentren uno en su porción deberán organizar una fiesta el 2 de febrero en la que cada persona llevará algo de comer, como tamales o dulces.

Para la levadura activada
2 g de levadura fresca o 10 g de levadura seca activa
2 cdas. de agua templada
65 g de azúcar
500 g de harina común
1/3 de cdta. de sal
3 huevos

Para la masa
500 g de harina común
1 pizca de sal
8 huevos batidos con 2 cdas. de agua
225 g de azúcar
2 cdas. de agua de azahar
1 cdta. de ralladura fina de naranja
1 cdta. de ralladura fina de limón (lima)
200 g de mantequilla en pomada

Para el decorado (costrones)
80 g de harina común
20 g de sal
50 g de mantequilla en pomada
50 g de azúcar glas, y un poco más para espolvorear
1 huevo

Para adornar
1 huevo batido
fruta confitada

Para activar la levadura, ponga la levadura, el agua y 1 cucharadita del azúcar en un bol. Déjelo reposar 15 minutos. Mezcle la harina, el azúcar restante y la sal en otro. Agregue la levadura reposada y los huevos batidos y mézclelos hasta obtener una masa grumosa. Cúbrala con un paño húmedo y déjela reposar 2 horas.

Para preparar la masa, ponga la harina con la sal en un bol y remueva. Añada la levadura activada, el huevo batido, el agua de azahar y las ralladuras de naranja y limón y amase durante 10 minutos hasta obtener una masa fina. Agregue la mantequilla y amase 10 minutos más hasta que la mantequilla esté completamente incorporada; debe quedar satinada y elástica. Colóquela de nuevo en el bol, cúbrala con film transparente y déjela leudar unas 4 horas o hasta que duplique su tamaño.

Corte la masa en dos porciones iguales y forme 2 rollos de 5 cm de diámetro cada uno. Junte los extremos de ambos rollos y forme dos roscones sellando los extremos con huevo batido. Ponga cada roscón en una bandeja de horno forrada con papel vegetal y cúbralos con un paño de cocina húmedo. Déjelos reposar 1 hora.

Precaliente el horno a 200 °C.

Mezcle todos los ingredientes del decorado en un bol hasta obtener una pasta homogénea. Cúbrala con film transparente y refrigérela hasta que la vaya a utilizar.

Pinte los dos roscones con huevo batido. Retire la cobertura del frigorífico y divídala en 8 tiras de unos 7,5 cm de largo y 5 mm de grosor. Cubra las costuras de los roscones con unas tiras de cobertura y reparta las restantes por encima espaciadas de forma uniforme. Píntelos con el huevo batido y espolvoree azúcar glas por encima. Decore los espacios entre las tiras con la fruta confitada y espolvoréelos de nuevo con azúcar.

Hornéelos de 25 a 30 minutos. Pasados 20 minutos, compruebe la cocción; si no están cocidos, pero están dorados, cúbralos con papel de aluminio para que no se doren demasiado.

Retírelos del horno y déjelos enfriar sobre una rejilla metálica.

Elotitos, elotes

Panes dulces con forma de mazorca de maíz
México

Preparación: 40 minutos
Cocción: 20 minutos

Para 15 unidades

Aunque el pan dulce mexicano presenta cientos de formas caprichosas (orejas, pajaritas, ojos de buey y ratones), los elotes son de los pocos que simulan algo que se come, mazorcas de maíz.

Para la masa
400 g de harina común
7 g de levadura seca activa
1 cdta. de sal
100 g de azúcar
1 huevo
1 yema de huevo
120 ml de agua
1 pizca de canela molida
170 g de mantequilla (o manteca)

Para el relleno
100 g de harina común
70 g de azúcar glas
75 g de mantequilla
1 yema de huevo

Forme un volcán con la harina en una superficie de trabajo. Haga un hueco en el centro y añada la levadura, la sal y el azúcar y mezcle con las manos. Forme de nuevo un volcán con un hueco en el centro y agregue el huevo entero y la yema. Mezcle con las manos hasta obtener una textura arenosa. Continúe amasando mientras añade el agua poco a poco hasta conseguir una masa grumosa. Añada la canela y la mantequilla y trabaje la masa de 10 a 15 minutos hasta que esté fina. Cúbrala con un paño de cocina y déjela reposar 10 minutos.

Mientras, prepare el relleno. Mezcle todos los ingredientes a mano hasta obtener una mezcla fina.

Precaliente el horno a 200 °C.

Estire la masa con un rodillo para formar un cilindro y divídalo en 15 porciones iguales. Deles forma de bola y aplástelas para formar círculos. Con un cuchillo, realice un patrón de cuadrícula sobre cada pan. Deles la vuelta y extienda 1 cucharada del relleno a lo largo de los lados no marcados. Doble los bordes de cada panecillo hacia el centro y pellízquelos para sellarlos. Aplaste los extremos para darles la forma de una mazorca.

Ponga los panes en una bandeja de horno engrasada o forrada con papel vegetal y hornéelos 20 minutos.

Retírelos del horno y déjelos enfriar.

Concha

Panes dulces con forma de concha
Guatemala, México

Preparación: 30 minutos,
más 4 horas para leudar
Cocción: 25-30 minutos

Para 18 unidades

Uno de los panes dulces más famosos de México, está formado por una masa tipo brioche y una corteza a base de azúcar que se estampa con un patrón de concha marina. Algunas variantes son la *chilandrina*, con la corteza de azúcar moreno, la *chorreada*, con piloncillo (azúcar de caña crudo), y una, muy habitual, que añade un poco de cacao en polvo a la cobertura.

Para la masa
100 ml de leche
500 g de harina común, y un poco más
para espolvorear
140 g de azúcar
12 g de levadura seca activa
½ cdta. de sal
1 cda. de leche en polvo
100 g de mantequilla a temperatura ambiente
4 huevos batidos

Para la cobertura
100 g de mantequilla a temperatura ambiente
100 g de azúcar glas
100 g de harina común
2 cdas. de cacao en polvo sin azúcar (opcional)
225 g de mantequilla derretida

Lleve la leche a ebullición en una cazuela. Retírela del fuego y déjela enfriar a temperatura ambiente.

En un bol, mezcle 2 cucharadas de harina con 1½ cucharaditas del azúcar, la leche fría y la levadura. Deje reposar la mezcla hasta que duplique su tamaño, sobre 1 hora y 30 minutos.

Tamice la harina restante con la sal formando un volcán. Añada el azúcar restante y la leche en polvo y forme un hueco en el centro. Agregue poco a poco la mantequilla, los huevos y la mezcla de levadura. Amase hasta obtener una textura fina y elástica. Dele forma de bola y cúbrala con un film transparente o un paño de cocina húmedo y déjela leudar hasta que duplique su tamaño, alrededor de 1 hora.

Para preparar la cobertura, bata, con una batidora o una cuchara de madera, la mantequilla con el azúcar hasta obtener una mezcla ligera. Añada la harina con el caco (si lo desea) y remueva hasta formar una pasta.

Engrase una bandeja de horno con un poco de mantequilla. Cuando la masa haya subido, vuélquela sobre una superficie enharinada y divídala en 18 porciones iguales. Deles forma de bola y dispóngalas en la bandeja preparada. Píntelas con mantequilla derretida.

Divida la cobertura en 18 partes iguales. Extienda con un rodillo una de ellas hasta obtener un círculo del mismo diámetro que las bolas de masa. Cubra con él una de las bolas y use un molde en forma de concha enharinado o un cuchillo para marcar el patrón en la superficie. Repita la operación con la cobertura restante. Deje reposar los panecillos hasta que dupliquen su tamaño, alrededor de 1 hora y 30 minutos.

Precaliente el horno a 190 °C.

Hornee los panes 25 minutos o hasta que estén hechos. Retire la bandeja del horno, páselos a una rejilla metálica y déjelos enfriar. Sírvalos templados o a temperatura ambiente.

Pan de muerto

Pan del Día de los Muertos
México

Preparación: 1 hora,
más 4 horas para leudar
Cocción: 40 minutos

Para 3-4 personas

Parece que fue creado justo después de la conquista. Los sacrificios humanos, como tributo a los dioses, no eran raros entonces. Algunas fuentes indican que la sangre se mezclaba con semillas de amaranto para elaborar pan. Los españoles, horrorizados, crearon un pan de trigo coloreado con azúcar rojo. Hay numerosas variantes (algunas con forma de conejo o muñeca), pero esta es la más conocida: un pan redondo decorado con una cruz de huesitos y una calavera. Por lo general, se come el Día de Todos los Santos, en un altar llamado ofrenda, aunque ahora se suele tomar el mes anterior.

Para la masa
250 ml de leche
500 g de harina común, y un poco más
para espolvorear
100 g de azúcar
1½ cdtas. de levadura seca activa
4 huevos
½ cdta. de sal
1 cda. de ralladura fina de naranja
1-2 cdas. de agua de azahar (agua de flor de naranjo)
200 g de mantequilla fría en dados
un poco de mantequilla derretida, para engrasar
y untar
azúcar glas, para espolvorear

Para el glaseado
1 huevo batido
1 pizca de sal y otra de azúcar
1 cda. de agua

Ponga la leche a hervir en una cazuela. Retírela del fuego y déjela enfriar.

Coloque la harina en un bol y forme un volcán. Añada el azúcar, la levadura y la leche en su interior. Cierre el volcán con harina y déjelo reposar durante 1 hora.

Agregue los huevos, la sal, la ralladura de naranja y el agua de azahar, mézclelos y moldee la masa en forma de bola. Pásela a una superficie de trabajo enharinada y trabájela unos 10 minutos. Agregue los dados de mantequilla y amásela 10 minutos más. Póngala de nuevo en el bol y cúbrala con un paño de cocina húmedo. Déjela leudar 2 horas hasta que duplique su tamaño.

Engrase dos bandejas de horno con mantequilla. Divida la masa en tres porciones iguales. Con dos de ellas, forme bolas y aplástelas un poco. Colóquelas en una de las bandejas, cúbralas y déjelas leudar durante 1 hora. Deje la porción restante a un lado y cúbrala.

Precaliente el horno a 200 °C. Divida la porción de masa restante en 10 trozos, moldéelos en 2 bolas y 8 tiras largas y finas.

Mezcle todos los ingredientes del glaseado en un bol y pinte los panes. Disponga 4 tiras de masa en forma de X sobre uno de ellos y coloque una bolita de masa en el centro. Repita la operación con el otro pan. Presione cada uno de los elementos para que se adhieran. Pinte cada pan por todas partes con el glaseado.

Hornéelos 40 minutos hasta que se doren. Retírelos del horno y déjelos enfriar sobre una rejilla metálica. Píntelos con la mantequilla derretida y espolvoréelos con azúcar glas antes de servir.

Panes y elaboraciones al horno

Pan de muerto

Chipas

En Paraguay hay más de setenta variedades de *chipa*, que son, en su mayoría, panecillos de harina de maíz o de yuca sin levadura de diversas formas y tamaños. Algunas, como la *chipa guazú*, se hornean como un bizcocho rectangular y se cortan en cuadrados, mientras que otras son como panecillos o tienen forma de rosquilla. A menudo las vendedoras ambulantes, llamadas *chiperas*, las venden en cestas o en puestos callejeros, y la mayoría de las veces se comen acompañadas de una taza de mate. Históricamente, en la región guaraní (que abarca partes de Paraguay, del noreste de Argentina, del sudeste de Bolivia y del sudoeste de Brasil), la *chipa* más básica estaba hecha solo de almidón de yuca y agua, aunque evolucionó cuando los colonos llegaron con leche de animales domésticos, queso y huevos. Otras variaciones de las *chipas* se elaboran con harina de trigo, como la *chipa pirú*, o se rellenan con carne picada, como la *chipa so'o*.

Chipa guazú

Bizcocho de maíz paraguayo 📷
Paraguay

Preparación: 25 minutos
Cocción: 40 minutos
Para 16 unidades

La palabra *guazú* o *guasu* significa «grande» en guaraní, por lo tanto, la *chipa guazú* es la más grande de todas. Este bizcocho es bastante similar a la Sopa paraguaya (véase pág. 24), aunque sustituye la harina de maíz por granos de maíz.

    100 g de mantequilla, y un poco más para engrasar
    1 cebolla en rodajas finas
    1 kg de granos de maíz fresco
    6 huevos
    250 ml de aceite vegetal
    un poco de leche, para diluir la masa
    (si fuera necesario)
    15 g de sal
    300 g de queso Paraguay rallado (o cualquier queso fresco y salado)

Precaliente el horno a 190 °C. Engrase una fuente de horno cuadrada de 20 x 20 x 5 cm.
    Derrita a fuego medio la mantequilla en un cazo y sofría la cebolla de 10 a 15 minutos hasta que esté dorada. (Puede utilizar manteca en vez de mantequilla para aportar más sabor, aunque ya no será vegetariana.)
    En una batidora, mezcle el maíz con los huevos, el aceite vegetal y la cebolla frita. Tritúrelo a velocidad alta unos 2 minutos o hasta obtener una mezcla fina, añadiendo un poco más de leche si quedara demasiado espesa. Añada la sal y el queso rallado y tritúrela 30 segundos más.
    Vierta la mezcla en la bandeja preparada y hornee el bizcocho de 30 a 40 minutos hasta que esté dorado y bien hecho en el centro (pruebe con la punta de un cuchillo; si sale limpia, está listo).
    Retire la bandeja del horno y deje enfriar el bizcocho un poco. Córtelo en cuadrados y sírvalo templado.

Chipa so'o

Bollos de maíz rellenos de carne picada
Argentina, Paraguay

Preparación: 30 minutos
Cocción: 40 minutos
Para 8 unidades

La *chipa so'o* es la versión redonda de la Sopa paraguaya (véase pág. 24). Data de las misiones jesuitas guaraníes y se prepara con huevos, queso y manteca batida mezclada con harina de maíz y rellena con carne picada.

    Para la masa
    450 g de harina de maíz
    1 cdta. de almidón de yuca
    140 g de queso Paraguay rallado (o uno suave y cremoso)
    100 g de manteca
    1 huevo
    250 ml de leche entera

    Para el relleno
    2 cdas. de aceite vegetal
    1 cebolla roja picada fina
    2 dientes de ajo picados
    1 pimiento rojo despepitado y picado
    450 g de lomo de ternera picado fino
    4 huevos duros picados gruesos
    1 cdta. de comino molido
    sal y pimienta molida

Precaliente el horno a 200 °C.
    Para preparar la masa, mezcle la harina de maíz con el almidón de yuca, el queso y la manteca en un bol. Amase hasta obtener una masa quebradiza. Haga un hueco en el centro y añada el huevo y la leche. Continúe trabajando la masa hasta que esté fina y homogénea. Cúbrala con film transparente y resérvela en el frigorífico.
    Para hacer el relleno, caliente a fuego medio el aceite en una sartén y sofría la cebolla, el ajo y el pimiento 10 minutos o hasta que la cebolla esté translúcida. Añada la carne picada, los huevos duros y el comino. Salpimiente y remueva bien. Retire la sartén del fuego y reserve el relleno.
    Divida la masa en 8 bolas del mismo tamaño. Con el pulgar, haga un hueco en el centro de cada bola y añada 1 cucharada del relleno. Selle la masa sobre el relleno y coloque las bolas de masa rellenas en una bandeja de horno forrada con papel vegetal. Presiónelas para hacer hamburguesas gruesas y hornéelas de 30 a 40 minutos o hasta que se doren.

Chipa guazú

Chipa kavuré, chipa asador, chipá mbocá

Canutillo de manteca y queso
Argentina, Paraguay

Preparación: 15 minutos
Cocción: 20 minutos

Para 4 personas

Elaborada con manteca, queso y una mezcla de harina de maíz y de yuca, la *chipa kavuré*, cuyo origen se remonta a las misiones jesuitas guaraníes en el periodo colonial de Paraguay, se envuelve alrededor de un palo de madera y se prepara sobre brasas calientes. El tamaño puede variar considerablemente, dependiendo de la longitud del palo y el tamaño de la fuente de calor.

> 115 g de manteca
> 4 huevos
> 115 g de queso Paraguay rallado (o uno suave y cremoso)
> 1 cdta. de semillas de anís
> 250 ml de leche entera
> 1/3 de cdta. de sal
> 140 g de harina de yuca, y un poco más para espolvorear
>
> Necesitará una caña de río de 1 cm de diámetro y 30 cm de largo

Precaliente la parrilla.

Bata la manteca en un bol. Añada los huevos de uno en uno, removiendo después de cada uno. Agregue el queso, el anís, la leche y la sal y siga removiendo. Eche poco a poco la harina, usando una espátula para incorporarla. La masa debe quedar firme y homogénea; si fuera necesario, añada más harina.

Estire la masa sobre una superficie espolvoreada con harina de yuca y forme un cuadrado de 20 cm y 1 cm de grosor. Envuelva la masa de forma uniforme alrededor de la caña, colóquela sobre la parrilla y ásela 10 minutos por cada lado o hasta que comience a agrietarse. Retire el canutillo de la caña y sírvalo caliente.

Chipa argolla

Rosca de queso de Semana Santa
Paraguay

Preparación: 15 minutos, más 20 minutos para reposar
Cocción: 30 minutos

Para 4 unidades

Típica de la Semana Santa en Paraguay, la *chipa argolla* es un pan de queso de miga densa en forma de rosca y con sabor a semillas de anís. Es costumbre compartirla con familiares y amigos y se come en los cementerios el Día de Todos los Santos.

> 1 cda. de mantequilla
> 1 huevo
> 80 g de queso Paraguay rallado (o una mezcla de parmesano y mozzarella rallados)
> 1/2 cdta. de semillas de anís
> 2 cdas. de leche entera
> 1 pizca de sal
> 70 g de harina de yuca
> 70 g de harina de maíz

Precaliente el horno a 200 °C.

En un bol, mezcle vigorosamente la mantequilla con el huevo, usando unas varillas, hasta obtener una pasta fina. Añada el queso y las semillas de anís. Agregue la leche y la sal y siga batiendo. Eche la harina de yuca y mézclela con una espátula hasta obtener una masa lisa y uniforme. Divídala en cuatro porciones iguales y colóquelas en un plato. Cúbralas y déjelas enfriar 20 minutos en el frigorífico.

Sobre una superficie enharinada, estire las porciones de masa y forme cilindros de 15 cm. Una los extremos de cada uno y presiónelos suavemente para sellarlos. Coloque las roscas en una bandeja de horno forrada con papel vegetal, tan distanciadas como sea posible, ya que doblarán su tamaño. Hornéelas de 20 a 30 minutos o hasta que se doren.

Empanadas

Las empanadas y empanadillas están muy presentes en casi toda América Latina. Sus raíces se sitúan en Oriente Medio, desde donde se abrieron paso hasta Europa para evolucionar de formas diferentes, antes de que los españoles las trajeran a América. Durante el periodo colonial, en América Latina no se diferenciaban de las de Galicia: empanadas grandes horneadas, circulares o rectangulares, con masa de levadura y sabrosos rellenos como atún o pollo, servidas en porciones individuales. Algunas versiones todavía se preparan así, como la Empanada gallega (véase pág. 41) o el *empadão de frango*.

Con el tiempo, las empanadas evolucionaron en América Latina y cobraron vida propia. Las empanadillas, una versión más pequeña para comer con la mano, se convirtieron en estándar. Dejó de utilizarse levadura y la masa tampoco tenía que estar necesariamente hecha con harina de trigo. Se podía emplear harina de maíz o de yuca o añadirse manteca de vaca. Los rellenos se adentraron en el mundo de los productos autóctonos, añadiendo papas, chiles, setas y especias locales.

Algunas de las mejores, como las de Salta (Argentina), se cocinan en un horno de barro. Otras se fríen, como la empanada de *pipián* de Popayán (Colombia), rellena de papas y salsa de maníes.

El repulgue, la costura que sella el relleno de la empanada, se puede hacer presionando los bordes de la masa con un tenedor, aplastándolos con las yemas de los dedos o formando con ellos una trenza. Suele estar a un lado, aunque la salteña boliviana lo coloca justo encima.

Las empanadas se pueden tomar para el desayuno, como merienda o mientras se prepara un asado. Puede comprarlas en las panaderías o pedirlas en un restaurante, pero también se preparan en muchos hogares y se venden en cestas en los autobuses. En su mayor parte, se comen con las manos y calientes, casi recién salidas del horno o de la sartén, aunque debe tener cuidado porque el interior puede quemar, especialmente cuando llevan rellenos guisados.

Le recomendamos que prepare su propia masa para conseguir un sabor insuperable, aunque la masa para empanadillas de los supermercados es perfecta para aprovechar unas sobras en cualquier momento.

Empanada gallega

Empanada de atún al estilo gallego
Argentina, Uruguay

Preparación: 30 minutos,   Para 8-10 personas
más 1 hora para reposar
Cocción: 45 minutos

Esta empanada es la más parecida a las elaboradas
por los inmigrantes gallegos que llegaron a ciudades
como Buenos Aires o Montevideo en el siglo XIX. Es más
grande que las típicas empanadillas y la masa suele
ser más gruesa. Se venden en panaderías y pizzerías
y pueden llevar rellenos muy variados.

Para la masa
260 g de harina común
2 cdas. de levadura en polvo
½ cdta. de pimentón
¼ de cdta. de sal
115 g de mantequilla en pomada
2 huevos, más 1 huevo batido para glasear

Para el relleno
1 cda. de aceite
225 g de cebollas picadas
1 pimiento rojo despepitado y en juliana
1 pimiento verde despepitado y en juliana
2 dientes de ajo picados
1 cdta. de pimentón
450 g de atún desmenuzado
(tradicionalmente, en conserva)
2 tomates picados
50 g de aceitunas sin hueso picadas
1 cda. de perejil picado
2 huevos duros picados
sal y pimienta molida

Forme un volcán con la harina en una superficie de
trabajo. Haga un hueco en el centro y añada la levadura
en polvo, el pimentón y la sal. Agregue la mantequilla
y mézclela con la yema de los dedos. Amase desde el
centro hasta obtener una masa granulada. Añada los
huevos y suficiente agua para obtener una masa lisa
y homogénea pero no pegajosa. Dele forma de bola,
cúbrala con un paño de cocina húmedo y déjela reposar
durante 1 hora. Precaliente el horno a 200 °C.
    Mientras, caliente a fuego medio el aceite en una
cazuela para preparar el relleno. Sofría la cebolla,
los pimientos y el ajo 5 minutos hasta que estén
translúcidos. Añada el pimentón. Tape la cazuela
y sofríalo todo 2 minutos hasta que empiece a tomar
color. Salpimiente y reserve.
    En un bol, mezcle el atún con los tomates, las
aceitunas, el perejil y los huevos duros.
    Divida la masa en dos porciones iguales y extién-
dalas con un rodillo hasta obtener dos láminas lo
suficientemente grandes para forrar un molde para
tartas engrasado de 25 cm de diámetro. Pinche una
de ellas, que será la base, con un tenedor.
    Distribuya la mitad de las verduras sobre la base,
esparza por encima la mezcla de atún de forma uniforme
y añada las verduras restantes. Cúbralo con la tapa de
masa, sellando firmemente los bordes. Pinche la masa
con un tenedor.
    Pinte la empanada con el huevo batido y hornéela
unos 45 minutos hasta que se dore.

Tucumana

Empanadillas al estilo de Tucumán
Argentina

Preparación: 1 hora
Cocción: 20 minutos   Para 12 unidades

Estas empanadillas, horneadas en un horno de barro
o fritas, provienen de la ciudad de San Miguel de
Tucumán, en el noroeste de Argentina, aunque también
se pueden encontrar en otras zonas del país. En
Tucumán, el matambre (falda de ternera) es el relleno
más tradicional, aunque el mondongo (callos), el pollo o
el queso también son habituales. Normalmente se sirven
con una cuña de lima para exprimir un poco después
de cada bocado. En Bolivia, las *tucumanas* están muy
extendidas, pero pueden presentar variantes bastante
diferentes. Eso sí, siempre se fríen, y el relleno suele
consistir en carne picada, cebollas, papas, zanahorias,
guisantes, huevos duros y aceitunas.

225 g de falda de ternera
1 cda. de aceite vegetal
½ cebolla blanca picada
3 cebolletas picadas
1 cdta. de comino molido
6 huevos duros picados
550 g de harina común
175 ml de manteca derretida
sal y pimienta molida

Cueza la ternera en abundante agua con sal 40 minutos.
Retírela con una espumadera y déjela enfriar, reservando
el agua de cocción. Una vez se haya enfriado, corte la
carne en dados y resérvela.
    Caliente a fuego medio el aceite en una cazuela.
Sofría la cebolla 8 minutos, añada las cebolletas y
sofríalas 5 minutos. Vierta 250 ml del agua de cocción
reservada, agregue el comino y salpimiente. Retire
la cazuela del fuego, añada los huevos duros, remueva
y resérvelo.
    Precaliente el horno a 180 °C.
    Para preparar la masa, ponga la harina en una
superficie de trabajo. Añada poco a poco la manteca
removiendo con una cuchara de madera. Luego frote
la harina con la yema de los dedos. Añada suficiente
agua de cocción de la carne reservada (unos 250 ml)
y amase hasta obtener una masa fina.
    Divida la masa en 12 porciones iguales, deles forma
de bola y extiéndalas con un rodillo para formar círculos
de unos 15 cm de diámetro y 3 mm de grosor.
    Disponga 1 cucharada del relleno en el centro de
cada uno de ellos y una los bordes de la masa, humede-
ciéndolos con un poco de agua para sellarlos.
    Coloque las empanadillas en una bandeja de horno
forrada con papel vegetal y hornéelas 20 minutos
o hasta que se doren. Sírvalas templadas.

Salteña

Empanadillas al estilo boliviano
Bolivia

Preparación: 20 minutos   Para 12 unidades
Cocción: 15 minutos

La salteña, de forma ovalada y con un guiso cuajado como relleno, es como un *dumpling* de sopa. A pesar de su nombre, que hace referencia a la ciudad argentina de Salta, esta empanada horneada tiene, en realidad, su origen en Bolivia. Durante la dictadura de Juan Manuel de Rosas en el siglo XIX, una escritora salteña llamada Juana Manuela Gorriti fue exiliada a Potosí, justo al otro lado de la frontera con Bolivia, y se le ocurrió la receta como una forma de ganarse la vida. La gente de Potosí solía decir que iba a comprar una empanada a «la Salteña», la mujer de Salta. El apodo se mantuvo y las empanadillas salieron de Potosí y se extendieron por toda Bolivia, con numerosas variantes regionales.

Para aumentar la confusión, la ciudad de Salta también es conocida por sus empanadillas, que en Argentina se denominan generalmente empanadas salteñas. El relleno es más parecido a la versión boliviana que a otras empanadas de Argentina y se sirven con una salsa picante similar a la salsa picante boliviana llajua, aunque la masa es bastante diferente y el repulgue (costura) suele estar a un lado y no arriba como en Bolivia.

Para la masa
650 g de harina común, y un poco más
para espolvorear
2 cdas. de azúcar
250 ml de mantequilla derretida
2 yemas de huevo
120 ml de agua templada con ½ cda. de sal
1 huevo entero batido, para glasear

Para el relleno
120 ml de manteca derretida
2 cebollas blancas picadas
1 ají amarillo fresco picado
450 g de carne de ternera picada
(o pollo desmenuzado)
1,2 litros de caldo de carne
1 hoja de gelatina remojada en un bol de agua
con hielo
3 cdas. de perejil picado
6 papas (patatas) peladas cocidas y en dados
130 g de guisantes cocidos
sal y pimienta molida

Ponga la manteca al fuego en una sartén hasta que esté muy caliente. Sofría la cebolla y el ají 8 minutos o hasta que la cebolla esté blanda y dorada. Añada la carne picada y sofríala 4 minutos. Vierta el caldo y la gelatina exprimida y cuézalo todo a fuego lento unos 35 minutos. Agregue el perejil, salpimiente y retire la sartén del fuego. Añada las papas y los guisantes y reserve el relleno en el frigorífico hasta que lo vaya a utilizar.

Para preparar la masa, mezcle la harina con el azúcar en un bol. Añada la mantequilla y remueva con una cuchara de madera hasta que la masa se deshaga. Agregue las yemas y, sin parar de remover, vierta el agua templada con sal poco a poco. Amase hasta obtener una masa lisa y homogénea. Colóquela sobre una superficie enharinada y extiéndala con un rodillo hasta obtener una lámina fina de unos 3 mm de grosor.

Precaliente el horno a 180 °C.

Con la ayuda de un cortapastas redondo de 11 cm, corte discos de masa y colóquelos en una bandeja de horno forrada con papel vegetal. Disponga 1 cucharada del relleno en el centro de cada disco. Usando los dedos, humedezca los bordes de cada círculo con agua, doble las empanadillas por la mitad y séllelas.

Píntelas con huevo batido y hornéelas 15 minutos o hasta que se doren.

Panades

Empanadillas al estilo de Belice
Belice

Preparación: 25 minutos,
más 15 minutos para reposar   Para 12 unidades
Cocción: 40 minutos

A menudo preparadas para eventos comunitarios o vendidas en puestos callejeros, estas empanadillas de masa de maíz suelen estar rellenas de pescado ahumado, frijoles refritos o queso, y se sirven con *curtido*, un aliño ácido preparado con vinagre blanco, cebollas, sal y chile habanero.

420 g de harina de maíz
1 cdta. de levadura en polvo
3 cdas. de recado rojo (pasta de achiote)
unos 60 ml de agua templada
675 g de pescado desmenuzado (como atún)
aceite vegetal, para freír
sal

Para el *curtido*
1 cebolla blanca en dados pequeños
60 g de col blanca en rodajas
1 cda. de cilantro picado
el zumo de 2 limones (limas)
250 ml de vinagre blanco
1 chile habanero despepitado y picado grueso

En un bol, tamice la harina de maíz y la levadura en polvo. Añada una pizca de sal y empiece a amasar con las manos mientras agrega poco a poco el recado rojo y suficiente agua para obtener una masa lisa y homogénea; puede que no necesite toda el agua. Cúbrala con un paño y déjela reposar 15 minutos.

Una vez que la masa esté lista, divídala en 12 porciones iguales y deles forma de bola. Con ayuda de una prensa para tortillas o un utensilio plano, aplaste cada bola de masa y forme discos de grosor medio.

Coloque 1 cucharada de pescado en el centro de cada disco y dóblelos por la mitad. Selle los bordes presionándolos con la punta de los dedos.

Vierta suficiente aceite vegetal para freír en una cazuela de fondo grueso, asegurándose de que no supere los dos tercios de su capacidad, y caliéntela a 182 °C.

Fría las empanadillas por tandas, 4 minutos por cada lado o hasta que estén doradas y crujientes. Retírelas con una espumadera y páselas a un plato forrado con papel de cocina para eliminar el exceso de aceite.

Para preparar el *curtido*, mezcle la cebolla con la col, el cilantro, el zumo de limón y el vinagre y remueva. Sazone con sal y el chile habanero.

Para servir, extienda el aliño sobre las empanadillas.

Salteña

Empanadas de pino

Empanadillas de carne chilenas 🔲
Chile

Preparación: 50 minutos, más
1 hora y 10 minutos para reposar
Cocción: 30 minutos

Para 10 unidades

En Chile, las empanadas son una afición nacional. Al ser elegido presidente en 1970, Salvador Allende habló incluso de una «revolución con sabor a vino tinto y empanada». Las mejores, las que se hacen con manteca y se cocinan en un horno de leña, las encontrará en todas partes, desde vendedores ambulantes hasta cafés en estaciones de tren y esquí. Se sirven horneadas o fritas, en una gran variedad de formas y con un sinfín de rellenos, aunque las de *pino* son las más famosas. *Pino* es una variación de la palabra mapuche *pinu*, que significa «carne cocida», aunque el uso del término se emplea ahora para designar una mezcla de carne picada y cebollas, además de huevo duro, aceitunas y pasas.

Para la masa
540 g de harina común, y un poco más
para espolvorear
1½ cdtas. de sal
3 cdas. de azúcar
2 cdas. de mantequilla fría
12 cdas. de manteca
2 yemas de huevo batidas con 175 ml de agua

Para el relleno
2 cdas. de aceite vegetal
2 cdas. de mantequilla
3 cebollas blancas picadas
2 dientes de ajo picados
450 g de carne de ternera picada
2 cdtas. de comino molido
1 cdta. de guindilla molida
1 cda. de pimentón
120 ml de caldo de ternera
2 cdas. de harina común
70 g de pasas
170 g de aceitunas negras sin hueso y picadas
2 huevos duros en rodajas
sal y pimienta negra molida

Para glasear
1 yema de huevo batida con 2 cdas. de leche

Coloque la harina en un bol y añada la sal y el azúcar. Agregue la mantequilla y la manteca, mézclelo con las manos y amase para que se integre con los ingredientes secos. Añada despacio la mezcla de huevo batido a la harina, hasta que la masa empiece a estar fina. Cúbrala con un paño y déjela reposar 1 hora en el frigorífico.
Para preparar el relleno, caliente a fuego medio el aceite y la mantequilla en una sartén y sofría las cebollas y el ajo 10 minutos o hasta estén tiernos. Agregue la carne, el comino, el chile y el pimentón. Siga removiendo 3 minutos más antes de verter el caldo de ternera. Salpimiente y sofríalo 10 minutos más. Incorpore la harina y sofríalo otros 3 minutos. Retire la sartén del fuego y añada las pasas y las aceitunas. Déjelo enfriar.
Precaliente el horno a 180 °C.
Divida la masa en 10 porciones iguales, deles forma de bola y déjelas reposar 10 minutos. En una superficie enharinada, estire cada bola para formar un cuadrado de 15 cm y unos 5 mm de grosor.

Coloque 1 cucharada del relleno en el centro de cada cuadrado y una rodaja de huevo duro encima. Humedezca los bordes de la masa con agua y doble el cuadrado por la mitad. Unte el borde sellado con agua y presione con los dedos para sellarlo. Pinte las empanadillas con la yema de huevo y hornéelas 30 minutos o hasta que se doren.

Empanadas de cazón

Empanadillas de cazón
Venezuela

Preparación: 30 minutos,
más 10 minutos para reposar
Cocción: 20 minutos

❋ ⊘

Para 8 unidades

En casi cualquier playa de Venezuela es frecuente encontrarse con vendedores ofreciendo varios tipos de empanadillas. Las de cazón son las más famosas de la isla Margarita, y las favoritas de muchos. Están preparadas con cazón espinoso o mielga (*Squalus acanthias*), un tipo de tiburón que habita en aguas poco profundas. Tiene un estatus de conservación con vedas estacionales, así que, si tiene alguna duda, hágalas de bacalao o pez espada.

60 ml de aceite de maíz
1 cda. de semillas de achiote
1 cebolla picada
2 dientes de ajo majados
1 cdta. de comino molido
1 pimiento rojo despepitado y en dados
2 tomates pelados y picados
250 g de cazón (bacalao o pez espada)
20 g de cebolletas picadas finas
20 g de hojas de cilantro picadas
aceite vegetal, para freír
sal y pimienta molida

Para la masa
280 g de harina de maíz
4 cdas. de azúcar
1 cdta. de sal
475 ml de agua

Caliente a fuego medio una cazuela. Vierta el aceite y las semillas de achiote y, cuando el aceite tome color, cuélelo y viértalo de nuevo en la cazuela. Añada la cebolla, el ajo y el comino y sofríalos 2 minutos. Agregue el pimiento y los tomates y remueva. Eche el pescado y salpimiente. Cuézalo a fuego lento, removiendo de vez en cuando, hasta que se deshaga. Añada las cebolletas y el cilantro. Rectifique de sal al gusto.
En un bol, mezcle la harina, el azúcar y la sal y vierta suficiente agua para formar una masa homogénea. Amase unos minutos y déjela reposar de 5 a 10 minutos.
Divida la masa en 8 bolas y extiéndalas con un rodillo para hacer círculos (si coloca la masa entre 2 láminas de papel para envolver alimentos ayudará). Disponga 1 cucharada del relleno en el centro de cada círculo. Doble la masa por la mitad para cerrar las empanadillas y presione los bordes para sellarlas.
Vierta suficiente aceite vegetal para freír en una cazuela de fondo grueso, asegurándose de que no supere los dos tercios de su capacidad, y caliéntela a 177 °C.
Fría las empanadillas por tandas, unos 4 minutos por cada lado, hasta que se doren. Páselas a un plato forrado con papel de cocina para eliminar el exceso de aceite. Sírvalas calientes.

Empanadas de pino

Empanadas de pipián

Empanadillas de papas y maníes
Colombia

Preparación: 40 minutos
Cocción: 20 minutos
Para 10 unidades

Estas empanadillas tienen su origen en la ciudad colonial de Popayán, uno de los centros de la gastronomía colombiana, y son típicas del departamento del Cauca. Se rellenan con *pipián*, una mezcla de papas coloradas, una variedad criolla local, con maníes tostados y molidos y otros condimentos. Este mismo relleno también se usa para dar sabor a los tamales. Se suelen servir con ají de maní, una salsa de maníes picante.

Para la masa
250 ml de agua templada
½ cda. de panela (o azúcar mascabado claro)
120 g de masarepa (harina de maíz precocida) o harina de maíz
1 cdta. de levadura en polvo
½ cdta. de recado rojo (pasta de achiote)
½ cdta. de aceite vegetal

Para el relleno
2 papas (patatas) peladas y en dados
1 cda. de aceite de oliva
30 g de cebolla blanca picada
1 diente de ajo picado
2 tomates picados
30 g de pimiento rojo despepitado y picado
1 cebolleta picada
2 cdas. de cilantro picado
1 huevo duro picado
50 g de maníes (cacahuetes) tostados y picados
aceite vegetal, para freír
sal y pimienta molida

Vierta el agua en un bol, añada la panela y remueva hasta que se disuelva. Tamice poco a poco la harina de maíz y la levadura en polvo removiendo con unas varillas. Añada el recado rojo y el aceite vegetal mientras amasa con las manos hasta obtener una masa fina. Cúbrala con un paño y déjela reposar 15 minutos.

Mientras, para preparar el relleno, cueza las papas en una cazuela de agua con sal 10 minutos o hasta que estén tiernas. Escúrralas y resérvelas.

Caliente a fuego medio el aceite de oliva en una cazuela. Sofría la cebolla y el ajo 5 minutos o hasta que estén tiernos. Añada los tomates, el pimiento y la cebolleta y sofríalo todo, removiendo con frecuencia, otros 5 minutos o hasta que las verduras estén tiernas. Agregue el cilantro y salpimiente. Añada las papas cocidas, el huevo duro y los maníes y remueva para que se mezclen bien.

Para dar forma a las empanadillas, divida la masa en 10 porciones iguales y deles forma de bola. Aplástelas con una prensa para tortillas o colóquelas entre dos capas de film transparente y aplástelas con el fondo de una sartén.

Disponga 1 cucharada del relleno en el centro de cada círculo. Doble la masa por la mitad y presione suavemente los bordes con un tenedor o con la punta de los dedos para sellarlas.

Vierta suficiente aceite vegetal para freír en una cazuela de fondo grueso, asegurándose de que no supere los dos tercios de su capacidad, y caliéntela a 182 °C.

Fría las empanadillas por tandas, 3 minutos por cada lado, o hasta que estén doradas y crujientes. Retírelas con una espumadera y páselas un plato forrado con papel de cocina para eliminar el exceso de aceite. Sírvalas calientes con ají de maní.

Empanadas de changles

Empanadillas de setas silvestres
Chile

Preparación: 35 minutos,
más 10 minutos para reposar
Cocción: 15 minutos
Para 10 unidades

Los changles (*Ramaria flava*) son un tipo de hongo comestible de coral amarillo que crece en los hayedos del sur de Chile entre abril y mayo. En las esquinas de las calles y en los mercados de ciudades como Osorno y Temuco los verá a la venta en cestas gigantes. No es fácil encontrarlos fuera de Chile, aunque los hongos melena de león (*Hericium erinaceus*), que están más extendidos, son un buen sustituto y, en realidad, podría utilizar cualquier hongo silvestre disponible. Los changles se comen también frescos o encurtidos y en conserva, pero estas empanadillas, condimentadas con un polvo de chile ahumado llamado *merkén*, son una delicia especial de cada otoño.

Para la masa
130 g de harina común
120 g de harina de centeno
1 cda. de aceite de oliva
1 cda. de aceite de girasol
1 cdta. de sal
250 ml de agua templada

Para el relleno
2 cdas. de aceite vegetal
1 cebolla blanca picada
500 g de changles (u otra seta silvestre) picados
1 cdta. de merkén (polvo de chile ahumado)
1 cdta. de tomillo seco
sal
1 yema de huevo batida

Para preparar la masa, tamice ambas harinas sobre un bol y forme un hueco en el centro. Vierta los dos tipos de aceite en el hueco y añada la sal. Amase y vierta el agua poco a poco hasta obtener una masa lisa y uniforme (añada más agua si fuera necesario). Cúbrala con un paño y déjela reposar 10 minutos.

Precaliente el horno a 180 °C.

Mientras, prepare el relleno. Caliente a fuego vivo el aceite vegetal en una sartén antiadherente y sofría la cebolla 5 minutos. Añada las setas y baje el fuego. Sazone con el *merkén*, el tomillo y un poco de sal. Retire la sartén del fuego y reserve el relleno.

Divida la masa en 10 porciones iguales y deles forma de bola. Estire y aplaste cada una en un disco de 12 cm de diámetro.

Coloque 1 cucharada colmada del relleno en el centro de cada círculo. Con la punta de los dedos, humedezca los bordes de la masa con un poco de agua, dóblelas por la mitad y presione los bordes para sellarlas. Pinche cuidadosamente las empanadillas dos veces con un tenedor y píntelas con el huevo batido.

Colóquelas en una bandeja de horno y hornéelas 15 minutos hasta que se doren. Sírvalas templadas.

Empanadas de pipián

Sándwiches

Los sándwiches cuentan con una larga tradición en toda América Latina y cada país utiliza su propia combinación de ingredientes. En el Perú, las rodajas de camote cocido son el complemento perfecto del cerdo frito y el pan crujiente. En el norte de Brasil, la pulpa del fruto de la palma combina de maravilla con el queso fundido y sus panecillos de pan blanco, mientras que, en México, los sándwiches pueden naparse de salsa como si fueran enchiladas.

En Chile, las tradicionales *fuentes de soda*, los locales de sándwiches de la vieja escuela, tienen su propia jerga. Pida un «completo italiano» y le servirán un sándwich con su aguacate, su mayonesa y su tomate (los colores de la bandera italiana) que será demasiado grande para comerlo con las manos y tendrá que hacerlo con cuchillo y tenedor. En algunos casos, quienes trabajan en la parrilla llevan décadas en el local y tienen clientes fieles que únicamente comen los Barros Luco o lomitos palta de esos establecimientos.

Sándwich de chola

Sándwich boliviano de cerdo asado
Bolivia

Preparación: 30 minutos,
más 12 horas para marinar
y 1 hora para reposar
Cocción: 2 horas

Para 8 personas

Encontrará estos sándwiches de cerdo en los puestos callejeros de toda Bolivia, sobre todo en el famoso Parque de las Cholas de La Paz, donde un grupo de mujeres lleva décadas vendiéndolos. Se preparan con pan *sarnita*, un panecillo redondo, pequeño y tierno elaborado con leche y mantequilla, que se cubre con queso antes de hornearlo. Se suelen añadir zanahorias y cebollas encurtidas, así como una rodaja de tomate fresco, una cucharada de llajua y una salsa de ajíes rocoto molidos.

270 g de sal
2 litros de agua
675 g de pierna de cerdo
2 cdas. de pasta de ají colorado
1 cebolla picada fina
2 cabezas de ajo con los dientes picados finos
½ cdta. de pimienta negra
1 cdta. de comino molido
8 panecillos
zanahorias y cebollas encurtidas

Para la llajua
3 tomates
2 ajíes rocoto (o 3 cdas. de pasta de ají rocoto)
10 g de hojas de menta fresca picadas
7 g de hojas de perejil picadas

La víspera, prepare la pierna de cerdo. En un bol, disuelva la sal en el agua y añada la carne, asegurándose de que queda totalmente cubierta. Déjela marinar durante toda la noche a temperatura ambiente. A la mañana siguiente, escurra la marinada.

Frote bien el cerdo con la pasta de ají colorado, la cebolla, el ajo, la pimienta y el comino por todos los lados y déjelo reposar en el frigorífico durante 1 hora. Precaliente el horno a 200 °C. Hornee el cerdo en una bandeja de horno unas 2 horas, dándole la vuelta cada 30 minutos más o menos. En cuanto esté en su punto, córtelo en filetes finos y déjelo enfriar a temperatura ambiente.

Para la llajua, machaque en un mortero los tomates con los chiles y sale al gusto. Añada la menta y el perejil picados y mezcle bien.

Abra los panecillos por la mitad, agregue los filetes de cerdo y disponga encima las zanahorias y cebollas encurtidas. Sírvalos con la llajua como guarnición.

Bauru

Sándwich brasileño de carne asada
Brasil

Preparación: 30 minutos

Para 4 personas

A principios de la década de 1930, un estudiante de derecho llamado Casimiro Pinto Neto entró en el bar Ponto Chic de São Paulo y pidió que le prepararan un sándwich con ternera asada, queso fundido y rodajas de pepinillo y tomate. A otro cliente le llamó la atención y solicitó *um lanche igual ao do Bauru*, es decir, un sándwich como el de Bauru, apodo por el que conocían a Pinto Neto en su ciudad natal. El Bauru enseguida se convirtió en el sándwich más popular del menú.

175 g de queso amarillo en lonchas (una mezcla de edam, gouda y queso suizo a partes iguales, o mozzarella)
3 tomates en rodajas
1 cdta. de orégano seco
4 panecillos pequeños y crujientes
450 g de ternera asada en filetes finos
1 pepinillo grande encurtido en rodajas finas
sal

En un bol refractario colocado sobre una cazuela con agua hirviendo, caliente el queso hasta que se derrita y retírelo del fuego. Sazone los tomates con sal y orégano.

Abra los panecillos por la mitad y retire la miga, dejando solo la corteza. Añada la carne asada, el tomate y los pepinillos y, por último, el queso fundido.

Chacarero

Sándwich chileno de carne y judías verdes 🍽
Chile

Preparación: 20 minutos
Cocción: 10 minutos

Para 4 personas

El churrasco no es igual en toda América Latina, aunque siempre lleva carne de ternera. En Chile, es un sándwich de lomo o solomillo de ternera asado cortado en filetes finos, que se suele servir con tomate, mayonesa o aguacate machacada. Pero si hay una versión del churrasco que destaca sobre todas las demás es el *chacarero*, en el que la carne se cubre de judías verdes, con o sin un toque de chile o mayonesa. En lugar de ternera, también se puede utilizar lomo de cerdo asado, como en el Lomito palta de la página 52.

2 cdas. de aceite de oliva
1 diente de ajo picado
675 g de solomillo de ternera en 4 filetes de 2,5 cm de grosor
275 g de judías verdes
1 tomate
4 panecillos crujientes
2 cdas. de mantequilla
sal
mayonesa, para servir (opcional)

Caliente a fuego lento 1 cucharada de aceite de oliva en una sartén y añada el ajo. Suba el fuego, agregue los filetes y saltéelos aproximadamente 1½ minutos hasta que estén medio hechos. Déjelos enfriar y córtelos en lonchas finas.

Mientras, cueza las judías verdes en agua hirviendo con sal unos minutos hasta que estén al dente. Escúrralas bien y páselas a un bol de agua con hielo.

Corte el tomate en rodajas lo más finas posible y alíñelas con sal y la cucharada de aceite de oliva restante.

Abra los panecillos por la mitad y unte una de ellas con mantequilla. Añada la carne, el tomate y, por último, las judías verdes. Sírvalos a temperatura ambiente.

Chacarero

Crudo

Tostada de tartar de ternera
Chile

Preparación: 20 minutos
Para 6 personas

Mettbrötchen o *Mett* es un plato alemán de carne de cerdo picada, cruda y sazonada que se extiende sobre una rebanada de pan y se suele adornar con cebolla. Los colonos alemanes llevaron consigo la receta al sur de Chile a finales del siglo xix, pero se adaptó a la carne predominante en la región, la de ternera. En Valdivia, donde la influencia alemana puede apreciarse en su arquitectura tradicional y su amor por la cerveza, los *crudos* son un sándwich típico de las tabernas de la ciudad, sobre todo del Café Haussmann, donde se sirven con cebolla picada, cuñas de lima y salsa tártara.

    450 g de carne de ternera picada (lomo alto o bajo)
    2 limas (limones) cortados por la mitad
    1 cebolla
    6 rebanadas de pan (ni demasiado blando ni dulce)
    cilantro picado
    110 g de mayonesa
    sal y pimienta molida

Pase la ternera por una picadora de carne o un robot de cocina hasta conseguir una pasta (quizá tenga que pasarla varias veces).

Añada el zumo de media lima, salpimiente y remueva bien. Corte el resto de las mitades de lima en cuñas.

Corte la cebolla en trozos pequeños y déjela en un bol de agua con hielo durante unos 10 minutos como mínimo. Resérvela.

Tueste las rebanadas de pan y extienda la carne encima. Sírvalas con la cebolla, el cilantro, las cuñas de lima y la mayonesa en boles separados.

Barros Luco

Sándwich chileno de ternera y queso fundido
Chile

Preparación: 5 minutos
Cocción: 10 minutos
Para 4 personas

Ramón Barros Luco, presidente de Chile de 1910 a 1915, era conocido por pedir siempre un sándwich de carne asada y queso fundido de la Confitería Torres de Santiago. Aunque a Barros Luco no se le recuerda por una gestión especialmente brillante, ha sido inmortalizado por este apreciado sándwich. Al primo de Barros Luco, el ministro de Relaciones Exteriores Ernesto Barros Jarpa, en teoría, no le gustaba la carne y lo pedía con jamón, lo que hizo que esa variante se llamara Barros Jarpa.

No hay un pan específico para ninguno de los dos sándwiches, aunque los panecillos estilo hamburguesa llamados *frica* y *marraqueta* son algunos de los más habituales. El Barros Jarpa también se prepara con pan de molde blanco.

    1 cda. de aceite de oliva
    2 dientes de ajo picados finos
    450 g de solomillo en 4 filetes iguales
    8 lonchas de queso mantecoso chileno
    (o uno suave y cremoso)
    4 panecillos crujientes
    sal y pimienta molida

Caliente el aceite en una sartén y añada el ajo. Deje que se dore, retírelo y deséchelo.

Salpimiente los filetes y póngalos en la sartén con el aceite de ajo a fuego medio. Fríalos 2 minutos por cada lado. Disponga 2 lonchas de queso encima de cada filete y deje que se derrita. Resérvelo.

Abra los panecillos por la mitad y caliéntelos brevemente en la sartén por ambos lados. Rellene cada uno con un filete y el queso fundido, córtelos por la mitad y sírvalos calientes.

Lomito palta

Sándwich de lomo de cerdo con aguacate
Chile

Preparación: 30 minutos
Cocción: 1 hora y 30 minutos
Para 6 personas

El lomito, preparado con lomo de cerdo asado a fuego lento, es uno de los sándwiches más apreciados de Chile y se prepara en todo el país. Está especialmente bueno con aguacate machacado.

    1,4 kg de lomo de cerdo
    4 cdtas. de aceite de oliva, y un poco más para aliñar
    1 cdta. de orégano seco
    1 cdta. de mostaza amarilla
    1 cebolla en cuñas
    1 diente de ajo picado fino
    475 ml de agua fría
    2 aguacates
    el zumo de 1 lima (limón)
    3 tomates en rodajas
    6 panecillos
    mayonesa
    sal y pimienta molida

Precaliente el horno a 180 °C.

Salpimiente el lomo de cerdo.

Caliente a fuego vivo el aceite de oliva en una sartén. Añada el lomo y dórelo bien por todos los lados para sellar la carne. Colóquelo en una bandeja de horno con rejilla y esparza el orégano, la mostaza, la cebolla y el ajo. Vierta el agua y cubra la bandeja con papel de aluminio. Áselo durante 1 hora o hasta que esté tierno.

Pase el lomo a una tabla de cortar y córtelo en filetes finos. Cuele el jugo de cocción que haya quedado en la bandeja sobre una cazuela y redúzcalo a fuego vivo hasta que la salsa espese. Añada los filetes de lomo, retire la cazuela del fuego y déjelo reposar.

Pele, deshuese y aplaste los aguacates. Añada el zumo de lima y sal. Aliñe el tomate con sal y aceite de oliva.

Abra los panecillos por la mitad y unte mayonesa en una de ellas. Coloque la carne encima junto con un poco de salsa y añada una capa de rodajas de tomate y aguacate machacado. Sírvalos a temperatura ambiente.

Pan con chumpe, panes con pavo

Sándwich salvadoreño de pavo
El Salvador

Preparación: 30 minutos   Para 6 personas
Cocción: 3 horas

Chumpe es como se conoce popularmente al pavo en El Salvador. Algunos dicen que es el país que mejor lo prepara del mundo. Se asa en una olla *chompipera*, una cazuela refractaria tradicional, y se aliña con *relajo*, un condimento semipicante. También se puede preparar con pollo.

    2 muslos de pavo grandes
    1 cda. de pimienta negra en grano
    1 cdta. de clavos
    6 hojas de laurel
    2 cdtas. de semillas de sésamo
    30 g de maníes (cacahuetes) picados
    1 chile seco (ciruela o pasilla) despepitado
    1 cdta. de orégano seco
    1 cdta. de tomillo seco
    1 cda. de recado rojo (pasta de achiote)
    10 tomates picados
    1 cebolla picada fina
    2 dientes de ajo pelados
    1 pimiento verde despepitado y picado
    250 ml de agua
    1 cogollo de lechuga en juliana fina
    el zumo de 1 limón (lima)
    4 tomates en rodajas finas
    2 pepinos en rodajas finas
    1 cda. de aceite de oliva
    6 panecillos crujientes (panecillos portugueses,
    bolillos mexicanos o panes de perrito caliente)
    mayonesa
    sal y pimienta molida

Precaliente el horno a 180 °C.
   Lave los muslos de pavo y séquelos. Salpimiente y resérvelos.
   Caliente a fuego medio una sartén, añada los granos de pimienta, los clavos y el laurel y tuéstelos un par de minutos. Resérvelos. Repita la operación con las semillas de sésamo y los maníes, moviéndolos sin parar para que no se quemen. Ponga todo en un mortero con el chile seco, el orégano, el tomillo y el recado rojo, y macháquelo hasta obtener una pasta (esto es el relajo salvadoreño, que también se puede adquirir ya envasado).
   Mezcle la pasta con los muslos de pavo en una cazuela refractaria con 125 ml de agua. Salpimiente y llévelo a ebullición. Tape la cazuela, baje el fuego y cuézalo unas 2 horas, hasta que la carne esté muy tierna. Retire los muslos y déjelos enfriar. Quite la piel y los huesos y corte o desmenuce la carne en tiras de unos 5 cm de largo. Reserve los jugos de cocción en un cazo.
   En una batidora, triture los tomates junto con la cebolla, el ajo, el pimiento y el agua restante hasta obtener una textura homogénea. Vierta la salsa en el cazo con el jugo de cocción y cuézala a fuego medio-alto, sin dejar de remover para que no se pegue, unos 45 minutos o hasta que haya espesado.
   Añada las tiras de pavo a la salsa, baje el fuego a medio y cuézalo todo 5 minutos más. Salpimiente.

Aliñe la lechuga con el zumo de limón y los tomates y los pepinos con aceite de oliva y sal.
   Abra los panecillos por la mitad y unte mayonesa en cada una de ellas. Añada los tomates, la lechuga, el pepino y el pavo, y nápelo todo con la salsa.

Cemita poblana

Sándwich al estilo de Puebla
México

Preparación: 20 minutos
Cocción: 10 minutos   Para 4 personas

La cemita, llamada así por el panecillo con semillas de sésamo en el que se sirve, es una torta típica de Puebla. Aquí, algunos locales, restaurantes o puestos de mercado especializados en cemitas combinan el servicio de estos famosos sándwiches con un eficiente trabajo en cadena, en el que diferentes personas se dedican solo a desmenuzar el queso o a cortar los aguacates. La mayoría ofrecen diversos tipos de carne, aunque los filetes de ternera, cerdo o pollo apanados y fritos, llamados *milanesas*, son los más comunes. El *papalo*, una hierba fuerte, como el cilantro, no apta para todos los gustos, impregna todos los sabores. Como es realmente consistente, le aconsejamos que retire la miga de la parte superior del pan.

    65 g de harina común
    2 huevos batidos
    80 g de pan rallado
    4 filetes de lomo de cerdo
    2 cdas. de aceite de oliva
    2 aguacates
    el zumo de 1 limón (lima)
    3 cdas. de papalo o cilantro picado
    4 cemitas (o un pan brioche cubierto con semillas
    de sésamo)
    120 g de queso Oaxaca rallado (o mozzarella)
    4 chiles chipotle en adobo picados finos con un poco
    de la salsa del envase
    sal y pimienta molida

Coloque la harina, los huevos y el pan rallado en tres platos. Salpimiente los filetes y rebócelos con la harina. Páselos después por el huevo batido y el pan rallado.
   Caliente a fuego medio-alto el aceite en una sartén y fría los filetes unos 3 minutos por cada lado, hasta que se doren. Déjelos reposar en un plato forrado con papel de cocina.
   Pele y deshuese los aguacates y aplástelos con un tenedor. Alíñelos con el zumo de limón y un poco de sal, añada el *papalo* o el cilantro y remueva bien.
   Abra los panecillos por la mitad y colóquelos en una parrilla o en el horno hasta que se doren. Disponga el filete apanado en la mitad inferior de cada panecillo y coloque 1 cucharada de aguacate encima. Adórnelos con el queso y los chipotles en salsa, y sírvalos templados.

Torta ahogada

Sándwich de cerdo con salsa picante 🍴
México

Preparación: 30 minutos,
más 15 minutos en remojo
Cocción: 2 horas y 30 minutos

✂
Para 4 personas

Mientras que el Pambazo (véase pág. 56) se empapa en una salsa de chile muy picante y se fríe, la torta ahogada se sumerge literalmente en ella. Típica de Guadalajara y presente en todo el estado de Jalisco, se dice que fue creada a principios de siglo xx por un vendedor ambulante al que, accidentalmente, se le cayó el sándwich en un recipiente lleno de salsa y, para su sorpresa, al cliente le encantó. Puede pedirla «medio ahogada», en la que el sándwich solo está parcialmente sumergido en la salsa, o «bien ahogada», es decir, completamente sumergido. Como alternativa a esta salsa picante, a veces se ofrece una versión con salsa de tomate. Esta receta utiliza ambas salsas, aunque puede ajustarla a su gusto. El *birote* es un pan alargado, salado, crujiente y de miga consistente, perfecto para sumergir el sándwich de carnitas en la salsa. Se puede sustituir por baguette.

> 675 g de paletilla de cerdo
> 2 dientes de ajo picados
> 1 hoja de laurel
> 250 ml de agua
> 1 cebolla roja cortada por la mitad y en medias lunas finas
> el zumo de 1 limón (lima)
> 4 panes birote (o trozos de baguette)
> 4 cdas. de hojas de cilantro picadas finas
> sal y pimienta molida
> cuñas de limón (lima), para servir
>
> Para la salsa picante
> 15 g de chiles de árbol secos
> 250 ml de agua caliente
> 2 dientes de ajo picados
> 2 cdas. de vinagre de sidra de manzana
> 30 g de semillas de sésamo tostadas
> 1 cdta. de orégano seco
> 1 cdta. de comino molido
>
> Para la salsa de tomate
> 900 g de tomates
> ¼ de cdta. de comino molido
> ½ cebolla blanca picada
> 1 cdta. de orégano seco
> 1 diente de ajo picado
> 1 cda. de aceite de oliva

Precaliente el horno a 180 °C.

Salpimiente la carne, frótela con el ajo picado y colóquela en una bandeja de horno con rejilla. Ponga el laurel y el agua en el fondo de la bandeja y ase la carne 2 horas, dándole la vuelta después de 1 hora. Estará en su punto cuando al insertar la punta de un cuchillo en el centro salga caliente. Retire la carne y déjela enfriar. Después, desmenúcela con las manos y resérvela.

Para preparar la salsa picante, ponga los chiles de árbol en un bol con el agua caliente y déjelos en remojo 15 minutos. Escúrralos y páselos a la batidora junto con el ajo, el vinagre, las semillas de sésamo, el orégano y el comino. Salpimiente y triture hasta obtener una mezcla fina. Cuélela y reserve.

Para preparar la salsa de tomate, cueza los tomates en una cazuela con agua durante 10 minutos, escúrralos

y pélelos. En la batidora limpia, mezcle los tomates con el comino, la cebolla, el orégano y el ajo, y tritúrelo todo hasta obtener una mezcla fina. Caliente a fuego medio el aceite en una sartén, añada la mezcla de tomate y cuézala 20 minutos, sin parar de remover para que no se pegue, hasta que se evapore parte del líquido. Reserve la salsa.

Aliñe la cebolla roja con el zumo de limón y sale.

Abra los panes por la mitad y rellénelos con un poco de carne y cebolla roja. Vierta un poco de salsa de tomate encima del pan, añada la salsa picante al gusto y cilantro. Sírvalos templados con cuñas de limón.

Pan con chicharrón

Sándwich de cerdo y camote
Perú

Preparación: 30 minutos,
más 30 minutos en remojo
Cocción: 2 horas

✂
Para 4 personas

En el Perú, el término *chicharrón* se refiere a la carne de cerdo frita en general y no solo a la panceta frita. Este sándwich se sirve a cualquier hora del día, aunque hay predilección por tomarlo en el desayuno, con un café.

> 450 g de costillas de cerdo deshuesadas
> 750 ml de agua
> 1 cdta. de comino molido
> 2 cdas. de sal
> 1 cdta. de pimienta molida
> 2 cdas. de aceite de oliva
> 2 camotes (boniatos) pelados y en rodajas de unos 5 mm de grosor
> 4 panecillos crujientes
>
> Para la salsa criolla
> ½ cebolla roja cortada fina en medias lunas
> 1 ají amarillo fresco picado fino
> 1 cda. de cilantro picado fino
> el zumo de 1 limón (lima)
> sal

Corte la carne en trozos grandes y colóquela en un bol. Añada 475 ml de agua y el comino y salpimiente. Déjela marinar 30 minutos, escúrrala y resérvela.

En una cazuela, caliente a fuego medio 1 cucharada de aceite. Agregue la carne, vierta el agua restante y cuézala, tapada, 45 minutos. Retire la tapa y cuézala otra hora hasta que el agua se haya evaporado. Resérvela.

Ponga a hervir un cazo con agua. Añada el camote y cuézalo 30 minutos o hasta que esté tierno. Escúrralo y déjelo enfriar.

Caliente a fuego medio la cucharada de aceite restante en una cazuela. Agregue la carne cocida y sofríala hasta que se dore por todos los lados. Resérvela. (Si lo prefiere, puede freír también el camote en esta cazuela.)

Para preparar la salsa, ponga la cebolla roja en un bol de agua con hielo y déjela 20 minutos. Escúrrala y pásela a otro bol. Añada el ají amarillo y el cilantro picados y remueva bien. Vierta el zumo de limón y sale.

Abra los panecillos por la mitad, coloque el camote en las mitades inferiores y añada la carne encima. Aliñe con la salsa y cierre los sándwiches. Sírvalos a temperatura ambiente.

Torta ahogada

Pambazo

Sándwich mexicano de papas y chorizo
México

Preparación: 30 minutos,
más 30 minutos en remojo
Cocción: 45 minutos

Para 4 personas

Durante la época virreinal, las panaderías mexicanas (*pambacerías*) solían vender solo panes de baja calidad elaborados con harina sin refinar (pan *basso* o bajo). Paradójicamente, ese pan barato ofrecía la posibilidad de crear toda una delicia: se empapaba en salsa de chile guajillo rojo terroso y se freía. El relleno más habitual es chorizo y papas, aunque hay variaciones regionales por todo el país. En el estado de México, por ejemplo, se añade pollo y epazote; en Puebla, se utiliza pan cemita (véase Cemita poblana pág. 53); y en Veracruz, el relleno consiste en frijoles refritos, chorizo y salsa de chile chipotle.

> 4 papas (patatas) peladas y en dados de 1 cm
> 475 ml de agua
> 1 cebolla blanca cortada por la mitad
> 3 chiles ancho
> 2 chiles guajillo
> 1 diente de ajo picado
> 750 ml de aceite vegetal, más 1 cda. extra
> 3 chorizos picados
> 1 cdta. de orégano seco
> 4 panecillos para pambazo (kaiser, telera o cualquier panecillo blanco)
> ½ lechuga en juliana
> el zumo de 1 limón (lima)
> 250 ml de nata para montar
> sal y pimienta molida

Cueza las papas en agua hirviendo con una pizca de sal 7 minutos. Escúrralas y resérvelas.

Mientras, ponga a hervir el agua en una cazuela. Pique una de las mitades de cebolla y añádala junto con los dos tipos de chile y el ajo picado. Retire la cazuela del fuego y deje los ingredientes en remojo 30 minutos.

Pique la mitad de la cebolla restante lo más fina posible y súdela a fuego medio en una sartén con 1 cucharada de aceite vegetal durante 7 minutos o hasta que esté blanda. Añada el chorizo y rehóguelo 5 minutos. Agregue las papas escurridas, sazone y deje cocer todo a fuego lento, removiendo de vez en cuando, 10 minutos o hasta que las papas estén tiernas.

Escurra los chiles, la cebolla y el ajo, reservando 250 ml del agua de remojo. Tritúrelos en una batidora junto con el orégano y el agua de remojo reservada hasta obtener una salsa homogénea. Pásela por un colador sobre un bol.

Vierta el aceite vegetal en una cazuela de fondo grueso y caliéntelo a 162 °C.

Abra un panecillo por la mitad, pero sin cortarlo del todo, y sumérjalo unos 10 segundos en la salsa. Escurra el exceso y fríalo 1 minuto por cada lado. Retírelo y repita la operación con los panecillos restantes, añadiendo más aceite si fuera necesario.

Sazone la lechuga con un poco de zumo de limón y sal y resérvela.

Ponga la nata en un bol, salpimiente y añada 1 cucharadita de zumo de limón. Bata hasta que espese y empiece a formar picos.

Rellene los panecillos con la mezcla de papas y chorizo y añada lechuga y 1 cucharada de nata montada encima. Sírvalos templados.

Pan con chimbombo, pan con pejerrey

Sándwich de pejerrey rebozado
Perú

Preparación: 20 minutos
Cocción: 10 minutos

Para 4 personas

Es el desayuno típico de los pescadores y estibadores de Lima y de la ciudad portuaria de Callao, en el Perú. Se suele servir con un bol de caldo de mejillones como guarnición. Una versión similar, pan con *chimbombo*, utiliza bonito en lugar de pejerrey.

> 130 g de harina común
> 2 huevos ligeramente batidos
> 12 pejerreyes (anchoas o sardinas) limpios
> 750 ml de aceite vegetal
> 4 panecillos crujientes
> mayonesa
> hojas de lechuga
> salsa criolla (véase pág. 406), para servir

Ponga la harina y el huevo batido en dos boles diferentes.

Coloque los pescaditos en una bandeja y sale. Páselos por el huevo y rebócelos después con la harina.

Caliente a fuego vivo el aceite en una sartén y fríalos unos 2 minutos por cada lado. Retírelos con una espumadera y déjelos reposar sobre un plato forrado con papel de cocina para eliminar el exceso de aceite.

Abra los panecillos por la mitad y unte mayonesa en ambas mitades. Disponga un par de hojas de lechuga en la inferior, añada tres pescaditos y cúbralos con un poco de salsa criolla.

Caboquinho

Sándwich de tucumá y queso
Brasil

Preparación: 10 minutos
Cocción: 10 minutos

Para 2 personas

Servido en puestos ambulantes o en cafés, el *X-caboquinho*, preparado con la pulpa anaranjada de la *tucumá* (*Astrocaryum vulgare*), es el sándwich más típico de Manaos. Otra versión es el tapioca *caboquinho*, que lleva el mismo relleno, pero se prepara con una tortilla de tapioca en lugar de pan. Un buen sustituto de esta fruta, al menos en cuanto a textura se refiere, es el fruto de la palma *Bactris gasipaes*, llamada también coloquialmente *pejibaye* o *chontaduro*, que crece por toda América del Sur y Central.

> 2 panecillos blancos
> 1 cda. de mantequilla
> 4 lonchas de queijo de coalho (o halloumi)
> 2 tucumás en trozos

Caliente una sartén. Abra los panecillos por la mitad y unte mantequilla en ambas mitades. Cierre de nuevo los panecillos y póngalos en la sartén para calentarlos. Retírelos. Coloque las lonchas de queso en la sartén y deje que se derritan un poco. Dispóngalas en los panecillos junto con las tucumás y sírvalos templados.

Chivito

Sándwich uruguayo de ternera
Uruguay

Preparación: 10 minutos
Cocción: 20 minutos
Para 4 personas

En la década de 1940, una mujer de Córdoba (Argentina) entró en El Mejillón, un bar de Punta del Este (Uruguay), y pidió un sándwich de carne de cabrito o *chivito*, como se llama en Córdoba. El chef, Antonio Carbonaro, no tenía cabrito, así que creó su propio sándwich con pan tostado, mantequilla, churrasco y jamón. Cuando se lo sirvió, lo llamó *chivito* en broma y la idea se convirtió en todo un éxito. Se hizo tan popular que se dice que El Mejillón, que cerró en la década de 1960, mantuvo dos carnicerías abiertas solo con la venta de chivitos.

4 lonchas de tocino
4 filetes de lomo o solomillo de ternera de 125 g cada uno y 1 cm de grosor
2 cdas. de aceite
4 huevos
4 panecillos tiernos
4 cdas. de mayonesa
4 hojas de lechuga
4 filetes de jamón
4 lonchas de queso blanco o mozzarella
1 tomate en rodajas finas
sal y pimienta molida

Caliente a fuego medio una sartén y añada el tocino. Fríalo hasta que esté crujiente y páselo a un plato forrado con papel de cocina para eliminar el exceso de grasa. Limpie y seque la sartén.

Salpimiente los filetes. Caliente a fuego vivo 1 cucharada de aceite en la sartén y fríalos 2 minutos por cada lado. Páselos a una tabla de cortar y resérvelos.

Limpie la sartén de nuevo y caliente el aceite restante hasta que burbujee. Casque los huevos de uno en uno y fríalos hasta que las claras estén cuajadas pero las yemas permanezcan líquidas.

Corte los filetes en rodajas finas.

Abra los panecillos por la mitad y unte mayonesa en ambas mitades. Disponga una hoja de lechuga en una de las mitades y añada una loncha de tocino y la ternera. Coloque encima un filete de jamón, una loncha de queso, una rodaja de tomate y un huevo frito. Cierre los panecillos y sírvalos templados.

Choripán

Sándwich de chorizo
Argentina, Chile y Uruguay

Preparación: 15 minutos
Cocción: 25 minutos
Para 2 personas

En todo el Cono Sur, el chorizo es uno de los primeros productos que sale de la parrilla. Se puede cortar a lo largo (corte mariposa) o dejar tal cual. Se coloca después en un panecillo crujiente, se cubre con chimichurri y se toma como aperitivo. El chorizo suele ser una mezcla de carne de vacuno y de cerdo con algún condimento. La mayoría solo lleva sal, pimienta y quizá un poco de ajo. No son tan picantes como en México ni se curan como en España. El choripán es uno de los sándwiches estrella de los eventos deportivos y festivos de toda la región, además de ser el rey de la comida callejera en Buenos Aires. Variantes regionales incluyen el uso de longaniza, sobre todo en Chile, o de mayonesa y salsa de tomate en vez de chimichurri. El pan puede variar de un perrito caliente o panecillos de hamburguesa, a una baguette.

2 chorizos argentinos
2 panecillos pequeños y crujientes

Para el chimichurri
30 g de perejil picado fino
2 cdas. de orégano fresco picado fino
4 dientes de ajo majados
20 g de cebollino picado fino
1 chile fresco pequeño picado fino
2 cdas. de vinagre
1 cda. de zumo de limón (lima)
120 ml de aceite de oliva
sal y pimienta molida

Para preparar el chimichurri, mezcle los ingredientes en un bol y salpimiente al gusto. Refrigérelo.

En una parrilla, ase los chorizos 20 minutos, dándoles la vuelta cada 5 minutos, para que se doren por todos los lados. Córtelos por la mitad a lo largo (corte mariposa) y áselos 2 minutos más por el lado del corte.

Abra los panecillos por la mitad a lo largo y colóquelos en la parrilla 3 minutos por cada lado. Disponga un chorizo en cada uno y cúbralo con 1 o 2 cucharadas de chimichurri.

Buraco quente

Pan relleno de carne de ternera picada
Brasil

Preparación: 20 minutos
Cocción: 20 minutos
Para 8 personas

Muy parecido a un Sloppy Joe, se trata de un panecillo crujiente (llamado *pão francês*, *pão de sal* o *pão carioquinha*, según las diferentes regiones de Brasil) relleno de carne de ternera picada. Triunfa en los establecimientos de comida rápida, bares tradicionales y en las fiestas infantiles de los estados de São Paulo y Río de Janeiro.

2 cdas. de aceite de oliva virgen extra
1 cebolla picada fina
1 diente de ajo picado
2 tomates pelados y troceados
675 g de carne de ternera picada
1 cda. de hojas de perejil picadas
1 huevo duro picado fino
90 g de aceitunas verdes sin hueso picadas
8 panecillos crujientes
sal y pimienta molida

Caliente a fuego medio 1 cucharada de aceite en una cazuela, añada la cebolla y el ajo y súdelos unos 5 minutos hasta que la cebolla esté transparente. Agregue los tomates y prosiga con el sofrito 15 minutos o hasta que la salsa esté en su punto.

Mientras, caliente a fuego medio la cucharada de aceite restante en otra cazuela, añada la carne picada y sofríala, sin dejar de remover, 7 minutos hasta que se dore. Pase la carne a la sartén con la salsa de tomate y agregue el perejil picado. Remueva, salpimiente y añada el huevo duro y las aceitunas picadas.

Corte un extremo de cada panecillo y extraiga la miga. Rellene los panecillos con la mezcla de carne y sírvalos calientes.

Perritos calientes

Los perritos calientes, también conocidos como *hot dogs*, reciben distintos nombres según los países (perros en Venezuela, *shucos* en Guatemala, completos en Chile, etc.), y todos son diferentes. Lo único que tienen en común es que suelen llevar tantos extras que puede resultar complicado encontrar la salchicha. A diferencia de los perritos calientes de Estados Unidos, donde solo cubre la salchicha un hilo de kétchup y de mostaza, y quizá un poco de chili con carne o ensalada de col en América Latina las salsas y los extras forman rebosantes capas de aguacate machacado, mayonesa y papas paja crujientes.

Shuco

Perrito caliente guatemalteco
Guatemala

Preparación: 10 minutos
Cocción: 15 minutos   Para 4 personas

En las calles de la Ciudad de Guatemala encontrará carritos de *shuco* en la puerta de casi todas las escuelas, hospitales y otros lugares concurridos. Como en Panamá, Venezuela y la mayoría de los países latinoamericanos, no son simples perritos calientes, sino sándwiches muy consistentes que llevan todos los extras posibles e, incluso, jamón o chorizo, si pide un «mixto». La «mixta» lleva los mismos ingredientes, pero servidos en una tortilla en lugar de en un panecillo.

½ col en juliana fina
4 salchichas tipo Frankfurt
2 aguacates
el zumo de 2 limones (limas)
4 panecillos para perritos calientes
kétchup, mayonesa y mostaza
sal

Ponga a hervir agua con sal en una cazuela. Añada la col y cuézala unos 7 minutos o hasta que esté tierna. Escúrrala y déjela enfriar. Salpimiente.
    En una sartén caliente o una parrilla, fría las salchichas hasta que se doren por ambos lados, unos 3 minutos por cada uno.
    Pele y deshuese los aguacates, ponga la pulpa en un bol y aplástela con la ayuda de un tenedor. Añada el zumo de limón y sale.
    Caliente los panecillos abiertos por la mitad en la parrilla o en el horno hasta que se doren. Extienda 1 cucharada de aguacate sobre la mitad inferior y coloque encima una salchicha cortada a lo largo. Añada un poco de col y alíñelo con kétchup, mayonesa y mostaza. Sírvalo templado.

Completo

Perrito caliente chileno [○]
Chile

Preparación: 20 minutos
Cocción: 10 minutos   Para 4 personas

A principios de la década de 1920, Eduardo Bahamondes Muñoz, que había trabajado como cocinero en Estados Unidos algunos años, se trajo consigo el concepto del *hot dog* a su vuelta a Chile. Desde un pequeño café en la Plaza de Armas de Santiago, comenzó a servir perritos calientes, pero añadiéndoles diferentes extras, como el aguacate machacado, que se ha convertido en el auténtico emblema del «completo» chileno. Puede también pedir el «clásico», la versión básica, que corona una salchicha vienesa con gruesas capas de chucrut, tomates y mayonesa; o el gran favorito, y en el que se basa nuestra receta, el «italiano», una mezcla tricolor verde, blanca y roja (como la bandera italiana) con aguacates, mayonesa y tomates picados. También existe una versión «a lo pobre», con cebolla, papas y huevo fritos. En realidad, un «completo» puede llevar todo lo que desee. De hecho, muchos puestos ofrecen una gran variedad de extras adicionales, como salsa americana (una mezcla de cebollas, zanahorias y pepinillos encurtidos), papas paja crujientes y cebollas a la parrilla.

1 cda. de aceite de oliva, y un poco más para aliñar
4 salchichas vienesas
½ cebolla picada fina
4 panecillos para perritos calientes
2 tomates en dados pequeños
2 aguacates
el zumo de 1 limón (lima)
4 cdas. de mayonesa
sal

Caliente el aceite en un cazo. Añada las salchichas y fríalas, dándoles la vuelta de vez en cuando, unos 5 minutos o hasta que estén doradas por todos los lados.
    Ponga la cebolla en un bol de agua con hielo durante 5 minutos. Escúrrala y resérvela.
    Tueste los panecillos hasta que estén dorados.
    Aliñe el tomate con aceite de oliva y sal.
    Pele y deshuese los aguacates. Ponga la pulpa en un bol, aderécelos con zumo de limón y sal y aplástelos con un tenedor.
    Disponga una salchicha frita en cada panecillo caliente, añada un poco de tomate y cebolla, aguacate machacado y, por último, un poco de mayonesa.

Completo

Arroces, granos y pseudocereales

En una remota aldea de las boscosas estribaciones andinas de la región de la Araucanía, en el sur de Chile, una mujer mapuche baila descalza sobre granos de trigo. Sus repetidas pisadas producen un ritmo constante de golpes sordos que resuenan en la batea, una artesa de madera, de aproximadamente un metro de ancho, brillante y reluciente por los años de uso. A los mapuches no les salen ampollas, dicen algunos. Realiza ese arduo trabajo para descascarillar el trigo, que luego machacará con un *kudi* y un *ñumkudi*, un mortero de piedra, para hacer harina. Después, la tostará para preparar *mürke*, que cocerá en agua hirviendo para elaborar una papilla llamada *ulpo*.

El trigo, cuyo crecimiento era mucho más rápido que los cultivos tradicionales como el maíz, la quinua o el *madi*, se incorporó de inmediato a la dieta mapuche en el siglo XVII, a medida que los españoles los iban relegando a asentamientos marginales. Se convirtió así en un alimento básico de su alimentación y, a menudo, reemplazó al maíz en las recetas tradicionales. Los granos se fermentaban para hacer *mudai*, se cosechaban verdes para enriquecer las cazuelas (guisos) o se utilizaban para preparar una masa que se cocinaba directamente sobre las brasas de un fuego llamado *mültrün* o *catuto*.

Mientras los mapuches asimilaron el trigo (junto con el arroz y la cebada) como ingrediente básico de su cocina, este cereal reemplazó por la fuerza a los pseudocereales autóctonos de otros pueblos. Los españoles quemaron campos de quinua en los Andes y de amaranto en México. Para los incas y los aztecas eran cultivos divinos, con semillas y hojas que podían consumir de múltiples maneras. Sin embargo, los españoles consideraron el apego espiritual a esas plantas como algo impío y su consumo fue tachado de pecaminoso. Era una forma de destruir su cultura, de borrar sus creencias. En unas décadas, estuvieron a punto de acabar con siglos de diversificación de cultivos, que habían logrado que esos pseudocereales pudieran crecer también en otros climas. Afortunadamente, no tuvo el éxito esperado y, en regiones aisladas como el Altiplano andino y las tierras altas de Oaxaca, los agricultores preservaron sus semillas sin contaminantes, trabajando dentro de los límites de sus ecosistemas. La gente, y los cultivos, han demostrado ser muy resistentes.

Pantrucas

Sopa chilena de masa
Chile

Preparación: 20 minutos
Cocción: 20 minutos

Para 4 personas

No le resultará fácil encontrar este plato en ningún restaurante del país, pero si se lo menciona a cualquier chileno lo transportará directamente a los sabores de su infancia. Se trata de una receta de cocina casera tradicional, una sopa de masa que las madres preparan en invierno. Puede ser bastante humilde, solo masa y caldo, o muy contundente, porque admite todo lo que tenga disponible en la despensa.

    2 cdas. de aceite de oliva
    1 cebolla picada
    2 dientes de ajo picados
    200 g de carne de ternera picada
    1 zanahoria en juliana
    ½ pimiento rojo despepitado y en juliana
    1 cdta. de orégano seco
    ½ cdta. de comino molido
    1 cdta. de merkén (polvo de chile ahumado)
    o pimentón
    2 papas (patatas) peladas y en dados
    950 ml de caldo de carne
    2 huevos batidos
    20 g de cilantro o perejil picado
    sal y pimienta molida

    Para la masa
    100 g de harina común
    1 huevo
    1 cda. de aceite de oliva
    60 ml de agua templada

Caliente a fuego medio el aceite en una cazuela. Añada la cebolla y el ajo y súdelos unos 3 minutos. Sofría la carne picada 2 minutos, sin parar de remover. Agregue la zanahoria, el pimiento, el orégano, el comino y el *merkén* o pimentón, salpimiente y remueva bien. Incorpore las papas y el caldo, tape la cazuela y prosiga con la cocción 5 minutos más.

Mientras, ponga todos los ingredientes para la masa en un bol con una pizca de sal, remueva y amase hasta conseguir una masa lisa y uniforme, añadiendo más agua si fuera necesario. Enrolle la masa hasta que tenga 0,5 cm de grosor y corte cuadrados de 2,5 cm de largo.

Añada la masa a la cazuela y cuézala 10 minutos. Agregue los huevos batidos y deje que cuajen.

Sirva la sopa con cilantro o perejil picado esparcidos por encima.

Sorrentinos

Raviolis redondos argentinos
Argentina

Preparación: 25 minutos
Cocción: 5 minutos

Para 4 personas

A pesar de lo que su nombre podría sugerir, los *sorrentinos* no provienen de una ciudad del sur de Italia y tampoco los trajeron consigo los cientos de miles de emigrantes italianos que llegaron al país durante la segunda mitad del siglo xix. Ni siquiera existe una pasta en Italia que se llame así. Son un invento argentino, en teoría creación de una abuela de Mar del Plata a principios del siglo xx. Como muchas otras cosas en Argentina, los *sorrentinos* parecen muy italianos, aunque tienen un toque peculiar. Se parecen a los raviolis y llevan los mismos rellenos, pero son de mayor tamaño y de forma circular, como un pequeño bombín. Se suelen encontrar solo en tiendas *gourmet* y en restaurantes, por lo que muchos argentinos dan por hecho que su origen es italiano.

    200 g de harina común
    1 cda. de sal
    2 huevos
    4 cdas. de aceite de oliva
    2 cdas. de sémola, para esparcir
    50 g de queso parmesano rallado, para servir

    Para el relleno
    250 g de ricotta
    250 g de jamón picado fino
    1 huevo
    1 cdta. de orégano fresco
    sal y pimienta molida

Coloque la harina en un bol y forme un volcán. Haga un hueco en el centro y añada la sal, los huevos y el aceite. Mezcle con suavidad hasta obtener una masa uniforme, añadiendo un poco de agua templada si fuera necesario. Amásela hasta que esté fina y cúbrala con un paño de cocina húmedo.

Para preparar el relleno, mezcle la ricotta con el jamón picado y el huevo. Añada el orégano y salpimiente. Resérvelo.

Esparza la sémola sobre una superficie de trabajo y extienda la masa hasta obtener una lámina de 5 mm de grosor. Coloque pequeños montones, 1 cucharadita más o menos, de relleno sobre la mitad de la masa, espaciándolos de forma uniforme. Humedezca con agua los bordes alrededor de cada relleno. Doble la otra mitad de la masa para cerrarlos y presione alrededor de cada *sorrentino*; deben quedar apretados, sin aire dentro. Con un cortapastas redondo de 4 cm, corte alrededor de cada relleno. Presione los bordes con un tenedor para sellarlos.

Caliente a fuego vivo una cazuela con agua y llévela a ebullición. Añada los *sorrentinos*, deje que rompa el hervor de nuevo, baje el fuego y cuézalos unos 5 minutos hasta que suban a la superficie.

Escúrralos y esparza el queso rallado. También puede servirlos con nata, salsa de tomate o mantequilla.

Arroz con coco

Arroz con coco
Belice, Brasil, Colombia, Costa Rica, Honduras,
Nicaragua, Panamá, Venezuela

Preparación: 5 minutos,
más 10 minutos para reposar
Cocción: 25 minutos

Para 4 personas

El arroz con coco es típico de las regiones con marcada
ascendencia africana. Existen múltiples variantes de
esta receta. En Panamá puede ser dulce y se prepara
con leche de coco y pulpa de coco rallada, azúcar y,
a veces, pasas. En Colombia, la leche de coco reducida
y caramelizada, llamada *titoté*, le da al plato un color
tostado. En las comunidades garífunas de la costa de
Honduras y de Belice, el arroz con coco es un plato
salado que se suele preparar con ajo, cebollas y frijoles
rojos o negros. Independientemente de la zona, suele
ser un acompañamiento para platos de marisco.

> 360 g de arroz blanco de grano largo
> 1 cda. de mantequilla
> 1 diente de ajo picado fino
> 1 cebolla picada fina
> 75 g de coco fresco rallado
> 250 ml de leche de coco
> 475 ml de agua
> 1 cda. de cebollino picado fino
> sal

Lave el arroz bajo un chorro de agua fría hasta que
salga limpia.

Derrita la mantequilla en una cazuela a fuego
medio, eche el ajo y la cebolla y súdelos unos 5 minutos
hasta que la cebolla esté transparente. Añada el arroz
y el coco rallado y remueva bien. Agregue la leche de
coco y el agua, sale al gusto y llévelo a ebullición. Baje
el fuego, tape la cazuela y cuézalo hasta que todo el
líquido se haya evaporado y el arroz esté tierno, unos
20 minutos.

Retire la cazuela del fuego y deje reposar el arroz,
tapado, unos 10 minutos.

Separe los granos de arroz con un tenedor antes
de servir y esparza el cebollino picado por encima.

Arroz de pequi

Arroz con pequis
Brasil

Preparación: 5 minutos,
más 5 minutos para reposar
Cocción: 25 minutos

Para 6 personas

El *pequi* (*Caryocar brasiliense*), una fruta típica del
Cerrado, la inmensa sabana tropical que domina la zona
centro-sur de Brasil, tiene un sabor fuerte y peculiar a
queso, con toques cítricos. Su piel fina y verde cubre un
gran hueso con muchas espinas, rodeado de una pulpa
amarillenta. Se suele utilizar cocido en platos con arroz
y pollo, como este típico del estado de Goiás.

> 540 g de arroz de grano largo
> 250 ml de aceite vegetal
> 6 pequis frescos o en conserva pelados
> 1 cebolla picada
> 2 dientes de ajo picados

> 950 ml de agua hirviendo
> 475 ml de caldo de pollo caliente (o de verduras)
> 2 cdas. de cebollino picado
> sal y pimienta molida

Lave el arroz bajo un chorro de agua fría hasta que
salga limpia.

Caliente a fuego medio el aceite en una cazuela.
Añada los pequis y fríalos. Agregue la cebolla y el ajo
y súdelos, removiendo de vez en cuando, hasta que
empiecen a tomar color. Eche el arroz y sofríalo unos
minutos hasta que empiece a estar transparente.
Vierta el agua hirviendo y el caldo caliente, salpimiente
y llévelo a ebullición. Baje el fuego y tape la cazuela.
Cuézalo hasta que haya absorbido todo el líquido, unos
20 minutos.

Retire la cazuela del fuego y deje reposar el arroz,
tapado, 5 minutos. Esparza el cebollino y sírvalo.

Galinhada

Guiso de pollo y arroz
Brasil

Preparación: 30 minutos,
más 2 horas para marinar
Cocción: 20 minutos

Para 6 personas

La *galinhada,* plato emblemático de todo Brasil, pero
especialmente de los estados de Minas Gerais y Goiás,
es un guiso de pollo y arroz cocido a fuego lento y
aromatizado con azafrán o cúrcuma. Muy popular
como remedio para la resaca, a menudo se prepara
al amanecer después de una noche de fiesta.

> 120 ml de caldo de pollo
> 1 cda. de perejil picado fino
> 1 cda. de cilantro picado fino
> el zumo de 1 limón (lima)
> 1 pollo entero dividido en 10 piezas (muslos,
> contramuslos, alas y pechugas), sin la grasa
> 360 g de arroz blanco de grano largo
> 2 cdas. de aceite de oliva
> 2 cebollas picadas finas
> 2 dientes de ajo majados
> ½ cdta. de hebras de azafrán
> 2 tomates pelados, descorazonados y en dados
> 1 pimiento verde despepitado y en dados
> 4 cdas. de guisantes
> 750 ml de agua hirviendo
> sal y pimienta molida

Ponga el caldo, el perejil, el cilantro y el zumo de limón
en un bol. Añada el pollo y déjelo marinar 2 horas
como mínimo.

Lave el arroz bajo un chorro de agua fría hasta
que salga limpia.

Caliente a fuego medio el aceite en una olla.
Eche las cebollas y el ajo y súdelos hasta que estén
transparentes. Añada el pollo escurrido y sofríalo unos
4 o 5 minutos por cada lado. Agregue el azafrán, los
tomates, el pimiento, los guisantes y el arroz y sofríalo
todo unos minutos más.

Remueva bien y cúbralo con el agua hirviendo.
Salpimiente, remueva de nuevo y cuézalo, tapado,
20 minutos a fuego medio-bajo, removiendo con
suavidad para que el arroz no se pegue al fondo.
Retire la cazuela del fuego y deje reposar el arroz
5 minutos antes de servir.

Arroz de carreteiro

Arroz con carne seca ⬚
Brasil

Preparación: 15 minutos
Cocción: 30 minutos,
más 10 minutos para reposar

✻ ⌀

Para 6 personas

El nombre de este plato hace referencia a su origen, los *carreteiros*, las personas que conducían carros tirados por caballos en el sur de Brasil. En sus largos viajes por el campo, el arroz cocido con carne seca era una comida fácil de hacer en una olla de hierro fundido sobre un fuego. Hoy en día se suele preparar con las sobras de una barbacoa y es uno de los platos más típicos de Rio Grande do Sul. En otras zonas del país se pueden encontrar preparaciones similares, como el arroz Maria Isabel en el noreste, que utiliza carne de sol ligeramente salada y deshidratada en lugar de charqui, o el *feijão tropeiro*, de Minas Gerais, que lleva frijoles y verduras de hoja.

    360 g de arroz blanco de grano largo
    2 cdas. de aceite
    80 g de tocino en dados
    250 g de linguiças calabresas (salchichas curadas
    al estilo de Calabria) en 3 trozos
    ½ cebolla en rodajas finas
    2 dientes de ajo picados
    100 g de charqui o cecina desmenuzada
    2 hojas de laurel
    1 tomate pelado y picado
    950 ml de caldo de carne o agua caliente
    20 g de perejil picado
    sal y pimienta molida

Lave el arroz bajo un chorro de agua fría hasta que salga limpia.
    Caliente a fuego medio el aceite en una olla. Sofría el tocino y las salchichas 5 minutos, removiendo de vez en cuando, hasta que se doren. Añada la cebolla y el ajo y sofríalos 2 minutos. Agregue el charqui o la cecina y deje que se dore. Eche el arroz, el laurel y el tomate y sofríalo 1 minuto aproximadamente. Sale.
    Vierta el caldo o el agua caliente y rasque el fondo de la olla con una cuchara de madera para que el arroz no se pegue. Tape la olla y cuézalo unos 20 minutos o hasta que haya absorbido todo el líquido.
    Retire la olla del fuego y déjelo reposar, tapado, unos 10 minutos.
    Sírvalo con el perejil picado por encima y un poco de pimienta.

Arroz con chaupiza

Arroz con chaupizas
Colombia

Preparación: 10 minutos
Cocción: 50 minutos,
más 10 minutos para reposar

✻ ⌀

Para 6-8 personas

La *chaupiza* o *chautiza* es un pez diminuto de menos de 2,5 cm de longitud, del género *Sicydium*, autóctono de los arroyos y ríos con mucha corriente de algunas zonas de América Central y del Sur. En la costa del Pacífico colombiano y en el valle del Cauca, los pescadores las capturan con redes, las secan al sol con un poco de sal, las ahúman en hojas de plátano y las comen solas, aunque también se pueden utilizar frescas en guisos y platos de arroz. Las anchoas pueden ser un buen sustituto.

    1,8 kg de chaupizas
    4 cdas. de aceite de coco
    1 cebolla picada
    1 diente de ajo picado
    1 tomate picado
    360 g de arroz blanco de grano largo
    475 ml de leche de coco
    250 ml de agua
    4 plátanos en rodajas
    40 g de hojas de cilantro
    sal y pimienta molida

Lave el pescado bajo un chorro de agua fría. Resérvelo.
    Derrita 1 cucharada de aceite de coco en una sartén a fuego medio. Sude la cebolla y el ajo hasta que estén transparentes. Añada el tomate y sofríalo hasta que esté completamente hecho, de 7 a 10 minutos. Salpimiente y pase el sofrito a un bol.
    En la misma sartén, caliente otras 2 cucharadas de aceite de coco y fría el pescado unos 2 minutos. Vierta de nuevo el sofrito en la sartén y rehóguelo todo 10 minutos.
    Lave el arroz bajo un chorro de agua fría hasta que salga limpia.
    Caliente a fuego medio-alto la cucharada de aceite de coco restante en una cazuela, añada el arroz y sofríalo unos minutos, vierta la leche de coco y el agua y llévelo a ebullición. Agregue los plátanos, tape la cazuela y baje el fuego. Cuézalo a fuego lento hasta que el arroz haya absorbido todo el líquido, unos 25 minutos, e incorpore la mezcla de pescado.
    Retire la cazuela del fuego y deje reposar el arroz, tapado, 10 minutos.
    Sírvalo con hojas de cilantro por encima.

Arroces, granos y pseudocereales

Arroz de carreteiro

Arroz aguado

Arroz caldoso al estilo nicaragüense 🄾
Nicaragua

Preparación: 15 minutos
Cocción: 1 hora

※ Ø

Para 8 personas

Muy popular en Nicaragua y típico de las comidas familiares, el arroz aguado es un plato saludable y reconfortante, que se adereza con hierbas y pimientos.

  1 cda. de aceite vegetal
  1 cebolla picada fina
  3 ramas de apio en rodajas finas
  3 zanahorias en rodajas de 1 cm
  2 tomates en rodajas
  4 dientes de ajo majados
  2 pechugas de pollo cortadas por la mitad
  4 muslos de pollo
  950 ml de caldo de pollo
  750 ml de agua
  180 g de arroz blanco de grano largo
  10-12 tallos de cilantro fresco
  2 ramitas de hierbabuena fresca (o menta)
  3 papas (patatas) en dados
  2 plátanos maduros en rodajas
  1 calabacín en dados
  el zumo de 1 naranja amarga
  ½ cdta. de achiote en polvo
  sal y pimienta molida

  Para adornar
  40 g de hojas de cilantro fresco picadas
  5 g de menta fresca picada
  2 limones (limas) en cuñas
  1 aguacate maduro en rodajas
  125 g de jalapeños encurtidos

Caliente a fuego medio-alto el aceite en una olla. Añada la cebolla, el apio, las zanahorias, los tomates y el ajo. Sale y sofríalos, sin dejar de remover, hasta que la cebolla esté tierna y transparente, de unos 5 a 7 minutos.

Salpimiente el pollo y añádalo a la olla. Agregue el caldo, el agua, el arroz, el cilantro y las ramitas de hierbabuena o menta y llévelo a ebullición. Baje el fuego y cuézalo, espumando la superficie de vez en cuando, hasta que el pollo esté tierno, unos 25 minutos. Retire el pollo con unas pinzas y colóquelo en un bol. Deseche las ramitas de cilantro y de hierbabuena.

Añada las papas, los plátanos y el calabacín a la olla y cuézalos hasta que estén tiernos, unos 15 minutos. Agregue el zumo de naranja amarga y el achiote.

Mientras, retire con cuidado la piel y los huesos del pollo y deséchelos. Corte el pollo en trozos del tamaño de un bocado y vuelva a ponerlo en la cazuela. Salpimiente al gusto.

Sirva el arroz en ocho boles adornado con cilantro y menta picados y con cuñas de limón, rodajas de aguacate y jalapeños a un lado.

Arroz clavado, arroz clava'o

Arroz con salchichas al estilo de Chocó
Colombia

Preparación: 5 minutos
Cocción: 35 minutos

※ Ø

Para 8 personas

Hay casi tantas variantes de recetas de arroz en el departamento de Chocó, una región costera selvática y casi virgen del Pacífico de Colombia, como habitantes. Docenas de variedades de arroz se cultivaron durante años en su rico suelo pantanoso hasta que llegó un arroz industrial más barato. Algunas se utilizaban para el *atollado*, tipo risotto, otras se mezclaban con leche de coco o se usaban para preparar *fututiao*, donde el arroz con cáscara se tuesta en una olla en la temporada de lluvias. El arroz clavado es el plato perfecto para degustar la longaniza chocoana, una salchicha tradicional elaborada con carne de cerdo, cebolla, pimientos, achiote y hierbas aromáticas, que se seca al sol y ahúma.

  540 g de arroz de grano largo
  2 cdas. de aceite vegetal o de palma
  450 g de longaniza en rodajas
  2 cebollas picadas
  1 tomate maduro pelado y picado
  2 dientes de ajo picados
  ½ cdta. de achiote en polvo
  1,5 litros de agua
  225 g de queso blanco colombiano, u otro queso fresco, en dados
  4 cebolletas picadas
  sal y pimienta molida

Lave el arroz bajo un chorro de agua fría hasta que salga limpia.

Caliente a fuego medio el aceite en una cazuela y fría la longaniza hasta que se dore. Añada las cebollas, el tomate, el ajo y el achiote. Salpimiente, agregue el arroz y remueva, cubriéndolo bien con el sofrito. Rehóguelo durante 2 minutos, vierta el agua, tape la cazuela y cuézalo 20 minutos.

Retire la tapa, añada el queso, tápela de nuevo y prosiga con la cocción 10 minutos más hasta que el arroz esté en su punto y haya absorbido todo el líquido.

Esparza las cebolletas picadas por encima y sirva.

Arroz aguado

Uchu jacu

Sopa de harina picante
Ecuador

Preparación: 20 minutos   Para 6 personas
Cocción: 1 hora y 30 minutos

Típico de la provincia de Pichincha, en el norte del Ecuador, es una mezcla de harina a base de granos secos y tostados que incluye trigo, cebada, maíz, guisantes, lentejas y frijoles. En quichua significa «harina picante», en alusión a las especias como el comino, el ajo y el recado rojo que añaden. Su único uso es servir de base para esta espesa sopa del mismo nombre, a la que se le pueden añadir otros ingredientes como papas, maíz, huevos o cuy. Aunque es probable que solo encuentre *uchu jacu* en Ecuador, puede sustituirlo por una mezcla de harinas de los granos habituales de su zona y especias a su gusto.

    450 g de costillas de cerdo
    1,9 litros de agua
    1 hoja de laurel
    1 rama de apio
    2 cdas. de aceite vegetal
    1 cebolla en dados pequeños
    1 cda. de pasta de ajo
    275 g de mote cocido (o maíz pozolero)
    450 g de papas (patatas) en dados medianos
    200 g de harina de *uchu jacu*
    125 g de queso fresco ecuatoriano rallado
    10 g de cilantro picado fino
    sal

    Para servir
    aguacate
    maíz tostado

Ponga una olla a fuego medio. Añada las costillas, el agua, el laurel y el apio y llévelo a ebullición. Baje el fuego y cueza las costillas durante 1 hora hasta que estén tiernas. Retírelas del caldo, deshuéselas y reserve la carne. Decante la mitad del caldo y déjelo enfriar; mantenga la mitad restante en la cazuela.

Caliente a fuego medio el aceite en una cazuela, añada la carne de cerdo, la cebolla y la pasta de ajo y sofríalo todo. Agregue la mitad aún caliente del caldo, el mote y las papas y cuézalo 30 minutos o hasta que las papas estén muy tiernas.

Use la cantidad suficiente del caldo frío reservado para disolver la harina y añada la mezcla a la cazuela. Sale y remueva hasta que el caldo espese, como si fuera una sopa de papas.

Añada el queso rallado y el cilantro y sírvalo caliente, con aguacate y maíz tostado.

Olla de arroz guyanesa

Olla de arroz al estilo de Guyana
Guyana

Preparación: 35 minutos,
más toda la noche en remojo
Cocción: 45 minutos,   Para 6 personas
más 10 minutos para reposar

Esta receta de arroz es uno de los platos emblemáticos de Guyana y recibe diversos nombres en el sur del Caribe. Los ingredientes pueden variar, pero siempre lleva arroz, algún tipo de proteína y hierbas frescas cocinadas en leche de coco. Tradicionalmente se preparaba los sábados, aprovechando las sobras y cociéndolo todo junto en una olla. La proteína puede ser callos, rabo de cerdo, rabo de buey, pollo, camarones o una mezcla de estos, aunque las legumbres, como los gandules o los frijoles carilla, también son habituales. Algunos añaden *cassareep*, una reducción de yuca endulzada y condimentada que se utiliza en las recetas de *pepperpot* o chiles Scotch Bonnet.

    1 pollo de 1,3 kg en trozos
    2 cdtas. de aceite vegetal
    115 g de cebollas en dados
    4 ramitas de tomillo
    360 g de arroz blanco de grano largo
    165 g de frijoles carilla remojados toda la noche
    235 ml de agua templada
    950 ml de leche de coco fresca o 475 ml de leche de coco envasada y 475 ml de agua
    20 g de hojas de albahaca
    80 g de tomates en dados
    2 cebolletas en rodajas finas
    sal y pimienta molida

Salpimiente el pollo. Caliente a fuego medio-alto el aceite. Eche el pollo y dórelo. Retírelo y resérvelo. Añada la mitad de las cebollas y la mitad del tomillo y súdelos.

Lave el arroz con agua fría hasta que salga limpia.

Escurra los frijoles, añádalos a la olla, remueva y sofríalos 2 minutos. Vierta el agua templada y cuézalos hasta que el líquido se reduzca y los frijoles estén casi cocidos. Añada la leche de coco y remueva. Agregue el pollo junto con el arroz, las cebollas y el tomillo restantes, la albahaca, los tomates y las cebolletas.

Tape la olla, lleve a ebullición y cueza 6 o 7 minutos. Baje el fuego y prosiga con la cocción 30 minutos más hasta que la mayor parte del líquido se haya evaporado.

Deje reposar el guiso 10 minutos y sírvalo.

Arroz kesú, arroz quesú

Arroz blanco con queso al estilo paraguayo
Paraguay

Preparación: 10 minutos
Cocción: 20 minutos,   Para 2 personas
más 5 minutos para reposar

Uno de los mejores usos que se puede hacer del queso Paraguay, un queso de leche de vaca suave y ligeramente ácido, es el arroz *kesú*, que se suele servir para acompañar la carne asada.

    1 cdta. de aceite vegetal
    ½ cebolla blanca picada
    1 diente de ajo picado
    180 g de arroz blanco de grano largo
    410 ml de agua hirviendo
    75 g de queso Paraguay rallado
    sal

Caliente a fuego medio el aceite en un cazo. Añada la cebolla y el ajo y súdelos 5 minutos o hasta que estén tiernos. Agregue el arroz, sofríalo 1 minuto y vierta el agua hirviendo. Sale y cuézalo a fuego lento 12 minutos o hasta que esté cocido y el agua se haya evaporado.

Esparza el queso rallado por encima, remueva bien y déjelo reposar 5 minutos. Sírvalo templado.

Arroces, granos y pseudocereales

Reviro

Tostones de masa fritos
Argentina, Paraguay

Preparación: 15 minutos
Cocción: 25 minutos

Para 4 personas

A poca distancia de las cataratas del Iguazú, en la zona del Alto Paraná (Paraguay), el *reviro* suele reemplazar al pan en muchas comidas. Solo contiene tres ingredientes básicos: harina, agua y sal, además de grasa para freír. A finales del siglo XIX, los *mensús*, trabajadores de las plantaciones de yerba mate, lo preparaban a diario. Para el desayuno, se puede tomar con un huevo frito; otras veces, se espolvorea con azúcar y se acompaña de una taza del tradicional Mate cocido (véase pág. 388). Se suele añadir a las sopas; la costumbre es tomar una cucharada de *reviro* y sumergirla en el caldo antes de comer.

    560 g de harina común
    1 cda. de sal
    250 ml de agua
    2 cdas. de mantequilla
    2 cdas. de manteca

En un bol, mezcle la harina con la sal y el agua y amase hasta obtener una masa homogénea.

Caliente a fuego medio la mantequilla y la manteca en una cazuela de barro refractario. Añada la masa en una pieza y fríala unos 5 minutos o hasta que esté dorada. Dele la vuelta y empiece a separarla en trozos pequeños con una cuchara de madera. Prosiga con la cocción, sin parar de remover, 20 minutos o hasta que la masa esté dorada y crujiente.

Retire la sartén del fuego y sirva los tostones calientes.

Concolón

Arroz crujiente
Panamá

Preparación: 5 minutos
Cocción: 25 minutos

Para 4 personas

A todo el mundo le encanta el arroz tostado que queda pegado en el fondo de la olla al cocerlo, así que ¿por qué no preparar un plato solo de arroz crujiente? Eso es lo que han hecho los panameños. También puede usar esta técnica con otras recetas de arroz y el concolón resulta especialmente sabroso si se mezcla con trozos grasos de carne o con marisco.

    4 cdas. de mantequilla derretida
    360 g de arroz blanco de grano largo
    475 ml de agua

Lave el arroz bajo un chorro de agua fría hasta que salga limpia.

Caliente la mitad de la mantequilla en una cazuela de hierro fundido, añada el arroz y remueva para que se impregne. Vierta el agua, remueva de nuevo y llévelo a ebullición. Tape la cazuela, baje el fuego y prosiga con la cocción, rascando el fondo de la cazuela con una cuchara de madera de vez en cuando.

Cuando el arroz esté casi listo, añada la mantequilla restante y suba el fuego para que el arroz del fondo se dore.

Sírvalo de inmediato.

Moksi-alesi

Arroz mixto surinamés
Surinam

Preparación: 15 minutos
Cocción: 25 minutos

Para 6 personas

Una mezcla de sobras en su origen, hoy en día se prepara con infinitas combinaciones de pescado, carne salada, pollo ahumado, camarones o frijoles. Se puede añadir leche de coco o servirlo acompañado de col.

    360 g de arroz blanco de grano largo
    1 cdta. de cúrcuma molida
    475 ml de caldo de pollo
    2 cdas. de aceite vegetal
    1 cebolla blanca picada
    3 dientes de ajo picados
    1 tomate en dados
    1 chile Scotch Bonnet despepitado y picado
    2 cdas. de camarones (gambas) secos remojados
    150 g de pechugas de pollo ahumadas
    en dados pequeños
    145 g de frijoles carilla cocidos
    pimienta negra molida
    1 hoja de plátano

Ponga el arroz con la cúrcuma en una cazuela y remueva bien. Vierta el caldo y cuézalo a fuego medio unos 15 minutos o hasta que el arroz esté cocido y todo el caldo se haya evaporado. Retírelo y resérvelo.

Mientras, caliente el aceite vegetal en un wok y sude la cebolla y el ajo. Añada el tomate y el chile y sofríalo 8 minutos. Agregue los camarones secos, el pollo y los frijoles y cuézalo, removiendo, unos 12 minutos o hasta que el tomate esté casi deshecho y el pollo bien cocido.

Añada el arroz cocido y pimienta molida al gusto, mezcle bien y sirva caliente sobre una hoja de plátano con plátanos fritos y rodajas de pepino o tomate.

Arroz fututeado, arroz fututiao

Arroz tostado
Panamá

Preparación: 5 minutos,
Cocción: 30 minutos,
más 15 minutos para reposar

Para 4 personas

El término panameño *fututear* significa «tostar el arroz recién cosechado con su cáscara». Aunque hoy en día se emplea para dar al arroz que se compra ya preparado un sabor tostado y con un toque a nuez.

    1 cda. de manteca
    180 g de arroz blanco de grano largo
    475 ml de agua

Caliente a fuego medio la manteca en una cazuela de fondo grueso. Añada el arroz y sofríalo unos 5 o 7 minutos o hasta que se dore. Vierta el agua, remueva y llévelo a ebullición. Tape la cazuela, baje el fuego y cuézalo unos 20 minutos o hasta que el agua se haya evaporado. Retire la cazuela del fuego.

Déjelo reposar, tapado, de 10 a 15 minutos y sírvalo.

Juane de arroz

Arroz envuelto en hojas de bijao
Perú

Preparación: 50 minutos
Cocción: 1 hora
Para 4 personas

El *juane* de arroz es la forma más habitual de preparar esta receta tradicional de toda la Amazonía peruana, superando con creces a los *Juanes* de yuca (véase pág. 98). Sin embargo, pocos son conscientes de que se trata, en realidad, de un plato de fusión. No es solo el nombre, *juane*, dado por los españoles en el pueblo de Moyobamba, en honor a San Juan Bautista, el santo patrono del Amazonas (algunos afirman que representa su cabeza servida en una bandeja después de su decapitación), sino también sus ingredientes: los españoles aportaron las aceitunas, mientras que los chinos trajeron el arroz. Los *juanes* de arroz son el plato más emblemático de la fiesta de San Juan, celebrada en toda la Amazonía peruana.

        2 cdas. de manteca
        1 pollo entero en 4 trozos
        1 cebolla blanca picada
        2 dientes de ajo picados
        1 cdta. de cúrcuma molida
        3 cdas. de pasta de ají amarillo
        1,5 litros de caldo de pollo
        2 cdas. de sachaculantro (culantro o cilantro) picado
        360 g de arroz blanco de grano largo
        2 ajíes dulces despepitados y en rodajas
        (u otro chile suave pequeño y redondo)
        4 huevos, más 4 huevos duros cortados por la mitad
        1 cda. de aceite de oliva
        8 hojas de bijao o plátano
        8 aceitunas negras sin hueso
        sal y pimienta molida

Caliente a fuego medio la manteca de cerdo en una cazuela, agregue los trozos de pollo y dórelos 4 minutos por cada lado. Retírelos y resérvelos.

En la misma cazuela, sude la cebolla y el ajo 4 minutos. Añada la cúrcuma y la pasta de ají amarillo, sofríalo todo 5 minutos y ponga de nuevo el pollo en la cazuela. Vierta el caldo de pollo, salpimiente y añada el sachaculantro. Cuézalo a fuego medio 15 minutos hasta que el pollo esté tierno. Retírelo de la cazuela y resérvelo.

Añada el arroz y los ajíes al caldo y cuézalo a fuego lento 15 minutos.

Bata los huevos en un bol y agréguelos al arroz cuando esté en su punto. Vierta el aceite de oliva y rectifique de sal y pimienta si fuera necesario. Divida la mezcla en cuatro porciones.

Tome 2 hojas de bijao o de plátano y forme una cruz. Ponga en el centro una ración de la mezcla de arroz, añada un trozo de pollo, una mitad de huevo duro y 2 aceitunas. Cierre las hojas y átelas con bramante. Repita la operación con las hojas y el relleno restantes.

Caliente suficiente agua en una cazuela para cubrir los *juanes* y llévela a ebullición. Añada los *juanes* por tandas, baje el fuego, tape la cazuela y cuézalos 30 minutos.

Retírelos y resérvelos calientes mientras cuece los *juanes* restantes.

Ábralos y sírvalos mientras aún estén calientes.

Shámbar

Sopa de trigo al estilo de Trujillo 🍲
Perú

Preparación: 20 minutos,
más toda la noche en remojo
para curar la carne
Cocción: 1 hora y 10 minutos
Para 4 personas

Este plato tiene su origen en el pueblo de Otuzco, en las estribaciones de los Andes, perteneciente al departamento de La Libertad, en el norte del Perú. Se puede preparar con cualquier tipo de legumbre, además de con tres tipos de carne, como pollo, salchichas, cerdo ahumado, orejas, rabos o panceta de cerdo. Contundente y nutritivo, se sirve tradicionalmente todos los lunes en la ciudad de Trujillo para afrontar la semana de trabajo con energía.

        450 g de panceta de cerdo
        225 g de trigo integral
        225 g de garbanzos
        225 g de habas secas
        450 g de chuletas de cerdo ahumado
        900 g de trozos de pollo
        1 cda. de aceite vegetal
        2 cebolletas picadas
        5 dientes de ajo
        2 ajíes panca, tostados y molidos
        2 ajíes mirasol tostados y molidos
        ½ cdta. de comino molido
        2 cdas. de cilantro picado
        sal

        Para servir
        cancha serrana (véase pág. 114)
        cuñas de limón (lima)
        salsa de chile

Coloque la panceta en una bandeja y frótela bien con 270 g de sal hasta que quede cubierta por todos los lados. Déjela reposar en el frigorífico toda la noche. Ponga a remojo el trigo, los garbanzos y las habas en tres boles diferentes con abundante agua fría y déjelos reposar toda la noche.

Al día siguiente, lave la carne en agua con hielo. Colóquela en una olla con las chuletas de cerdo y el pollo, cúbralo todo con agua y llévelo a ebullición. Baje el fuego a medio y cuézalo 30 minutos o hasta que la carne esté tierna.

Mientras, coloque el trigo escurrido en una cazuela, cúbralo con abundante agua y cuézalo 30 minutos, añadiendo los garbanzos y las habas también escurridos a mitad de la cocción.

Caliente el aceite en una olla, sude las cebolletas y el ajo 4 minutos. Añada los ajíes molidos y el comino y remueva. Agregue el trigo, los garbanzos y las habas escurridas, junto con la mezcla de carne y su líquido de cocción. Cuézalo 30 minutos a fuego lento. Retire la carne, deshuésela y córtela en trozos.

Sirva el *shámbar* caliente, con la carne troceada y el cilantro esparcido por encima. Si lo prefiere, acompáñelo de Cancha serrana (véase pág. 114), cuñas de limón y cualquier salsa de chiles.

Arroces, granos y pseudocereales

Shámbar

Guacho de rabito de puerco

Arroz caldoso con rabo de cerdo
Panamá

Preparación: 30 minutos
Cocción: 1 hora y 20 minutos   Para 8 personas

El *guacho* es un arroz caldoso que se combina
con otro ingrediente principal, como guandú (gandul),
marisco, ñame o culantro. El rabo de cerdo es una
de las opciones más comunes. Algunos prefieren
cocer todo a la vez en una única olla, mientras que
otros preparan los ingredientes por separado y los
mezclan al servir. En algunas zonas de Panamá, como
La Guaira en la costa caribeña, por ejemplo, se sirve
en calabazas.

    900 g de rabos de cerdo (salados)
    450 g de frijoles negros
    2 cdas. de salsa de ostras
    1 cda. de salsa Worcestershire
    475 ml de caldo de pollo
    3 cebollas blancas picadas
    5 dientes de ajo picados
    1 pimiento rojo despepitado y en dados
    3 cdas. de cilantro picado
    450 g de arroz blanco de grano largo
    1 cda. de aceite vegetal
    3 tomates pelados y en dados
    4 cdas. de pasta de tomate
    sal y pimienta molida

Coloque los rabos de cerdo en una cazuela, cúbralos
con agua y llévelos a ebullición. Escúrralos y repita la
operación dos veces más.
    Mientras, ponga los frijoles en otra cazuela y
cúbralos con agua. Sale y cuézalos a fuego lento
20 minutos o hasta que se ablanden un poco. Añada
los rabos de cerdo, la salsa de ostras, la Worcestershire
y el caldo de pollo y remueva bien. Agregue la mitad de
la cebolla y el ajo picados, el pimiento y el cilantro, baje
el fuego y cuézalo 30 minutos. Lave el arroz, añádalo,
vierta agua hasta cubrirlo todo y prosiga con la cocción
30 minutos más.
    Mientras, en una sartén, caliente el aceite y sude la
cebolla y el ajo restantes 5 minutos. Añada los tomates
y la pasta de tomate. Cuézalo a fuego medio 15 minutos
o hasta que los tomates estén blandos.
    Sirva el *guacho* en platos hondos con la salsa
de tomate por encima.

Macarronada

Cazuela de pasta al estilo venezolano 🍲
Venezuela

Preparación: 20 minutos   Para 6 personas
Cocción: 1 hora y 10 minutos

Venezuela adora la pasta y durante un tiempo fue el
segundo país del mundo en consumo de pasta per
cápita, solo por detrás de Italia. Numerosos platos de
pasta se han incorporado a su cocina nacional, como
el *pasticho*, una lasaña cubierta de salsa besamel.
La macarronada es un plato típico de Maracaibo y sus
alrededores, en el noroeste del país, y se prepara en
días festivos, sobre todo en Navidad. No hay una receta
exacta, pero sí dos ingredientes imprescindibles: pasta
y queso. Después, cada familia tiene su propia versión.

    450 g de pasta rigatoni
    2 pechugas de pollo cocidas
    4 huevos
    250 ml de leche entera
    450 g de queso de año venezolano (o parmesano)
    rallado
    4 huevos duros en rodajas
    150 g de filetes de jamón en tiras
    125 g de salchicha curada en rodajas finas
    4 papas (patatas) cocidas y en rodajas
    1 cdta. de aceite de achiote, y un poco más
    sal y pimienta molida

    Para la salsa de tomate
    6 tomates pelados
    1 cdta. de aceite vegetal, y un poco más
    para engrasar
    1 cebolla blanca picada
    2 dientes de ajo picados
    1 pimiento rojo despepitado y picado
    1 cda. de perejil picado
    1 cda. de azúcar
    comino molido, al gusto

Para preparar la salsa de tomate, triture los tomates
en una batidora y resérvelos. Caliente el aceite vegetal
en una sartén y sude la cebolla, el ajo y el pimiento unos
5 minutos. Esparza el perejil picado y sofríalo todo a
fuego medio 8 minutos. Añada los tomates triturados,
salpimiente y agregue azúcar y comino. Vierta un poco
de aceite de achiote y cuézalo a fuego lento 35 minutos.
    Mientras, cueza la pasta en agua hirviendo con sal
unos 12 minutos o hasta que esté al dente. Escúrrala
y mézclela bien con la cucharadita de aceite de
achiote restante.
    Cuando la salsa de tomate esté lista, desmenuce
el pollo y mézclelo con la salsa.
    Bata los huevos con la leche y precaliente el horno
a 180 °C.
    Engrase con aceite el fondo y los lados de una
bandeja de horno de 33 x 23 x 5 cm. Disponga una capa
de pasta y cúbrala con la mitad de la salsa de tomate
con pollo, esparza el queso y coloque encima rodajas
de huevo duro, jamón, salchicha y papas. Vierta la mitad
de la mezcla de huevo y leche y repita la operación,
terminando con una capa de pasta y queso.
    Cubra la bandeja con papel de aluminio y hornéela
20 minutos. Retire el papel de aluminio y déjela otros
7 minutos o hasta que el queso se dore.
    Sáquela del horno, déjela enfriar y sírvala caliente
acompañada de una ensalada.

Macarronada

Arroz y frijoles

Esta combinación de dos ingredientes básicos está presente en casi todos los rincones de América Latina y algunas familias los consumen tres veces al día. Sin embargo, el arroz y los frijoles no tienen por qué ser solo una comida para saciarse, pueden ser los auténticos protagonistas de creaciones culinarias en su máxima expresión, convirtiendo los alimentos más humildes en las estrellas de un plato.

Gallo pinto

Arroz y frijoles al estilo de Centroamérica
Costa Rica, Nicaragua

Preparación: 5 minutos,
más toda la noche en remojo
Cocción: 30 minutos,
más 5 minutos para reposar

Para 6 personas

Llamado así por el aspecto moteado de la mezcla de arroz con frijoles, el gallo pinto puede ser el complemento perfecto de cualquier preparación. Se dice que es el plato nacional de Costa Rica y Nicaragua y ambos países se atribuyen su origen, aunque no está nada claro. Sus raíces probablemente se remontan a las plantaciones costeras de la época de la esclavitud. Hay innumerables variantes regionales del gallo pinto. En Costa Rica, se suelen emplear frijoles negros y lleva Lizano, una salsa de color marrón claro similar a la Worcestershire. En Nicaragua, son más típicos los pequeños frijoles rojos de seda. Y en gran parte de la costa caribeña de cualquiera de los dos países se añade leche de coco y, a veces, chiles.

> 500 g de frijoles rojos de seda, en remojo toda la noche en abundante agua fría
> 2 cdas. de aceite
> 1 cebolla picada
> 4 dientes de ajo picados
> ½ pimiento rojo o amarillo despepitado y picado
> 540 g de arroz de grano largo
> 475 ml del agua de cocción de los frijoles reservada
> 1 manojo de tomillo fresco
> 400 ml de leche de coco

Escurra los frijoles, póngalos en una cazuela y cúbralos con agua fría. Llévelos a ebullición a fuego medio-alto, baje el fuego y cuézalos hasta que estén tiernos pero firmes. Retire la cazuela del fuego y reserve los frijoles en el agua de cocción hasta que los vaya a utilizar.

Caliente a fuego medio el aceite en una olla. Sofría la cebolla, el ajo y el pimiento unos 6 minutos o hasta que la cebolla esté transparente. Añada el arroz, remueva para que se impregne bien y sofríalo unos 4 minutos. Agregue los frijoles con el agua de cocción, el tomillo y la leche de coco. Cuézalo hasta que el arroz haya absorbido todo el líquido.

Retire la cazuela del fuego y deje reposar el arroz 5 minutos, tapado, antes de servir.

Baião de dois

Arroz y frijoles carilla
Brasil

Preparación: 1 hora,
más toda la noche en remojo
Cocción: 1 hora,
más 5 minutos para reposar

Para 8 personas

Llamado así por una danza folclórica tradicional de la región de Ceará, el *baião de dois*, o «baile para dos», empareja dos de los alimentos más básicos de la gastronomía brasileña: el arroz y los frijoles (en este caso, el *feijão fradinho* o frijoles carilla). Muy habitual en las zonas rurales más empobrecidas de la región, es típico para la cena. Cada hogar tiene su propia receta y puede variar de un día para otro según lo que haya disponible: si hay carne, se añade.

> 500 g de carne de sol (o cecina de vaca) en dados de 6 cm
> 165 g de frijoles carilla
> 1,2 litros de agua
> 3 cdas. de mantequilla
> 100 g de tocino en dados
> 100 g de linguiça calabresa (salchicha curada al estilo calabrés) en rodajas
> 1 cebolla picada fina
> 3 dientes de ajo picados
> 1 pimiento rojo despepitado y picado
> 2 tomates maduros pelados y picados
> 360 g de arroz blanco de grano largo
> 1 hoja de laurel
> 340 g de queijo de coalho (o mozzarella) en dados
> 35 g de cebolletas picadas finas
> 20 g de cilantro picado fino
> sal y pimienta molida

Lave la carne de sol bajo un chorro de agua fría, colóquela en un bol, cúbrala con agua y refrigérela toda la noche, cambiando el agua una vez como mínimo. Escúrrala y píquela fina.

En otro bol, ponga los frijoles carilla, añada agua (el doble de la cantidad en volumen de los frijoles) y déjelos en remojo toda la noche.

Escurra los frijoles y colóquelos en una cazuela. Vierta el agua y cuézalos a fuego medio unos 30 minutos o hasta que estén tiernos. Escúrralos reservando 950 ml del agua de cocción.

Derrita la mantequilla a fuego medio en una cazuela. Añada el tocino y sofríalo hasta que se dore. Agregue la carne de sol y sofríala 5 minutos. A continuación, la salchicha, la cebolla y el ajo y sofríalos 3 minutos. Añada el pimiento, sofría 5 minutos y agregue los tomates. Finalmente, lave el arroz, añádalo y sofríalo todo 2 minutos más. Salpimiente.

Vierta el agua de cocción de los frijoles reservada, añada el laurel y cuézalo a fuego medio, tapado, de 15 a 20 minutos hasta que el arroz haya absorbido toda el agua. Retire la cazuela del fuego y déjelo reposar 5 minutos. Añada los frijoles y el queso y remueva bien.

Sírvalo con la guarnición de cebolletas y cilantro.

Baião de dois

Pabellón criollo

Arroz, frijoles y carne desmenuzada
Venezuela

Preparación: 30 minutos
Cocción: 1 hora y 15 minutos

Para 5-6 personas

La receta venezolana más emblemática después de las arepas y el plato nacional por excelencia es el pabellón criollo tradicional, un plato de arroz blanco acompañado de frijoles negros y carne de ternera desmenuzada. Se puede servir «a caballo», con un huevo frito encima, o «con barandas», con láminas de plátano formando una especie de barandilla alrededor del plato. Algunas variantes regionales sustituyen la carne de ternera por carpincho, caimán o pescado también desmenuzados.

Para los frijoles
360 g de frijoles negros
2 cdas. de aceite de oliva
1 cebolla blanca picada fina
½ pimiento rojo en tiras
2,3 litros de agua
1 cda. de panela (o azúcar mascabado claro)
1 cdta. de comino molido (opcional)
5 lonchas de tocino picadas
4 dientes de ajo picados

900 g de falda de ternera
4 dientes de ajo
1½ cebollas blancas picadas
2 ajíes dulces
475 ml de agua
4 cdas. de aceite vegetal
½ pimiento rojo picado
150 g de tomates pelados, despepitados y en dados
2 cdas. de salsa Worcestershire
1 cdta. de comino molido o al gusto
1 cda. de pasta de tomate
2 plátanos macho verdes
sal y pimienta molida
arroz blanco cocido, para servir

Lave los frijoles negros y escúrralos. Caliente a fuego medio el aceite de oliva en una cazuela. Añada la cebolla y el pimiento y súdelos 3 minutos. Agregue los frijoles y el agua y cuézalos a fuego lento 1 hora o hasta que estén tiernos. Retire el pimiento, salpimiente e incorpore la panela y el comino molido.

Fría el tocino sin grasa añadida y sofría el ajo con él. Agregue esta mezcla a los frijoles y prosiga con la cocción hasta que el caldo espese (añada más agua si fuera necesario).

Mientras, ponga la carne en una cazuela con 1 diente de ajo majado, dos tercios de la cebolla picada, 1 ají y añada agua hasta cubrirlo. Llévelo a ebullición, baje el fuego, tape la cazuela y cuézalo durante 1 hora, removiendo con frecuencia. Retire la carne y déjela enfriar. Cuele el caldo y resérvelo. Una vez que la carne se haya enfriado lo suficiente para manipularla, desmenúcela muy fina.

Caliente a fuego medio 2 cucharadas de aceite vegetal en una sartén, añada los 3 dientes de ajo restantes, picados, y la cebolla, el pimiento y el ají restantes. Súdelos, sin dejar que se doren, 3 minutos. Agregue los tomates, la salsa Worcestershire, el comino molido y la pasta de tomate. Sofríalo 3 minutos y añada la carne desmenuzada. Vierta 120 ml del caldo de cocción reservado y cuézalo todo a fuego lento

15 minutos o hasta que la carne esté tierna y el caldo se haya reducido a la mitad.

Pele los plátanos y córtelos en rodajas diagonales. En una sartén, caliente a fuego medio las 2 cucharadas de aceite vegetal restantes. Agregue los plátanos (si es necesario, por tandas) y fríalos de 3 a 5 minutos por cada lado o hasta que estén dorados y tiernos. Páselos a un plato forrado con papel de cocina para eliminar el exceso de aceite.

Sirva en cada plato 2 cucharadas de carne desmenuzada, 2 cucharadas de frijoles, 3 rodajas de plátano frito y un poco de arroz en el centro.

Tacu tacu

Masa dorada de arroz con frijoles 📷
Perú

Preparación: 20 minutos
Cocción: 40 minutos

Para 4 personas

Derivado del término quechua *takuy*, que significa «mezclar una cosa con otra», los esclavos que trabajaban en las plantaciones costeras de azúcar y algodón durante el periodo colonial del Perú crearon el *tacu tacu* para aprovechar las sobras de arroz y frijoles o lentejas. Hoy en día se ha convertido en un plato típico de la cocina criolla peruana, a menudo relleno de marisco con salsa picante o parcialmente escondido bajo un filete apanado servido con plátanos y huevo fritos. El *tacu tacu* puede tener forma de tortilla, cuando se llena toda la sartén, o de croqueta grande ovalada, cuando solo se rellena una parte. Se suele servir con acompañamientos, como salsa criolla, salsa de ají amarillo o una jarrita de aceite de oliva para rociar.

2 cdas. de aceite vegetal
2 cebollas blancas picadas gruesas
2 dientes de ajo picados gruesos
350 g de frijoles amarillos (o cannellini) cocidos
5 cdas. de aceite de oliva
1 cda. de pasta de ají amarillo
250 g de arroz blanco de grano largo cocido
250 ml de caldo de verduras
sal y pimienta negra molida
salsa criolla (véase pág. 406), para servir

Caliente a fuego medio la mitad del aceite vegetal en una sartén. Añada la cebolla y súdela 10 minutos hasta que esté blanda, removiendo con frecuencia y sin dejar que se dore. Tritúrela en una batidora hasta obtener un puré. Resérvelo. Repita la operación con el ajo y el aceite restante.

Ponga 280 g de frijoles en la batidora y tritúrelos hasta obtener una mezcla fina.

Caliente 1 cucharada de aceite en una sartén, añada 1 cucharada del puré de cebolla, la pasta de ají amarillo y 1 cucharada del puré de ajo. Sofríalo un par de minutos y añada los frijoles triturados, los frijoles enteros restantes y el arroz. Remueva bien y vierta el caldo de verduras. Salpimiente y cuézalo a fuego lento de 6 a 8 minutos o hasta que la mezcla espese y se hayan incorporado los sabores. Retire la sartén del fuego y divida la masa en 4 porciones iguales.

Caliente 1 cucharada de aceite en una sartén, añada una porción y dele forma de círculo o lágrima con una espátula. Séllelo 3 minutos por cada lado.

Retírelo de la sartén y manténgalo caliente mientras repite la operación para hacer los *tacu tacu* restantes. Sírvalos calientes con salsa criolla.

Tacu tacu

Quinua y amaranto

Durante miles de años, las semillas de quinua han sido moneda de cambio entre los agricultores del Altiplano andino, la árida meseta de gran altitud que se extiende a ambos lados de la frontera entre el Perú y Bolivia. Se plantaban más de una docena de variedades a la vez. Aunque no todas las plantas prosperaban, se aseguraban de que al menos parte de la cosecha de quinua del año pudiera soportar las fluctuaciones de temperatura y las precipitaciones, por lo que tendrían algo para comer.

Los incas la llamaban *chisoya mama*, «madre de todos los granos», y la leyenda cuenta que cada año el emperador inca removía la tierra con una pala de oro y plantaba las primeras semillas de la temporada. En los Andes se han desarrollado más de 3000 variedades, adaptadas a la amplia diversidad climática que presentan las regiones desde el sur de Colombia hasta el norte de Chile. Esta biodiversidad agrícola no es fruto de la casualidad, sino que exigió la participación activa de los agricultores de toda la región durante siglos para adaptar la planta a los cambios que se iban sucediendo.

Desde un punto de vista nutricional, presenta un mejor equilibrio de aminoácidos que la proteína de la mayoría de los cereales auténticos y se puede cocinar de formas muy diferentes. Las semillas se cuecen como el arroz y se añaden a las sopas, se endulzan como unas mazamorras de desayuno o se tuestan y se convierten en harina para hacer panes o pastas. También se pueden fermentar para elaborar chicha o ser una alternativa vegana de la leche. Incluso las hojas verdes comestibles son comparables a las espinacas, de las que la quinua es un pariente botánico. Un estudio de la NASA afirmó que «aunque ningún alimento puede suministrar todos los nutrientes esenciales para la vida, la quinua es más completa que cualquier otro en el reino vegetal o animal».

En el Altiplano, los agricultores siguen empleando un sistema orgánico de estabilización del suelo mediante el pastoreo de las llamas en los campos en barbecho, rotando de un terreno a otro. Continúan plantando variedades de semillas de quinua diferentes cada temporada, lo que asegura una mínima cosecha en un clima cada vez más impredecible. Mientras que la quinua industrial que se cultiva en altitudes más bajas, y que se suele rociar con pesticidas, ofrece mayor rendimiento y suele ser más barata, la calidad y el sabor de las semillas es muy superior en el Altiplano. Cuando la adquiera, busque la Quinua Real, que se cultiva entre los lagos salados de Uyuni y Coipasa en el sur de Bolivia, o la que cultivan las cooperativas en las regiones montañosas del Perú como Ancash, Cuzco, Apurímac, Huanuco, Huancavelica, Ayacucho y Puno.

La quinua tiene diferentes colores según las variedades. La dorada, o blanca, es la más común, con un ligero sabor a nuez y una textura suave. La roja, así como otras variedades menos habituales como la púrpura y la naranja, tienen un sabor terroso y una textura ligeramente crujiente; mientras que la negra es rica en antioxidantes, se utiliza en platos fríos y tiene un sabor dulce pero agradable. La cañihua o *kaniwa*, a veces llamada quinua bebé por su pequeño tamaño, es de color rojo oscuro o marrón y su textura, bastante crujiente.

Al igual que la quinua, el amaranto, la especie de plantas pertenecientes al género *Amaranthus*, se cultiva principalmente por sus semillas comestibles. Durante un tiempo se extendió tanto por la región como el maíz, aunque la conquista de la región supuso casi su desaparición. Ricas en proteínas y aminoácidos, las semillas y hojas de amaranto han sido parte esencial de la alimentación en todo el Nuevo Mundo durante miles de años. Los aztecas lo preparaban como el maíz, cociéndolo en agua, reventándolo y moliéndolo para obtener harina con la que preparar tortillas, tamales y atole. Hoy en día se toma en los cereales de desayuno o se utiliza para hacer un caramelo llamado alegría. En el Perú, una especie nativa de amaranto (*Amaranthus caudatus*), conocida como *kiwicha*, se utiliza de manera muy similar.

Cocer estos pseudogranos es relativamente sencillo. Al igual que el arroz, utilice el doble de agua de la cantidad en volumen de quinua o amaranto, sale y cuézalo, sin tapar, hasta que haya absorbido toda el agua. Retire la cazuela del fuego, déjelo reposar, tapado, 5 minutos y separe los granos con un tenedor. Puede tomarlo cocido, frito como el arroz o en ensaladas y platos fríos. También se pueden moler las semillas para obtener harina con la que preparar mazamorras, tortillas o pasta.

Nota: es importante lavar bien las semillas de quinua para eliminar la saponina, su recubrimiento natural, que puede otorgarles un sabor amargo o jabonoso. Puede encontrar quinua prelavada en los supermercados, pero un lavado extra no le vendrá mal.

P'esque de quinua

Mazamorras de quinua 🖰
Bolivia

Preparación: 10 minutos
Cocción: 20 minutos

Para 4 personas

En las frías mañanas de los pueblos del Altiplano como El Alto, Oruro y Potosí, estas nutritivas mazamorras son el desayuno perfecto. La versión más común mezcla leche y mantequilla con la quinua cocida mientras se calienta poco a poco y añade después quesillo rallado, un queso fresco y suave de Cochabamba, o incluso queso fresco desmenuzado alrededor del borde del bol formando una corona. Algunas variantes no añaden leche, sino una salsa elaborada con cebollas salteadas y ají amarillo antes de cubrirlas con el queso.

>   170 g de quinua blanca
>   475 ml de agua
>   2 cdas. de leche entera
>   30 g de mantequilla
>   80 g de quesillo boliviano rallado o queso fresco
>   sal

Ponga la quinua en un colador y lávela bajo un chorro de agua fría hasta que salga limpia.

Ponga el agua a hervir en una cazuela, añada la quinua y cuézala a fuego lento 15 minutos. Pásela a un bol. Con ayuda de una cuchara, aplaste ligeramente la quinua hasta obtener una textura grumosa.

Mezcle la leche con la mantequilla en un cazo y llévela a ebullición. Sale, vierta el puré de quinua y remueva bien. Coloque las mazamorras calientes en boles, añada el queso rallado alrededor del borde y sírvalas.

P'esque de quinua

Kispiña, quispiña

Galletas de quinua al vapor
Bolivia, Perú

Preparación: 5 minutos
Cocción: 30 minutos

Para 4 personas

Estas galletas de quinua, que se pueden tomar solas o como acompañamiento de otras preparaciones, se moldean a mano, por lo que suelen ser irregulares y de tamaños muy diferentes. Las hay redondas, alargadas o con forma de animales, como llamas o vacas. Se cocinan al vapor en las cocinas rurales disponiendo las *kispiñas* sobre una cama de paja colocada sobre una olla honda de barro con un poco de agua puesta directamente sobre una chimenea de leña. Algunas comunidades utilizan sangre de cerdo en lugar de agua para hacer la masa.

> 235 g de harina de quinua
> 60 ml de aceite
> 1 cdta. de sal

En un bol, mezcle la harina de quinua con el aceite y la sal. Añada suficiente agua fría para formar una masa uniforme y un poco seca.
　　Con las manos, forme galletas pequeñas y planas del tamaño de la palma de la mano.
　　Colóquelas en una vaporera y cuézalas a fuego lento unos 30 minutos. Deben quedar esponjosas y no demasiado secas o desmenuzables.

Bocados de quinua

Buñuelos de quinua 🔲
Bolivia

Preparación: 5 minutos
Cocción: 25-30 minutos

Para 4 personas

Estos sencillos bocados de quinua son un plato típico del Altiplano boliviano. Una masa de quinua, huevo y harina que se fríe y, a veces, se rellena con atún en conserva, verduras picadas y de hoja o queso rallado.

> 170 g de quinua
> 475 ml de agua
> 1 huevo batido
> 1 cda. de harina
> 2 cdas. de aceite vegetal
> sal

Ponga la quinua en un colador y lávela bajo un chorro de agua fría hasta que salga limpia. Pásela a una cazuela.
　　Cúbrala con el agua y llévela a ebullición. Cuézala 15 minutos. Cuélela y déjela enfriar.
　　En un bol, mezcle la quinua con el huevo batido y la harina.
　　Caliente a fuego medio el aceite en una sartén. Con la ayuda de una cuchara, forme de 18 a 20 buñuelos de la mezcla de quinua, del tamaño de una pelota de golf. Fríalos en el aceite caliente en dos tandas unos 2 o 3 minutos por cada lado hasta que se doren. Sale y sírvalos.

Mazamorra de kiwicha, atole de amaranto

Mazamorras de amaranto
Bolivia, Ecuador, México, Perú

Preparación: 5 minutos
Cocción: 25 minutos

Para 4 personas

Se pueden encontrar numerosas variantes de mazamorras de amaranto a lo largo de los Andes, normalmente como un desayuno caliente. En México se preparan de manera muy parecida al atole, con una consistencia que puede variar desde una bebida hasta una papilla.

> 950 ml de agua
> 195 g de semillas de amaranto
>
> Para servir
> uvillas y plátanos secos, al gusto
> sirope de agave o panela, al gusto
> canela molida, al gusto
> leche de coco o de almendra, al gusto

Caliente a fuego medio el agua en una cazuela, añada las semillas de amaranto y lleve a ebullición. Baje el fuego y cuézalas, removiendo de vez en cuando, unos 25 minutos o hasta que hayan absorbido toda el agua. Retire la cazuela del fuego.
　　Para servir, añada las uvillas o los plátanos secos, el sirope de agave o la panela, la canela y la leche de coco o de almendra.

Bocados de quinua

Raíces y tubérculos

En un campo apartado de la provincia ecuatoriana de Bolívar, un agricultor quechua selecciona las semillas de papas que quiere plantar en una parcela de tierra de dos hectáreas. El terreno inclinado ha estado en barbecho siete años, pero sabe que ahora es el momento idóneo porque está cubierto de *ichu* (icho), unas hierbas altas que desenterrará a mano y utilizará como fertilizante. Escogerá varios cientos de variedades de papas y las plantará juntas porque se necesitarán unas a otras para crecer. Unas tienen la piel rosada y la pulpa amarilla, otras son azules o púrpuras, algunas rojas y moteadas. Unas son redondas, otras alargadas, algunas irregulares. Y plantará también *tarwi* y *mashua* en el mismo terreno: es una forma natural de mantener alejadas las plagas y ayuda, además, a diversificar la dieta de la comunidad. Sin embargo, no todas las papas prosperarán esta temporada. Siempre ha sido así. Y máxime con patrones de lluvia, sequía y heladas más impredecibles cada año. Pero, al plantar tantas variedades, se asegura de que habrá papas para comer.

Desde hace más de 8000 años, cuando la papa fue domesticada cerca del lago Titicaca, este proceso de selección ha dado como resultado más de cuatro mil variedades de este tubérculo. Silvestres y amargas y del tamaño de una moneda en su origen, las cultivadas son más grandes, sobreviven en diferentes climas, presentan mayor intensidad de color y nutrientes y, por supuesto, son mucho más sabrosas.

La papa se ha convertido en un alimento de primer orden a nivel mundial, un cultivo básico que ha sido el sustento de gran parte de la población en los últimos cuatrocientos años. En los Andes, es la principal fuente de energía y ha hecho posible que la civilización progrese. Congeladas por el viento glacial de la noche, podían almacenarse años, lo que permitía a los ejércitos incas desplazarse por el continente.

En toda América Latina, desde el Altiplano de Guatemala hasta el archipiélago de Chiloé en Chile, las papas y otros tubérculos como las ocas, los ollucos y la arracacha, se aplastan, se cuecen, se fríen, se asan, se fermentan, se guisan o se muelen hasta convertirlas en harina. Y las poblaciones inmigrantes las han adaptado a sus recetas patrimoniales, convirtiéndolas en albóndigas y pasteles. La papa y otros tubérculos autóctonos de esta parte del mundo todavía tienen mucho que decir.

Chupe de maní, sopa de maní

Sopa de maníes y papas ⬚
Bolivia, Ecuador

Preparación: 10 minutos
Cocción: 30 minutos
Para 2 personas

El origen del maní cultivado, un híbrido de dos especies silvestres, se sitúa en alguna zona cercana al sur de Bolivia, Paraguay, el sudoeste de Brasil y el norte de Argentina. Posteriormente se extendió por gran parte de América del Sur, donde aparecieron innumerables variedades locales antes de que los comerciantes europeos los propagaran por todo el mundo. Existen numerosas variantes de esta consistente sopa, unas más o menos espesas y picantes y otras, preparadas con carne.

    1 cda. de aceite de maní (cacahuete)
    1½ cebollas blancas picadas
    2 papas (patatas) peladas y en dados de 2,5 cm
    4 chiles secos
    475 ml de caldo de pollo o de verduras
    8 cdas. de maníes (cacahuetes) tostados y molidos
    2 cdas. de cilantro picado
    sal y pimienta molida

Caliente a fuego medio el aceite en una sartén honda y sude la cebolla 7 minutos. Añada las papas y los chiles y vierta el caldo. Llévelo a ebullición, baje el fuego y cueza las papas a fuego lento 15 minutos o hasta que estén tiernas.
    Ponga la mitad de la sopa y los maníes en una batidora y tritúrelo bien. Vierta la mezcla en la sartén, añada el cilantro y salpimiente. Sirva la sopa caliente.

Chapaleles, pan de papa

Panes de papa chilenos
Chile

Preparación: 15 minutos
Cocción: 35 minutos
Para 6 personas

Estos panes, elaborados con papas cocidas y harina, son tradicionales del archipiélago de Chiloé, en el que se cultivan cientos de variedades de papas, y se pueden encontrar numerosas variantes a lo largo de sus más de treinta islas. A veces, los chapaleles se cocinan al vapor bajo tierra para acompañar al curanto (un plato de marisco y carne); otras, se fríen o se asan. Se pueden degustar solos con ají pebre o con miel y una taza de té o en guisos contundentes y en platos de carne.

    450 g de papas (patatas) peladas y en trozos
    de 5 cm
    130 g de harina común, y un poco más
    para espolvorear
    2 cdas. de mantequilla en pomada
    2 huevos
    40 g de chicharrones (véase pág. 276, o se pueden
    comprar hechos)
    sal
    mantequilla derretida, para untar

Precaliente el horno a 180 °C.
    Ponga las papas en una cazuela con suficiente agua con sal para cubrirlas. Llévela a ebullición, baje el fuego y cueza las papas 10 minutos o hasta que estén tiernas. Escúrralas y páselas a un bol. Cháfelas, añada la harina y amase hasta obtener una mezcla fina y homogénea.
    Agregue la mantequilla, continúe amasando e incorpore los huevos. Si la masa quedara demasiado pegajosa, añada más harina. Eche los chicharrones, remueva bien y sale.
    Coloque la masa en una superficie enharinada y forme 6 discos de 10 cm de diámetro y 1 cm de grosor.
    Forre una bandeja de horno con papel vegetal, disponga los discos encima y unte con mantequilla derretida. Hornéelos 25 minutos o hasta que se doren. Sírvalos templados.

Milcao

Pan de papa chilote
Chile

Preparación: 45 minutos
Cocción: 30 minutos
Para 8 personas

Los *milcaos*, unos panes de papas muy contundentes, son originarios del archipiélago de Chiloé, pero también un plato típico de la Patagonia argentina, donde llegaron con la migración de las familias chilotas. En las islas se utiliza una variedad de papas autóctonas de color rojo, amarillo y púrpura: a veces, pequeñas y redondas; otras, alargadas y aplanadas. Se suelen preparar en el horno, aunque también se pueden freír y son un ingrediente destacado del curanto (un plato de marisco y carne). Otra variante, los *milcaos* pelados, se cuecen y se endulzan con azúcar o miel.

    900 g de papas (patatas) crudas ralladas
    900 g de papas (patatas) peladas, cocidas,
    aplastadas y frías
    1 cdta. de sal
    1 cda. de manteca
    80 g de chicharrones (véase pág. 276, o se pueden
    comprar hechos) en trozos pequeños

Precaliente el horno a 180 °C.
    Envuelva las papas ralladas en un paño de cocina limpio y estrújelas para eliminar el agua. En un bol, mezcle el puré de papas frío y las papas crudas. Incorpore la sal y la manteca.
    Divida la masa en 8 porciones iguales y forme discos de 10 cm de diámetro y 1 cm de grosor. Estruje los chicharrones y ponga un puñado en el centro de cada disco. Presiónelos y selle el hueco con la propia masa.
    Coloque los *milcaos* en una bandeja de horno forrada con papel vegetal y hornéelos unos 30 minutos o hasta que se doren. Sírvalos templados.

Chupe de maní, sopa de maní

Llapingachos

Tortillas ecuatorianas de puré de papas 🍳
Ecuador

Preparación: 10 minutos, 🌾 🧄 🌶🌶
más 1 hora y 5 minutos   Para 12 unidades
para reposar
Cocción: 40 minutos

Tradicionales de las tierras altas de Ecuador, se cree que su origen está en la provincia de Tungurahua, donde se preparan con *papa chola*, una papa grande de piel roja y pulpa amarilla. Se suelen servir con cerdo asado o chorizo, rodajas de aguacate y un huevo frito.

> 5 papas (patatas) peladas y en trozos
> de 5 cm
> 2 cdas. de aceite vegetal
> 2 cebolletas picadas finas
> 1 cdta. de recado rojo (pasta de achiote)
> 60 g de queso rallado (por ejemplo, mozzarella)
> aceite vegetal, para freír

Cueza las papas en una cazuela de agua con sal 15 minutos o hasta que estén tiernas. Escúrralas y cháfelas en un bol.

Caliente a fuego medio el aceite vegetal en una sartén. Añada las cebolletas y el recado rojo y súdelos, sin dejar de remover, 10 minutos o hasta que las cebolletas estén tiernas. Agregue la mezcla al puré de papas y mezcle todo con las manos. Sale al gusto y deje reposar la masa en el frigorífico 45 minutos.

Una vez haya enfriado, forme 12 bolitas (de unos 4 cm de diámetro) y haga un hueco en el centro de cada una de ellas. Rellénelas con el queso rallado, séllelas y aplástelas para formar tortillitas. Refrigérelas 20 minutos más hasta que hayan enfriado bien.

Caliente a fuego medio suficiente aceite para cubrir el fondo de una sartén y fríalas 3 minutos por cada lado o hasta que estén doradas. Sírvalas templadas.

Locro de papas

Sopa de papas ecuatoriana
Ecuador

Preparación: 15 minutos 🌾
Cocción: 30 minutos   Para 5-6 personas

Esta sopa espesa con queso y sabor a recado rojo es típica de todos los Andes ecuatorianos. Una variante, el yahuarlocro, añade asadura y sangre de cordero al guiso.

> 2 cdas. de manteca
> 1 cebolla blanca picada
> 2 dientes de ajo picados
> 1 cdta. de recado rojo (pasta de achiote)
> 10 papas (patatas) peladas y en dados
> 2 cdtas. de comino molido
> 1,6 litros de agua
> 250 ml de leche
> 125 g de queso fresco rallado
> 4 cdas. de cilantro picado
> aguacate en rodajas, para servir

Caliente a fuego medio la manteca en una cazuela, añada la cebolla, el ajo y el recado rojo y sofríalo 7 minutos o hasta que la cebolla empiece a tomar color.

Añada las papas, remueva bien, sazone con sal y comino y sofríalo todo 5 minutos más. Vierta el agua, llévelo a ebullición y cuézalo 10 minutos hasta que las papas estén tiernas. Aplaste la mitad de las papas en una cazuela, vierta la leche y cuézalas 5 minutos.

Incorpore las papas aplastadas a la cazuela y añada el queso y el cilantro. Rectifique de sal si fuera necesario y agregue más leche o agua si quedara demasiado espesa: la consistencia del locro debe ser cremosa.

Sírvalo caliente con rodajas de aguacate.

Varenikes de papa

Empanadillas de papas
Argentina

Preparación: 15 minutos
Cocción: 1 hora y 20 minutos   Para 6-8 personas

La diáspora judía hizo que los *varenikes*, empanadillas de papa típicas de Europa del Este, aparecieran junto al mate en Argentina.

> 400 g de harina blanca tipo 000, y un poco más
> para espolvorear
> 2 huevos
> 250 ml de aceite vegetal
> 1 kg de papas (patatas) blancas peladas y en trozos
> de 5 cm
> 3 cebollas picadas finas
> 200 g de queso fresco rallado
> 300 g de azúcar
> 250 ml de nata para montar (opcional)
> ½ cdta. de sal
> ¼ de cdta. de pimienta molida

Ponga la harina, los huevos, 3 cucharadas de aceite y un poco de sal en una batidora. Tritúrelo unos segundos hasta obtener una mezcla fina, añadiendo agua si fuera necesario para que todo se integre bien. Coloque la mezcla sobre una superficie enharinada y amásela. Déjela reposar unos 20 minutos.

Mientras, eche las papas en una cazuela y cúbralas con agua. Sale y llévelas a ebullición. Baje el fuego y cueza las papas 15 minutos o hasta que estén tiernas. Escúrralas, pélelas y cháfelas con una cuchara de madera o un prensa papas. Salpimiente.

Caliente a fuego medio 1½ cucharadas de aceite en una sartén y sofría un tercio de las cebollas 5 minutos hasta que empiecen a tomar color. Añada el puré de papas y el queso fresco y mezcle bien. Resérvelo.

Eche la cebolla picada restante en una sartén, añada el azúcar y los 175 ml de aceite restantes y súdela a fuego muy bajo unos 40 minutos, removiendo cada poco, hasta que se caramelice. Si lo desea, añada la nata al final y deje que se reduzca un par de minutos.

Con la ayuda de un rodillo o una máquina para pasta, extienda la masa y corte círculos de 10-13 cm de diámetro y 3 mm de grosor. Disponga 1 cucharada de la mezcla de papas en el centro de cada uno. Doble la masa sobre sí misma y selle los *varenikes* presionando los bordes con un tenedor. Resérvelos.

Ponga una olla con agua a hervir, añada los *varenikes* y cuézalos hasta que suban a la superficie. Escúrralos y sírvalos calientes con la cebolla caramelizada.

Llapingachos

Chorrillana

Papas fritas chilenas
Chile

Preparación: 15 minutos
Cocción: 20 minutos

Para 4 personas

La respuesta chilena a las *disco fries* o las *poutine* es para muchos un «ataque al corazón en un plato». Esta mezcla de carne de ternera picada, cebollas asadas y huevos revueltos sobre papas fritas es un plato típico de las *picadas*, bares donde se come bien y barato. Su origen se sitúa en una *picada* de Valparaíso llamada Casino Social J. Cruz. Podríamos decir que es la versión de bar de un bistec a lo pobre, un filete con huevo frito. J. Cruz comenzó a servirlo hace unos cincuenta años a los estudiantes que acudían al local a tomar unas cervezas y querían comer algo, pero el origen del nombre no está claro. Algunos sugieren que hace referencia a la Batalla de Chorrillos en el Perú y otros que tiene relación con el chorizo que se utiliza a veces como proteína.

> aceite vegetal, para freír y saltear
> 900 g de papas (patatas) peladas y en bastones
> 450 g de carne de ternera (contra) en trozos de 4 cm
> ½ cda. de merkén (polvo de chile ahumado)
> 2 cebollas blancas en rodajas finas
> 4 huevos batidos

Vierta suficiente aceite vegetal para freír en una cazuela de fondo grueso, asegurándose de que no supere los dos tercios de su capacidad, y caliéntelo a 182 °C.

Fría las papas por tandas 8 minutos o hasta que estén doradas y crujientes. Páselas a un plato forrado con papel de cocina para eliminar el exceso de aceite. Colóquelas en una bandeja de horno y póngalo a temperatura muy baja para mantenerlas calientes.

En una sartén, caliente 2 cucharadas de aceite vegetal, añada la carne y sazone con sal y *merkén*. Saltéela a fuego vivo, sin parar de remover, 8 minutos. Retírela de la sartén y resérvela caliente.

Caliente a fuego medio 1 cucharada de aceite vegetal en la misma sartén y sude la cebolla 4 minutos. Agregue los huevos batidos y remueva constantemente otros 4 minutos hasta que los huevos estén hechos.

Para servir, coloque las papas fritas en un plato y disponga la cebolla, los huevos revueltos y la carne encima.

Caldo verde, yaku chupe

Sopa verde
Perú

Preparación: 20 minutos
Cocción: 15 minutos

Para 4 personas

Esta nutritiva sopa típica de la ciudad andina de Cajamarca debe su apelativo «verde» a las hierbas aromáticas que se emplean en su preparación. Para obtener todo su aroma, se muelen en un batán, una piedra de moler. En Cajamarca tienen una peculiar forma de batir los huevos: hacen un hueco en la cáscara, agitan el contenido y lo vierten en la sopa; se llaman huevos *chicoteados*. Este «caldo verde» se suele tomar por las mañanas con un trozo de pan y se cree que es bueno para los problemas estomacales (y del alma).

> 1 cda. de aceite de oliva
> 1 cebolla blanca en rodajas
> 950 ml de caldo de verduras
> 900 g de papas (patatas) peladas y en dados
> 250 g de queso fresco desmenuzado
> 1 cda. de perejil picado
> 1 cda. de cilantro picado
> 8 hojas frescas de paico (epazote) picadas
> (o 2 cdtas. de paico seco)
> 4 huevos batidos
> sal y pimienta molida

Caliente a fuego medio el aceite en una cazuela, eche la cebolla y súdela 4 minutos. Vierta el caldo y llévelo a ebullición. Añada las papas y cuézalas 10 minutos o hasta que estén tiernas.

Agregue la mitad del queso, salpimiente y añada el perejil, el cilantro y el paico. Con el caldo todavía hirviendo, vierta los huevos batidos, remueva bien y retire la cazuela del fuego.

Esparza el queso restante y sirva caliente.

Causa a la limeña

Pastel de papas relleno al estilo peruano
Perú

Preparación: 20 minutos
Cocción: 10 minutos

Para 6 personas

Muchos restaurantes han tratado de convertir la causa en algo que no es, sirviendo pequeños bocados del tamaño de una pieza de sushi aliñados con aderezos exóticos. En realidad, se trata de un plato clásico de la cocina tradicional peruana elaborado con papas amarillas. Se presenta en cuadrados como la lasaña, aunque en los restaurantes suelen servir porciones individuales redondas emplatadas con un aro.

> 4 papas (patatas) peladas y en trozos de 5 cm
> 120 ml de pasta de ají amarillo
> el zumo de 2 limones (limas)
> 120 ml de aceite vegetal
> 60 g de cebolla roja picada fina
> 115 g de mayonesa
> 2 pechugas de pollo cocidas y desmenuzadas
> (o atún)
> 1 aguacate en rodajas
> 2 tomates en rodajas finas
> 4 huevos duros en rodajas
> sal y pimienta molida

> Para servir
> aguacate en rodajas
> aceitunas negras
> huevos duros

Cueza las papas en agua hirviendo con sal 10 minutos hasta que estén tiernas. Escúrralas y páselas a un bol. Añada la pasta de ají amarillo, el zumo de limón y el aceite vegetal y aplaste bien todo. Sazone la mezcla y resérvela.

En otro bol, coloque la cebolla roja, la mayonesa y el pollo, remueva bien y salpimiente.

En una fuente de horno cuadrada de 15 x 15 x 4 cm, disponga la mitad de la mezcla de papas en una capa uniforme. Extienda el relleno de pollo y añada las rodajas de aguacate, tomate y huevo duro. Por último, cubra con la mezcla de papas restante.

Corte porciones cuadradas y sírvalas con rodajas de aguacate, aceitunas negras y huevos duros.

Raíces y tubérculos

Paches

Tamales de papa guatemaltecos
Guatemala

Preparación: 20 minutos
Cocción: 2 horas y 15 minutos

Para 10 personas

Se suelen preparar los jueves, una costumbre que también implica la elaboración de tamales los sábados y de caldo de res (ternera) los lunes. Son originarios de Quetzaltenango, en el Altiplano occidental, donde las papas son uno de sus principales cultivos.

2,7 kg de papas (patatas) peladas y en trozos de 5 cm
1 chile guaque
1 chile pasa
70 g de pepitas (semillas de calabaza)
1 cda. de aceite vegetal
½ cebolla blanca picada
2 dientes de ajo picados
225 g de jitomates (tomatillos)
1 cda. de recado rojo (pasta de achiote)
450 g de manteca de cerdo derretida
10 hojas de plátano en rectángulos de 30 x 35 cm
675 g de lomo de cerdo en 10 trozos de unos 2,5 cm
cibaque (fibra vegetal) o bramante, para atar los paches
950 ml de agua

Cueza las papas en agua hirviendo con sal 15 minutos o hasta que estén tiernas. Escúrralas y pélelas. Páselas a un bol y déjelas enfriar.

Mientras, caliente a fuego medio una sartén y tueste los chiles y las semillas de calabaza 5 minutos, removiendo con frecuencia. Páselos a una batidora.

Caliente a fuego medio el aceite en la misma sartén y sofría la cebolla, el ajo y los jitomates durante 7 minutos. Añádalos a la batidora junto con el recado rojo y tritúrelo todo hasta obtener una pasta. Resérvela.

Aplaste las papas con un tenedor. Añada la manteca de cerdo y la pasta reservada, sale y remueva bien.

Caliente las hojas de plátano unos segundos en una sartén caliente o sobre un quemador de cocina de gas. Disponga las hojas en forma de cruz y añada 2 cucharadas de la mezcla de papas. Agregue 2 trozos de lomo y doble las hojas para hacer un paquete rectangular. Átelos, haciendo una cruz con el *cibaque* o bramante.

Coloque los recortes de las hojas de plátano en el fondo de una cazuela, cúbralos con el agua y llévelo a ebullición. Disponga los *paches* en una sola capa en el fondo de la cazuela y cuézalos 2 horas a fuego medio, teniendo cuidado de que el agua no se evapore y añadiendo más si fuera necesario. Sírvalos templados.

Escribano

Ensalada de papas picantes
Perú

Preparación: 15 minutos
Cocción: 10 minutos

Para 4 personas

El nombre de este plato, típico de las *picanterías* de Arequipa, hace alusión a los abogados, asistentes legales y jueces que trabajaban en la ciudad sureña y que llegaban tarde al almuerzo, cuando los platos principales picantes ya se habían agotado. Esta sencilla ensalada fue creada con abundante ají rocoto para que el patrón pudiera disfrutar de su ración de picante, sin mencionar el consumo de chicha para enfriar su paladar.

900 g de papas (patatas) peladas y en trozos
160 g de tomates pelados y en dados
60 g de ají rocoto descorazonado y en dados
1 cda. de perejil picado
2 cdas. de aceite de oliva, y un poco más para servir
4 cdas. de vinagre de vino blanco
sal y pimienta molida

Ponga las papas en una cazuela con suficiente agua con sal para cubrirlas. Llévelas a ebullición y cuézalas 10 minutos o hasta que estén tiernas. Escúrralas, páselas a un bol y cháfelas con un tenedor.

Añada los tomates, el ají y el perejil y mézclelo todo bien. Salpimiente y agregue el aceite y el vinagre. Sirva la ensalada a temperatura ambiente rociada con un chorrito de aceite de oliva.

Papas a la huancaína

Papas con salsa huancaína
Perú

Preparación: 10 minutos
Cocción: 20 minutos

Para 4 personas

Esta receta de la ciudad de Huancayo, en los Andes centrales del Perú, es hoy en día un plato nacional. Se cree que la receta se remonta a la construcción del Ferrocarril Central, que conectaba la costa, donde se cultivan los ajíes amarillos, con Huancayo, donde son comunes el queso y las papas. La salsa ha adquirido tanta fama que se vende envasada como la mayonesa. En el sur del Perú, suelen preparar este plato con Salsa *ocopa* (véase pág. 407) en lugar de huancaína.

1 rebanada de pan blanco
60 ml de leche evaporada
60 ml de aceite vegetal
½ cebolla roja en rodajas
3 ajíes amarillos descorazonados y en rodajas
120 g de queso fresco desmenuzado
8 papas (patatas, a poder ser amarillas) peladas y en trozos de 5 cm

Para servir
aceitunas negras
2 huevos duros en cuartos

En un bol, empape el pan en la leche evaporada, desmenuzándolo un poco.

Mientras, caliente a fuego lento el aceite en una sartén y sude la cebolla y el ají amarillo 6 minutos.

Añada el pan y la leche evaporada a la sartén y sofríalo 1 minuto. Apague el fuego y deje que la mezcla se temple. Mientras todavía está caliente, pásela a una batidora con el queso y tritúrelo todo hasta obtener una salsa homogénea.

Cueza las papas en agua hirviendo con sal 12 minutos o hasta que estén tiernas. Escúrralas y córtelas en rodajas. Póngalas en un plato y nápelas con la salsa. Sírvalas con aceitunas negras y huevos duros.

Huatía

Papas cocidas en un horno de tierra
Bolivia, Chile, Perú

Preparación: 45 minutos
Cocción: 30 minutos

Para 12 personas

Durante la época de la cosecha en los Andes del sur del Perú, Bolivia y el norte de Chile, se pueden ver nubes de humo que salen de montículos de tierra en medio de los campos de papas. Estos montículos, o *huatias*, son pirámides de terrones secos y piedras que cubren un fuego preparado en su interior. La leña, generalmente ramas y hojas secas, se echa por un hueco abierto en un lado y se deja arder hasta que el fuego esté a punto de extinguirse. Sobre las cenizas se colocan las papas y a veces también otros tubérculos y habas. En ese momento, se destruye el horno para convertirlo en un montón de tierra humeante que permite cocer los tubérculos en el mismo campo donde nacieron. Después se desentierran, se cosechan simbólicamente de nuevo, se ponen sobre una manta y se pelan. Se toman con *Uchucuta* (véase pág. 408) y Chicha de jora (véase pág. 388). Este ritual es el almuerzo de trabajadores del campo, pero también un tributo a la Pachamama o Madre Tierra. Si no puede disfrutar de esta maravillosa experiencia en un campo de papas andino, siempre podrá preparar de esta forma los tubérculos autóctonos de su región en su propio jardín.

7 kg de tierra de un campo de papas (patatas) (arcilla, barro y tierra)
1,8 kg de ramitas y hojas secas de plantas como quinua, kiwicha, papa (patata) o mashua
900 g de papas (patatas)
450 g de mashua
450 g de oca
225 g de habas (en sus vainas)
uchucuta (véase pág. 408), para servir

En un campo llano y abierto, forme una pirámide con los trozos de arcilla, barro y tierra y deje un espacio abierto en un lado.

Coloque las ramas y hojas secas en su interior y encienda un fuego. Deje que arda 30 minutos para que caliente el horno y se vaya extinguiendo después. Disponga los tubérculos y las habas sobre las cenizas y cúbralos con un paño de cocina limpio. Derrumbe el horno sobre ellos y deje que la tierra caliente los cocine al vapor 30 minutos.

Con cuidado, retire toda la tierra y la arcilla. Limpie bien los tubérculos y las habas con un paño de cocina limpio y sírvalos con *uchucuta*. Pele las patatas mientras las va comiendo.

Puca picante

Guiso picante de papas, cerdo y remolacha ⌷
Perú

Preparación: 20 minutos
Cocción: 50 minutos

Para 4 personas

Plato típico de la región andina de Ayacucho, su nombre (*puca* picante) es una combinación del término quechua *puca*, que significa «rojo», y el castellano «picante». En su origen, este guiso era el alimento básico en actividades comunales como las cosechas o la construcción de casas y caminos.

900 g de panceta en trozos de 5 cm
1 cdta. de aceite vegetal
1 cebolla blanca picada
3 dientes de ajo picados
120 ml de pasta de ají panca
1 tomate mediano pelado y en dados
1 cdta. de comino molido
70 g de maníes (cacahuetes) tostados picados gruesos
1 remolacha pelada, cocida y picada
120 ml de agua
450 g de papas (patatas) pequeñas lavadas
475 ml de caldo de ternera
sal y pimienta molida

En una cazuela, fría en dos tandas la panceta en su propia grasa 4 minutos por cada lado hasta que esté dorada. Retírela y resérvela.

En la misma sartén, caliente a fuego medio-alto el aceite vegetal. Sude la cebolla y el ajo 7 minutos y añada la pasta de ají panca y el tomate, sin parar de remover. Agregue el comino y salpimiente.

Triture los maníes con la remolacha y el agua hasta obtener un puré y añádalo a la sartén junto con la panceta reservada, las papas y el caldo. Remueva bien y cuézalo durante 20 minutos o hasta que las papas estén tiernas. Sírvalo caliente con arroz blanco y una ensalada al lado.

Raíces y tubérculos

Puca picante

Pisca andina

Sopa de papas venezolana
Venezuela

Preparación: 15 minutos
Cocción: 25 minutos

Para 5-6 personas

Este desayuno, típico de la ciudad de Mérida, en los Andes venezolanos, es una nutritiva mezcla de papas, queso, caldo de pollo y huevo escalfado. El caldo se sirve sobre el queso, dándole una consistencia cremosa.

    1 cda. de mantequilla
    ½ cebolla blanca picada
    1 cebolleta picada fina
    2 dientes de ajo picados
    1 litro de caldo de pollo
    4 papas (patatas) peladas y en dados
    250 ml de leche
    300 g de queso blanco ahumado (o mozzarella ahumada) en dados de 1 cm
    2 cdas. de cilantro picado
    5 huevos escalfados

En una cazuela, caliente a fuego vivo la mantequilla y saltee la cebolla, la cebolleta y el ajo 7 minutos o hasta que la cebolla esté blanda. Vierta el caldo y llévelo a ebullición. Añada las papas y cuézalas 10 minutos o hasta que estén tiernas.

Agregue la leche y llévela a ebullición. Baje el fuego, añada el queso y prosiga con la cocción 5 minutos más.

Reparta el queso entre 5 boles y vierta la sopa encima. Esparza el cilantro y salpimiente. Sírvala con un huevo escalfado en cada bol.

Chuño

Después de una cosecha de papas en las comunidades quechuas y aimaras del Altiplano andino del Perú y Bolivia, las mejores se reservan para el consumo propio y la venta, y el resto se transforman en chuño. Las papas se extienden sobre la tierra cubiertas con paja para que se congelen con las glaciales heladas nocturnas y se sequen de día con la fuerte radiación solar. Después de tres días y tres noches, se pisan para eliminar el agua que pudiera quedar en su interior, una actividad en la que participan familias y comunidades enteras. Luego, se pueden dejar secar al sol para hacer chuño negro o remojarse en el agua corriente de ríos y arroyos y secar al sol durante una semana para conseguir chuño blanco, también llamado *tunta* o *moraya*.

Esta forma natural de liofilización da como resultado una papa muy ligera pero nutritiva, que puede almacenarse durante años. La evidencia del chuño es anterior a la llegada de los incas en el siglo XIII y fue esta papa deshidratada la que les permitió pasar de ser un pequeño grupo de guerreros establecido cerca de Cuzco a formar un gran imperio de más de doce millones de personas que se extendió desde el sur de Colombia hasta el norte de Argentina en un periodo de tiempo relativamente breve. Al mover y almacenar grandes cantidades de chuño en *qullqa* (almacenes en las orillas del camino), junto con frijoles, quinua y carne de alpaca seca (charqui), pudieron alimentar a sus ejércitos mientras marchaban a través de los Andes.

El chuño se puede tomar solo con una loncha de queso fresco o mojado en salsas. También se usa para espesar salsas o se rehidrata en guisos como el carapulca.

Chuño phuti

Chuño con huevos
Argentina, Bolivia, Chile, Perú

Preparación: 15 minutos,
más toda la noche en remojo
Cocción: 15 minutos

Para 4 personas

De larga vida útil, este plato tradicional del Altiplano andino casi siempre está disponible en las zonas rurales y puede adaptarse a cualquier verdura de temporada.

    225 g de chuño negro
    1 cda. de aceite vegetal
    ½ cebolla blanca picada
    2 tomates pelados y en dados
    3 huevos batidos
    180 g de queso fresco rallado

Coloque el chuño en un bol, añada agua fría hasta cubrirlo y déjelo en remojo toda la noche. Cambie el agua una vez como mínimo.

Al día siguiente, retire cualquier resto de piel que haya quedado y lávelo con agua fría. Cuézalo en agua hirviendo con sal 15 minutos hasta que esté tierno. Escúrralo y córtelo en trozos (o desmenúcelo con las manos cuando esté lo suficientemente frío para manipularlo).

En otra cazuela, caliente el aceite y sude la cebolla 7 minutos o hasta que esté blanda y tome color. Añada los tomates y prosiga con la cocción 7 minutos más. Agregue el chuño cocido y los huevos batidos y mézclelo todo.

Sírvalo caliente espolvoreado con el queso fresco rallado por encima.

Chairo

Sopa andina
Bolivia, Chile, Perú

Preparación: 15 minutos,
más toda la noche en remojo
Cocción: 45 minutos

Para 4 personas

Una sopa típica del pueblo aimara que presenta numerosas variantes en el Altiplano de Bolivia, el sur del Perú y el norte de Chile, el chairo se elaboraba tradicionalmente con ingredientes que se conservaban durante mucho tiempo, como el chuño y la carne seca. Se preparaba en el campo, con hierbas frescas y la carne o verdura que estuvieran disponibles. Después de la conquista, los ingredientes del Viejo Mundo como la carne de ternera y de cordero y el trigo se incluyeron en muchas de sus variantes.

    5 chuños negros
    450 g de osobuco
    40 g de cecina
    80 g de tripas de cabrito en dados de 5 cm
    4 lomos de cabrito en trozos de 5 cm
    3 cdas. de aceite vegetal
    60 g de cebolla blanca picada
    1 diente de ajo picado
    1 cdta. de pasta de ají panca
    60 g de zanahorias en dados

450 g de papas (patatas) cocidas en dados de 5 cm
160 g de mote cocido (o maíz pozolero)
60 g de habas desvainadas
1 cdta. de comino molido
1 cdta. de orégano fresco picado

Coloque el chuño en un bol, añada suficiente agua fría para cubrirlo y déjelo en remojo toda la noche.

Al día siguiente, retire cualquier resto de piel que haya quedado y lávelo con agua fría. Resérvelo.

Ponga a hervir una olla de agua con sal, añada el osobuco, la cecina, las tripas y los lomos de cabrito y cuézalo todo 7 minutos. Retire la carne y resérvela. Cuele el caldo para eliminar las impurezas y resérvelo.

Caliente a fuego medio el aceite en una cazuela y sude la cebolla, el ajo y la pasta de ají panca 7 minutos, sin parar de remover. Vierta el caldo reservado y llévelo a ebullición. Añada el chuño, las zanahorias, las papas, el mote y las habas y salpimiente. Agregue el comino y el orégano y cueza todo a fuego lento 20 minutos. Añada las carnes y prosiga con la cocción 7 minutos más.

Rectifique los condimentos y sírvalo caliente.

Otros tubérculos latinoamericanos

Excepto la papa, los tubérculos andinos no se han alejado demasiado de su origen ancestral. Sin embargo, tienen propiedades nutricionales excepcionales, sin mencionar sus hermosos colores y deliciosos sabores. Además, suelen presentar un alto rendimiento y son cultivos complementarios de las papas.

La *mashua* (*Tropaeolum tuberosum*), también llamada *añu* y *cubio*, se cultiva en los Andes de Bolivia, Colombia, Ecuador y el Perú a altitudes de entre 2400 y 4300 metros, a menudo junto con las papas por su gran capacidad para repeler las plagas. Cruda tiene un fuerte sabor acre, pero se suele dejar al sol cuatro o cinco días para que los almidones se conviertan en azúcar. Cocida o tostada, tiene un sabor bastante dulce y sus tallos, ramas y brotes también son comestibles. Conocida por sus efectos antiafrodisíacos, se dice que formaba parte de la alimentación de los ejércitos incas para mantenerlos concentrados, estigma que perdura todavía entre los hombres de los Andes hoy en día, que creen que pone en peligro su masculinidad.

Rico en proteínas y carbohidratos, el olluco (*Ullucus tuberosus*), también llamado *papalisa* u *ollucus*, y conocido en España como melloco, se ha cultivado en todos los altos Andes desde aproximadamente el 5500 a. C. Su cáscara suele ser anaranjada o amarilla con manchas rojas, rosadas o púrpuras. Se mantiene crujiente cuando se cocina y se consume principalmente fresco, encurtido o liofilizado durante largos periodos de tiempo. Las hojas también son comestibles y se suelen añadir a guisos o ensaladas.

Domesticada junto con la papa y el melloco, la oca (*Oxalis tuberosa*) se cultiva en altitudes de entre 3000 y 3600 metros y presenta una amplia gama de colores como rosa, amarillo, naranja, púrpura y negro. Con un alto contenido en vitamina C, la oca se puede secar al sol para endulzarla, pero se suele consumir cruda o cocida. Es un cultivo común en Nueva Zelanda, donde se llama ñame de Nueva Zelanda, y también se encuentra en México bajo el nombre de papa ratonera o amarga.

Cultivado entre los 2200 y 3000 metros, el aricoma o yacón (*Smallanthus sonchifolius*) tiene un alto contenido en agua y una pulpa que puede ser ligeramente dulce o muy dulce. Los cronistas de la época de la conquista señalaron que las comunidades indígenas consumían la raíz cruda y fresca, aunque hoy en día se suele añadir a los zumos. En Ecuador, a veces se le llama jícama, aunque no se debe confundir con la raíz vegetal del mismo nombre que es común en México.

Domesticada en la parte baja de los Andes, la arracacha (*Aracacia xanthorriza*) se cultiva en altitudes de entre 1800 y 2500 metros, desde Venezuela hasta el norte de Chile y Argentina, aunque también es común en las zonas montañosas de América Central. De forma similar a una zanahoria o chirivía, su interior puede ser blanco, amarillo o púrpura. No se puede consumir cruda, sino asada en cenizas, cocida y picada o en purés, molida para hacer pan, o rallada en una pasta y cocida en sirope de caña para preparar rallado de arracacha, típico del departamento peruano de Cajamarca.

La maca (*Lepidium meyenii*), a veces llamada ginseng peruano por su capacidad para estimular la fertilidad y el deseo sexual, crece sobre todo a grandes altitudes, entre 3800 y 4000 metros. Su forma es similar a la de un rábano y las raíces pueden ser de color amarillo crema, negro o púrpura. Una vez secas, se pueden almacenar durante años. Las raíces se pueden tostar, cocer, aplastar o moler para elaborar panes, pasteles o mazamorras.

Picadillo de arracache

Picadillo de arracacha
Costa Rica

Preparación: 25 minutos
Cocción: 30 minutos

🌾 ⊘

Para 6 personas

Este picadillo, que también puede ser vegetariano, es un plato típico de las sodas costarricenses, restaurantes tradicionales poco sofisticados. Se encuentra bajo diferentes nombres en toda la región, como apio criollo y *virraca*, y, en Costa Rica, se suele servir con tortillas de maíz para hacer gallos (tacos costarricenses) o puede formar parte de un *casado* (plato de almuerzo).

2 cdas. de aceite vegetal
1 cebolla grande picada fina
4 dientes de ajo picados finos
1 pimiento rojo despepitado y picado fino
3 cdas. de cilantro picado
2 cdtas. de achiote en polvo
3 tomates grandes pelados y en dados
900 g de ternera picada (o 450 g de ternera picada y 450 g de cerdo o chorizo picados)
250 ml de caldo de pollo
1,3 kg de arracacha pelada y en dados (o yuca)
sal y pimienta molida

Caliente a fuego medio el aceite en una cazuela y sude la cebolla, el ajo, el pimiento, el cilantro y el achiote 5 minutos.

Añada los tomates, la carne picada, el caldo y la arracacha y cuézalo 15 minutos o hasta que la salsa espese. Salpimiente. Prosiga con la cocción otros 10 minutos a fuego medio o hasta que la arracacha esté tierna y haya absorbido la mayor parte del líquido. Si utiliza yuca, cuézala 30 minutos o hasta que esté tierna.

Ibias con ají de tomate de árbol

Ocas con salsa picante de tomate de árbol
Colombia

Preparación: 5 minutos
Cocción: 25 minutos

🌾 🥫 🌶

Para 4 personas

Esta sencilla receta de los Andes colombianos presenta numerosas variantes, ya que puede adaptarse a los tubérculos autóctonos disponibles, como ollucos (mellocos) o papas.

6 tomates de árbol (tamarillos)
120 ml de agua
2 cebolletas picadas
2 chiles (serranos, habaneros o ajíes amarillos) picados
2 ramitas de cilantro picadas
2 huevos duros picados
2 cdtas. de sal
1 cda. de aceite de oliva
500 g de ocas lavadas

Precaliente el horno a 200 °C.

Para preparar el ají, cueza los tamarillos durante 5 minutos en agua hirviendo o hasta que la piel empiece a desprenderse. Escúrralos y páselos a la batidora. Añada el agua, las cebolletas, los chiles, el cilantro, los huevos y la sal y tritúrelo todo hasta obtener una mezcla homogénea.

Extienda la oca sobre una bandeja de horno y rocíela con el aceite de oliva. Ásela unos 20 minutos o hasta que esté tierna. Sírvala con el ají.

Olluquito con charqui, ulluku con ch'arki

Ollucos con carne seca
Perú

Preparación: 20 minutos
Cocción: 1 hora

🌾 Ø

Para 6 personas

Esta sencilla preparación, que combina dos ingredientes andinos básicos, el charqui y el olluco, es una de las más antiguas de la gastronomía peruana, ya que cuenta, probablemente, con más de un milenio de antigüedad. El charqui, o *ch'arki*, un término general para la carne salada y secada al aire o al sol, se elaboraba tradicionalmente con carne de alpaca y, en menor medida, de llama. Una variante alternativa, el *olluquito* con carne, emplea carne fresca y se sirve con arroz blanco.

1 cda. de aceite de oliva
60 g de cebolla blanca picada
2 dientes de ajo picados
2 cdas. de pasta de ají panca
450 g de charqui remojado y desmenuzado (o cecina de vaca)
250 ml de caldo de ternera
900 g de ollucos (mellocos) en juliana
1 cda. de perejil picado
sal y pimienta molida

Caliente a fuego medio el aceite en una cazuela y sude la cebolla y el ajo 5 minutos. Añada la pasta de ají panca y sofríalo todo a fuego lento otros 6 minutos. Agregue el charqui, remueva bien y vierta el caldo. Manténgalo a fuego lento y cuézalo 30 minutos o hasta que el charqui esté tierno. Eche los ollucos, salpimiente y añada el perejil picado. Prosiga con la cocción a fuego lento 20 minutos más. Sírvalo caliente en un plato hondo.

Cocido boyacense

Guiso al estilo de Boyacá 🍲
Colombia

Preparación: 15 minutos
Cocción: 45 minutos

🌾 Ø

Para 6 personas

Aunque hay diversas variantes en toda Colombia, el cocido boyacense procede de la región de Boyacá, al noreste de Bogotá. Su origen es la olla «podrida» española, un guiso de diversas carnes y verduras muy común durante el periodo colonial. Como muchas de las verduras no estaban disponibles en el país, se sustituyeron por tubérculos autóctonos como la *ibia* (oca), la *chugua* (melloco) y el *cubio* (mashua).

3 cdas. de aceite vegetal
2 cebolletas picadas
4 tomates pelados y picados
1 cdta. de comino molido
450 g de chuletas de cerdo
450 g de pechugas de pollo, cada una en tres trozos
450 g de costillas en trozos de 5 cm
4 papas (patatas) (preferentemente, de diferentes variedades)
4 ocas
4 mazorcas de maíz cortadas por la mitad
1,5 litros de agua
60 g de habas desvainadas
155 g de guisantes frescos
sal y pimienta molida

Para servir
arroz blanco cocido
rodajas de aguacate

En una sartén, caliente a fuego medio 2 cucharadas de aceite y sude las cebolletas y los tomates 5 minutos o hasta que estén blandos. Añada el comino y resérvelo.

Caliente la cucharada de aceite restante en una cazuela y selle las carnes unos 4 minutos por cada lado hasta que estén doradas. Añada la mezcla de cebolletas y tomate, las papas (si son grandes, córtelas por la mitad), las ocas y el maíz. Vierta el agua, remueva bien y agregue las habas y los guisantes. Baje el fuego y cuézalo 30 minutos o hasta que todos los ingredientes estén tiernos. Salpimiente.

Sírvalo con arroz blanco y rodajas de aguacate.

Cocido boyacense

Yuca

Yuca, mandioca y *casava*. Estos tres términos significan exactamente lo mismo y se pueden utilizar indistintamente, aunque emplearemos siempre yuca para mantener la coherencia. Originaria de América del Sur, la yuca (*Manihot esculenta*) fue domesticada hace unos 10 000 años en Brasil y en 5000 años se había extendido por toda la región. Se cultiva principalmente por su raíz comestible rica en almidón, una fuente importante de carbohidratos en las regiones tropicales y subtropicales de América Latina y el Caribe.

Tenga en cuenta que la yuca comestible no es la misma que la ornamental. Esta última es un arbusto de la familia de las asparagáceas, una planta común de jardín con hojas puntiagudas similar al agave y típica de los climas secos de América. Y, aunque sus semillas y los pétalos de sus flores son en realidad comestibles, si en un libro una receta lleva yuca, se tratará siempre de la mandioca, la yuca comestible.

No se puede consumir cruda porque contiene glucósidos cianogénicos, por lo que es necesario cocerla, fermentarla o secarla para evitar la intoxicación por cianuro.

Hoy en día la yuca es un cultivo básico en toda la región y sus usos culinarios son aparentemente innumerables. En la mayoría de los casos, las variedades dulces se cuecen simplemente como una papa, aunque también se pueden freír, hacer puré, asar o moler para obtener una harina, llamada *farinha*, cuya textura puede variar desde un polvo fino a otro bastante más grumoso. Esa harina se puede tostar para hacer *farofa*, que se usa para preparar panes y galletas, o espolvorear en otros platos. La yuca también se puede fermentar para elaborar bebidas alcohólicas como el *masato* o el *cauim*, o se puede extraer su zumo con un largo tubo cilíndrico de fibra vegetal trenzada llamado *tipiti* y fermentarlo para hacer *tucupí*, que puede ser reducido aún más para elaborar salsas como el *tucupi preto* o *cassareep*.

La tapioca es un subproducto de la harina, una fécula blanca y granulada que se transforma en copos, palitos y perlas. Toma su nombre de la palabra *tupí tipi 'óka* y se utiliza para hacer panes, crepes, que se rellenan con ingredientes dulces y salados, o esferas gelatinizadas que se utilizan en postres, especialmente en Asia, o en otras preparaciones como el *boba*, o té con burbujas asiático, también conocido como *bubble tea*.

Sonso de yuca

Brochetas de yuca con queso 🔲
Bolivia

Preparación: 45 minutos
Cocción: 55 minutos

Para 10 unidades

En Santa Cruz de la Sierra y en otras zonas de las tierras bajas de Bolivia donde se cultiva la yuca, este plato tradicional es el tentempié más habitual de la merienda. La yuca machacada se mezcla con leche y queso (una mezcla de un queso duro y otro blando) y se hornea, se fríe como un panqueque o se le da forma de cilindro y se inserta en una brocheta y se asa a la parrilla.

1,3 kg de yuca
450 g de mozzarella rallada
450 g de queso chaqueño (u otro queso duro) rallado
2 cdas. de mantequilla
1 huevo ligeramente batido
1½ cdas. de leche caliente
sal

Pele la yuca, córtela en dados de 4 cm y lávela bajo un chorro de agua fría. Póngala en una cazuela y cúbrala con agua fría. Sale y llévela a ebullición. Baje el fuego y cuézala durante unos 35 minutos hasta que esté tierna. Escúrrala, tritúrela con un *mouli* o un pasapurés y póngala en un bol.

Cuando la yuca esté lo suficientemente fría para manipularla, añada los quesos rallados y trabaje la masa a mano. Agregue poco a poco la mantequilla, el huevo y la leche y amase hasta obtener una masa uniforme y firme.

Divida la masa en 10 cilindros iguales e inserte cada uno en una brocheta. Colóquelas en una parrilla caliente y áselas, dándoles la vuelta, de 15 a 20 minutos hasta que se doren por todos los lados. Sírvalas calientes.

Raíces y tubérculos

Sonso de yuca

Caribeu pantaneiro

Guiso de carne seca y yuca
Brasil

Preparación: 15 minutos
Cocción: 35 minutos

※ ⊘

Para 5-6 personas

Este guiso de carne de ternera seca y yuca es típico de los estados brasileños de Mato Grosso y Mato Grosso do Sul, una región que alberga un humedal tropical llamado Pantanal, que se extiende a zonas de Bolivia y Paraguay. Antes de la llegada de la ganadería de manos de los portugueses, los indígenas terena lo preparaban con carne de caza seca.

2 cdas. de aceite de oliva
1 cebolla blanca picada
450 g de carne de sol (carne de ternera desmenuzada secada al sol) en dados de 4 cm
1 pimiento rojo despepitado y en dados
450 g de yuca en trozos de 2,5 cm
2 tomates pelados, despepitados y en dados
40 g de hojas de perejil picadas
40 g de cilantro picado
sal y pimienta molida
arroz blanco cocido, para servir

Caliente a fuego medio el aceite en una cazuela y sude la cebolla 7 minutos. Añada la carne y séllela 6 minutos, dándole la vuelta una vez. Agregue el pimiento, la yuca y los tomates y sofríalo todo 5 minutos más.

Vierta agua suficiente para cubrir los ingredientes y cuézalo todo a fuego medio 15 minutos o hasta que la yuca esté tierna y la salsa haya espesado. Añada el perejil y el cilantro y salpimiente al gusto. Sírvalo caliente con arroz a un lado.

Farofa

Harina de yuca tostada
Brasil

Preparación: 5 minutos
Cocción: 20 minutos

※ ⊘ 🍲 ♡ ⁂ ⁑

Para 6 personas

La *farofa*, o harina de yuca tostada, es típica de todo Brasil y se suele servir espolvoreada sobre carnes asadas y guisos contundentes, pero también se toma sola. Se prepara friendo la harina, llamada *farinha*, en aceite o grasa animal. A veces, se mezcla con trozos de carne, huevos o verduras. También se puede utilizar fécula de maíz en lugar de harina de yuca.

2 cdas. de aceite de oliva
1 cebolla picada fina
sal
140 g de harina de yuca
10 g de perejil o cilantro, para servir

Caliente a fuego lento el aceite en una cazuela. Añada la cebolla y súdela 10 minutos o hasta que esté blanda. Sale e incorpore la harina, sin dejar de remover, hasta que la mezcla se haya secado y adquiera un color marrón arena. Sírvala con perejil o cilantro esparcido por encima.

Juanes de yuca

Tamales de la selva
Bolivia, Colombia, Ecuador, Perú

Preparación: 15 minutos,
más 24 horas en remojo
Cocción: 1 hora y 15 minutos

※ ⊘

Para 4 personas

El *juane* de yuca combina dos ingredientes básicos de la dieta amazónica, el pescado y la yuca, que se envuelven en una hoja de bijao (plátano) y se cuecen o se asan a la parrilla. Esta especie de tamal de la selva es uno de los platos más emblemáticos del Amazonas y presenta una extensa gama de nombres y variantes que pueden añadir ingredientes como cerdo, palmitos, maníes, maíz, huevos, pollo y asadura. Tradicionalmente, los *juanes* eran la comida típica de las cacerías o las visitas a otras comunidades, aunque ahora se encuentran fácilmente en los puestos de los mercados y vendedores ambulantes de toda la región.

450 g de paiche salado (o bacalao salado)
2 cdas. de manteca
120 g de cebolla blanca picada
1 cda. de ajo picado
2 cdas. de pasta de ají amarillo
1 cdta. de palillo (cúrcuma molida)
1,3 kg de yuca pelada y rallada
2 ajíes dulces en rodajas
4 cdas. de aceite de oliva
20 g de sachaculantro o cilantro
250 ml de caldo de pescado
8 bijaos u hojas de plátano
sal y pimienta molida

Coloque el *paiche* salado (o bacalao) en un bol y cúbralo con agua fría. Déjelo en remojo 24 horas, cambiando el agua tres veces.

Derrita a fuego medio la manteca en una cazuela y sude la cebolla 4 minutos hasta que empiece a estar transparente. Añada el ajo, la pasta de ají amarillo y el *palillo* y sofríalo todo 5 minutos más. Salpimiente y prosiga con la cocción hasta que se caramelice.

Ponga la yuca en un bol, añada la mezcla de cebolla y remueva. Agregue el ají dulce, el aceite, el *sachaculantro* y el caldo, mezcle bien con las manos y salpimiente. Incorpore el *paiche* y rectifique de sal y pimienta si fuera necesario. Divida la masa en 4 partes iguales.

Forme una cruz con dos hojas de bijao y coloque una porción de la masa en el centro de una de ellas. Cierre las hojas y átelas con bramante. Repita la operación con las hojas y la masa restantes.

Ponga suficiente agua en una cazuela para cocer los *juanes* y llévela a ebullición. Añada los *juanes*, baje el fuego a medio y cuézalos durante 1 hora. Retírelos, ábralos y sírvalos templados.

Mandioca frita, yuca frita, yuquitas fritas

Yuca frita
Brasil, Colombia, Perú, Venezuela

Preparación: 10 minutos
Cocción: 30-50 minutos

Para 4 personas

Bien preparada, es difícil encontrar unas papas fritas que le hagan competencia a la yuca frita. Es más cremosa y solo necesita una fritura para quedar bien crujiente. Puede servirla con guacamole o salsa huancaína. Nota: es importante usar yuca fresca, ya que la congelada queda peor.

> 1,3 kg de yuca
> aceite vegetal, para freír
> sal

Pele la yuca y córtela transversalmente en trozos de 10 cm. Ponga a hervir una olla con agua salada, añada los trozos de yuca y cuézala a fuego lento 20 minutos. Escúrrala y resérvela. Cuando esté lo suficientemente fría para manipularla, con las manos, pártala en bastones y deseche los corazones.
Ponga en una cazuela suficiente aceite vegetal para freír, asegurándose de que no supere los dos tercios de su capacidad, y caliéntela a 180 °C.
Fría los bastones de yuca, por tandas, 10 minutos o hasta que estén dorados y crujientes por fuera. Retírelos con una espumadera. Sale mientras aún están calientes y sírvalos templados.

Chibé

Mazamorras de yuca
Brasil

Preparación: 5 minutos,
más 10 minutos para reposar

Para 3-4 personas

Estas mazamorras ligeramente ácidas no se cocinan, sino que se preparan mezclando la harina de yuca con agua y se condimentan. El *chibé* es un plato típico de las comunidades amazónicas más remotas, donde se puede preparar fácilmente con un poco de agua del río en desplazamientos largos o cacerías.

> 280 g de harina de yuca
> 475 ml de agua
> 60 g de cebolla blanca picada
> 1 cdta. de jiquitaia (mezcla de chile Baniwa molido)
> el zumo de 1 limón (lima)
> 1 cdta. de sal

Mezcle la harina de yuca con el agua. Déjela reposar durante 10 minutos para que se hidrate, añada los ingredientes restantes y sirva las mazamorras a temperatura ambiente.

Beiju de tapioca, chamado de tapioca, tapioquinha

Crepes de tapioca
Brasil

Preparación: 10 minutos
Cocción: 10 minutos

Para 2 unidades

El primer testimonio escrito del *beiju* de tapioca se remonta al libro de Ambrósio Fernandes Brandão, *Diálogos das Grandezas do Brasil*, de 1618, aunque las poblaciones autóctonas del norte de Brasil ya comían esta tortita harinosa de tapioca mucho antes. La crepe típica se prepara con coco fresco rallado o *queijo de coalho*, aunque puede llevar cualquier relleno dulce o salado, y luego se dobla. Hoy en día los vendedores ambulantes (*tapioqueiras*) son un símbolo de las ciudades del noreste, como Fortaleza y Olinda.

> 120 g de polvilho doce (almidón de yuca)
> 1 cdta. de sal
> 120 ml de agua

Tamice el *polvilho* en un bol, sale y añada el agua, poco a poco, mientras amasa con las manos hasta obtener una masa (puede que no necesite toda el agua; si queda demasiado líquida, añada más *polvilho*).
Caliente a fuego medio una sartén y extienda la mezcla en el fondo, formando una tortilla. Cuézala 2 minutos por cada lado o hasta que vea que el *polvilho* empieza a pegarse. Sírvala con cualquier tipo de relleno como queso o, simplemente, con mantequilla salada o como guarnición de cualquier plato.

Dadinhos de tapioca

Dados de tapioca fritos 🔲
Brasil

Preparación: 10 minutos,
más 3 horas de reposo como mínimo
Cocción: 30 minutos

Para 4 personas

Estos dados de tapioca y queso fritos fueron creados por Rodrigo Oliveira en el restaurante Mocotó de São Paulo, pero se convirtieron rápidamente en un aperitivo nacional. Se suelen servir con algún tipo de salsa, como mermelada de pimiento o salsa agridulce.

  aceite vegetal, para engrasar y freír
  180 g de harina de tapioca
  150 g de queijo de coalho rallado (o halloumi)
  1 cdta. de sal
  1 pizca de pimienta molida
  410 ml de leche entera

Engrase ligeramente una bandeja de horno con bordes de 15 x 15 x 4 cm.
  Coloque la harina de tapioca, el queso rallado, la sal y la pimienta molida en un bol y mezcle todo bien con una cuchara de madera.
  Caliente la leche en una cazuela sin dejar que llegue a hervir e incorpórela, poco a poco, a la mezcla de tapioca y queso, sin parar de remover hasta obtener una textura arenosa. Vierta la mezcla en la bandeja preparada, pase el dorso de una cuchara por encima para extenderla de forma uniforme y cubra la bandeja con film transparente. Déjela reposar en el frigorífico 3 horas como mínimo o toda la noche.
  Una vez se haya enfriado y cuajado, colóquela sobre una tabla de cortar y córtela en dados de 2,5 cm.
  Vierta suficiente aceite vegetal en una cazuela de fondo grueso, asegurándose de que no supere dos tercios de su capacidad, y caliéntela a 171 °C.
  Fría los dados de tapioca, por tandas, de 7 a 10 minutos o hasta que estén crujientes y dorados. Retírelos y déjelos reposar sobre papel de cocina para eliminar el exceso de aceite. Sírvalos templados.

Pirão, angú

Mazamorras de yuca
Brasil

Preparación: 5 minutos
Cocción: 10 minutos

Para 4 personas

Estas mazamorras saladas se pueden servir frías o calientes. Suelen acompañar carnes o pescados, utilizándose el caldo en el que se cocinan para darles cierta viscosidad.

  210 g de harina de yuca
  475 ml de caldo de ternera
  sal y pimienta molida

En una cazuela, disuelva la harina de yuca en un poco de agua fría para evitar los grumos. Vierta el caldo caliente poco a poco y cuézala a fuego lento 5 minutos, sin parar de remover, hasta obtener unas mazamorras espesas pero finas. Salpimiente y sírvalas.

Nhoque de mandioca

Ñoquis de yuca
Brasil

Preparación: 15 minutos
Cocción: 30 minutos

Para 4 personas

Los restaurantes italianos de Brasil y otras zonas de América Latina llevan décadas sustituyendo las papas por yuca en sus ñoquis. La yuca, que no tiene gluten, les aporta sutiles variaciones de sabor y textura, aunque se pueden usar las mismas salsas para cualquiera de los dos.

  900 g de yuca
  1 huevo
  1 cda. de mantequilla
  2 cdas. de harina común, y un poco más para espolvorear
  un chorrito de aceite de oliva
  sal

Pele la yuca y córtela en trozos. Cuézala en agua hirviendo con sal 20 minutos o hasta que esté tierna. Escúrrala y pásala por un pasapurés sobre un bol. Amásela con las manos mientras incorpora el huevo, la mantequilla y la harina.
  Sale, coloque la masa sobre una superficie enharinada y continúe amasando hasta que esté fina. Forme cilindros de 1 cm de diámetro y corte cada uno de ellos en trozos de 2,5 cm de largo.
  Ponga a hervir una olla de agua con un chorrito de aceite de oliva y un poco de sal. Cueza los ñoquis 7 minutos o hasta que suban a la superficie. Retírelos y sírvalos con un poco de mantequilla o aceite de oliva o con la salsa que prefiera.

Dadinhos de tapioca

Enyucados

Croquetas de yuca y queso
Costa Rica

Preparación: 5 minutos
Cocción: 35 minutos

Para 6-8 unidades

Los *enyucados* costarricenses, que se suelen vender en bares y restaurantes tradicionales llamados *sodas*, son un aperitivo que se sirve horneado o frito para comer con las manos y no se deben confundir con otras recetas a base de yuca con el mismo nombre, que se parecen más a un pastel. La carne picada también suele formar parte del relleno con o en lugar del queso.

    450 g de yuca
    4 huevos
    65 g de harina común, y un poco más para rebozar
    3 chiles jalapeños despepitados y picados
    115 g de queso rallado (se puede usar mozzarella)
    aceite vegetal, para freír
    sal

Pele la yuca y córtela en trozos de 5 cm. Cuézala en agua hirviendo con sal de 15 a 20 minutos. Escúrrala y tritúrela hasta obtener un puré. Añada los huevos y la harina y sale.

Mezcle los jalapeños con el queso rallado y resérvelos.

Forme 6 u 8 croquetas de yuca de 5 cm de diámetro. Presione ligeramente una croqueta con una cuchara y coloque ½ cucharadita del relleno de queso y jalapeño en el hueco. Forme una croqueta de nuevo y rebócela ligeramente en harina. Repita el proceso con la masa y el relleno restantes.

Vierta suficiente aceite vegetal en una cazuela de fondo grueso, asegurándose de que no supere los dos tercios de su capacidad, y caliéntela a 182 °C.

Fría las croquetas de yuca, por tandas, 3 minutos o hasta que estén crujientes y doradas. Sírvalas templadas.

Vigorón

Yuca con ensalada de col y chicharrones
Costa Rica, Nicaragua

Preparación: 15 minutos
Cocción: 20 minutos

Para 4 personas

Los quioscos alrededor del Parque Central Colón en Granada (Nicaragua) son famosos por vender este plato típico, inventado en 1914 por una vendedora ambulante llamada María Luisa Cisneros Lacayo, conocida como la Loca. Lo vendía sobre todo en los partidos de béisbol y le puso el nombre después de ver un póster de un tónico medicinal llamado *vigorón*. El éxito fue inmediato.

    900 g de yuca
    1 coliflor
    2 zanahorias
    175 ml de vinagre blanco
    3 tomates en dados
    2 hojas de plátano, cada una en 2 trozos
    450 g de chicharrones (véase pág. 276, o se pueden comprar hechos)
    sal y pimienta molida

Pele la yuca y córtela transversalmente en trozos de 2,5 cm. Colóquela en una cazuela con suficiente agua con sal para cubrirla. Cuézala a fuego medio unos 20 minutos desde el momento en que rompa a hervir o hasta que esté blanda. Escúrrala y déjela enfriar.

Para preparar el *curtido*, corte la coliflor en rodajas finas, lávela dos veces bajo un chorro de agua fría y resérvela. Pele las zanahorias, rállelas y mézclelas con la coliflor. Añada el vinagre y salpimiente. Para terminar, añada los tomates.

Coloque la yuca en el centro de un trozo de hoja de plátano, añada el *curtido* y disponga los chicharrones desmenuzados por encima.

Carimañola, empanada de yuca

Buñuelos de yuca
Colombia, Panamá

Preparación: 10 minutos
Cocción: 45 minutos

Para 10 unidades

La *carimañola* de yuca es similar a las papas rellenas, aunque está preparada con yuca machacada y frita. Los buñuelos pueden estar rellenos de carne picada, pollo desmenuzado o queso y suelen servirse con salsa picante o suero costeño.

    675 g de yuca
    2 cdas. de mantequilla
    aceite vegetal para freír, más 2 cdas.
    1 diente de ajo picado
    60 g de cebolla picada
    25 g de pimiento rojo picado
    1 cebolleta picada
    ½ cdta. de comino molido
    225 g de carne de ternera picada
    1 cda. de pasta de tomate
    sal y pimienta molida

Pele la yuca y córtela en trozos grandes. Póngala en una cazuela con un poco de sal y suficiente agua para cubrirla. Llévela a ebullición, baje el fuego y cuézala unos 20 minutos o hasta que esté tierna. Escúrrala y tritúrela con la mantequilla. Resérvela tapada.

En una sartén, caliente a fuego medio-alto las 2 cucharadas de aceite. Sude el ajo, la cebolla y el pimiento unos 3 minutos hasta que estén blandos. Añada la cebolleta y el comino, salpimiente y sofríalo 1 minuto más sin parar de remover. Agregue la carne y sofríala unos 7 minutos. Incorpore la pasta de tomate y sofríalo todo 2 minutos más. Retire la sartén del fuego, rectifique de sal y pimienta si fuera necesario y deje enfriar el relleno.

Forme 10 buñuelos con la mezcla de yuca. Haga un hueco en el centro de cada uno, añada 1 cucharada de relleno de carne, vuelva a cerrar el buñuelo y dele forma ovalada o de torpedo.

Vierta suficiente aceite vegetal en una cazuela de fondo grueso, asegurándose de que no supere dos tercios de su capacidad, y caliéntela a 177 °C. Añada los buñuelos, por tandas, y fríalos unos 2 o 3 minutos hasta que se doren. Retírelos y déjelos reposar sobre papel de cocina para eliminar el exceso de aceite. Sírvalos calientes con salsa picante.

Vigorón

Sahau, sahou

Mazamorras de yuca y coco
Belice, Honduras, Nicaragua

Preparación: 20 minutos
Cocción: 15 minutos

Para 4 personas

Servidas calientes o frías, estas mazamorras dulces y espesas se toman en las comunidades garífunas que viven a lo largo de la costa caribeña de América Central para el desayuno o como último postre del día. Se preparan más o menos dulces en función de cuándo se vayan a comer. El puré de plátano o papaya o la calabaza cocida y triturada se puede añadir justo antes de servir. También se puede agregar un poco de manteca de cerdo, envolver el *sahau* en hojas de plátano y cocerlo como un tamal. Una receta similar, llamada *gungude*, reemplaza la yuca por plátanos verdes secados al sol, que se muelen y se venden como polvo de *gungude*, y también mezcla la leche de coco con leche condensada.

    450 g de yuca
    475-550 ml de agua
    1 coco
    475-550 ml de agua
    2 ramitas de canela
    2 cdtas. de nuez moscada molida
    2 cdtas. de extracto de vainilla
    miel o azúcar, al gusto
    1 cdta. de canela molida

Pele y ralle la yuca. Colóquela en un bol y añada el agua. Pásela por una muselina, reservando el líquido. Descarte los sólidos o resérvelos para otra preparación.
    Pele y ralle el coco. Colóquelo en otro bol y añada el agua. Páselo por una muselina, reservando el líquido. Descarte los sólidos o resérvelos para otra preparación.
    Reserve unos 120 ml de la leche de coco y mezcle el resto de los líquidos colados en una cazuela. Añada las ramitas de canela, la nuez moscada y la vainilla y cuézalo todo a fuego lento, removiendo de vez en cuando y añadiendo la leche de coco reservada poco a poco hasta que la mezcla espese. Retire la cazuela del fuego y deje enfriar las mazamorras. Añada miel o azúcar si lo desea, espolvoree la canela molida por encima y sírvalas.

Tucupí

Si bien cocinar yuca amarga es una forma de eliminar el cianuro que se encuentra en su interior, fermentar su zumo es otra opción. Para hacer *tucupí*, la yuca se pela, se ralla y se exprime con un instrumento cilíndrico de fibra vegetal trenzada llamado *tipiti*. El zumo se deja reposar varios días para que el almidón y el líquido se separen. En este punto es todavía venenoso, por lo que se debe hervir antes de consumirlo. El *tucupí*, de color amarillo anaranjado brillante y sabor ácido, se puede utilizar en salsas o sopas y forma parte de numerosos platos regionales, como el *tacacá* y el pato al *tucupí*. Encontrará *tucupí* en los mercados de todo el Amazonas, especialmente en el norte de Brasil, a menudo en botellas de plástico como un refresco.

El *tucupí* también puede reducirse aún más para preparar *tucupi preto*, una estimulante salsa negra marinada que se consume en el norte de la Amazonía bajo diferentes nombres regionales, como ají negro, *tucupí* negro, *casaramá* y *ualako*. Cada comunidad procura tener una receta de *tucupi preto* un poco diferente. En algunas es casi una pasta con la que se pueden untar carnes o pescados antes de asarlos. En otras es más líquido, parecido a la salsa de soja, y se añade a la sopa para darle un toque de umami. Algunos añaden pimientos, semillas o insectos para potenciar su sabor, ya sea durante el proceso de reducción o después.

Tacacá

Sopa de tucupí, camarones y jambú
Brasil

Preparación: 15 minutos
Cocción: 30 minutos

Para 4 personas

Las vendedoras ambulantes, llamadas *tacacazeiras*, aparecen todas las tardes en ciudades de la Amazonía brasileña como Manaos y Belém do Pará. Algunas llevan décadas en el oficio y tienen clientes incondicionales de su *tacacá*, un caldo picante que se prepara cociendo *tucupí* con sal y hierbas aromáticas como la achicoria o el *manjericão*, una variedad regional de albahaca. El tacacá puede resultar demasiado intimidante para los foráneos. Un pequeño sorbo de una *cuia*, un pequeño cuenco hecho de calabaza seca que se coloca sobre una cesta para no quemarse las manos, y todos los sentidos se disparan en diferentes direcciones. Está la acidez del *tucupí*, el sabor salado del camarón y la sensación de hormigueo en la lengua del *jambú*, una planta verde, también conocida como *paracress* o hierba de los dientes o del dolor de muelas. Algunos incluso añaden trocitos de chile empapados en vinagre. Y luego está la cucharada de goma de yuca, un gel preparado con almidón de yuca hidratado, que le aporta al caldo una extraña y sedosa textura. Además, se sirve muy caliente en un ambiente por lo general bastante húmedo.

    700 g de camarones (gambas) secos y salados
    (con cáscara)
    1,5 litros de tucupí
    3 dientes de ajo picados
    6 hojas de achicoria picadas
    1 cdta. de sal
    70 g de hojas de jambú picadas gruesas
    120 ml de almidón de yuca disuelto en 120 ml
    de agua fría

Blanquee los camarones secos en una cazuela con agua hirviendo. Retírelos con una espumadera y lávelos bajo un chorro de agua fría. Repita la operación dos veces más.
    Caliente el *tucupí* en otra cazuela con el ajo, la achicoria, los camarones y la sal. Tápelo y cuézalo todo a fuego lento 30 minutos.
    Mientras, caliente las hojas de *jambú* en una sartén seca hasta que se ablanden y se desmenucen.
    En una *cuia* o bol, vierta un poco del caldo de *tucupí*, el *jambú*, los camarones y el almidón de yuca y remueva bien. Sírvalo caliente.

Raíces y tubérculos

Tacacá

Maíz

Una familia mixteca camina por un sendero en las escarpadas colinas del estado de Oaxaca hasta llegar a un pequeño claro. Es aquí donde tienen su milpa, un terreno en el que cultivan maíz, calabazas, frijoles, tubérculos y chiles. Cada planta ayuda a las otras a sobrevivir en una tierra que se alimenta solo de lluvia. Pero este lugar tiene su propio microclima y han cultivado alimentos aquí desde que tienen memoria y, a pesar de los muchos obstáculos, se aseguran de que el maíz sobreviva para que sus hijos lo planten algún día.

Algunos granos de maíz los consumen frescos, pero la mayoría se nixtamaliza (véase pág. 120). Ponen los granos de maíz *comiteco* secos en una olla con una solución alcalina de cal y ceniza disueltas en agua y los dejan toda la noche hasta que la cascarilla se desprende. Después, muelen el nixtamal, los granos de maíz tratados, en un metate de piedra: mueven el rodillo (metlapil) hacia delante y hacia atrás, rociando agua sobre los granos para mantener la masa húmeda. Cuando está fina, la colocan en un bol. Después, calientan un comal, una plancha de hierro fundido enmarcada en ladrillos de barro, forman una bola con una porción de masa, la aplanan con la mano hasta obtener un disco fino perfecto y lo colocan en la plancha caliente. Cuando la tortilla humea, le dan la vuelta para que se haga por el otro lado y la retiran del fuego. La colocan en una cesta forrada de tela y repiten la operación para preparar docenas de tortillas, además de *gorditas* y *tlayudas*, hasta que la masa se agota.

La conexión cultural con el maíz (*Zea mays*) es uno de los aspectos fundamentales de la esencia latinoamericana. Desde que su ancestro silvestre, el teocintle (*Zea perennis*), fue domesticado por pueblos indígenas en el sur de México hace 7500 o 12 000 años, se ha convertido en un alimento básico.

Solo en México hay 59 variedades autóctonas, con unos 2000 usos. Desde México, su cultivo se extendió hasta los confines del continente. En las zonas rurales se come tres veces al día. El maíz alimenta los mitos mayas y se dice que los ejércitos incas llevaban granos tostados mientras cruzaban los Andes.

El maíz se asa en hogueras al aire libre. Los granos se tuestan y se comen o se muelen hasta convertirlos en harina para hornear panes. En los Andes, se remojan y se fermentan para hacer chicha, una cerveza baja en alcohol. En Colombia y Venezuela, se trituran con pilones, morteros de madera, y se muelen hasta convertirlos en harina para preparar arepas y hallacas. En el sur de Brasil, se cuecen con leche y azúcar para elaborar un pudin dulce llamado *canjica*. En Costa Rica, los bribris dejan enmohecer la masa para usarla como iniciador de otro tipo de chicha. La masa de maíz se utiliza para hacer todo tipo de recetas diferentes, no solo tortillas: en El Salvador se rellena con cerdo, frijoles o queso para hacer pupusas; en muchos países de la zona, se envuelve en una hoja de maíz o de plátano para preparar tamales. Cuando se valoran e incentivan las diferentes variedades de maíz y los ritos que rodean su cultivo, desde la siembra hasta la cosecha y el consumo, no solo estamos preservando estas especies, sino también la identidad de las personas que las han hecho posibles.

Humita en olla

Maíz guisado
Argentina

Preparación: 15 minutos
Cocción: 25 minutos

Para 5-6 personas

Normalmente, cuando vea una receta de humita, será una humita en chala, como dicen en el norte de Argentina, donde la masa de maíz se envuelve en hojas de maíz y se cuece. Sin embargo, también existen las humitas en olla, de la misma región, donde el maíz rallado se guisa en una olla. En las provincias de Tucumán y Catamarca, es habitual mezclar calabaza rallada con el maíz.

> 16 mazorcas de maíz
> 3 cdas. de mantequilla
> 2 cdas. de aceite vegetal
> 1 cebolla blanca picada fina
> 2 pimientos rojos despepitados y picados
> 450 g de tomates pelados y picados
> 120 ml de leche entera
> 1 cdta. de azúcar moreno
> 60 g de queso fresco en dados de 2,5 cm
> sal y pimienta molida

Comience rallando las mazorcas por el lado de los agujeros grandes de un rallador de caja sobre un bol y resérvelo, junto con el líquido lechoso que liberan.

Caliente a fuego medio la mantequilla con el aceite en una cazuela y sofría la cebolla y los pimientos durante 7 minutos o hasta que la cebolla esté transparente. Agregue los tomates y sofríalos unos 5 minutos a fuego medio. Incorpore el maíz rallado y la leche. Añada el azúcar y salpimiente. Cuézalo a fuego lento 10 minutos hasta que el líquido se reduzca. Agregue el queso y sirva las humitas calientes.

Angú

Mazamorras brasileñas
Brasil

Preparación: 5 minutos
Cocción: 20 minutos

Para 4 personas

La palabra *angú* es de origen africano occidental e, inicialmente, hacía referencia a unas mazamorras de ñame. En el siglo XVI, cuando los portugueses introdujeron el maíz del Nuevo Mundo en la cuenca del Congo, la receta se adaptó para incluirlo y luego viajó a través del Atlántico por medio del comercio de esclavos. En Brasil, *angú* se refería a las mazamorras de harina de yuca o de maíz, aunque, con el tiempo, las mazamorras de harina de yuca pasaron a llamarse Pirão (véase pág. 100). Hoy en día, existen dos variantes regionales básicas de angú: *baiano* y *mineiro*. La versión de Bahía es más líquida y cremosa, mientras que la de Minas Gerais es más firme.

> 1 cda. de aceite vegetal
> 120 g de cebolla blanca picada
> 2 dientes de ajo picados
> 475 ml de caldo de verduras
> 250 ml de agua
> 225 g de fubá (harina de maíz amarillo)
> 2 cdas. de mantequilla
> sal

Caliente a fuego medio el aceite en una cazuela y sofría la cebolla y el ajo unos 4 minutos o hasta que estén blandos. Vierta el caldo y el agua y llévelo a ebullición. Agregue la harina de maíz, mientras remueve enérgicamente para que no se formen grumos.

Sale y cuézalo a fuego lento 10 minutos o hasta que esté espeso y viscoso. Apague el fuego y añada la mantequilla. Rectifique de sal, si fuera necesario, y sírvalo caliente.

Chorreadas, cachapas

Crepes de maíz
Costa Rica, Colombia, Venezuela

Preparación: 10 minutos
Cocción: 20 minutos

Para 6 personas

Típica de los puestos de comida ambulantes de Venezuela y zonas de Colombia, la cachapa es la prima menos apreciada de la arepa. Más gruesa y más grande, suele ser una mezcla de maíz fresco molido y harina y se parece a una crepe salada, normalmente rellena de un queso blanco suave llamado *queso de mano*. En Costa Rica, las *chorreadas*, muy similares a las cachapas, aunque sin el queso, son un plato indígena que se elabora con maíz fresco y poco más. A medida que se han ido adaptando a la sociedad moderna, se han ido añadiendo harina y otros ingredientes, dulces o salados. Casi siempre se sirven con *natilla*, crema agria costarricense. Nota: en América Latina, el maíz tiende a tener más almidón que en otros lugares, así que añada unas cuantas cucharadas de almidón de maíz para espesar la masa si fuera necesario.

> 230 g de granos de maíz frescos
> 70 g de masarepa (harina de maíz precocida)
> 2 huevos
> 4 cdas. de mantequilla derretida
> 120 ml de leche
> 1 cda. de orégano seco
> 1 diente de ajo pelado
> 225 g de queso de mano (o mozzarella) en lonchas

Ponga la mayor parte de los granos de maíz, excepto unas pocas cucharadas, en un robot de cocina o batidora, añada la *masarepa*, los huevos, la mitad de la mantequilla, la leche, el orégano y el ajo y triture hasta obtener una masa fina y espesa. Añada los granos de maíz reservados y remueva.

Caliente la mantequilla restante en una sartén y fría la masa, como lo haría para unas crepes, hasta que se dore, unos 4 minutos por cada lado.

Mientras están calientes, coloque el queso entre dos cachapas o doble una por la mitad y disponga el queso dentro. Sírvalas calientes.

Chorreadas, cachapas

Pastel de choclo

Pastel de maíz chileno
Chile

Preparación: 30 minutos   Para 8 personas
Cocción: 2 horas

El pastel de choclo es uno de los platos más representativos de la cocina chilena y quizá de toda la cocina latinoamericana. Su origen es campesino y probablemente haya existido en toda la región desde la época colonial, pero su popularidad se extendió en la década de 1830, al servirlo en las fiestas que celebraban el comienzo de las cosechas de maíz. El relleno de carne picada, cebollas y especias se llama *pino* y también se utiliza para las empanadas. Además, se suelen añadir rodajas de huevos duros, pasas y aceitunas. Tradicionalmente, el pastel de choclo se prepara y se sirve en ollas de arcilla llamadas *librillos*.

1 cda. de aceite vegetal
900 g de jarrete de ternera picado
1 cda. de merkén (polvo de chile ahumado)
½ cdta. de comino molido
250 ml de caldo de ternera
3 cebollas blancas picadas
2 cdas. de harina común
1 cda. de azúcar moreno, para espolvorear
sal y pimienta molida

Para la masa de maíz
8 mazorcas de maíz
2 cdas. de manteca
120 ml de leche entera
1 cdta. de merkén (polvo de chile ahumado)
3 cdas. de harina de maíz

Caliente a fuego vivo el aceite en una cazuela y saltee la carne 5 minutos, removiendo de vez en cuando. Añada el *merkén* y el comino y salpimiente. Sofríalo 3 minutos y vierta el caldo. Llévelo a ebullición, baje el fuego y cueza la carne 20 minutos. Agregue la cebolla y sofríala 20 minutos hasta que se ablande. Incorpore la harina, removiendo para evitar que se formen grumos. Rectifique de sal y pimienta, si fuera necesario, y retire la cazuela del fuego. Pase la mezcla a un bol y resérvela caliente.

Para preparar la masa de maíz, ralle las mazorcas por el lado de los agujeros grandes de un rallador de caja sobre un bol y resérvelo, junto con el líquido lechoso que liberan. Derrita la manteca en una cazuela a fuego medio. Añada el maíz y sofríalo 10 minutos. Agregue la leche y sazone con sal, pimienta y *merkén* y sofríalo otros 10 minutos. Páselo a una batidora y tritúrelo junto con la harina de maíz. Vierta la mezcla de nuevo en la cazuela y cuézala a fuego lento de 5 a 10 minutos hasta que espese. Rectifique de sal y pimienta, si fuera necesario.

Precaliente el horno a 200 °C.

Extienda el relleno de carne en un molde de horno de 20 x 20 x 4 cm (o en ramequines de barro) y cúbralo con la mezcla de maíz. Espolvoree azúcar moreno por encima y horněelo 40 minutos o hasta que se dore. Sirva el pastel templado.

Indio viejo, marol

Guiso de maíz con carne desmenuzada
Nicaragua

Preparación: 20 minutos
Cocción: 25 minutos   Para 5-6 personas

El indio viejo es uno de los platos más emblemáticos de Nicaragua y, aunque se dice que siempre se ha elaborado con todos los ingredientes de la dieta indígena, se ha ido adaptando en los siglos posteriores a la conquista. Se suele servir con arroz blanco, plátanos fritos y ensalada de repollo.

120 g de manteca
1 cebolla blanca picada
5 dientes de ajo picados
2 pimientos amarillos despepitados y en dados
4 tomates pelados y en dados
3 cdas. de menta picada gruesa
20 g de cilantro picado grueso
450 g de cecina desmenuzada
190 g de masa harina
250 ml de agua
475 ml de caldo de ternera
1 cda. de recado rojo (pasta de achiote) diluido
en 2 cdas. de agua
sal

Caliente a fuego medio la manteca en una cazuela. Una vez derretida, añada la cebolla, el ajo y una pizca de sal y sofríalos 5 minutos. Agregue los pimientos y los tomates y sofríalos 4 minutos más. Incorpore la menta, el cilantro y la cecina y cuézalo a fuego lento 5 minutos.

Diluya la masa harina en el agua y viértala en la cazuela con el caldo. Añada el recado rojo y cuézalo 10 minutos o hasta que espese. Sírvalo caliente.

Pastel de choclo

Almojábanos con queso

Buñuelos de maíz y queso al estilo de Chiriquí
Panamá

Preparación: 20 minutos
Cocción: 25 minutos

Para 25-30 unidades

Adorados en la región de Chiriquí, en Panamá, donde se toman diariamente con el café de la mañana o con carne y cebollas o cerdo frito para el almuerzo, los almojábanos, o almojábanas, son buñuelos fritos de masa de maíz y queso con forma de «S».

1 cdta. de sal
1 cdta. de azúcar
950 ml de agua
210 g de masarepa (harina de maíz precocida)
210 g de harina de maíz
250 g de queso blanco rallado u otro queso blanco semiblando
aceite vegetal, para freír

En un bol, diluya la sal y el azúcar en el agua. Añada poco a poco la *masarepa*, la harina de maíz y el queso, mientras amasa con las manos 10 minutos o hasta obtener una masa fina y homogénea. Divídala en 25-30 porciones iguales y deles forma de bola. Estire cada una con un rodillo para formar un cilindro y doble ligeramente las puntas para formar una «S».

Vierta suficiente aceite vegetal para freír en una cazuela de fondo grueso, asegurándose de que no supere los dos tercios de su capacidad, y caliéntela a 180 °C.

Fría los almojábanos por tandas, 3 minutos por cada lado o hasta que estén ligeramente dorados y crujientes. Páselos a un plato forrado con papel de cocina para eliminar el exceso de aceite. Sírvalos templados.

Elote

Maíz callejero a la parrilla
El Salvador, Guatemala, México

Preparación: 5 minutos
Cocción: 15 minutos

Para 4 personas

El maíz callejero a la parrilla se encuentra en todo México y en zonas de América Central. La siguiente receta es la variante más habitual, y el acompañamiento perfecto para cualquier barbacoa. Puede llevar ingredientes muy variados, como hierbas picadas como el cilantro o la albahaca. En El Salvador, donde se le suele llamar *elote loco*, algunos vendedores ambulantes añaden salsas como el kétchup o la salsa Perrins, o Worcestershire, de la que el país es un gran consumidor.

4 mazorcas de maíz sin las hojas, pero con el tallo
120 g de mayonesa
150 g de queso cotija desmenuzado (queso fresco o parmesano rallado)
2½ cdtas. de chile en polvo
cuñas de limón (lima), para servir

Ase las mazorcas en la parrilla hasta que estén ligeramente chamuscadas por todas partes, 5 minutos por cada lado. Déjelas enfriar un poco, úntelas con mayonesa y añada el queso y chile en polvo. Sírvalas con cuñas de limón.

Esquites, elote en vaso, chasca

Ensalada callejera de maíz 🖳
México

Preparación: 15 minutos
Cocción: 15 minutos

Para 6 personas

Como el helado, servido en un cono o en vasitos, el maíz callejero mexicano se sirve en la mazorca (elotes) o en un bol (esquites). El nombre viene de la palabra náhuatl *izquitl*, que significa «maíz tostado».

2 cdas. de mantequilla
½ cebolla blanca picada
4 hojas de epazote fresco picadas
(o 1 cdta. de epazote seco)
650 g de granos de maíz frescos
75 ml de agua
120 g de mayonesa
sal

Para servir
1 limón (lima) en rodajas, más el zumo de 2 limones (limas)
75 g de queso cotija desmenuzado (queso fresco o parmesano rallado)
chile en polvo, al gusto

Caliente a fuego medio la mantequilla en una cazuela y sofría la cebolla 5 minutos o hasta que esté blanda. Agregue el epazote y remueva bien. Incorpore los granos de maíz y el agua y cuézalos hasta que estén tiernos, no más de 10 minutos, removiendo de vez en cuando. Sale al gusto.

Retire la cazuela del fuego y añada la mayonesa. Sírvalo templado en boles, con un chorrito de zumo de limón y el queso y el chile esparcidos por encima. Coloque al lado una rodaja de limón.

Esquites, elote en vaso, chasca

Vorí vorí blanco

Sopa de bolitas de maíz y queso ⬚
Paraguay

Preparación: 15 minutos   Para 5-6 personas
Cocción: 30 minutos

Uno de los platos más emblemáticos de Paraguay, el *vorí vorí*, bolitas de harina de maíz y queso servidas en un delicioso caldo, es una interpretación de la sopa de bolitas española. En guaraní, el nombre se pronunciaba «borita» y después fue apocopado en «vorí». Repetir una palabra en guaraní significa abundancia, por lo que se convirtió en «vorí vorí». Las bolitas pueden variar de tamaño según los gustos y, cuando son especialmente pequeñas, las llaman *tu'i rupi'a* o «huevos de periquito». El color también puede ser diferente, dependiendo del tipo de maíz, e incluso a veces hay bolitas de varios colores en la misma sopa. Una versión llamada *vorí vorí* de gallina añade pollo confitado, mientras que esta receta es la del *vorí vorí* blanco. Es un plato típico de los meses de invierno.

  1 cda. de manteca
  1 cebolla blanca picada
  2 pimientos verdes despepitados y picados
  750 ml de agua
  5 cebolletas picadas
  280 g de harina de maíz
  1 cda. de harina de trigo
  250 g de queso fresco desmenuzado
  250 ml de leche entera
  1 cda. de orégano seco
  sal

Caliente a fuego medio la manteca en una cazuela y sofría la cebolla y los pimientos 10 minutos hasta que se ablanden. Vierta el agua y cuézalo a fuego lento.

En un bol, mezcle la harina de maíz con la de trigo, 1 cucharadita de sal y la mitad del queso fresco. Vierta poco a poco 250 ml del agua de cocción de las verduras y remueva con una cuchara de madera hasta que la mezcla se enfríe ligeramente para poder manipularla. Amásela; estará algo seca. Divida la masa en 15 o 20 porciones y deles forma de bola. Páselas a la cazuela con las verduras y cuézalas de 15 a 20 minutos hasta que empiecen a subir a la superficie. Retire la cazuela del fuego.

Añada el queso restante, la leche y el orégano. Rectifique de sal, si fuera necesario, y sirva el *vorí vorí* caliente en un plato hondo.

Saralawa, lawa de maíz

Crema de maíz al estilo de Cuzco
Perú

Preparación: 20 minutos   🌾 🌽
Cocción: 30 minutos
                                 Para 4-6 personas

Esta cremosa sopa de maíz es uno de los platos típicos de la región de Cuzco, Perú. Algunas variantes secan el maíz al sol varios días y luego lo muelen para elaborar harina, aunque en la temporada de la cosecha, emplear el maíz fresco, como en esta receta, es más habitual.

  granos de 5 mazorcas de choclo
  (maíz de grano grande)
  2 cdas. de huacatay picado (menta negra peruana)
  2 cdas. de hojas de olluco (melloco) picadas
  (o espinacas)
  1 cda. de ají mirasol molido
  1,4 litros de agua
  3 cdas. de aceite vegetal
  1 cebolla blanca en dados pequeños
  5 papas (patatas) peladas y en dados
  120 g de habas desvainadas
  2 huevos batidos
  120 g de queso fresco en dados de 1 cm
  sal
  1 cda. de perejil picado, para servir

En un robot de cocina o una batidora, triture el maíz con el huacatay, las hojas de olluco, el ají y 120 ml de agua. Cuele y reserve la mezcla.

Caliente a fuego medio el aceite en una cazuela y sofría la cebolla 7 minutos o hasta que esté dorada y blanda. Vierta el agua restante y agregue las papas y las habas. Suba el fuego y cuézalas 12 minutos o hasta que estén tiernas. Añada la mezcla de maíz, remueva bien y cuézalo todo a fuego lento-medio 10 minutos hasta que espese. Sale al gusto.

Añada los huevos batidos, remueva bien y agregue el queso fresco.

Sírvalo en un plato hondo y esparza el perejil picado por encima.

Cancha serrana

Maíz tostado andino
Bolivia, Ecuador, Perú

Preparación: 5 minutos   🌾 🚫 🐟 🛇 🌱 ☀
Cocción: 10 minutos
                                Para 6 personas

Estos granos de maíz tostado se sirven en todo el Perú como un aperitivo para acompañar la bebida en una cevichería o incluso como un ingrediente más en un bol de ceviche.

  1 cda. de aceite vegetal
  425 g de maíz chulpe (granos de maíz secos)
  sal

Caliente a fuego medio el aceite en una cazuela honda de unos 12,5 cm de diámetro. Añada el maíz y tape la cazuela. Empiece a agitarla, teniendo cuidado de que la tapa no se mueva. Cuando el maíz empiece a reventar, baje el fuego y déjelo 6 minutos, sin dejar de agitar la cazuela.

Pase el maíz a un plato forrado con papel de cocina para eliminar el exceso de aceite y sale antes de servirlo.

Vori vori blanco

Maíz trillado

Hay otra variante del maíz que no se somete al proceso de nixtamalización (véase pág. 120), aunque sí se descascarilla. Se utilizan grandes morteros de madera llamados *pilones* para machacar los granos de maíz secos, aunque la maquinaria moderna también permite hacerlo a gran escala. Los granos partidos, blancos o amarillos, se venden tal cual o precocidos y molidos en harina, que se utiliza para preparar panes, arepas, tamales y hallacas.

Se lo conoce con diferentes nombres en toda América Latina: *maíz trillado*, *maíz cascado*, *canjiquinha* o *maíz pulverizado*. Se suele confundir con el maíz trillado que está nixtamalizado; no son lo mismo, aunque se pueden intercambiar en un apuro.

Canjiquinha, xerém

Masa de maíz brasileña
Brasil

Preparación: 15 minutos,
más toda la noche en remojo
Cocción: 30 minutos

Para 3-4 personas

La *canjiquinha* es un maíz blanco seco y triturado típico de Minas Gerais. Se suele servir con costillas de cerdo.

1 cda. de mantequilla
½ cebolla blanca picada
1 diente de ajo picado
200 g de canjiquinha (maíz seco triturado) lavado, en remojo toda la noche y escurrido
475 ml de caldo de verduras
1 cda. de cachaça (opcional)
250 ml de nata
2 cdas. de cebollino picado
sal y pimienta molida

Caliente a fuego medio la mantequilla en una cazuela y sofría la cebolla y el ajo 5 minutos. Agregue la *canjiquinha* escurrida y el caldo y llévelo a ebullición, mientras remueve con unas varillas. Añada la *cachaça*, si utiliza, y la nata. Salpimiente, baje el fuego y cuézalo 20 minutos o hasta obtener una consistencia cremosa.
Esparza el cebollino picado antes de servir.

Arroz de maíz

Maíz cascado
Costa Rica

Preparación: 10 minutos
Cocción: 40 minutos

Para 8 personas

En la región del Pacífico norte de Costa Rica, Guanacaste, el arroz de maíz no lleva arroz. El nombre hace referencia al parecido del maíz cascado o quebrado con el arroz. Típico de celebraciones populares, este guiso, que necesita removerse con frecuencia, se convierte en un ejercicio físico muy completo cuando se hace tradicionalmente en grandes calderos sobre un fuego de leña.

900 g de maíz cascado
1 cda. de mantequilla
1 cebolla blanca picada
4 dientes de ajo picados
130 g de apio picado
1 pimiento rojo picado
1 cdta. de comino molido
1 cdta. de achiote en polvo
900 g de pechuga de pollo
40 g de cilantro picado (o culantro coyote)
sal y pimienta molida

Lave el maíz con agua fría. Repita la operación cuatro veces, reservando la última agua utilizada. En una cazuela, caliente a fuego medio la mantequilla y sofría la cebolla, el ajo, el apio y los pimientos 8 minutos, sin dejar de remover. Agregue el maíz escurrido y remueva un par de minutos. Incorpore el comino y el achiote y salpimiente. Vierta el agua de maíz reservada, asegurándose de que cubra los ingredientes.
Llévelo a ebullición y añada la pechuga de pollo. Baje el fuego y cuézalo durante 20 minutos, removiendo con frecuencia y añadiendo más agua si fuera necesario. Asegúrese de que siempre haya suficiente agua para cubrir los ingredientes.
Cuando el pollo esté cocido, retírelo de la cazuela, desmenúcelo y añádalo de nuevo. Sírvalo caliente con el cilantro esparcido por encima.

Arepas

Hace cientos de años, los pueblos indígenas de la actual Colombia y Venezuela ya elaboraban estas tortitas de maíz que se han convertido en un alimento básico. Se venden en las calles de ambos países, se toman a cualquier hora del día y se sirven con una gran variedad de rellenos. En Colombia, las arepas tienden a ser más planas y, a veces, se hacen con maíz amarillo, mientras que en Venezuela suelen ser más redondeadas y suelen presentar una costra marrón, llamada *concha*.

La mayoría de las arepas se elaboran con harina de maíz precocida y nixtamalizada, llamada *masarepa*, aunque algunas variantes regionales utilizan maíz fresco y rallado. Al igual que la tortilla, la arepa es el lienzo ideal para servir otros ingredientes, como la Arepa reina *pepiada* (véase pág. 118), especialmente en Venezuela.

Arepa de maíz

Arepas de maíz básicas
Colombia, Venezuela

Preparación: 5 minutos
Cocción: 30 minutos

Para 12 unidades

240 g de masarepa (harina de maíz precocida)
250 ml de agua templada
1 cdta. de sal
2 cdas. de mantequilla derretida o aceite de oliva

Precaliente el horno a 200 °C.
En un bol, mezcle con las manos la *masarepa* con el agua templada, la sal y 1 cucharada de mantequilla o aceite. Si la masa se pegara a las manos, humedézcase los dedos con agua. Cuando la masa esté lista, forme 12 bolas iguales y aplástelas hasta obtener discos de unos 10 cm de diámetro.
Caliente a fuego medio la cucharada de mantequilla o aceite restante en una sartén y selle las arepas unos 2 o 3 minutos por cada lado hasta que se doren o incluso se chamusquen ligeramente.
Páselas a una bandeja de horno, áselas de 10 a 15 minutos hasta que estén bien hechas y sírvalas.

Arepa de huevo

Arepas rellenas de huevo frito
Colombia

Preparación: 5 minutos,
más 10 minutos para reposar
Cocción: 10 minutos

Para 4 unidades

Estas arepas fritas y rellenas de huevo provienen de la región del Caribe colombiano, donde la población afrocolombiana ha llevado el arte de freír a la excelencia. Allí, los vendedores ambulantes, a menudo con grandes montones de masa amarilla, las fríen para que estén crujientes por fuera, pero con el huevo de su interior todavía un poco líquido y nunca demasiado cuajado.

120 g de harina de maíz
½ cdta. de sal
½ cdta. de azúcar
250 ml de agua templada
aceite vegetal, para freír
4 huevos

En un bol, mezcle la harina de maíz con la sal y el azúcar. Vierta poco a poco el agua templada mientras amasa hasta obtener una masa fina. Cúbrala con un paño de cocina limpio y déjela reposar 10 minutos.
Divida la masa en 4 porciones iguales, reservando una porción extra más pequeña. Forme 4 bolas y aplástelas con la mano hasta obtener discos de 5 mm de grosor.
Vierta suficiente aceite vegetal para freír en una cazuela de fondo grueso, asegurándose de que no supere los dos tercios de su capacidad, y caliéntela a 177 °C.
Fría las arepas 2 minutos por cada lado, retírelas con una espumadera y páselas a un plato forrado con papel de cocina para eliminar el exceso de aceite. Una vez se hayan enfriado lo suficiente para poder manipularlas, haga una pequeña incisión en un lado de cada arepa para crear un espacio en el interior. Introduzca con cuidado un huevo dentro (puede romperlo primero en un bol y luego verterlo en la arepa, para que resulte más sencillo). Cierre la arepa presionando suavemente una pequeña porción de la masa reservada sobre la incisión. Repita la operación con las arepas restantes.
Fríalas de nuevo 4 minutos, para que el huevo se cocine. Retírelas con una espumadera y páselas a un plato forrado con papel de cocina para eliminar el exceso de aceite. Sírvalas templadas.

Arepa boyacense

Arepas al estilo de Boyacá
Colombia

Preparación: 5 minutos
Cocción: 30 minutos

Para 6 personas

En medio de las ondulantes y verdes colinas del departamento de Boyacá, así como en la cercana Bogotá, se encontrará con esta pequeña y densa arepa rellena de queso, que utiliza una mezcla de harina de maíz y harina común. En las zonas rurales se cocina directamente sobre carbón, envuelta en una hoja de bijao.

240 g de masarepa (harina de maíz precocida)
55 g de harina común
250 ml de agua templada
120 ml de leche
¼ de cdta. de sal
30 g de azúcar
3 cdas. de mantequilla derretida o aceite de oliva
200 g de queso fresco rallado o quesito

Precaliente el horno a 200 °C.

En un bol, mezcle con las manos las harinas con la leche, la sal y 2 cucharadas de mantequilla o aceite. Vierta gradualmente agua hasta obtener una masa blanda y ligeramente pegajosa. Si la masa se pegara a las manos, humedézcase los dedos con agua. Cuando la masa esté lista, forme 12 bolas iguales y aplástelas hasta obtener discos de unos 10 cm de diámetro.

Caliente a fuego medio la cucharada de mantequilla o aceite restante en una sartén y selle las arepas 1 o 2 minutos por cada lado o hasta que se doren.

Divida el queso en 6 porciones. Coloque una porción en el centro de una arepa, cúbrala con otra y selle los bordes presionando con los dedos. Repita la operación con el queso y las arepas restantes.

Páselas a una bandeja de horno y hornéelas de 10 a 15 minutos hasta que estén bien cocidas. Sírvalas calientes

---

Arepa reina pepiada

Arepas rellenas de aguacate y pollo ▢
Venezuela

Preparación: 10 minutos
Cocción: 20 minutos

Para 4 personas

Cuando Miss Mundo 1955, la venezolana Susana Duijm, entró en un restaurante, la dueña la agasajó con una nueva arepa, rellena de pollo y aguacate, creada en su honor. La arepa reina *pepiada* o «con curvas» se ha convertido en la más famosa del país.

4 arepas de maíz (véase pág. 117)
1 cda. de aceite vegetal
2 pechugas de pollo
1 cebolla blanca picada
2 dientes de ajo picados
1 aguacate
3 cdas. de mayonesa
sal y pimienta molida

Fría las arepas 4 minutos por cada lado, siguiendo el método de la pág. 117. Resérvelas calientes.

Caliente a fuego medio la mitad del aceite en una sartén y fría las pechugas de pollo 12 minutos, dándoles la vuelta a la mitad, o hasta que estén tiernas. Déjelas enfriar y desmenúcelas.

Mientras, en otra sartén, caliente el aceite restante y sofría la cebolla y el ajo 5 minutos. Agregue el pollo y remueva bien. Pase la mezcla a un bol.

Corte el aguacate por la mitad, retire el hueso y ponga la carne en el bol con el pollo. Añada la mayonesa, salpimiente al gusto y mezcle bien.

Corte las arepas por la mitad, rellénelas con la mezcla de pollo y aguacate y sírvalas templadas.

Arepa tumbarrancho

Arepas al estilo de Maracaibo
Venezuela

Preparación: 15 minutos
Cocción: 15 minutos

Para 4 personas

La ciudad venezolana de Maracaibo ha creado una original versión del bocadillo de desayuno con una arepa. Esta se rellena con mortadela, se reboza y se fríe y, luego, se rellena de nuevo con queso, que rezuma en el plato. Un tumbarrancho es un explosivo pirotécnico de sonido muy fuerte y esta arepa se llama así porque se dice que «causa gases». Los maracuchos, como se llama a los habitantes de Maracaibo, cuentan con una idiosincrasia única.

4 arepas de maíz (véase pág. 117)
225 g de mortadela (4 lonchas)
60 g de harina común
2 huevos
1 cdta. de sal
1 cda. de mostaza
120 ml de leche entera
aceite vegetal, para freír
450 g de queso de mano (o mozzarella) en trozos
60 g de col blanca en juliana
2 tomates pelados y en rodajas
mayonesa, kétchup y mostaza, para servir

Fría las arepas 4 minutos por cada lado, siguiendo el método de la pág. 117. Córtelas por la mitad y disponga una loncha de mortadela dentro. Ciérrelas y resérvelas.

Ponga la harina con los huevos, la sal, la mostaza y la leche en un bol. Bátalo bien con unas varillas y, si fuera necesario para obtener una textura fina, vierta poco a poco 120 ml de agua.

Vierta suficiente aceite vegetal para freír en una cazuela de fondo grueso, asegurándose de que no supere los dos tercios de su capacidad, y caliéntela a 182 °C.

Reboce las arepas, de una en una, en la masa y fríalas 4 minutos o hasta que se doren por todos los lados. Retírelas con una espumadera y páselas a un plato forrado con papel de cocina para eliminar el exceso de aceite.

Abra las arepas cuando todavía estén calientes y coloque el queso, la col y los tomates dentro. Rocíelas con las diferentes salsas y sírvalas templadas.

Arepa reina pepiada

Nixtamal

Probar una tortilla elaborada con masa de maíz criollo nixtamalizada que pasa directamente del comal a sus manos le puede cambiar la vida. El sabor del maíz cobra una dimensión que jamás hubiera imaginado. Es como si este ingrediente aparentemente básico, uno de los más consumidos en nuestro planeta y empleado para todo, desde los cereales del desayuno hasta los biocombustibles, no fuera lo que uno pensaba.

El proceso de nixtamalización se originó en Mesoamérica (Guatemala o el sur de México), hace varios miles de años. Se sumerge el maíz en agua mezclada con cal (hidróxido de calcio, a veces llamado cal apagada) o ceniza (hidróxido de potasio), que disuelve parcialmente el pericarpio, la cáscara dura del maíz, haciendo que el maíz sea más digerible, más fácil de trabajar y mucho más sabroso. El proceso facilita la absorción de niacina, reduciendo así el riesgo de pelagra, y puede proporcionar calcio adicional del álcali.

No existe una receta exacta. Las cantidades de agua y cal pueden variar según el tipo de maíz y de los resultados deseados. Más cal significa un sabor ligeramente amargo, que algunos aprecian, y una tortilla más duradera. Menos cal puede implicar más sabores y colores naturales. Del mismo modo, la proporción de agua, la temperatura de cocción y los tiempos de remojo se pueden ajustar. Cuando el pericarpio comienza a desprenderse, generalmente después de medio día o un día de remojo, se convierte en nixtamal.

No todos los tipos de maíz son apropiados para hacer nixtamal y eso incluye el maíz dulce. Se requiere maíz con almidón, como el de campo, pedernal o abolladura. La mayoría de las tortillerías industriales utilizan maíz blanco, que puede ser aceptable en términos de calidad, pero carece de sabor. El maíz autóctono, variedades de polinización abierta, las que suelen producir los pequeños agricultores mediante el sistema de cultivo milpa, es uno de los alimentos más sabrosos del mundo.

El nixtamal, llamado *hominy* en inglés, se puede utilizar directamente en ensaladas o guisos, como el pozole, o convertirse en masa para hacer tortillas.

Pozole

Cuando los aztecas preparaban pozole era siempre en ocasiones especiales, concretamente, tras rituales que incluían sacrificios humanos. El sacerdote ofrecía los corazones a los dioses, mientras que el resto del cuerpo se guisaba con maíz y chiles y se servía a los asistentes. Cuando llegaron los españoles, el canibalismo no era tan políticamente correcto como en la época precolombina, así que la carne de cerdo se convirtió en la preferida para este guiso. El pozole sigue siendo un plato de celebración, típico de la víspera de Año Nuevo y otras festividades.

Puede ser rojo o verde, según la variedad de chiles empleados en la base del guiso. También se puede hacer blanco, cuando no se añaden chiles. Se suele servir con acompañamientos como lechuga picada, rábanos en rodajas, aguacates, cuñas de limón, tostadas para mojar o chicharrones para desmenuzarlos por encima.

Se puede hacer pozole a partir de granos de nixtamal frescos, que a veces se venden en tortillerías, aunque lo más probable es que se empleen variedades secas o en conserva. Cuando se compra maíz seco para pozole (como se indica en la etiqueta en México), es necesario dejarlo en remojo en agua 6 horas y escurrirlo antes de cocinarlo. Si es en conserva, no precisa remojo.

Hay docenas de variantes regionales de pozole en gran parte del centro y norte de México, y suroeste de América, sin mencionar las preferencias individuales.

Pozole rojo

Sopa de maíz rojo ▣
México

Preparación: 15 minutos,
más 25 minutos en remojo
Cocción: 3 horas y 45 minutos

❀ ∅
Para 6 personas

Si bien existen versiones vegetarianas, el pozole rojo tradicional, sobre todo en el estado de Jalisco, lleva huesos de cerdo. Nosotros usamos costillas de cerdo, aunque generalmente se usan huesos de la cabeza, el cuello, la pierna o incluso los pies.

> 900 g de paletilla de cerdo en dados
> 450 g de costillas de cerdo en trozos
> 1½ cebollas blancas en cuartos
> 12 dientes de ajo pelados
> 4 litros de agua
> 5 chiles ancho despepitados y sin membranas
> 5 chiles guajillo despepitados y sin membranas
> ½ cdta. de orégano mexicano
> 2 cdas. de aceite vegetal
> 1,4 litros de maíz en conserva lavado y escurrido (o 475 ml de maíz seco, en remojo 6 horas como mínimo)
> sal y pimienta molida
>
> Para servir
> rábanos en rodajas
> cebolla blanca en rodajas
> hojas de lechuga
> cuñas de limón (lima)

En una cazuela, ponga la paletilla y las costillas con 1 cebolla, 6 dientes de ajo y un poco de sal. Vierta el agua y llévela a ebullición. Baje el fuego y cuézalo 2 horas y 30 minutos o hasta que la carne se desprenda del hueso. Espume la superficie durante la cocción. Si fuera necesario, añada más agua caliente para mantener el mismo nivel de caldo en la cazuela. Retire la carne cocida y reserve el caldo de cocción.
Para preparar la salsa, ponga los chiles en un bol, cúbralos con agua y déjelos 25 minutos. Escúrralos e introdúzcalos en una batidora con el ajo y la cebolla restantes y el orégano, agregando un poco del caldo de cocción, y tritúrelos hasta obtener una pasta fina.
Caliente a fuego medio-alto el aceite en un cazo, añada la salsa y sale. Baje el fuego y cuézala unos 25 minutos. Cuélela y mézclela con el caldo de cocción reservado. Llévelo a ebullición y añada la carne. Baje el fuego y cuézala 10 minutos. Añada el maíz y salpimiente. Prosiga con la cocción hasta que el maíz esté completamente cocido, unos 40 minutos.
Sírvalo templado en un plato hondo adornado con rábano, cebolla, lechuga y limón.

Pozole rojo

Pozole verde

Sopa de maíz verde
México

Preparación: 15 minutos
Cocción: 2 horas y 15 minutos   Para 6 personas

Típico del estado de Guerrero, el pozole verde debe su color a los chiles serranos y los jitomates. Algunos le añaden hierbas silvestres, como el *axoxoco*, más conocido como acedera, para darle un toque ácido.

8 jitomates (tomatillos)
2 chiles serranos
20 g de cilantro picado
20 g de perejil picado
3 ramitas de epazote
½ cebolla blanca en 2 cuartos
7 dientes de ajo pelados
1 cda. de aceite
¼ de cdta. de orégano mexicano
475 ml de maíz seco, en remojo 6 horas como mínimo (o 1,4 litros de maíz en conserva lavado y escurrido)
1 hoja de laurel
20 g de hojas de tomillo fresco
950 ml de agua
1 kg de pierna de cerdo en dados
sal y pimienta molida

Para servir
rábanos
cebolla blanca en rodajas
cuñas de limón (lima)
orégano mexicano
hojas de lechuga
tostadas de maíz

En una cazuela con agua, cueza los jitomates y los chiles 20 minutos o hasta que los jitomates cambien de color. Escúrralos e introdúzcalos en una batidora con el cilantro, el perejil, el epazote, 1 cuarto de cebolla, 1 diente de ajo y 120 ml de agua hirviendo. Tritúrelo hasta obtener una mezcla fina. Cuélela y viértala en una cazuela con el aceite. Llévela a ebullición y cuézala a fuego medio durante 15 minutos. Añada el orégano, salpimiente al gusto y resérvela.
    Ponga el maíz y los dientes de ajo restantes en una sartén, añada la cebolla restante, el laurel y el tomillo. Vierta 4 tazas de agua y cuézalo hasta que los granos se rompan, 40 minutos. Retire las verduras y las hierbas del caldo de cocción, añada la salsa verde y el cerdo y cuézalo a fuego lento hasta que esté tierno, alrededor de 1 hora. Vierta más agua si fuera necesario. Rectifique de sal y pimienta.
    Sírvalo con rábanos, cebolla, cuñas de limón, orégano, lechuga y tostadas de maíz.

Mote

Al igual que el nixtamal, diversas variedades de maíz en los Andes también se someten al proceso de nixtamalización. Este subconjunto recibe varios nombres; *mote* es el más común, pero también se le llama *maíz pelado* o *maíz cascado*. No se utiliza para hacer masa, pero es el ingrediente principal de muchos platos andinos, como la patasca y el mote pillo.

En Chile, el mote se refiere específicamente al grano de trigo descascarillado que se obtiene tras un proceso similar y se utiliza en platos como el mote con huesillos y el *catuto*.

Patasca, phatasqa

Sopa de maíz con jarrete de ternera y callos
Argentina, Bolivia, Chile, Perú

Preparación: 15 minutos
Cocción: 3 horas   Para 6 personas

La *patasca* es un guiso de maíz típico de los altos Andes, adaptado a las carnes y verduras que se tienen a mano. La diferencia es la proteína utilizada, que varía de un país a otro. En Chile emplean el charqui (carne de alpaca seca), mientras que en Bolivia optan por la lengua de vaca y en Argentina prefieren el jarrete de ternera.

1,4 litros de mote en conserva lavado y escurrido (o 475 ml de mote seco, en remojo 6 horas)
1 jarrete de ternera
450 g de callos de ternera
3 cdas. de hojas de menta
1 cda. de aceite vegetal
1 cebolla blanca picada
1 tomate pelado y en dados
2 cdas. de pasta de ají panca
1 cda. de orégano seco
1 cda. de hojas de cilantro
4 papas (patatas) peladas y en dados
sal y pimienta molida

Para servir
10 g de menta picada
20 g de cebollino picado
30 g de ají rocoto picado

Lave el mote, póngalo en una olla y vierta agua con sal hasta cubrirlo. Cuézalo a fuego medio unas 2 horas, removiendo de vez en cuando. Añada más agua, si fuera necesario. Escúrralo y déjelo enfriar.
    Coloque el mote, el jarrete, los callos y la menta en una cazuela. Cúbralos con agua y añada una pizca de sal. Llévelo a ebullición y cuézalo 20 minutos o hasta que el mote se empiece a abrir. Retire la cazuela del fuego y pase el jarrete y los callos a una tabla de cortar. Córtelos en dados de 2,5 cm y resérvelos. Escurra el mote, reservando el caldo de cocción.
    En otra cazuela, caliente a fuego medio el aceite y sofría la cebolla, el tomate y la pasta de ají panca 8 minutos. Añada el jarrete y los callos, el orégano y el cilantro. Remueva bien y agregue el mote escurrido con las papas. Vierta el caldo de cocción reservado, salpimiente y cuézalo otros 20 minutos.
    Rectifique de sal y pimienta, si fuera necesario, y esparza la menta, el cebollino y el rocoto picados por encima antes de servir.

Mote pillo

Guiso de maíz con huevos
Ecuador

Preparación: 5 minutos,
Cocción: 2 horas y 50 minutos   Para 2-4 personas

Típico de la provincia de Azuay, en el sudeste de
Ecuador, el mote pillo se suele servir solo en el desayuno
o junto a sopas o carnes en el almuerzo.

> 700 ml de mote en conserva lavado y escurrido
> (o 240 ml de mote seco, en remojo 6 horas
> como mínimo)
> 2 cdas. de mapahuira (manteca de cerdo o tocino)
> 120 g de cebolla blanca picada fina
> 2 dientes de ajo majados
> ¼ de cdta. de achiote en polvo
> 60 ml de leche
> 4 huevos batidos
> 2 cdas. de cebollino picado fino
> 1 cda. de cilantro picado fino
> sal

Lave el mote, póngalo en una olla y vierta agua con
sal hasta cubrirlo. Cuézalo a fuego medio unas 2 horas
y 30 minutos, removiendo de vez en cuando, hasta
que el maíz esté tierno y empiece a reventar. Añada más
agua, si fuera necesario. Escúrralo y déjelo enfriar.

Caliente a fuego vivo la *mapahuira* en una sartén
y sofría la cebolla, el ajo y el achiote con un poco de
sal unos 5 minutos o hasta que la cebolla esté blanda.
Agregue el mote y sofríalo 2 minutos. Vierta la leche
y cuézalo todo 8 minutos más o hasta que la leche se
haya absorbido. Añada los huevos y mezcle bien unos
5 minutos.

Compruebe el punto de sal. Esparza el cebollino
y el cilantro por encima justo antes de servir.

Masa de maíz

Después de lavar el nixtamal, se puede moler para hacer
una masa que se utiliza para preparar una amplia variedad
de recetas tradicionales. La mejor manera de moler el
nixtamal para uso doméstico es con un metate, una piedra
de moler de roca de lava con un rodillo de piedra (metlapil),
que se ha utilizado en toda Mesoamérica durante miles
de años. Es un proceso laborioso perfeccionado por
las abuelas mexicanas, aunque la mayoría de nosotros
no somos tan pacientes. Otras opciones para moler el
nixtamal son los molinillos manuales, los robots de cocina
y las picadoras y batidoras de mesa, y pueden conseguir
una masa aceptable, aunque ninguna perfecta.

La masa también se puede preparar con masa harina.
Hacer tortillas de esta manera sigue siendo mejor
que comprar las tortillas en la tienda, que suelen
ser insípidas, aunque el sabor, por no hablar de los
nutrientes, no se pueden comparar, en ningún caso, con
los de la masa hecha con nixtamal. Independientemente
de cómo prepare su masa, recuerde que siempre es
mejor usarla, como máximo, al día siguiente de hacerla.

Como puede ver, el proceso del campo a la masa exige
un esmerado trabajo cuando se hace bien. Tenga eso en
cuenta cuando alguien insista en que las tortillas y otros
antojitos deben ser baratos. Uno obtiene lo que paga.

Masa de maíz

Masa de maíz
México

Preparación: 30 minutos,
más 8 horas en remojo   Para 560 g
Cocción: 15 minutos

Esta es una receta para hacer masa de maíz fresco, que
también se puede comprar en una tortillería. Para hacer
nixtamal, simplemente absténgase de moler el maíz
en el paso final. Además, se puede hacer una cantidad
equivalente de masa mezclando 180 g de masa harina
con 250 ml de agua templada y dejándola reposar
20 minutos.

> 450 g de granos de maíz secos (campo, pedernal
> o abolladura)
> 5 g de cal

Lave el maíz en agua fría y retire cualquier impureza.
Colóquelo en una cazuela con la cal y añada agua fría
hasta cubrirlo, entre 2,5 y 5 cm por encima, y llévelo
a ebullición. Baje el fuego y cuézalo a fuego medio.
Cuando el pericarpio del maíz comience a desprenderse
(se debería poder retirar con facilidad), después de unos
10 minutos más o menos, retire la cazuela del fuego.
Añada más agua, si fuera necesario, asegurándose de
que sigue estando al mismo nivel sobre el maíz. Tápelo
y déjelo reposar toda la noche u 8 horas como mínimo.

Escurra los granos y retire el pericarpio: le quedará
el nixtamal. Para convertirlo en masa, tritúrelo en un
mortero de piedra (o en un robot de cocina, en su defec-
to), añadiendo agua o masa harina, si fuera necesario,
hasta lograr la consistencia deseada.

Huaraches

Pasteles de masa de maíz ovalados
México

Preparación: 20 minutos
Cocción: 25 minutos

Para 9-10 personas

Aplanados a mano y de forma ovalada simulando una sandalia, de ahí el nombre, los huaraches son similares a los *sopes* o tlacoyos, pero un poco más grandes y cubiertos con casi cualquier alimento, como puré de frijoles pintos, chorizo, papas o salsas variadas. Aparecieron por primera vez en el puesto de comida de una mujer llamada Carmen Gómez Medina en Ciudad de México en la década de 1930. Cuando un cliente le pidió un par de costillas en una *gordita*, ella estiró la masa para que se ajustara a la carne y, a partir de ahí, el nuevo nombre se hizo famoso.

> 3 chiles poblanos frescos
> 1 jalapeño
> 9 tomates
> 1 cebolla pelada y cortada por la mitad
> 2 dientes de ajo pelados
> 900 g de masa de maíz (véase pág. 123)
> 2 cdas. de manteca
> 250 g de frijoles refritos (véase pág. 172)
> 20 g de cilantro picado fino
> 100 g de queso añejo o fresco rallado
> sal

En una sartén seca, tueste los chiles y los tomates hasta que estén completamente cocidos. Colóquelos en una batidora con la mitad de la cebolla y el ajo. Sale y tritúrelos hasta obtener una salsa. Resérvela.
En un bol, mezcle la masa con la manteca y forme bolas del tamaño de una naranja. Presione en el centro de cada bola y añada 1 cucharada de frijoles refritos y cierre la masa sobre el relleno. Coloque una bola entre dos láminas de film transparente y aplaste la masa con las manos. Repita la operación con las bolas de masa restantes. Caliente un comal y fría los huaraches durante 1 o 2 minutos por cada lado hasta que se doren.
Pique fina la cebolla restante. Sirva los huaraches con la salsa de tomate y chile, la cebolla, el cilantro y el queso rallado.

Riguas, güirila

Tortillas de maíz de América Central
El Salvador, Nicaragua

Preparación: 5 minutos
Cocción: 30 minutos

Para 4 personas

Las *riguas* se pueden preparar con granos de maíz frescos o con masa de maíz. Se colocan en el centro de una hoja de maíz o de plátano y esta se dobla por la mitad, pero nunca se envuelve como un tamal. A veces, se añade queso o frijoles refritos a la masa.

> 375 g de granos de maíz frescos
> ½ cda. de azúcar
> 1 cdta. de sal
> 2 cdas. de mantequilla
> 8 hojas de plátano (en cuadrados de 25 cm) limpias y secas

Coloque el maíz en un molinillo y tritúrelo (se solía hacer en un mortero). Introdúzcalo en una batidora con el azúcar, la sal y la mantequilla y tritúrelo hasta obtener una mezcla fina.
Ponga 1 cucharada de la mezcla de maíz en el centro de cada hoja de plátano y doble esta por la mitad.
Caliente a fuego medio una sartén y coloque una *rigua*. Fríala 10 minutos por cada lado o hasta que la hoja de plátano se empiece a chamuscar y la tortilla se endurezca. Repita la operación con las *riguas* restantes y sírvalas templadas.

Bocoles

Tortillas de masa de maíz
México

Preparación: 15 minutos
Cocción: 15 minutos

Para 8 personas

En la región del golfo de México de la Huasteca, los *bocoles* son, sobre todo, una comida callejera barata de masa mezclada con sebo o manteca de cerdo. La masa se puede mezclar o abrir y rellenar como una arepa con frijoles refritos, chicharrones, carne de ternera desmenuzada o carne guisada.

> 3 chiles morita despepitados
> 150 g de queso fresco desmenuzado
> 2 cdas. de manteca
> 900 g de masa de maíz (véase pág. 123)
> 500 g de frijoles refritos (véase pág. 172)
> 450 g de chicharrones (véase pág. 276, o se pueden comprar hechos)
> sal

Ponga los chiles con el queso en una batidora y tritúrelos 4 minutos a velocidad media. Vierta la mezcla en un bol, añada la manteca y sale. Agregue la masa de maíz y amase bien 7 minutos hasta obtener una masa uniforme y fina, añadiendo un poco de agua si fuera necesario. Forme 8 bolas del mismo tamaño y presiónelas ligeramente para formar discos de 1 cm de grosor.
Caliente a fuego medio una sartén y selle las tortillas 3 o 4 minutos por cada lado o hasta que estén doradas. Ábralas con un cuchillo y rellénelas con frijoles refritos y chicharrones.

Maíz

Riguas, güirila

Pupusas

Tortillas de maíz salvadoreñas
El Salvador

Preparación: 15 minutos
Cocción: 15 minutos
Para 12 personas

Se cree que las pupusas tienen su origen en los cuzcatlecos, un pueblo pipil que habitaba en zonas del oeste de El Salvador, y hay evidencias de su preparación en Joya de Cerén, un pueblo maya cercano a San Salvador que quedó enterrado bajo las cenizas en una erupción volcánica. Al principio, las pupusas tenían forma de media luna, como una empanada. Hasta la década de 1940, seguían siendo un plato bastante desconocido que solo se preparaba en las zonas centrales del país, pero la migración las transformó rápidamente en un plato nacional.

En El Salvador moderno, las pupusas son un plato emblemático, se asan a la parrilla en comales callejeros por todo el país. Las más sencillas son una simple tortilla o van rellenas de frijoles, aunque es habitual que lleven también quesillo picado, brotes de loroco y chicharrones.

> 900 g de masa de maíz (véase pág. 123)
> 180 g de quesillo picado (o mozzarella)
> curtido (véase pág. 402), para servir

Forme 12 bolas del mismo tamaño con la masa. Presione con el pulgar en el centro de las bolas para crear un hueco lo suficientemente grande para colocar 1 cucharada de queso y pellizque la masa sobre el queso para cerrarlo. Aplaste cada bola ligeramente para obtener un disco de 5 mm de grosor.

Caliente a fuego medio un comal. Fría las pupusas 6 minutos por cada lado o hasta que se doren y el queso se derrita.

Sírvalas calientes con *curtido*.

Tayuyos

Tortillas de maíz y frijoles
Guatemala

Preparación: 15 minutos
Cocción: 10 minutos
Para 10 unidades

Podrá encontrar *tayuyos* en los mercados de casi todos los pueblos de Guatemala, generalmente con salsa de tomate y, a menudo, servidos con pequeños tamales envueltos en hojas de maíz llamados *chuchitos*. Para los *tayuyos to'om*, otra variante, se utiliza una piedra de moler, más típica de los pueblos mayas, para hacer la masa, que luego se envuelve en hojas de maíz, secas o frescas, y se cuece al vapor como un tamal.

> 900 g de masa de maíz (véase pág. 123)
> 250 g de frijoles refritos (véase pág. 172)
> 1 cda. de aceite vegetal
> sal

Mezcle la masa con los frijoles refritos y sale. Forme 10 bolas iguales y aplástelas hasta obtener discos de 5 mm de grosor.

Caliente el aceite en una sartén y fría las tortillas 4 minutos por cada lado.

Sírvalas templadas.

Salbutes

Tortillas de maíz yucatecas
Belice, México

Preparación: 20 minutos
Cocción: 45 minutos
Para 4 personas

Típicas de la península de Yucatán, en México, y de Belice, estas tortillas hechas a mano fritas e infladas suelen estar cubiertas con pollo o pavo desmenuzado y se sirven como aperitivo antes o entre comidas. Otras preparaciones regionales, como la cochinita pibil y el relleno negro, también se pueden utilizar como aderezo. Los panuchos, normalmente vendidos en los mismos puestos, son bastante similares, solo que la tortilla inflada se abre y se rellena con frijoles negros fritos y otros ingredientes.

> 3 pechugas de pollo
> 1 cdta. de orégano seco
> 105 g de cebolla roja picada
> 1 jalapeño despepitado y en rodajas
> 60 ml de vinagre blanco
> 900 g de masa de maíz (véase pág. 123)
> 1 cdta. de recado rojo (pasta de achiote) disuelto en 2 cdas. de agua
> aceite vegetal, para freír
> sal y pimienta molida

Para preparar el aderezo, sazone las pechugas de pollo con sal, pimienta y la mitad del orégano. Colóquelas en una cazuela, añada suficiente agua para cubrirlas y llévela a ebullición. Baje el fuego y cuézalas de 20 a 25 minutos o hasta que estén tiernas. Retírelas de la cazuela, reservando el agua de cocción, y déjelas enfriar. Desmenúcelas.

Ponga a hervir el agua de cocción y añada la cebolla, el chile, el vinagre y el orégano restante. Cuézalo todo 3 minutos y retire la cazuela del fuego. Tápelo y déjelo enfriar 10 minutos. Escúrralo, reservando la cebolla y el chile.

Mezcle la masa con el recado rojo en un bol y amásela. Divídala en 12 porciones iguales y deles forma de bola. Aplaste cada bola entre dos láminas de film transparente, utilizando una prensa para tortillas o un utensilio plano como el fondo de una sartén, presionando de forma uniforme para obtener discos de 10 cm de diámetro y 8 mm de grosor.

Vierta suficiente aceite vegetal para freír en una cazuela de fondo grueso, asegurándose de que no supere los dos tercios de su capacidad, y caliéntela a 177 °C.

Fría los salbutes, por tandas de 2 o 3, 1 o 2 minutos o hasta que se doren, deles la vuelta y fríalos 1 minuto más. Retírelos con una espumadera y páselos a un plato forrado con papel de cocina para eliminar el exceso de aceite.

Para servir, coloque los salbutes en una fuente, presiónelos ligeramente para aplastarlos y cúbralos con un poco de pollo desmenuzado, cebolla y chile.

Garnachas

Tortillas fritas con salsa de chile
Belice, Guatemala, México

Preparación: 20 minutos
Cocción: 30 minutos

Para 4 unidades

Las garnachas son un clásico de la comida callejera que varía a medida que uno se desplaza por la región. En Oaxaca y Guatemala, se pellizcan los bordes de las tortillas hacia arriba. En Belice, casi siempre se cubren con frijoles refritos. En Veracruz, son más grandes, casi el doble que en otros estados. En Ciudad de México, el término se suele aplicar a cualquier antojito frito con una base de maíz. En muchos casos, las garnachas están cubiertas con carne picada, aunque también pueden ser vegetarianas, como estas.

> 140 g de masa de maíz (véase pág. 123)
> aceite vegetal, para freír
> 1 cebolla blanca picada
> 1 diente de ajo picado
> 1 tomate pelado y en dados
> 1 chile ancho despepitado y sin membranas
> 1 chile guajillo despepitado y sin membranas
> 1 chile chilacate despepitado y sin membranas
> 1 pizca de orégano seco
> 150 g de queso cotija rallado
> 50 g de lechuga en juliana
> sal

Divida la masa en 4 bolas del mismo tamaño y forme discos de unos 7,5 cm de ancho y 8 mm de grosor. Caliente a fuego medio una sartén o un comal y fría las tortillas 1 o 2 minutos por cada lado hasta que se doren. Resérvelas.

En una cazuela, caliente a fuego medio 1 cucharada de aceite vegetal y sofría la mitad de la cebolla y el ajo 7 minutos. Agregue el tomate, todos los chiles y el orégano y sofríalos 10 minutos. Páselo todo a una batidora y tritúrelo hasta obtener una pasta homogénea. Cuélela para eliminar cualquier grumo, sale y resérvela.

En una sartén, caliente 3 cucharadas de aceite vegetal y añada las garnachas. Rocíe un poco de aceite en la parte superior, agregue un poco de salsa y fríalas unos 5 minutos o hasta que la base esté crujiente. Retírelas con una espumadera y páselas a un plato forrado con papel de cocina para eliminar el exceso de aceite. Esparza el queso, la cebolla restante y la lechuga por encima y sírvalas.

Tamales

De la palabra náhuatl *tamalli*, que significa «envuelto», los tamales son una familia de recetas presentes en casi todos los rincones de América Latina. Son una de las formas más antiguas de cocinar en la región y funcionan como «comida para llevar», algo esencial para cazadores, viajeros y ejércitos en marcha y todo un ritual en las celebraciones desde hace varios miles de años. Y siguen siendo muy consumidos en la actualidad.

Todo lo relacionado con los tamales tiende a ser muy regional, la única constante es que se cocinan dentro de una envoltura, como una hoja de maíz seca, de plátano, de bijao o de aguacate. La envoltura se puede enrollar, rellenar o doblar y luego se suele atar transversal y/o longitudinalmente con bramante y, por último, se hace una lazada con los extremos de este en la parte superior del paquete.

El interior de un tamal suele ser a base de maíz, ya sea maíz fresco o una masa elaborada con maíz nixtamalizado o harina de maíz, aunque también se puede encontrar arroz y masa a base de arroz, plátanos, yuca y otros rellenos. Algunos tienen poco condimento, solo un toque de sal o azúcar, mientras que otros pueden añadir achiote, leche de coco, manteca de cerdo, maníes, chiles o mole. El cerdo, el pollo, las flores de calabaza, las papas, los guisantes, las zanahorias o algunas verduras de hoja son también ingredientes habituales.

Aunque se pueden cocer, asar u hornear, la mayoría de los tamales se cocinan al vapor, como si fueran cualquier verdura, en una cesta colocada en la vaporera.

Ticucos

Tamales de frijoles, chipilín y loroco
El Salvador, Honduras

Preparación: 20 minutos
Cocción: 1 hora y 15 minutos

Para 10 personas

Plato tradicional de las regiones occidentales de El Salvador y Honduras, especialmente de las comunidades lencas, se pueden preparar con maíz fresco, harina de maíz o con una mezcla de ambos, como en esta receta. Son típicos de Navidad y Semana Santa.

> 900 g de granos de maíz frescos
> 450 g de harina de maíz
> 450 g de mantequilla o manteca en pomada
> 10 hojas de maíz
> 300 g de frijoles medio cocidos (en El Salvador utilizan tanto blancos como rojos)
> 1 cda. de chipilín (o berros baby) picado
> 85 g de loroco (flores comestibles) picado
> sal

Cueza los granos de maíz en una cazuela con agua hirviendo 15 minutos o hasta que estén tiernos. Escúrralos y tritúrelos en una batidora hasta obtener una masa fina. Pásela a un bol, añada la harina de maíz y mezcle amasando bien 7 minutos. Sale y agregue poco a poco la mantequilla mientras amasa unos 5 minutos más. Añada los frijoles y continúe amasando hasta obtener una masa homogénea.

Coloque 1 cucharada de masa en el centro de una hoja de maíz, aplástela un poco y disponga encima ½ cucharadita de chipilín y 1 o 2 flores de loroco. Ponga otra cucharada de masa encima y cierre la hoja, doblándola por los lados y luego hacia arriba y hacia abajo. Átela con bramante.

Vierta unos 5 cm de agua en una vaporera y llévela a ebullición. Coloque la cesta (asegurándose de que el agua no la toque) y ponga los tamales en ella. Tape la vaporera y cuézalos durante 1 hora. Ábralos y sírvalos calientes.

Tamales de gallina

Tamales de gallina al estilo salvadoreño
El Salvador

Preparación: 20 minutos
Cocción: 2 horas

Para 20 unidades

Típicos de las fiestas y eventos especiales, estos tamales se pueden preparar con pollo o gallina.

    2 cebollas blancas picadas gruesas
    3 tomates pelados y en dados
    5 dientes de ajo picados
    1 zanahoria picada
    1,75 litros de agua
    1 gallina en 4 trozos
    450 g de papas (patatas) lavadas
    1,5 kg de masa de maíz (véase pág. 123)
    450 g de manteca de cerdo, y un poco más
    si fuera necesario
    10 hojas de plátano cortadas por la mitad
    sal y pimienta molida

    Para la salsa
    120 ml de aceite vegetal
    4 hojas de laurel
    10 tomates pelados y en dados
    2 cebollas rojas picadas
    2 pimientos verdes despepitados y en dados
    4 dientes de ajo picados

Ponga el agua en una cazuela con la cebolla, los tomates, el ajo y la zanahoria y llévela a ebullición. Cuando rompa a hervir, añada la gallina, baje el fuego y cuézala 30 minutos o hasta que esté tierna. Retire la gallina de la cazuela, corte la mitad en trozos pequeños (2,5 cm) y desmenuce la otra mitad. Cuele el caldo de cocción y resérvelo.

Ponga a hervir las papas en una olla de agua con sal 15 minutos o hasta que estén cocidas pero firmes. Pélelas y córtelas en dados. Resérvelas.

Coloque la masa en una cazuela y añada poco a poco 1,5 litros del caldo de cocción, sin dejar de remover. Incorpore la manteca y cuézala a fuego medio, sin dejar de remover, 30 minutos o hasta que el líquido se haya absorbido. Salpimiente. Ponga 1 cucharadita de la masa en una hoja de plátano. Si la mezcla se desprende con suavidad, estará en su punto; si no, añada más manteca, remueva y prosiga con la cocción.

Para preparar la salsa, caliente a fuego medio el aceite en una sartén, fría el laurel 4 minutos y retírelas. Añada los tomates, las cebollas rojas, los pimientos y el ajo y sofríalos 10 minutos. Agregue la carne de gallina desmenuzada y salpimiente.

Para preparar los tamales, extienda 1 cucharada de la masa en el centro de una mitad de hoja de plátano. Añada ½ cucharada de la salsa, dos trozos de carne de gallina y dos dados de papa y cúbralos con otra cucharada de masa. Cierre el tamal doblándolo en tres partes, primero la parte inferior, luego la superior y después todo alrededor. Presione bien para que el relleno no se salga. Repita la operación con la masa y las hojas de plátano restantes.

Vierta unos 5 cm de agua en una vaporera y llévela a ebullición. Coloque la cesta (asegúrese de que el agua no la toca) y ponga los tamales dentro. Tape la vaporera y cuézalos 40 minutos o hasta que las hojas de plátano estén tiernas. Ábralos y sírvalos calientes.

Tamales de flor de calabaza

Tamales de flor de calabaza
México

Preparación: 20 minutos
Cocción: 1 hora

Para 20 unidades

Las flores de calabaza están presentes en todo México y se utilizan en múltiples preparaciones. Incluso si están un poco marchitas, servirán para esta receta. El huitlacoche o los camarones también se pueden añadir al relleno.

    225 g de manteca
    900 g de masa de maíz fresca (véase pág. 123)
    ½ cdta. de sal
    120 g de calabaza en dados de 2,5 cm
    60 g de pepitas (pipas de calabaza) picadas
    20 hojas de maíz remojadas en agua templada
    durante 30 minutos
    15 flores de calabaza

Bata la manteca de cerdo en un bol con unas varillas de 3 a 5 minutos. Añada la mitad de la masa e incorpórela bien. Agregue la masa restante y la sal y siga batiendo hasta obtener una textura homogénea, como la de un glaseado o una ganache (1 cucharada debería flotar en un vaso de agua). Rectifique de sal, si fuera necesario; debe estar ligeramente salada ya que esta se diluirá durante la cocción. Incorpore la calabaza en dados y las pipas en la masa, usando las manos o una espátula.

Escurra las hojas de maíz. Coloque una flor de calabaza en el centro de cada una de ellas y disponga 2 cucharadas de la masa encima. Cierre la hoja doblando el extremo puntiagudo sobre la mitad inferior.

Vierta unos 5 cm de agua en una vaporera y llévela a ebullición. Coloque la cesta (asegúrese de que el agua no la toca) y ponga los tamales dentro de forma vertical con los extremos redondeados hacia arriba. Tape la vaporera y cuézalos de 45 minutos a 1 hora, rellenando la vaporera con agua hirviendo si fuera necesario, hasta que los tamales se puedan separar de las hojas con facilidad.

Tamales de flor de calabaza

Tamal lojano

Tamales al estilo de Loja
Ecuador

Preparación: 20 minutos,
más 24 horas de remojo
Cocción: 1 hora y 35 minutos

Para 10 personas

Los restaurantes de comida rápida, los cafés, los bufés de desayuno de los hoteles o los mercados y vendedores ambulantes ofrecen este gran tamal en toda la ciudad de Loja, en el sur de Ecuador. Generalmente lo sirven con Ají de maní (véase pág. 410), que, en Loja, a menudo se prepara con semillas de chilacayote en vez de maníes.

    1,4 kg de maíz pelado (maíz amarillo descascarillado, solo los granos), 24 horas en remojo como mínimo
    450 g de paleta de cerdo
    225 g de manteca
    1 cdta. de mantequilla
    30 g de levadura en polvo
    4 huevos batidos
    2 cdas. de aceite vegetal
    2 cebollas blancas picadas
    130 g de guisantes
    120 g de zanahorias picadas
    450 g de pechuga de pollo en trozos de 5 cm
    140 g de pasas
    10 hojas de achira (o de plátano)
    3 huevos duros en rodajas
    40 g de cilantro picado
    sal

Escurra los granos de maíz y tritúrelos en un molinillo hasta obtener una mezcla fina. Puede que tenga que triturarlos dos o tres veces. Resérvelo.
    Mientras, coloque el cerdo en una cazuela con suficiente agua para cubrirlo y una pizca de sal y cuézalo 25 minutos. Retírelo de la cazuela, déjelo enfriar ligeramente y córtelo en trozos de 2,5 cm. Reserve el agua de cocción.
    En un bol, mezcle el maíz triturado, incluyendo los sólidos, con la manteca y la mantequilla. Amase bien 5 minutos o hasta obtener una mezcla uniforme. Añada poco a poco suficiente agua de cocción, empezando por una taza, hasta obtener una masa homogénea, amasando vigorosamente 5 minutos. Añada 1 cucharadita de sal, la levadura en polvo y los huevos. Amase bien hasta obtener una masa fina. Cúbrala con un paño de cocina y resérvela.
    Para preparar el relleno, caliente el aceite en una sartén y sofría la cebolla 4 minutos. Agregue los guisantes y las zanahorias y sofríalos un par de minutos más. Incorpore los trozos de cerdo y de pollo y remueva bien. Añada las pasas y cuézalo todo a fuego lento, removiendo de vez en cuando, de 15 a 20 minutos o hasta que el pollo esté hecho.
    Tome una hoja de achira y coloque 2 cucharadas de la masa en el medio. Aplástela un poco y ponga 1 cucharada del relleno, 1 rodaja de huevo duro, y un poco de cilantro encima. Lleve los bordes hacia el centro para cerrar el tamal y ate con bramante.
    Vierta aproximadamente 5 cm de agua en una vaporera y lleve a ebullición. Coloque la cesta (asegurándose de que el agua hirviendo no la toca) y ponga el tamales en su interior. Cueza 40 minutos. Sáquelos justo antes de servir.

Chuchitos, takamäles

Tamales al estilo de Guatemala
Guatemala

Preparación: 20 minutos
Cocción: 1 hora

Para 10 unidades

Apreciados por todos los guatemaltecos, los *chuchitos* son uno de los platos más emblemáticos del país. Llamados *takamäles* por el pueblo cakchiquel, en el altiplano del oeste de Guatemala, suelen contener alguna combinación de ingredientes locales como hojas de chipilín, brotes de loroco o izote y chiles.

    400 g de manteca
    900 g de masa de maíz (véase pág. 123)
    250 ml de caldo de pollo
    900 g de pechuga de pollo
    1 cda. de aceite vegetal
    1 cebolla blanca picada
    7 tomates pelados y en dados
    3 pimientos rojos despepitados y picados
    120 g de loroco (vid comestible)
    15 hojas de maíz remojadas en agua templada durante 30 minutos
    60 g de queso duro (o queso fresco con sal) rallado
    sal

Bata la manteca de cerdo en un bol con unas varillas de 3 a 5 minutos. Añada la masa e incorpórela bien. Amase, mientras vierte poco a poco el caldo, hasta obtener una masa fina y homogénea. Resérvela.
    Cueza el pollo en una cazuela de agua hirviendo con sal 20 minutos. Retírelo y desmenúcelo.
    En una sartén, caliente a fuego medio el aceite y sofría la cebolla, los tomates y los pimientos 10 minutos hasta que estén blandos. Páselos a una batidora junto con el loroco y tritúrelos a velocidad media 4 minutos.
    Escurra las hojas de maíz y coloque un disco de masa de 10 cm en el centro de 10 de ellas y añada un poco de pollo desmenuzado y 1 cucharada de la salsa triturada. Cierre la masa para sellarla (puede añadir un poco más de masa si fuera necesario). Doble las hojas de maíz sobre la masa y utilice una cuerda hecha con una de las hojas restantes para sellar los tamales.
    Coloque las 4 hojas de maíz restantes en la base de una cazuela y disponga los *chuchitos* formando un círculo alrededor del borde. Vierta agua en el centro y llévelo a ebullición. Tape la cazuela y cuézalos durante 30 minutos. Retire los *chuchitos* y ábralos. Sírvalos calientes con queso esparcido por encima.

Chuchitos, takamäles

Nacatamales

Tamales rellenos de carne nicaragüenses
Nicaragua

Preparación: 20 minutos
Cocción: 4-5 horas

Para 6 unidades

Los nacatamales, que en náhuatl significa «tamales rellenos de carne», se envuelven en hojas de plátano y se hierven en lugar de cocerse al vapor en hojas de maíz. Son contundentes, con una masa que lleva manteca de cerdo y un relleno con más de una docena de ingredientes, como cerdo o pollo adobado con achiote, arroz, papas, chiles, tomates, cebollas, aceitunas, menta y frutos secos, entre otros. En Nicaragua, son típicos de los domingos por la mañana, servidos con pan o tortillas y café.

1 cda. de manteca de cerdo
175 g de papada de cerdo en trozos de 2,5 cm
900 g de costillas de cerdo deshuesadas y en trozos
½ cebolla blanca picada
4 dientes de ajo picados
1 cda. de recado rojo (pasta de achiote)
1 cda. de comino molido
125 ml de zumo de naranja amarga
250 ml de agua
12 hojas de plátano
2 papas (patatas) peladas y en rodajas
1 cebolla blanca en rodajas
6 aceitunas verdes sin hueso
70 g de ciruelas picadas
30 g de maníes (cacahuetes) pelados
12 alcaparras
6-12 chiles congo (o habaneros)
sal y pimienta molida

Para la masa
900 g de masa harina
750 ml de agua templada
125 ml de zumo de naranja amarga
675 g de manteca de cerdo derretida

Caliente a fuego medio 1 cucharada de la manteca de cerdo en una cazuela y selle bien la papada y las costillas de cerdo unos 8 minutos. Agregue la cebolla, el ajo, el recado rojo, el comino y la mitad del zumo de naranja amarga. Salpimiente, vierta el agua, tape la cazuela y baje el fuego. Cuézalo durante 1 hora o hasta que la carne esté tierna. Rectifique de sal y pimienta, si fuera necesario, y retire la cazuela del fuego.

Para preparar la masa, coloque la masa harina en un bol. Añada el agua templada y el zumo de naranja amarga restante y amase para que se mezcle bien. Agregue poco a poco la manteca de cerdo derretida y sale. Continúe amasando hasta obtener una masa lisa y uniforme.

Caliente las hojas de plátano ligeramente sobre un quemador de gas 20 segundos por cada lado mientras las mueve. Tome 2 hojas de plátano y crúcelas una sobre otra. Coloque 3 cucharadas de la masa en el centro donde se unen y aplástela ligeramente con el dorso de una cuchara. En el centro de la masa, disponga un trozo de costilla y 2 de papada. Cúbralos con 1 cucharada de la salsa de la cazuela en la que se cocieron. A continuación, añada 1 rodaja de papa y unas rodajas de cebolla. Agregue 1 aceituna, un poco de ciruela picada, unos maníes, 2 alcaparras y 1 o 2 chiles. Cierre los tamales superponiendo las hojas, asegurándose de que no se salgan los ingredientes y átelos con bramante.

Vierta unos 5 cm de agua en una vaporera y llévela a ebullición. Coloque la cesta (asegurándose de que el agua no la toque) y ponga los nacatamales en ella. Tape la vaporera y cuézalos a fuego medio de 3 a 4 horas, rellenando la vaporera con agua caliente cada 20 minutos. Retírelos del fuego y déjelos enfriar 10 minutos antes de desenvolverlos para servir.

Tamales tolimenses

Tamales al estilo de Tolima
Colombia

Preparación: 20 minutos
Cocción: 4 horas

Para 8 unidades

Cada región de Colombia tiene un tamal que la define, aunque, en general, solo hay sutiles diferencias entre ellos. Los tamales de la región de Tolima se distinguen por el uso de arroz cocido para elaborar una masa que envuelve una mezcla de diferentes carnes y verduras. Son muy similares a los fiambres de la región adyacente del valle del Cauca, que también incluyen arroz, pero llevan todos los ingredientes envueltos en las hojas de plátano por separado, en lugar de formar un tamal.

900 g de costillas de cerdo en trozos de 5 cm
8 muslos de pollo
450 g de tocino en trozos
1 cda. de mantequilla
5 cebolletas picadas
3 dientes de ajo picados
20 g de cilantro picado
1 cdta. de recado rojo (pasta de achiote)
450 g de harina de maíz
900 g de arroz cocido
8 hojas de plátano en cuadrados de 30 cm
4 papas peladas y en rodajas de 1 cm de grosor
5 zanahorias peladas y en rodajas de 1 cm de grosor
130 g de guisantes
5 huevos duros en rodajas
sal y pimienta molida

Ponga la carne en una cazuela y cúbrala con agua. Llévela a ebullición y cuézala 40 minutos. Retire la carne, cuele el caldo de cocción y resérvelo. Corte las costillas y el tocino en dados de 2,5 cm y resérvelos junto con los muslos de pollo.

Caliente a fuego medio la mantequilla en una sartén y sofría las cebolletas y el ajo 7 minutos. Añada el cilantro y el recado rojo, salpimiente y reserve.

Coloque la harina de maíz y el arroz cocido en un bol y mézclelo. Añada poco a poco 250 ml del caldo de cocción reservado, mientras amasa. Agregue las cebolletas y el ajo y continúe amasando.

Caliente las hojas de plátano ligeramente sobre un quemador de gas 20 segundos por cada lado mientras las mueve. Cuando todas las hojas de plátano se hayan calentado, coloque 2 cucharadas de la masa en cada una de ellas, junto con 2 trozos de tocino, 2 de costilla de cerdo y 1 muslo de pollo. Distribuya las papas, las zanahorias, los guisantes y los huevos de manera uniforme en cada tamal y cubra la mezcla con 2 cucharadas más de masa. Una todos los bordes de la hoja de plátano y átelos con cabuya o bramante.

Ponga el caldo restante y los tamales en una cazuela; el líquido debe cubrirlos, así que, si no hay suficiente, rellene con agua. Llévelo a ebullición. Baje el fuego, tape la cazuela y cuézalos 3 horas o hasta que estén tiernos. Sírvalos calientes.

Bollos de mazorca, tamal de elote

Bollos de maíz al vapor
Colombia

Preparación: 5 minutos
Cocción: 40 minutos

Para 4 unidades

Elaborados con maíz fresco, los bollos de mazorca, un tipo de tamal de la costa caribeña de Colombia, son típicos de la temporada de cosecha del maíz. Cocidos al vapor en hojas de maíz frescas, son similares a las humitas andinas y a las *pamonhas* brasileñas. Vendidos en las calles por vendedores ambulantes y en pequeñas tiendas, se suelen tomar a la hora del desayuno. En la ciudad de Barranquilla, casi siempre se acompañan de una loncha queso costeño, aunque en otros lugares de la costa se pueden encontrar con suero (similar a la crema agria), ternera frita, hígado, chicharrones o Huevos pericos (véase pág. 205). Otras variantes de estos bollos, que también se encuentran en el vecino Panamá, incluyen los bollos limpios (hechos de maíz), los bollos de yuca (hechos con yuca) y los bollos de coco (hechos con maíz, coco rallado y anís).

    10 mazorcas de maíz con hojas
    2 cdas. de azúcar
    ½ cdta. de sal
    2 cdas. de harina de maíz (opcional)
    mantequilla y queso fresco rallado, para servir

Retire las hojas de las mazorcas con cuidado para que queden enteras y colóquelas en agua hasta que las vaya a utilizar. Separe los granos con un cuchillo y tritúrelos en un robot de cocina con el azúcar y la sal. Si la mezcla resultara demasiado acuosa, añada la harina de maíz. Cuélela, reservando solo la parte sólida. Escurra las hojas de maíz y séquelas.
    Tome una hoja de maíz y coloque 4 cucharadas de la mezcla en el centro. Enrolle la hoja y ate con bramante cada extremo para asegurar la masa en el centro. Repita la operación con la masa y las hojas restantes hasta terminar la masa.
    Vierta unos 5 cm de agua en una vaporera y llévela a ebullición. Coloque la cesta (asegurándose de que el agua no la toque) y ponga los bollos en ella. Tape la vaporera y cuézalos 40 minutos. Retírelos y sírvalos calientes con mantequilla o queso fresco.

Tamales verdes, tamalitos verdes

Tamales verdes al estilo de Piura
Perú

Preparación: 25 minutos
Cocción: 1 hora

Para 8 unidades

De color verde por el cilantro que se mezcla con la masa, estos pequeños tamales son originarios de la región de Piura, en la costa norte del país. Se suelen servir junto con otros platos regionales como el Seco de cabrito (véase pág. 334).

    625 g de granos de maíz frescos
    3 cdas. de cilantro picado
    1 ají amarillo despepitado y picado
    2 cebolletas, solo la parte verde, picadas
    3 cdas. de aceite vegetal
    16 hojas de maíz verdes
    2 pechugas de pollo cocidas y picadas
    sal y pimienta molida
    salsa criolla (véase pág. 406), para servir

Machaque el maíz en un mortero junto con el cilantro, el ají y las cebolletas hasta obtener una pasta homogénea. Añada el aceite y salpimiente.
    Superponga 2 de las hojas de maíz una al lado de la otra y coloque 2 cucharadas de la mezcla de maíz y 1 cucharada de pollo en el centro y cúbralo con 2 cucharadas más de la mezcla de maíz. Cierre las hojas y ate el tamal con bramante. Repita la operación con las hojas y el relleno restantes.
    Coloque los tamales en una cazuela llena de agua hasta la mitad y llévela a ebullición. Baje el fuego y cuézalos durante 1 hora. Retire los tamales, séquelos y ábralos.
    Sírvalos con la salsa criolla a un lado.

Corundas

Tamales triangulares michoacanos
México

Preparación: 20 minutos
Cocción: 1 hora y 25 minutos,
más 20 minutos para reposar

Para 15 unidades

Estos tamales pequeños y triangulares son típicos del norte del estado de Michoacán y sus orígenes se remontan al Imperio purépecha. El nombre deriva del término purépecha *k' urhaunda*, que significa «tamal» y se servían a la nobleza purépecha durante las ceremonias. En Michoacán, se preparan en honor a alguien el día de su fallecimiento y para el Día de los Muertos.

Las *corundas* se envuelven con las hojas del tallo de la planta de maíz, no con las de las mazorcas, y se pueden hacer solas o rellenas con frijoles o chiles. Se suelen servir junto con cerdo, mole o salsa roja.

> 680 g de manteca
> 900 g de masa de maíz (véase pág. 123)
> 1 cda. de levadura en polvo
> 1½ cdtas. de sal
> 120 ml de agua
> 15 hojas de milpa (maíz verde fresco) lavadas y secadas
> 180 g de crema mexicana (o crema agria), para servir
>
> Para la salsa
> 1 cda. de manteca
> 1 cebolla picada
> 1 diente de ajo picado
> 3 chiles poblanos despepitados y en tiras finas
> 4 tomates asados, pelados, despepitados y triturados en puré
> 120 ml de caldo de pollo

Para preparar la salsa, caliente a fuego medio la manteca en una sartén y sofría la cebolla 5 minutos. Añada el ajo y los chiles y sofríalos 8 minutos. Agregue el puré de tomate y el caldo de pollo y cuézalo a fuego lento 10 minutos o hasta que se reduzca a la mitad. Resérvela caliente.

Para la masa, bata la manteca con unas varillas 5 minutos o hasta que esté fina. Añada la masa y amase bien 5 minutos. Disuelva la levadura en polvo y la sal en el agua y viértala poco a poco en la masa. Continúe amasando durante 5 minutos más o hasta obtener una masa fina y homogénea. Divídala en 15 porciones iguales y forme pequeñas bolas. Tome una hoja de milpa de la parte más gruesa y dóblela para hacer un cono. Coloque una bola de masa dentro y presiónela ligeramente. Doble enrollando los lados manteniendo la forma de un triángulo. En el último pliegue, introduzca el borde en uno de los lados plegados para cerrarlo. Repita la operación con la masa y las hojas restantes.

Vierta unos 5 cm de agua en una vaporera y llévela a ebullición. Coloque la cesta (asegurándose de que el agua no la toque) y ponga los tamales en ella. Tape la vaporera y cuézalos durante 1 hora o hasta que la milpa se desprenda con facilidad de la masa. Retírelos del fuego y déjelos reposar 20 minutos antes de servirlos.

Una vez templados, colóquelos en una fuente y sírvalos con la salsa caliente y la crema mexicana.

Humitas, pamonhas, uchepos

Pequeños tamales de maíz
Brasil, México, Perú

Preparación: 15 minutos
Cocción: 1 hora y 5 minutos

Para 6 unidades

A menudo vendidas en cestas colocadas en las aceras, las humitas son uno de los productos básicos de la vida andina. Dulces o saladas, las humitas se pueden cocinar en agua hirviendo, hornear en un horno de adobe o cocer al vapor. Para hacer humitas dulces, solo hay que cambiar la cebolla, la pasta de chile y el pimiento por unas cuantas cucharadas de azúcar. El Inca Garcilaso de la Vega relataba en su libro *Comentarios reales de los incas* (1609) que el maíz se molía en un batán (piedra de moler) para hacer humitas (él escribió *humintas*), que se consumían en las celebraciones. Sin embargo, se preparaba exactamente la misma receta para los sacrificios, aunque esa se llamaba *sancu*.

Son bastante similares a otras elaboraciones de la región. En Brasil están las *pamonhas*, que pueden añadir carnes desmenuzadas o presentar variantes más dulces con leche de coco. Son típicas de las fiestas de san Juan en honor al nacimiento de Juan el Bautista. En el estado mexicano de Michoacán, tienen los *uchepos*, que se suelen servir con salsa verde y queso cotija.

> 4 cdas. de manteca
> 60 g de cebolla blanca picada
> 3 cdas. de pasta de ají amarillo
> los granos de 4 mazorcas de maíz
> 120 ml de leche entera
> 6 hojas de maíz
> sal y pimienta molida
> salsa criolla (véase pág. 406), para servir

Caliente a fuego medio la manteca en una sartén y sofría la cebolla con la pasta de ají amarillo 5 minutos. Retire la sartén del fuego.

En un robot de cocina, triture los granos de maíz con la leche y páselos a un bol junto con la mezcla de cebolla y ají. Salpimiente y remueva bien.

Tome una hoja de maíz y coloque 1 cucharada de la mezcla preparada en el centro. Cierre la hoja por el lado derecho, después por el izquierdo y, finalmente, la parte inferior y la superior. Ate la humita con bramante y repita la operación con las hojas y el relleno restantes.

Coloque las humitas en una cazuela llena de agua hasta la mitad y llévela a ebullición. Baje el fuego, tape la cazuela y cuézalas durante 1 hora. Retire las humitas y séquelas con palmaditas. Ábralas y sírvalas calientes con la salsa criolla a un lado.

Humitas, pamonhas, uchepos

Tamalitos de elote

Pequeños tamales de maíz dulces
Guatemala, Honduras

Preparación: 5 minutos
Cocción: 55 minutos

Para 10 unidades

Estos pequeños tamales ligeramente dulces son típicos de la temporada de cosecha del maíz.

los granos de 10 mazorcas de maíz
70 g de harina de maíz
475 ml de leche
120 g de manteca
1 cdta. de sal
50 g de azúcar
12 hojas de maíz remojadas en agua templada durante 30 minutos

Ponga el maíz, la harina de maíz y la mitad de la leche en una batidora y tritúrelo a velocidad media hasta obtener una masa fina y homogénea.

En una cazuela, derrita la manteca a fuego medio, añada la mezcla de maíz y remueva. Agregue la sal, el azúcar y la leche restante y cuézalo 10 minutos, removiendo con frecuencia, o hasta que todos los ingredientes se mezclen y la mayor parte del líquido se haya absorbido.

Escurra y seque las hojas de maíz. Reserve 2 hojas y coloque 2 cucharadas de la mezcla de maíz en el centro de cada una de las 10 restantes. Doble por la mitad y, después, desde los lados hacia el centro. Ate los tamales con bramante para sellarlos.

Coloque las 2 hojas reservadas en el fondo de una cazuela y disponga los tamales formando un círculo alrededor del borde. Vierta suficiente agua en el centro para cubrir los tamales hasta la mitad. Llévela a ebullición. Baje el fuego y cuézalos 40 minutos. Retírelos y séquelos con palmaditas. Ábralos y sírvalos calientes.

Tortillas

Hacer tortillas de masa de maíz en casa es relativamente sencillo: tome un poco de masa con las manos, dele forma de bola, aplástela y fríala.

Como siempre, cada uno tiene su propia técnica. Es posible aplanar la masa con las manos, lo habitual en recetas de tortillas más gruesas como las *sopes* y las pupusas, aunque los que preparan tortillas de forma habitual suelen invertir en una prensa para tortillas (cuanto más pesada mejor), que permite aplastarlas hasta conseguir el grosor deseado.

Si no dispone de una, no se preocupe. Puede colocar las tortillas entre dos láminas de film transparente o papel vegetal y usar un rodillo, o incluso el fondo de una sartén, para aplastarlas. En cuanto al tamaño, pueden variar desde pequeñas, unos 7,5 cm más o menos para los tacos, hasta grandes de 30 cm para las *tlayudas*.

Cuando las tortillas estén listas, solo tiene que freírlas. Lo tradicional es hacerlo en un comal, una sartén redonda, plana y delgada que se puede calentar a alta temperatura. Las cazuelas y sartenes de hierro fundido también funcionan bien. Precaliente el comal, añada la tortilla y fríala unos 30 segundos por cada lado o hasta que se hinche y aparezcan burbujas marrones.

Como alternativa, en México y también en Estados Unidos, hay en la actualidad un gran número de tortillerías con prensa tortillas de piedra que garantizan unas tortillas perfectas, a menudo preparadas con maíz nativo. La mayoría incluso le venderán masa de alta calidad para hacer las tortillas usted mismo.

Por otro lado, las tortillas elaboradas con harina de trigo son habituales en los estados norteños de Sonora, Sinaloa y Chihuahua.

Tortillas de maíz

Tortillas de maíz
México

Preparación: 10 minutos
Cocción: 8 minutos por tortilla

Para 20-40 unidades

680 g de masa de maíz (véase pág. 123)

Forme pequeñas bolas con la masa y use una prensa para tortillas para aplastarlas hasta obtener el diámetro y grosor deseados.

Caliente a fuego medio un comal, añada una tortilla y fríala unos 30 segundos por cada lado o hasta que se formen burbujas marrones. Cúbrala con un paño de cocina para mantenerla caliente mientras fríe las demás.

Tortillas de harina

Tortillas de harina
México

Preparación: 10 minutos
Cocción: 15-20 minutos

Para 8-10 unidades

340 g de harina común
1 cdta. de sal
½ cdta. de levadura en polvo
75 g de manteca
250 ml de agua templada

Mezcle los ingredientes secos en un bol. Añada la manteca y amase con las manos. Vierta el agua templada (puede que no la necesite toda) poco a poco y amase hasta obtener una masa homogénea. Divídala en 8 porciones iguales y deles forma de bola. Use una prensa para tortillas para aplastarlas hasta obtener el diámetro deseado.

Caliente a fuego medio un comal, añada una tortilla y fríala unos 30 segundos por cada lado o hasta que se formen burbujas marrones. Cúbrala con un paño de cocina para mantenerla caliente mientras fríe las demás.

Papadzules

Rollitos de tortilla de maíz
México

Preparación: 30 minutos
Cocción: 40 minutos

Para 10 personas

Parecido a una enchilada, este plato de la península de Yucatán, en México, es una de las señas de identidad de la cocina maya. No hay consenso sobre su etimología. Se dice que se refiere a la «comida de los señores», aunque también podría derivar del término maya *papak*, que significa «embadurnar, empapar». Cómo se preparaba exactamente en la época precolombina también es un misterio. Hay cierto debate tanto en torno al grosor de las tortillas como a su relleno, ya que no había huevos de gallina antes de la llegada de los españoles. Se ha sugerido que los mayas podrían haber utilizado huevos de pavo, pato o iguana; carne de cangrejo o *chaya* (árbol espinaca).

4 tomates
1 chile habanero
2 cdas. de aceite de maíz
2 cebollas picadas
475 ml de agua
30 g de epazote picado
350 g de pepitas (pipas de calabaza, a poder ser verdes)
4 cdas. de aceite vegetal
24 tortillas de maíz de 13 cm (véase pág. 136)
12 huevos duros rallados
sal y pimienta molida

Ase a fuego medio los tomates en una sartén caliente, removiéndolos con frecuencia, hasta que la piel esté negra y con ampollas. Retire la sartén del fuego y déjelos enfriar. Pélelos. Póngalos en una batidora junto con el chile habanero y tritúrelos hasta obtener un puré fino. Cuélelo sobre un bol para desechar las semillas.

Caliente a fuego medio el aceite de maíz en una sartén y sofría la cebolla unos minutos. Agregue el puré de tomate y chile, salpimiente y retire la sartén del fuego.

Hierva el agua en un cazo, añada un poco de sal y el epazote y cuézalo 10 minutos. Retírelo del fuego y resérvelo.

En una sartén, tueste las pipas de calabaza a fuego vivo unos 3 minutos. Se deben inflar, pero no dorar. Déjelas enfriar. Colóquelas en un robot de cocina o en un molinillo de especias y tritúrelas hasta obtener una pasta densa y brillante, rascando los lados si fuera necesario. Pase la pasta a un bol y mézclela con el epazote y su agua de cocción. Usando una espátula o unas varillas, bata la mezcla hasta obtener una salsa fina y espesa.

Caliente a fuego medio el aceite vegetal en una sartén. Fría las tortillas por ambos lados hasta que se doren y sumérjalas después en la salsa de semillas de calabaza, asegurándose de que quedan cubiertas por todos los lados.

Añada un poco de huevo rallado en el centro de cada una, enróllelas y sírvalas en una fuente. Vierta la salsa de tomate y esparza el huevo rallado restante por encima.

Catrachitas

Tortillas fritas con frijoles y queso
Honduras

Preparación: 10 minutos
Cocción: 15 minutos

Para 6 personas

Las *catrachitas*, generalmente servidas en una cazuela de barro, se podrían llamar perfectamente nachos hondureños. Son fáciles de preparar y suelen estar presentes en fiestas y reuniones. Otra variante son las *chilindrinas*, en la que las tortillas se cortan en tiras, se fríen y se cubren con queso y salsa de tomate.

420 g de frijoles rojos de seda cocidos
½ cebolla roja picada gruesa
2 cdas. de manteca
750 ml de aceite vegetal
12 tortillas de maíz de 13 cm (véase pág. 136)
225 g de queso seco (queso fresco o cotija) rallado
sal

Triture los frijoles con la cebolla en un robot de cocina. Caliente a fuego medio la manteca en una sartén, añada los frijoles, sale y sofríalos 2 o 3 minutos hasta que estén blandos. Retírelos del fuego y macháquelos. Puede añadir un poco de agua o del líquido de cocción de los frijoles si fuera necesario.

En otra sartén, caliente el aceite y fría las tortillas, de una en una, unos 30 segundos por cada lado hasta que se doren. Retírelas con una espumadera y páselas a un plato forrado con papel de cocina para eliminar el exceso de aceite.

Distribuya la mezcla de frijoles sobre las tortillas y esparza el queso rallado por encima antes de servir.

Tacos dorados, flautas, taquitos

Tacos enrollados
México

Preparación: 30 minutos
Cocción: 30 minutos
Para 6 personas

Los términos *tacos dorados*, *flautas* y *taquitos* se suelen emplear indistintamente, aunque los tres presentan sutiles diferencias, que pueden cambiar según la región. Todos son tortillas rellenas enrolladas y fritas, pero las flautas se suelen hacer con tortillas más grandes que los tacos dorados, por eso su forma es más parecida a la de una flauta. Por otro lado, *taquitos* era el nombre que se le daba a esta preparación en el suroeste de Estados Unidos. La chimichanga también es bastante similar, aunque se prepara con tortillas de trigo.

950 ml de aceite vegetal, más 1 cda. para cocinar
½ cebolla grande, picada
2 pechugas de pollo cocidas y desmenuzadas
6 tortillas de maíz de 13 cm (véase pág. 136)
60 g de queso rallado
sal

Para servir
½ lechuga picada
60 g de queso rallado
pico de gallo (véase pág. 404)
80 ml de nata
salsa picante

Caliente a fuego medio 1 cucharada de aceite en una cazuela y sofría la cebolla 10 minutos. Agregue el pollo desmenuzado y sofríalo 5 minutos. Sale al gusto y resérvelo.

Caliente las tortillas, añada 1 cucharada del pollo y un poco de queso a cada una y enróllelas.

Caliente el aceite en una cazuela a 180 °C. Fría los tacos de 5 a 7 minutos o hasta que estén crujientes y dorados, dándoles la vuelta unas cuantas veces. Páselos a un plato forrado con papel de cocina para eliminar el exceso de aceite.

Sírvalos con lechuga, queso rallado, pico de gallo, nata y salsa picante.

Panuchos

Tortillas fritas yucatecas
México

Preparación: 15 minutos
Cocción: 45 minutos
Para 6 personas

Estas tortillas fritas crujientes se rellenan con frijoles refritos y se cubren con ensalada de col y cebollas rojas encurtidas. Su origen se sitúa en los mercados yucatecos de principios del siglo xx, donde los vendedores preparaban un puré con los frijoles del día anterior, rellenaban con él tortillas fritas y les añadían huevo duro y cebolla. A medida que los panuchos se fueron haciendo famosos, se abrieron *panucherías* en toda la región y se les comenzaron a añadir otros ingredientes, como el Pavo en escabeche oriental (véase pág. 312) o el pollo desmenuzado.

1 cebolla roja en rodajas finas
¼ de cdta. de pimienta negra en grano
¼ de cdta. de semillas de comino
½ cdta. de orégano seco
2 dientes de ajo picados finos
75 ml de vinagre de sidra
6 tortillas de maíz de 13 cm (véase pág. 136)
500 g de frijoles negros cocidos
150 ml de aceite vegetal
450 g de chorizo mexicano
sal y pimienta molida

Para servir
3 tomates pelados y picados
2 aguacates, pelados, deshuesados y triturados
1 lechuga en juliana
2 jalapeños despepitados y picados

Para encurtir la cebolla, colóquela en una cazuela, cúbrala con agua, añada una pizca de sal y llévela a ebullición. Cuézala 1 minuto y escúrrala. Machaque la pimienta negra con las semillas de comino en un mortero y páselas a un cazo junto con el orégano, el ajo, el vinagre, la cebolla escurrida y ¼ de cucharadita de sal. Vierta suficiente agua para cubrirla, llévela a ebullición y cuézala 3 minutos. Reserve la cebolla hasta el momento de servir.

Caliente una sartén a fuego medio-alto. Añada las tortillas de una en una y deles la vuelta con frecuencia hasta que se endurezcan y se curtan, hinchándose en el centro y formando el hollejo. Usando un cuchillo, haga un pequeño corte en el borde de cada tortilla, alrededor de un tercio. Abra con cuidado el hollejo, procurando no romperlo. Coloque 1 cucharada de frijoles dentro y extiéndalos presionando suavemente sobre la parte superior de cada tortilla.

Vierta el aceite en una sartén a fuego medio-alto. Añada las tortillas rellenas, de una en una, y fríalas unos 2 o 3 minutos por cada lado o hasta que estén crujientes.

Mientras, fría el chorizo en otra sartén a fuego medio 8 minutos, dándole la vuelta de vez en cuando. Retírelo y píquelo grueso.

Coloque los panuchos en una fuente y esparza el chorizo y la cebolla encurtida escurrida por encima. Sírvalos acompañados de tomates, aguacate, lechuga y jalapeños.

Maíz

Panuchos

Baleadas

Tacos al estilo de Honduras
Honduras

Preparación: 10 minutos
Cocción: 15 minutos

Para 10 unidades

En El Salvador hay pupusas, en México hay tacos y en Honduras hay *baleadas*. La versión básica consiste en una tortilla de harina (a veces de maíz) que se calienta en una parrilla, se cubre con frijoles rojos refritos y un poco de queso y luego se dobla. Las *baleadas* son un tentempié para cualquier hora del día. Puede tomar una para desayunar y añadirle huevos o chorizo. Por lo general, se sirven en casetas, puestos callejeros que suelen estar situados cerca de locales de ocio nocturno y zonas muy transitadas. En áreas urbanas de Honduras como San Pedro Sula y Tegucigalpa, los restaurantes de comida rápida de *baleadas* ofrecen docenas de ingredientes para rellenar las «superbaleadas», como rodajas de aguacate, plátanos, pimientos, cebollas, cerdo desmenuzado o jalapeños.

    10 tortillas de harina (véase pág. 136)
    450 g de frijoles rojos de seda refritos
    10 cdas. de mantequilla blanca (o crema agria)
    225 g de queso duro rallado (o cotija)

    Para servir (opcional)
    aguacate en rodajas
    huevos revueltos
    chorizo

Caliente las tortillas en una parrilla. Distribuya los frijoles refritos por encima, añada 1 cucharada de mantequilla blanca, unas cuantas cucharadas de queso rallado y cualquier otro ingrediente que desee agregar. Dóblelas por la mitad y sírvalas.

Tlayuda, clayuda

Tortillas de maíz oaxaqueñas
México

Preparación: 20 minutos
Cocción: 1 hora

Para 6 personas

Las *tlayudas* son el lienzo perfecto para algunos de los ingredientes más sabrosos de cualquier lugar de México y quizá del mundo, como el queso Oaxaca. Aparte de la masa con la que se hacen las tortillas, grandes y finas, la *tlayuda* sirve como base para los chiles, quesos y carnes de la región. Como sucede con los tacos, no hay una receta estándar en cuanto a ingredientes o forma de servirla. Se pueden comer abiertas como una pizza o dobladas por la mitad como una quesadilla.

    1 cda. de asiento (manteca de cerdo sin refinar)
    750 g de frijoles refritos (véase pág. 172)
    1 diente de ajo picado fino
    ½ cebolla blanca picada gruesa
    2 chiles pasilla despepitados y picados gruesos
    1 cdta. de comino molido
    450 g de tasajo (carne seca) en tiras
    1 cda. de vinagre
    6 tortillas de maíz de 30 cm (véase pág. 136)
    120 g de queso Oaxaca desmenuzado
    sal y pimienta molida

    Para servir
    col en juliana
    2 aguacates pelados, deshuesados y en rodajas
    60 g de queso fresco desmenuzado
    4 rábanos en rodajas y en cuartos
    cualquier salsa de chiles rojos

Caliente a fuego medio la manteca en una sartén y añada los frijoles refritos, el ajo, la cebolla, los chiles y el comino. Salpimiente y sofríalo todo 7 minutos.

Mezcle el tasajo con el vinagre en un cazo. Salpimiente y cuézalo a fuego medio 10 minutos hasta que esté tierno.

Caliente a fuego medio-alto un comal. Añada las tortillas, de una en una, y caliéntelas 2 o 3 minutos. Distribuya los frijoles, el queso Oaxaca y el tasajo por encima y fríalas de 5 a 10 minutos más hasta que los ingredientes estén calientes y las tortillas estén crujientes por los bordes. Cúbralas con col en juliana, unas rodajas de aguacate y rábano y un poco de queso fresco desmenuzado. Sírvalas tal cual o dobladas, con salsa roja a un lado.

Maíz

Repocheta

Tortillas de maíz al estilo de Nicaragua
Nicaragua

Preparación: 15 minutos,
más 1 hora para reposar
Cocción: 40 minutos

Para 10 personas

Estas tortillas fritas cubiertas con frijoles, queso y ensalada de col son una comida callejera típica nicaragüense. Se suelen freír con antelación y luego se cubren con el resto de los ingredientes en menos de un minuto. También se pueden hacer con masa fresca.

    120 g de col blanca en juliana
    2 tomates pelados y en dados
    ¼ de cebolla blanca picada
    2 cdas. de vinagre
    1 cda. de aceite de oliva
    aceite vegetal, para freír
    10 tortillas de maíz de 13 cm (véase pág. 136)
    500 g de frijoles refritos (véase pág. 172) calientes
    100 g de queso fresco desmenuzado
    sal
    crema mexicana (o crema agria), para servir

En un bol, mezcle la col con los tomates y la cebolla, sale y aliñe con el vinagre y el aceite de oliva. Deje reposar la ensalada durante 1 hora, escurriéndola justo antes de servir.

Vierta suficiente aceite vegetal para freír en una cazuela de fondo grueso, asegurándose de que no supere los dos tercios de su capacidad, y caliéntela a 177 °C. Fría las tortillas por tandas, 4 minutos por cada lado o hasta que estén crujientes. Páselas a un plato forrado con papel de cocina para eliminar el exceso de aceite.

Para servir, unte las tortillas con frijoles refritos y cúbralas con el queso y la ensalada de col escurrida. Rocíelas con la crema mexicana y sírvalas.

Enchiladas mineras

Enchiladas al estilo de Guanajuato
México

Preparación: 20 minutos
Cocción: 45 minutos

Para 16 unidades

El nombre deriva del término *enchilar* que significa «aderezar con chile» y, en su versión más básica, son solo tortillas cubiertas con salsa. Una receta de enchiladas aparecía en el primer libro de cocina mexicana, *El cocinero mexicano*, publicado en 1831, y, hoy en día, es un plato presente en todo el mundo. En la mayoría de las recetas, las tortillas se rellenan, se enrollan y se cubren con salsa. Pueden llevar una amplia variedad de rellenos y salsas, como carne, pollo, queso, mole, chiles y Salsa verde (véase pág. 406). Esta receta típica del estado de Guanajuato sumerge las tortillas en la salsa antes de freírlas, lo que les da una textura y un sabor únicos.

    3 chiles guajillo despepitados y cortados
    por la mitad a lo largo
    3 chiles ancho despepitados y cortados por la mitad
    a lo largo
    2 pimientos rojos despepitados y en dados
    2 dientes de ajo asados
    3 tomates asados y pelados
    475 ml de agua
    1 cda. de orégano seco
    aceite vegetal, para freír
    16 tortillas de maíz de 13 cm (véase pág. 136)
    2 pechugas de pollo cocidas y desmenuzadas
    ½ cebolla blanca picada
    120 g de queso fresco desmenuzado
    sal y pimienta molida
    cilantro, para servir

Tueste los chiles y los pimientos en una sartén 4 minutos por cada lado, páselos a un robot de cocina junto con el ajo, los tomates y el agua y tritúrelos hasta obtener una salsa. Añada el orégano y salpimiente.

Caliente a fuego vivo 2 cucharadas de aceite en una sartén. Sumerja las tortillas en la salsa roja, una por una, y fríalas en el aceite unos 45 segundos por cada lado. Deben quedar ligeramente fritas, pero no crujientes. Manténgalas calientes mientras fríe las demás, añadiendo aceite nuevo cada tres tortillas.

Coloque 1 cucharada del pollo desmenuzado sobre cada tortilla, añada un poco de cebolla y queso y enróllelas. Cúbralas con un poco más de salsa, esparza el cilantro por encima y sírvalas.

Gringa

Tacos de cerdo con queso ▢
México

Preparación: 30 minutos, más 8 horas para reposar
Cocción: 50 minutos

Para 4 personas

Uno de los favoritos de las taquerías de Ciudad de México, la *gringa* es la combinación perfecta de carne estofada y queso fundido. La leyenda urbana dice que una chica americana, una «gringa», pidió una tortilla de harina con queso fundido y la preparación la cautivó. Algunos taqueros derriten el queso en la parrilla mientras cocinan la carne, aunque otros la preparan como si fuera una quesadilla.

    7 chiles guajillo pequeños despepitados
    1 cebolla blanca en cuartos
    2 dientes de ajo pelados
    1 cdta. de orégano seco
    1 cdta. de comino seco
    1 cda. de recado rojo (pasta de achiote)
    1 clavo
    120 ml de zumo de naranja amarga
    75 ml de vinagre de sidra
    450 g de lomo de ternera o pata de cerdo limpio
    y picado fino
    2 cdas. de mantequilla o aceite vegetal
    8 tortillas de harina (véase pág. 136)
    275 g de queso Oaxaca rallado
    sal y pimienta molida

    Para servir
    ½ cebolla blanca en rodajas
    40 g de cilantro picado
    150 g de piña picada
    limón (lima) en cuñas

Ponga un cazo con agua a hervir. Retírelo del fuego, añada los chiles y déjelos durante 8 minutos. Escúrralos y páselos a un bol de agua con hielo. Escúrralos y resérvelos.

En una batidora o robot de cocina, coloque la cebolla, el ajo y los chiles junto con el orégano, el comino, el recado rojo, el clavo, el zumo de naranja y el vinagre. Salpimiente y triture hasta obtener una mezcla homogénea.

Coloque la carne en un bol y cúbrala con la marinada. Tápela y déjela reposar 8 horas o toda la noche en el frigorífico.

Caliente a fuego vivo 1 cucharada de la mantequilla o del aceite en una sartén de hierro fundido. Dore la carne con la marinada 10 minutos, sin dejar de remover, hasta que tome color por todos los lados.

Coloque 1 cucharada de carne en una tortilla, esparza queso por encima y cúbrala con otra tortilla. Repita la operación con las tortillas restantes.

Caliente la mantequilla o el aceite restante en una sartén y fría las *gringas*, de una en una, 3 minutos por cada lado o hasta que estén doradas y el queso esté derretido y cremoso.

Corte cada *gringa* por la mitad y sírvalas de inmediato con la cebolla en rodajas, el cilantro, la piña y las cuñas de limón.

Gallos

En Costa Rica, a los tacos les llaman *gallos* o *gallitos*. Las tortillas de maíz blanco o amarillo, similares a las tortillas de maíz mexicanas, que suelen tener un diámetro de 13 cm, se rellenan con ingredientes típicos del país como Picadillo de arracache (véase pág. 93), queso Turrialba o palmitos.

Huitlacoche

En muchos países, el huitlacoche (*Ustilago maydis*), un hongo que hace que los granos de maíz se hinchen hasta convertirse en agallas de color negro azulado, se considera una plaga. Sin embargo, en México es un manjar y se lleva consumiendo desde la época de los aztecas, o incluso desde antes. Para que sea comestible, el huitlacoche, también conocido como *cuitlacoche*, necesita que las agallas se cosechen a las pocas semanas de haber infectado la planta, cuando todavía retienen la humedad y su delicado sabor terroso. Se puede consumir fresco, en puré para sopas y salsas o salteado para rellenar tacos y quesadillas.

Quesadillas de huitlacoche

Tortillas de huitlacoche
México

Preparación: 25 minutos
Cocción: 20 minutos

Para 6 personas

El huitlacoche se puede sustituir por setas en muchas recetas. El mejor maridaje para su sutil sabor ahumado y terroso es el queso fundido, en especial dentro de una tortilla.

    2 cdas. de aceite vegetal
    60 g de cebolla picada fina
    2 dientes de ajo picados finos
    20 g de epazote picado fino
    200 g de huitlacoche
    6 tortillas de maíz de 23 cm (véase pág. 136)
    120 g de queso Oaxaca desmenuzado
    sal

Caliente 1 cucharada de aceite en una cazuela y sofría la cebolla, el ajo y el epazote 4 minutos. Agregue el huitlacoche y sofríalo 1 minuto más. Retire la cazuela del fuego y sale al gusto.

Distribuya el queso en cada tortilla y añada la mezcla de huitlacoche. Dóblelas para cerrarlas. Caliente la cucharada de aceite restante en una sartén y fría las tortillas hasta que se doren por ambos lados.

Gringa

Verduras de la huerta

Bajo las sombras de los volcanes Santa María y Santiaguito, en el altiplano occidental de Guatemala, las familias se han reunido en un cementerio cerca de Quetzaltenango para el Día de Todos los Santos. Han traído fiambre, una ensalada fría que puede tener hasta cincuenta ingredientes diferentes, y lo comerán al pie de las tumbas de sus seres queridos, decoradas con flores y velas. Se dice que el fiambre nació de la tradición de llevar al cementerio las comidas favoritas de los difuntos. Las familias preparaban todo tipo de alimentos diferentes, así que el fiambre fue una forma de combinarlos todos.

Los días previos al 1 de noviembre, todos los miembros de la familia participan en la elaboración del fiambre. Unos van al mercado a comprar pacaya, guisantes, zanahorias, judías verdes y coliflor. Otros los cocinan, los cortan o los encurten. Alguien mata un pollo. Alguien prepara un aderezo a base de vinagre, llamado *caldillo*, una receta que se transmite de generación en generación, siempre cambiante, pero, a la vez, siempre igual.

En el cementerio vuelan cometas y comparten recuerdos. Degustan sus platos y visitan a otros amigos y vecinos. Prueban el fiambre preparado por sus vecinos y comparten el suyo. Los muertos también están allí, partícipes de todo. Harán lo mismo al día siguiente, el Día de los Muertos. El fiambre es el vínculo entre la vida y la muerte, lo que los une a todos.

Fiambre

Ensalada fría guatemalteca
Guatemala

Preparación: 25 minutos,
más toda la noche para reposar

Para 10 personas

Cada familia guatemalteca tiene su propia receta de fiambre. Algunas no incluyen carne ni remolacha, mientras que otras llevan también sardinas. Si hay algún ingrediente en esta receta que no le guste, prescinda de él. Si desea añadir algo, adelante. A algunos les gusta preparar el fiambre «desarmado», donde cada ingrediente se sirve por separado.

> 5 zanahorias peladas en dados de 1 cm y cocidas
> 450 g de judías verdes cocidas y escurridas
> 225 g de guisantes cocidos y escurridos
> 1 col roja en juliana y escaldada
> 1 col blanca en juliana y escaldada
> 1 coliflor en ramilletes pequeños y escaldada
> 3 remolachas horneadas y en juliana
> 2 flores de pacaya picadas
> 225 g de coles de Bruselas cocidas y escurridas
> 3 chiles picados
> 12 aceitunas verdes sin hueso
> 50 g de maíz tierno encurtido
> 225 g de frijoles blancos cocidos
> 225 g de frijoles rojos cocidos
> 210 g de garbanzos cocidos
> 4 morcillas en trozos pequeños
> 4 chorizos colorados
> 450 g de cecina en dados de 1 cm
> 4 pechugas de pollo cocidas y desmenuzadas
>
> Para el aliño
> 475 ml de caldo de pollo
> 1 huevo duro
> 2 chiles
> el zumo de 8 naranjas amargas
> 4 cdas. de mostaza
> 120 ml de vinagre rojo
> 2 cdas. de aceite de oliva
> ½ cdta. de azúcar
> ½ cdta. de sal
>
> Para servir
> 1 lechuga con las hojas separadas
> 225 g de jamón en filetes
> 225 g de queso cheddar en lonchas
> 225 g de queso fresco desmenuzado

Para preparar el aliño, ponga el caldo con el huevo duro, los chiles, el zumo de naranja amarga, la mostaza, el vinagre, el aceite de oliva, el azúcar y la sal en una batidora y tritúrelo. Cuélelo y resérvelo.

Mezcle todas las verduras cocidas y preparadas con las legumbres cocidas en un bol o una fuente y aderécelas con el aliño. Cubra el bol y déjelo reposar en el frigorífico toda la noche.

Para servir, mezcle la carne con las verduras y las legumbres aliñadas. En una fuente, coloque la lechuga en el fondo, distribuya la ensalada encima y adórnela con los filetes de jamón y el queso cheddar. Esparza el queso fresco por encima y sírvala muy fría.

Quiabos tostados

Ocras tostadas
Brasil

Preparación: 20 minutos
Cocción: 25 minutos

Para 4 personas

La ocra llegó Brasil desde África occidental durante la trata de esclavos y se consume en todo el país. Si puede conseguir ocra fresca en un mercado local, esta es una excelente manera de prepararla. El secreto está en no cocerla demasiado para que se mantenga crujiente y no quede blanda.

> 450 g de ocras
> el zumo de 1 limón (lima)
> 3 cdas. de aceite de oliva
> 1 cebolla picada
> 1 diente de ajo picado
> sal y pimienta molida

Lave las ocras, póngalas en un bol y rocíelas con el zumo de limón. Déjelas reposar 15 minutos. Lávelas bajo un chorro de agua fría y córtelas a lo largo.

Caliente el aceite en una sartén y sofría la cebolla y el ajo 7 minutos hasta que la cebolla esté transparente. Añada las ocras y sofríalas de 8 a 10 minutos o hasta que estén ligeramente socarradas, dándoles la vuelta de vez en cuando. Salpiméntelas y sírvalas.

Pichanga fría

Mezcla de fiambres, quesos y encurtidos
Chile

Preparación: 10 minutos,
más toda la noche para enfriar

Para 8 personas

El origen de la *pichanga* está en las carnicerías, como forma de aprovechar los restos de cerdo que ya no podían vender en piezas. Los cortaban en dados, los mezclaban con queso y pepinillos y los vendían directamente a los clientes para que los degustaran con palillos o tenedores. En Santiago, se ha convertido en un aperitivo típico de las *picadas*, para tomarlo con una cerveza antes de los platos principales. En algunos mercados y carnicerías la puede encontrar ya preparada y se vende al peso.

En el sur de Chile, se sirve una versión caliente de *pichanga* sobre papas fritas, similar a la Chorrillana (véase pág. 88).

> 200 g de aceitunas variadas sin hueso
> 200 g de verduras encurtidas variadas: cebollas, coliflor, zanahorias
> 200 g de jamón en dados
> 200 g de mortadela en dados
> 200 g de queso en dados
> tomates asados, zanahorias frescas, papas (patatas) en dados (opcional)

Mezcle todo en un bol. Cúbralo y déjelo reposar en el frigorífico toda la noche. Sírvalo con pan recién hecho.

Quiabos tostados

Rellenos de pacaya, envueltos de pacaya

Pacayas rellenas
El Salvador, Guatemala

Preparación: 10 minutos
Cocción: 30 minutos

Para 4 personas

Los racimos de flores de pacaya (*Chamaedorea tepejilote*), parecidos a las espigas del maíz tierno, son un manjar en gran parte de América Central. Las pacayas se pueden consumir en ensaladas, pero la preparación más común es rellenarlas, rebozarlas con una masa de huevo y freírlas. A veces, se cubren con salsa de tomate.

  750 ml de agua
  4 pacayas (a poder ser frescas)
  120 g de quesillo (o mozzarella) rallado
  60 g de crema salvadoreña (o crema agria)
  2 huevos
  2 cdas. de harina
  2 cdas. de aceite vegetal
  sal

Vierta el agua en un cazo, añada sal y llévela a ebullición. Agregue las pacayas y cuézalas 5 minutos. Retírelas y deles unas palmaditas para secarlas. Si utiliza pacayas en conserva, sáltese este paso.

Cuando las pacayas se hayan enfriado, córtelas por la mitad, dejándolas unidas por el tallo. Tome un cuarto del queso, escúrralo y colóquelo en el medio de cada pacaya, añadiendo un poco de crema para que la mezcla de queso se adhiera mejor.

En un bol, bata los huevos. Añada la harina y una pizca de sal y remueva bien.

Caliente a fuego medio el aceite en una sartén. Reboce las pacayas con la mezcla de huevo y fríalas hasta que estén doradas por los dos lados. Retírelas con una espumadera y páselas a un plato forrado con papel de cocina para eliminar el exceso de aceite. Sírvalas.

Colchón de arvejas

Guisantes con huevos
Argentina

Preparación: 5 minutos
Cocción: 25 minutos

Para 6 personas

Aunque en Argentina se suele servir como guarnición, el colchón de arvejas es sustancioso y puede ser un plato único perfecto.

  260 g de guisantes
  2 cdas. de aceite de oliva
  3 cebollas picadas
  1 diente de ajo picado
  1 puerro picado
  340 g de tocino ahumado en trozos
  6 huevos
  sal y pimienta molida

Cueza los guisantes en agua hirviendo con sal hasta que estén tiernos. Escúrralos.

Caliente a fuego medio el aceite en una sartén y sofría la cebolla, el ajo, el puerro y el tocino hasta que la cebolla esté transparente. Añada los guisantes, baje el fuego y salpimiente. Presione los guisantes con una cuchara de madera para formar 6 huecos y casque los huevos en ellos. Tape la sartén y cuézalos hasta que los huevos estén listos. Sírvalos como acompañamiento o con rebanadas de pan tostado.

Jopara kesu, yopará

Estofado de octubre
Argentina, Paraguay

Preparación: 10 minutos, más 8 horas en remojo
Cocción: 40 minutos

Para 4 personas

Jopará, que significa «mezcla» en guaraní, y hace referencia también a la combinación de español y guaraní que se habla en Paraguay, es un guiso que combina diferentes verduras y legumbres del Viejo y del Nuevo Mundo. Se prepara tradicionalmente el 1 de octubre en Paraguay y en el norte de Argentina para atraer la buena suerte y ahuyentar a Karaí Octubre, una criatura mitológica con un sombrero de paja y una bolsa llena de miseria. Algunas familias cocinan el *jopará* al aire libre, frente a sus casas, para demostrarle a Karaí que tienen suficiente comida y que no participarán de su miseria.

  280 g de maíz seco
  250 g de frijoles blancos secos
  4 cdas. de aceite vegetal
  1 cebolla blanca picada
  4 dientes de ajo picados
  1 pimiento rojo despepitado y en dados
  300 ml de leche
  sal
  queso Paraguay rallado, para servir

Ponga el maíz y los frijoles 8 horas en remojo en agua fría. Escúrralos, páselos a una cazuela y añada agua hasta cubrirlos 1 cm por encima. Cuézalos unos 40 minutos a fuego medio.

Mientras, caliente a fuego medio-alto el aceite en una sartén y sofría la cebolla, el ajo y el pimiento 7 minutos o hasta que la cebolla esté blanda. Cuando los frijoles y el maíz estén a medio cocer (después de 20 minutos), agregue el sofrito a la cazuela y sale. Prosiga con la cocción hasta que los frijoles y el maíz estén tiernos, añadiendo la leche 10 minutos antes de finalizar la cocción.

Esparza el queso por encima y sírvalo caliente.

Colchón de arvejas

Porotos granados

Guiso de verano chileno
Chile

Preparación: 20 minutos,
más toda la noche en remojo
Cocción: 1 hora

Para 8-10 personas

Plato típico de la cocina de la zonas rurales del centro
de Chile, este guiso ligero utiliza todos los ingredientes
precolombinos y probablemente haya existido de forma
similar desde mucho antes de la llegada de Occidente.
Habitualmente se prepara en verano, después de la
cosecha de la calabaza y el maíz.

350 g de frijoles borlotti
3 cdas. de aceite vegetal
1 cebolla blanca mediana picada fina
1 pimiento verde despepitado y picado fino
1 pimiento rojo despepitado y picado fino
3 tomates medianos pelados, despepitados
y en dados pequeños
2 cdas. de pimentón
250 g de granos de maíz fresco
250 ml de granos de maíz triturados
130 g de calabaza en dados de 1 cm
700 ml de agua
orégano seco, al gusto
sal y pimienta molida
albahaca fresca picada, para servir

Ponga a remojo los frijoles en abundante agua durante
toda la noche.

Escúrralos y lávelos. Caliente el aceite vegetal en
una cazuela y sofría la cebolla y los pimientos durante
8 minutos o hasta que la cebolla esté transparente.
Agregue los tomates y el pimentón y sofríalos 3 minutos
más. Incorpore los granos de maíz, el maíz triturado,
la calabaza, los frijoles escurridos y el agua y llévelo a
ebullición. Baje el fuego y cuézalo 1 hora, comprobando
de vez en cuando el punto de cocción de los frijoles.

Sazone con sal, pimienta y orégano. Agregue la
albahaca picada justo antes de servir.

Bhaji

Espinacas salteadas al estilo de Guyana
Guyana

Preparación: 10 minutos
Cocción: 40 minutos

Para 4 personas

El *bhaji* es un plato tradicional de diferentes zonas
del sur del Caribe y de Guyana y es muy similar al *saag
bhaji* de la India. En Guyana utilizan principalmente *poi
bhaji*, espinaca china o de Malabar, una especie con
hojas anchas y gruesas, aunque cualquier variedad
de espinaca o de hojas verdes puede servir. Se suelen
preparar con camarones, se añaden a las sopas o se
sirven con arroz.

900 g de poi bhaji (o espinacas), solo las hojas
1 cda. de aceite vegetal
1 cebolla blanca picada
2 dientes de ajo picados
1 chile wiri wiri picado
1 tomate pelado y picado
½ cdta. de pimentón
3 mangos verdes pelados y en dados pequeños
120 ml de leche de coco
sal y pimienta molida

Lave las hojas de *bhaji*, séquelas, píquelas grueso
y resérvelas.

Caliente a fuego medio el aceite en una cazuela y
sofría la cebolla, el ajo y el chile 5 minutos. Agregue el
tomate y sofríalo 4 minutos más. Cuando las verduras
estén blandas, añada el *bhaji* y sofríalo 10 minutos.
Añada el pimentón y salpimiente. Incorpore el mango
y la leche de coco, baje el fuego y cuézalo 20 minutos
o hasta que el *bhaji* esté tierno y de color oscuro.

Gado-gado

Verduras con salsa de maníes 🔲
Surinam

Preparación: 30 minutos

Para 4 personas

Cuando Surinam era una colonia holandesa, llegaron
multitud de trabajadores procedentes de Indonesia y la
India y trajeron consigo recetas como el *gado-gado*, que
sigue siendo un plato típico del país. Traducido como
«max mix», es una combinación de verduras crudas y
ligeramente cocidas aliñadas con una salsa de maníes.

60 g de brotes de soja
2 zanahorias grandes cocidas y en rodajas
200 g de judías verdes ligeramente cocidas
2 papas (patatas) cocidas y en trozos
4 huevos duros cortados por la mitad
60 g de maníes (cacahuetes) picados
2 limones (limas) en cuñas, para servir

Para la salsa
75 g de crema de maní (cacahuete)
1 cda. de jengibre fresco picado fino
1 diente de ajo picado fino
3 cdas. de agua
2 cdas. de salsa de soja
4 cdas. de zumo de limón (lima)
½ cdta. de azúcar moreno

Para preparar la salsa, ponga en un bol la crema de maní
con el jengibre y el ajo. Bata con unas varillas mientras
vierte poco a poco el agua y continúe batiendo mientras
añade la salsa de soja, el zumo de limón y el azúcar.

Disponga las verduras y los huevos duros en una
fuente. Esparza los maníes picados por encima y aliñe
con la salsa. Sírvalo con salsa extra y cuñas de limón a
un lado.

Gado-gado

Goedangan

Ensalada surinamesa de verduras con aliño de coco
Surinam

Preparación: 15 minutos
Cocción: 15 minutos

Para 8 personas

El *goedangan*, una adaptación de la receta indonesia Gado-gado (véase pág. 150) de los inmigrantes javaneses en Surinam, es una ensalada con verduras frescas y sabores tropicales dulces.

1 col blanca descorazonada y en juliana
225 g de brotes de soja verde
450 g de judías verdes
1 pepino en rodajas
6 huevos duros cortados por la mitad
100 g de coco fresco rallado
sal y pimienta molida

Para el aliño
120 ml de leche de coco
215 g de yogur
1-2 cdas. de azúcar moreno
el zumo de 1 limón (lima)
1 cdta. de cilantro picado
1 chile picante despepitado y picado

Escalde la col en agua hirviendo 5 minutos y pásela a un bol de agua con hielo. Repita la operación con los brotes de soja verde 3 minutos y con las judías verdes 4 minutos. Escurra las verduras y resérvelas.

En un bol, bata con unas varillas la leche de coco con el yogur, el azúcar y el zumo de limón para preparar el aliño. Salpimiente al gusto y agregue el cilantro y el chile.

En una fuente, coloque las verduras escaldadas y decórelas con el pepino y los huevos duros. Esparza el coco rallado por encima y rocíe la ensalada con el aliño o sírvalo a un lado.

Chojín

Ensalada de rábanos, menta y chicharrones
Guatemala

Preparación: 10 minutos

Para 4 personas

Esta ensalada guatemalteca se toma sola, con tortillas calientes o como aderezo para los tacos. Si no se añaden chicharrones, se llama picado de rábano.

15 rábanos picados finos
½ cebolla mediana en dados pequeños
3 cdas. de menta picada
1 chile serrano picado fino
75 ml de zumo de naranja amarga
175 g de chicharrones (véase pág. 276, o se pueden comprar hechos) en trozos pequeños
sal y pimienta molida

En un bol, mezcle el rábano con la cebolla, la menta y el chile. Vierta el zumo de naranja amarga, salpimiente al gusto y remueva bien. Esparza los chicharrones por encima antes de servir.

Solterito

Ensalada de queso, maíz y habas
Perú

Preparación: 20 minutos

Para 2 personas

Esta ensalada fría típica de Arequipa es habitual en las *picanterías* de la ciudad. Hay una versión similar en la región de Cuzco llamada *soltero*.

60 g de queso fresco desmenuzado
140 g de granos de maíz cocidos
60 g de cebolla roja en dados
80 g de tomates pelados y en dados
120 g de habas cocidas y peladas
2 ajíes rocoto pequeños despepitados y picados
175 g de aceitunas negras sin hueso picadas
140 g de papas (patatas) cocidas y en dados
1 cda. de perejil picado
2 cdas. de aceite de oliva
4 cdas. de vinagre de vino blanco
1 cdta. de orégano seco
sal y pimienta molida

Coloque todos los ingredientes en un bol y salpimiente al gusto. Mezcle bien con una cuchara.

Sopa de bledo

Sopa de amaranto
Guatemala

Preparación: 5 minutos
Cocción: 55 minutos

Para 4 personas

Llamado *bledo* en Guatemala, el amaranto crece de forma silvestre en Baja Verapaz y en regiones vecinas. Las nutritivas hojas verdes de esta planta se suelen preparar tradicionalmente en guisos o sopas como esta.

1 cda. de aceite vegetal
½ col picada fina
1 cebolla picada fina
1 cdta. de comino molido
950 ml de agua
2 tomates picados
½ chayote picado
3 papas (patatas) picadas
un manojo de hojas de amaranto
sal
100 g de perejil picado, para servir

Caliente el aceite en una cazuela y sofría la col, la cebolla y el comino, removiendo con frecuencia, 8 minutos y retire la cazuela del fuego.

En otra cazuela, ponga a hervir el agua con sal a fuego medio y cueza los tomates, el chayote y las papas 5 minutos, removiendo de vez en cuando. Agregue el sofrito de col y cebolla y prosiga con la cocción 8 minutos más.

Añada las hojas de amaranto y cuézalo todo, sin tapar, de 25 a 30 minutos. Sale al gusto y sírvala en boles de sopa adornada con el perejil.

Verduras de la huerta

Sopa de bledo

Palmitos

Durante muchos años la industria del palmito, también llamado *chonta*, ha tenido muy poco de sostenible: los cogollos se extraían de las palmas silvestres de un solo tallo, lo que provocaba la muerte del árbol. Hoy en día, la mayoría de los palmitos provienen de palmeras de varios tallos, como la palma de durazno o la palma de *açaí*, lo que permite extraer los cogollos de un tallo mientras los otros siguen creciendo.

Los palmitos envasados se conservan en salmuera, pero en las zonas donde se cultivan las palmeras están disponibles frescos y su calidad es muy superior, tienen un sabor muy delicado y una textura suave y no necesitan mucho más. Cada vez es más común cortarlos en espaguetis o tallarines.

Ensalada de chonta, salada de palmito

Ensalada de palmito 🔲
Brasil, Costa Rica, Ecuador, Perú

Preparación: 20 minutos

Para 4 personas

Si tiene acceso a palmitos frescos, recetas simples como esta que no enmascaran su sabor son una excelente guarnición.

    1 palmito
    el zumo de 2 limones (limas)
    1 cda. de aceite de oliva
    1 cdta. de sal
    1 cdta. de pimienta molida
    30 g de nueces de Brasil

Retire y deseche la parte dura del palmito. Córtelo en tiras de unos 7,5 cm de largo. Alíñelo con el zumo de limón y el aceite de oliva. Salpimiente y ralle las nueces de Brasil por encima.

Col cohune

Belice

Preparación: 5 minutos
Cocción: 25 minutos

Para 4 personas

En Belice, las grandes hojas de la palma *cohune* (*Attalea cohune*) se utilizan para construir techos de paja y sus semillas para elaborar aceite, mientras que el cogollo se consume como una verdura. No hay col en este plato, solo el palmito en dados y sazonado, que adquiere un bonito color dorado por la cúrcuma, a menudo llamada *jengibre amarillo* en Belice e introducida por las oleadas de trabajadores de la India que llegaron al país durante el siglo xx. Se suele servir con arroz blanco o tortillas y se puede añadir una ración de carne para convertirlo en plato único.

    1 palmito fresco
    2 cdas. de aceite de coco
    1 cebolla picada
    10 dientes de ajo picados
    1 cda. de cúrcuma molida
    1 cdta. de sal
    ¼ de cdta. de pimienta negra
    3 hojas de culantro picadas (o cilantro)
    2 hojas de orégano seco

Retire y deseche la parte dura del palmito. Vierta unos 5 cm de agua en una vaporera y llévela a ebullición. Coloque la cesta (asegurándose de que el agua no la toca) y ponga el palmito en ella. Tape la vaporera y cuézalo unos 7 minutos o hasta que esté tierno. Escúrralo, déjelo enfriar y córtelo en dados.

Caliente a fuego medio el aceite de coco en una cazuela y sofría la cebolla y el ajo hasta que estén blandos, unos 5 minutos. Añada el palmito, la cúrcuma, la sal, la pimienta, el culantro y el orégano. Tape la cazuela y cuézalo todo a fuego lento 10 minutos. Sírvalo templado.

Ensalada de chonta, salada de palmito

Nopales

Pasee por el aparentemente inabarcable mercado de la Merced de Ciudad de México y, en un momento dado, se encontrará con toda una fila de cajas de plástico llenas de hojas planas de nopales. Tras todas esas cajas, mujeres y hombres ataviados con sus delantales están sentados con una tabla plana raspando enérgicamente los nopales con un cuchillo para retirar las espinas. Después, los cortan en rodajas o en dados. Consumidos como una verdura, con un sabor que recuerda a las judías verdes o a los espárragos, los nopales se suelen asar o cocer. Están deliciosos con un poco de sal y limón.

Nopalitos

Ensalada de nopales
México

Preparación: 5 minutos
Cocción: 15 minutos

Para 4 personas

También se pueden servir en una tortilla o con huevos.

    10 nopales limpios y en dados de 1 cm
    2 cdas. de aceite vegetal
    1 cebolla roja en dados pequeños
    2 cdas. de cilantro picado
    2 tomates en dados
    el zumo de 2 limones (limas)
    4 cdas. de queso añejo rallado (o pecorino)
    10 jalapeños encurtidos en rodajas
    sal

Cueza los nopales en una cazuela de agua con sal hirviendo 10 minutos a fuego medio. Escúrralos, lávelos y cúbralos con un paño húmedo hasta que se enfríen.

Caliente el aceite a fuego medio una cazuela, añada los nopales y fríalos 5 minutos (así no queda mucílago). Póngalos sobre un paño limpio y déjelos enfriar.

En un bol, mezcle la cebolla con el cilantro, los tomates, el zumo de limón y los nopales. Sale y sírvalos con el queso y los jalapeños.

Calabaza

El género *Cucurbita*, perteneciente a la familia de las cucurbitáceas, es nativo de los Andes y Mesoamérica y se cultiva por sus frutos comestibles, las calabazas. Junto con el maíz y los frijoles, la calabaza ha sido un producto fundamental en la alimentación de toda América durante miles de años. Silvestre y amarga en sus orígenes, fue domesticada, incluso antes que el maíz, y adquirió un sabor más dulce.

Docenas de especies y subespecies de calabaza fueron moldeadas por el clima y la geografía. Está la *Cucurbita maxima*, que incluye los gigantescos zapallos de Argentina y Bolivia, así como el más pequeño pero sabroso zapallo *loche* del Perú. Está la *Cucurbita pepo*, de México, una de las especies más antiguas, que incluye las calabazas naranjas de Halloween y las pequeñas calabacitas redondas. Y también hay primos lejanos, como el chayote (*Sechium edule*), una calabaza tropical con un sabor que recuerda al calabacín o a las judías verdes.

Las preparaciones de calabaza en América son tan diversas como sus variedades. Se pueden cocer, hornear, triturar, guisar o asar a la brasa. En el Perú, la masa preparada con calabaza se fríe como las rosquillas. En México, las pipas de calabaza, llamadas *pepitas*, se muelen para preparar salsa o espesar guisos.

Pumpkin talkari, pumpkin choka

Calabaza con camarones fritos
Belice, Guyana

Preparación: 20 minutos
Cocción: 1 hora

Para 2 personas

Las variantes de esta receta de calabaza guisada y sazonada se extendieron por todo el Caribe cuando los trabajadores migrantes de la India llegaron a la región después de la abolición de la esclavitud, incorporando sabores locales conforme llegaban a nuevos lugares. Por ejemplo, en Belice se añadieron leche de coco y cúrcuma, mientras que en Guyana se agregaron pequeños camarones y chiles *wiri wiri*. La calabaza de verano o antillana es la que más se utiliza. Se suele servir con *roti*, tortillas o arroz blanco.

    2 cdas. de aceite vegetal
    1 cebolla blanca picada
    5 dientes de ajo picados
    2 chiles wiri wiri (o habaneros) picados
    1 tomate pelado y picado
    680 g de calabaza de verano pelada, despepitada
    y en trozos de 1 cm como máximo
    1 ramita de tomillo
    ½ cdta. de curry en polvo
    ¼ de cdta. de garam masala
    ½ cdta. de azúcar moreno
    120 ml de agua
    120 g de camarones
    sal y pimienta molida

Caliente a fuego medio-alto 1 cucharada de aceite en una cazuela y sofría la cebolla, el ajo y el chile 6 minutos. Agregue el tomate, baje el fuego y sofríalo todo 8 minutos o hasta que el tomate empiece a deshacerse y la salsa adquiera una consistencia espesa. Añada la calabaza y sofríala 10 minutos a fuego medio. Sale al gusto y agregue un poco de pimienta negra, el tomillo, el polvo de curry, el garam masala y el azúcar y sofríalo todo 15 minutos más. Añada el agua y cuézalo 20 minutos hasta que la calabaza esté bastante deshecha y quede poca agua en la cazuela.

Mientras, caliente a fuego medio-alto el aceite restante en una sartén antiadherente y selle los camarones. Fríalos 4 minutos o hasta que estén secos y crujientes.

Añada los camarones a la calabaza y termine de aplastar esta con un tenedor. Sírvalo caliente.

Locro de zapallo

Guiso de calabaza peruano
Perú

Preparación: 15 minutos
Cocción: 45 minutos

Para 4 personas

Muy apreciado por los moche y un alimento básico de la cocina de la costa norte del Perú, el zapallo *loche*, una variedad autóctona de *Cucurbita moschata*, es pequeño y de carne naranja brillante. La agricultura intensiva estaba causando su desaparición, pero los círculos gastronómicos del Perú han ayudado a revitalizarlo.

    1 cda. de aceite vegetal
    120 g de cebolla blanca picada
    1 cda. de ajo picado
    2 cdas. de pasta de ají amarillo
    900 g de calabaza loche (o calabaza de invierno) pelada y en trozos de 2,5 cm
    2 mazorcas de maíz en trozos de 5 cm
    475 ml de caldo de verduras
    15 g de hojas de huacatay (menta negra peruana)
    60 g de habas
    140 g de papas (patatas) amarillas en dados
    120 ml de leche
    120 g de queso fresco desmenuzado
    sal y pimienta molida

Caliente a fuego medio el aceite en una sartén y sofría la cebolla y el ajo 5 minutos. Añada la pasta de ají amarillo y sofríala 1 minuto. Agregue la calabaza, el maíz y el caldo y salpimiente. Añada el huacatay y cuézalo todo 15 minutos.

Agregue las habas y las papas y cuézalo 15 minutos más o hasta que las papas estén tiernas. Para terminar, vierta la leche y añada el queso fresco. Remueva bien y prosiga con la cocción durante 5 minutos a fuego lento. Rectifique de sal y pimienta, si fuera necesario, antes de servirlo con arroz blanco y huevos fritos.

Escondidinho de abóbora com carne seca

Puré de calabaza con cecina
Brasil

Preparación: 1 hora y 30 minutos
Cocción: 20 minutos

Para 8 personas

Puede disfrutar de este sabroso plato con una caipiriña en un *botequim* de Río de Janeiro, los tradicionales bares con comida barata que están desapareciendo poco a poco de la memoria de la ciudad. La calabaza y la cecina se pueden hornear juntas, como en esta receta, pero es más habitual servirlas una encima de la otra o una al lado de la otra, a veces con arroz blanco.

    900 g de calabaza pelada, despepitada y en dados
    7 dientes de ajo pelados
    1 cda. de mantequilla
    1 cda. de agua
    450 g de cecina picada
    2 cdas. de aceite
    1 cebolla picada fina
    1 cdta. de comino molido
    2 tomates picados finos
    1 pimiento despepitado y picado fino
    225 g de queijo de coalho (o mozzarella) rallado
    40 g de queso parmesano rallado
    sal y pimienta molida

Precaliente el horno a 200 °C.

Ponga la calabaza en una cazuela, cúbrala con agua y llévela a ebullición. Cuézala hasta que esté tierna. Escúrrala y aplástela con un tenedor o pásela por un pasapurés.

Aplaste o ralle 5 dientes de ajo. Derrita la mantequilla en una sartén a fuego medio, añada el ajo y dórelo. Vierta el agua y agregue la calabaza. Salpimiente y remueva bien. Resérvela.

Coloque la cecina en una cazuela, cúbrala con agua y llévela a ebullición. Escúrrala, cúbrala con agua fría y repita la operación dos veces (para eliminar el exceso de sal). Desmenuce la carne y resérvela.

Caliente el aceite en una sartén, sofría la cebolla hasta que esté transparente, ralle los 2 dientes de ajo restantes y sofríalos hasta que estén dorados. Añada la carne desmenuzada y sofríala hasta que esta se empiece a dorar y la humedad desaparezca. Sazone con pimienta y comino. Agregue los tomates y el pimiento y sofríalo todo 2 minutos. Añada el queso, remueva 2 minutos y retire la sartén del fuego.

Extienda la mitad del puré de calabaza en una bandeja de horno honda y distribuya el relleno de manera uniforme por encima. Cubra con el puré restante y esparza el parmesano rallado por encima. Hornéelo 20 minutos y sírvalo caliente con arroz.

Locro criollo

Estofado criollo 🔲
Argentina

Preparación: 20 minutos,
más toda la noche en remojo
Cocción: 2 horas y 20 minutos

※ ∅
Para 4 personas

Típico de las celebraciones del 25 de mayo, aniversario de la Revolución argentina, el locro es un guiso contundente a base de verduras tradicional de todos los Andes. Las variantes argentinas tienden a llevar más carne que otras, incluido algún tipo de víscera.

    180 g de maíz seco
    225 g de panceta de cerdo salada en dados
    100 g de falda de ternera en dados
    100 g de paleta de cerdo en dados
    50 g de chorizo en dados
    1 cebolla blanca picada
    ½ cebolla roja en rodajas finas
    ½ pimiento rojo despepitado y picado
    los granos de 8 mazorcas de maíz
    450 g de calabaza de invierno en dados
    sal y pimienta molida

Ponga el maíz en un bol, cúbralo con agua fría y déjelo en remojo toda la noche.
En una cazuela, selle los dados de panceta a fuego medio 4 minutos, dándoles la vuelta para que se doren por todos los lados. Añada la carne restante, las cebollas y el pimiento y sofríalo todo 10 minutos. Agregue el maíz escurrido y suficiente agua para cubrirlo todo unos 5 cm por encima. Añada las verduras restantes, tape la cazuela y llévelo a ebullición. Baje el fuego y cuézalo unas 2 horas, removiendo cada 20 minutos y añadiendo más agua si fuera necesario. Aplaste las verduras con una cuchara de madera y remueva hasta que el locro adquiera una consistencia espesa. Salpimiente.
Sírvalo caliente en un plato hondo.

Quibebe, kivevé

Puré de calabaza
Argentina, Brasil, Paraguay

Preparación: 20 minutos
Cocción: 30 minutos

※
Para 4 personas

Este sabroso puré de calabaza, típico de Paraguay y los países vecinos, recibe su nombre del término guaraní *kivevé* que significa «rojizo», porque su base es una calabaza de invierno que llaman *andai* (*Cucurbita moschata*), con una pulpa de color rojo intenso (se pueden utilizar otras variedades en su lugar).
En el noreste de Brasil, se suele servir junto con un plato de carne y a menudo se añade a la receta leche de coco y pasta de chile.

    450 g de calabaza andai pelada, despepitada
      y en trozos pequeños
    350 ml de agua
    2 cdas. de azúcar
    1 cdta. de sal
    120 ml de leche
    3 cdas. de manteca
    140 g de harina de maíz
    175 g de queso Paraguay (o ricotta) desmenuzado

Coloque la calabaza en un cazo con el agua, el azúcar y la sal y llévela a ebullición. Tape el cazo, baje el fuego y cuézala 20 minutos o hasta que la calabaza esté tierna. Con un tenedor, aplástela con el agua de cocción (o utilice una batidora), añadiendo más agua si fuera necesario, y llévela a ebullición de nuevo. Añada la leche y la manteca y remueva. Agregue la harina de maíz poco a poco, mezclando bien hasta que se incorpore por completo. Cueza durante 1 o 2 minutos o hasta que espese ligeramente.
Esparza el queso y remueva. Sírvalo caliente. Si quedara demasiado espeso, agregue un poco de agua o leche para aligerarlo.

Guascha locro

Locro al estilo de Salta
Argentina

Preparación: 15 minutos
Cocción: 3 horas y 45 minutos

※ ∅
Para 6 personas

Las familias de la provincia de Salta, en el norte de Argentina, donde el maíz, los frijoles y las papas están más presentes en la dieta que en el sur, preparan este plato de invierno con regularidad. La palabra quechua *guascha* o *huascha* se traduce como «algo que falta», lo que significa que los ingredientes son un poco más ligeros y menos costosos que los de un locro auténtico.

    450 g de falda de ternera
    950 ml de agua
    2 cdas. de aceite de oliva
    2 cebollas picadas
    40 g de chiles picantes secos
    1,3 kg de calabaza de invierno pelada, despepitada
      y picada
    6 mazorcas de maíz, solo los granos
    1 cdta. de chile en polvo
    2 cdas. de pimentón dulce
    1 cda. de tomillo fresco
    2 cdas. de comino molido
    el zumo de 1 limón (lima)
    3 cebolletas picadas
    sal y pimienta molida

Caliente una cazuela a fuego medio, añada la carne y cúbrala con el agua. Agregue un poco de sal y llévela a ebullición. Baje el fuego y cuézala 3 horas, espumando la superficie de vez en cuando. Retire la carne, reservando el caldo de cocción, déjela enfriar y córtela en dados.
Caliente 1 cucharada de aceite en otra cazuela. Sofría la mitad de la cebolla unos 7 minutos hasta que esté transparente y añada los chiles secos. Vierta el caldo de cocción reservado, la carne en dados y la calabaza. Cuézalo, removiendo, de 15 a 20 minutos hasta que la calabaza se deshaga y tenga una consistencia espesa. Añada el maíz y prosiga con la cocción 5 minutos más o hasta que esté tierno. Salpimiente al gusto.
Caliente el aceite restante en una sartén y sofría la cebolla picada restante, el chile en polvo, el pimentón, el tomillo y el comino 7 minutos. Añada el zumo de limón y salpimiente.
Sirva el locro con la mezcla de cebolla por encima y adórnelo con las cebolletas antes de servir.

Locro criollo

Guiso de pipián

Guiso de calabaza nicaragüense
Nicaragua

Preparación: 10 minutos
Cocción: 25 minutos

Para 4 personas

En Nicaragua, este guiso se hace con pipián (*Cucurbita argyrosperma*), una calabaza de invierno que se conoce como *cushaw* fuera de la región. También se prepara en El Salvador, donde se suele utilizar en las pupusas.

2 pipianes (calabazas blancas) peladas, despepitadas y en dados pequeños
80 g de pan rallado
750 ml de leche
250 ml de nata
115 g de mantequilla
2 dientes de ajo picados
½ cebolla blanca picada
2 tomates pelados y picados
½ pimiento rojo despepitado y en dados
1 cdta. de recado rojo (pasta de achiote)
sal y pimienta molida

Cueza la calabaza en una cazuela de agua con sal a fuego medio 8 minutos o hasta que esté blanda.

Mientras, mezcle el pan rallado con la leche y la nata en un bol y resérvelo.

Caliente a fuego vivo la mantequilla en una cazuela y saltee el ajo y la cebolla 5 minutos hasta que estén blandos. Agregue los tomates y el pimiento y sofríalos 4 minutos más a fuego medio. Añada la calabaza y la mezcla de pan rallado, remueva bien e incorpore el recado rojo. Salpimiente y prosiga con la cocción a fuego lento 8 minutos más o hasta que espese. Sírvalo caliente.

Caigua rellena, achojcha rellena

Caigua rellena
Bolivia, Perú

Preparación: 20 minutos
Cocción: 45 minutos

Para 4 personas

La caigua (*Cyclanthera pedata*), también llamada *achojcha* o *pepino de rellenar*, ya aparece representada en la cerámica de la cultura moche en la costa norte del Perú, donde sigue siendo muy consumida. Tiene un sabor similar al de un pepino y se suele preparar encurtida, salteada o rellena.

4 caiguas
1 cda. de aceite de oliva
60 g de cebolla blanca picada
1 diente de ajo picado
450 g de carne picada
70 g de pasas
70 g de guisantes cocidos
30 g de zanahoria en dados
60 ml de vino tinto
250 ml de caldo de ternera
30 g de aceitunas negras picadas
4 huevos duros picados
sal y pimienta molida

Precaliente el horno a 180 °C.

Corte la parte superior de las caiguas y retire y deseche las semillas y las nervaduras. Escáldelas en agua hirviendo 5 minutos y páselas a un bol de agua con hielo. Retírelas del bol y resérvelas.

Caliente a fuego vivo el aceite en una cazuela y saltee la cebolla y el ajo 4 minutos o hasta que la cebolla esté transparente y blanda. Añada la carne y saltéela, removiendo, a fuego vivo de 3 a 5 minutos. Agregue las pasas, los guisantes y la zanahoria. Salpimiente y vierta el vino y el caldo. Baje el fuego y cuézalo 20 minutos. Añada las aceitunas negras y los huevos y cuézalo un par de minutos más. Retire la cazuela del fuego.

Rellene las caiguas y colóquelas en una bandeja de horno. Hornéelas 10 minutos y sírvalas templadas con arroz blanco.

Chancletas

Chayotes rellenos
Costa Rica

Preparación: 10 minutos
Cocción: 15 minutos

Para 2 personas

El chayote es una de las verduras más consumidas en Costa Rica, país famoso por su amplia oferta de productos frescos, que se pueden adquirir en su espectacular red de mercados semanales. La receta de las chancletas, llamadas así por su forma, puede ser dulce o salada.

2 chayotes
115 g de queso blando
50 g de azúcar moreno
1 cda. de mantequilla
120 ml de nata para montar
60 g de queso palmito (o mozzarella) rallado
sal

Precaliente el horno a 180 °C.

Corte los chayotes por la mitad a lo largo y retire y deseche todas las semillas. Cuézalos en agua hirviendo con sal 5 minutos. Cuélelos y páselos a un bol de agua con hielo. Retire con cuidado la carne sin rasgar la piel. Ponga las pieles vacías en una bandeja de horno forrada con papel vegetal.

Coloque la pulpa de los chayotes en un bol y mézclela con el queso blando, el azúcar, la mantequilla y la nata. Ponga 1 o 2 cucharadas de la mezcla en cada piel de chayote y esparza el queso rallado por encima. Hornéelos 7 minutos o hasta que la superficie se dore. Sírvalos calientes.

Caigua rellena, achojcha rellena

Encurtido de chayote

Chayote encurtido
Costa Rica

Preparación: 5 minutos,
más 1 hora para encurtir
Cocción: 10 minutos

Para 4 personas

El chayote conserva su forma y sabor bastante bien cuando se encurte. Utilice este encurtido como parte de un *casado* (plato de almuerzo), en un gallo (taco) o degústelo tal cual.

- 475 ml de vinagre blanco
- 1 cebolla en rodajas finas
- 3 dientes de ajo pelados
- 2 clavos
- 1 estrella de anís
- 1 cdta. de semillas de cilantro
- 25 g de hojas de chaya (árbol espinaca) sin tallos y picadas
- 2 cdas. de sal marina
- 2 cdtas. de azúcar
- 2 chayotes despepitados y en rodajas

En una cazuela, mezcle el vinagre con la cebolla, el ajo, el clavo, el anís estrellado, las semillas de cilantro, la *chaya*, la sal y el azúcar. Llévelo a ebullición, solo lo justo para que la sal se disuelva, y apague el fuego. Añada el chayote y déjelo enfriar por completo.

Pase todo a un bote esterilizado y déjelo reposar en el frigorífico durante 1 hora como mínimo o hasta 3 días.

Pimientos y chiles

El género *Capsicum* nació aquí, en América Latina, y se lleva cultivando miles de años. Los chiles han dado origen a decenas de miles de variedades diferentes que han sido ingredientes estrella de la cocina en todo el mundo. Se pueden definir por su picor, como la morita y el habanero de México; por sus cualidades frutales, como el ají amarillo y el ají limo del Perú; o por su dulzor, como el ají dulce de Venezuela. Se pueden ahumar, secar y moler en mezclas de especias como la *jiquitaia* en el Alto Amazonas o el *merkén* en el sur de Chile, o consumir crudos, chamuscados, asados, encurtidos, tostados y aplastados. Rellenos, como el rocoto en el Perú y Bolivia o el poblano en México, forman parte de los platos más emblemáticos de la región.

Los chiles se suelen vender frescos, como pasta, secos o molidos. En este libro usamos las cuatro variantes ya que todas tienen su propio atractivo. El picante de los chiles se concentra principalmente en la placenta, la parte donde se encuentran las semillas, y estas pueden ser tanto amargas como picantes. A veces, en una receta, queremos el sabor de un chile, pero no toda su intensidad de picor, así que podemos retirar y desechar esas partes.

Los chiles frescos pueden aportar color, notas frutales y florales y condimentar un plato. Sin embargo, cuando un chile se seca, se abre todo un mundo de complejidad, un abanico más amplio de deliciosos sabores que van del ahumado al dulce. Además, la mayoría de los chiles secos adquieren otro nombre. Por ejemplo, el jalapeño rojo se convierte en chipotle cuando se seca, mientras que el ají amarillo pasa a ser ají mirasol. Los chiles secos

se deben dejar en remojo en agua hirviendo antes de utilizarlos, unos 20 minutos, y luego hay que aplastarlos o triturarlos, aunque también se pueden freír con muy poco aceite, unos 30 segundos, o tostarse en una sartén o en un comal antes de triturarlos, algo habitual en los moles. Pese a que los chiles secos y molidos están mejor a los pocos meses de secarlos, tenga en cuenta que no duran para siempre.

Suban'ik

Guiso de chiles y carne
Guatemala

Preparación: 20 minutos
Cocción: 1 hora

Para 4 personas

Un plato ceremonial de los mayas cakchiquel de San Martín Jilotepeque, en el departamento de Chimaltenango, Guatemala. El *suban'ik* es un guiso de chiles y carne que se envuelve en hojas de bijao (*Calathea lutea*), se ata con cibaque, una cuerda de fibra natural, y se cuece al vapor en una olla con un poco de agua. Las diferentes variedades de chiles que se utilizan se muelen en un mortero junto con los tomates hasta obtener una pasta similar a un mole. Normalmente, también se utiliza una mezcla de diferentes carnes (cerdo, pavo, gallina o ternera). Las hojas de bijao se pueden sustituir por hojas de plátano, que son similares en tamaño y resistencia. El *suban'ik* se suele servir con tamales.

- 475 ml de agua
- 680 g de pavo en trozos
- 225 g de huesos de ternera
- 450 g de lomo de cerdo en dados de 7,5 cm
- 450 g de tomates pelados, descorazonados y en dados
- 40 g de jitomates (tomatillos)
- 1 pimiento rojo despepitado y picado
- 2 chiles pasa secos sin tallo y descorazonados
- 2 chiles sambo secos sin tallo y descorazonados
- 1 chile guajillo seco sin tallo y descorazonado
- 4 hojas de plátano
- 1 cibaque (o bramante)
- sal y pimienta molida

Ponga el agua a hervir en una cazuela. Añada el pavo y los huesos de ternera y llévelos a ebullición. Espume la superficie con una cuchara, añada el cerdo y cuézalo a fuego lento 40 minutos. Añada más agua cuando sea necesario (el agua siempre debe cubrir la mitad de los trozos de carne).

Mientras, coloque los tomates, los jitomates, el pimiento y los chiles secos en otra cazuela. Vierta agua hasta cubrirlos y llévela a ebullición. Tape la cazuela y baje el fuego. Cuézalos 30 minutos hasta que se ablanden. Utilice una espumadera para pasar las verduras y los chiles a un mortero. Macháquelos hasta obtener una pasta homogénea. (Si fuera necesario, realice esta operación en dos tandas). Salpimiente y reserve.

Forre el fondo de una olla de barro con las hojas de plátano, asegurándose de que forma una superficie compacta que impida que el agua penetre. Añada los trozos de pavo y cerdo escurridos y vierta la salsa sobre la carne. Una los bordes de las hojas de plátano para formar una cesta y use el cibaque, o el bramante, para cerrarla. Vierta una pequeña cantidad de agua en el fondo de la olla y cuézalo a fuego medio 20 minutos, hasta que la carne esté tierna. Rectifique de sal y pimienta, si fuera necesario, y sírvalo templado con arroz blanco a un lado.

Suban'ik

Morrones asados

Pimientos morrones asados en aceite
Argentina

Preparación: 5 minutos
Cocción: 30 minutos

Para 6-8 personas

Una buena opción cuando tiene tantos pimientos que no sabe qué hacer con ellos. Conservados en aceite, son una delicia con una rebanada de pan tostado o pueden ser el acompañamiento perfecto para cualquier plato, como la pizza o la pasta.

    2 pimientos verdes
    2 pimientos rojos
    2 pimientos amarillos
    750 ml de aceite de oliva
    3 dientes de ajo pelados
    sal marina

Precaliente el horno a 190 °C.

Coloque los pimientos en una bandeja de horno y añada un chorro de aceite. Áselos en el horno unos 30 minutos, dándoles la vuelta de vez en cuando, hasta que la piel esté tostada y empiecen a salir ampollas (también se pueden asar directamente sobre la llama de un fogón). Retírelos del horno y déjelos enfriar un poco.

Pele los pimientos. Un método sencillo para pelar los pimientos es dejarlos enfriar dentro de una bolsa de plástico; el vapor hará que la piel se desprenda con facilidad. Córtelos en cuartos y retire y deseche las semillas. Sale y páselos a un bote de cristal esterilizado. Añada el ajo, cúbralos con aceite y cierre el bote herméticamente.

Chiles toreados

Chiles fritos
México

Preparación: 5 minutos
Cocción: 5 minutos

Para 3-4 personas

Encontrará boles de chiles toreados servidos como acompañamiento de carnes asadas o tacos en todo México.

    8 chiles serranos o jalapeños
    1 cda. de aceite vegetal
    el zumo de 1 limón (lima)
    sal

Con el dorso de una cuchara, presione con suavidad los chiles sin romperlos. En una sartén, caliente el aceite a fuego medio y chamusque los chiles 2 minutos por cada lado o hasta que empiecen a salir ampollas. Retírelos del fuego y colóquelos en un bol. Sazone con zumo de limón y sal y sírvalos a temperatura ambiente.

Chiles en nogada

Chiles con salsa de nueces
México

Preparación: 15 minutos
Cocción: 30 minutos

Para 6 personas

Uno de los platos más emblemáticos del estado de Puebla, los chiles en nogada se preparan en los restaurantes y en los hogares cuando las granadas empiezan a estar disponibles en los mercados del centro de México. Los colores del plato representan la bandera mexicana: el perejil verde, la salsa de nueces blanca y las semillas de granada roja. Los orígenes de la popularidad de este plato se remontan a 1821, cuando el general Agustín de Iturbide llegó a Puebla, justo después de firmar el Tratado de Córdoba, que establecía la independencia de México de España. Las monjas agustinas del convento de Santa Mónica le sirvieron este plato, que se había elaborado en los conventos de la ciudad desde finales del siglo XVIII, cuando se introdujeron las granadas en la región.

    75 ml de aceite vegetal
    60 g de cebolla blanca picada
    2 dientes de ajo picados
    225 g de lomo de cerdo en dados pequeños
    450 g de tomates pelados, despepitados y picados
    750 ml de caldo de ternera
    2 manzanas rojas descorazonadas y en dados
    de 1 cm
    2 peras descorazonadas y en dados de 1 cm
    3 melocotones deshuesados y en dados de 1 cm
    70 g de pasas hidratadas en agua templada
    2 cdtas. de azúcar
    100 g de limón (lima) confitado en dados
    325 ml de jerez seco
    ½ cdta. de azafrán, clavo molido, comino molido,
    canela molida
    750 ml de aceite vegetal
    6 chiles poblanos tostados
    2 granadas
    sal

    Para la salsa de nueces
    300 g de nueces
    120 g de queso fresco
    250 ml de nata
    475 ml de leche entera

Para preparar el relleno, caliente a fuego medio el aceite en una cazuela y sofría la cebolla y el ajo 5 minutos. Cuando empiecen a tomar color, agregue el cerdo y sofríalo 5 minutos. Añada los tomates y sofríalos un par de minutos más. Vierta el caldo de ternera y cuézalo a fuego lento 15 minutos o hasta que el líquido se haya evaporado.

Añada las manzanas, las peras, los melocotones, las pasas, el azúcar, el limón confitado y el jerez y remueva. Sale, agregue el azafrán, el clavo, el comino y la canela y asegúrese de que la mezcla haya espesado antes de retirarla del fuego. Reserve el relleno mientras prepara la salsa de nueces o nogada.

Ponga las nueces, el queso, la nata y la leche en una batidora y tritúrelo todo hasta obtener una salsa homogénea, añadiendo más leche si quedara demasiado espesa.

Vierta el aceite vegetal en una cazuela de fondo grueso y caliéntelo a 182 °C. Fría los chiles poblanos, uno por uno, 1 minuto por cada lado como máximo. Retírelos con una espumadera y páselos a un plato forrado con papel de cocina para eliminar el exceso de aceite. Colóquelos en una bolsa de plástico 5 minutos antes de que se enfríen. Saque los chiles y pélelos. Haga una pequeña incisión en uno de los lados y raspe las semillas. Rellene los chiles y colóquelos en una fuente. Nápelos con la salsa y esparza las semillas de granada por encima. Sírvalos a temperatura ambiente.

Verduras de la huerta

Pimentão recheado, rocoto relleno

Ajíes rocoto rellenos
Brasil, Bolivia, Perú

Preparación: 20 minutos
Cocción: 30 minutos
Para 4 personas

El escritor peruano Carlos Herrera escribió un cuento sobre los orígenes del rocoto relleno. Narra la historia de cómo Manuel Masías, que, según algunos, fue quien inventó este plato a finales del siglo XVIII, tuvo que bajar al infierno para rescatar el alma de su hija Delphine, que murió muy joven. Le sirvió este plato a Lucifer y consiguió su liberación. Es probable que en el sur del Perú ya se estuvieran elaborando rocotos rellenos antes del supuesto festín de Masías al diablo, aunque fue entonces cuando empezaron a aparecer en las *picanterías* de Arequipa rellenos con lo que era esencialmente un picadillo español. Hoy en día, es el plato más emblemático de la ciudad. La mayoría de las preparaciones cuecen los chiles en agua y vinagre para disminuir su picor. En Cuzco, así como en gran parte del altiplano de Bolivia, el rocoto relleno se prepara de forma diferente. Allí, los ajíes se rebozan y se fríen, y se venden en los mercados y en puestos ambulantes por las mañanas. Para hacer pimientos rellenos brasileños, *pimentão recheado*, hay que utilizar pimientos morrones.

    1,9 litros de agua
    250 ml de vinagre
    200 g de azúcar
    240 g de sal
    4 ajíes rocoto despepitados
    1 cda. de aceite de oliva
    120 g de cebolla blanca picada
    1 cda. de dientes de ajo picados
    2 ajíes amarillos despepitados y en dados pequeños
    1 cda. de pasta de ají panca
    450 g de solomillo de ternera picado
    60 g de habas desvainadas
    70 g de pasas remojadas
    30 g de aceitunas negras picadas
    2 cdas. de maníes (cacahuetes) picados
    1 huevo duro picado
    1 cdta. de comino molido
    120 ml de vino tinto
    250 ml de caldo de ternera
    4 lonchas de queso paria (o queso fresco)
    sal y pimienta molida

Precaliente el horno a 180 °C.

Vierta el agua en una cazuela, añada el vinagre, el azúcar y la sal y llévela a ebullición. Coloque los ajíes en un bol y vierta unos 350 ml de agua hirviendo; déjelos en remojo 5 minutos, escúrralos y repita la operación 4 veces más. Reserve los chiles escurridos.

Caliente a fuego vivo el aceite en una sartén. Saltee la cebolla, el ajo y los ajíes amarillos 5 minutos. Añada la pasta de ají panca, la carne, las habas, las pasas escurridas, las aceitunas y los maníes y sofríalo todo 4 minutos más. Añada el huevo picado y el comino y salpimiente. Vierta el vino y cuézalo a fuego lento 2 minutos antes de añadir el caldo. Cuézalo 5 minutos más y rectifique de sal, si fuera necesario.

Coloque los rocotos en una bandeja de horno y rellénelos con la mezcla de carne. Ponga una loncha de queso sobre cada chile relleno y hornéelos 10 minutos o hasta que el queso se derrita. Sírvalos calientes.

Moles

Procedentes del término náhuatl *molli*, que significa «mezcla», los moles son una familia de salsas espesas típicas de la cocina mexicana, sobre todo de los estados de Oaxaca y Puebla. Pueden ser rojos, amarillos, verdes o negros, así como picantes, ahumados, afrutados o dulces. Su origen exacto no está claro, aunque probablemente surgieron a partir de simples purés de chiles prehispánicos. Con el tiempo, se comenzaron a añadir otros productos como nueces, semillas, hierbas y frutas, según la zona y la temporada, y, con la introducción de nuevos ingredientes por parte de los españoles, se convirtieron en platos todavía más complejos. El mole poblano espesado con chocolate y los siete moles clásicos de Oaxaca (negro, colorado, coloradito, amarillo, verde, *chichilo* negro y manchamanteles) pueden llevar más de treinta ingredientes diferentes. Además, cada familia tiene su propia receta, por lo que, incluso en una misma zona, es muy raro que dos moles tengan el mismo sabor.

Mole verde

Mole verde con cerdo
México

Preparación: 20 minutos
Cocción: 1 hora
Para 6 personas

Las pipas de calabaza trituradas, los jitomates y los chiles verdes le aportan a este clásico mole su color. Se suele servir con pollo o cerdo y tortitas.

    900 g de costillas de cerdo en trozos de 2 cm
    1 hoja de laurel
    6 jitomates verdes (tomatillos) pelados
    90 g de pepitas (pipas de calabaza) tostadas
    70 g de semillas de sésamo tostadas
    3 chiles serranos
    2 dientes de ajo pelados
    ½ cebolla blanca picada
    3 hojas de lechuga
    2 hojas de hoja santa picadas
    4 cdas. de cilantro picado
    250 ml de caldo de pollo
    1 calabacín en dados de 2,5 cm
    120 ml de agua
    sal

Ponga el cerdo y el laurel en una cazuela, cúbralo con agua y llévelo a ebullición. Baje el fuego y cuézalo, tapado, 15 minutos. Retire la tapa y cuézalo 15 minutos más. El agua se debe evaporar y el cerdo se cocerá en su propia grasa.

Mientras, coloque los jitomates en otra cazuela, cúbralos con agua y llévela a ebullición. Baje el fuego y cuézalos durante 7 minutos o hasta que estén blandos. Escúrralos y póngalos en un mortero o en una batidora. Añada las pipas tostadas, las semillas de sésamo, los chiles, el ajo, la cebolla, la lechuga, la hoja santa, el cilantro y el caldo. Aplaste o triture hasta obtener una mezcla fina. Sale al gusto.

Vierta la mezcla en la cazuela con el cerdo y remueva. Cuézalo a fuego medio 15 minutos. Añada el calabacín y el agua y cuézalo 8 minutos más o hasta que la salsa esté espesa y las verduras cocidas. Sírvalo caliente.

Mole coloradito

Mole rojo 🍲
México

Preparación: 10 minutos,
más 20 minutos en remojo
Cocción: 1 hora y 30 minutos

✳ ⊘
Para 8 personas

El chocolate, los chiles y las especias le dan a este mole un sabor dulce y picante. Se sirve con pavo o pollo.

    3 tomates
    12 chiles ancho secos despepitados
    6 chiles chilcostle secos despepitados
    1 cda. de aceite vegetal
    1 cebolla blanca picada
    5 dientes de ajo
    2 clavos
    2 cdas. de semillas de sésamo
    1 cdta. de orégano seco
    1 cdta. de canela molida
    750 ml de caldo de pollo
    2 cdas. de manteca
    40 g de chocolate de mesa (chocolate negro)
    1 cdta. de azúcar

Precaliente el horno a 180 °C. Coloque los tomates en una bandeja de horno y áselos 25 minutos. Resérvelos.
    Caliente un comal y tueste los chiles 2 minutos por cada lado. Póngalos en un bol, cúbralos con el agua caliente y déjelos en remojo 20 minutos. Escúrralos, séquelos y páselos a una batidora.
    Sofría a fuego medio la cebolla y el ajo 7 minutos.
    Pique los tomates y añádalos a la batidora con la cebolla, el ajo, los clavos, el sésamo, el orégano y la canela. Sale y triture hasta obtener una mezcla fina; añada caldo de pollo para aligerarla, si fuera necesario.
    Caliente a fuego medio la manteca en una olla de barro y vierta la mezcla. Añada el caldo de pollo, el chocolate y el azúcar. Baje el fuego y cueza 45 minutos, removiendo de vez en cuando. Rectifique de sal y sirva.

Mole poblano

Mole al estilo de Puebla
México

Preparación: 30 minutos
Cocción: 3 horas

⊘
Para 16 personas

Aunque algunos afirman que los aztecas preparaban salsas con chiles y chocolate, puede que naciera en un convento. En el siglo XVI, en el Convento de Santa Rosa de Puebla tenían que preparar una comida para el arzobispo. Como no había demasiado que ofrecerle o quizá por la tensión de la visita, mezclaron hasta veinte ingredientes (chiles, especias, pan, nueces, chocolate) y elaboraron un espeso y aromático mole. Lo sirvieron con pavo, probablemente la única carne de la que disponían ese día. Pronto se convirtió en uno de los platos más venerados de México.

    340 g de manteca, más 2 cdas.
    250 g de chiles mulatos despepitados
    120 g de chiles pasilla despepitados
    120 g de chiles ancho despepitados
    4,25 litros de caldo de pollo
    130 g de almendras
    2 cdas. de maníes (cacahuetes) pelados y tostados
    60 g de pacanas
    60 g de pepitas (pipas de calabaza)
    2 cdas. de semillas de sésamo
    450 g de jitomates (tomatillos) picados gruesos
    450 g de tomates picados gruesos
    1 plátano maduro en rodajas y frito
    90 g de pasas
    1 cdta. de pimienta negra en grano
    1 cdta. de semillas de comino
    ½ cdta. de semillas de anís
    ½ cdta. de tomillo seco
    1 cda. de orégano seco
    1 ramita de canela
    12 dientes de ajo asados
    1 cebolla blanca asada y en cuartos
    1 bolillo (panecillo) en rebanadas y frito
    3 tortillas de maíz (véase pág. 136) en tiras y fritas
    130 g de chocolate de mesa (chocolate negro) partido
    200 g de azúcar moreno

Caliente 225 g de manteca en una cazuela y fría los chiles mulatos 3 minutos. Retírelos con unas pinzas y resérvelos. Repita la operación con los chiles pasilla y ancho. Apague el fuego y reserve la manteca.
    Ponga los chiles en una cazuela con 1,6 litros de caldo de pollo y lleve a ebullición. Cueza 20 minutos. Retírelos y déjelos enfriar. Divídalos en tres tandas y mezcle cada una con 475 ml de su caldo de cocción. Triture cada tanda 2 minutos hasta obtener una mezcla fina. Cuele y reserve.
    En una olla de barro, caliente a fuego medio la manteca de freír los chiles. Cuando empiece a humear, baje el fuego y añada las mezclas de chile. Cuézalo durante 30 minutos, sin dejar de remover. La mezcla debe quedar espesa y permitir que se vea el fondo de la cazuela.
    Mientras, en una sartén, caliente las 2 cucharadas de manteca y fría las almendras 3 minutos o hasta que estén doradas. Añada los maníes y las pacanas y fríalos 3 minutos. Baje el fuego y agregue las pipas de calabaza, sin dejar de remover. Cuando las pipas se hinchen, añada las semillas de sésamo y fríalo todo 3 minutos más. Apague el fuego y déjelo enfriar. Pase estos ingredientes a una batidora y tritúrelos bien con 750 ml del caldo de pollo restante. Triture a velocidad media hasta obtener una pasta homogénea, 3 minutos. Vierta la pasta en la cazuela o la olla de barro con los chiles y prosiga con la cocción a fuego lento.
    En otra cazuela, caliente a fuego medio los 115 g de manteca restantes y sofría los jitomates y los tomates 30 minutos, sin dejar de remover, hasta obtener la consistencia de un puré. Agregue el plátano frito y las pasas y prosiga con la cocción 15 minutos a fuego lento. Retire la cazuela del fuego y déjelo enfriar. Páselo a una batidora con 950 ml del caldo de pollo restante y tritúrelo. Vierta la mezcla en la olla y remueva bien.
    Ponga los granos de pimienta, el comino, el anís, la canela, el tomillo, el orégano, el ajo y la cebolla en una batidora. Tritúrelo con 475 ml del caldo de pollo restante a velocidad media hasta obtener una pasta homogénea, unos 2 minutos. Viértala en la olla de barro y remueva.
    Prosiga con la cocción del mole 30 minutos más a fuego lento, sin dejar de remover. Sale al gusto.
    Triture el bolillo y las tortillas con los 475 ml de caldo de pollo restantes 2 minutos a velocidad media y viértalo en el mole. Prosiga con la cocción 15 minutos, agregue el chocolate y el azúcar y cuézalo otros 20 minutos o hasta que la salsa esté espesa. Si fuera necesario, añada más caldo de pollo o deje que la salsa reduzca más tiempo. Rectifique de sal y azúcar, si fuera necesario. Sírvalo caliente sobre pollo, pavo o enchiladas.

Verduras de la huerta

Mole coloradito

Manchamanteles

Carne guisada con fruta
México

Preparación: 15 minutos,
más 20 minutos en remojo
Cocción: 1 hora y 25 minutos

※ ∅
Para 4 personas

Más parecido a un guiso que otros moles oaxaqueños, el manchamanteles es una combinación de chiles, tomates y varias frutas de un vibrante color rojo, que, sin duda, tiene mucho que ver con el nombre de este mole. La acidez de las frutas frescas y secas le aporta un delicioso sabor, mezcla de dulce, picante y ácido. Es un plato típico de la festividad del Corpus Christi.

        6 tomates
        8 chiles ancho secos despepitados
        150 g de manteca
        100 g de almendras enteras
        6 dientes de ajo cortados por la mitad
        1 cebolla blanca picada
        2 cdtas. de orégano seco
        680 g de lomo de cerdo en dados
        1 ramita de canela
        6 clavos
        ½ cdta. de nuez moscada molida
        950 ml de caldo de pollo
        3 cdtas. de vinagre de sidra
        1 cda. de azúcar
        1 ramita de canela
        8 granos de pimienta negra
        2 plátanos pelados y en trozos
        1 pera pelada y en dados
        ½ piña pelada, descorazonada y en dados
        sal
        arroz blanco cocido, para servir

Precaliente el horno a 180 °C. Coloque los tomates en una bandeja de horno forrada y áselos unos 25 minutos o hasta que se formen ampollas. Resérvelos.

Mientras, caliente un comal y tueste los chiles unos 2 minutos por cada lado. Ponga los chiles en un bol, cúbralos con agua caliente y déjelos en remojo 20 minutos. Escúrralos. Reserve los chiles y 60 ml del agua de remojo.

Cuando los tomates asados se hayan enfriado un poco, retíreles la piel y las semillas.

Caliente a fuego medio la manteca en una cazuela y tueste las almendras 5 minutos, removiendo. Baje el fuego y agregue el ajo, la cebolla, el orégano y los tomates asados. Remueva y sofríalo todo 2 minutos. Añada el cerdo y deje que se dore por todos los lados, removiendo de vez en cuando, 5 minutos.

Pase todos los ingredientes de la cazuela, excepto el cerdo, a una batidora junto con los chiles, el clavo, la nuez moscada y 120 ml del caldo de pollo. Tritúrelo 2 minutos a velocidad media o hasta obtener una mezcla fina. Cuélela y viértala en la cazuela con el cerdo.

Añada el caldo restante, el vinagre, el azúcar, la canela y los granos de pimienta, remueva bien y llévelo a ebullición a fuego medio. Baje el fuego, agregue el plátano, la pera y la piña y cuézalo de 30 a 45 minutos o hasta que el líquido se haya reducido y se forme una salsa espesa. Retire la ramita de canela y los granos de pimienta. Sale y sírvalo templado con arroz blanco.

Mole negro oaxaqueño

Mole negro
México

Preparación: 30 minutos,
más 30 minutos en remojo
Cocción: 1 hora y 40 minutos

※ ∅
Para 8 personas

Tal vez el más elaborado de todos, el mole negro de Oaxaca es típico de ocasiones especiales, como el Día de los Muertos. Su color oscuro se debe, sobre todo, a los chiles chamuscados (¡no solo tostados!) y al chocolate, que le proporcionan un delicioso sabor. La receta se transmite de generación en generación como las escrituras de una casa. Se suele servir con pollo, pavo, tamales o enchiladas.

        20 chiles chilhuacle negros
        8 chiles mulatos
        2 cdas. de semillas de sésamo
        1 tortilla de maíz (véase pág. 136)
        1 hoja de aguacate seca
        3 tomates
        8 cdas. de manteca
        100 g de nueces
        130 g de almendras
        60 g de anacardos
        1 ramita de canela
        6 clavos
        5 granos de pimienta negra
        1 cdta. de nuez moscada molida
        140 g de pasas
        80 g de chocolate de mesa (chocolate negro) partido
        1 cda. de orégano seco
        1,5 litros de caldo de pollo
        sal

Caliente un comal a fuego vivo. Tueste los chiles por todos los lados 4 minutos o hasta que se formen ampollas. Retírelos de la sartén, descorazónelos y despepítelos, reservando las semillas de los chiles chilhuacle. Coloque todos los chiles en un bol, cúbralos con agua caliente y sale. Déjelos en remojo 30 minutos o hasta que se ablanden. Retírelos, séquelos y resérvelos.

Mientras, en el mismo comal o sartén, tueste las semillas de chilhuacle junto con las de sésamo 8 minutos o hasta que se quemen ligeramente. Resérvelas. Repita la operación con la tortilla y la hoja de aguacate. Resérvelas. Añada los tomates a la misma sartén y áselos 15 minutos o hasta que la piel se empiece a desprender. Pase los tomates a una batidora y tritúrelos 2 minutos o hasta obtener una mezcla fina. Pase la mezcla por un colador y resérvela.

En un cazo, caliente 4 cucharadas de manteca y fría las nueces, las almendras, los anacardos, la canela, los clavos, los granos de pimienta, la nuez moscada y la tortilla chamuscada, removiendo, 8 minutos o hasta que todos los ingredientes estén crujientes. Páselos a una batidora junto con las pasas, las semillas de sésamo y de chilhuacle chamuscadas y la hoja de aguacate, tritúrelo bien 2 minutos y resérvelo.

En una sartén, caliente a fuego medio 2 cucharadas de manteca y sofría los chiles escurridos 5 minutos. Vierta la mezcla de nueces y cuézalo todo a fuego lento 10 minutos, removiendo con frecuencia, hasta que espese.

Caliente las 2 cucharadas de manteca restantes en una cazuela o en una olla de barro y añada las mezclas de nueces y chile y de tomate, el chocolate desmenuzado, el orégano y el caldo. Remueva bien y cuézalo a fuego lento 40 minutos o hasta que espese.

Mole amarillo

Mole amarillo con pollo
México

Preparación: 20 minutos,
más 20 minutos en remojo
Cocción: 2 horas y 30 minutos

Para 6 personas

Aunque se le llama amarillo es más bien rojizo o naranja claro. Al no llevar chocolate ni frutas, no es muy dulce, sino más bien enérgico. Diferentes hierbas como la hoja santa y la *pitiona*, que varían con el microclima en el que se elabora, ayudan a perfilar su sabor. Se suele servir con pollo, con tamales o como un guiso de carnes y verduras.

    1 pollo entero (900 g) en trozos
    1 litro de caldo de pollo
    225 g de papas (patatas) peladas y en rodajas
    225 g de judías verdes
    6 calabacines pequeños cortados por la mitad
    1 chayote pelado y en dados
    6 chiles chilcostle despepitados
    2 chiles ancho despepitados
    5 chiles costeños despepitados
    950 ml de agua caliente
    10 tomates
    5 jitomates (tomatillos)
    3 clavos
    6 granos de pimienta negra
    1 cdta. de orégano seco
    1 cebolla blanca picada
    5 dientes de ajo pelados
    1 cda. de manteca
    125 g de masa de maíz (véase pág. 123)

Ponga el pollo y el caldo en una olla y llévelo a ebullición. Baje el fuego, tape la olla y cuézalo 30 minutos o hasta que la carne esté tierna.

Retire el pollo y resérvelo. Añada las papas, las judías verdes, los calabacines y el chayote y cuézalo 30 minutos o hasta que todas las verduras estén tiernas. Retírelas y resérvelas. Reserve el caldo en la cazuela.

Mientras, caliente un comal y tueste los chiles chilcostle 7 minutos o hasta que se empiecen a formar ampollas. Repita la operación con los ancho y costeños. Póngalos en un bol, cúbralos con el agua caliente y déjelos 20 minutos. Retire los chiles y reserve el agua.

Ponga los chiles en una batidora y añada 250 ml del agua de remojo reservada. Tritúrelos 2 minutos a velocidad media. Cuele la mezcla y resérvela en un bol.

Coloque los tomates y los jitomates en una cazuela, añada agua hasta cubrirlos y llévela a ebullición. Cuézalos 10 minutos o hasta que estén blandos. Pele los tomates y pase ambos a una batidora.

Caliente un comal a fuego medio y tueste los clavos, los granos de pimienta y el orégano 3 minutos. Añádalos a la batidora con los tomates, agregue el ajo y 250 ml del caldo de pollo reservado. Tritúrelo 2 minutos. Pase la pasta por un colador sobre un bol y resérvela.

En una cazuela, caliente a fuego vivo la manteca, vierta la pasta de chile y remueva bien 10 minutos. Baje el fuego a medio, añada la pasta de tomate y prosiga con la cocción 15 minutos más, removiendo con frecuencia.

Ponga la masa en la batidora con 250 ml del caldo de pollo reservado y tritúrela 1 minuto. Vierta la mezcla de tomate y chile en la cazuela con el caldo de pollo restante y cueza 15 minutos a fuego lento hasta que espese. Sale al gusto. La consistencia del mole debe ser espesa. Si fuera necesario, agregue más caldo de pollo.

Antes de servir, añada el pollo y las verduras al mole para calentarlos y sírvalo.

Mole almendrado

Mole de almendra
México

Preparación: 20 minutos,
más 10 minutos en remojo
Cocción: 1 hora y 30 minutos

Para 10 personas

El pueblo de San Pedro Atocpan en el estado de México es muy famoso por la producción de mole, que se vende en pequeños negocios familiares, aunque también es el lugar de nacimiento del mole almendrado, que lleva de 26 a 28 ingredientes. Estos pueden variar, pero siempre incluyen tres chiles diferentes: mulato, pasilla y ancho.

    60 g de chiles mulatos despepitados
    60 g de chiles pasilla despepitados
    60 g de chiles ancho despepitados
    250 g de tomates
    250 g de jitomates (tomatillos)
    870 ml de caldo de pollo
    ½ cebolla blanca
    2 dientes de ajo
    60 g de semillas de sésamo tostadas
    2 clavos
    1 cdta. de pimienta negra en grano
    1 cdta. de orégano seco
    1 cdta. de semillas de comino
    1 ramita de canela
    3 cdas. de manteca
    60 g de almendras
    60 g de maníes (cacahuetes)
    60 g de pasas
    1 plátano maduro en rodajas
    1 bolillo (panecillo)
    1 cda. de azúcar moreno
    sal

En un comal seco, tueste todos los chiles junto con los tomates y jitomates a fuego medio, dándoles la vuelta para que lo hagan de manera uniforme. Retire los chiles después de 2 minutos y tueste los tomates y jitomates 3 minutos más.

Coloque los chiles en un bol, cúbralos con agua caliente con sal y déjelos en remojo 10 minutos. Páselos a una batidora.

Ase los dientes de ajo y las cebollas en una sartén seca a fuego vivo 5 minutos y páselos a la batidora.

Coloque los tomates y los jitomates en una cazuela y cúbralos hasta la mitad con caldo de pollo, reservando 250 ml del caldo. Llévelo a ebullición y cuézalos 20 minutos o hasta obtener la consistencia de un puré. Déjelo enfriar y páselo junto con las semillas de sésamo, los clavos, la pimienta negra, el orégano, el comino y la ramita de canela a la batidora con los chiles, la cebolla y el ajo asados. Triture hasta obtener una mezcla fina, 3 minutos a velocidad media.

Caliente a fuego medio la mitad de la manteca en una olla de barro o cazuela. Cuando empiece a humear, baje el fuego y añada la mezcla. Cuézala 20 minutos, sin dejar de remover. Sale al gusto.

Mientras, en una sartén, caliente la manteca restante y fría las almendras, los maníes, las pasas y el plátano 7 minutos o hasta que estén ligeramente dorados. Páselos a la batidora junto con el *bolillo* y el caldo de pollo reservado y tritúrelo todo a velocidad media hasta obtener una mezcla fina. Viértala en la olla de barro. Sale y añada el azúcar. Baje el fuego y cuézalo 20 minutos o hasta que la salsa espese. Rectifique de sal, si fuera necesario, y sírvalo caliente sobre el pollo o las enchiladas.

Frijoles y lentejas

En las calles de Salvador de Bahía, las mujeres brasileñas conocidas como *baianas do acarajé*, ataviadas con sus tradicionales vestidos blancos con encajes, collares de abalorios y un turbante en la cabeza, fríen una especie de buñuelos elaborados con puré de frijoles carilla en un aceite de palma de naranja rojizo, conocido como *dendê*, para hacer *acarajé*. Su vestimenta es un homenaje a la religión afrobrasileña candomblé, que se originó entre los esclavos a principios del siglo XIX, mezclando las creencias de los africanos occidentales, los indígenas y los católicos romanos. Condenado por la Iglesia, su culto se mantuvo en secreto entre sus seguidores, unos dos millones hoy en día, hasta las últimas décadas. Las *baianas* abren el *acarajé* y lo rellenan con camarones y pastas picantes como el *vatapá* y el *caruru*, y lo entregan mientras aún está caliente. También venden otros alimentos santos como el *abará*, que utiliza la misma mezcla de frijoles pero se envuelve en una hoja de plátano y se cuece al vapor, así como dulces de coco llamados *cocadas*.

Los esclavos trajeron el *acarajé* a Brasil desde el África occidental, donde se conoce como *akará* y *kosai*. El término *acarajé* proviene del yoruba, una mezcla de *akará* («bola de fuego») y *jé* («comer»), y su consumo está ligado a los orígenes del candomblé, como ofrenda a las esposas de Xangô, Oxum e Iansã. La versión tradicional de los puestos ambulantes de Salvador es una ofrenda a Iansã, la diosa de los vientos y las tempestades, aunque otras variantes tienen otros tamaños, cada una diseñada como ofrenda a un *orisha* o divinidad determinado. Los *acarajé* más grandes y redondos son para Xangô, y los más pequeños para los espíritus infantiles llamados Erês. El buñuelo está muy relacionado con el *acaçá*, preparado con maíz blanco cocido al vapor y machacado (para Oxala) o con maíz amarillo (para Oxossi), que se coloca en un *pegi* o altar de candomblé. Antes de la abolición de la esclavitud en Brasil en 1888, la venta de *acarajé* la realizaban las *escravas de ganho* («esclavas ricas»), a las que se les permitía quedarse con parte de los ingresos para mantener a sus familias y comprar su libertad. Hoy en día varios miles de vendedoras conservan este legado.

Para muchos en América Latina, los frijoles y las lentejas son una fuente de proteínas más importante que la carne. Presentes en un arco iris de colores y una gran variedad de tamaños, son baratos, fáciles de cultivar, incluso en suelos pobres, y se conservan bien mucho tiempo. Se preparan de decenas de miles de maneras, y nuestra selección de recetas no les hace justicia. Los frijoles se deben cocer hasta que estén tiernos, pero hay cientos de debates sobre cómo hacerlo. Algunos aseguran que una olla de barro es imprescindible, ya que su naturaleza alcalina hace que la piel quede más suave. Ponerlos en remojo o no es otro de los grandes dilemas. Mientras que las ollas a presión, las rápidas o darles un hervor 10 minutos antes de cocerlos pueden acortar el tiempo de cocción, gran parte de América Latina es de la vieja escuela. Les gusta ponerlos en remojo. Es una práctica que nos conecta con miles de años de cotidianidad. Para los frijoles más pequeños, como los carilla y los negros, por no hablar de las lentejas, el remojo no tiene sentido. Para los más grandes, es fundamental. Si se ha olvidado de ponerlos en remojo, les costará hacerse un poco más de tiempo.

Acarajé

Buñuelos de frijoles carilla
Brasil

Preparación: 35 minutos,
más toda la noche en remojo
Cocción: 30 minutos

Para 12-15 unidades

En casi todas las ciudades del estado de Bahía, es habitual encontrar mujeres vestidas de blanco que venden Acarajé. El Instituto del Patrimonio Histórico y Artístico Nacional de Brasil ha promulgado normas para proteger esta receta y las técnicas y rituales que la rodean, como la forma de pelar los frijoles, los rellenos y el traje típico de las *baianas*.

 450 g de frijoles carilla secos
 3 cebollas, 2 picadas gruesas y 1 en rodajas finas
 1 diente de ajo pelado
 1 chile malagueta pequeño despepitado
 425 ml de aceite de dendê (o aceite de maní [cacahuete] con 1 cda. de achiote en polvo)
 1 cdta. de chile en polvo
 340 g de camarones (gambas) crudos y pelados
 350 ml de aceite vegetal
 sal y pimienta molida

Ponga los frijoles en un bol, cúbralos con agua fría y déjelos en remojo toda la noche o hasta 24 horas.

Frote los frijoles con las manos para que la piel se desprenda. Deseche las pieles y cambie el agua tantas veces como sea necesario para retirarlas todas. Este proceso llevará un tiempo. (Puede saltarse este paso utilizando frijoles ya pelados o envasados.)

En un robot de cocina, triture los frijoles pelados con las 2 cebollas picadas, el ajo y el chile malagueta. Salpimiente y remueva con una cuchara de madera hasta obtener una masa ligera y esponjosa.

Para preparar el *vatapá* (el relleno), dore en 2 cucharadas de aceite de *dendê* la cebolla en rodajas con sal y el chile a fuego lento. Agregue los camarones y sofríalos 4 minutos o hasta que adquieran un color rosado. Retírelo del fuego y resérvelo.

En una cazuela de fondo grueso, caliente el aceite de *dendê* restante con el aceite vegetal a 190 °C. Por tandas, forme bolas de masa con la ayuda de dos cucharas y fríalas en el aceite caliente 3 minutos por cada lado o hasta que estén crujientes. Páselas a un plato forrado con papel de cocina para eliminar el exceso de aceite. Corte los buñuelos a lo largo y rellénelos con la mezcla de camarones y cebolla. Sírvalo.

Tutu à mineira

Frijoles negros refritos con tocino 🍲
Brasil

Preparación: 15 minutos,
más toda la noche en remojo
Cocción: 1 hora y 20 minutos

Para 6 personas

Preparados *à Mineira*, es decir, al estilo de Minas Gerais, un estado en el interior de Brasil, se mezclan con tocino y salchichas y se espesan con harina de yuca. Se sirven con arroz blanco, berza sofrita, plátano frito o chuletas de cerdo al lado.

 450 g de frijoles negros secos
 2 hojas de laurel

 2 cdas. de aceite vegetal
 225 g de linguiça calabresa (salchicha ahumada o chorizo) en rodajas finas
 225 g de tocino picado grueso
 3 dientes de ajo majados
 70 g de harina de yuca
 4 huevos duros en rodajas
 sal y pimienta molida
 arroz blanco cocido, para servir

Ponga los frijoles en un bol, cúbralos con agua fría y déjelos en remojo toda la noche o hasta 24 horas.

Escurra los frijoles y colóquelos en una cazuela con el laurel, suficiente agua para cubrirlos y un poco de sal. Llévelos a ebullición y cuézalos 10 minutos a fuego vivo. Baje el fuego y cuézalos, tapados, unos 50 minutos hasta que estén tiernos, añadiendo más agua si fuera necesario. Cuélelos, reservando tanto los frijoles como el agua de cocción (deseche el laurel). En un robot de cocina, triture los frijoles con agua de cocción para obtener una consistencia espesa.

Mientras, caliente el aceite en una cazuela y saltee la salchicha y el tocino hasta que se doren. Reserve algunos trozos de tocino o salchicha para decorar. Añada el ajo y salpimiente. Agregue los frijoles triturados, remueva y lleve la mezcla a ebullición. Baje el fuego y añada poco a poco la harina de yuca hasta que espese, sin dejar de remover. Retírela del fuego.

Decore los frijoles con las rodajas de huevo y tocino o salchichas. Sírvalos templados con arroz blanco.

Frijoles volteados, frijoles refritos

Frijoles negros refritos
Guatemala

Preparación: 10 minutos,
más toda la noche en remojo
Cocción: 1 hora

Para 4-6 personas

Para muchas familias indígenas de Guatemala, los frijoles son la principal fuente de proteínas. Esta es la forma más habitual de hacerlos. Se comen tres veces al día, en tortillas o pan o con arroz y un huevo frito al lado.

 250 g de frijoles negros secos
 1 hoja de laurel
 1,9 litros de agua
 2 cdas. de aceite de oliva
 1 cebolla en dados pequeños
 2 dientes de ajo picados
 sal
 60 g de queso fresco desmenuzado, para servir

Ponga los frijoles en un bol, cúbralos con abundante agua fría y déjelos en remojo toda la noche o hasta 24 horas.

Escurra los frijoles y colóquelos en una cazuela con el laurel, el agua y un poco de sal. Llévelos a ebullición y cuézalos 10 minutos. Baje el fuego y cuézalos, tapados, unos 40 minutos hasta que estén casi tiernos. Cuélelos reservando el agua de cocción.

Ponga los frijoles y la mitad del agua de cocción en una batidora. Tritúrelos hasta obtener una mezcla fina y espesa, añadiendo más agua si fuera necesario.

Caliente el aceite en una sartén y sofría la cebolla y el ajo. Añada la pasta de frijoles y remueva a fuego medio unos 10 minutos. Esparza el queso fresco por encima y sírvalos.

Frijoles y lentejas

Tutu à mineira

Porotos con riendas

Frijoles con espaguetis
Chile

Preparación: 20 minutos,
más toda la noche en remojo
Cocción: 50 minutos

Para 6 personas

El nombre de esta sopa, típica del invierno, hace referencia a cómo se prepara en el campo chileno, con «riendas», es decir, con tiras de piel de cerdo o cuero. Para adaptarla a los paladares urbanitas, las riendas se convirtieron en espaguetis, aunque a muchos todavía les gusta servirlos con chicharrones.

    360 g de frijoles borlotti secos
    1 calabaza de verano pelada, despepitada y picada
    2 cdas. de aceite vegetal
    1 cebolla en dados pequeños
    1 diente de ajo picado
    1 rama de apio en dados pequeños
    ½ pimiento rojo despepitado y en dados pequeños
    1 zanahoria rallada
    1 tomate rallado
    1 cdta. de merkén (polvo de chile ahumado)
    1 cdta. de comino molido
    2 longanizas en rodajas
    200 g de espaguetis
    un manojo de acelgas en juliana
    1 cdta. de hojas de orégano o de perejil
    sal y pimienta molida

Ponga los frijoles en un bol, cúbralos con abundante agua fría y déjelos toda la noche o hasta 24 horas.

Escurra los frijoles y póngalos en una cazuela con suficiente agua para cubrirlos generosamente y un poco de sal. Llévelos a ebullición y cuézalos 10 minutos a fuego vivo. Baje el fuego y cuézalos, tapados, 25 minutos. Añada la calabaza y prosiga con la cocción hasta que los frijoles y la calabaza estén tiernos.

Mientras, caliente a fuego medio el aceite en otra cazuela y sofría la cebolla, el ajo, el apio, el pimiento y la zanahoria, sin dejar de remover, hasta que estén blandos. Añada el tomate, el *merkén* y el comino y sofríalos 1 minuto. Agregue la longaniza y sofríala 3 minutos.

Vierta la mezcla sobre los frijoles y la calabaza, añada los espaguetis y cuézalo todo de 6 a 8 minutos hasta que la pasta esté al dente. Añada las acelgas justo antes de servir los frijoles calientes, con orégano o perejil esparcido por encima.

Feijão tropeiro

Frijoles, salchichas y berza al estilo brasileño
Brasil

Preparación: 10 minutos,
más toda la noche en remojo
Cocción: 1 hora

Para 6-8 personas

Traducido como «frijoles de ganadero o vaquero», este plato del estado de Minas Gerais se remonta a la época colonial, cuando los *tropeiros* recorrían largas distancias a caballo por el accidentado interior de Brasil. Se suele servir con arroz y *torresmos* o chicharrones.

    450 g de frijoles carioca (pintos) secos
    2 hojas de laurel

    1,5 litros de agua
    4 cdas. de aceite de oliva
    5 huevos batidos
    6 dientes de ajo picados
    70 g de berza o kale picada
    400 g de linguiça calabresa (chorizo o salchicha ahumada) en rodajas
    225 g de lonchas de tocino en dados
    1 cebolla blanca en rodajas
    140 g de harina de yuca
    40 g de perejil picado
    40 g de cebollino picado
    sal marina y pimienta molida

Ponga los frijoles en un bol, cúbralos con abundante agua fría y déjelos toda la noche o hasta 24 horas.

Coloque los frijoles escurridos en una cazuela con el laurel, el agua y un poco de sal. Llévelos a ebullición a fuego medio-alto y cuézalos 10 minutos. Baje el fuego y cuézalos, tapados, unos 35 minutos más, hasta que estén al dente (no deben estar tiernos), añadiendo más agua si fuera necesario. Escúrralos y resérvelos.

Caliente a fuego medio 2 cucharadas de aceite en una sartén. Añada los huevos y remueva constantemente hasta que se cuajen. Resérvelos.

Caliente a fuego medio el aceite restante en una cazuela y sofría la mitad del ajo hasta que se dore. Agregue la berza o kale y sofríala hasta que se ablande. Salpimiente, pásela a un bol y resérvela.

En la misma sartén, dore la salchicha y resérvela.

Añada el tocino a la sartén y dórelo, agregue la cebolla y el ajo restante junto con los frijoles escurridos, la salchicha, los huevos y la berza o kale y remueva para que se mezclen. Agregue la harina de yuca, un puñado cada vez, sin dejar de remover hasta que se haya incorporado por completo. Retire la cazuela del fuego y sírvalo de inmediato, con el perejil y el cebollino picados esparcidos por encima.

Guiso de lentejas

Guiso de lentejas con carne
Argentina

Preparación: 20 minutos,
más toda la noche en remojo
Cocción: 1 hora y 45 minutos

Para 8 personas

Este contundente guiso de invierno no tiene una receta estándar. La mayoría simplemente mezclan las lentejas con lo que tengan en la despensa.

    900 g de lentejas marrones
    2 cdtas. de bicarbonato de sodio
    2 cdas. de aceite
    2 hojas de laurel
    275 g de contra de ternera asada picada
    200 g de tocino ahumado o panceta en trozos
    1 chorizo colorado en trozos
    2 cebollas en dados pequeños
    2 dientes de ajo picados
    1 cdta. de pimentón dulce
    2 zanahorias en dados
    1 pimiento rojo despepitado y en dados
    1 pimiento verde despepitado y en dados
    1 pimiento amarillo despepitado y en dados
    2 cdas. de pasta de tomate
    1 litro de caldo de ternera caliente
    60 g de perejil picado
    sal y pimienta molida

Ponga las lentejas en un bol, añada el doble de agua de su cantidad en volumen y el bicarbonato de sodio y déjelas en remojo 12 horas o toda la noche. Escúrralas.

Caliente a fuego medio 1 cucharada de aceite en una cazuela y sofría las lentejas 2 minutos. Agregue el agua, el laurel y un poco de sal. Cuézalas unos 30 minutos hasta que se ablanden (pero no hasta estar completamente tiernas, ya que se completará la cocción más tarde). Escúrralas y resérvelas.

Caliente la cucharada de aceite restante en una cazuela y dore la carne, el tocino y el chorizo 15 minutos. Retírelos y resérvelos. En la misma cazuela, agregue la cebolla, el ajo y el pimentón y salpimiente. Sofríalos 10 minutos hasta que se doren. Añada las zanahorias y los pimientos y sofríalos otros 5 minutos. Agregue la carne, el tocino y el chorizo junto con las lentejas y la pasta de tomate. Vierta el caldo de ternera caliente, tape la cazuela y cuézalo todo 40 minutos o hasta que las lentejas estén completamente tiernas.

Sirva el guiso en un plato hondo o en un bol de cerámica, con el perejil picado esparcido por encima y acompañado de rebanadas de pan.

Feijoada

Guiso de frijoles negros y cerdo al estilo brasileño
Brasil

Preparación: 20 minutos,
más toda la noche en remojo
Cocción: 2 horas

Para 8 personas

El nombre deriva del portugués *feijão*, frijoles, y distintas variantes de *feijoada* se preparan en todos los países o regiones que fueron antiguas colonias portuguesas, como Macao, Mozambique, Angola y Goa. En Brasil, este guiso se considera el plato nacional y se come el fin de semana. Las recetas más típicas son las de los estados de Minas Gerais y Río de Janeiro, donde se suele preparar con frijoles negros y una mezcla de carnes (las versiones más tradicionales utilizan las piezas de cerdo de menor categoría, como rabo y manitas). Las variantes regionales pueden usar otro tipo de frijoles o añadir diferentes verduras, pero suelen llevar siempre acompañamientos, como arroz blanco, col guisada, *farofa* (harina de yuca tostada) y rodajas de naranja.

    400 g de frijoles negros secos
    120 ml de aceite de oliva
    225 g de chuletas de cerdo ahumadas en trozos
    225 g de paleta de cerdo en trozos
    225 g de linguiça (o chorizo) en rodajas
    200 g de tocino picado
    1 cebolla picada
    1 diente de ajo picado
    1 pimiento rojo despepitado y picado
    1 pimiento verde despepitado y picado
    1 tomate en dados
    20 g de perejil picado
    20 g de cebollino picado
    1 cdta. de pimentón
    1 cdta. de comino molido
    1 chile rojo despepitado y picado (o 1 cdta. de chile en polvo)
    3 litros de agua
    1 naranja
    1 hoja de laurel
    sal y pimienta molida

Ponga los frijoles en un bol, cúbralos con abundante agua fría y déjelos en remojo toda la noche o hasta 24 horas.

Caliente a fuego medio la mayor parte del aceite en una sartén. Selle las chuletas y la paleta por separado, pasándolas a un plato a medida que las fríe. Baje el fuego y fría la salchicha en rodajas 6 minutos hasta que esté ligeramente dorada. Retírela y resérvela.

Limpie la sartén, póngala a fuego lento y añada el aceite restante y el tocino. Agregue la cebolla y el ajo y sofríalos 8 minutos. Añada los pimientos, el tomate, el perejil, el cebollino, el pimentón, el comino y el chile y sofríalos 10 minutos.

Mientras, escurra los frijoles, colóquelos en una cazuela y cúbralos con el agua fría. Llévelos a ebullición y, cuando hiervan, añada la naranja entera sin pelar y el laurel. Baje el fuego y cueza 20 minutos, espumando la superficie. Añada la carne, el tocino y la salchicha. Salpimiente y cueza 30 minutos. Agregue las verduras, y prosiga con la cocción a fuego lento 40 minutos más o hasta que los frijoles estén tiernos y el caldo espeso.

Frijoles antioqueños, frijoles paisas

Frijoles antioqueños
Colombia

Preparación: 15 minutos,
más toda la noche en remojo
Cocción: 1 hora y 55 minutos

Para 6 personas

Los frijoles antioqueños son un ingrediente fundamental de la bandeja *paisa*, el nutritivo plato característico de la cocina antioqueña, a veces considerado el plato nacional de Colombia, que incluye arroz blanco, plátanos, salchichas, aguacate, chicharrones, carne picada, un huevo frito y arepas. También se pueden servir en cazuelitas acompañados de maíz, carne de ternera picada, aguacate y chicharrones desmenuzados.

    500 g de frijoles borlotti secos
    1,5 litros de agua
    225 g de codillo de cerdo
    3 cdas. de aceite vegetal
    1 cda. de cebolla picada
    1 diente de ajo picado
    320 g de tomates en dados
    20 g de cebolletas picadas
    1 cdta. de comino
    10 g de cilantro picado
    2 zanahorias ralladas
    ½ plátano macho en rodajas
    sal

Ponga los frijoles en un bol, cúbralos con agua fría y déjelos en remojo toda la noche o hasta 24 horas.

Escurra los frijoles y colóquelos en una cazuela con el agua y un poco de sal. Añada el codillo, llévelos a ebullición a fuego medio-alto y cuézalos 10 minutos. Baje el fuego y cuézalos, tapados, unos 35 minutos hasta que los frijoles estén casi tiernos.

Mientras, caliente a fuego medio el aceite vegetal en una sartén. Añada la cebolla, el ajo, los tomates y las cebolletas. Agregue el comino y el cilantro y sale. Sofríalo todo 10 minutos.

Cuando los frijoles estén casi tiernos, añada el sofrito de verduras, la zanahoria rallada, el plátano y un poco de sal. Tape la cazuela y cuézalo todo 1 hora más o hasta que los frijoles estén completamente tiernos. Sírvalos con arroz.

Sopa negra

Sopa de frijoles negros
Costa Rica

Preparación: 35 minutos,
más toda la noche en remojo
Cocción: 1 hora y 15 minutos

Para 6 personas

Existen variantes de la receta de sopa negra por toda América. La versión tradicional costarricense lleva siempre huevos duros, que a veces se cuecen en la propia sopa y luego se retiran y se pelan antes de servirla.

    900 g de frijoles negros secos
    3 litros de agua
    20 g de cilantro
    1 cebolla picada
    1 pimiento picado
    4 dientes de ajo pelados
    2 cdas. de aceite vegetal
    1 rama de apio picada
    110 g de pasta de tomate
    3 plátanos machos en rodajas
    1 cda. de comino molido
    3 huevos duros cortados por la mitad o en rodajas
    sal y pimienta molida

Ponga los frijoles en un bol, cúbralos con abundante agua fría y déjelos toda la noche o hasta 24 horas.

Escurra los frijoles y colóquelos en una cazuela con el agua y un poco de sal. Llévelos a ebullición y cuézalos 10 minutos a fuego vivo. Baje el fuego y cuézalos, tapados, unos 50 minutos hasta que estén tiernos. Cuélelos, reservando el agua de cocción.

Ponga la mitad de los frijoles junto con la mitad del agua de cocción en un robot de cocina o una batidora. Añada la mitad del cilantro, la cebolla, el pimiento y el ajo. Tritúrelo todo hasta obtener una mezcla fina.

Caliente a fuego medio el aceite en una cazuela y sofría el apio junto con el cilantro, la cebolla, el pimiento y el ajo restantes 1 minuto. Añada la pasta de tomate y sofríalo todo 5 minutos. Agregue los frijoles triturados, los frijoles enteros y el agua de cocción restante y los plátanos. Añada el comino y salpimiente. Llévelo a ebullición, baje el fuego y cuézalo 8 minutos.

Sirva la sopa en boles hondos adornada con los huevos duros y acompañada con un poco de arroz.

Fanesca

Sopa de Pascua ecuatoriana 🍲
Ecuador

Preparación: 20 minutos,
más toda la noche en remojo
Cocción: 1 hora y 40 minutos

Para 10-12 personas

Preparada solo en Pascua y Cuaresma en Ecuador, la receta de fanesca varía de una región a otra, de una familia a otra. Es un plato simbólico, con doce tipos de frijoles y granos, uno para cada uno de los doce apóstoles, y bacalao, representando a Jesús. Es tradicional de las comidas familiares de Viernes Santo y se sirve con huevos duros, plátanos fritos, chiles frescos, cebollas blancas encurtidas, aguacates y empanadas.

    90 g de lentejas amarillas
    85 g de garbanzos
    900 g de bacalao salado
    900 g de cidra cayote (también llamada chilacayote) pelada, despepitada y picada
    450 g de calabaza de verano pelada, despepitada y picada
    130 g de guisantes cocidos
    150 g de frijoles borlotti cocidos
    920 g de granos de maíz cocidos
    375 g de habas peladas y cocidas
    150 g de arroz cocido
    100 g de mantequilla
    7 cebollas picadas finas
    8 dientes de ajo picados
    2 cdtas. de achiote en polvo
    150 g de maníes (cacahuetes) triturados
    1 cdta. de chile en polvo
    2 cdtas. de comino molido
    150 g de altramuces cocidos
    10 hojas de berza en juliana
    1,2 litros de leche
    1 manojo de cilantro picado
    150 g de queso fresco
    sal

Ponga las lentejas y los garbanzos en boles separados, cúbralos con abundante agua fría y déjelos en remojo toda la noche. Lave el bacalao, póngalo en otro bol, cúbralo con abundante agua fría y déjelo en remojo toda la noche, para eliminar el exceso de sal, cambiando el agua cada 6 horas. Al día siguiente, escurra las legumbres y cueza cada una por separado en agua unos 25 minutos hasta que estén tiernas. Escúrralas y resérvelas.

Cueza la cidra cayote y la calabaza en una cazuela de agua con sal de 15 a 25 minutos o hasta que estén tiernas. Escúrralas y aplástelas hasta obtener un puré.

Ponga los guisantes, las lentejas, los garbanzos, los frijoles, el maíz, las habas y el arroz en un bol. Mezcle bien y resérvelo.

En una sartén, caliente a fuego medio la mantequilla y sofría la cebolla y el ajo. Añada el achiote, los maníes, las especias y los altramuces. Vierta la mezcla en una cazuela, añada el puré de calabaza junto con la mezcla de frijoles, la berza y la leche y remueva bien. Cuézalo, tapado, a fuego lento 20 minutos.

Enjuague el bacalao y colóquelo en una olla. Cúbralo con agua fría y cuézalo a fuego lento hasta que se deshaga en lascas. Páselo a la cazuela con la sopa y remueva bien. Añada el cilantro y cuézalo todo a fuego lento 10 minutos. Corte el queso fresco y decore con él la sopa o desmenúcelo e incorpórelo para espesarla. Sírvala templada.

Fanesca

Menestras

Lentejas guisadas
Ecuador

Preparación: 10 minutos,
más toda la noche en remojo
Cocción: 2 horas y 10 minutos

Para 6-8 personas

Típico de Guayaquil y de la costa ecuatoriana, este guiso, que puede ser de lentejas o de frijoles, siempre se acompaña de arroz blanco y un trozo de carne frita y, a veces, de plátanos fritos, *curtido* y rodajas de aguacate.

450 g de lentejas marrones lavadas
3 cdas. de aceite vegetal
1 cebolla roja en dados
6 dientes de ajo picados
3 tomates en dados
1 pimiento despepitado y en dados
1 cdta. de achiote en polvo
2 cdtas. de comino molido
1 cdta. de chile en polvo
1,9 litros de agua
4 cdas. de cilantro picado
sal

Ponga las lentejas en un bol, cúbralas con abundante agua fría y déjelas en remojo toda la noche.

Sofría a fuego medio la cebolla y el ajo 2 o 3 minutos.

Agregue los tomates, el pimiento, el achiote, el comino y el chile y sofría 5 minutos, removiendo de vez en cuando. Vierta el agua y llévela a ebullición. Añada las lentejas escurridas y cuézalas a fuego lento 2 horas. Sale, esparza el cilantro y remueva antes de servir.

Anafre de frijoles

Anafre de frijoles refritos
Honduras

Preparación: 20 minutos,
más toda la noche en remojo
Cocción: 1 hora

Para 6 personas

El anafre es un hornillo portátil de barro con orificios por los que circula el aire, típico de Honduras. Se llena con carbón y se coloca encima la fuente o bol de barro con los frijoles refritos para mantenerlos calientes. Se suele servir como aperitivo con queso fundido y rodajas de jalapeño encima, así como con chips de tortilla.

180 g de frijoles rojos de seda secos
1 hoja de laurel
1 cda. de aceite vegetal
450 g de chorizo picado fino
½ cebolla en dados pequeños
1 diente de ajo picado
¼ de cdta. de chile en polvo o pimienta de Cayena
1 cda. de caldo de pollo
225 g de queso fresco o mozzarella rallado
sal y pimienta molida

Ponga los frijoles en un bol, cúbralos con abundante agua fría y déjelos toda la noche o hasta 24 horas.

Escurra los frijoles y colóquelos en una cazuela con el laurel. Añada agua fría y un poco de sal. Llévelos a ebullición y cuézalos 10 minutos a fuego vivo. Baje el fuego y cuézalos 35 minutos. Escúrralos y aplástelos.

Caliente a fuego medio el aceite en una cazuela y saltee los frijoles aplastados. Agregue el chorizo y la cebolla y sofríalo todo unos 3 minutos. Añada el ajo, el chile y el caldo de pollo y remuévalo hasta que empiece a burbujear. Retírelo del fuego.

Pase la mezcla a un bol o una fuente de barro. Remueva, salpimiente y cúbrala con el queso. Puede colocar el bol o la fuente en un anafre para mantener los frijoles calientes; de lo contrario, sírvalos con tortillas calientes o chips de tortilla.

Piloyada antigüeña

Ensalada de frijoles pintos
Guatemala

Preparación: 30 minutos,
más toda la noche en remojo
Cocción: 1 hora y 10 minutos

Para 6 personas

Esta ensalada fría de frijoles, típica de los domingos, es uno de los platos más tradicionales de Antigua, Guatemala. Su base está compuesta por grandes frijoles Piloy de color marrón rojizo, una variedad de frijoles pintos autóctona de esta región.

450 g de frijoles Piloy secos
1 hoja de laurel
1 ramita de tomillo
3 dientes de ajo picados
1,9 litros de agua
120 ml de vinagre
2 cdas. de aceite vegetal
225 g de paleta de cerdo
950 ml de agua
6 chorizos
6 longanizas
225 g de tomates en dados
1 cebolla en dados
1 chile fresco picado fino
1 manojo de perejil picado
2 cdas. de aceite de oliva
sal y pimienta molida

Para servir
4 cdas. de queso seco o cotija desmenuzado
3 huevos duros en rodajas

Ponga los frijoles en un bol, cúbralos con abundante agua fría y déjelos toda la noche o hasta 24 horas.

Escurra los frijoles y colóquelos en una cazuela con el laurel, el tomillo, el ajo, la mitad del vinagre y un poco de sal. Vierta suficiente agua para cubrirlos generosamente. Llévelos a ebullición y cuézalos unos 10 minutos a fuego vivo. Baje el fuego y cuézalos, tapados, durante 50 minutos hasta que los frijoles estén casi tiernos. Escúrralos y resérvelos.

Mientras, caliente a fuego medio 1 cucharada de aceite vegetal en una cazuela y selle la carne de cerdo. Vierta el agua y un poco de sal y cuézala, tapada, unos 45 minutos hasta que esté tierna. Déjela enfriar y córtela en trozos de 2,5 a 5 cm.

Caliente a fuego medio el aceite vegetal restante en otra cazuela y sofría los chorizos y las longanizas 5 minutos hasta que se doren. Mézclelos con los frijoles escurridos, el cerdo y el vinagre restante. Incorpore los tomates, la cebolla, el chile y el perejil y salpimiente al gusto. Rocíe la mezcla con el aceite de oliva y déjela enfriar.

Para servir, distribuya por encima el queso desmenuzado y las rodajas de huevo duro.

Piloyada antigüeña

Sopa de frijoles
con costillas de cerdo

Sopa de frijoles con costillas de cerdo
Honduras

Preparación: 30 minutos,
más toda la noche en remojo
Cocción: 2 horas

🌱 ⊘
Para 4-6 personas

Esta nutritiva sopa es un plato típico de Honduras. Tradicionalmente, se prepara con frijoles rojos de seda, que no contienen demasiado almidón. Puede servirla con un huevo escalfado, así como con arroz, aguacate, queso fresco y tortillas.

- 450 g de frijoles rojos de seda secos
- 2 cdas. de aceite de oliva
- ½ cebolla en rodajas muy finas
- 3 dientes de ajo picados
- ½ pimiento despepitado y en tiras finas
- 1,5 litros de agua
- 1 manojo de cilantro
- 1 cda. de manteca
- 450 g de costillas de cerdo
- 1 cdta. de comino molido
- 450 g de yuca en trozos de 5 cm
- 3 guineos (plátanos macho) en 4 rodajas cada uno
- sal y pimienta molida

Ponga los frijoles en un bol, cúbralos con abundante agua fría y déjelos toda la noche o hasta 24 horas.
Caliente el aceite en una cazuela y sofría la cebolla 1 minuto. Agregue el ajo y el pimiento y sofríalos. Añada los frijoles escurridos y el agua. Llévelos a ebullición y cuézalos 10 minutos a fuego vivo. Baje el fuego, agregue el cilantro y cuézalos durante 1 hora, añadiendo más agua si fuera necesario. Sale al gusto.
Caliente a fuego medio la manteca en una sartén y selle las costillas de cerdo hasta que estén en su punto.
Pase las costillas a la cazuela con los frijoles, añada el comino y salpimiente. Agregue la yuca y cuézalo todo durante 10 minutos. Añada los plátanos y prosiga con la cocción hasta que la yuca se empiece a deshacer. Sirva la sopa caliente.

Molletes

Tostadas de frijoles con queso
México

Preparación: 10 minutos
Cocción: 20 minutos

🌱 ☼
Para 4-6 personas

Este típico pan de desayuno abierto por la mitad cuenta con una primera versión parecida en Andalucía, donde se sirve de manera similar a una *bruschetta* italiana. Una de las recetas más sencillas de este libro, puede preparar los molletes en pocos minutos con lo básico que tenga en la despensa: pan, frijoles y queso. Además, puede añadir una gran variedad de extras, como chorizo, huevos, hierbas, tocino, champiñones y salsas. En Puebla, hay una versión llamada *molletes dulces* para celebrar la fiesta de Santa Clara, en la que los panecillos se rellenan con crema pastelera, jerez o coco y se cubren con pepitas (pipas de calabaza) endulzadas.

- 275 g de chorizo en dados
- 4 bolillos o panecillos
- 1 ración de frijoles refritos (véase pág. 172)
- 180 g de queso ranchero (queso parmesano o havarti) rallado
- pico de gallo (véase pág. 404), para servir

Precaliente el horno a 180 °C.
Coloque una sartén a fuego medio y sofría el chorizo en su propia grasa de 4 a 5 minutos hasta que se dore.
Corte los panecillos por la mitad. Úntelos con los frijoles refritos y añada el chorizo frito y el queso. Colóquelos en una bandeja de horno y hornéelos 15 minutos hasta que el queso se haya derretido. Sirva las tostadas calientes con un poco de pico de gallo.

Frijoles charros

Frijoles pintos caldosos al estilo de México
México

Preparación: 20 minutos,
más toda la noche en remojo
Cocción: 1 hora y 45 minutos

🌱 ⊘
Para 8-10 personas

Llamado así en honor a los charros o vaqueros mexicanos, este sabroso plato de frijoles pintos caldosos es típico del norte del país y se sirve, a veces, como acompañamiento de la carne asada. Tradicionalmente se preparaba en una gran olla de barro sobre una hoguera a fuego lento durante varias horas, utilizando muchos ingredientes curados y en salazón para que se pudiera conservar largos periodos de tiempo. Otra variante, llamada *frijoles borrachos*, cuece los frijoles con cerveza.

- 450 g de frijoles pintos secos
- 4 cdas. de aceite de oliva
- 565 g de tomates cortados por la mitad
- 350 g de tocino en dados
- 1 cebolla blanca en dados
- 2 chiles o 1 jalapeño picados
- 3 dientes de ajo picados
- 2 hojas de laurel
- 2 ramitas de epazote
- 1,5 litros de caldo de pollo
- 40 g de cilantro picado
- sal

Ponga los frijoles en un bol, cúbralos con abundante agua fría y déjelos toda la noche o hasta 24 horas.
Precaliente el horno a 200 °C.
Ponga 3 cucharadas de aceite, los tomates y un poco de sal en una bandeja de horno. Cúbralos con papel de aluminio y ase los tomates en el horno unos 25 minutos hasta que estén tiernos. Cuando estén fríos, pélelos, retíreles las semillas y córtelos en dados.
En una olla de hierro fundido, vierta la cucharada de aceite restante y sofría el tocino, sin dejar de remover, hasta que la grasa se derrita y el tocino esté dorado. Agregue la cebolla y los chiles y sofríalos, removiendo con frecuencia. Añada el ajo y los tomates asados.
Agregue los frijoles escurridos, el laurel, el epazote y el caldo. Llévelos a ebullición y cuézalos 10 minutos a fuego vivo. Baje el fuego y cuézalos 1 hora hasta que los frijoles estén tiernos.
Para servir, retire el laurel y esparza el cilantro picado por encima.

Pejtu de habas

Guiso de habas picante
Bolivia

Preparación: 15 minutos,
más toda la noche en remojo
Cocción: 1 hora y 15 minutos

Para 4 personas

Típico del valle de Cochabamba, aunque también de zonas del altiplano boliviano, el *pejtu* de habas es un guiso que se hace con habas y carne secas. No hay una preparación definida y algunos lo harán con habas y/o carne frescas si están disponibles. Las papas se pueden servir al lado o cocerse con el resto de los ingredientes.

    225 g de habas secas
    450 g de papas (patatas) pequeñas peladas
    3 cdas. de aceite vegetal
    1 cebolla roja picada fina
    2 dientes de ajo picados
    1/4 de cdta. de comino molido
    2 cdas. de pasta de ají amarillo
    475 ml de caldo de ternera
    2 cdas. de perejil picado
    sal y pimienta molida

Ponga las habas en un bol, cúbralas con abundante agua fría y déjelas en remojo toda la noche o hasta 24 horas.
    Escurra las habas y pélelas. Llene una olla con agua, llévela a ebullición y cueza las habas 20 minutos o hasta que estén tiernas. Escúrralas y resérvelas.
    Mientras, ponga las papas en otra cazuela con agua, llévelas a ebullición y cuézalas 15 minutos.
    Caliente a fuego medio el aceite en una cazuela y sofría la cebolla y el ajo 5 minutos o hasta que la cebolla esté translúcida. Agregue el comino y la pasta de ají amarillo y sofríalos 10 minutos más, sin dejar de remover. Vierta el caldo y llévelo a ebullición. Baje el fuego y cuézalo 30 minutos o hasta que espese. Añada las papas y las habas y cueza 10 minutos más. Salpimiente.
    Sírvalo caliente con el perejil picado por encima.

Kapchi de habas

Sopa de habas
Perú

Preparación: 30 minutos
Cocción: 35 minutos

Para 4-6 personas

La palabra quechua *kapchi* significa «queso», base de este plato vegetariano que se prepara en invierno en los Andes peruanos. Durante la temporada de lluvias en Cuzco, los hongos silvestres, como el boleto anillado (*Suillus luteus*), se recogen en lo alto de las montañas y se utilizan en lugar, o además, de las habas para hacer *kapchi* de setas, que, salvo por los hongos, lleva exactamente los mismos ingredientes.

    500 g de papas (patatas) peladas y en trozos
    120 g de habas frescas
    4 cdas. de aceite vegetal
    1/2 cebolla picada
    4 dientes de ajo picados
    1 tomate picado
    1 cdta. de pasta de ají panca
    250 ml de agua
    250 ml de leche

    2 huevos batidos
    60 g de queso fresco desmenuzado
    1 manojo de huacatay (menta negra peruana)
    sal

Ponga las papas en una cazuela con agua, añada un poco de sal y llévelas a ebullición. Baje el fuego y cuézalas 20 minutos. Escúrralas. En otra cazuela, cueza las habas hasta que estén tiernas y escúrralas.
    Ponga 2 cucharadas de aceite en una olla, añada la cebolla, el ajo, el tomate y la pasta de ají panca y salpimiente. Agregue el agua, las papas y las habas. Incorpore la leche, los huevos, el queso y el huacatay y remueva bien. Cuézalo todo unos minutos hasta que los huevos estén cuajados. Sírvalo con quinua al lado.

Tarwi

El tarhui (*Lupinus mutabilis*), del quechua *tarwi*, también llamado chocho, es un altramuz comestible que fue domesticado en los Andes hace unos 1500 años. Tiene un sabor amargo, que se puede eliminar cociéndolo a fuego lento en agua con sal 1 hora y media y dejándolo en remojo toda la noche. Se toma como la soja y se puede transformar en harina o prensarse para obtener aceite. Rico en proteínas y aminoácidos, el tarhui no solo ha sido esencial para una dieta saludable, sino que es beneficioso para el suelo. Sus flores con aroma a miel atraen a los insectos y a través de sus raíces ayuda a incorporar nitrógeno al suelo, por lo que se suele cultivar junto a los tubérculos autóctonos.

Ceviche de tarwi, ceviche de chochos

Ceviche de tarhui
Ecuador, Perú

Preparación: 10 minutos,
más 2 días enteros en remojo
Cocción: 3 horas

Para 4 personas

Esta preparación de tarhui es típica de la región de Ancash, en el Perú, aunque también se pueden encontrar otras similares en los Andes peruanos y ecuatorianos. La receta es parecida a un ceviche a base de pescado y se vende en los puestos del mercado de las tierras altas y por las calles en carritos ambulantes.

    285 g de tarhui seco
    1/2 cebolla roja picada fina
    el zumo de 5 limones (limas)
    2 cdas. de cilantro picado
    1 cda. de pasta de ají rocoto
    1 tomate pelado y en dados
    1 cda. de aceite de oliva
    sal y pimienta molida

Ponga el tarhui seco en una olla, cúbralo con abundante agua con sal y llévelo a ebullición. Baje el fuego y cuézalo 90 minutos (se ablandará, pero no estará tierno del todo). Escúrralo y lávelo bien. Póngalo en remojo en un bol con agua fría toda la noche. Al día siguiente, cúbralo con agua con sal y lleve a ebullición. Baje el fuego y cuézalo 90 minutos. Escúrralo y lávelo bien de nuevo. En un bol, mezcle todos los ingredientes y salpimiente. Sírvalo de inmediato en una fuente fría.

Frutas

En el linde de una finca en las verdes montañas al este de Popayán, Colombia, una agricultora mestiza observa a un barranquero andino (*Momotus aequatorialis*) cazando una lagartija en el tronco de un papayo mientras su caballo bebe en un arroyo. Aves de colores brillantes como el barranquero, con su plumaje verde, la cola azul neón y una banda azul clara que rodea su coronilla negra, son habituales entre la diversidad de frutas que cultiva. Hay granadillas, una variedad de fruta de la pasión, plátanos, naranjas, moras, lulos, guanábanas y nísperos. Vende o intercambia lo que puede y prepara conservas con lo que no consume. Todo lo que quede en la finca será para las aves, que ayudan a dispersar las semillas.

Enormes superficies agrícolas de algunos países de América Latina se han convertido en plantaciones de plátanos y piñas que producen frutas con sabores y texturas muy homogéneos. En diferentes momentos de la historia de la región, el poder de los propietarios de las plantaciones no solo ha alterado el medio ambiente, sino también todo el paisaje económico y político. Estas frutas están pensadas para la exportación, pero tienen poco protagonismo en los lugares donde se cultivan. Las alternativas son muy superiores.

Hay nutritivos chontaduros (llamados también *pejibayes*), *pitahayas* dulces y guayabas, ligeramente ácidas. Muchas frutas crecen en los árboles, otras en los cactus, algunas parecen globos oculares. Hay árboles de mango que tienen tantos frutos que uno solo podría abastecer varios supermercados. Algunas frutas están disponibles todo el año, otras son solo de temporada. Muchas se toman crudas o en zumos, para empezar el día o como postre. Otras se preparan como si fueran verduras: se aplastan, se cuecen o se fríen.

Bouillon d'awara

Caldo de awara 🔲
Guayana Francesa

Preparación: 20 minutos,
más toda la noche en remojo
Cocción: 4 horas y 30 minutos

Para 4 personas

Un proverbio dice: «Si comes caldo de *awara*, a Guayana volverás». El fruto de la palma *awara* (*Astrocaryum vulgare*), llamada *tucumá* en Brasil, autóctona del Alto Amazonas, tiene semillas cubiertas por una pulpa anaranjada y oleosa que se emplea en numerosas recetas tradicionales del norte de Brasil, Surinam y la Guayana Francesa. Obtener su pulpa requiere horas de machacar el fruto en un mortero de madera. En Pascua, en la Guayana Francesa, el zumo de la pulpa es la base de este guiso que se cocina muy lentamente, durante varios días. Cualquier ingrediente que esté disponible formará parte de este guiso, como carnes saladas y ahumadas, pescado, yuca y otras verduras, hojas de plátano y especias. Cada uno tiene su propia receta y el proceso es tan laborioso que muchos compran el guiso a otras familias o a vendedores ambulantes. Se sirve con arroz blanco como guarnición.

    120 g de rabos de cerdo
    120 g de morro de cerdo
    120 g de bacalao salado
    900 g de pulpa de awara
    600 ml de agua caliente
    120 g de jamón ahumado
    120 g de tocino ahumado
    1 pimiento rojo despepitado y en tiras
    ½ col descorazonada y en juliana
    120 g de pepinillo erizo (*Cucumis anguria*) pelado
    y en dados
    225 g de espinacas lavadas, sin los tallos
    120 g de berenjena en dados
    225 g de judías verdes cortadas por la mitad
    a lo largo
    225 g de muslos de pollo ahumados
    225 g de camarones (gambas) crudos y sin pelar
    sal y pimienta molida

Ponga los rabos de cerdo, el morro y el bacalao en tres boles diferentes, cúbralos con agua y déjelos en remojo 12 horas o toda la noche, cambiando el agua un par de veces.
  Coloque la pulpa de *awara* en una olla y cúbrala con el agua caliente. Remueva bien y cuézala a fuego lento 45 minutos hasta obtener una consistencia homogénea y espesa. Escurra los rabos y el morro de cerdo y añádalos a la olla. Cuézalo todo a fuego lento durante 1 hora. Si alguna impureza sube a la superficie, espúmela y deséchela. Añada el jamón, el tocino y el pimiento y llévelo a ebullición. Baje el fuego y cuézalo durante 1 hora más.
  Añada la col, el pepinillo y las espinacas y prosiga con la cocción 30 minutos a fuego lento, removiendo de vez en cuando. Agregue la berenjena y las judías verdes y cuézalo otros 15 minutos. Escurra el bacalao y añádalo a la olla. Prosiga con la cocción 30 minutos más a fuego medio, añadiendo 1 taza de agua si fuera necesario. Por último, agregue el pollo y los camarones y llévelo a ebullición. Baje el fuego y cuézalo 20 minutos.
  Rectifique de sal y pimienta. Sírvalo caliente en boles sobre el arroz blanco con un poco de caldo extra aparte.

Açaí

La palma de *açaí*, pronunciado «asaí» o «azaí», de tallos múltiples (*Euterpe oleracea*) crece en las orillas umbrías de los ríos y arroyos de la selva amazónica. Una vez cosechadas las bayas de esta superfruta, las cilíndricas batidoras artesanales de *açaí* separan su fina pulpa del hueso y la convierten en una papilla que tradicionalmente se toma como unas mazamorras o se sirve con pescado (*Pirarucu com açaí*, véase pág. 240).

Pocas frutas han estado rodeadas de tanta polémica como el *açaí*. Este nutritivo alimento, un básico en la alimentación de los más pobres en los estados brasileños de Pará y Amazonas, ha visto dispararse su precio a medida que la demanda aumentaba en todo el mundo, debido, principalmente, a las afirmaciones engañosas de que es una baya milagrosa que puede ayudar a perder peso muy rápido o a curar enfermedades. Mientras que algunos *ribeirinhos*, las personas que viven en las vías fluviales del Amazonas donde el *açaí* ha sido siempre un alimento esencial de su dieta, se han visto obligados a reducir su consumo, otros, especialmente los que trabajan con proveedores de comercio justo, han mejorado su estilo de vida de forma drástica. Durante años, la oferta de *açaí* no ha podido satisfacer el ritmo de la demanda, por lo que se han llevado a cabo experimentos para realizar cultivos intensivos de la misma, aunque, hasta el momento, no han dado resultado. Los árboles requieren materia orgánica y la protección contra los insectos que solo su biodiversidad les puede proporcionar.

Açaí na tigela

Bol de açaí
Brasil

Preparación: 10 minutos

Para 2 personas

Mientras que los platos tradicionales de *açaí* en el noreste de Brasil son calientes, como el *Pirarucu com açaí* (véase pág. 240), en la década de los setenta los chiringuitos de playa comenzaron a servir la pulpa como un granizado (machacada, congelada y endulzada) en otras partes del país, versión que ha alcanzado gran popularidad en el mundo entero. Los extras varían de una región a otra y pueden incluir rodajas de plátano, muesli, copos de coco, tapioca, nueces y otras frutas.

    200 g de pulpa de açaí congelada (sin endulzar)
    2 cdas. de sirope de guaraná o miel
    1 plátano en rodajas
    2 cdas. de perlas de tapioca
    2 cdas. de coco tostado

Mezcle la pulpa congelada de *açaí* con el sirope de guaraná o la miel y reparta la mezcla entre dos boles. Disponga por encima las rodajas de plátano, las perlas de tapioca y el coco tostado.

Bouillon d'awara

Fruta de pan

Originario del Pacífico, el árbol del pan o *frutipan* (*Artocarpus altilis*) fue introducido en el Caribe por los marineros británicos y franceses a finales del siglo XVIII. Se le dio este nombre porque, cuando la fruta madura se cocina, huele a pan recién horneado; las comunidades mayas suelen llamarlo *masapan*. Dado que cada árbol puede producir hasta 200 kg de fruta al año, es un alimento económico y esencial en muchas partes de la América Latina tropical, especialmente en la costa caribeña de América Central y del norte de Brasil. La fruta, del tamaño de un balón de fútbol, se consume cocida en sopas, aplastada con leche de coco, fermentada, horneada, asada entera a la parrilla o frita.

Fruta de pan frita

Fruta de pan frita
Belice, Costa Rica, Guatemala, Honduras, Nicaragua, Panamá

Preparación: 10 minutos
Cocción: 10 minutos

Para 4 personas

A lo largo de la costa del Caribe y las comunidades insulares de América Central, la fruta de pan se fríe cortada en rodajas y se utiliza como sustituto del pan.

 1 fruta de pan verde
 aceite vegetal o de coco, para freír
 sal

Corte y deseche el tallo y el exterior verde duro de la fruta de pan. Córtela por la mitad a lo largo y retire el corazón duro. Corte las mitades en rodajas de 5 mm de grosor como máximo.
 Caliente suficiente aceite para freír en una sartén y fría las rodajas hasta que estén doradas y crujientes por ambos lados. Páselas a un plato forrado con papel de cocina para eliminar el exceso de aceite. Sálelas al gusto y sírvalas.

Mango

Originario de Asia meridional, el mango fue introducido por los portugueses en Salvador de Bahía (Brasil) en el siglo XVI. Ahora crece en las regiones tropicales y subtropicales de toda América Latina, desde México hasta el norte de Chile. Vendedores ambulantes apostados en los arcenes de las carreteras los ofrecen en rodajas aderezados con un chorrito de limón y chile en polvo.

Ensalada de jícama y mango

Belice

Preparación: 20 minutos

Para 2-4 personas

Mientras que en muchas regiones de América Latina los mangos se suelen encontrar pelados y en rodajas, aderezados con sal, limón y chile en polvo, los vendedores ambulantes de Belice los ofrecen en bolsas de plástico mezclados con jícama.

 1 mango
 1 jícama
 1 cdta. de chile en polvo
 1 cdta. de sal
 el zumo de 1 limón (lima)

Pele el mango y la jícama y córtelos en tiras. Colóquelas en un bol, añada el chile, la sal y el zumo de limón y remuévalo todo bien.

Salada de mango verde, kalawang

Ensalada de mango verde
Brasil, Guayana Francesa

Preparación: 10 minutos,
más 15 minutos para enfriar

Para 4 personas

Los mangos verdes, con su alta acidez, maridan bien con otras frutas y algunas verduras. En Brasil, se suelen cortar en rodajas, en trozos o en fideos muy finos con una mandolina para ensaladas, pero también para elaborar salsas. La preparación es similar al *kalawang* de Guayana Francesa, aunque en este también se añade ajo, hierbas como el cilantro o el perejil y chiles.

 4 mangos verdes pelados y en rodajas finas
 ½ cebolla roja en rodajas finas
 2 cdas. de cilantro picado fino
 1 cda. de zumo de limón (lima)
 sal y pimienta molida

Ponga todos los ingredientes en un bol, salpimiente al gusto y remueva. Deje reposar la ensalada en el frigorífico 15 minutos antes de servirla.

Salada de mango verde, kalawang

Plátano

Los portugueses trajeron los plátanos a América en el siglo XVI y muy pronto se convirtieron en un cultivo básico para la alimentación que está disponible todo el año. En países como Ecuador, Guatemala, Costa Rica, Colombia y Honduras, entre otros, las exportaciones de plátanos constituyen una parte esencial de su economía, para bien o para mal. Mientras que los mercados de exportación están dominados por unas pocas variedades de plátanos, los de gran parte de la América Latina tropical ofrecen plátanos de diferentes formas y colores. Pueden ser cortos y gruesos o largos y rectos, amarillos, rojos o naranjas. Además de consumirse crudos, se usan para preparar purés y tamales. Los plátanos macho sin madurar, en los que los almidones aún no se han convertido en azúcares, se suelen emplear para cocinar, sobre todo en las zonas costeras del Caribe.

Darasa, bimena

Tamales de plátano macho y leche de coco
Belice, Honduras

Preparación: 20 minutos
Cocción: 1 hora   Para 6 personas

En su forma más básica, estos tamales típicos de las comunidades garífunas de la costa de Belice y Honduras se preparan con plátanos macho pelados y rallados con un rallador de madera llamado *egi* y aplastados con leche de coco, muy probablemente obtenida de cocos frescos. Es un proceso laborioso realizado con dos ingredientes esenciales en estas comunidades cuyo resultado es un tentempié delicioso. Se suele servir con pescado frito o sopa de pescado.

    6 hojas de plátano en cuadrados de 25 cm
    7 plátanos macho pelados y rallados
    ½ ají dulce picado fino
    ½ cebolla mediana picada fina
    175 ml de leche de coco
    2 cdas. de zumo de limón (lima)
    1 cdta. de sal
    ½ cdta. de pimienta molida

Humedezca un paño con agua templada, limpie las hojas de plátano y resérvelas.
    Coloque el plátano rallado en un bol y añada el ají, la cebolla, 120 ml de leche de coco, el zumo de limón, la sal y la pimienta. Machaque todo con la mano de un mortero o con una cuchara de madera hasta obtener una pasta, agregando la leche de coco restante si fuera necesario. Divida la mezcla en 6 porciones y coloque cada una en el centro de una hoja de plátano. Doble las hojas cuatro veces llevando todos los bordes hacia el centro. Ate los tamales con una cuerda hecha cortando una tira de las hojas de plátano.
    Vierta unos 5 cm de agua en una vaporera y llévela a ebullición. Coloque la cesta (asegurándose de que el agua no la toca) y ponga los tamales en ella. Tape la vaporera y cuézalos durante 1 hora. Retírelos de la cesta y déjelos enfriar antes de servir.

Po'e

Pudin de pan de plátano de la Isla de Pascua
Chile

Preparación: 30 minutos
Cocción: 1 hora   Para 6 personas

Tradicional de gran parte de la Polinesia Oriental, incluido el territorio chileno de Rapa Nui o Isla de Pascua, el *po'e*, dulce, se suele servir en barbacoas y como guarnición de platos salados.

    250 g de calabaza de verano o de invierno
    10 plátanos maduros aplastados
    400 g de harina común
    225 g de mantequilla a temperatura ambiente
    40 g de leche en polvo
    70 g de coco fresco rallado
    400 g de azúcar
    aceite de coco, para engrasar

Precaliente el horno a 180 °C.
    Ralle la calabaza sobre un bol, añada los plátanos aplastados e incorpore poco a poco la mitad de la harina, mezclando todo con las manos. Añada la mantequilla, la leche en polvo, el coco rallado, el azúcar y la harina restante y siga mezclándolo bien con las manos unos 5 minutos hasta obtener una masa uniforme.
    Engrase un molde para pan de 22 x 11 x 6 cm con un poco de aceite de coco y vierta la masa en el molde. Hornéela durante 1 hora hasta que esté firme y al introducir un palillo en el centro salga limpio. Retire el pudin del horno y déjelo enfriar antes de desmoldarlo. Si lo desea, aliñe el *po'e* con crema de coco o esparza por encima un poco de coco rallado antes de servir.

Wabul bata de plátano verde

Mazamorras de plátano verde
Honduras, Nicaragua

Preparación: 10 minutos
Cocción: 30 minutos   Para 4 personas

En las comunidades Miskito y Mayangna que viven en la costa de Mosquitos de Honduras y Nicaragua, el *wabul* se come a cualquier hora del día. La versión más simple se hace con plátanos verdes o machos, tanto cocidos como asados, que se machacan con agua y leche en el *tuscaya*, un mortero de madera. Algunas versiones usan fruta del pan, mango, o maíz. Aunque la mayoría de preparaciones son dulces y suaves y se sirven a modo de bebida con canela, clavo o nuez moscada molidos por encima, el *wabul* puede ser más espeso, como unas mazamorras, y tener un sabor mucho más intenso gracias al caldo de pescado o de carne de caza. Pueden emplearse hojas de plátano en lugar de hojas de bijao, al ser similares en tamaño y grosor.

    450 g de plátano verde o macho
    sal
    2 hojas de bijao o plátano
    355 ml de caldo de pescado o carne de caza
    355 ml de leche de coco

Pele los plátanos y córtelos en rodajas de 5 cm.

Añada 2 tazas de agua con sal a un cazo y póngalo a hervir. Ponga los plátanos en el cazo y tápelo con las hojas de plátano, de manera que el vapor pueda salir a través de ellas. Cueza a fuego lento durante 20 o 30 minutos, hasta que estén tiernos. Retire las rodajas y escúrralas.

En un mortero, machaque los plátanos con el caldo y la leche de coco, añadiendo agua para que adquiera la consistencia deseada. Sírvalo caliente.

Michilá

Mazamorras de plátano y leche de coco
Panamá

Preparación: 5 minutos,
más 5 minutos de reposo
Cocción: 15 minutos

Para 4 personas

En el archipiélago caribeño de Bocas del Toro, cerca de la frontera con Costa Rica, muchas familias tienen su propia receta de *michilá*. Este plato utiliza dos ingredientes básicos: plátanos y leche de coco. No hay una receta estándar, los plátanos macho maduros o la fruta del pan pueden sustituir a los plátanos comunes, que se preparan cocidos, aplastados o triturados y se mezclan con leche de coco. La consistencia puede variar de espumosa a cremosa o espesa y se puede beber o tomar con cuchara. Se puede esparcir por encima cualquier especia que se tenga en la despensa.

225 g de plátanos comunes o macho
muy maduros aplastados
750 ml de leche de coco
1 ramita de canela
50 g de azúcar (opcional)
nuez moscada o jengibre molido, para servir

En una cazuela, coloque los plátanos aplastados, la leche de coco y la ramita de canela y llévelo a ebullición. Baje el fuego y cuézalo 10 minutos. Retírelo del fuego, añada el azúcar (si lo desea) y remueva hasta que se disuelva y la mezcla quede fina y homogénea. Deje enfriar el *michilá* 5 minutos y esparza nuez moscada o jengibre molido por encima antes de servir.

Picadillo de chira

Guiso de flor de plátano
Costa Rica

Preparación: 30 minutos
Cocción: 20 minutos

Para 2 personas

Si ha contemplado alguna vez un platanero, quizá haya visto una flor que cuelga en los extremos de los racimos, con forma de lágrima y de color púrpura o rosa. Las partes carnosas de las brácteas y el corazón son comestibles. Crudas son amargas, por lo que se suelen cocer. Las chiras, o flores de plátano, son habituales en el sudeste asiático y la India, pero no en América Latina.

1 cdta. de sal
1 cdta. de bicarbonato de sodio
1 chira (flor de plátano)
1 cda. de aceite de oliva
1 cebolla blanca pequeña picada fina
2 dientes de ajo picados finos

1 tomate pelado y en dados
1 cdta. de recado rojo (pasta de achiote)
1 cda. de cilantro picado
1 cdta. de comino molido
1 hoja de plátano cortada por la mitad, para servir

Lleve a ebullición el agua, la sal y el bicarbonato.

Mientras, retire las capas exteriores de la chira (flor de plátano) hasta llegar a las hojas tiernas de color rosa. Corte las puntas, trocéela y cuézala hasta que esté blanda, 4 minutos, escúrrala y lávela bien. (Eliminará el amargor. Realícelo con rapidez para que no se oxide.)

Caliente a fuego medio el aceite en una sartén y sofría la cebolla y el ajo unos 7 minutos hasta que se doren ligeramente. Agregue el tomate, el achiote, el cilantro, el comino y la chira. Sofríalo todo de 5 a 7 minutos más hasta que los tomates se empiecen a dorar y retire la sartén del fuego.

Sírvalo en una hoja de plátano.

Banana à milanesa

Plátano rebozado y frito
Brasil

Preparación: 5 minutos
Cocción: 5 minutos

Para 6 personas

Esta agridulce receta se sirve como guarnición en muchos lugares de Brasil, algunas veces con *feijoada*. Sale mejor cuando los plátanos aún están algo duros, entre maduros y verdes.

6 plátanos
2 huevos
120 g de pan rallado
65 g de harina de yuca
65 g de harina común
2 cdas. de aceite vegetal
½ cdta. de sal

Pele los plátanos y córtelos como prefiera (por la mitad, en cuartos, en tiras), o déjelos enteros.

Bata los huevos en un bol. Ponga en varios platos hondos el pan rallado y la mezcla de harina de yuca y harina común.

Pase los plátanos por la harina, el huevo y el pan rallado, en este orden.

Caliente el aceite en una cazuela, añada los plátanos en dos tandas para evitar que queden unos sobre otros. Fríalos 2 minutos o hasta que se doren, dándoles la vuelta un par de veces para asegurarse de que se fríen de manera uniforme. Retírelos con una espumadera y póngalos en un plato con papel de cocina para que absorba el exceso de aceite. Sazónelos con una pizca de sal antes de servir.

Plátano macho

Desde el punto de vista botánico, no hay diferencia entre los plátanos comunes y los macho; sin embargo, los segundos tienen más almidón y la piel más gruesa, por lo que se suelen utilizar para cocinar. Fritos o asados sustituyen a las papas. Cuando están amarillos y maduros se pueden comer crudos, pero no son tan dulces como el plátano común.

Arepas de plátano maduro

Arepas de plátano macho maduro
Colombia, Venezuela

Preparación: 25 minutos
Cocción: 50 minutos

Para 10-15 unidades

Esta versión alternativa de la arepa tradicional, que sustituye casi toda la harina por plátano macho, se toma a modo de picoteo o con platos de mariscos y carne.

3 plátanos macho maduros con piel en 3-4 trozos
2 cdtas. de azúcar extrafino
96 g de masarepa (harina de maíz precocida o harina de maíz)
4 cdas. de leche
8 cdas. de mantequilla derretida
90 g de queso blanco o queso fresco rallado
½ cdta. de sal
1 cda. de aceite vegetal

Ponga a hervir agua en un cazo, añada el plátano macho y cueza 30 minutos. Escúrralo, déjelo enfriar y pele.
Aplaste los plátanos macho en un bol o en un robot de cocina. Añada la *masarepa*, la leche, la mantequilla, la mitad del queso y la sal. Remueva hasta tener una masa fina. Si está muy líquida, agregue más *masarepa*; si está muy seca, un poco de leche.
Forme de 10 a 15 bolitas con la mezcla y aplástelas hasta formar arepas de unos 10 cm de diámetro.
Caliente el aceite en una sartén a fuego medio y dore las arepas, por tandas, 3 o 4 minutos por cada lado hasta. Sáquelas y páselos a un plato forrado con papel de cocina para eliminar el exceso de aceite.
Sírvalas calientes con el resto del queso por encima.

Aborrajados de plátano maduro

Buñuelos de plátano macho
Colombia, Venezuela

Preparación: 10 minutos
Cocción: 30 minutos

Para 12 unidades

Rebozados y fritos, son típicos de la región de valle del Cauca, en Colombia. Se suele añadir pasta de guayaba, llamada *bocadillo*. En el estado de Zulia, en el oeste de Venezuela, hay una receta similar, los *yoyos* de plátano, en la que se cortan a lo largo, se fríen, se enrollan alrededor de una tira de queso, se rebozan y fríen.

1 litro de aceite vegetal
3 plátanos macho maduros pelados y en 4 trozos cada uno

175 g de queso de mano o mozzarella en pequeñas tiras
2 huevos
3 cdas. de leche
6 cdas. de harina común
3 cdas. de azúcar
1 pizca de sal
miel de caña, para servir (opcional)

Vierta el aceite en una cazuela de fondo grueso, asegurándose de que no supere los dos tercios de su capacidad, y caliéntelo a 177 °C. Fría los plátanos unos 4 minutos o hasta que estén blandos y dorados. Páselos a un plato forrado con papel de cocina para eliminar el exceso de aceite. Antes de que se enfríen por completo, coloque cada trozo de plátano entre dos láminas de plástico antiadherente (silpats, por ejemplo) y aplástelos con un objeto plano, como el fondo de una sartén, hasta obtener discos de 1 cm de grosor aproximadamente.
Coloque las tiras de queso en el centro (la cantidad dependerá del tamaño de sus buñuelos de plátano) de cada disco de plátano, dóblelos por la mitad y presione suavemente los bordes para sellarlos. Use las manos para darles forma ovalada y resérvelos.
En un bol, bata con las varillas los huevos con la leche. Añada la harina, el azúcar y la sal y remueva bien. Reboce los buñuelos, de uno en uno, en la masa y colóquelos con una espumadera en el aceite caliente. Fríalos hasta que estén dorados y páselos a un plato forrado con papel de cocina para eliminar el exceso de aceite. Sírvalos templados con miel de caña, si lo desea.

Moqueca de banana de terra

Guiso de plátano macho
Brasil

Preparación: 10 minutos
Cocción: 20 minutos

Para 6 personas

Esta es una versión vegana de la *moqueca* al estilo de Capixaba, del estado de Espírito Santo, al sureste de Brasil, al norte de Río de Janeiro. Se trata de una versión más ligera del famoso guiso en cazuela de arcilla, al no emplear ni leche de coco ni aceite de *dendê*, sino tomates y achiote (que le dan un tono rojizo).

3 cdas. de aceite de oliva
2 cebollas picadas
6 dientes de ajo picados
5 tomates pelados y picados
1 pimiento rojo despepitado y picado
1-2 chiles malagueta despepitados y picados
1½ cda. de achiote en polvo
5 plátanos macho maduros, pelados y en rodajas diagonales de 10 mm
40 g de cilantro picado
sal, al gusto

Caliente el aceite de oliva en una cazuela de arcilla a fuego medio. Añada las cebollas, los ajos, los tomates, el pimiento, los chiles y el achiote. Sofríalo 10 minutos, removiendo de vez en cuando.
Agregue los plátanos y tres cuartas partes del cilantro. Sale y remueva. Baje el fuego y rehogue, tapado, 10 minutos, o hasta que los plátanos estén tiernos.
Sírvalo caliente, con el cilantro restante esparcido por encima y arroz blanco como guarnición.

Aborrajados de plátano maduro

Caldo de bolas de verde

Sopa de albóndigas de plátano macho
Ecuador

Preparación: 30 minutos,
más 30 minutos para enfriar
Cocción: 1 hora y 15 minutos

Para 8 personas

Tradicional de la costa ecuatoriana, el elemento característico de esta sopa son las grandes albóndigas de plátano macho rallado que suelen estar rellenas de carne. El truco radica en no cocinar demasiado las albóndigas; de lo contrario, se desharán en la sopa. El maíz y la yuca suelen estar presentes siempre en esta sopa, aunque también se pueden añadir papas. Se sirve con cuñas de limón y una salsa de ají picante como guarnición.

    2 cdas. de aceite vegetal
    1 cebolla blanca picada
    2 dientes de ajo picados
    3 tomates pelados y en dados
    ½ pimiento verde despepitado y en dados
    2 cdtas. de comino molido
    1 cdta. de recado rojo (pasta de achiote)
    2 cdas. de cilantro picado
    ½ cda. de orégano seco
    2 cdtas. de chile en polvo
    450 g de huesos de ternera
    450 g de falda de ternera en trozos
    2 plátanos macho pelados y cortados por la mitad
    1,9 litros de agua
    1 yuca pelada y en dados de 1 cm
    2 zanahorias peladas y en tiras gruesas
    4 mazorcas de maíz cortadas por la mitad
    cuñas de limón (lima), para servir

    Para las bolas verdes
    2 cdas. de aceite vegetal
    ½ cebolla roja en rodajas finas
    ½ pimiento verde despepitado y en dados
    1 tomate pelado y en dados
    2 dientes de ajo picados
    1 cda. de comino molido
    1½ cdtas. de recado rojo (pasta de achiote)
    1 cilantro
    60 g de guisantes cocidos
    130 g de maníes (cacahuetes) picados gruesos
    y mezclados con 60 ml de agua
    2 plátanos macho pelados y rallados
    2 huevos
    sal marina y pimienta molida

Caliente a fuego medio el aceite en una cazuela y sofría la cebolla, el ajo, los tomates y el pimiento 2 minutos sin dejar de remover. Agregue el comino, el recado rojo, el cilantro, el orégano y el chile en polvo y sofríalo 2 minutos más. Añada los huesos, la carne y los plátanos y selle la carne por todos los lados 4 minutos. Vierta el agua y llévelo a ebullición. Baje el fuego y cuézalo todo 30 minutos. Añada la yuca, la zanahoria y el maíz y prosiga con la cocción a fuego lento 15 minutos más o hasta que las verduras estén tiernas. Retire la cazuela del fuego y déjelo enfriar. Retire y deseche los huesos. Saque la carne y píquela fina.
    Para preparar el relleno, caliente a fuego medio el aceite vegetal en una sartén y sofría la cebolla roja, el pimiento, el tomate, el ajo, el comino y el recado rojo

3 minutos. Sale y agregue la carne picada, el cilantro y los guisantes. Remueva con una cuchara de madera y añada los maníes y 2 cucharadas del caldo del guiso.
    Para preparar la masa de las bolas verdes, retire los plátanos del guiso y aplástelos añadiendo un poco del caldo si fuera necesario. Mezcle los plátanos aplastados con los huevos, salpimiente y forme albóndigas de tamaño medio. Haga una incisión en la parte superior de cada albóndiga e introduzca el relleno de carne. Déjelas reposar en el frigorífico 30 minutos.
    Cuele el guiso, reservando las verduras y lleve el caldo a ebullición. Añada las bolas verdes, baje el fuego y cuézalas 15 minutos. Unos minutos antes de servir, agregue las verduras reservadas para calentarlas de nuevo. Sirva la sopa caliente con las cuñas de limón como guarnición.

Cabeza de gato

Puré de plátano colombiano
Colombia

Preparación: 30 minutos
Cocción: 35 minutos

Para 6 personas

¡Tranquilos! No hay cabezas de gatos por ninguna parte. Este puré de plátano tradicional de la costa caribeña de Colombia es típico del desayuno y se acompaña a veces de huevos (fritos o revueltos), rodajas de aguacate y algún trozo de carne que se tenga a mano. En el departamento de Magdalena, un plato llamado *cayeye* (o *mote de guineo)* se prepara de la misma manera, pero utiliza, específicamente, plátanos guineos.

    5 plátanos macho pelados y en trozos
    3 cdas. de mantequilla
    1 cebolla blanca mediana picada fina
    2 cebolletas picadas finas
    2 dientes de ajo picados finos
    2 tomates medianos pelados y en dados
    ½ cdta. de recado rojo (pasta de achiote)
    1 cda. de aceite vegetal
    6 huevos
    sal
    queso costeño o queso fresco, para servir

Cueza los plátanos en abundante agua hirviendo de 10 a 15 minutos hasta que estén tiernos. Escúrralos y aplástelos.
    En una sartén, derrita la mantequilla a fuego medio y sofría la cebolla, las cebolletas y el ajo 5 minutos hasta que se doren. Agregue los tomates y el recado rojo y sofríalos hasta que estén blandos. Añada los plátanos aplastados, sale y remueva. Resérvelo caliente.
    Caliente a fuego medio el aceite en otra sartén y fría los huevos unos 5 minutos, asegurándose de que la yema se mantenga líquida.
    Divida el puré de plátano en 6 raciones, disponga un huevo frito sobre cada una y ralle el queso por encima antes de servir.

Frutas

Chifles, tostoncitos, platanitos

Chips de plátano macho
Colombia, Ecuador, Perú, Venezuela

Preparación: 15 minutos
Cocción: 15 minutos

Para 5-6 personas

Los *chifles* son típicos de las regiones bananeras del norte del Perú y Ecuador, aunque hay chips de plátano similares en toda América Latina, como los tostoncitos en Venezuela o los platanitos en Colombia. Se pueden cortar a lo largo o a lo ancho y se toman como aperitivo, se añaden a los guisos o se sirven como guarnición de platos como el ceviche.

> 475 ml de aceite vegetal
> 3 plátanos macho
> sal

Ponga el aceite vegetal en un cazo de fondo grueso, asegurándose de que no supere los dos tercios de su capacidad, y caliéntelo a 177 °C.

Pele los plátanos y córtelos en rodajas finas de menos de 2 mm de grosor (una mandolina es lo ideal). Fríalas, por tandas, unos 7 minutos hasta que estén crujientes y doradas. Retírelas con una espumadera y páselas a un plato forrado con papel de cocina.

Sale al gusto mientras están calientes. Sirva los *chifles* calientes o a temperatura ambiente.

Majarisco tumbesino

Mazamorras tumbesinas de plátano con marisco
Perú

Preparación: 40 minutos
Cocción: 25 minutos

Para 4 personas

El *majarisco* es uno de los platos más representativos de la calurosa y tropical provincia de Tumbes, en el extremo norte del Perú, cerca de la frontera con Ecuador, donde los plátanos y el marisco son parte esencial de su dieta. El nombre es una combinación del verbo *majar* con el final de la palabra *marisco*. Se suele servir con yuca cocida, Chifles (véase arriba) y Chicha de jora (véase pág. 388).

> 425 ml de aceite vegetal
> 5 plátanos macho pelados y en dados de 2,5 cm
> 2 cebollas rojas medianas, 1 picada
> y 1 en rodajas finas
> 1 pimiento rojo mediano despepitado y picado
> 1 ají amarillo picado
> 450 g de marisco, como camarones (gambas),
> mejillones, vieiras, etc.
> 60 ml de caldo de pescado
> 4 cdas. de pasta de ají panca
> 2 cdtas. de cilantro picado fino
> 120 ml de zumo de limón (lima)
> ½ ají limo despepitado y picado fino
> sal y pimienta molida

En un cazo de fondo grueso, caliente 350 ml del aceite a 177 °C. Fría los plátanos 4 minutos, retírelos y aplástelos mientras aún están calientes. Resérvelos.

En una sartén, caliente a fuego medio 2 cucharadas del aceite y sofría la cebolla roja picada, el pimiento y el ají amarillo 5 minutos. Agregue el marisco preparado y sofríalo otros 4 minutos. Retire el marisco y resérvelo. Añada la pasta de ají panca y el caldo de pescado y salpimiente. Agregue el marisco de nuevo junto con los plátanos aplastados. Cuézalo 10 minutos, sin dejar de remover. Rectifique de sal y pimienta, si fuera necesario, y añada el cilantro. Manténgalo caliente.

Coloque la cebolla en rodajas en un bol, añada el zumo de limón, el ají limo y el aceite restante y sale. Coloque el *majarisco* en una fuente, cúbralo con las rodajas de cebolla aliñadas y sírvalo.

Bolón de verde, tacacho

Albóndigas de puré de plátano macho
Ecuador, Perú

Preparación: 10 minutos
Cocción: 30 minutos

Para 4 personas

Estas albóndigas de puré de plátano fritas en manteca son el acompañamiento tradicional de la cecina en las regiones amazónicas de Ecuador y el Perú. La textura tiende a ser firme, a menudo un poco seca, por lo que se recomiendan las salsas preparadas con frutas y pimientos amazónicos, como el ají de cocona.

> manteca, para freír
> 4 plátanos macho pelados y en 5 trozos cada uno
> 200 g de panceta de cerdo en dados de 5 cm
> sal

Derrita suficiente manteca para freír en un cazo de fondo grueso y caliéntela a unos 93 °C. Fría los plátanos hasta que estén tiernos, unos 8 minutos. Retírelos con una espumadera y páselos a un plato forrado con papel de cocina para eliminar el exceso de grasa. Aplástelos mientras están calientes (lo ideal es usar un utensilio de madera para que se peguen menos). Resérvelos.

Coloque la panceta en una sartén y fríala unos 10 minutos o hasta que esté bien hecha y crujiente. Pásela a un plato forrado con papel de cocina para eliminar el exceso de grasa. Píquela en trozos más pequeños, mézclela con los plátanos aplastados y sale.

En un cazo de fondo grueso, reutilice y caliente suficiente manteca para freír a unos 177 °C. Forme albóndigas de tamaño medio con la masa de plátano y fríalas 4 minutos o hasta que estén doradas. Retírelas con una espumadera y páselas a un plato forrado con papel de cocina. Sírvalas calientes.

Patacones, tostones, tajadas

Tostas de plátano macho fritas
Toda América Latina

Preparación: 20 minutos
Cocción: 20 minutos

Para 6 personas

Estas tostas de plátano aplastado fritas son la guarnición de muchos platos de pescado y carne en gran parte de América Latina y el Caribe. Se suelen tomar solas con un poco de sal, aunque también se pueden acompañar con carne de ternera desmenuzada, frijoles refritos o queso.

> aceite vegetal, para freír
> 4 plátanos macho pelados y en 4 o 5 trozos cada uno
> sal

Vierta suficiente aceite para freír en una olla de fondo grueso, asegurándose de que no supere los dos tercios de su capacidad, y caliéntelo a 163 °C.

Añada los plátanos con cuidado y fríalos hasta que estén tiernos, unos 7 minutos. Retírelos y déjelos enfriar un poco antes de aplastarlos, de uno en uno, usando una *pataconera* o *tostonera* o entre dos láminas de plástico (o silpat) con el fondo de una sartén o de un bol.

Fría de nuevo las tostas de plátano unos 5 minutos o hasta que estén doradas y crujientes. Retírelas con una espumadera y páselas a un plato forrado con papel de cocina para eliminar el exceso de aceite. Espolvoree por encima una pizca de sal y sírvalas calientes.

Bakabana

Plátanos macho con salsa de maní picante
Surinam

Preparación: 40 minutos
Cocción: 15 minutos

Para 5-6 personas

El *bakabana* es un tentempié preparado con plátanos muy maduros rebozados y fritos que los inmigrantes procedentes de Indonesia, donde se llama *pisang goreng*, trajeron a Surinam. Hay sutiles diferencias entre los dos países, como la variedad de plátano, la manera de rebozarlos y la salsa con la que se acompañan. En Surinam, se suelen servir con una salsa de maní picante como guarnición o espolvoreados con azúcar.

> aceite vegetal, para freír
> 260 g de harina común
> 4 cdas. de azúcar moreno
> 1 pizca de sal
> 600 ml de agua
> 4 plátanos macho muy maduros pelados y cortados a lo largo en rodajas de ¾ o 1 cm de grosor
>
> Para la salsa
> 75 g de crema de maní (cacahuete)
> 1 cda. de jengibre fresco picado fino
> 1 diente de ajo picado fino
> 3 cdas. de agua
> 2 cdas. de salsa de soja
> 4 cdas. de zumo de limón (lima)

> ½ cdta. de azúcar moreno
> copos de chile machacados (opcional)

Para preparar la salsa, ponga la crema de maní, el jengibre y el ajo en un bol. Bata con unas varillas mientras vierte el agua poco a poco. Continúe batiendo mientras añade la salsa de soja, el zumo de limón, el azúcar y los copos de chile al gusto, si lo desea.

Vierta suficiente aceite para freír en una olla de fondo grueso, asegurándose de que no supere los dos tercios de su capacidad, y caliéntelo a 177 °C.

Mezcle la harina con el azúcar y la sal en un bol. Vierta poco a poco el agua y remueva hasta obtener una mezcla espesa y homogénea. Reboce los trozos de plátano en la mezcla, de uno en uno, y fríalos en el aceite caliente de 3 a 4 minutos por cada lado hasta que estén dorados. Retírelos con una espumadera y páselos a un plato forrado con papel de cocina para eliminar el exceso de aceite. Manténgalos calientes mientras fríe los trozos restantes.

Sirva el *bakabana* caliente con la salsa como guarnición.

Picadillo de guineo con chicasquil

Guiso costarricense de plátanos
Costa Rica

Preparación: 1 hora
Cocción: 1 hora

Para 6-8 personas

Los guineos, pequeños plátanos macho, se combinan con las nutritivas hojas verdes de *chicasquil*, llamado *chaya* en otras zonas de la región, en este plato tradicional costarricense. Como otros picadillos en el país, se puede servir en una tortilla de maíz para preparar un gallo.

> 1,8 kg de hojas de chicasquil (árbol espinaca)
> 900 g de plátanos macho guineo (sin pelar)
> 3 cdas. de aceite de oliva
> 4 dientes de ajo picados
> 2 cebollas picadas
> 2 trozos de apio picados
> 1 ají dulce picado
> 1 cda. de tomillo seco
> 1 cdta. de comino molido
> 20 g de hojas de cilantro
> sal

Retire las nervaduras de las hojas de *chicasquil* (árbol espinaca), lávelas bajo un chorro de agua y colóquelas en una olla. Cúbralas con agua y cuézalas a fuego medio durante 1 hora. Escúrralas y píquelas.

Mientras, retire las puntas y los extremos de los guineos y corte cada uno en 3 trozos. Cuézalos en una cazuela de agua hirviendo con sal 15 minutos hasta que estén casi tiernos. Escúrralos, pélelos y píquelos.

Caliente el aceite en una cazuela y saltee el ajo y la cebolla hasta que se doren. Añada el apio y remueva. Agregue el ají dulce, el tomillo y el comino. Añada las hojas de *chicasquil* y los guineos picados y remueva bien. Adórnelo con el cilantro y sírvalo en tortillas.

Bakabana

Aguacate

El término *aguacate* (*palta* en el Perú y Chile) deriva del náhuatl *ahuacatl*, que significa «testículo», probablemente haciendo referencia a la forma de la fruta (y esperemos que no al color). Los primeros testimonios de su consumo se remontan a hace unos 10 000 años en Coxcatlán, el actual estado de Puebla, aunque su domesticación no se produjo hasta miles de años después con tres variedades autóctonas: *P. americana* var. *drymifolia*, en el Altiplano de México; *P. americana* var. *guatemalensis*, en el Altiplano de Guatemala y *P. americana* var. *americana*, en las Tierras Bajas de Guatemala. Después, los aguacates se extendieron por toda la región y hoy en día hay unas treinta variedades.

Para nosotros, los aguacates están siempre presentes. Los aplastamos y los ponemos en panecillos o en sándwiches, los cortamos en rodajas para ensaladas o los espolvoreamos con una pizca de sal y los comemos con cuchara. Se pueden comprar maduros, blandos pero no pasados, para consumirlos de inmediato, y también sin madurar, para que estén en su punto unos días después. Si los envuelve en papel de periódico, puede acelerar un poco el proceso de maduración y, si le sobra medio aguacate, envuélvalo firmemente con film transparente y resérvelo en el frigorífico.

Guacamole

Guacamole 🔲
México

Preparación: 10 minutos
Para 4 personas

Desde que el ser humano ha consumido aguacates, probablemente haya existido el guacamole. Tradicionalmente, se machaca en un molcajete (mortero mexicano) con un tejolote (mano del molcajete).

    3 aguacates maduros
    ½ cebolla roja picada
    1 chile rojo (como el serrano) picado
    1 cda. de cilantro picado
    2 tomates maduros pelados, despepitados y en dados
    el zumo de 2 limones (limas)
    1 cda. de aceite de oliva
    sal y pimienta molida

Coloque la pulpa de los aguacates en un bol y aplástela con un tenedor. Añada la cebolla, el chile, el cilantro y los tomates. Alíñelo con el zumo de limón y el aceite de oliva, salpimiente y remueva bien.

Ensalada de apio y palta

Ensalada de aguacate y apio
Chile

Preparación: 20 minutos
Para 4 personas

Una ensalada preparada con aguacate y apio es un plato muy simple, pero delicioso. En Chile, es una guarnición habitual en los hogares y en las *fuentes de soda*.

    8 tallos de apio en rodajas
    2 aguacates grandes
    el zumo de 1 limón (lima)
    3 cdas. de aceite de oliva
    10 nueces picadas
    20 g de hojas de perejil o cilantro picadas
    sal marina

Ponga el apio en un bol con agua fría.
   Pele los aguacates, retire los huesos y córtelos en rodajas a lo largo. Alíñelas con un poco de zumo de limón.
   Escurra el apio y mézclelo con el aguacate. Aderécelo con zumo de limón, sal y aceite de oliva y esparza las nueces picadas y el cilantro por encima antes de servir.

Palta reina

Aguacates rellenos
Chile

Preparación: 10 minutos
Cocción: 20 minutos
Para 2 personas

Como alternativa al pollo, puede rellenar los aguacates con atún o camarones.

    2 cdas. de aceite de oliva, y un poco más para aliñar
    1 muslo de pollo (o ½ pechuga)
    2 cdas. de mayonesa
    ¼ de pimiento rojo despepitado y picado fino
    6 hojas de lechuga picadas
    el zumo de 1 limón (lima)
    1 aguacate pelado y deshuesado
    2 aceitunas
    sal y pimienta molida

Caliente a fuego medio el aceite en una cazuela y fría el pollo 6 minutos por cada lado o hasta que esté completamente hecho. Déjelo enfriar y desmenúcelo.
   Mezcle el pollo con la mayonesa. Añada el pimiento, sazone con pimienta molida y remueva bien.
   Aderece la lechuga con sal, aceite y zumo de limón. Repártala en dos platos como base y disponga una mitad de aguacate sobre cada una de ellas. Rellénelas con el pollo y coloque una aceituna encima antes de servir.

Guacamole

Lácteos y huevos

Aunque es probable que los pueblos precolombinos tomaran pequeñas cantidades de leche de llama, el consumo significativo de leche y, por supuesto, el arte de la elaboración del queso, no se produjo hasta que los colonos españoles y portugueses trajeron ganado al Nuevo Mundo. Los primeros quesos eran similares a los europeos, pero se fueron adaptando a la amplia variedad de climas y altitudes que existe en América Latina, creando así quesos diferentes. Para cocinar, son típicos los quesos blancos frescos de sabor suave que se utilizan para espesar salsas o se desmenuzan sobre otros ingredientes. En Brasil, el *queijo coalho*, firme pero muy ligero, se sirve con pan o se prepara en brochetas a la parrilla en la playa. En México, el quesillo semifirme, el queso de Oaxaca o el queso *asadero* se utilizan como relleno o aderezo en una gran variedad de antojitos. En Colombia y Venezuela, los quesos blancos salados idóneos para fundir, como el queso de freír o el queso blanco, se emplean en tequeños o arepas. En Argentina, una variante del queso provolone se dora directamente en la parrilla.

Antes de que las gallinas se introdujeran en América Latina, los huevos de varias aves como pavos, patos, ñandúes e innumerables aves marinas y, por supuesto, los de tortugas e iguanas eran parte importante de la dieta. Hoy en día, los huevos se preparan de múltiples formas en toda la región. Están los huevos azules de la gallina araucana en el sur de Chile y los huevos de ñandú de gran tamaño en Argentina y Chile. Algunos se fríen y se napan con salsas picantes en México o se preparan revueltos con tomates y cebollas en Colombia. En el Perú, Brasil y Venezuela, los huevos de codorniz cocidos son un alimento típico de los puestos ambulantes o un extra habitual en perritos calientes o hamburguesas.

Provoleta

Provolone a la parrilla 🔲
Argentina, Uruguay

Preparación: 5 minutos
Cocción: 10 minutos

Para 4 personas

Servida como entrante del tradicional asado argentino, la *provoleta* es, en su forma más básica, queso provolone asado directamente sobre la parrilla hasta que está crujiente por fuera y fundido en su interior y se sirve con orégano esparcido por encima. Si no se hace bien, el queso se derretirá en la parrilla. Para evitarlo, déjelo reposar en un lugar fresco y ventilado un día o unas horas antes de cocinarlo, para que se forme una capa exterior seca que le ayudará a mantener la forma. También puede prepararlo en una sartén de hierro fundido, como en esta receta, y servirlo directamente en ella en el centro de la mesa, para compartir. Otra opción, que puede encontrar en Internet, son las *provoleteras*, un utensilio de cocina de hierro fundido con diferentes cavidades especialmente diseñado para asar el queso en porciones individuales del tamaño de un bocado. Sírvalo con pan.

> 1 loncha de queso provolone de unos 180 g
> y 2,5 cm de grosor
> 2 cdas. de harina común
> 1 cdta. de copos de chile machacados
> 1 cdta. de orégano seco
> 2 cdas. de aceite de oliva

Coloque una sartén de hierro fundido sobre una parrilla caliente; debe tener calor vivo, pero no fuego directo. Reboce el queso con la harina y colóquelo en la sartén caliente. Déjelo de 2 a 5 minutos hasta que se dore y se forme una especie de corteza, dele la vuelta y deje que se dore por el otro lado.

Mezcle los copos de chile y el orégano con el aceite de oliva y espárzalos por encima del queso. Sírvalo en un plato caliente o directamente en la sartén con trozos de pan.

Queijo coalho em espetos

Brochetas brasileñas de queso a la parrilla
Brasil

Preparación: 10 minutos
Cocción: 10 minutos

Para 6-8 unidades

Los vendedores deambulan por las playas de Brasil con latas llenas de carbón caliente que utilizan para asar largas brochetas de *queijo coalho*, un queso blanco suave. Se suelen tomar tal cual, con un poco de orégano esparcido por encima o aderezadas con una salsa de ajo llamada *molho de alho*.

> 450 g de queijo coalho (o halloumi) en 6 u 8 bastones
> iguales de unos 12 cm de largo y 2,5 cm de ancho
> brochetas de bambú humedecidas en agua

Inserte el queso en las brochetas y colóquelas directamente sobre la parrilla caliente. Déjelas durante 2 o 3 minutos o hasta que se doren. Repita la operación por cada lado y sírvalas de inmediato.

Queso humacha

Maíz y papas con salsa de queso
Bolivia

Preparación: 15 minutos
Cocción: 30 minutos

Para 4 personas

Tradicional de La Paz, Bolivia, y típico de Semana Santa, esta salsa de queso con tropezones se utiliza para acompañar el maíz y las papas cocidas.

> 4 papas (patatas) lavadas
> 4 mazorcas de maíz descascarilladas
> 120 ml de aceite vegetal
> 1 diente de ajo picado
> 1 cebolla picada
> 3 ajíes amarillos picados o 1½ cdtas. de ají amarillo
> en polvo
> 250 g de tomates picados
> 190 g de habas peladas
> 1 rama de huacatay (menta negra andina)
> picada gruesa
> 1 cdta. de comino molido
> 475 ml de agua
> 750 ml de leche
> 500 g de queso fresco en tiras finas o en dados
> pequeños
> sal y pimienta molida

Coloque las papas en una cazuela y cúbralas con agua fría. Sale y cuézalas a fuego medio 15 minutos o hasta que estén tiernas. Escúrralas, déjelas enfriar y pélelas.

Cueza el maíz en agua hirviendo con sal hasta que esté tierno. Escúrralo.

Mientras, caliente a fuego medio el aceite en una cazuela y saltee el ajo y la cebolla 7 minutos o hasta que estén dorados y blandos. Agregue el ají amarillo y el tomate y sofríalo todo 4 minutos más. Añada las habas, el huacatay (menta negra andina), el comino y el agua y salpimiente. Cuézalo 15 minutos o hasta que las habas estén tiernas. Agregue la leche y el queso y cuézalo todo 5 minutos más.

Sirva las papas y el maíz napados con la salsa de queso caliente.

Provoleta

Quesillo nicaragüense

Tortillas nicaragüenses de queso 🍳
Nicaragua

Preparación: 5 minutos,
más 1 hora para encurtir
Cocción: 15 minutos

Para 6 personas

Dos municipios vecinos, La Paz Centro y Nagarote, afirman haber inventado el quesillo, un tentempié fácil de preparar con los alimentos básicos que casi todos los nicaragüenses tienen en su despensa. A principios de 1900 una mujer de Nagarote inventó esta tortilla con abundante queso fundido que se vende envuelta en una hoja de plátano, pero lo hizo en La Paz Centro. Los vendedores de ambas poblaciones las pregonaban en sus respectivas estaciones de tren y, con el tiempo, se abrieron restaurantes de quesillo en las dos ciudades, en los que agregan cebolla encurtida y crema agria.

vinagre de plátano (véase pág. 402)
1 cda. de azúcar
1½ cdtas. de sal
250 ml de agua
1 cebolla blanca picada fina
6 tortillas de maíz gruesas (véase pág. 136)
450 g de queso cuajada (o queso Oaxaca)
225 g de crema mexicana (o crema agria)

En un bol, bata con las varillas el vinagre de plátano con el azúcar, la sal y el agua hasta que el azúcar y la sal se disuelvan. Coloque la cebolla en otro bol y vierta la mezcla sobre ella. Déjela reposar durante 1 hora como mínimo antes de utilizarla.
Ponga a fuego vivo un comal de hierro fundido. Caliente una tortilla por un lado, dele la vuelta y añada una capa de queso. Cuando esté fundido, retire la tortilla con una espátula. Dóblela y disponga 1 cucharada de cebolla encurtida y la crema por encima. Repita la operación con las tortillas restantes.

Sopa de queso

Sopa nicaragüense de queso
Nicaragua

Preparación: 15 minutos
Cocción: 35 minutos

Para 6 personas

Tradicional de Semana Santa en Nicaragua, esta sopa es espesa y cremosa y se elabora con una mezcla de queso y masa de maíz. Las rosquillas, preparadas también con harina de maíz y queso, le aportan una textura crujiente.

350 g de harina de maíz
1,5 litros de agua
1 cdta. de aceite de oliva
1½ cdas. de recado rojo (pasta de achiote)
350 g de queso fresco rallado
1 cdta. de sal
1 cebolla grande en rodajas
2 pimientos verdes despepitados y en rodajas
2 tomates rojos en rodajas
4 dientes de ajo picados
1 manojo de menta
950 ml de leche entera
el zumo de 1 naranja amarga

120 g de nata (opcional)
250 ml de aceite vegetal

En un bol, mezcle la harina de maíz con 475 ml de agua y amásela. Mezcle el aceite de oliva con el recado rojo y añádalo a la masa junto con el queso y un poco de sal. Separe alrededor de 1 taza de masa y añádale 120 ml de agua. Remueva bien y reserve.
Caliente a fuego medio el agua restante en una cazuela y cueza a fuego lento la cebolla, los pimientos, los tomates, el ajo y la menta 10 minutos o hasta que las verduras estén tiernas. (Si lo desea, puede retirar las verduras en este paso.)
Lleve a ebullición la leche en un cazo y retírela del fuego.
Añada la taza de masa reservada y la leche caliente a la sopa y remueva bien. Retire la cazuela del fuego y vierta zumo de naranja al gusto. Si lo desea, añada la nata, removiendo vigorosamente.
Para preparar las rosquillas, caliente a fuego medio el aceite vegetal en una sartén. Forme roscas del tamaño de la palma de la mano con la masa y fríalas hasta que estén doradas y crujientes. Páselas a un plato forrado con papel de cocina para eliminar el exceso de aceite. Sirva la sopa con las rosquillas como guarnición o directamente en ella.

Mote de queso

Sopa colombiana de queso y ñame
Colombia

Preparación: 20 minutos
Cocción: 55 minutos

Para 4-6 personas

Una variedad de ñame local llamado ñame criollo y un queso blanco fresco y salado, el queso costeño, son los ingredientes esenciales del mote de queso, un plato típico de las zonas de la costa caribeña de los departamentos de Sucre y Córdoba.

1 ñame pelado y picado
1,75 litros de agua
2 cdas. de aceite
60 g de cebolla blanca en dados
4 cebolletas picadas
160 g de tomate en dados
2 dientes de ajo picados
2 cdtas. de comino molido
120 g de queso costeño o queso fresco desmenuzado
sal

Para servir
el zumo de 1 limón (lima)
cilantro
suero costeño (o crema agria), opcional

Coloque el ñame en una cazuela, añada el agua y cuézalo a fuego medio unos 45 minutos o hasta que esté tierno.
Mientras, caliente a fuego medio el aceite en una sartén y sofría la cebolla, las cebolletas, el tomate, el ajo y el comino 10 minutos, removiendo con frecuencia, hasta que la cebolla esté tierna. Resérvelo.
Baje el fuego de la cazuela de ñame, añada la mezcla de cebolla y el queso y cuézalo todo unos 10 minutos. La consistencia de la sopa debe ser cremosa con pequeños y tiernos trozos de ñame. Agregue más agua si quedara demasiado espesa. Sale al gusto, remueva bien y sírvala en boles con zumo de limón, cilantro y un poco de suero costeño si lo desea.

Quesillo nicaragüense

Tequeños

Palitos de queso fritos
Venezuela

Preparación: 20 minutos,
más 30 minutos para reposar
Cocción: 5 minutos

Para 20 unidades

Creados en el pueblo de Los Teques al suroeste de Caracas, los tequeños son los tentempiés típicos de las fiestas o del almuerzo escolar en Venezuela. En el Perú, suelen ser de masa wantán.

 400 g de harina común, y un poco más
 para espolvorear
 1 cdta. de sal
 225 g de mantequilla en dados
 1 huevo
 120 ml de agua templada
 250 g de queso blanco o queso de freír (o paneer)
 aceite vegetal, para freír

 Para la salsa guasacaca
 130 g de aguacate en dados
 2 jalapeños (u otros chiles) despepitados y picados
 30 g de cebolla picada
 10 g de cilantro
 1 diente de ajo pelado
 3 cdas. de aceite de oliva
 el zumo de 1 limón (lima)

Coloque la harina y la sal en un bol y remueva bien. Añada la mantequilla y mezcle hasta que se incorpore y se formen migas gruesas. Agregue el huevo y el agua templada y remueva bien. Pase la masa a una superficie y trabájela hasta obtener una masa fina y homogénea. La masa no se debe pegar a la superficie; añada más harina si fuera necesario. Cúbrala y déjela reposar unos 30 minutos.

Mientras, prepare la *guasacaca*. Ponga el aguacate, los jalapeños, la cebolla, el cilantro y el ajo en la batidora. Añada el aceite, el zumo de limón y sal al gusto y tritúrelo todo hasta obtener una salsa fina. Resérvela.

Coloque la masa sobre una superficie de trabajo espolvoreada con un poco de harina y divídala en dos porciones iguales. Con ayuda de un rodillo, extiéndalas hasta obtener 2 rectángulos de 5 mm de grosor y corte tiras de masa a lo largo. Corte el queso en bastoncitos y envuelva cada uno en una tira de masa.

Vierta suficiente aceite vegetal para freír en una olla de fondo grueso, asegurándose de que no supere los dos tercios de su capacidad, y caliéntelo a 177 °C. Añada los tequeños, por tandas, y fríalos hasta que estén dorados. Páselos a un plato forrado con papel de cocina para eliminar el exceso de aceite. Sírvalos calientes con la salsa *guasacaca*.

Queso fresco

Queso fresco
Varios

Preparación: 1 hora y 45 minutos,
más 30 minutos para enfriar
Cocción: 5 minutos

Para 225 g

En la mayor parte de América Latina hay algún tipo de queso fresco, sin proceso de maduración y con un sabor suave elaborado con leche de vaca o, a veces, de cabra. Es un poco salado, bajo en grasa y sodio y su uso es muy versátil. Se puede desmenuzar sobre verduras asadas, sopas, maíz o una tortilla o utilizar como relleno para unos chiles. Se puede consumir fresco o utilizarse como sustituto de quesos como el feta o el ricotta. No se derrite con facilidad cuando se calienta, pero se puede usar para espesar salsas a fuego lento. Es el complemento perfecto de los chiles porque ayuda a contrarrestar el picante. Presenta variaciones sutiles de sabor y textura de un productor a otro: puede ser un poco más ácido, más firme o puede estar aromatizado con hierbas o envuelto en hojas de plátano. Incluso podría tener otro nombre, como *queso de pueblo*. No es muy diferente del queso fresco que puede encontrar en otras partes del mundo. Aunque se puede comprar, muchos lo preparan en casa. Su elaboración es fácil: se calienta la leche entera, se añade algo ácido, como zumo de limón o vinagre, y se deja cuajar; después, se escurre y se cuela con una muselina. El queso fresco no tiene una vida útil larga, normalmente una semana, aunque, en un recipiente hermético en el frigorífico, se puede conservar casi una semana más.

 1,9 litros de leche entera
 150 ml de vinagre blanco
 1 cda. de vinagre de sidra de manzana
 1½ cdtas. de sal
 3 trozos de muselina
 1 trozo de bramante

En una cazuela, caliente la leche a 76 °C, mientras remueve lentamente. Apague el fuego y añada los dos tipos de vinagre y la sal. Remueva bien y deje reposar la mezcla 40 minutos a temperatura ambiente.

Mientras, forre un colador con dos trozos de muselina, uno encima del otro, y coloque un bol debajo. Cuando la leche esté cuajada, remueva con suavidad para trocearla. Viértala poco a poco en el colador y déjela reposar 15 minutos. Junte los bordes de los trozos de muselina y átelos con bramante. Presione suavemente para eliminar el exceso de líquido. Deje que el queso gotee 40 minutos (puede suspenderlo por el bramante directamente sobre el bol si lo desea).

Abra con cuidado la muselina y dele al queso la forma deseada con la ayuda del trozo de muselina restante. Cierre la tela con cuidado y colóquelo en el colador. Déjelo reposar en el frigorífico 30 minutos. Retire la muselina y pase el queso a un recipiente. Resérvelo en el frigorífico hasta que vaya a utilizarlo.

Lácteos y huevos

Chaya con huevos

Huevos revueltos con chaya
Belice

Preparación: 10 minutos
Cocción: 10 minutos

Para 4 personas

La *chaya* (*Cnidoscolus aconitifolius*), también llamada *chicasquil* o árbol espinaca, una verdura de hoja verde originaria de la Península de Yucatán, se puede encontrar bordeando las carreteras en muchas zonas de Belice, donde se utiliza para preparar la masa de los tamalitos o con huevos revueltos. Como sustituto puede usar hojas de moringa o ben, *callaloo*, espinacas, judías verdes u ocra. Sírvalos con tortillas, panecillos Johnny o buñuelos de pan.

    4 huevos
    2 cdas. de leche
    1 cda. de aceite vegetal o de coco
    180 g de chaya (árbol espinaca) picada
    ½ cebolla picada
    1 tomate pelado y en dados
    sal y pimienta molida

En un bol, bata bien los huevos con la leche y salpimiente al gusto.
    Caliente a fuego medio el aceite en una sartén y saltee la *chaya*, la cebolla y el tomate 3 o 4 minutos, sin dejar de remover. Agregue los huevos batidos, déjelos cuajar 3 minutos y sírvalos.

Cabeça do galo

Sopa de harina de yuca con huevos y especias
Brasil

Preparación: 5 minutos
Cocción: 20 minutos

Para 4 personas

Esta contundente y saludable sopa es la preferida para aliviar la resaca o para reconfortar el alma en los estados de Pernambuco y Paraíba, en el noreste brasileño.

    1 cda. de aceite vegetal
    1 cebolla mediana picada
    4 dientes de ajo picados
    1 tomate pelado, despepitado y troceado
    1 pimiento verde despepitado y picado
    1 cda. de achiote en polvo (o pimentón dulce)
    10 g de cilantro picado, más unas ramitas para servir
    3 huevos batidos ligeramente
    950 ml de agua hirviendo
    70 g de harina de yuca (farinha de mandioca)
    1 limón (lima) en cuartos, para servir
    sal y pimienta molida

Caliente a fuego medio el aceite en una olla y sofría la cebolla hasta que se empiece a dorar. Agregue el ajo, el tomate y el pimiento y sofríalos, sin dejar de remover, unos 5 minutos. Salpimiente al gusto y añada el achiote, el cilantro y los huevos batidos, sin dejar de remover.
    Retire la olla del fuego y vierta inmediatamente el agua hirviendo sobre la mezcla. Sin dejar de remover, añada la harina de yuca y siga removiendo hasta que se incorpore bien. Ponga de nuevo la olla al fuego, llévelo a ebullición y cuézala unos 5 minutos. Sirva la sopa de inmediato en boles con hojas de cilantro y el limón.

Huevos pericos

Huevos revueltos con cebolletas y tomates
Colombia, Venezuela

Preparación: 10 minutos
Cocción: 20 minutos

Para 2 personas

Esta es la forma tradicional de preparar los huevos revueltos en Colombia y Venezuela. Se suelen servir con una arepa, una loncha de queso salado y una taza de chocolate caliente.

    60 g de mantequilla
    5 cebolletas picadas
    2 tomates medianos en trozos pequeños
    4 huevos batidos
    arepa de maíz (véase pág. 117) o pan, para servir

Derrita a fuego medio-alto la mantequilla en una sartén, añada las cebolletas y los tomates y remueva hasta que las cebolletas estén doradas, unos 7 minutos. Agregue los huevos batidos y deje que se cuajen poco a poco a fuego medio de 5 a 10 minutos, removiendo de vez en cuando, hasta obtener la consistencia deseada. Retírelos del fuego y sírvalos calientes con pan o arepas.

Huevos divorciados

Huevos fritos con dos salsas
México

Preparación: 30 minutos
Cocción: 20 minutos

Para 6 personas

Como los huevos rancheros, los divorciados se sirven con dos salsas diferentes: una roja y otra verde. A veces, los huevos están separados por una hilera de frijoles refritos o chilaquiles.

    2 cdas. de aceite vegetal
    12 huevos

    Para la salsa roja
    3 tomates medianos en trozos de 1 cm
    ½ cebolla blanca picada
    4 chiles verdes serranos picados
    6 cdas. de cilantro picado fino

    Para la salsa verde
    18 jitomates verdes (tomatillos) cortados
    por la mitad
    ½ cebolla blanca picada fina
    2 dientes de ajo picados finos
    4 chiles serranos en rodajas finas
    1 cdta. de azúcar
    4 cdas. de perejil picado fino

Para preparar la salsa roja, machaque con cuidado los tomates con la cebolla y los chiles en un mortero y sale al gusto. Añada el cilantro y reserve la salsa en el frigorífico.
    Para preparar la salsa verde, machaque los jitomates en el mortero. Añada la cebolla, el ajo y los chiles, remueva y sazone con el azúcar y, si fuera necesario, sal. Agregue el perejil y reserve la salsa a temperatura ambiente.
    Caliente el aceite en una sartén y fría los huevos, por tandas, manteniendo las yemas cremosas.
    Para servir, disponga 2 huevos en cada plato, nape uno con la salsa roja y el otro con la verde.

Huevo de choique al rescoldo

Huevo de ñandú al rescoldo 🍳
Argentina, Chile, Paraguay

Preparación: 10 minutos
Cocción: 25 minutos

❀ ∅ 🍶 ⋮⋮⋮

Para 1 persona

El ñandú común (*Rhea americana*), de 1,5 m de altura aproximadamente, es el ave no voladora más grande de Sudamérica. Muy parecidos al avestruz y al emú, el ñandú común y el ñandú de Darwin (*Rhea pennata*), también llamado *ñandú petiso*, *suri* o *choique*, más pequeño, son especies amenazadas en sus territorios autóctonos, que se extienden desde el sur del Perú hasta la Patagonia. Como su carne es baja en colesterol y ponen huevos grandes y hermosos, en Argentina y Paraguay ha surgido una industria de pequeños productores que crían ñandúes en sus granjas. Somos conscientes de que muchos de ustedes no tienen acceso a los huevos de estas aves, pero los de avestruz, que suelen estar disponibles en algunos establecimientos *gourmet*, son una buena alternativa. Son huevos el doble de grandes, por lo que tendrá que duplicar la cantidad de condimento y ajustar el tiempo de cocción. Esta receta utiliza el rescoldo para la cocción; asegúrese de que las brasas y las cenizas se mantienen calientes mientras el huevo se hace.

    1 huevo de ñandú
    5 g de ajo picado
    2 cdas. de perejil picado
    sal y pimienta molida

Abra un pequeño orificio en la parte superior del huevo (1 cm de diámetro). Con una pajita o una cuchara larga, mezcle la yema y la clara en su interior y retire un poco para que no se desborde al cocinarlo. Agregue el ajo y el perejil picados al interior del huevo, salpimiente al gusto y remueva bien.

Coloque el huevo en el centro de un montón de brasas y cenizas calientes, asegurándose de que la mitad inferior queda rodeada por completo. Deje que el huevo se haga unos 5 minutos y remueva el interior con una pajita o una cuchara larga. Repita la operación 4 veces más o hasta que el huevo esté hecho (debe tener la consistencia de un huevo escalfado). Para servirlo, haga un orificio más grande en la cáscara y tómelo con una cuchara o páselo a un bol.

Huevos con salchicha huachana

Huevos revueltos con salchichas
Perú

Preparación: 10 minutos
Cocción: 15 minutos

❀ ∅ ⋮⋮⋮ ❉

Para 5-6 personas

Huacho es una pequeña ciudad a unos 150 km al norte de Lima famosa por sus enormes salchichas de cerdo especiadas enrolladas en espiral y de un color rojo intenso debido a las semillas de achiote. Se han exportado a América del Norte y a Europa a pequeña escala, pero las puede sustituir por chorizo u otro tipo de salchicha si no las encuentra. Se suelen tomar para desayunar con huevos revueltos y un panecillo.

8 huevos
4 salchichas huachanas
sal y pimienta molida

Bata con unas varillas los huevos en un bol y salpimiente al gusto. Tenga cuidado con la sal porque las salchichas tienden a ser saladas.

Coloque las salchichas en una sartén y séllelas a fuego medio hasta que se abran. Descarte la piel y desmenuce la salchicha. Retire la mitad de la grasa, mézclela con los huevos batidos y viértalos sobre las salchichas.

Déjelo a fuego medio 30 segundos sin removerlo y luego, con una espátula de silicona, remueva lentamente y raspe el fondo de la sartén para mezclar las partes cuajadas y las líquidas de los huevos hasta obtener la consistencia deseada. Retire la sartén del fuego, remueva y sirva los huevos calientes.

Huevos motuleños

Huevos fritos con salsa de tomate y guisantes
México

Preparación: 15 minutos
Cocción: 45 minutos

Para 4 personas

Estos huevos son el desayuno típico de la Península de Yucatán, México. Su origen se sitúa en la ciudad de Motul, al este de Mérida.

    4 tomates medianos pelados y picados gruesos
    1 cebolla blanca pequeña picada gruesa
    1 diente de ajo picado
    7¹/₂ cdas. de aceite vegetal
    1 plátano macho pelado y cortado en diagonal
    en 8 trozos
    4 tortillas de harina (véase pág. 136)
    4 huevos
    4 filetes de jamón
    60 g de queso fresco o cotija desmenuzado
    130 g de guisantes cocidos
    1 chile habanero en rodajas
    sal

Ponga los tomates, la cebolla y el ajo en una batidora y tritúrelos.

Caliente a fuego medio 2 cucharadas del aceite en un cazo y vierta la mezcla de tomate. Baje el fuego y cuézala unos 10 minutos, removiendo de vez en cuando. Sale, retire el cazo del fuego y reserve la salsa caliente.

Caliente 1 cucharada del aceite en una sartén y sofría el plátano unos 8 minutos, dándole la vuelta cada 2 minutos más o menos, hasta que se dore por todos los lados. Resérvelo.

Limpie la sartén, añada ½ cucharada del aceite y caliéntela a fuego medio-alto. Agregue las tortillas y fríalas 2 minutos por cada lado o hasta que estén crujientes. Envuélvalas en un paño de cocina para mantenerlas calientes y resérvelas.

Añada 1 cucharada de aceite por huevo a la sartén y fríalos, uno por uno, asegurándose de que la yema no se cuaje.

Para servir, coloque una tortilla en cada plato y ponga un huevo frito encima con un filete de jamón, unas cucharadas de queso y un poco de salsa de tomate caliente. Esparza unas cucharadas de guisantes en el plato y una o dos rodajas de habanero y sírvalos.

Lácteos y huevos

Huevo de choique al rescoldo

Changua

Sopa colombiana de huevo y leche 🍲
Colombia

Preparación: 15 minutos
Cocción: 10 minutos   Para 2 personas

Esta nutritiva sopa se suele tomar en el desayuno en los departamentos colombianos de Boyacá y Cundinamarca, donde se encuentra la capital, Bogotá. Se sirve con arepas o con *calados*, un pan de consistencia dura que se ablanda en la sopa. Además, también obra maravillas cuando se tiene resaca.

    250 ml de agua
    250 ml de leche
    4 huevos
    2 cdas. de cilantro picado
    2 cebolletas pequeñas picadas
    sal y pimienta molida
    2 arepas de maíz (véase pág. 117), para servir

Caliente a fuego medio el agua con la leche en un cazo. Cuando rompa el hervor, casque con cuidado los huevos sin romper las yemas y cuézalos unos 3 minutos. Baje el fuego y prosiga con la cocción. Añada el cilantro y las cebolletas y remueva poco a poco hasta que la clara se cuaje. Salpimiente al gusto.

Reparta la sopa entre dos boles, asegurándose de que haya dos huevos en cada uno. Si lo desea, puede poner más cebolletas y cilantro en el fondo de cada bol antes de añadir el caldo y el huevo. Sirva de inmediato la changua con las arepas de maíz (véase pág. 117).

Choros enhuevados

Huevos revueltos con oronjas
Honduras

Preparación: 10 minutos
Cocción: 5 minutos   Para 4 personas

Nadie sabe cómo la codiciada seta de color anaranjado *Amanita caesarea*, autóctona del sur de Europa y el norte de África, llegó a los bosques neblinosos de La Esperanza e Intibucá, Honduras, pero ahora es común durante la temporada de lluvias en mayo y junio. La comunidad lenca la ha adoptado como propia y está presente en varias recetas. Las asan a la parrilla con un toque de limón y las toman con tortillas, las guisan o las rebozan y las fríen, pero, para el desayuno, las sirven con huevos revueltos.

    2 cdas. de manteca
    100 g de oronjas (o rebozuelos)
    ½ cebolla picada fina
    2 cdas. de epazote picado
    3 huevos batidos
    sal y pimienta molida

Caliente la manteca en una sartén y saltee las oronjas, la cebolla y el epazote durante 1 minuto. Vierta los huevos batidos, salpimiente al gusto y deje que se cuajen hasta obtener la consistencia deseada.

Changua

Pescados y mariscos

En una pequeña franja de arena en la costa norte de Honduras, entre el mar Caribe y una laguna bordeada por una enmarañada red de manglares, un hombre garífuna sale en su canoa, justo antes del amanecer cuando el cielo estrellado da paso al azul del día. El agua es su medio de supervivencia en una aldea aislada formada por solo unas pocas familias, descendientes de grupos mixtos de esclavos fugitivos de África occidental que se casaron con nativos arahuacos en San Vicente antes de ser exiliados en la isla de Roatán en 1798.

Su canoa, un tronco de árbol ahuecado, se balancea entre las olas al alejarse de la orilla. Saca el agua que se ha acumulado bajo sus pies descalzos con una botella de soda de plástico cortada por la mitad, mientras rema hacia los bajos, los arrecifes de parche, sus lugares de pesca favoritos. Con anzuelo, sedal y un cebo de curil (*Polymesoda placans*), una especie de almeja autóctona, pesca algunos pargos y peces limón y, cuando el sol está en su punto más alto, ya está de vuelta en la orilla con el alimento del día para su familia.

Su esposa ralla y cuela la pulpa de los cocos para conseguir la leche y machaca semillas de achiote de color rojo brillante que crecen en los árboles junto a su casa. Lo pone con el pescado en una olla para preparar un guiso llamado *hudutu* y lo sirve con un puré de plátanos macho maduros cocidos, que su marido ha machacado en un mortero de madera, y pan de yuca. Otros días fríe el pescado entero con patacones (rodajas de plátano macho fritas) a la parrilla, o, cuando hay más de lo que la familia necesita, salan el pescado o lo ahúman en una hoguera para consumirlo más adelante. A veces se zambullen en busca de langostas o caracolas, que cortan en dados y marinan con limón y cebolla para preparar ceviche. Desde siempre, sus recetas han estado condicionadas por las especies que capturan y las verduras que cultivan o recolectan en la naturaleza. Desde el Atlántico hasta el Pacífico, pasando por el lago Titicaca y los ríos de la cuenca del Amazonas, las pequeñas comunidades de pescadores han vivido así durante siglos.

El uso del pescado y el marisco ha cambiado mucho en el último siglo. El hielo y la refrigeración han hecho posible que se conserven más tiempo, lo que permite que lleguen a las zonas del interior y satisfagan la demanda de pueblos y ciudades. La eficacia de los métodos de pesca, así como las redes especializadas y las embarcaciones más grandes que facilitan ir más allá de la costa han incrementado el volumen de capturas, en muchos casos con consecuencias desastrosas. Pese a que los grandes barcos de arrastre arrasan los océanos y hacen que las cadenas de suministro ancestrales se tambaleen, las pequeñas comunidades como esta sobreviven todavía con lo que el mar les aporta cada día.

Hudutu

Guiso garífuna de pescado y leche de coco
con puré de plátano
Belice, Guatemala, Honduras, Nicaragua

Preparación: 20 minutos
Cocción: 40 minutos   Para 4 personas

Este guiso de pescado y coco con puré de plátano macho es típico de las comunidades garífunas que viven en zonas remotas de la costa caribeña de la mitad septentrional de América Central. Tradicionalmente, las mujeres preparan este guiso, mientras que los hombres machacan los plátanos de modo similar al fufú africano. Cuando se sirve con arroz en vez de plátanos, se llama *sere de pescado*.

- 900 g de filetes de caballa con piel
- 2 cdas. de aceite vegetal
- 2 plátanos macho verdes pelados y picados
- 2 plátanos macho maduros pelados y picados
- 1 cebolla blanca en rodajas
- 2 dientes de ajo picados
- 1 zanahoria pelada y en dados
- 350 ml de leche de coco
- 350 ml de agua
- 1 cdta. de comino molido
- ½ cdta. de achiote en polvo
- 4 ramitas de culantro picadas (o cilantro)
- 2 hojas de albahaca picadas
- 120 g de ocra picada
- sal y pimienta molida

Corte cada filete de pescado en 4 trozos.

Caliente 1 cucharada de aceite en una sartén y selle los trozos de pescado, con la piel hacia abajo, 3 minutos. Retírelos y resérvelos.

Coloque los plátanos verdes en una cazuela de agua hirviendo con sal y cuézalos 10 minutos a fuego medio-alto. Añada los plátanos maduros y cuézalos otros 5 minutos o hasta que estén tiernos. Escúrralos y déjelos enfriar. El método tradicional para aplastarlos es ponerlos en una *hana*, un mortero de madera, y machacarlos con un *uduwa*, un palo largo. Como alternativa, tritúrelos en un robot de cocina, añadiendo agua según sea necesario, hasta obtener una pasta homogénea.

Caliente a fuego medio el aceite restante en una cazuela y saltee la cebolla, el ajo y la zanahoria 8 minutos. Vierta la leche de coco y el agua, agregue el comino, el achiote, el culantro y la albahaca y salpimiente. Remueva hasta que empiece a humear y, cuando esté a punto de hervir, añada el pescado y la ocra. Cuézalo a fuego medio, removiendo, 10 minutos o hasta que el pescado esté tierno. Sírvalo caliente con el puré de plátano como guarnición o añadido al guiso.

Bundiga

Guiso de pescado y plátano rallado
Belice

Preparación: 15 minutos
Cocción: 30 minutos   Para 4 personas

La *bundiga*, una receta garífuna con ingredientes similares a los del *hudutu*, es un plato de pescado con plátanos macho rallados y leche de coco. Sírvalo con Arroz con coco (véase pág. 63) o pan de yuca.

- 900 g de filetes de pargo rojo o caballa en trozos grandes
- 1,2 litros de leche de coco
- 2 dientes de ajo picados
- 1 cebolla mediana picada
- 3 hojas de albahaca
- 4 plátanos macho verdes pelados y rallados
- 30 g de ocra
- sal y pimienta molida

Salpimiente el pescado y resérvelo.

En una cazuela, lleve a ebullición la leche de coco sin dejar de remover y, justo antes de que empiece a hervir, añada el ajo, la cebolla y la albahaca. Continúe removiendo para evitar que se pegue y cuézalo durante 10 minutos. Añada los plátanos rallados por tandas, una cucharada cada vez (también puede formar albóndigas), y cuézalo todo a fuego lento unos 7 minutos, sin dejar de remover. Agregue la ocra y el pescado y cuézalo todo unos 10 minutos más o hasta que el pescado esté tierno. Rectifique de sal y pimienta y sírvalo caliente.

Rondón

Guiso de pescado, coco y tubérculos
Colombia, Costa Rica, Nicaragua, Panamá

Preparación: 25 minutos
Cocción: 40 minutos   Para 4 personas
(si utiliza una olla a presión; 1 hora si no)

Este guiso de pescado y coco es típico de las comunidades antillanas de la costa caribeña de América Central y del Caribe colombiano, traído desde Jamaica por los inmigrantes que trabajaban en los ferrocarriles y el Canal de Panamá. Se llama *run down* en *patois* jamaicano porque utiliza las sobras de pescados y mariscos. Se le pueden añadir almejas, mejillones, caracolas, caracoles de mar o cualquier otro marisco de la zona. Sírvalo con arroz, tostones y/o cuñas de limón.

- 450 g de rabo de cerdo en trozos de 2,5 cm
- 1,4 kg de lubina (u otro pescado blanco de carne firme)
- 350 ml de leche de coco
- 1 cebolla en dados
- 4 dientes de ajo picados
- 1 yuca pelada y en dados
- 1 ñame amarillo pelado y en dados
- 450 g de calabaza de verano pelada y en dados
- 2 zanahorias peladas y en rodajas
- 2 camotes (boniatos) pelados y en dados
- 2 plátanos macho pelados y en rodajas
- 1 cda. de jengibre fresco picado
- 1 chile pequeño despepitado y picado
- 1 cda. de curry en polvo
- 1 cda. de orégano seco
- sal y pimienta molida

Cueza el rabo de cerdo en una olla a presión con agua y una pizca de sal 15 minutos (o en una cazuela 35 minutos desde que el agua llega a ebullición). Escúrralo.

Mientras, limpie y filetee el pescado, retirando la piel. Salpimiente y resérvelo.

Caliente a fuego medio la leche de coco en una olla y cueza la cebolla y el ajo 3 minutos. Agregue la yuca, el ñame, la calabaza, las zanahorias, los camotes y los plátanos y cuézalo todo a fuego lento 15 minutos. Añada los filetes de pescado, el rabo de cerdo, el jengibre, el chile, el curry y el orégano y cuézalo otros 5 minutos o hasta que el pescado esté tierno.

Rondón

Encebollado ecuatoriano

Sopa ecuatoriana de pescado y cebolla
Ecuador

Preparación: 10 minutos
Cocción: 30 minutos ❄ Ø
Para 5-6 personas

El encebollado, plato tradicional de Ecuador, es típico de la costa sudeste, en las provincias de Guayas y Manabí. Se puede tomar a cualquier hora del día, aunque se suele preparar por la mañana temprano para levantar el ánimo.

- 1 cebolla roja en rodajas
- el zumo de 1 limón (lima)
- 2 cdas. de vinagre de vino blanco
- 450 g de yuca pelada y en trozos
- 1 cda. de aceite de oliva
- 1 cebolla blanca picada
- 2 tomates pelados y en dados
- 900 g de atún albacora fresco en filetes o en trozos grandes
- 1 cdta. de chile en polvo
- 2 cdtas. de comino molido
- 4 cdas. de cilantro picado
- sal y pimienta molida

Mezcle la cebolla roja con el zumo de limón y el vinagre en un bol. Salpimiente y déjela reposar 20 minutos como mínimo.

Mientras, cueza la yuca en una cazuela con abundante agua 25 minutos o hasta que esté tierna. Escúrrala y colóquela de nuevo en la cazuela.

Mientras cuece la yuca, caliente a fuego vivo el aceite en otra cazuela y sofría la cebolla y los tomates 5 minutos. Añada el pescado y suficiente agua para cubrirlo. Salpimiente y agregue el chile en polvo, el comino y la mitad del cilantro. Cuézalo 15 minutos hasta que el pescado esté en su punto. Retire el pescado y resérvelo. Cuele el caldo sobre un bol y viértalo en la cazuela con la yuca escurrida y aplástela hasta obtener una mezcla grumosa. Añada el pescado, rectifique de sal y pimienta si fuera necesario y cuézalo a fuego lento 5 minutos más.

Sirva la sopa caliente con la cebolla encurtida y el cilantro picado restante.

Tule masi

Guiso de pescado con coco
Panamá

Preparación: 15 minutos
Cocción: 20 minutos ❄ Ø ❋
Para 4 personas

El nombre de este plato se traduce como «comida popular» en *guna*, el idioma de los pueblos indígenas que habitan principalmente en una zona autónoma formada por varios cientos de pequeñas islas frente a la costa caribeña de Panamá. No hay una receta estándar para este guiso, que tiene una base de coco rallado, plátano macho y tubérculos cocidos, como yuca, taro o ñame, y que suele incluir pescado cocido, ahumado o frito, o, a veces, caza. Sírvalo con Arroz con coco (véase pág. 63) o Patacones (véase pág. 194).

- 1 coco
- 1,6 litros de agua
- 1 plátano macho pelado y en rodajas
- 1 yuca pelada y en rodajas
- 1,4 kg de filetes de pargo rojo en trozos grandes
- el zumo de 2 limones (limas)
- sal

Caliente una parrilla.

Ralle la pulpa de coco, póngala en un filtro, uno de café, por ejemplo, colocado sobre un bol o una jarra y vierta el agua sobre el coco rallado. Pase el agua de coco colada a una cazuela y colóquela en la parrilla para calentarla.

Añada el plátano y la yuca, llévelo a ebullición, cuézalo 10 minutos y agregue el pargo. Prosiga con la cocción 10 minutos más o hasta que la yuca esté tierna y el pescado hecho. Añada zumo de limón al gusto, sale y sírvalo caliente.

Peixe azul marinho

Guiso de pescado azul
Brasil

Preparación: 15 minutos
Cocción: 20 minutos ❄ Ø
Para 4 personas

Cuando los taninos de los plátanos verdes entran en contacto con el hierro de la sartén se produce una reacción química que provoca que el guiso de esta receta sea tan azul como el mar. El guiso, tradicional de la cultura *caiçara* en el sudeste de Brasil, utiliza la variedad de plátanos enanos o São Tomé y también incluye pescado y *Pirão* o Angú (véase pág. 100). Se suele servir con harina de yuca.

- 680 g de filetes de mero o pargo rojo
- el zumo de 4 limones (limas)
- 1 cda. de aceite vegetal
- ½ cebolla blanca picada
- 4 dientes de ajo picados
- ½ pimiento rojo despepitado y picado
- ½ pimiento verde despepitado y picado
- 1 chile malagueta despepitado y picado
- 950 ml de caldo de pescado
- 4 plátanos verdes (a poder ser de la variedad São Tomé) sin pelar y en 5 trozos cada uno
- 4 tomates pelados y en dados
- 2 cdas. de cilantro picado
- 4 cdas. de perejil picado
- 3 cdas. de harina de yuca
- sal y pimienta molida

Aderece los filetes de pescado con el zumo de limón, sal y pimienta y resérvelos.

Caliente a fuego medio el aceite vegetal en una sartén de hierro fundido y sofría la cebolla, el ajo, los pimientos y el chile 10 minutos o hasta que se caramelicen ligeramente.

Agregue el pescado, el caldo de pescado y los trozos de plátano. Suba el fuego y llévelo a ebullición. Tan pronto como el caldo adquiera un color azulado, retire los plátanos, pélelos y añádalos de nuevo a la sartén. Agregue los tomates, el cilantro y el perejil.

Vierta 750 ml del caldo a una cazuela, llévelo a ebullición e incorpore poco a poco la harina de yuca, removiendo con unas varillas para evitar que se formen grumos. Cuando la mezcla haya espesado, viértala en el guiso. Remueva bien y sírvalo caliente.

Tikin xic

Pescado marinado asado de Yucatán
México

Preparación: 15 minutos,
más 5 horas para marinar
Cocción: 20 minutos

Para 4 personas

Similar a la Cochinita pibil (véase pág. 286), otro plato prehispánico de la Península de Yucatán, en el *tikin xic* el pescado se marina con naranjas y achiote, se envuelve en una hoja de plátano y se asa en un horno de tierra.

1 mero de unos 2,2 kg limpio
3 cdas. de recado rojo (pasta de achiote)
250 ml de zumo de naranja amarga
1 hoja de plátano grande
2 pimientos verdes despepitados y en rodajas
2 pimientos rojos despepitados y en rodajas
3 tomates en rodajas
2 cebollas rojas en rodajas
1 cdta. de orégano seco
125 ml de cerveza lager
60 ml de aceite de oliva
sal y pimienta molida

Limpie el pescado retirando las tripas y lávelo bajo un chorro de agua helada. Séquelo bien por dentro y por fuera con papel de cocina y colóquelo en una bandeja. Sale por dentro y por fuera.

Diluya el recado rojo en el zumo de naranja amarga y, con un pincel, unte el pescado con la mezcla. Déjelo marinar 5 horas como mínimo en el frigorífico.

Caliente una parrilla.

Ponga la hoja de plátano sobre la parrilla, déjela unos 3 minutos hasta que se ablande y dele la vuelta. Coloque el pescado en el centro y disponga los pimientos, el tomate, la cebolla y el orégano encima. Vierta la cerveza y el aceite, salpimiente y cierre la hoja de plátano.

Áselo en la parrilla 20 minutos o hasta que la carne se pueda separar fácilmente de la espina. Sírvalo en una bandeja, para compartir.

Bolinhos de bacalao

Buñuelos de bacalao
Brasil

Preparación: 20 minutos,
más 24 horas en remojo
Cocción: 45 minutos

Para 20 unidades

Originarios de Portugal, los *bolinhos* de bacalao se han integrado a la perfección en la tradición brasileña. Se preparan en los hogares los viernes y los días de Cuaresma y son el acompañamiento típico de una cerveza en los bares tradicionales llamados *botecos*.

450 g de bacalao salado
680 g de papas (patatas) peladas y en trozos de 5 cm
1 cda. de aceite de oliva
½ cebolla blanca picada
2 dientes de ajo picados
2 huevos, con las claras y las yemas separadas
3 cdas. de perejil picado
aceite vegetal, para freír
sal y pimienta molida

Ponga el bacalao en un bol con agua fría y déjelo en remojo 24 horas, cambiando el agua con frecuencia (aproximadamente cada 6 horas).

Lave bien el bacalao, colóquelo en una cazuela con agua fría y cuézalo a fuego medio 10 minutos. Retire el bacalao y desmenúcelo, reservando el agua de cocción en la cazuela. Añada las papas, llévelas a ebullición y cuézalas unos 20 minutos o hasta que estén tiernas.

Mientras, caliente a fuego medio el aceite de oliva en una sartén y sofría la cebolla y el ajo 15 minutos o hasta que estén blandos. Retírelos del fuego y resérvelos.

Cuando las papas estén tiernas, escúrralas y aplástelas bien. Añada el bacalao desmenuzado, las yemas de huevo, el perejil y la cebolla y el ajo fritos, remueva bien y salpimiente. Bata las claras de huevo con las varillas hasta formar picos duros e incorpórelas a la mezcla de bacalao y papa.

Vierta suficiente aceite vegetal para freír en una olla de fondo grueso, asegurándose de que no supere los dos tercios de su capacidad, y caliéntelo a 177 °C.

Forme bolas de unos 5 cm de diámetro con la mezcla y fríalas, por tandas, unos 4 o 5 minutos o hasta que se doren. Retire los buñuelos con una espumadera y páselos a un plato forrado con papel de cocina para eliminar el exceso de aceite. Sírvalos calientes.

Fosforera

Sopa venezolana de marisco
Venezuela

Preparación: 20 minutos
Cocción: 2 horas y 15 minutos

Para 4 personas

En la costa este de Venezuela, cada pueblo tiene su propia receta para esta sopa de marisco, llamada así por la alta cantidad de fósforo de sus ingredientes.

2,4 litros de agua
2 cabezas de pescado
½ cebolla blanca picada
5 dientes de ajo picados
½ pimiento rojo
2 ajíes dulces despepitados y picados
1 puerro, solo la parte blanca, picado
4 tomates pelados y picados
450 g de camarones (gambas), solo las colas y reservadas las cabezas para el caldo
450 g de calamares limpios y en anillas
450 g de almejas limpias
450 g de vieiras limpias
2 cangrejos
3 cdas. de cilantro picado
sal

Lleve a ebullición el agua en una olla. Añada las cabezas de pescado, la cebolla, el ajo, el pimiento, los ajíes, el puerro, los tomates y las cabezas de los camarones. Baje el fuego y cuézalo 2 horas, removiendo de vez en cuando y asegurándose de que siempre haya suficiente agua para cubrirlo. Cuélelo sobre otra olla, presionando los sólidos para extraer todo el líquido.

Llévelo a ebullición y añada los camarones, los calamares, las almejas, las vieiras y los cangrejos. Baje el fuego y cuézalo 15 minutos. Sale y esparza el cilantro por encima. Sirva la sopa caliente en platos hondos.

Moqueca baiana

Guiso de marisco de Bahía
Brasil

Preparación: 10 minutos,
más 15 minutos para enfriar
Cocción: 45 minutos

Para 4 personas

Se cree que la *moqueca* tiene su origen en el estado de Espírito Santo, donde los pescados y mariscos (como la raya, los camarones o los cangrejos) se preparan en un caldo con tomates y achiote. Esa versión, que mezcla ingredientes portugueses y autóctonos, es más ligera que esta, más sustanciosa, que añade leche de coco, pimientos y aceite de *dendê*, proporcionándole un color rojo anaranjado. La olla para preparar *moqueca* se llama panela, una cazuela de arcilla negra y savia de manglar resistente al calor. Los pueblos indígenas las moldeaban antes de la conquista. La *moqueca baiana* se sirve con guarniciones, como arroz blanco, cilantro, *farofa*, chiles y Pirão (véase pág. 100), que se prepara espesando el caldo de la *moqueca* con harina de yuca.

225 g de camarones (gambas)
450 g de filetes de pescado (blanco de carne firme, como lubina, pez espada o mero)
el zumo de 1 limón (lima)
2 cdas. de aceite de oliva
2 cdas. de aceite de dendê
1 cebolla picada
3 dientes de ajo picados
3 tomates pelados y en dados
1 pimiento rojo despepitado y en rodajas
1 cda. de pimentón
1 cda. de comino seco
250 ml de caldo de pescado
350 ml de leche de coco
2 cdas. de cilantro picado

Frote los camarones y los filetes de pescado con el zumo de limón y el aceite de oliva y salpimiente. Cúbralos con film transparente y refrigérelos 15 minutos.

Caliente a fuego medio 1 cucharada de aceite de *dendê* en una sartén, fría los filetes de pescado 3 minutos por cada lado o hasta que estén ligeramente dorados y retírelos. Caliente a fuego medio la cucharada de aceite de *dendê* restante y sofría la cebolla, el ajo, los tomates y el pimiento 8 minutos. Sazone con el pimentón y el comino. Vierta el caldo de pescado y la leche de coco, remueva bien y llévelo a ebullición. Baje el fuego y cuézalo, removiendo con las varillas de vez en cuando, de 15 a 20 minutos o hasta que el caldo espese. Añada los filetes de pescado y los camarones y prosiga con la cocción 10 minutos más. Esparza el cilantro por encima y sírvalo caliente con arroz blanco como guarnición.

Vuelve a la vida

Cóctel de marisco
México, Venezuela

Preparación: 30 minutos
Cocción: 30 minutos

Para 4 personas

Este cóctel, al igual que otras versiones, como el Siete potencias y Rompe colchón, se vende en las playas venezolanas y se dice que tiene propiedades afrodisíacas. En México existen versiones parecidas.

225 g de camarones (gambas) pelados y sin el hilo intestinal
225 g de calamar limpio
½ pulpo limpio
12 mejillones
250 ml de zumo de limón (lima)
2 cdas. de vinagre de vino blanco
250 ml de agua
3 cdas. de pasta de tomate
1 cda. de salsa Worcestershire
1 cebolla roja picada
1 chile picante picado fino
5 ajíes dulces picados finos
20 g de cilantro picado
sal y pimienta molida

Ponga los camarones y el calamar en una olla de agua hirviendo con sal. Retire el calamar después de unos 2 o 3 minutos y los camarones después de 3 o 4 minutos. Tan pronto como estén listos, páselos a un bol de agua con hielo para cortar la cocción y enfriarlos. Corte el calamar en anillas.

Añada el pulpo a la olla de agua hirviendo con sal, baje el fuego y cuézalo de 15 a 20 minutos hasta que esté tierno. Déjelo enfriar y trocéelo.

Lave los mejillones bajo un chorro de agua fría. Vierta unos 2,5 cm de agua en un cazo y llévela a ebullición. Añada los mejillones, tape el cazo y cuézalos de 5 a 7 minutos. Retire el cazo del fuego y cuando estén lo suficientemente fríos para manipularlos, retire los mejillones de las valvas y resérvelos.

En un bol, mezcle el zumo de limón con el vinagre, el agua, la pasta de tomate y la salsa Worcestershire. Salpimiente y agregue la cebolla, el chile, los ajíes y el cilantro.

Pase todo el marisco al bol, mézclelo bien con la salsa y déjelo reposar 10 minutos. Remueva bien antes de servir el cóctel en copas anchas o platos fríos.

Chita a la sal

Chita a la sal
Perú

Preparación: 20 minutos
Cocción: 30 minutos

Para 6 personas

La *chita* es un pescado de roca de la costa del Pacífico América del Sur, desde las Islas Galápagos hasta el norte de Chile. La capa de sal ayuda a mantener el interior del pescado jugoso, preservando su delicado sabor. La receta fue creada por Humberto Sato en Costanera 700, el restaurante de Lima que fundó en 1975 y sentó las bases de la cocina nikkei moderna.

1 chita limpia (u otro pescado de roca)
1,8 kg de sal marina fina
papel de aluminio

Precaliente el horno a 180 °C.

En una bandeja de horno, ponga suficiente papel de aluminio para cubrir la bandeja y el pescado. Coloque un tercio de la sal en el fondo de la bandeja y, con la ayuda de un pulverizador, rocíe agua para humedecerla y formar una capa compacta. Coloque el pescado encima de la sal y cúbralo con la sal restante, rociando agua de nuevo para conseguir una mezcla sólida. Tápelo con el papel de aluminio y hornéelo 30 minutos.

Retírelo del horno y quite el papel de aluminio. Rompa la capa de sal con un cuchillo y cepille el pescado antes de servirlo para retirar toda la sal.

Pescados y mariscos

Pescado zarandeado estilo Sinaloa

Pescado a la parrilla al estilo de Sinaloa
México

Preparación: 20 minutos,
más 15 minutos en remojo
y para marinar
Cocción: 15 minutos

Para 4 personas

Este plato de pescado a la parrilla está presente en gran parte de la costa del Pacífico de México de diferentes formas. A menudo se corta en mariposa, se coloca en una *zaranda* (lo que da nombre a la receta), una cesta de parrilla, y se asa en una hoguera. También se puede envolver en una hoja de plátano con la salsa o prepararlo en una sartén. Sírvalo con Tortillas de maíz (véase pág. 136) y/o arroz blanco.

2 chiles ancho secos despepitados
2 chiles guajillo secos despepitados
750 ml de agua
1½ cdas. de salsa de soja
2 cdtas. de salsa Worcestershire
2 cdtas. de pasta de tomate
el zumo de 1 limón (lima)
1 cdta. de orégano seco
½ cdta. de comino molido
4 dientes de ajo pelados
1 pargo, mero o róbalo de unos 1,4 kg
¼ de cdta. de sal
aceite, para pintar

Ponga los chiles en una cazuela, cúbralos con el agua y llévela a ebullición. Retire la cazuela del fuego y déjelos reposar 10 minutos. Escúrralos, reservando 2 cucharadas del agua de remojo. Coloque los chiles y el agua en un robot de cocina o una batidora, añada la salsa de soja, la salsa Worcestershire, la pasta de tomate, el zumo de limón, el orégano y el comino y tritúrelo todo hasta obtener una mezcla fina.

Corte el pescado por la mitad a lo largo y haga cortes diagonales a lo largo por el lado de la carne, de 5 mm de profundidad. Sale y esparza la mezcla de chile por ambos lados. Deje que repose 5 minutos.

Caliente una parrilla; si es de carbón, deje que las llamas se apaguen. Ponga la zaranda encima para que se caliente y píntela con aceite. Coloque el pescado y ciérrela. Áselo de 12 a 15 minutos, dándole la vuelta cada 3 minutos más o menos. Retire el pescado de la zaranda, páselo a una bandeja y sírvalo caliente.

Pejesapo al vapor

Pejesapo al vapor
Perú

Preparación: 15 minutos,
más 30 minutos en remojo
Cocción: 15 minutos

Para 4 personas

El pejesapo (*Sicyases sanguineus*) o pez rana es un pez graso de textura gelatinosa que habita en el fondo de la costa del Pacífico de América del Sur, desde el centro del Perú hasta el centro de Chile. Perteneciente a la familia *Gobiesocidae*, como el rape, es pescado por los *pejesaperos*, que usan largos palos con redes o ganchos para capturarlo de las paredes de las rocas y de las pozas de marea. Es un pescado muy delicado y si se cocina demasiado, lo cual no es difícil, se deshace. Se suele preparar en un guiso con tomates, cebollas y otros ingredientes llamado *caldillo* o *chupín de pejesapo*. En Lima, es típico de restaurantes chifas y nikkei.

2 pejesapos medianos
950 ml de agua hirviendo
10 g de shiitake secas
120 ml de salsa de soja
2 cdtas. de jengibre rallado
1 cdta. de azúcar
1 cda. de aceite de sésamo
35 g de cebolletas picadas

Corte los pejesapos por la parte inferior a lo largo, desde la boca hasta la cola, retire las vísceras y las branquias y lávelos bajo un chorro de agua fría.

Coloque las shiitake en un bol refractario y vierta el agua hirviendo. Cubra el bol con film transparente y déjelas en remojo 30 minutos. Cuélelas, reservando el agua. Puede cortar las setas en rodajas o, si son pequeñas, dejarlas enteras.

Ponga el pescado con la piel hacia arriba en un bol y disponga las setas alrededor. Mezcle el agua de remojo de las setas caliente con la soja, el jengibre, el azúcar y el aceite de sésamo y viértalo sobre el pescado. Cúbralo con papel de aluminio y deje que se cueza al vapor en el bol unos 15 minutos. Retire el pescado, colóquelo en una fuente y nápelo con un poco de salsa. Esparza las cebolletas picadas por encima y sírvalo.

Chupín de pescado

Sopa uruguaya de pescado
Argentina, Paraguay, Uruguay

Preparación: 10 minutos,
más 30 minutos para marinar
Cocción: 25 minutos

Para 4 personas

Los inmigrantes italianos que llegaron a Uruguay durante la Primera Guerra Mundial fueron los primeros en preparar esta sopa de tomate y pescado en el país. Es una adaptación de la clásica sopa genovesa *ciuppin*, que los pescadores hacían en sus barcos con los pescados de baja categoría que no podían vender.

el zumo de 2 limas (limones)
1 cdta. de sal
900 g de filetes de pescado blanco (como lubina) en trozos de 5 cm
2 cdas. de aceite de oliva
2 cebollas blancas picadas
2 dientes de ajo picados
3 tomates pelados y en dados
1 pimiento rojo despepitado y en dados
5 papas (patatas) peladas y en dados de 1 cm
120 ml de vino blanco
350 ml de caldo de pescado

Mezcle el zumo de lima con la sal en un bol y añada el pescado. Déjelo marinar de 20 a 30 minutos.

Caliente a fuego medio el aceite en una cazuela y sofría la cebolla y el ajo 5 minutos. Agregue los tomates y el pimiento y sofríalos 4 minutos más. Añada las papas, remueva y vierta el vino y el caldo. Llévelo a ebullición y cuézalo 5 minutos. Baje el fuego, añada el pescado y tape la cazuela. Cuézalo 8 minutos o hasta que esté cocido, pero todavía firme. Sírvalo napado con la salsa.

Pargo frito al curry

Pargo frito al curry
Panamá

Preparación: 15 minutos,
más 1 hora para marinar
Cocción: 10 minutos

Para 4 personas

Las comunidades afroantillanas de Colón, Bocas del Toro y el barrio El Chorrillo, en la ciudad de Panamá, preparan pargo rojo frito con un toque de curry y ají chombo. Sírvalo con Tostones (véase pág. 194) o Arroz con coco (véase pág. 63).

    el zumo de 1 limón (lima)
    1 pargo de unos 1,4 kg
    1 cebolla roja en rodajas finas
    2 dientes de ajo picados
    2 ajíes chombo picados
    2 cdas. de curry en polvo
    115 g de harina común
    aceite vegetal, para freír

Vierta el zumo de limón sobre el pescado y haga 4 o 5 cortes en la carne a unos 2,5 cm de distancia unos de otros. Colóquelo en un bol y añada la cebolla, el ajo, los ajíes y 1 cucharada de curry en polvo. Salpimiente y deje marinar el pescado durante 1 hora en el frigorífico.
    Mezcle el curry restante con la harina. Retire el pescado de la marinada y reboce.
    Caliente a fuego medio suficiente aceite para freír en una sartén y fría el pescado durante 3 minutos por cada lado o hasta que esté dorado y crujiente. Páselo a un plato forrado con papel de cocina para eliminar el exceso de aceite.

Pimentade

Pescado en salsa de tomate
Guayana Francesa

Preparación: 15 minutos,
más 2 horas para marinar
Cocción: 20 minutos

Para 8 personas

En las Guayanas hay variantes de *pimentade*, un guiso de pescado con salsa de tomate y limón servido sobre arroz blanco. En Guayana Francesa utilizan bagre, aunque la tilapia o el lenguado son buenos sustitutos. Algunos añaden leche de coco o achiote a la salsa.

    3 dientes de ajo, 2 majados y 1 picado
    el zumo de 2 limones (limas)
    1 cdta. de sal
    1 kg de filetes de bagre en trozos de 10 cm
    1 cda. de aceite de oliva
    2 tomates pelados, despepitados y en trozos
    3 cebollas blancas en aros
    1 cda. de hojas de laurel picadas
    1 cda. de hojas de tomillo picadas
    1 cdta. de clavos
    2 cdas. de albahaca picada
    250 ml de agua caliente
    1 pimiento rojo despepitado y picado

Coloque los dientes de ajo majados en un bol, añada el zumo de limón y la sal y remueva. Agregue el pescado y déjelo marinar un par de horas en el frigorífico.

En una cazuela, caliente el aceite y sofría los tomates y las cebollas 5 minutos. Añada el laurel, el tomillo, los clavos, la albahaca y el ajo picado y vierta el agua caliente. Llévelo a ebullición a fuego lento, agregue el pescado escurrido (reservando la marinada) y el pimiento. Tape y cueza a fuego vivo 10 minutos. Bata la marinada reservada para espesarla y viértala en la cazuela. Sírvalo con arroz blanco y plátanos fritos.

Caldillo de congrio

Sopa de congrio
Chile

Preparación: 20 minutos,
más 30 minutos en remojo
Cocción: 1 hora y 25 minutos

Para 5-6 personas

«En el mar tormentoso de Chile vive el rosado congrio, gigante anguila de nevada carne», escribió el premio Nobel chileno Pablo Neruda en *Oda al caldillo de congrio*, a su regreso a Chile tras su exilio en Italia. Gran parte del poema describe la receta de esta sopa y finaliza con una gran proclama «[...] para que en ese plato tú conozcas el cielo». La receta tradicional utiliza congrio dorado (*Genypterus blacodes*) o colorado (*Genypterus chilensis*), especies anguiliformes rojas y rosadas comunes en el Pacífico chileno, que se pueden sustituir por maruca o pescadilla.

    1 congrio
    1 zanahoria picada gruesa
    2 cebollas blancas, 1 picada y 1 en rodajas
    1 rama de apio picada
    475 ml de vino blanco
    120 ml de aceite de oliva
    9 dientes de ajo picados
    2 pimientos rojos despepitados y en rodajas
    6 tomates pelados y en dados
    1 cdta. de orégano seco
    1 cdta. de comino molido
    1 cda. de cilantro picado
    5 papas (patatas) peladas y en rodajas de 1 cm de grosor
    2 cdas. de perejil picado
    250 ml de nata
    1 yema de huevo

Para preparar el congrio, retire la cabeza, la cola y las tripas, desechando estas últimas. Ponga el pescado en un bol, cúbralo con agua fría y déjelo 30 minutos. Escúrralo, reserve la cabeza y la cola y corte el cuerpo en trozos de 7,5 cm. Séquelos y refrigérelos.
    Coloque la cabeza y la cola en una cazuela a fuego vivo y cúbralas con agua fría. Añada la zanahoria, la cebolla y el apio y lleve a ebullición. Vierta el vino, baje el fuego y cuézalo 30 minutos. Cuele el caldo sobre un bol.
    Precaliente el horno a 180 °C.
    Caliente a fuego medio 1 cucharada de aceite y sofría la cebolla en rodajas, el ajo y los pimientos 15 minutos, removiendo. Agregue los tomates, el orégano, el comino y el cilantro y salpimiente.
    Vierta el aceite restante en una paila de *greda* o una fuente de 33 x 23 x 5 cm y caliéntela en el horno 7 minutos. Cuando esté caliente, cubra el fondo con las papas en rodajas y nápelas con el sofrito de verduras. Añada caldo de pescado para cubrirlas y hornéelas 10 minutos. Retire del horno, añada el pescado y el perejil. Agregue más caldo si fuera necesario y hornee otros 20 minutos. Retire del horno, añada la nata y la yema de huevo y sírvalo caliente en platos hondos.

Pescados y mariscos

Pargo frito al curry

Parihuela

Sopa peruana de marisco
Perú

Preparación: 15 minutos
Cocción: 45 minutos

Para 6 personas

La respuesta del Perú a una *caldeirada* gallega o una bullabesa provenzal es esta sopa aromática, a veces picante, que suelen tomar los pescadores después de un día en el mar. Se puede preparar con cualquier pescado o marisco y el vino se puede sustituir por cerveza o Chicha de jora (véase pág. 388). Cuando se usa solo cangrejo, se llama *concentrado de cangrejo*.

3 cangrejos moros
1 cabeza de pescado (unos 800 g)
½ cebolla blanca
225 g de mejillones limpios
2 cdas. de perejil picado
2 cdas. de aceite de oliva
1 cebolla roja picada
2 dientes de ajo picados
1 cdta. de jengibre picado
2 cdas. de pasta de ají amarillo
1 cda. de pasta de ají panca
2 tomates pelados y en dados
½ cdta. de comino molido
250 ml de vino blanco
225 g de camarones (gambas)
450 g de filetes de lubina
100 g de algas marinas (como cochayuyo)
sal y pimienta molida

Para servir
1 ají rocoto despepitado y en rodajas
1 cebolleta picada
cancha serrana (véase pág. 114)
cuñas de limón (lima)

Sumerja los cangrejos en un bol de agua con hielo de 3 a 5 minutos. Manténgalos en hielo hasta usarlos.

En una cazuela, coloque el pescado, la cebolla, los mejillones, los cangrejos y el perejil, cúbralo con agua fría y lleve a ebullición. Baje el fuego y cueza 30 minutos. Cuele el caldo y reserve los cangrejos y los mejillones.

Caliente el aceite en otra cazuela y saltee la cebolla roja, el ajo, el jengibre, las dos pastas de ají, los tomates y el comino 7 minutos, removiendo. Vierta el vino y el caldo reservado y llévelo a ebullición. Cuando rompa a hervir, añada los mejillones, los cangrejos, los camarones y el pescado. Tape la cazuela y cuézalo durante 8 minutos. Rectifique de sal y pimienta y añada las algas.

Sirva la sopa caliente con las rodajas de ají y la cebolleta picada esparcidas por encima y la cancha serrana y las cuñas de limón como guarnición.

Sudado de pescado

Estofado de pescado
Ecuador, Perú

Preparación: 15 minutos
Cocción: 20 minutos

Para 4 personas

Como los estofados españoles, los sudados son guisos que se preparan a fuego lento en ollas tapadas, por lo que la proteína cuece en su propio jugo y suda. A lo largo de la costa norte del Perú son muy habituales y se basan en una receta que data de los moche, a la que se añaden chiles y Chicha de jora (véase pág. 388). En Barranquilla (Colombia) el pollo sudado sigue una técnica similar.

2 cdas. de aceite de oliva
½ cebolla roja picada
4 dientes de ajo picados
2 cdas. de pasta de ají amarillo
350 ml de chicha de jora (véase pág. 388)
½ cebolla blanca picada
3 tomates pelados, despepitados y en dados
1 cebolleta picada
600 g de filetes de mero o lubina
250 ml de caldo de pescado
el zumo de 1 limón (lima)
sal y pimienta molida
4 ramitas de cilantro, para servir

Caliente a fuego medio el aceite en una cazuela y sofría la cebolla roja y el ajo 7 minutos. Añada la pasta de ají amarillo y remueva. Vierta la chicha de jora, baje el fuego y déjelo cocer 5 minutos. Agregue la cebolla blanca, los tomates y la cebolleta y extienda la mezcla para cubrir el fondo de la sartén. Disponga el pescado encima y vierta el caldo. Tape la cazuela y cueza 7 minutos a fuego lento.

Para terminar, vierta el zumo de limón, remueva bien y rectifique de sal y pimienta. Sírvalo caliente adornado con el cilantro y con arroz blanco como guarnición.

Tortilla de raya

Tortilla de raya
Perú

Preparación: 15 minutos,
más toda la noche en remojo
Cocción: 25 minutos

Para 4 personas

En las comunidades de pescadores de Lambayeque, en el norte del Perú, como Pimentel, Puerto Eten, San José y Santa Rosa, se sirve en todas las cevicherías. La manta raya, venerada por los moche, se prepara aquí en una tortilla dorada, crujiente por los bordes y jugosa en el centro. Algunos añaden también camarones, pescado y calamares. Se suele tomar siempre para el almuerzo y rara vez en el desayuno.

450 g de carne de raya seca (o raya fresca)
12 huevos
60 g de cebolla blanca picada
2 pimientos rojos despepitados y en dados de 1 cm
2 ajíes amarillos en rodajas
35 g de cebolletas picadas
2 cdas. de cilantro picado
½ cdta. de comino molido
1 cda. de aceite de oliva
sal y pimienta molida
salsa criolla (véase pág. 406)

Pescados y mariscos

Ponga la raya en un bol, cúbrala con agua fría y refrigere toda la noche en el frigorífico. Si lo prefiere, sumérjala en agua acidulada (250 ml de vinagre por 3,8 litros de agua) 30 minutos como mínimo. Escúrrala y desmenúcela. Si utiliza raya fresca, lleve a ebullición una cazuela de agua con sal, añada la raya y baje el fuego. Cuézala 10 minutos. Retírela de la cazuela, séquela y desmenuce.

Bata los huevos en un bol, añada la raya, la cebolla, los pimientos, los ajíes, las cebolletas y el cilantro y remueva bien. Agregue comino al gusto y salpimiente.

Caliente el aceite en una sartén. Baje el fuego y vierta la mezcla de huevo. Deje que la tortilla cuaje 7 minutos. Dele la vuelta y déjela cuajar 4 minutos más. Sírvala caliente con salsa criolla.

Moluscos

Puede que alguna vez se encuentre con ostras o almejas crudas en un ceviche, pero la mayoría de los moluscos no se sirven crudos en la región. Los caracoles de mar, los mejillones, las almejas, las vieiras, los pulpos y otros moluscos que se encuentran en aguas latinoamericanas se asan a la parrilla, se hornean o se añaden a sopas, guisos y salsas.

Caracoles al sillao

Caracoles con salsa de soja
Perú

Preparación: 15 minutos
Cocción: 1 hora y 5 minutos   Para 4 personas

Los caracoles de mar están mejor si se consumen casi crudos o se cuecen lentamente, como en esta receta emblemática de la ciudad portuaria de Callao, resultado de la influencia japonesa en la gastronomía peruana.

- 24 caracoles de mar
- 100 g de azúcar
- 1 cda. de jengibre picado
- 1 nabo pelado y en rodajas
- 250 ml de salsa de soja
- 120 ml de pisco
- 2 cdas. de ají rocoto cortado fino y despepitado
- 2 cdas. de cebolleta picada

Lave bien los caracoles, colóquelos en una cazuela y vierta suficiente agua fría para cubrirlos. Llévelos a ebullición y cuézalos 3 minutos. Escúrralos y lávelos bajo un chorro de agua helada.

Ponga los caracoles de mar de nuevo en la cazuela y vierta suficiente agua para cubrirlos hasta la mitad, unos 2,5 cm de agua. Añada el azúcar, el jengibre, el nabo, la salsa de soja y el pisco y llévelos a ebullición. Baje el fuego y cuézalos durante 1 hora. Cuando estén cocidos, retírelos de la cazuela de uno en uno. Saque la carne de las conchas con un palillo o un tenedor de caracoles, añádalos otra vez a la cazuela y mézclelos con la salsa.

Sírvalos calientes, colocados de nuevo en sus conchas o en un bol y adornados con el ají y la cebolleta.

Pulpo al olivo

Pulpo con mayonesa y pasta de aceitunas
Perú

Preparación: 10 minutos
Cocción: 30 minutos   Para 4 personas

En 1987, un cliente habitual del restaurante de la chef japonesa-peruana Rosita Yimura, en Callao, que era dueño de una conocida fábrica de filtros para automóviles, le comentó que había probado un plato de pulpo con una salsa de color plomo. Le llamó tanto la atención que comenzó a experimentar con una salsa preparada con mayonesa y aceitunas, dando como resultado esta receta que ahora es un clásico en todas las cevicherías del Perú. Para la salsa se emplean las aceitunas de botija, moradas o negras, típicas de la costa del Perú y llamadas así por las vasijas de barro en las que tradicionalmente se almacenaban.

- 1 zanahoria picada
- 1 cebolla blanca picada
- 1 rama de apio picada
- 2 cdas. de sal
- 1 pulpo (1,4 kg) sin la cabeza
- 450 g de mayonesa
- 100 g de aceitunas de botija sin hueso
- el zumo de 1 limón (lima)
- 60 ml de aceite de oliva
- 2 cdtas. de orégano seco

Coloque la zanahoria, la cebolla y el apio en una cazuela, vierta suficiente agua fría para cubrir el pulpo y sale. Llévela a ebullición, sumerja el pulpo y sáquelo del agua. A esta operación se le llama «asustar el pulpo» y debe repetirla cinco veces. Luego, cuézalo 25 minutos. Retírelo de la cazuela, déjelo enfriar y resérvelo en el frigorífico.

Mientras, prepare la salsa mezclando poco a poco la mayonesa, en un robot de cocina o una batidora, con las aceitunas, añadiéndolas una por una, sin dejar que la mayonesa se licue. Aliñe con el zumo de limón y emulsione con el aceite de oliva.

Corte los tentáculos del pulpo en rodajas finas y colóquelas en una bandeja. Nápelas con la salsa, esparza el orégano por encima y sírvalo frío.

Conchas a la parmesana

Vieiras a la parmesana 🔲
Perú

Preparación: 15 minutos
Cocción: 10 minutos

Para 4 personas

Las vieiras son abundantes y muy asequibles en la costa peruana. Esta es una de las recetas más sencillas del país. También es uno de los platos favoritos para disfrutar en una barbacoa en el patio de su casa.

      12 vieiras vivas
      1 cda. de mantequilla derretida
      1 diente de ajo picado
      120 g de queso parmesano rallado
      el zumo de 2 limones (limas)
      sal y pimienta molida

Limpie las vieiras, ábralas, dejando solo una valva, y colóquelas en una bandeja de horno. Mezcle la mantequilla con el ajo y salpimiente. Pinte las vieiras con la mezcla y esparza el parmesano rallado. Áselas de 5 a 10 minutos o hasta que el queso se dore. Rocíe cada vieira con unas gotas de zumo de limón y sírvalas.

Mariscada

Sopa salvadoreña de marisco
El Salvador

Preparación: 30 minutos
Cocción: 1 hora y 15 minutos

Para 6 personas

Esta sopa se encuentra en toda la costa salvadoreña, a menudo servida con cangrejos, camarones y otros mariscos cocidos sobresaliendo por los bordes.

      1,4 kg de pescado entero (habitualmente mojarra)
      450 g de almejas
      450 g de almejas de concha negra
      4 cangrejos
      710 ml de agua
      475 ml de caldo de pescado
      1 cebolla blanca picada
      5 dientes de ajo picados
      3 tomates pelados y en dados
      225 g de calamar limpio y en anillas
      6 cigalas sin cabeza
      450 g de camarones (gambas)
      6 cebolletas picadas
      3 cdas. de cilantro picado

Limpie el pescado. Retire las colas y las cabezas, reservando estas últimas. Deseche las tripas y corte el pescado en trozos de 7,5 cm. Resérvelo en el frigorífico.
Ponga las almejas en boles separados, cúbralas con agua fría y déjelas en remojo unos 30 minutos para eliminar los restos de arena. Escúrralas y resérvelas.
Sumerja los cangrejos en un bol de agua con hielo de 3 a 5 minutos y manténgalos en hielo hasta usarlos.
Ponga el agua, el caldo y las cabezas en una cazuela. Añada la cebolla, el ajo y los tomates, salpimiente y lleve a ebullición. Baje el fuego y cueza 30 minutos. Retire las cabezas, vierta el caldo en un robot de cocina o batidora y tritúrelo. Coloque la mezcla en la cazuela. Una vez caliente, agregue los cangrejos, el calamar y las cigalas. Añada más agua si fuera necesario para cubrir todo.

Suba el fuego y llévelo a ebullición. Bájelo de nuevo y cuézalo 20 minutos. Añada las almejas, los camarones y los trozos de pescado y prosiga con la cocción otros 15 minutos.
Agregue las cebolletas y el cilantro y rectifique de sal si fuera necesario. Sirva la sopa caliente.

Almejas a la marinera

Almejas a la marinera
Chile

Preparación: 30 minutos
Cocción: 30 minutos

Para 4 personas

Las recetas gallegas «a la marinera» llegaron a Sudamérica a través de los colonos españoles después de la conquista y se adaptaron rápidamente a los bivalvos locales, como mejillones, almejas y navajas.

      1 cdta. de aceite de oliva
      ½ cebolla blanca en dados
      2 dientes de ajo picados
      200 ml de vino blanco
      2 cdtas. de perejil picado, y un poco más
      para adornar
      12 almejas
      1 cdta. de sal

Ponga las almejas en un bol, cúbralas con agua fría y déjelas en remojo unos 30 minutos para eliminar los restos de arena. Escúrralas y resérvelas.
Caliente a fuego lento el aceite en una sartén. Añada la cebolla y el ajo y rehóguelos 10 minutos hasta que se doren. Agregue el vino y el perejil y rehóguelo 2 minutos más. Añada las almejas, nápelas con la salsa y cuézalas hasta que se abran.
Sírvalas en un plato hondo cubiertas con la salsa y con el perejil esparcido por encima.

Ostiones al pil pil

Vieiras al pilpil
Chile

Preparación: 10 minutos
Cocción: 5 minutos

Para 4 personas

La salsa pilpil, traída a Sudamérica por los colonos vascos, se ha renovado completamente en Chile, donde se suele utilizar con pollo, camarones y otros mariscos. En esta receta se emplea el ají cacho de cabra autóctono, que se puede sustituir por *merkén*, una mezcla de especias preparada con este chile.

      60 ml de aceite de oliva
      5 dientes de ajo picados
      1 ají cacho de cabra despepitado y picado
      1½ cdtas. de perejil picado
      250 ml de vino blanco
      24 vieiras sin las valvas

Caliente a fuego vivo el aceite de oliva en una cazuela. Añada el ajo y remueva enérgicamente. Agregue el ají, el perejil y el vino. Continúe removiendo otros 2 minutos o hasta que la salsa espese. Añada las vieiras, sálelas y déjelas cocer 2 minutos. Sírvalas calientes.

Pescados y mariscos

Conchas a la parmesana

Paila marina

Sopa chilena de marisco
Chile

Preparación: 15 minutos,
más 30 minutos en remojo
Cocción: 25 minutos ✺ ⌀

Para 5-6 personas

La versión caliente del *mariscal* frío, que utiliza prácticamente los mismos ingredientes, es este guiso ligero.
Se suele servir en una paila, un recipiente de barro
moldeado con una arcilla marrón llamada *greta*, famosa
en el pequeño pueblo de Pomaire, cercano a Santiago. Se
puede calentar en un horno, sobre carbón o directamente
sobre una llama. Este guiso se suele servir con pan como,
por ejemplo, el Pan marraqueta (véase pág. 26).

    900 g de almejas con las valvas
    2 cdas. de aceite de oliva
    ½ cebolla blanca picada fina
    4 dientes de ajo picados
    4 tomates pelados y en dados
    1 cdta. de orégano seco
    450 g de mejillones limpios
    250 ml de vino blanco
    750 ml de caldo de pescado o marisco
    4 congrios limpios en trozos de 10 cm
    1 cda. de cilantro picado
    1 cdta. de perejil picado
    12 navajas
    ¼ de cdta. de merkén (polvo de chile ahumado)
    sal y pimienta molida

Ponga las almejas en un bol, cúbralas con agua fría y
déjelas en remojo unos 30 minutos para eliminar los
restos de arena. Escúrralas y resérvelas.
    Caliente a fuego medio el aceite en una cazuela
y saltee la cebolla, el ajo y los tomates 10 minutos.
Agregue el orégano, salpimiente y añada las almejas
y los mejillones. Cuézalos 2 minutos antes de añadir
el vino, el caldo y los trozos de pescado. Cuézalo todo
10 minutos y esparza el cilantro y el perejil picados.
Añada las navajas y prosiga con la cocción 3 minutos
más. Rectifique de sal y pimienta si fuera necesario y
espolvoree el *merkén* por encima. Sirva la sopa caliente
en una paila o en un bol.

Sopa de caracol

Sopa de caracolas 🍲
Belice, Honduras, Nicaragua

Preparación: 20 minutos
Cocción: 35 minutos ✺ ⌀

Para 6 personas

Watanegui consup, yupi pa ti, yupi pa mi («Qué buena
sopa, aquí tienes un poco para ti, un poco para mí»), dice
el sorprendente éxito internacional de 1991 *Sopa de
caracol*, que fue interpretado en español y en garífuna
por el grupo musical hondureño Banda Blanca. Este
plato con aroma a coco es típico de toda la costa norte
de Honduras y las Islas de la Bahía, así como de otros
lugares del Caribe. El caracol rosado o caracola (*Lobatus
gigas*), un molusco que habita en los arrecifes y lechos de
pastos marinos en todo el Caribe, es un manjar en esta
parte de América Central. La carne se empana y se fríe
para hacer buñuelos o se corta en dados para el ceviche,
aunque las sopas son la preparación más habitual.

Es muy importante limpiarla bien y no ablandarla o
cocerla demasiado. También, si es posible, utilice leche
de coco fresca, como se suele hacer en esta parte del
mundo. Sirva la sopa caliente con Tortillas de maíz (véase
pág. 136) templadas y su salsa de chile picante preferida.

    1 cda. de aceite vegetal
    1 cebolla blanca picada
    3 dientes de ajo picados
    1 pimiento verde despepitado y picado
    950 ml de caldo de pescado
    450 g de yuca pelada y en trozos de 2,5 cm
    2 plátanos macho en rodajas de 1 cm
    2 zanahorias peladas y en rodajas
    900 g de carne de caracola ablandada con un mazo
    en trozos de 1 cm
    475 ml de leche de coco
    250 ml de agua
    ½ ramillete de cilantro, solo las hojas
    sal y pimienta molida

Caliente a fuego medio-alto el aceite en una olla y sofría
la cebolla, el ajo y el pimiento de 5 a 7 minutos o hasta
que la cebolla esté blanda. Añada el caldo, la yuca,
el plátano y las zanahorias y llévelo a ebullición. Baje
el fuego y cuézalo 20 minutos hasta que las verduras
estén al dente. Añada las caracolas y remueva bien.
Vierta la leche de coco, el agua y el cilantro. Salpimiente
y cuézalo a fuego lento 5 minutos más, comprobando las
caracolas cada 2 minutos para asegurarse de que no se
cuecen demasiado.
    Sirva la sopa caliente en boles grandes.

Choritos a la chalaca

Mejillones a la chalaca
Perú

Preparación: 15 minutos
Cocción: 5 minutos ✺ ⌀ ❉

Para 4 personas

Estos mejillones servidos en sus valvas se preparan a la
chalaca, es decir, al estilo de la ciudad portuaria peruana
de Callao, lo que significa aderezados con abundante
cebolla picada, tomates, maíz y chile, a veces con tanta
cantidad que enmascara el sabor de los mejillones. Se
suelen servir como aperitivo en las cevicherías con una
cerveza o un pisco sour mientras se espera a que llegue
el ceviche y los platos principales.

    12 mejillones limpios
    2 hojas de laurel
    2 tomates en dados pequeños
    ½ cebolla roja picada fina
    1 diente de ajo picado
    140 g de granos de maíz cocidos
    ½ ají limo despepitado y picado fino
    250 ml de zumo de limón (lima)
    2 cdas. de cilantro picado
    sal

Coloque los mejillones y el laurel en una cazuela y
añada agua hasta cubrirlos por la mitad. Tape la
cazuela, póngala a fuego vivo y cuézalos 5 minutos
o hasta que todos los mejillones se abran. Escúrralos
y retire las valvas que no tengan la carne. Colóquelos
en una bandeja y refrigérelos.
    En un bol, mezcle los tomates con la cebolla, el ajo,
el maíz, el ají limo y el zumo de limón. Añada el cilantro y
sale. Remueva bien y cubra los mejillones con la mezcla
de manera uniforme. Sírvalos fríos.

Sopa de caracol

Curanto en olla, pulmay

Curanto en olla
Argentina, Chile

Preparación: 10 minutos,
más 30 minutos en remojo
Cocción: 2 horas

Para 8 personas

El curanto es uno de los métodos más antiguos de cocinar del continente sudamericano. Se hace fuego en un hoyo cavado en la tierra a varios centímetros de profundidad, se colocan piedras encima entre hojas de nalca o pangue y, cuando las piedras están casi al rojo vivo, se disponen los ingredientes por capas: carnes, pescados, mariscos, verduras y panes de papa llamados Milcaos (véase pág. 84) y Chapaleles (véase pág. 84). Se cubren con sacos de arpillera húmedos y más hojas de nalca. Sigue siendo una preparación bastante común en el archipiélago de Chiloé, pero con la migración del pueblo chilote a otras zonas de Chile y Argentina se han desarrollado diferentes variantes. Esta adaptación más moderna, llamada curanto en olla o *pulmay*, utiliza gran parte de los mismos ingredientes, pero se cocina en una olla grande.

    900 g de almejas con las valvas
    750 ml de vino blanco
    7 dientes de ajo majados
    900 g de mejillones limpios
    1 pollo entero en 8 piezas
    450 g de longaniza o chorizo en trozos de 2,5 cm
    6 chuletas o costillas de cerdo ahumadas
    6 papas (patatas) en rodajas
    2 coles blancas con las hojas separadas
    40 g de hojas de perejil
    sal y pimienta molida

Ponga las almejas en un bol, cúbralas con agua fría y déjelas en reposo unos 30 minutos para eliminar los restos de arena. Escúrralas y resérvelas.
      Vierta la mitad del vino en una olla de 3 cuartos, añada el ajo y llévelo a ebullición. Coloque los mejillones y las almejas en una mitad del fondo. En la otra mitad, disponga el pollo con el lado de la piel hacia abajo y salpimiente. A continuación, agregue la longaniza, o el chorizo, y el cerdo en una capa. Disponga encima las rodajas de papa para crear una tercera capa y salpimiente. Para terminar, vierta el vino restante. El líquido debe cubrir tres cuartas partes de los ingredientes; si es necesario, añada agua caliente. Disponga tantas hojas de col como sea necesario para cubrir todos los ingredientes y tape la olla. Cuézalo 2 horas a fuego lento.
      Sirva todos los ingredientes en una bandeja, junto con los *milcaos* y los chapaleles, y el caldo en tazas.

Camarones

El consumo de camarones (gambas) está muy extendido en la mayor parte de América Latina y se encuentran en innumerables preparaciones. Los guisos de camarones de África occidental traídos a la región durante la esclavitud se adaptaron a las verduras y chiles autóctonos. Secos y salados, su fuerte sabor puede añadir un toque *funky* a los guisos como el *tacacá*; también se pueden asar y napar con queso y servir en un taco.

Encocado de camarones

Gambas con salsa de coco ◻
Ecuador

Preparación: 10 minutos
Cocción: 15 minutos

Para 4 personas

En 1533, un barco de esclavos que se dirigía al Perú naufragó en la costa norte de Ecuador y los africanos que escaparon huyeron a la selva, estableciendo allí asentamientos de cimarrones que se fusionaron con los grupos indígenas de la zona. A medida que la comunidad creció y se expandió por toda la provincia de Esmeraldas, crearon una cultura afroecuatoriana distintiva con su propia música, arte y gastronomía. El *encocado*, a menudo pronunciado *encoca'o*, es parte de esta herencia. Se puede preparar con camarones, pescado, cangrejos u otros mariscos, así como con una combinación de varios. A menudo también se elabora con carne de pollo o de caza. Sírvalo con una guarnición de arroz blanco y/o Tostones (véase pág. 194).

    2 cocos frescos
    2 cdas. de aceite de oliva
    1 cebolla blanca picada
    3 dientes de ajo picados
    ½ pimiento rojo despepitado y en dados
    ½ pimiento verde despepitado y en dados
    900 g de camarones (gambas) pelados y sin el hilo intestinal
    1 cdta. de comino molido
    2 cdas. de culantro picado (o cilantro)
    2 cdas. de orégano picado
    2 cdas. de chirarán (albahaca morada) picada
    sal y pimienta molida

Abra los cocos y rállelos, reservando 70 g de la pulpa y 750 ml de la leche de coco.
      Caliente a fuego vivo el aceite en una cazuela y saltee la cebolla, el ajo y los pimientos durante 7 minutos, removiendo con frecuencia. Cuando las verduras estén tiernas, añada la leche de coco y la pulpa rallada y cuézalo unos 3 minutos. Baje el fuego, añada los camarones, el comino, el culantro, el orégano y el *chirarán* y cuézalo todo 3 minutos, sin dejar de remover. Salpimiente y sírvalo caliente.

Encocado de camarones

Bobó do camarão

Gambas con yuca y leche de coco
Brasil

Preparación: 15 minutos
Cocción: 30 minutos
Para 4 personas

Este guiso es una variante del *ipetê* de África occidental y es típico del estado de Bahía, en el norte de Brasil. El término *bobó* proviene del pueblo ewe de Ghana y Togo, aunque allí se refiere a un plato elaborado con frijoles, mientras que en Brasil hace alusión a la yuca cremosa. Se suele acompañar de arroz blanco. A veces, se sirve en una cáscara de coco o de calabaza.

2 cdas. de mantequilla
1 cebolla blanca picada
2 dientes de ajo picados
900 g de yuca pelada y rallada
475 ml de leche de coco
750 ml de agua
4 tomates pelados y picados
1 chile malagueta despepitado y picado
2 cdas. de pasta de tomate
680 g de camarones (gambas) pelados
y sin el hilo intestinal
y en trozos de 2,5 cm
1 cda. de cilantro picado
1 cda. de aceite de dendê

Caliente a fuego medio 1 cucharada de mantequilla en una sartén y saltee la cebolla y el ajo 5 minutos. Añada la yuca, la leche de coco y el agua y cuézalo 10 minutos. Aplaste la yuca con un tenedor y manténgala caliente.

En una cazuela, caliente la cucharada de mantequilla restante y saltee los tomates, el chile y la pasta de tomate 10 minutos. Añada los camarones y remueva. Agregue la mezcla de yuca aplastada y el cilantro y sale. Justo antes de retirarlos del fuego, agregue el aceite de *dendê* y remueva. Sirva los camarones calientes.

Caruru de camarão

Gambas bahianas con ocra
Brasil

Preparación: 15 minutos
Cocción: 25 minutos
Para 4 personas

En la religión afrobrasileña del candomblé, es conocido como *amalá*, uno de los preferidos de Xangô, el dios del fuego y el rayo. Según la leyenda, cada vez que Xangô quería comer *amalá*, la deidad Exu se lo robaba. Xangô se enfadaba, hacía que el suelo temblara y que cayeran relámpagos sobre la tierra. Sus hijos gemelos, los Ibejis, desafiaron a Exu, que no sabía que eran gemelos, a un baile. Cada vez que uno se cansaba, el otro lo reemplazaba hasta que Exu se desplomó. A partir de ese momento no volvió a tomar el *amalá* de Xangô y cada 27 de septiembre en Bahía el *caruru* se sirve como ofrenda a los gemelos Ibejis, equiparables a los santos gemelos Cosme y Damián en el catolicismo. Durante las festividades se suele servir con Acarajé (véase pág. 172), Vatapá (véase a la derecha) y palomitas de maíz; sin embargo, a diario se acompaña con *acarajé*.

450 g de ocra en trozos de 2,5 cm
1 cda. de vinagre de vino blanco
35 g de harina de yuca

250 ml de caldo de pescado templado
2 cdas. de aceite de oliva
1 cebolla blanca picada
2 dientes de ajo picados
25 g de anacardos picados
25 g de maníes (cacahuetes) picados
450 g de camarones (gambas) pelados
y sin el hilo intestinal
½ cdta. de aceite de dendê
sal y pimienta molida

Coloque la ocra con el vinagre en una cazuela y cúbrala con agua fría. Llévela a ebullición y cuézala 4 minutos. Escúrrala y resérvala.

Mientras, mezcle la harina de yuca con el caldo templado en una cazuela y cueza 4 minutos, removiendo.

En una sartén, caliente a fuego medio el aceite de oliva y saltee la cebolla, el ajo, los anacardos y los maníes 10 minutos. Agregue los camarones, sofríalos 2 minutos y pase la mezcla a la cazuela con la yuca y el caldo. Salpimiente y cuézalo todo 3 minutos. Añada la ocra junto con el aceite de *dendê*. Sirva los camarones calientes con arroz como guarnición.

Vatapá

Guiso bahiano de gambas
Brasil

Preparación: 15 minutos
Cocción: 25 minutos
Para 4 personas

Para este plato típico bahiano se machaca pan o harina de yuca, camarones, leche de coco, nueces molidas y aceite de *dendê* hasta obtener una pasta o salsa cremosa que se suele tomar con Caruru (véase a la izquierda) o se utiliza como relleno del Acarajé (véase pág. 172). Cuando se prepara en otras zonas del norte de Brasil, como los estados de Amazonas o Pará, a menudo se sirve con arroz blanco y maníes y a veces se prescinde de algún ingrediente.

1 cda. de aceite vegetal
1 cebolla blanca picada fina
3 cebolletas en rodajas finas
2 dientes de ajo picados
2 chiles malagueta despepitados y picados
35 g de camarones (gambas) secos
750 ml de caldo de pescado
25 g de anacardos picados (sin sal)
25 g de maníes (cacahuetes) molidos (sin sal)
140 g de harina de yuca
225 g de camarones (gambas) pelados
y sin el hilo intestinal
475 ml de leche de coco
60 ml de aceite de dendê
sal y pimienta molida

Caliente a fuego medio el aceite vegetal en una sartén y sofría la cebolla, las cebolletas, el ajo, los chiles y los camarones secos 5 minutos. Cuando el líquido se haya absorbido por completo, páselo todo a una batidora y tritúrelo a velocidad media 4 minutos.

Caliente a fuego medio la mezcla en una cazuela. Vierta el caldo, añada los anacardos y los maníes y remueva bien. Incorpore la harina de yuca, salpimiente y llévelo a ebullición. Baje el fuego a medio-bajo y cuézalo de 5 a 8 minutos. Agregue los camarones y la leche de coco y prosiga con la cocción a fuego lento durante 5 o 6 minutos más. Retire la cazuela del fuego, vierta el aceite de *dendê*, remueva y sirva el *vatapá* caliente.

Pescados y mariscos

Caruru de camarão

Camarones al ajillo

Gambas al ajillo
Belice, El Salvador, Honduras, Nicaragua

Preparación: 10 minutos
Cocción: 10 minutos
Para 4 personas

Este plato es una adaptación de las típicas gambas al ajillo españolas y se puede encontrar, en alguna de sus variantes, en prácticamente cualquier restaurante de marisco de las playas de toda la costa de América Central, donde lo sirven con arroz blanco o frito y/o Tostones (véase pág. 194).

1 cda. de mantequilla
4 dientes de ajo picados
1 cda. de zumo de limón (lima)
900 g de camarones (gambas) pelados
y sin el hilo intestinal
½ cdta. de sal
½ cdta. de pimienta molida
60 ml de vino blanco
1 cda. de cilantro picado

Derrita a fuego vivo la mantequilla en una cazuela y saltee el ajo 3 minutos. Añada el zumo de limón y remueva bien hasta que la salsa espese. Agregue los camarones, salpimiente, vierta el vino y cuézalos 3 minutos a fuego vivo. Esparza el cilantro por encima y sírvalos calientes.

Chilpachole de jaiba y camarón

Guiso picante de gambas y cangrejos
México

Preparación: 15 minutos,
más 20 minutos en remojo
Cocción: 30 minutos
Para 4 personas

Desde la región de Sotavento en el estado de Veracruz, este contundente guiso con un toque ahumado se prepara con camarones y/o cangrejos azules del golfo de México. Se puede espesar con harina de maíz y a veces se sirve con *chochoyotes*, pequeñas bolitas de masa de maíz, que se cocinan en el caldo.

2 chiles ancho despepitados
2 chiles guajillo despepitados
3 tomates picados
2 dientes de ajo pelados
½ cebolla blanca picada
250 ml de caldo de camarones (gambas)
950 ml de caldo de pescado
60 ml de aceite vegetal
450 g de carne de cangrejo
450 g de camarones (gambas) pelados
y sin el hilo intestinal
60 ml de zumo de limón (lima)
2 cdas. de epazote picado

Caliente a fuego medio una sartén o comal y tueste los chiles 2 minutos por cada lado. Páselos a un bol con agua caliente y déjelos en remojo 20 minutos. Colóquelos en una batidora.

Añada los tomates, el ajo, la cebolla, el caldo de camarones y el de pescado a la batidora con los chiles y triture todo a velocidad media hasta obtener una mezcla homogénea. Caliente a fuego medio el aceite en una cazuela, añada la mezcla triturada y sofríala 3 minutos. Agregue la carne de cangrejo y los camarones y cuézalo todo 5 minutos. Añada el zumo de limón y el epazote y prosiga con la cocción 10 minutos más. Pruebe y rectifique el aliño si fuera necesario y sirva el *chilpachole* caliente.

Chupe de camarones

Sopa de gambas
Perú

Preparación: 20 minutos
Cocción: 25 minutos

Para 6 personas

Los *chupes*, sopas espesas y con tropezones con una base de papa, son muy apreciados en el Perú y se pueden hacer de cualquier cosa, desde calabaza hasta callos. Sin embargo, el más valorado, con diferencia, es el *chupe* de camarones de Arequipa, una ciudad con un *chupe* diferente para cada día de la semana, además de otros especiales para las fiestas y los días festivos. Esta receta lleva camarones, pero en la clásica se utilizan los cangrejos rojos que habitan en los ríos costeros del Perú, considerados sagrados por el pueblo moche.

120 ml de aceite vegetal
1 cebolla blanca picada
4 dientes de ajo picados
1 tomate pelado y picado
1,5 litros de caldo de pescado
450 g de papas (patatas) peladas y en dados
de 4 cm
2 mazorcas de maíz en trozos de 7,5 cm
120 g de habas
120 g de calabaza de invierno en dados de 1 cm
2 cdas. de epazote picado
900 g de camarones (gambas) crudos pelados
250 ml de leche evaporada
240 g de queso fresco desmenuzado
sal y pimienta molida
6 huevos escalfados o fritos, para servir (opcional)

Caliente a fuego vivo el aceite en una cazuela y saltee la cebolla, el ajo y el tomate 5 minutos. Vierta el caldo, agregue las papas, llévelo a ebullición y cuézalo todo 5 minutos. Añada el maíz y cuézalo otros 5 minutos. Agregue las habas, la calabaza y el epazote, remueva bien y salpimiente. Baje el fuego y prosiga con la cocción durante 5 minutos más. Añada los camarones, llévelo a ebullición y agregue la leche y el queso. Remueva, retire la cazuela del fuego y sirva el *chupe* caliente, en boles, con un huevo escalfado o frito en cada bol.

Pescados y mariscos

Romeritos en mole con camarones

Romeritos con mole y gambas
México

Preparación: 15 minutos
Cocción: 35 minutos

Para 4 personas

El *romerito* (*Suaeda spp.*), una especie de quelite que se parece al romero y tiene un sabor ligeramente ácido y cítrico, crece silvestre cerca de las zonas pantanosas y también se cultiva como parte del sistema milpa. En México está presente a finales de otoño y principios de invierno.

En el centro de México, los *romeritos* son el ingrediente principal de esta receta navideña, a menudo solo llamada *romeritos*. Los camarones secos se rehidratan en el plato, aunque otras variantes preparan los camarones como hamburguesas fritas y los sirven como guarnición. En la época precolombina se tomaba con *ahuahutle*, los huevos de insectos acuáticos conocidos como *axayacatl*, que habitan en el mismo ambiente que los *romeritos*. Las plantas e insectos silvestres fueron marginados durante el virreinato en el siglo XVIII en Puebla, pero la leyenda cuenta que un convento con una despensa vacía colocó los *romeritos* en una olla con papas, nopales y mole poblano y este plato, al que llamaron revoltijo, fue el resultado.

    900 g de romeritos
    450 g de nopales en tiras
    ½ cebolla blanca picada
    1 pizca de bicarbonato de sodio
    450 g de papas (patatas) peladas y en trozos
    1 cda. de aceite de oliva
    120 ml de mole poblano (véase pág. 166)
    475 ml de caldo de pollo
    145 g de camarones (gambas) secos
    sal

Lave los *romeritos* y cuézalos 5 minutos en una cazuela de agua con sal. Escúrralos y resérvelos.

En otra cazuela, caliente a fuego vivo los nopales, la cebolla, el bicarbonato de sodio, 1 cucharadita de sal y suficiente agua para cubrirlos y llévelos a ebullición. Baje el fuego y cuézalos 10 minutos o hasta que estén tiernos. Escúrralos y resérvelos.

Cueza las papas en una olla de agua hirviendo con sal 15 minutos o hasta que estén tiernas (pero sin deshacerse). Escúrralas y resérvelas.

En otra cazuela, caliente el aceite, añada la pasta de mole y sofríala 3 minutos. Vierta el caldo, agregue los nopales y las papas, sale y cuézalo 2 minutos. Añada los romeritos junto con los camarones y remueva bien. Rectifique de sal si fuera necesario y sírvalos calientes.

Cangrejos

Hay cangrejos de manglar (*Ucides cordatus*) desenterrados de los fangosos bosques de manglares de Belice y Brasil que tienen su protagonismo en algunos guisos. La deliciosa carne de las centollas patagónicas capturadas en las profundas y frías aguas de la Patagonia se hornea. Los cangrejos popeye de la costa del Perú se presentan rellenos o guisados. Cangrejos de todas las formas y tamaños se han recolectado en las costas de América desde que el ser humano ha habitado en la región.

Pastel de centolla

Pastel de centolla
Chile

Preparación: 20 minutos
Cocción: 30 minutos

Para 8 personas

La centolla patagónica (*Lithodes santolla*), o cangrejo rey del sur, habita en las profundas y frías aguas de la Patagonia. A menudo se sirve sola con mantequilla, aunque en el sur de Chile se suele preparar en sopas o guisos.

    2 cdas. de aceite de oliva
    1 cebolla blanca picada fina
    2 dientes de ajo picados
    1 pimiento rojo despepitado y picado
    2 zanahorias peladas y ralladas
    1 puerro en rodajas finas
    1 papa (patata) pelada y en dados de 1 cm
    120 ml de vino blanco seco
    3 huevos
    300 ml de nata para montar
    900 g de carne de centolla desmenuzada
    60 g de mozzarella rallada
    1 cda. de perejil picado
    sal y pimienta molida

Precaliente el horno a 180 °C.

Caliente a fuego medio el aceite en una cazuela y saltee la cebolla, el ajo y el pimiento 5 minutos. Agregue las zanahorias, el puerro y la papa. Vierta el vino y cuézalo todo 2 minutos. Retire la cazuela del fuego.

En un bol, bata con unas varillas los huevos con la nata. Añada la carne de centolla y las verduras cocidas y salpimiente.

Vierta la mezcla en una paila o una fuente de horno de 20 x 30 cm, esparza el queso rallado por encima de manera uniforme y hornéelo de 15 a 20 minutos, hasta que el queso se derrita y burbujee. Esparza el perejil por encima y sirva el pastel caliente.

Cangrejos reventados

Cangrejos reventados
Perú

Preparación: 15 minutos
Cocción: 15 minutos

Para 4 personas

Si pasa algún tiempo en la costa de Huanchaco, una emblemática playa cerca de la ciudad de Trujillo, en el norte del Perú, donde los pescadores todavía utilizan las embarcaciones típicas fabricadas desde hace más de tres mil años con tallos y hojas de totora, llamadas *caballitos de totora*, los cangrejos *reventados* entrarán a formar parte de su vocabulario. Es uno de los platos estrella de todas las cevicherías que bordean la explanada del malecón, y hay muchas. El cangrejo típico es el popeye (*Menippe frontalis*), un tipo de buey de mar. Algunas variantes del plato llevan huevo y otras no, pero ninguna es mejor que otra. Tradicionalmente, los cangrejos *reventados* se sirven con la carne parcialmente cubierta por el caparazón roto y con yuca cocida como guarnición.

    2 cdas. de aceite vegetal
    2 cebollas rojas picadas
    2 cdas. de ajo picado
    2 cdas. de pasta de ají mirasol
    2 tomates pelados y en dados
    900 g de carne de buey de mar desmenuzada
    250 ml de caldo de pescado
    120 ml de chicha de jora (véase pág. 388)
    8 huevos batidos
    80 g de algas frescas (como el cochayuyo)
    sal y pimienta molida

Caliente a fuego medio el aceite en una cazuela y saltee la cebolla y el ajo 5 minutos. Añada la pasta de ají mirasol y sofríala, sin dejar de remover, 3 minutos. Agregue los tomates y la carne de cangrejo y remueva bien. Vierta el caldo de pescado y la chicha de jora y cuézalo 5 minutos. Añada los huevos batidos y remueva bien. Agregue las algas y cuézalo 2 minutos más. Salpimiente y sírvalo caliente, con yuca cocida como guarnición.

Casquinha de siri

Conchas rellenas de carne de cangrejo
Brasil

Preparación: 15 minutos
Cocción: 25 minutos

Para 4 personas

Estas conchas rellenas de cangrejo gratinadas y servidas con cuñas de limón son el aperitivo típico de los chiringuitos y restaurantes en las playas brasileñas, especialmente en el estado de Bahía.

    450 g de carne de cangrejo
    el zumo de 2 limones (limas)
    55 g de pan rallado
    120 ml de leche
    2 cdas. de mantequilla
    ½ de cebolla blanca picada muy fina
    1 diente de ajo picado
    2 yemas de huevo
    2 cdas. de perejil picado
    8 conchas de vieira o caparazones de cangrejo

    120 g de queso parmesano rallado
    sal y pimienta molida

Precaliente el horno a 180 °C.
En un bol, mezcle la carne de cangrejo con el zumo de limón y salpimiente. Resérvelo.
Mezcle el pan rallado con la leche en otro bol y déjelo reposar.
Caliente a fuego medio la mantequilla en una sartén y saltee la cebolla y el ajo 5 minutos. Baje el fuego y añada el pan rallado y la carne de cangrejo. Sofríalo durante 8 minutos, removiendo de vez en cuando. Retire la sartén del fuego, agregue las yemas de huevo y el perejil y remueva bien. Rectifique de sal y pimienta si fuera necesario y reparta la mezcla entre las conchas o caparazones. Esparza el queso por encima y colóquelas en una bandeja de horno. Hornéelas unos 8 minutos o hasta que el queso esté dorado. Sírvalas calientes.

Erizos de mar

Los grandes erizos de mar rojos chilenos (*Loxechinus albus*) se encuentran en las costas meridionales de América del Sur, desde Ecuador hasta Argentina y las Islas Malvinas. Se fríen en tortillas (la versión española de la tortilla), se sirven con un toque de limón como un ceviche, se cocinan en guisos o se comen crudos. En Baja California, México, también hay otro erizo de mar rojo (*Mesocentrotus franciscanus*), que se suele degustar en tacos y tostadas.

Erizos en salsa verde

Erizos de mar crudos con limón, cebolla y cilantro 🔲
Chile

Preparación: 15 minutos

Para 4 personas

A pesar de su gran tamaño, los erizos de mar tienen un sabor intenso, por lo que es mejor servirlos de forma muy sencilla o crudos. En Chile, añadir un toque de limón y un poco de cebolla y cilantro es la preparación tradicional en los puestos de los mercados y en los restaurantes típicos a lo largo de sus más de 4000 kilómetros de costa.

    8 erizos de mar (45 yemas)
    1 cebolla blanca picada
    4 cdas. de cilantro picado
    el zumo de 4 limones (limas)
    2 cdas. de perejil picado
    sal

Limpie los erizos de mar para extraer las yemas y páselas a un plato.
En un bol, mezcle la cebolla con el cilantro y el zumo de limón y sale. Coloque las yemas de erizo en una bandeja fría, cúbralas con la salsa verde y esparza el perejil por encima. Sírvalas a temperatura ambiente.

Erizos en salsa verde

Ceviche

Aunque los conquistadores españoles descubrieron a su llegada a la costa norte del Perú, en el siglo XVI, los ceviches preparados con pescado crudo marinado en zumo de curuba (*Passiflora mollissima*), también llamada *tumbo* o *taxo*, el uso de la acidez para coagular las proteínas del marisco probablemente ya existía en la región. A lo largo de la costa del Pacífico de América Latina, desde México hasta Chile, los pueblos precolombinos usaban agentes ácidos como frutas y bebidas fermentadas, sin mencionar la sal y el chile, para aportar sabor a los mariscos y en los siglos posteriores surgieron miles de recetas.

Si bien el ceviche es el plato nacional del Perú, no hay pruebas de que se haya originado allí. Sin embargo, es en Lima donde este plato ha experimentado sus dos grandes transformaciones. La primera cuando los españoles se establecieron en América Latina e instauraron el virreinato en Lima. Introdujeron naranjas amargas, limones y cebollas, que se incorporaron al ceviche. ¿Estaban los esclavos árabes de Granada que trabajaban en sus cocinas intentando replicar el escabeche con vinagre, un plato típico de España? No se sabe bien. La segunda transformación se produjo en el siglo XX, cuando los migrantes japoneses acudieron para trabajar en las plantaciones costeras. Algunos se convirtieron en cocineros y, en la segunda mitad de siglo, empezaron a experimentar con el ceviche. Comenzaron a cortar el pescado y acortaron el tiempo de contacto con la acidez a solo unos segundos antes de servirlo. Esta sigue siendo la forma estándar en todo el Perú y cada vez más en otras partes de la región. Existen numerosas teorías sobre el origen del término «ceviche», que en el Perú se suele escribir cebiche y no *seviche*. Puede estar en el término árabe *sibech*, que significa «alimento ácido», y que fue la base del término *escabeche*, pero también podría provenir del quechua *siwichi* o «pescado fresco».

Si pregunta a los mejores cevicheros cuál es el pescado ideal para prepararlo, le dirá que el más fresco. Cuando se saca un pez del agua y especialmente cuando se congela, su estructura celular y sabores cambian. Muchos insisten en tomar ceviche por la mañana cuando el pescado está más fresco e, incluso hoy, la mayoría de las cevicherías cierran después del almuerzo. Los pescados de carne firme suelen presentar mejor estructura cuando se marinan. Se prefieren los pescados de carne blanca, aunque los grasos también pueden proporcionar un buen ceviche. También se usan mariscos. Los camarones se mezclan a menudo con el pescado, al igual que los calamares, que se suelen freír. Las almejas de concha negra, llamadas *conchas negras* en el Perú y Ecuador o *pianguas* en Colombia, son ideales, aunque su potente sabor puede resultar desagradable. Langostas, ostras, navajas, pulpo, erizos de mar, almejas rey y percebes son alternativas excelentes.

En la elaboración del ceviche es esencial la acidez, ya que puede desequilibrar el plato. Los limones peruanos pequeños, de piel fina y color verde claro amarillento, pueden amargar. No los exprima, córtelos en cuartos y estruje para extraer su zumo. Como sustituto, se pueden utilizar pomelos, naranjas, limas, maracuyás, tomates, *tamarillos* e incluso chicha (cerveza de maíz fermentada). No todos los ceviches son picantes. De hecho, la mayoría no lo son. En Baja California, las tostadas de ceviche se suelen servir con salsa picante o rodajas de jalapeño. En Chile, la mayoría de los ceviches no llevan especias. En el Perú, y a veces en Ecuador, los chiles andinos con aromas fuertes como el rocoto o el ají limo se cortan en rodajas o se trocean y se esparcen al servir. Los ceviches clásicos llevan ají amarillo aplastado y mezclado con la leche de tigre, mientras que, en el Amazonas, el ají charapita se mezcla con lulo (naranjilla) para aportar un toque afrutado. Sin embargo, incluso en el Perú, la mayoría de los ceviches no son demasiado picantes a menos que así se soliciten.

Los ingredientes que acompañan un ceviche es lo que los diferencia. La mayoría de las regiones suelen utilizar productos autóctonos. El clásico ceviche limeño añadirá yuca cocida, camotes glaseados, choclo (maíz cocido), cancha (granos de maíz tostado), cebollas, una pizca de cilantro y algas. En la costa norte, cerca de Piura, frijoles amarillos. En Ecuador, tomates, palomitas de maíz y *chifles* (chips de plátano). En México y en América Central, los chips de tortilla son la guarnición típica. Y, en los últimos años, algunos restaurantes han comenzado a añadir ingredientes exóticos, como flores comestibles y *cushuro*, una cianobacteria de los Andes.

En muchos ceviches, especialmente en el Perú, añaden glutamato monosódico en su leche de tigre. Es opcional. También un poco de alga kombu seca al caldo de su leche de tigre, convirtiéndolo en una especie de *dashi*, algo que hacen muchos chefs de la cocina nikkei.

Ceviche carretillero

Ceviche carretillero 📷
Perú

Preparación: 20 minutos

❋ ∅ �
Para 4 personas

El ceviche típico de las famosas *carretillas* callejeras es la forma más sencilla y habitual de ceviche que se puede encontrar en cualquier cevichería de Lima y, por supuesto, en los chiringuitos de playa y en los puestos de los mercados. También se puede servir con diferentes mariscos, que varían según la región y la época del año. Los camarones, los pulpos, los calamares y las vieiras son muy frecuentes. A algunos les gusta freír uno de los ingredientes, normalmente el calamar, para aportar una agradable textura crujiente al plato.

475 ml de zumo de limón (lima)
1 rama de apio picada
½ cebolla roja en rodajas
1 diente de ajo picado
1 cdta. de jengibre fresco picado
225 g de recortes de pescado
½ ají limo despepitado y picado
2 cdas. de cilantro picado
680 g de filetes de pescado blanco fresco (como lubina o lenguado) en trozos de 2 cm

Para servir
cancha serrana (véase pág. 114)
granos de maíz cocidos
rodajas de camote (boniato) cocido de 1 cm

Ponga el zumo de limón, el apio, la mitad de la cebolla, el ajo, el jengibre, los recortes de pescado y un par de cubitos de hielo en la batidora. Tritúrelo a velocidad máxima 3 minutos y cuélelo sobre un bol. Añada el ají limo, la cebolla restante y el cilantro, sale y remueva bien. En otro bol, vierta la salsa sobre el pescado y remueva. Sírvalo de inmediato con la cancha serrana, los granos de maíz y el camote como guarnición.

Pescados y mariscos

Ceviche carretillero

Leche de tigre

Salsa de pescado, ají y limón
Perú

Preparación: 20 minutos

Para 4 personas

La leche de tigre peruana básica es una mezcla lechosa de zumo de limón, cebollas, sal, recortes de pescado y/o caldo de pescado y chile, utilizada para aportar acidez al pescado o al marisco, proceso que, según la interpretación del término, se califica de «cocción». Muchos creen que la leche de tigre evita la resaca y se toman un pequeño vaso antes del almuerzo. Puede añadir trozos de pescado y/o mariscos, así como algas, si lo desea.

    475 ml de zumo de limón (lima)
    1 rama de apio picada
    ½ cebolla roja en rodajas
    1 diente de ajo picado
    1 cdta. de jengibre fresco picado
    450 g de recortes de pescado
    ½ ají limo despepitado y picado
    2 cdas. de cilantro picado
    sal

Ponga el zumo de limón, el apio, la cebolla, el ajo, el jengibre, los recortes de pescado y un par de cubitos de hielo en una batidora. Tritúrelo a velocidad máxima 3 minutos y cuélelo sobre un bol. Añada el ají limo y el cilantro picados, sale y remueva bien. Sirva la leche de tigre en una taza o un vaso.

Mariscal frío

Ceviche de marisco frío
Chile

Preparación: 15 minutos,
más 20 minutos para marinar

Para 5-6 personas

Se dice que este plato se creó en los muelles pesqueros de la costa central de Chile. Los pescadores ponían en un bol las almejas, mejillones, pescados, chorros de mar, langosta y colas de camarones que no vendían, añadían limón, sal, cebollas y hierbas, y esa era su comida, así como un buen remedio para la resaca.

    680 g de navajas sin las valvas (unas 36 en total)
    450 g de piures sin el caparazón (opcional)
    450 g de almejas sin las valvas (unas 24 en total)
    450 g de mejillones sin las valvas
    120 ml de zumo de lima (limón)
    1 cebolla blanca picada
    2 cdas. de cilantro picado
    sal
    pan tostado, para servir

Limpie los mariscos para eliminar la arena.
    Ablande las navajas golpeándolas varias veces con el dorso de un cuchillo.
    Corte todos los mariscos en dos y colóquelos en un plato frío. Vierta el zumo de lima para cubrirlos y sale. Déjelos marinar 20 minutos en el frigorífico.
    Mezcle la cebolla con el cilantro y, cuando los mariscos estén listos, añádalos al plato y remueva bien. Sírvalo frío con rebanadas de pan tostado.

Aguachile

Gambas crudas con chile y zumo de limón 🖵
México

Preparación: 10 minutos,
más 15 minutos para marinar

Para 3-4 personas

En la versión indígena del aguachile («caldo aguado de chile») de Sinaloa, en el noroeste de México, las carnes de caza secadas al sol se marinaban en agua con *chiltepín*, un chile picante que crece silvestre en las colinas. Sin embargo, en las últimas décadas, el aguachile, presente ahora en casi todas las marisquerías de México, se refiere a la versión moderna que figura a continuación, que se suele preparar con camarones.

    450 g de camarones (gambas) pelados
    y sin el hilo intestinal
    el zumo de 9 limones (limas)
    5 chiltepines o chiles serranos
    2 cdas. de aceite de oliva
    3 cdas. de cilantro picado
    1 pepino pequeño pelado y en rodajas finas
    ½ cebolla roja en rodajas
    1 aguacate pelado, deshuesado y en rodajas

Corte los camarones a lo largo (corte mariposa) y colóquelos en un bol. Añada suficiente zumo de limón para cubrirlos y déjelos marinar en el frigorífico.
    Mientras, ponga los chiles, el aceite, el zumo de limón restante y la mitad del cilantro en una batidora. Tritúrelos hasta obtener una mezcla fina. Sale y pásela a un bol.
    Añada los camarones a la mezcla y remueva. Rectifique de sal si fuera necesario y añada un poco de pimienta molida. Agregue las rodajas de pepino y cebolla y déjelos marinar 15 minutos. Adórnelos con el cilantro restante y el aguacate en rodajas. Sirva los camarones con tostadas o galletas saladas.

Ceviche de atún estilo Isla de Pascua

Ceviche de atún al estilo de la Isla de Pascua
Chile

Preparación: 15 minutos

Para 1 persona

En Rapa Nui, o Isla de Pascua, hay un ceviche que se prepara más al estilo polinesio, donde se podría llamar *'ota 'ika* o *poisson cru*, que al del continente. En los restaurantes de Hanga Roa, el pescado crudo, atún o a veces *kana kana* (barracuda), se corta en dados y se marina con limón y leche de coco hasta que cambia de color. Se adorna con zanahorias, pepino y camote o taro.

    225 g de filete de atún en dados de 1 cm
    1 cda. de pimiento rojo picado
    ¼ de cebolla roja picada
    1 tomate pelado, despepitado y en dados
    1 cda. de pepino pelado y picado
    el zumo de 1 limón (lima)
    1 cdta. de salsa de soja
    1 cda. de leche de coco

Mezcle los ingredientes en un bol justo antes de servir y añada una pizca de sal. Sírvalo frío.

Aguachile

Tiradito al ají amarillo

Pescado crudo laminado al ají amarillo
Perú

Preparación: 15 minutos

🌾 ⌀ ❄

Para 4 personas

Aunque hace siglos que existen formas de preparar pescado con cítricos y chiles, el *tiradito* moderno se desarrolló con el auge de la cocina nikkei en Lima. El corte del pescado, similar al *sashimi usuzukuri*, y el breve marinado se deben a la influencia japonesa. Pero el *tiradito* no solo se sirve en restaurantes nikkei sino en cevicherías de todo el país. Nobu Matsuhisa, famoso chef japonés que vivió y trabajó tres años en Lima, le dio reconocimiento internacional al servirlo en Nobu. Otras salsas, como la de soja, y otros chiles, como el rocoto, se pueden usar en vez de la salsa a base de ají amarillo.

225 g de filetes de pescado blanco fresco
(como lubina o lenguado)
150 ml de zumo de limón (lima)
2 cdas. de pasta de ají amarillo
2 dientes de ajo picados
½ cdta. de jengibre fresco picado
2 cdas. de cilantro picado
1 ají limo despepitado y picado
sal

Corte los filetes de pescado en láminas finas, como el *sashimi*. Colóquelas en un plato y refrigérelas.
Triture el zumo de limón con la pasta de ají amarillo, el ajo y el jengibre y sale.
Pase la mezcla a un bol, añada el cilantro y el ají limo.
Saque el pescado del frigorífico, espolvoréelo con sal y nápelo con la mezcla de ají por encima. Sírvalo frío.

Tostadas de ceviche de pescado

Tostadas de ceviche de pescado
México

Preparación: 20 minutos,
más 20 minutos para marinar

⌀

Para 6 unidades

En los puestos callejeros de Ensenada, Baja California (México), donde los pesqueros transportan mariscos cada día, se venden muchas variantes de estas tostadas, con pulpo, camarones, erizos, patas de mula (almejas de concha negra), caracoles o pepinos de mar.

450 g de bacalao en dados de 1 cm
el zumo de 10 limones (limas)
2 jitomates (tomatillos) pelados y en dados
70 g de cebolla roja en rodajas
2 chiles serranos despepitados y picados finos
20 g de cilantro picado
2 cdas. de aceite de oliva
5 tostadas (tortillas fritas)
1 aguacate maduro cortado por la mitad, pelado, deshuesado y en rodajas

Mezcle el pescado con el zumo de limón en un bol. Sale y añada los jitomates, la cebolla, los chiles y el cilantro. Déjelo marinar 20 minutos en el frigorífico.

Para servir, añada el aceite y rectifique de sal. Disponga las tostadas en un plato y extienda el ceviche de manera uniforme por encima. Coloque 3 rodajas de aguacate en cada tostada y sírvalas.

Ceviche de camarón ecuatoriano

Ceviche ecuatoriano de gambas 🍳
Ecuador

Preparación: 15 minutos
Cocción: 5 minutos

🌾 ⌀ ❄

Para 5-6 personas

Cerca de Guayaquil, y en otras zonas de la costa ecuatoriana, las granjas de camarones son tan numerosas que se avistan desde el aire. El país es el mayor productor del hemisferio occidental, una «bendición». Los ceviches de camarones son típicos de todo el país y se acompañan con chips de plátano, Patacones (véase pág. 194) y palomitas de maíz.

900 g de camarones (gambas) pelados
y sin el hilo intestinal
3 cebollas rojas en rodajas
350 ml de zumo de limón (lima)
120 ml de zumo de naranja amarga
6 tomates pelados y triturados
3 cdas. de aceite de oliva
2 cdas. de cilantro picado
sal

Cueza los camarones 4 minutos en una cazuela de agua hirviendo junto con un tercio de la cebolla y una pizca de sal. Escúrralos, reservando 120 ml del agua de cocción.
Ponga la cebolla restante en un bol de agua con hielo y déjela 10 minutos. Escúrrala bien y pásela a un bol con 120 ml de zumo de limón y un poco de sal.
En otro bol, mezcle el zumo de limón restante con el de naranja amarga, los tomates triturados y el agua de cocción de los camarones reservada. Añada el aceite de oliva, bata con las varillas hasta una obtener salsa espesa y sale. Agregue los camarones, el cilantro y la cebolla aderezada, remueva bien y sírvalo frío.

Almejas de concha negra

Las almejas de concha negra (*Anadara tuberculosa*) habitan en los manglares de la costa del Pacífico de América Latina, desde el norte del Perú hasta México y reciben nombres diferentes: conchas negras, patas de mula, conchas prietas y *pianguas*. Están amenazadas por la sobreexplotación y destrucción de su hábitat, lo que obliga a establecer épocas de veda. Existe un importante patrimonio cultural asociado a los recolectores de esta almeja, como las *piangueras*, mujeres que se adentran en el manglar cuando baja la marea, a menudo con sus hijos y fumando tabaco para alejar a los *jejenes*, insectos de picadura muy molesta. Estas almejas se sirven en ceviches, *encocados* (con leche de coco) o crudas con cuñas de limón o naranja.

Nota: no las confunda con la almeja de sangre del golfo de México, a veces llamada también *concha negra*, que debe su color a su nivel de hemoglobina, o con la almeja chocolatada (*Megapitaria squalida*), de Baja California, México.

Ceviche de camarón ecuatoriano

Ceviche de piangua, ceviche de conchas negras

Ceviche de conchas negras
Colombia, Ecuador, Perú

Preparación: 20 minutos

Para 4 personas

El ceviche de conchas negras es uno de los platos más emblemáticos de la costa del Pacífico de Colombia, Ecuador y el norte del Perú. El sabor de estas almejas puede resultar bastante fuerte, por lo que a veces las conchas negras se mezclan con camarones u otros mariscos. En Colombia y Ecuador se usa kétchup en vez de tomate, mientras que en el Perú los tomates apenas se utilizan. Las guarniciones incluyen chips de plátano, Cancha serrana (véase pág. 114), palomitas de maíz o galletas saladas.

    24 conchas negras
    ½ cebolla roja picada fina
    1 ají limo picado fino
    2 tomates despepitados y en dados
    120 ml de zumo de limón (lima)
    2 cdas. de cilantro picado
    sal y pimienta molida

Abra las conchas negras, reservando y colando los líquidos de su interior y sepárelas de las valvas. En un bol, mézclelas con la cebolla, el ají limo y los tomates. Añada el zumo de limón y el cilantro, salpimiente y remueva bien. Vierta el líquido de las conchas negras poco a poco al gusto y sírvalas frías.

Pescados de agua dulce

En la orilla de un meandro de la Amazonía ecuatoriana, varios hombres cofán tiran de una red con la que han capturado un *paiche* adulto (*Arapaima gigas*). El pez, *pirarucu* en Brasil, puede medir hasta 3 metros y ha contribuido al sostenimiento de las comunidades indígenas del norte del Amazonas durante siglos. El siglo pasado, la sobreexplotación fruto de la pesca comercial ha obligado a comunidades indígenas a criarlos en estanques y reducido la presión sobre las poblaciones salvajes.

En los mercados de la región se encuentra salado como el bacalao y enrollado, para rehidratarlo y utilizarlo en guisos o frito para tomarlo con *açaí*. Fresco, se puede picar y cocer al vapor envuelto en una hoja de bijao con arroz o yuca para preparar *juanes* o asarlo a la parrilla. Incluso su huesuda lengua se usa para rallar la guaraná, que se mezcla con agua para curar enfermedades intestinales.

Desde las diminutas pepescas de El Salvador, que se fríen en aceite y se sirven con yuca y *curtido*, hasta el enorme *tambaquí* de las cuencas del Amazonas y el Orinoco, cuyas grandes costillas y suculenta carne se asemejan al cerdo, América Latina es un centro de megadiversidad de pescados de agua dulce. La pesca en los lagos de gran altitud, humedales y sistemas fluviales tropicales ha sido una fuente de proteínas para las poblaciones locales durante milenios y ha ayudado a conformar la gastronomía de la región.

Pirarucu com açaí

Paiche con açaí 📷
Brasil

Preparación: 20 minutos, más 20 horas en remojo
Cocción: 20 minutos

Para 6 personas

En Belem do Pará, el epicentro del comercio de *açaí*, la pulpa del fruto de la palma no se endulza ni se congela, solo se le añade un toque de sal. El sabor es terroso, casi como el de los frijoles. En los puestos del mercado de Ver-o-peso se sirve como guarnición del pescado frito, generalmente *pirarucu* (*paiche*) salado.

    900 g de filetes de paiche salado
    el zumo de 2 limones (limas)
    2 cdtas. de harina común
    120 ml de aceite vegetal
    900 g de pulpa de açaí a temperatura ambiente
    ½ cdta. de sal marina
    farinha d'água (harina de yuca fermentada), para servir

Ponga los filetes de pescado en un bol de agua con hielo y déjelos 20 horas, cambiando el agua tres veces (cada 5 horas). Si usa *paiche* fresco, sáltese este paso.
Escurra y seque los filetes. Rocíelos con el zumo de limón por todos los lados y rebócelos en la harina.
Caliente el aceite en una sartén a 162 °C. Fría los filetes 3 minutos por cada lado o hasta que estén dorados y crujientes. Páselos a un plato forrado con papel de cocina para eliminar el exceso de aceite.
En un bol, ponga la pulpa de *açaí*, sale y remueva. Sirva el pescado caliente con el *açaí* y la *farinha d'água* (harina de yuca fermentada) como guarnición.

Pescaditas, pepescas con cassava

Pescadito frito con yuca
El Salvador

Preparación: 10 minutos
Cocción: 50 minutos

Para 5-6 personas

Llamados pescaditas o *pepescas* (*Brachyrhaphis olomina*), estos diminutos peces de agua dulce se sirven como ración, a menudo sobre yuca frita o cocida y Curtido (véase pág. 402).

    680 g de yuca pelada y en trozos de 10 cm
    aceite vegetal, para freír
    450 g de pepescas (o sardinillas)
    curtido (véase pág. 402), para servir

Cueza la yuca en una cazuela de agua con sal 30 minutos. Escúrrala y córtela en tiras gruesas.
Vierta aceite vegetal en una cazuela de fondo grueso, asegurándose de que no supere los dos tercios de su capacidad, y caliéntelo a 177 °C. Fría la yuca 5 minutos hasta que esté crujiente. Retírela con una espumadera y pásela un plato con papel de cocina. Sale y reserve.
En la misma cazuela, fría el pescado, por tandas, 3 minutos. Páselo a un plato con papel de cocina.
Sirva la yuca frita en un plato con las pepescas encima y el *curtido* como guarnición.

Pirarucu com açaí

Boga para caranchear

Boga a la parrilla
Argentina

Preparación: 20 minutos
Cocción: 25 minutos

Para 4 personas

En el río Paraná, que recorre más de 4500 kilómetros a través del norte de Argentina, Brasil y Paraguay, la boga (*Leporinus obtusidens*), llamada *piapara* en portugués, es apreciada por su textura firme y sabor suave. El nombre de esta preparación hace referencia al carancho o caracara con cresta del sur (*Caracara plancus*), un ave rapaz que a menudo se ve en las orillas de los ríos y arroyos posada sobre un pez mientras picotea una boga. El pescado entero se coloca, generalmente en una tabla de madera, en el centro de la mesa para que los comensales se sirvan una porción al gusto. El término *caranchear*, «picotear de aquí y de allá», que a veces se utiliza también para otros pescados o animales pequeños enteros, es habitual en las provincias del noreste argentino como Santa Fe, Entre Ríos, Corrientes y Misiones.

> 1 boga de unos 2,3 kg
> 1 cda. de aceite vegetal
> 2 dientes de ajo picados
> 2 cebolletas picadas
> 1 cda. de pimiento rojo en dados
> 1 cda. de aceite de oliva
> 40 g de perejil picado
> el zumo de 2 limones (limas) (opcional)
> sal y pimienta molida

Prepare la parrilla.

Corte la cabeza y la cola del pescado y limpie el interior retirando las tripas. Haga una incisión en el vientre y ábralo a través de las espinas de ambos lados para desespinarlo, teniendo cuidado de no cortar el pescado entero para que quede solo abierto (corte mariposa). No lo desescame. Resérvelo en el frigorífico.

Caliente a fuego medio el aceite vegetal en una sartén y saltee el ajo, las cebolletas y el pimiento 5 minutos. Salpimiente, retire la sartén del fuego y resérvelos.

Rocíe el pescado con el aceite de oliva y salpimiente. Ponga el lado de las escamas hacia abajo en la parrilla a fuego suave. Áselo 20 minutos, sin darle la vuelta, y páselo a una fuente. Disponga la mezcla de verduras encima, esparza el perejil picado y rocíelo con zumo de limón si lo desea.

Patarashca

Pescado relleno envuelto en hojas de bijao
Colombia, Perú

Preparación: 10 minutos
Cocción: 20 minutos

Para 2-4 personas

Del quechua *pataray*, que significa «doblar» o «envolver», la *patarashca* es un plato típico del norte de la Amazonía peruana y algunas zonas de Colombia. Las ranas, las salamandras y la carne de caza fueron en su tiempo los rellenos típicos, pero hoy en día las *patarashcas* se suelen preparar con pescado de las vías fluviales amazónicas con hierbas y condimentos, que se envuelven en una hoja de plátano o bijao. Se puede asar a la parrilla, en el horno o directamente sobre brasas

calientes. Sírvalo con Patacones (véase pág. 194). El sacha culantro es una planta silvestre de origen amazónico similar al culantro; lo puede sustituir por este o por cilantro.

> 1 gamitana (o filetes de paiche) de unos 1,8 kg
> 2 hojas grandes de plátano o bijao
> 3 hojas de sacha culantro
> ½ cebolla blanca en rodajas
> 3 tomates en dados
> 3 dientes de ajo picados
> 1 ají charapita picado
> 1 cdta. de comino molido
> 1 cda. de aceite vegetal
> sal y pimienta molida

Prepare la parrilla.

Desescame el pescado y deseche las tripas. Lávelo bajo un chorro de agua helada 15 minutos y séquelo bien. Coloque el pescado en una hoja de plátano o bijao y salpimiente.

En un bol, ponga el sacha culantro, la cebolla, los tomates, el ajo, el ají charapita, el comino y el aceite, salpimiente y remueva bien. Disponga la mezcla sobre y alrededor del pescado y cierre la hoja de plátano. Envuélvalo en una segunda hoja para que quede sellado y no se salgan los jugos y átelo con una tira larga hecha con la hoja de plátano o con bramante. Coloque el paquete de pescado en la parrilla y áselo 20 minutos hasta que esté hecho. Sírvalo para compartir.

Costela de tambaqui na brasa

Costillas de tambaquí a la parrilla 🔲
Brasil

Preparación: 5 minutos
Cocción: 30 minutos

Para 4 personas

El *tambaquí* de agua dulce (*Colossoma macropomum*), llamado también *pacú* negro o *gamitana*, está presente en todas las cuencas del Amazonas y el Orinoco y también se puede cultivar de manera sostenible. Sobreviven con frutas y semillas que se dispersan bajo el agua, como lo hacen los pájaros en el aire, y pueden llegar a pesar más de 30 kilos. Rico en ácidos grasos, tiene una carne blanca y costillas largas que, asadas, pueden tener una textura y sabor parecidos al cerdo. Si lo desea, las puede glasear con salsa BBQ como si fueran costillas de cerdo.

> 2 costillas de tambaquí
> el zumo de 3 limones (limas)
> 2 cdas. de vinagre de vino blanco
> sal y pimienta molida

Prepare una parrilla a fuego bajo o medio.

Mezcle el zumo de limón con el vinagre, frote las costillas con la mezcla y lávelas bajo un chorro de agua helada. Séquelas bien y salpimiente. Inserte las costillas en brochetas de madera y colóquelas en la parrilla. Áselas 30 minutos, dándoles la vuelta cada 5 minutos más o menos para que se asen de manera uniforme. Retírelas de la parrilla y sírvalas.

Costela de tambaqui na brasa

Mojica de pintado

Guiso de bagre con yuca
Brasil

Preparación: 15 minutos
Cocción: 30 minutos

Para 4 personas

Presente en los principales sistemas fluviales de gran parte de América del Sur, los *Pseudoplatystoma* son un género de bagres (o pez gato) grandes, rayados o manchados y de nariz de pala, que reciben nombres locales como surubíes, *doncellas* o *zúngaros*. En el estado brasileño sudoccidental de Mato Grosso, se llaman *pintados* y son el ingrediente esencial de varias recetas tradicionales como el *pintado a urucum*, un pintado frito y napado con una salsa de leche de coco, achiote y queso. De origen indígena, *mojica* significa «lo que viene del río con yuca» y es un guiso que tiene el sabor de chiles autóctonos, como es el caso del frutado y picante *cheiro*.

  2 cdas. de aceite vegetal
  2 dientes de ajo picados
  ½ cebolla blanca picada
  1 pimiento rojo despepitado y en dados
  2 tomates pelados y en dados
  1 cdta. de recado rojo (pasta de achiote)
  2 chiles cheiro picados
  450 g de filetes de pintado o bagre en trozos de 5 cm
  250 ml de leche de coco
  120 ml de agua
  70 g de harina de yuca
  el zumo de 1 limón (lima)
  sal y pimienta molida

En una cazuela, caliente a fuego medio el aceite y sofría el ajo, la cebolla y el pimiento 8 minutos. Añada los tomates, el recado rojo y los chiles y sofríalo todo 5 minutos más. Agregue el pescado y suba el fuego. Vierta la leche de coco y el agua y remueva mientras incorpora la harina de yuca poco a poco. Baje el fuego y cuézalo 10 minutos, removiendo con frecuencia. Salpimiente, vierta el zumo de limón y sírvalo caliente.

Pescado frito estilo de Yojoa

Pescado frito al estilo del lago de Yojoa
Honduras

Preparación: 10 minutos
Cocción: 10 minutos

Para 1-2 personas

A mitad de camino entre las dos ciudades más grandes de Honduras, San Pedro Sula y Tegucigalpa, justo al lado de la carretera CA 5, una serie de cabañas miran al lago de Yojoa, el más grande del país, rodeado de escarpadas montañas cubiertas de pinos. Estos pequeños restaurantes al aire libre están especializados en peces del lago, principalmente lobina negra y tilapia. Sirven el pescado frito entero acompañado con *Tajadas*, también llamadas Tostones o Patacones (véase pág. 194), y cebollas encurtidas. En otras partes del país, la expresión «al estilo de Yojoa» alude a este modo de preparar y servir el pescado.

1 lobina negra
aceite vegetal, para freír
sal

Para servir
1 limón (lima) en cuñas
patacones (véase pág. 194)

Limpie el pescado abriéndolo desde el vientre y retirándole las tripas. Lávelo bien bajo un chorro de agua helada y séquelo con papel de cocina.
  Caliente unos 5 cm de aceite en una sartén lo suficientemente grande para que quepa el pescado entero. Fríalo 10 minutos, dándole la vuelta de vez en cuando, hasta que esté dorado y crujiente por fuera. Páselo a un plato forrado con papel de cocina para eliminar el exceso de aceite. Sale.
  Sírvalo caliente con cuñas de limón y patacones.

Pira caldo

Sopa paraguaya de pescado
Paraguay

Preparación: 20 minutos
Cocción: 20 minutos

Para 4 personas

El *pira* caldo es una de las numerosas recetas que surgieron después de la guerra de Paraguay, cuando la escasez de alimentos dio lugar a recetas de alto nivel calórico que añadían grasa y queso. El *pira* (término guaraní para «pescado») que se suele utilizar es el surubí, aunque también se usan el bagre blindado y otros peces de río pequeños.

  2 cdas. de sebo de ternera
  1 puerro, solo la parte blanca, picado fino
  2 ramas de apio picadas finas
  2 cebollas blancas picadas
  2 zanahorias peladas y picadas
  1 pimiento verde despepitado y en dados
  2 pimientos rojos despepitados y en dados
  1 hoja de laurel
  680 g de filetes de surubí (o bagre)
  250 ml de vino blanco
  250 ml de agua
  350 ml de leche
  2 cdas. de pasta de tomate
  3 tomates pelados y picados
  150 g de queso Paraguay rallado
  2 cdas. de cilantro picado
  sal y pimienta molida

Caliente a fuego vivo el sebo en una olla y sofría el puerro, el apio, la cebolla, las zanahorias, los pimientos y el laurel 3 minutos, removiendo de vez en cuando. Baje el fuego y sofríalo todo 5 minutos más. Agregue el pescado, tape la cazuela y cuézalo 5 minutos, removiendo de vez en cuando. Retire el pescado y vierta el vino. Remueva bien y añada el agua, la leche, la pasta de tomate y los tomates picados y remueva 2 minutos. Vuelva a poner de nuevo el pescado en la cazuela.
  Para terminar, esparza el queso rallado y el cilantro por encima y apague el fuego. Salpimiente y sírvalo caliente en cuanto el queso se haya derretido por completo.

Pescado frito estilo de Yojoa

Ternera

En un claro en medio de un pequeño viñedo en el valle de Uco en las afueras de Mendoza, un grupo de viticultores, sus amigos y sus familias se reúnen por la tarde para celebrar el comienzo de la vendimia con un asado. El cielo es azul brillante y los picos nevados de la cordillera resplandecen como diamantes en la distancia.

Cuando llegan los primeros invitados, se les sirve vino y degustan una picada de embutidos, quesos, aceitunas e higos. Los chorizos y achuras (vísceras), como mollejas y chinchulines (intestino delgado), son los primeros en salir del asador, una rejilla de metal caliente dispuesta sobre madera y carbón de combustión lenta. Los chorizos se cortan en rodajas y se toman con panecillos crujientes, mientras que las achuras se napan con salsa criolla, preparada con tomate picado, cebolla, perejil y vinagre. Hay gruesas rodajas de *provoleta* y asado de tira (costillar cortado de forma transversal en tiras) sobre una rejilla de metal inclinada en un lado de la parrilla y un pote colocado sobre las brasas en el que se cuecen zanahorias, maíz y papas. Los cortes más grandes, colocados en la parrilla al principio, como el vacío (una parte de la falda) y el *bife de chorizo* (lomo alto), saldrán al final.

El primer ganado del Nuevo Mundo llegó a Veracruz (México) en 1525 y hacia 1536 ya estaba en Argentina. La gran demanda de carne de ternera ha transformado el paisaje de la región, creando inmensos pastos a expensas de los fecundos bosques tropicales, al tiempo que ha proporcionado identidad propia a vastas praderas, desde Los Llanos en Colombia y Venezuela hasta las pampas de Argentina y el sur de Brasil, convirtiéndolas en centros de la cultura ganadera, donde han surgido muchas de las primeras recetas de carne de ternera en esta nueva tierra.

El arte del asado comenzó en el siglo XVIII en las praderas del Cono Sur. Allí, los gauchos, jinetes a menudo nómadas, que trabajaban en las llanuras acorralando ganado, sobrevivían con una dieta que consistía casi exclusivamente en carne de ternera, asada sobre madera de quebracho, y mate. El asado ha evolucionado en diferentes métodos y los cortes de la carne se han adaptado a las distintas regiones y a las barbacoas caseras, pero la esencia del ritual, el acto de cocinar y de comer juntos, sigue siendo la misma.

Asado de tira

Asado de costillar de ternera ⬚
Argentina, Uruguay

Preparación: 10 minutos
Cocción: 1 hora y 30 minutos ❀ ⌀ ❦

Para 5-6 personas

El asado de tira, un corte casi obligatorio en un asado argentino, es el costillar de ternera cortado de forma transversal en tiras. En 1882, la River Plate Fresh Meat Company, una instalación frigorífica en Campana, al norte de Buenos Aires, comenzó a cortar las costillas con una sierra para partir el hueso, ya que sus compradores, en su mayoría ingleses, preferían los cortes con menos hueso. El asado de tira era esencialmente un corte descartado que los empleados se llevaban a casa. Los cortes con la carne más tierna son los que tienen los huesos más pequeños y redondeados, ya que proceden de una ternera más joven. En las pampas, este corte se cocina a menudo casi verticalmente, con el lado de la costilla hacia el fuego. Sírvalo templado con una ensalada o patatas fritas

2,5 kg de asado de tira
sebo, para engrasar
sal gruesa

Para preparar la parrilla, encienda pequeños trozos de madera y periódicos y deje que ardan hasta que se formen brasas y cenizas. Unte la rejilla con un poco de sebo para evitar que la carne se pegue.

Sale la carne, colóquela en la parrilla con el lado del hueso hacia abajo y ásela hasta que se empiece a dorar, unos 50 minutos. Dele la vuelta y ásela por el otro lado unos 20 minutos más. Dependiendo del grosor de la carne, el tiempo total de cocción puede variar de 1 a 1½ horas. El interior de la carne debe estar caliente, jugoso y ligeramente dorado, pero no rojo.

Retire la carne de la parrilla y córtela en trozos de 2 o 3 costillas por persona.

Carbonada

Guiso de ternera servido en calabaza
Argentina, Chile, Uruguay

Preparación: 10 minutos
Cocción: 1 hora ❀

Para 4 personas

Típico del Cono Sur de Sudamérica, la carbonada es un guiso de carne de ternera con verduras al que a veces se añade una o dos frutas. La calabaza se puede trocear y cocinar en la olla con la carne, pero algunas variantes, como esta, la utilizan como recipiente para servir el guiso.

2 calabazas de invierno medianas
350 ml de leche
2 cdas. de aceite vegetal
1 cebolla blanca picada
½ pimiento rojo despepitado y picado
900 g de solomillo de ternera en dados de 4 cm
350 ml de caldo de ternera
2 camotes (boniatos) pelados y en trozos
3 mazorcas de maíz en trozos
3 melocotones deshuesados y en dados
250 g de queso fresco en dados
sal

Precaliente el horno a 180 °C.

Corte la parte superior de las calabazas y resérvelas. Retire las semillas y las fibras para ahuecarlas y vierta la mitad de la leche en su interior. Cubra las calabazas con papel de aluminio y áselas 15 minutos. Baje la temperatura a 165 °C y prosiga con la cocción 20 minutos más o hasta que estén tiernas y la piel se comience a desprender. Retire la pulpa de calabaza que se separe de la piel y resérvela.

Mientras, caliente a fuego medio el aceite en una sartén y sofría la cebolla y el pimiento durante 5 minutos. Añada la carne y sofríala 10 minutos. Agregue el caldo, el camote y el maíz y sale. Baje el fuego y cuézalo durante 20 minutos. Añada los melocotones y la pulpa de calabaza reservada y prosiga con la cocción 10 minutos más. Distribuya el relleno entre las dos calabazas.

Esparza el queso fresco por encima del relleno y cubra las calabazas con las partes superiores reservadas. Colóquelas en una bandeja de horno forrada con papel vegetal y hornéelas 10 minutos. Retírelas del horno y páselas a una fuente.

Utilice las calabazas como platos soperos para servir la carbonada.

Sobrebarriga a la criolla

Ternera a la criolla
Colombia

Preparación: 20 minutos
Cocción: 3 horas ❀ ⌀

Para 4 personas

La *sobrebarriga* (falda de ternera) es uno de los cortes de ternera más habituales en Colombia. Con sus diferentes texturas y niveles de grasa, puede ser una pieza complicada de cocinar, pero si se prepara a fuego lento durante horas, resulta muy tierna.

900 g de sobrebarriga (falda de ternera) en un trozo
1,9 litros de agua
1 cebolla blanca cortada por la mitad
3 dientes de ajo majados
sal y pimienta molida

Para la salsa
2 cdas. de aceite vegetal
3 cebollas blancas picadas
2 dientes de ajo picados
1 pimiento rojo despepitado y en trozos pequeños
4 tomates pelados y en dados
½ cdta. de recado rojo (pasta de achiote)
½ cdta. de comino molido

Para servir
2 aguacates deshuesados, pelados y cortados por la mitad
arroz blanco cocido

Coloque la carne en una olla con el agua, la cebolla y el ajo. Salpimiente y llévela a ebullición. Baje el fuego y cuézala 3 horas o hasta que esté tierna. Retírela de la cazuela y resérvela.

Para preparar la salsa, caliente el aceite en una cazuela y sofría la cebolla, el ajo y el pimiento durante 5 minutos. Agregue los tomates, el recado rojo y el comino y salpimiente al gusto. Cuézalo todo 10 minutos a fuego lento, removiendo con frecuencia.

Corte la carne en cuatro trozos iguales. Sirva un trozo en cada plato napado con la salsa y las mitades de aguacate y arroz como guarnición.

Asado de tira

Picanha, tapa de cuadril

Ternera asada al estilo brasileño
Argentina, Brasil, Paraguay

Preparación: 10 minutos
Cocción: 1 hora

Para 4 personas

Si alguna vez ha estado en una *churrascaria* brasileña, probablemente esté familiarizado con la *picanha*, los grandes trozos de carne con una gruesa capa de grasa en forma de C que se insertan en una espada. Es un corte de carne típicamente brasileño. Hasta hace poco los carniceros españoles no estaban muy familiarizados con este corte, pero cada vez es más conocido. Otros nombres habituales en España son *culatín*, *rabillo de ternera*, *tapa de cuadril* o *tapilla*. En Argentina y Paraguay, el corte se llama *tapa de cuadril*. Aunque esta pieza probablemente se originó en las pampas del sur de Brasil, tenía poco valor comercial y se exportaba como subproducto a otros países de la región. La única demanda era la de inmigrantes de Europa del Este que trabajaban en una planta de Volkswagen en São Paulo en los sesenta para hacer un guiso llamado *tafelspitz*, pero una década más tarde un restaurante llamado Dinho's empezó a vender *bife de tira*, un corte de la *picanha*, en su menú y se hizo famoso. Se dice que su nombre proviene de la vara con una punta de hierro que los ganaderos usaban para arrear al ganado «picándolo» en esa zona.

900 g-1,1 kg de picanha a temperatura ambiente
sal
1 espada de rodizio o una brocheta larga

Use un cuchillo para marcar el lado de la grasa de la carne en un patrón de rayas cruzadas y déjela reposar mientras prepara una parrilla de carbón hasta que las brasas tengan una capa de ceniza blanca.

Coloque la carne en una tabla de cortar y córtela horizontalmente en cuatro trozos. Doble cada trozo en semicírculos e insértelos a través de la capa de grasa en la brocheta. Sale y déjelos reposar 5 minutos.

Coloque las brochetas en la parrilla a unos 15 cm del fuego, con el lado de la grasa hacia arriba. Áselas 10 minutos, deles la vuelta y áselas 15 minutos. Suba la parrilla a unos 40 cm del fuego con el lado de la grasa hacia arriba y prosiga con la cocción, girando la brocheta, hasta que la temperatura interna sea de 52 °C.

Corte la carne en filetes, con o sin la capa de grasa.

Matambre relleno

Ternera rellena
Argentina, Uruguay

Preparación: 20 minutos
Cocción: 20 minutos,
más 20 minutos para reposar

Para 6 personas

El matambre, combinación de las palabras *matar* y *hambre*, es un corte de ternera típicamente argentino que está situado entre las costillas y la piel. En España equivaldría a la aleta o falda. Se suele preparar con rellenos que varían de una receta a otra, aunque suelen incluir huevo y zanahoria, luego se enrolla y se ata con bramante. Hay varias opciones para cocinarlo, como hacerlo a la parrilla o cocerlo en agua o leche antes de asarlo. Cuando se asa a la parrilla se corta y se sirve caliente, pero, cuando se cuece, se deja enfriar antes de cortarlo y se toma frío, a veces sobre pan.

900 g de matambre (aleta o falda de ternera)
2 dientes de ajo picados
3 cdas. de perejil picado
3 huevos duros cortados por la mitad
1 pimiento rojo despepitado y en rodajas
3 zanahorias (preferentemente largas y finas) peladas
sal y pimienta molida
chimichurri (véase pág. 400), para servir

Coloque la carne en una superficie plana. Con un cuchillo afilado, córtela en mariposa a lo largo de tres lados, sin llegar al final de la carne. Extiéndala y golpéela con un mazo para carne si fuera necesario.

Salpimiente. En un bol, mezcle el ajo con el perejil y frote bien la carne con la mezcla. Cerca de uno de los bordes, coloque las mitades de huevo formando una hilera y repita la operación con los pimientos y las zanahorias. El relleno solo cubrirá una parte de la carne. Enróllela y pase el bramante alrededor del rollo de carne, de un extremo a otro, cuatro veces a intervalos regulares, para asegurarlo bien.

Prepare una parrilla y, cuando esté caliente (200 °C), coloque el rollo y áselo 20 minutos, dándole vueltas.

Déjelo enfriar 20 minutos antes de cortarlo en filetes de 1 a 2,5 cm de grosor y sírvalo con salsa chimichurri.

Silpancho

Filetes apanados con arroz y huevo frito
Bolivia

Preparación: 30 minutos
Cocción: 10 minutos

Para 2 personas

Creado en la ciudad de Cochabamba en 1946 por la cocinera local Celia la Fuente Peredo, el *silpancho* es un plato emblemático de la cocina boliviana que consiste en un filete fino de ternera apanado y frito como una milanesa. En los restaurantes de esa ciudad, las luces del exterior indican que los deliciosos *silpanchos* están disponibles. Si las bombillas están encendidas pero cubiertas, significa que los están preparando.

2 filetes finos de solomillo
40 g de pan rallado fino
1 cda. de aceite vegetal
2 tomates en dados
1 ají rocoto picado
1 cebolla blanca en dados
1 cda. de cilantro picado
2 cdas. de vinagre
sal y pimienta molida

Para servir
arroz blanco cocido
2 huevos fritos
1 papa en rodajas fritas

Reboce los filetes con el pan rallado y golpéelos con un mazo para carne, añadiendo más pan rallado si fuera necesario. Salpimiente.

Caliente a fuego medio el aceite en una sartén y selle los filetes 3 minutos por cada lado o hasta que estén dorados. Retírelos y resérvelos.

En un bol, mezcle los tomates con el ají, la cebolla y el cilantro. Aderece con sal, pimienta y vinagre.

Para servir, coloque una capa de arroz blanco en el fondo del plato, disponga un filete y un huevo frito encima y la salsa y las rodajas de papas fritas a un lado.

Ternera

Silpancho

Caracú, tuétano

Tuétano asado
Argentina, Chile, Paraguay, Uruguay

Preparación: 5 minutos
Cocción: 10 minutos
Para 4 personas

Caracú, una palabra de origen guaraní que significa «hueso de la médula», se ha convertido en un término ampliamente aceptado en todas las tierras ganaderas meridionales de América del Sur. Es el alma de los guisos como el puchero, aunque ligeramente tostado con un poco de sal es un aperitivo perfecto para un asado mientras se espera a que las carnes salgan de la parrilla.

> 4 huesos de médula cortados a lo largo o ancho (según el tamaño)
> sal
> pan tostado, para servir

Precaliente el horno a 200 °C.
Coloque los huesos en una bandeja de horno, sale y hornee 8 minutos o hasta que la médula esté tierna. (Como alternativa, puede disponerlos en una parrilla precalentada unos 20 minutos.)
Sirva un hueso entero por persona con pan tostado.

Milanesa de res

Filetes de ternera apanados
Argentina, Uruguay

Preparación: 10 minutos
Cocción: 10 minutos
Para 2 personas

La versión latinoamericana de la *cotoletta alla Milanese*, o ternera a la milanesa, llegó a Argentina y Uruguay con los inmigrantes italianos a finales del siglo XIX, aunque hoy en día está presente en casi toda América Latina. Se puede hacer con filetes muy finos de ternera, pero también de pollo o cerdo. Existen numerosas variantes. Cuando se sirve con un huevo encima, se llama «a caballo»; la versión «a la napolitana» se acompaña con salsa de tomate y queso y, a veces, con jamón. En México, se suele degustar en tortas y cemitas y servir calientes con papas fritas o puré de papas.

> 450 g de cadera de ternera en 2 filetes finos
> 2 huevos
> 2 dientes de ajo picados
> 2 cdas. de perejil picado
> 450 g de pan rallado
> aceite vegetal, para freír
> sal

Retire el exceso de grasa y nervios de los filetes y golpéelos con un mazo para carne. En un bol, bata los huevos y mézclelos con el ajo y el perejil. Sale y páselos a un plato. Coloque el pan rallado en otro plato.
Reboce un filete en la mezcla de huevo, escurra el exceso y páselo por el pan rallado. Repita la operación con el filete restante.
Vierta unos 2,5 cm de aceite en una sartén (suficiente para cubrir los filetes) y caliéntelo a 177 °C. Fría los filetes, de uno en uno, 3 minutos por cada lado o hasta que estén dorados. Páselos a un plato forrado con papel de cocina para escurrir el exceso de aceite.
Sírvalo templado.

Barreado

Estofado brasileño de ternera en olla de barro 🍲
Brasil

Preparación: 20 minutos
Cocción: 8 horas
Para 4 personas

En el estado brasileño de Paraná, esta ternera guisada a fuego lento es típica de los días de carnaval. El guiso, preparado con cortes de carne baratos, duros y grasos, se cocina en una olla de barro que se sella con una masa de harina de yuca, convirtiéndola en una olla de cocción lenta que mantiene la humedad en su interior. Algunos tienen la olla al fuego dos días. Es habitual servir la carne en un bol sobre un poco de Pirão (véase pág. 100), elaborado con la salsa del guiso, con arroz blanco y rodajas de plátano como guarnición.

> 900 g de aguja o redondo de ternera en trozos de 2,5 cm
> 1 cdta. de comino seco
> 1 cda. de vinagre
> 2 cdas. de aceite de maíz
> 3 cebollas blancas picadas
> 3 tomates pelados y picados
> 2 dientes de ajo picados
> 450 g de tocino
> 475 ml de agua
> 1 hoja de laurel
> sal y pimienta molida
>
> Para la pasta
> 560 g de harina de yuca
> 475 ml de agua
>
> Para servir
> pirão (véase pág. 100)
> arroz blanco cocido
> plátanos en rodajas gruesas

Prepare una pasta mezclando la harina de yuca con el agua. Resérvela.
Aderece la carne con el comino, el vinagre y un poco de sal y pimienta. Resérvela. Vierta el aceite en una olla de barro de 20 cm de diámetro y cubra el fondo con las verduras, disponga encima una capa de tocino y después una de carne. Repita la operación hasta terminar la carne.
Vierta el agua con el laurel y llévela a ebullición. Baje el fuego, tape la olla y utilice la mitad de la masa de yuca para sellarla, presionándola alrededor de los bordes de la tapa. Cuézalo a fuego lento 4 horas. Retire el sello, quite la tapa, remueva bien y rectifique la sazón. Añada más agua si fuera necesario (debe cubrir los ingredientes). Vuelva a poner la tapa, séllela con la masa de yuca restante y prosiga con la cocción a fuego lento otras 4 horas como mínimo. Retire la olla del fuego y destápela. La carne debe estar bastante desmenuzada. Rectifique la sazón una vez más.
Sirva el *barreado* encima de un poco de *pirão* con arroz y plátanos como guarnición.

Barreado

Frito do vaqueiro, marajoara frito

Carne guisada brasileña
Brasil

Preparación: 10 minutos
Cocción: 2-3 horas

Para 8 personas

Los vaqueros de la isla de Marajó, en el norte de Brasil, toman esta carne, que se cuece al vapor, para desayunar con un café en el campo. La guardan en latas debajo de la silla de montar del caballo para mantenerla caliente.

    900 g de falda (preferentemente de búfalo de agua)
    900 g de redondo en un trozo
    sal y pimienta molida
    farofa (véase pág. 98), para servir

Corte la carne en trozos de 5 cm y salpimente. Colóquela en una olla de hierro fundido y tápela. Cuézala a fuego lento 2 o 3 horas hasta que esté tierna, removiendo cada 30 minutos para que no se pegue. Sírvala caliente con *farofa* (harina de yuca tostada).

Kibe, quibbe

Croquetas brasileñas de carne picada y bulgur
Brasil

Preparación: 20 minutos,
más 2 horas en remojo
Cocción: 30 minutos

Para 20 unidades

En Brasil, estas croquetas (denominadas en Brasil *trigo para quibe*) son típicas de los restaurantes de comida rápida (*lanchonetes*), y se sirven con *requeijão*, un queso cremoso. Fueron introducidas a finales del siglo XIX y principios del XX por inmigrantes procedentes del Líbano y Siria, donde se conocen como *kibbeh*. Se consumen en todo Oriente Próximo y se suelen preparar con carne de cordero picada y bulgur, aunque también se utiliza carne de ternera, cabra o camello.

    225 g de bulgur remojado en agua 2 horas
    680 g de carne de ternera picada
    1¹/₂ cebollas blancas picadas
    4 hojas de menta picadas
    2 cdtas. de sal
    1¹/₂ cdtas. de pimienta negra molida
    2 cdas. de aceite de oliva
    2 dientes de ajo picados
    2 cdas. de perejil picado
    aceite vegetal, para freír
    rodajas de limón (lima), para servir

Primero prepare la masa. Escurra el bulgur, envuélvalo en una muselina y exprímalo para eliminar el exceso de agua. En un bol, mézclelo con 450 g de la carne, 1 cebolla, la menta, 1 cucharadita de sal y 1 cucharadita de pimienta negra. Triture la mezcla en un robot de cocina y reserve.

Para preparar el relleno, caliente a fuego medio el aceite de oliva en una cazuela y saltee la cebolla restante y el ajo 5 minutos o hasta que la cebolla esté tierna y transparente. Añada la carne restante y sofríala, sin dejar de remover, 15 minutos o hasta que esté hecha pero jugosa. Sazone con la sal y la pimienta restantes

e incorpore el perejil. Remueva y retire la cazuela del fuego.

Divida la masa en 20 porciones iguales y forme croquetas de 2,5 cm de diámetro. Presione cada una en el centro con un dedo para hacer un hueco, coloque 1 cucharada del relleno en el interior y cierre la masa sobre el relleno para sellarlo. Deles forma ovalada y resérvelas.

Vierta suficiente aceite vegetal para freír en una olla de fondo grueso, asegurándose de que no supere los dos tercios de su capacidad, y caliéntelo a 177 °C. Fría las croquetas, por tandas, 3 minutos por cada lado o hasta que estén doradas. Páselas a un plato forrado con papel de cocina para eliminar el exceso de aceite.

Sírvalas calientes con rodajas de limón.

Vaca atolada

Guiso de costillas y yuca
Brasil

Preparación: 20 minutos
Cocción: 1 hora y 30 minutos

Para 4 personas

Traducido como «ternera atascada en el barro», la vaca *atolada* es un plato típico de comida campesina de Brasil que consiste en unas costillas de ternera y napadas con una salsa espesa. Proviene del estado de Minas Gerais en el siglo XVII, cuando los aventureros de São Paulo salían en busca de oro. Se cuenta que, durante la época de lluvias, cuando el ganado quedaba varado, se tomaban descansos y preparaban un guiso con carne de ternera que habían conservado en grasa con yuca y hierbas.

    1,1 kg de costillas de ternera
    1,2 litros de agua
    5 ramitas de perejil
    2 cebolletas
    2 hojas de laurel
    3 cdas. de aceite de oliva
    1 cebolla grande en dados
    1 pimiento verde despepitado y en dados
    3 dientes de ajo picados
    320 g de tomates en dados
    1 cda. de achiote en polvo
    800 g de yuca pelada y en dados
    2 cdas. de perejil picado
    sal y pimienta molida

Ponga las costillas con el agua en una cazuela. Prepare un *bouquet garni* con las ramitas de perejil, las cebolletas y el laurel, añádalo a la cazuela y llévelo todo a ebullición. Baje el fuego y cueza las costillas 20 minutos. Retírelas y escúrralas, reservando el caldo de cocción.

Caliente el aceite en una olla y sofría la cebolla, el pimiento y el ajo unos 5 minutos hasta que se ablanden. Agregue las costillas y sofríalas 5 minutos hasta que se doren. Añada 675 ml del caldo de cocción, los tomates y el achiote, remueva suavemente y llévelo todo a ebullición. Baje el fuego y cuézalo, sin tapar, 40 minutos.

Añada la yuca y prosiga con la cocción 20 minutos o hasta que esta se ablande. Retire varios trozos de yuca, aplástelos hasta obtener una mezcla fina y viértala de nuevo en la cazuela. Si la salsa quedara poco espesa, repita la operación con unos cuantos trozos más de yuca (pero asegúrese de dejar algunos trozos de yuca intactos). Esparza el perejil y rectifique de sal y pimienta.

Sirva el guiso templado.

Casado

Guiso costarricense de carne, arroz y frijoles
Costa Rica

Preparación: 10 minutos
Cocción: 35 minutos   Para 4 personas

Hay diferentes teorías sobre el origen del nombre de este plato. Algunas apuntan a que se debe a que todos los ingredientes conviven en el plato y otras a que es algo que se tomaría en casa para el almuerzo con el cónyuge, pero hay muchas más. Los ingredientes variarán según la región, la época del año y los gustos, pero generalmente lleva arroz, frijoles, ensalada, plátanos macho, tortillas y ternera, cerdo, pollo o pescado.

900 g de solomillo de ternera en 4 trozos
2 dientes de ajo picados
2 cdas. de aceite vegetal
120 ml de caldo de ternera
2 plátanos macho maduros pelados y en rodajas gruesas
1 lechuga iceberg
2 tomates en rodajas
1 zanahoria pelada y rallada
2 cdtas. de vinagre de vino blanco
2 cdas. de aceite de oliva
sal y pimienta molida

Para servir
4 huevos fritos
250 g de arroz blanco cocido
350 g de frijoles negros cocidos
130 g de queso fresco en dados
tortillas de maíz (véase pág. 136)

Sazone la carne con sal, pimienta y ajo. En una sartén, caliente a fuego vivo 1 cucharada de aceite vegetal y selle la carne 3 minutos por cada lado o hasta que esté dorada.

Pase la carne a un plato, vierta el caldo en la sartén y cueza hasta que se reduzca y espese. Reserve caliente.

En otra sartén, caliente la cucharada de aceite vegetal restante y fría las rodajas de plátano 4 minutos por cada lado. Páselas a un plato con papel de cocina.

Trocee la lechuga con las manos y colóquela en una ensaladera con los tomates y la zanahoria. Prepare una vinagreta con el vinagre y el aceite de oliva. Salpimiente, viértala sobre la ensalada y remueva bien.

Prepare 4 platos. Disponga en cada uno un trozo de carne con salsa, unas rodajas de plátano fritas, ensalada, un huevo, arroz, frijoles, queso fresco y tortillas.

Muchacho relleno

Ternera rellena al estilo colombiano
Colombia

Preparación: 40 minutos,
más 3 horas para marinar
Cocción: 2 horas   Para 8 personas

En algunos países del Caribe al redondo de ternera se le llama *muchacho* (*lagarto* en Brasil y *peceto* en Argentina). La forma de prepararlo puede variar, así que puede ser un redondo abierto, relleno y enrollado como un Matambre relleno (véase pág. 250) o mechado solo con huevos duros o hierbas aromáticas y condimentos.

2,7 kg de redondo de ternera
120 ml de salsa Worcestershire
1 cda. de vinagre de vino tinto
4 dientes de ajo picados
2 cdtas. de orégano seco
10 judías verdes limpias
1 zanahoria cortada en tiras del tamaño de las judías
120 g de carne de cerdo picada
450 g de hogao (véase pág. 400)
1 huevo
2 cdas. de pan rallado
2 cdas. de aceite vegetal

Usando una aguja de mechar, haga 3 huecos en el redondo de un extremo a otro, sin llegar al fondo. Haga lo mismo horizontalmente, realizando 6 huecos.

Prepare una marinada con la salsa Worcestershire, el vinagre, el ajo, el orégano y un poco de sal y pimienta. Rellene los huecos con la marinada y frote bien toda la carne. Déjela reposar 3 horas como mínimo.

Cueza las judías verdes durante 5 minutos en una cazuela de agua hirviendo con sal. Escúrralas y páselas a un bol de agua con hielo. Cueza las tiras de zanahoria de la misma manera.

En un bol, mezcle la carne de cerdo picada con el *hogao*, el huevo y el pan rallado y salpimiente. Rellene los huecos más cortos del redondo con las judías verdes y la zanahoria y los más largos con la mezcla de cerdo. Pase el bramante alrededor del redondo varias veces y átelo. Precaliente el horno a 180 °C.

Caliente a fuego medio el aceite en una sartén grande. Selle el redondo 5 minutos por cada lado o hasta que se dore y colóquelo en una fuente de horno (33 x 23 x 5 cm) con la marinada y el agua. Cúbralo con papel de aluminio y hornéelo 1 hora y 30 minutos. Retírelo del horno, páselo a un plato y déjelo enfriar. Triture los jugos que queden en la fuente para obtener una salsa. Sirva el *muchacho* cortado en filetes de 1 cm napados con la salsa.

Tomaticán

Guiso de ternera, maíz y tomate
Chile

Preparación: 20 minutos
Cocción: 30 minutos   Para 4 personas

Típico del verano, es la esencia de la comida casera de temporada en las zonas rurales de Chile central.

2 cdas. de aceite vegetal
1 cebolla blanca en rodajas finas
1 diente de ajo picado
450 g de rabillo de cadera en 4 filetes de 1 cm de grosor
½ cdta. de pimentón y de orégano seco
4 tomates pelados y en dados
125 g de granos de maíz fresco
2 cdas. de perejil picado
arroz blanco cocido, para servir

Caliente el aceite en una cazuela y sofría la cebolla y el ajo 5 minutos. Añada la carne y séllela. Agregue el pimentón, el orégano y los tomates y salpimiente. Remueva y llévelo a ebullición. Baje el fuego, tape la cazuela y cuézalo unos 15 minutos. Añada el maíz y el agua y llévelo a ebullición. Baje el fuego y cuézalo otros 10 minutos más. Esparza el perejil. Sírvalo caliente con arroz como guarnición.

Calapurca, k'ala phurka

Sopa de piedra caliente
Argentina, Bolivia, Chile, Perú

Preparación: 30 minutos,
más toda la noche en remojo
Cocción: 3 horas

※ ⌀
Para 4 personas

La peculiaridad de esta sopa, por lo demás bastante sencilla, es que unas pequeñas piedras volcánicas calentadas sobre carbón vegetal se dejan caer en la sopa antes de servirla. Se suelen usar para calentarla, no para cocinarla. La sopa burbujea cuando se introduce la piedra, que se deja desde unos segundos hasta unos minutos dependiendo de la temperatura de la misma. Advertencia: cada piedra retiene el calor de manera diferente y, si está demasiado caliente, la sopa puede salpicar, así que asegúrese de probarla con cuidado en un bol antes de servirla. Es el plato típico de una zona de habla aimara que se extiende por gran parte del Altiplano y los ingredientes pueden variar sustancialmente de una comunidad a otra. Suele llevar maíz, chile, papas y carne, ya sea fresca o seca.

    1 pollo entero en trozos
    1,8 kg de huesos de ternera
    900 g de falda de ternera en trozos de 2,5 cm
    1 cebolla picada
    900 g de mote (maíz nixtamalizado y seco) remojado toda la noche
    3 cdas. de aceite vegetal
    3 dientes de ajo picados
    2 cebolletas
    2 cdas. de cilantro picado
    1 cdta. de orégano seco
    900 g de papas (patatas) peladas y cocidas
    sal y pimienta molida

Coloque el pollo, los huesos de ternera, los trozos de carne y la cebolla en una olla. Salpimiente, remueva bien y vierta suficiente agua para cubrir todos los ingredientes. Tape la olla y cuézalo a fuego medio durante 1 o 2 horas, removiendo cada 30 minutos y comprobando que la carne no se haya pegado al fondo. Añada el mote escurrido y cuézalo 30 minutos más, agregando 1 taza o más de agua si fuera necesario. Cuando la carne comience a desmenuzarse, retire todos los huesos del caldo de cocción. Prosiga con la cocción a fuego medio mientras completa el siguiente paso.

Caliente a fuego medio el aceite en una cazuela y sofría el ajo y las cebolletas 5 minutos. Añada el cilantro y el orégano y sofríalo todo 5 minutos más. Vierta la mezcla en la olla con las carnes, remueva bien y añada más agua si la sopa estuviera demasiado seca. Desmenuce las papas con las manos y añádalas.

Vierta la sopa en boles y, justo antes de servirla, saque una pequeña piedra, del tamaño de una pelota de golf como máximo, directamente del fuego donde se ha estado calentando y déjela caer en la sopa. Asegúrese de que el caldo caliente no salpique antes de ponerlo delante de un comensal. Como alternativa, puede poner la sopa en una olla, llevarla a ebullición y servirla.

Posta negra

Ternera guisada colombiana en salsa de cola 🔲
Colombia

Preparación: 20 minutos,
más 24 horas para marinar
Cocción: 2 horas y 30 minutos

※ ⌀
Para 4 personas

La deliciosa variedad de sabores de la marinada y la salsa de *posta negra* se corresponden con la amalgama de culturas indígena, africana y española presente en Cartagena y alrededores de la región costera caribeña de Colombia, de donde es originaria la receta. Similar a un mole mexicano, puede ser dulce, picante, salada y amarga al mismo tiempo. No hay una receta estándar para la marinada. Se suele usar salsa negra, una salsa comercializada similar a la salsa de soja, pero menos salada, aunque la salsa Worcestershire es un buen sustituto. El refresco de cola también es un ingrediente habitual, aunque puede encontrar el plato preparado con Kola Román, un refresco de color rojo neón colombiano, o zumo de naranja amarga, pulpa de tamarindo o vinagre. El corte de ternera utilizado suele ser la *punta de anca*, que es lo mismo que la *picanha* en Brasil o la tapa de lomo alto en otros lugares. La espaldilla de ternera puede ser un buen sustituto. Sírvala con Tostones (véase pág. 194), Yuca frita (véase pág. 99) o Arroz con coco (véase pág. 63).

    900 g-1,1 kg de tapa de lomo alto, sin la capa de grasa
    3 cdas. de aceite vegetal
    950 ml de agua
    sal y pimienta molida

    Para la marinada
    100 g de panela (o azúcar mascabado claro)
    1 cebolla blanca en dados grandes
    1 zanahoria en trozos
    3 dientes de ajo picados
    3 hojas de laurel
    2 ramitas de tomillo
    8 clavos
    1 ramita de canela
    2 cdas. de salsa negra (o salsa Worcestershire)
    950 ml de refresco de cola

Para preparar la marinada, mezcle la panela con la cebolla, la zanahoria, el ajo, el laurel, el tomillo, los clavos, la canela, la salsa negra y el refresco de cola en un bol. Salpimiente la carne y frótela con la marinada. Déjela marinar 24 horas en el frigorífico.

Al día siguiente, caliente a fuego medio el aceite en una sartén y selle la carne 4 minutos por cada lado o hasta que se dore. Colóquela en una cazuela, vierta la marinada y el agua por encima y llévela a ebullición. Baje el fuego, tape la cazuela y cuézala 2 horas, removiendo con frecuencia, hasta que la carne esté tierna. (También puede cocerla en una olla a presión, reduciendo el tiempo de cocción a 1 hora.)

Retire la carne de la cazuela, déjela reposar 10 minutos y córtela en filetes. Coloque los filetes de nuevo en la cazuela y cuézalos unos 15 minutos a fuego medio.

Sirva la ternera napada con la salsa.

Ternera

Posta negra

Timbushca

Guiso ecuatoriano de carne y papas
Ecuador

Preparación: 20 minutos
Cocción: 3 horas y 30 minutos

Para 6 personas

Este guiso tradicional de toda la sierra ecuatoriana, en las provincias de Imbabura y Chimborazo, se espesa con nata y maníes. En algunas variantes la carne tiene más protagonismo, mientras que en otras son los huesos los que se utilizan para dar sabor al caldo.

    1,9 litros de agua
    450 g de pecho de ternera con hueso
    225 g de cuello de ternera
    4 cebolletas, 2 enteras y 2 picadas
    3 cdas. de perejil picado
    2 tomates pelados, despepitados y picados
    2 dientes de ajo picados
    1 cdta. de comino molido
    1 cda. de aceite de achiote
    1 cebolla blanca picada
    2 cdas. de cilantro picado
    30 g de maníes (cacahuetes) tostados y picados
    120 ml de nata
    900 g de papas (patatas) peladas y picadas
    ½ col blanca picada
    1 huevo duro picado
    sal y pimienta molida

Vierta el agua en una olla y llévela a ebullición. Cuando rompa a hervir, añada la carne, las cebolletas enteras, el perejil, los tomates, el ajo y el comino. Sale y baje el fuego. Tape la cazuela y cuézalo 3 horas.

Mientras, caliente a fuego medio el aceite de achiote en una sartén y saltee la cebolla y las cebolletas y el cilantro picados 5 minutos. Mezcle los maníes con la nata, añádalos a la sartén y cuézalo todo 5 minutos más. Retire la sartén del fuego y reserve la mezcla.

Cuando la carne esté tierna, retírela de la cazuela. Añada las papas y la col al caldo junto con la mezcla de maníes y cuézalo 20 minutos. Corte la carne en trozos de 2,5 cm y colóquelos de nuevo en la cazuela. Rectifique de sal y pimienta si fuera necesario y prosiga con la cocción hasta que el caldo espese. Sirva el guiso caliente con el huevo picado esparcido por encima.

Sancocho, sancocho de res

Guiso de carne con tubérculos y verduras
Colombia, Ecuador, Honduras, Panamá, Venezuela

Preparación: 20 minutos
Cocción: 1 hora y 30 minutos

Para 6 personas

El sancocho es un guiso de carne con verduras que fue introducido por los españoles y adaptado a los ingredientes del Nuevo Mundo, como la yuca y la arracacha. Es el plato nacional de varios países de la región. La siguiente receta es más similar al sancocho *paisa*, una variante tradicional de los Andes centrales y occidentales de Colombia. El guiso, cocinado a fuego lento, lleva básicamente las sobras de la semana y es la comida típica de los sábados. La guarnición tradicional es cilantro picado, cebollas y cuñas de limón.

    900 g de costillas de ternera
    450 g de costillas de cerdo
    5 cebolletas limpias
    2 cdas. de perejil picado
    4 cdas. de cilantro picado
    2,4 litros de agua
    2 mazorcas de maíz en 3 trozos cada una
    2 plátanos macho verdes pelados y en trozos
    225 g de zanahorias peladas y en trozos
    225 g de arracacha pelada y en trozos
    900 g de papas (patatas) peladas y en trozos
    450 g de yuca pelada y en trozos
    sal y pimienta molida
    arroz blanco cocido, para servir

Coloque las costillas en una cazuela con las cebolletas, el perejil, el cilantro y el agua. Salpimiente y llévelas a ebullición. Baje el fuego y cuézalas, tapadas, 40 minutos. Añada el maíz y los plátanos y cuézalo todo 15 minutos más. Agregue las zanahorias, la arracacha, las papas y la yuca y prosiga con la cocción a fuego lento otros 20 minutos. Retire las cebolletas y remueva. Cuando todos los ingredientes estén tiernos, retire la cazuela del fuego y sirva el sancocho caliente en un plato sopero con arroz como guarnición.

Caldo de costilla

Sopa de costillas
Colombia

Preparación: 20 minutos
Cocción: 1 hora y 45 minutos

Para 4 personas

En algunas zonas de Bogotá y otras ciudades colombianas de las tierras altas, verá pequeños restaurantes y puestos cerca de zonas con gran cantidad de bares y clubes que venden tazones de este caldo reconfortante preparado con costillas de ternera. Se dice que la sopa caliente proporciona energía para seguir de fiesta, o, que, si se toma por la mañana, es un buen remedio para la resaca.

    ½ cdta. de recado rojo (pasta de achiote)
    3,5 litros de agua
    1,4 kg de costillar de ternera (cortadas y separadas todas las costillas)
    1 cdta. de comino molido
    5 dientes de ajo pelados
    1 cebolla blanca picada
    6 cebolletas picadas
    20 g de cilantro picado
    450 g de papas (patatas) peladas y en rodajas
    2 zanahorias peladas y en rodajas
    sal y pimienta molida

Diluya el recado rojo en el agua y reserve 250 ml.

Sazone las costillas con sal, pimienta y el comino y séllelas a fuego medio en una cazuela, sin aceite, 7 minutos. Vierta el agua de achiote (menos la cantidad reservada), suba el fuego y llévelas a ebullición. Baje el fuego y cuézalas durante 1 hora.

Ponga el ajo, la cebolla y las cebolletas en una batidora junto con el agua de achiote reservada y un cuarto del cilantro. Tritúrelo a velocidad máxima 1 minuto y vierta la mezcla en la cazuela. Remueva bien y cuézalo a fuego lento 20 minutos. Añada las papas y las zanahorias y prosiga con la cocción 20 minutos más o hasta que las costillas estén tiernas. Esparza el cilantro restante por encima y sírvalo caliente en boles de sopa.

Ternera

Puchero

Puchero
Argentina, Paraguay, Uruguay

Preparación: 15 minutos
Cocción: 1 hora
Para 4 personas

Originario de España, el puchero se adaptó a la zona de Río de la Plata, donde la ternera es muy asequible y abundante. En ambos lados del océano es un plato de origen rural, cocinado a fuego lento para que los ingredientes liberen todo su sabor.

    1 cda. de aceite vegetal
    1 diente de ajo picado
    450 g de osobuco
    1,5 litros de agua
    2 cebollas blancas picadas
    1 zanahoria en dados de 2,5 cm
    3 mazorcas de maíz blanco
    90 g de arroz
    sal

Caliente a fuego medio el aceite en una sartén, añada el ajo y selle la carne 2 minutos por cada lado. Retírela del fuego y resérvela.

Vierta el agua en una cazuela y llévela a ebullición, añada la cebolla, la zanahoria y el maíz y cuézalos a fuego lento 40 minutos. Agregue la carne y el arroz y prosiga con la cocción 15 minutos más hasta que la carne y las verduras estén tiernas y el arroz cocido. Sirva el puchero caliente.

Churipo

Sopa de ternera, chiles rojos y verduras
México

Preparación: 20 minutos
Cocción: 1 hora y 45 minutos
Para 8 personas

Esta receta purépecha del estado mexicano de Michoacán data de la época prehispánica, cuando se preparaba con carnes de caza, aunque hoy en día la carne de ternera o de cerdo son lo más habitual. Se suele servir con tamales triangulares llamados Corundas (véase pág. 134).

    3 chiles guajillo
    3 chiles pasilla
    2 cdas. de aceite vegetal
    900 g de redondo de ternera en dados de 4 cm
    900 g de carne seca de res (carne seca de ternera)
    450 g de huesos de ternera en trozos de 5 cm
    1,9 litros de agua
    3 mazorcas de maíz cortadas por la mitad
    450 g de calabacín en dados
    450 g de zanahorias peladas y en dados
    450 g de col blanca en juliana
    sal

Ponga los chiles en un bol, cúbralos con agua caliente y déjelos en remojo.

Mientras, caliente a fuego vivo el aceite en una cazuela y selle los dados de carne 3 minutos por cada lado o hasta que se doren. Añada la carne seca y los huesos de ternera, vierta el agua y cuézalo todo a fuego lento 40 minutos.

Escurra los chiles y macháquelos en un metate o tritúrelos. Añada la mezcla al caldo. Agregue el maíz y cuézalo 15 minutos.

Mientras, cueza las verduras por separado en una cazuela de agua hirviendo con sal: 4 minutos el calabacín, 10 minutos las zanahorias y 5 minutos la col. Añada las verduras a la sopa y cuézalo todo 30 minutos o hasta que la carne esté tierna y sirva la sopa caliente.

Tapado olanchano

Guiso de carne al estilo de Olancho
Honduras

Preparación: 20 minutos,
más toda la noche en remojo
Cocción: 2 horas y 30 minutos
Para 8 personas

En la selvática tierra de vaqueros hondureños de Olancho, varios cortes de carne y verduras se cuecen a fuego lento en un caldo de leche de coco. Es una variante del tapado costeño a base de marisco típico de las comunidades garífunas de la costa caribeña de Honduras y Guatemala. Se sirve con arroz blanco y tortillas.

    1,4 kg de carne de ternera seca y salada
    900 g de costillas de cerdo
    4 dientes de ajo, 2 majados y 2 picados
    1 cda. de manteca
    1/2 cebolla blanca picada
    1 chile dulce despepitado y picado
    20 g de hojas de cilantro
    3 hojas de culantro
    1 cdta. de recado rojo (pasta de achiote)
    250 ml de caldo de pollo
    2 cdas. de salsa Worcestershire
    2 cdas. de puré de tomate
    475 ml de leche de coco
    4 plátanos macho maduros
    900 g de yuca pelada y en trozos de 2,5 cm
    2 plátanos macho verdes pelados y en rodajas

Ponga la carne seca en un bol con agua fría y déjela en remojo toda la noche. Escúrrala y lávela. Colóquela en una cazuela, cúbrala con agua fría y cuézala 30 minutos a fuego medio o hasta que esté tierna. Córtela en trozos de 2,5 cm.

Mientras, ponga las costillas de cerdo con el ajo majado en una olla, cúbralas con agua con sal y llévelas a ebullición. Baje el fuego y cuézalas 45 minutos. Retire la olla del fuego y resérvelas, junto con el agua de cocción.

Caliente a fuego medio la manteca en otra cazuela y sofría el ajo picado, la cebolla, el chile, el cilantro y el culantro 8 minutos. Agregue el achiote, el caldo, la salsa Worcestershire y el puré de tomate y sofríalo todo 10 minutos, removiendo con frecuencia. Vierta la leche de coco, llévela a ebullición y remueva bien. Retire la cazuela del fuego.

Pele los plátanos maduros, conservando la mayor cantidad de piel posible y córtelos en trozos de 2,5 cm. Coloque la mitad de las pieles de plátano en el fondo de una olla de unos 20 cm de diámetro y disponga encima, por capas, la yuca, la carne, las costillas, el sofrito de verduras y las rodajas y los trozos de plátano. Vierta el agua de cocción de las costillas de cerdo y cubra todo con otra capa de pieles de plátano. Tape la cazuela y cuézalo a fuego lento durante 1 hora o hasta que la yuca y los plátanos estén tiernos. Sírvalo caliente.

Soyo

Sopa paraguaya de carne de ternera
Paraguay

Preparación: 15 minutos,
más 1 hora en remojo
Cocción: 30 minutos

Para 2 personas

Abreviatura del término guaraní *so'o josopy* (carne picada), la carne se machaca en un mortero hasta obtener una pasta antes de cocinarla. Es una receta humilde que se suele preparar en los hogares y vender en el mercado.

      225 g de carne de ternera picada machacada
      en un mortero
      1 cda. de aceite vegetal
      ½ cebolla blanca picada
      1 zanahoria pelada y picada
      2 dientes de ajo picados
      2 tomates pelados y picados
      1 hoja de laurel
      2 ramitas de orégano
      pan, para servir

Ponga la carne picada en un bol y cúbrala con agua fría. Déjela en remojo durante 1 hora.
    En una cazuela, caliente a fuego medio el aceite y sofría la cebolla, la zanahoria y el ajo 10 minutos. Añada los tomates y sofríalo todo 5 minutos más. Agregue la carne con el agua de remojo, el laurel y el orégano y cuézalo, removiendo de vez en cuando, 15 minutos o hasta que la carne esté tierna. Salpimiente y sirva la sopa caliente con el pan a un lado.

Bistec picado

Carne en tiras panameña
Panamá

Preparación: 20 minutos,
más 30 minutos para marinar
Cocción: 10 minutos

Para 4 personas

En Panamá, la inmigración china fue esencial a la hora de construir los ferrocarriles y, posteriormente, el Canal de Panamá, pero su influencia en la cocina panameña también fue muy relevante. El bistec *picado*, resultado directo de ese influjo, se condimenta con salsa de soja, casi como un salteado panameño.

      450 g de falda de ternera en tiras
      1 cdta. de orégano seco
      1 cda. de salsa de soja
      1 cda. de salsa Worcestershire
      1 cda. de aceite de oliva
      1 cebolla blanca en rodajas
      1 pimiento rojo despepitado y en rodajas
      1 pimiento verde despepitado y en rodajas
      120 ml de vino tinto
      sal y pimienta molida

Coloque la carne en un bol y salpimiente. Añada el orégano, la salsa de soja y la salsa Worcestershire. Mezcle bien con las manos y déjela marinar 30 minutos en el frigorífico.
    Caliente a fuego vivo el aceite en una sartén y saltee la carne 3 minutos. Añada la cebolla y los pimientos,

remueva bien y vierta el vino. Tape la sartén, baje el fuego y cuézalo 5 minutos. Sírvala caliente.

Vaho, baho

Ternera, plátanos macho y yuca cocidos en hojas de plátano
Nicaragua

Preparación: 30 minutos,
más toda la noche para marinar
Cocción: 4 horas

Para 8 personas

Una de las piedras angulares de la cocina nicaragüense, el vaho, que tiene su origen en la época colonial, es el resultado de la mezcla de culturas indígena, española y africana que conforma el país. Es el plato típico de las comidas familiares de los domingos.

      1,8 kg de pecho de ternera en tiras grandes
      5 cebollas blancas cortadas por la mitad
      y en rodajas
      5 dientes de ajo majados
      250 ml de zumo de naranja amarga
      2 hojas de plátano
      1,8 kg de yuca pelada y en trozos de 2,5 cm
      6 plátanos macho maduros en trozos de 2,5 cm
      3 plátanos macho verdes en trozos de 2,5 cm
      3 tomates pelados y en tiras
      1 pimiento rojo despepitado y en tiras
      1 pimiento verde despepitado y en tiras
      475 ml de agua
      sal y pimienta

      Para la ensalada de col
      ½ col blanca en juliana
      4 tomates pelados, despepitados y en dados
      2 cdas. de vinagre
      el zumo de 2 limones (limas)
      sal

Coloque las tiras de carne en un bol y salpimiente. Añada la cebolla, el ajo y el zumo de naranja. Tape el bol y déjelas marinar toda la noche en el frigorífico.
    Forre el fondo de una cazuela con las hojas de plátano, lo suficientemente grandes para plegarse y albergar todos los ingredientes en su interior y lo suficientemente gruesas para que el agua no penetre. Disponga un círculo de trozos de yuca alrededor de los bordes de la cazuela, seguido de los plátanos y la carne en el centro. Cúbralo con los tomates, los pimientos y la cebolla de la marinada. Doble las hojas de plátano sobre los ingredientes y vierta el agua por los lados. Llévelo a ebullición y cuézalo, tapado, 2 horas a fuego medio. Baje el fuego y prosiga con la cocción 2 horas.
    Mientras, mezcle la col con los tomates y aderécelo con el vinagre, el zumo de limón y sal.
    Cuando el vaho esté en su punto, retire la tapa, abra las hojas de plátano y sirva una porción de cada ingrediente por persona, con la ensalada de col encima.

Ternera

Hilachas

Carne de ternera desmenuzada en salsa de tomate picante
Guatemala

Preparación: 20 minutos
Cocción: 1 hora y 30 minutos

Para 8 personas

Bastante similar a la ropa vieja que se prepara en algunas zonas del Caribe, las *hilachas* son un guiso típico de la ciudad de Salamá en el departamento guatemalteco de Baja Verapaz. A veces se sirve con pan crujiente, que se usa para espesar la salsa en lugar de añadir harina.

    900 g de falda de ternera en trozos de 5 cm
    1 cebolla blanca en rodajas
    475 ml de caldo de pollo
    4 tomates picados
    2 chiles guajillo despepitados
    6 tomatillos picados
    3 dientes de ajo picados
    1 cda. de recado rojo (pasta de achiote)
    1 cda. de aceite vegetal
    ½ cdta. de comino molido
    1 papa (patata) pelada, cocida y en dados de 2,5 cm
    sal
    arroz blanco cocido, para servir

Coloque la carne en una cazuela con la cebolla y sale. Cúbrala con el caldo de pollo (si fuera necesario, añada también agua) y cuézala de 45 minutos a 1 hora o hasta que esté tierna. Retire la carne, reservando el caldo de cocción, y déjela enfriar antes de desmenuzarla.

Añada los tomates, los chiles, los tomatillos y el ajo al caldo de cocción y cuézalo todo 20 minutos a fuego medio. Páselo a una batidora junto con el recado rojo y tritúrelo bien a velocidad máxima 1 minuto.

En una cazuela, caliente a fuego medio el aceite, vierta la salsa triturada, añada el comino y déjela reducir 10 minutos. (Si la salsa quedara demasiado líquida, puede añadir 2 cucharadas de harina mientras remueve con unas varillas para evitar que se formen grumos.) Agregue la carne desmenuzada y la papa y remueva bien. Rectifique de sal si fuera necesario.

Sírvala caliente con arroz como guarnición.

Lomo saltado

Lomo salteado
Perú

Preparación: 15 minutos
Cocción: 10 minutos

Para 2 personas

A partir de mediados del siglo XIX, obreros chinos de la provincia de Guangdong vinieron a trabajar a las plantaciones costeras después de la abolición de la esclavitud y, en los años veinte, los primeros chifas, restaurantes chinos ahora omnipresentes en todo el Perú, comenzaron a aparecer en la calle La Concepción en lo que hoy es el barrio chino de Lima. Aquí se servía el lomo saltado, un sencillo sofrito de carne, junto con otros platos cantoneses. En las décadas siguientes, a medida que el plato se trasladaba de la cocina chifa a las cocinas peruanas, que adoptaron con naturalidad el uso de la salsa de soja y la cocción en woks, se incorporaron a la receta ingredientes autóctonos como las papas y el ají amarillo.

    450 g de solomillo de ternera en tiras
    120 ml de aceite vegetal
    1 cebolla roja en rodajas gruesas
    2 ajíes amarillos despepitados y en rodajas
    4 tomates en cuartos
    60 ml de salsa de soja
    4 cdas. de vinagre de vino blanco
    120 ml de caldo de ternera
    20 g de cebollino picado
    1 cda. de cilantro picado
    sal y pimienta molida
    arroz blanco cocido y papas (patatas) fritas, para servir

Salpimiente la carne.

Caliente a fuego vivo el aceite en un wok. Saltee la carne 5 minutos o hasta que esté bien hecha. Añada la cebolla, los ajíes y los tomates y remueva enérgicamente no más de 1 minuto. Vierta la salsa de soja, el vinagre y el caldo de ternera y deje que burbujee 1 minuto. Rectifique de sal y pimienta si fuera necesario y esparza el cebollino y el cilantro picados por encima.

Sírvalo con papas fritas y arroz.

Niños envueltos

Filetes de ternera enrollados
Argentina, Chile, Uruguay

Preparación: 20 minutos
Cocción: 55 minutos

Para 4 personas

Los *niños envueltos* podrían ser la versión del Cono Sur de los saladitos de salchicha, aunque un poco más elaborados. Algunas variantes envuelven y cocinan la carne con arroz dentro de hojas de col.

    900 g de redondo de ternera en filetes finos
    2 dientes de ajo picados
    1 cda. de perejil picado
    225 g de jamón cocido en filetes de 8 mm
    1 zanahoria pelada y en bastones finos
    3 cdas. de aceite vegetal
    250 ml de vino tinto
    250 ml de caldo de ternera
    nuez moscada rallada, al gusto
    sal y pimienta molida
    arroz blanco cocido, para servir

Retire cualquier exceso de grasa de los filetes de ternera, salpimiente y frótelos con el ajo y el perejil. Coloque un filete de jamón y un bastón de zanahoria en uno de los bordes de cada filete de ternera y enróllelos. Atraviéselos con un palillo para asegurarlos.

Caliente a fuego medio el aceite en una sartén y fría los filetes 5 minutos por cada lado. Vierta el vino y deje que se reduzca 5 minutos a fuego vivo. Añada el caldo de ternera, baje el fuego y cuézalos 40 minutos, dándoles la vuelta cada 10 minutos para que se hagan de manera uniforme. Si la salsa se redujera demasiado, añada más caldo. Sazone con sal, pimienta y nuez moscada.

Sírvalos templados con arroz.

Asado negro

Asado de ternera oscuro
Venezuela

Preparación: 20 minutos
Cocción: 3 horas y 30 minutos

Para 7 personas

Típico de los festivos en Caracas, el asado negro se cocina a fuego lento en caramelo y se sirve napado con una salsa espesa y oscura, con una guarnición de Tostones (véase pág. 194) o arroz blanco.

1,1 kg de redondo de ternera
4 dientes de ajo majados
120 ml de aceite vegetal
200 g de papelón rallado (panela o azúcar moscabado claro)
1 cebolla blanca picada gruesa
3 ajíes dulces
6 tomates pelados, cortados por la mitad y despepitados
250 ml de vino tinto
320 g de malta (cerveza de malta)
sal y pimienta molida

Salpimiente la carne, frótela con un cuarto de ajo y resérvela.

Caliente a fuego medio el aceite en una cazuela, añada el *papelón* y deje que se caramelice 4 minutos. Coloque la carne en la cazuela y séllela bien 5 minutos por cada lado, removiendo el *papelón* para evitar que se queme. Añada la cebolla, el ajo restante, los ajíes y los tomates. Continúe removiendo, salpimiente y vierta el vino, la malta y suficiente agua para cubrir la carne. Tape la cazuela y cuézalo todo a fuego lento 3 horas.

Retire la carne y déjela enfriar. Córtela en filetes y colóquela de nuevo en la cazuela. Prosiga con la cocción a fuego lento de 10 a 15 minutos más hasta que la salsa espese.

Sirva los filetes calientes napados con la salsa.

Salpicón de res

Ensalada de ternera
El Salvador, Guatemala, Honduras, México, Nicaragua

Preparación: 20 minutos,
más 30 minutos para enfriar
Cocción: 1 hora

Para 8 personas

El salpicón de res, presente en diferentes zonas de México y América Central, es una ensalada de carne de ternera picada muy fina o desmenuzada que se toma con tostadas o se utiliza para rellenar pimientos.

1,8 kg de falda de ternera en trozos de 5 cm
2 dientes de ajo majados
1 cebolla blanca picada
15 g de menta picada
5 rábanos picados
120 ml de zumo de limón (lima)
sal y pimienta molida
cilantro picado, para servir

Coloque la carne en una cazuela y añada suficiente agua para cubrirla, una pizca de sal y el ajo. Llévela a ebullición y cuézala 20 minutos. Baje el fuego y espume la superficie. Añada ½ cebolla y prosiga con la cocción a fuego lento 30 minutos. Cuando la carne esté tierna, retírela del agua y déjela enfriar. Píquela muy fina y pásela a un bol.

Añada la menta, los rábanos y el resto de la cebolla. Sazone con el zumo de limón y salpimiente. Remueva y refrigere por lo menos 30 minutos antes de servir.

Sirva la ensalada fría, adornada con cilantro.

Ensopado

Sopa uruguaya de carne y fideos
Uruguay

Preparación: 10 minutos
Cocción: 40 minutos,
más 15 minutos para reposar

Para 4 personas

Típico de las zonas rurales del interior de Uruguay, el *ensopado* es una sencilla mezcla de carnes y sopa de fideos que se sirve en los días de verano y que recuerda al Puchero (véase pág. 259), pero con más caldo.

2 cdas. de aceite vegetal
1 cebolla blanca picada
2 dientes de ajo picados
½ pimiento rojo despepitado y picado
1 zanahoria pelada y picada
680 g de falda de ternera en trozos de 2,5 cm
100 g de tocino en dados
3 cdas. de puré de tomate
1 puerro en rodajas
½ camote (boniato) en trozos de 2,5 cm
2 mazorcas de maíz en trozos de 5 cm
450 g de pasta corta

Caliente a fuego medio el aceite en una cazuela y sofría la cebolla, el ajo y el pimiento 5 minutos. Añada la zanahoria y remueva. Agregue la carne junto con el tocino y séllela bien por todos los lados. Añada el puré de tomate y sale.

Vierta suficiente agua para cubrir todos los ingredientes y remueva. Agregue el puerro, el camote y el maíz y cuézalo todo a fuego medio 20 minutos hasta que las verduras estén tiernas. Añada la pasta y cuézalo 12 minutos más.

Rectifique de sal si fuera necesario. Retire la cazuela del fuego y deje reposar la sopa 15 minutos.

Sírvala caliente en platos soperos.

Salpicón de res

Carne seca

El secado de la carne para su conservación es un método tradicional en los Andes que cuenta con una larga historia. La carne en canal o los cortes de carne de llamas, alpacas, guanacos y animales de caza se conservaban mediante la exposición al sol, al viento, al humo, o secadas y saladas para hacer charqui, cecina o *jerky* en otras partes del mundo. Esta carne puede durar días, semanas e incluso meses. Cuando se introdujo el ganado en la región y hasta la llegada de la refrigeración en el siglo XIX, la carne de vacuno seca y salada fue la primera industria considerada como tal en países como Argentina y Uruguay. Aunque la preparación varía de una región a otra, el objetivo suele ser siempre la conservación de la carne.

Carne-de-sol

Carne secada al sol
Brasil

Preparación: 10 minutos,
más 2 días para curar y secar   Para 10 personas

Sin acceso a la refrigeración en el cálido, semiárido y ventoso nordeste de Brasil, era una solución práctica para aprovechar la carne de ternera o de cabra recién sacrificada. El nombre es engañoso, ya que no se seca al sol, sino que se cuelga en un lugar ventilado y cubierto. El proceso le proporciona una corteza salada, aunque el interior permanece tierno en la mayoría de los casos, y los trozos se suelen asar como carne fresca. Se puede desmenuzar o picar y se utiliza en diversos platos en el *sertão*, una zona semiárida del interior de Brasil.

    900 g de solomillo o cadera de ternera en un trozo
    200 g de sal gruesa
    3 cdas. de panela (o azúcar mascabado claro)

Retire cualquier exceso de grasa o nervios de la carne y córtela en tres trozos del mismo tamaño. Machaque la sal gruesa en un mortero y mézclela con la panela. Coloque la carne en un plato y cúbrala con la mezcla de sal y azúcar por todos los lados. Tape el plato con un paño de cocina y deje reposar la carne en el frigorífico toda la noche u 8 horas como mínimo.
    Retire la carne del frigorífico y utilice un paño de cocina para eliminar el exceso de sal y azúcar. En un espacio limpio y ventilado, cuelgue cada pieza en un gancho mediano y deje secar la carne 1 día. Retírela de los ganchos, cúbrala con un paño de cocina y resérvela en el frigorífico hasta que la vaya a utilizar.

Tasajo

Carne salada semiseca
México

Preparación: 10 minutos,
más 4-6 horas para reposar   Para 4 personas
Cocción: 5 minutos

En el «pasillo del humo» del mercado 20 de noviembre de Oaxaca, nubes de humo salen de un estrecho pasillo bordeado de parrillas de leña. Una oleada de vendedores ambulantes agitando los menús animan a los transeúntes a elegir sus cortes de carne y a sentarse en una de las mesas. Hay chorizos rojos y cecina adobada o cerdo salado, pero la opción más llamativa son los filetes de ternera colocados sobre las parrillas, llamados *tasajos*, que se han aplastado finos y se han curado en sal durante horas antes de asarse. En el mercado los sirven tal cual, con tortillas como guarnición, pero en los hogares de Oaxaca se suelen guisar con cebollas, tomates y chiles. También se utilizan para cubrir Tlayudas (tortillas finas tostadas) y memelas (tortillas de maíz grandes y delgadas).

    1,1 kg de falda de ternera en un trozo
    6 cdas. de sal

Corte la carne en filetes lo más finos posible, de unos 5 mm de grosor. Colóquelos en una tabla de cortar y golpéelos con un mazo para carne hasta que queden muy finos, pero sin llegar a romperse. Debería ser capaz de ver a través de ellos. Ponga los filetes en un plato y espolvoréelos con sal por los dos lados. Déjelos reposar en un lugar fresco de 4 a 6 horas.
    Prepare una parrilla a fuego vivo y, cuando esté caliente, coloque el tasajo encima. Séllelo rápidamente, solo 1 o 2 minutos por cada lado.

Paçoca de carne seca

Ternera seca desmenuzada con harina de yuca
Brasil

Preparación: 15 minutos,
más 1 hora en remojo   Para 4 personas
Cocción: 1 hora y 40 minutos

En el siglo XVII, esta adaptación de la *carne-de-sol* era la comida tradicional de los *tropeiros*, o troperos, que conducían caravanas de mercancías al interior del país. Machacada en un *pilão* o mortero y salteada luego con cebollas, ajo y harina de yuca, era un plato rápido que se preparaba con poco esfuerzo y con ingredientes fáciles de transportar. A veces se sirve con arroz blanco, col cocida, puré de plátano macho o yuca cocida como guarnición.

    450 g de carne-de-sol (véase a la izquierda)
    ½ cdta. de mantequilla clarificada
    1 cebolla blanca picada
    2 dientes de ajo picados
    ⅓ de cdta. de farofa (véase pág. 98)
    sal

Corte la *carne-de-sol* en dados y póngala en un bol. Añada agua con hielo hasta cubrirla y déjela en remojo durante 1 hora. Escúrrala.
    Caliente a fuego medio-alto ¼ de cucharadita de mantequilla clarificada en una cazuela y fría la carne 3 minutos, sin dejar de remover. Añada 1 taza de agua, baje el fuego y cuézala durante 1 hora o hasta que esté tierna, añadiendo más agua si fuera necesario. Escúrrala y déjela enfriar.
    Desmenuce la carne o macháquela bien en un mortero de 5 a 10 minutos.
    Caliente a fuego medio una sartén y añada la mantequilla clarificada restante y la cebolla y sofríala 10 minutos. Agregue el ajo y sofríalo todo otros 5 minutos, removiendo frecuentemente.
    Añada la carne desmenuzada o machacada, baje el fuego y sofríala 15 minutos. Para terminar, añada la *farofa* y sofríalo todo 2 minutos más.
    Sale y sírvala.

Ternera

Carne-de-sol

Carne asoleada

Carne marinada seca
Honduras

Preparación: 10 minutos,
más 9 horas para marinar
y secar
Cocción: 10 minutos

※ ⌀ ᵛᵛᵛ

Para 5-6 personas

Esta variante de la carne asada hondureña, en la que se cuelga la carne para que se cure durante horas después de haberla marinado, añade una concentración de sabor y una textura exterior a la carne que no se conseguiría con un asado. Nota: en Panamá hay una preparación de carne seca llamada también carne *asoleada*, aunque es más bien una forma de ahumar la carne al fuego típica de las zonas rurales de toda América Latina.

    1,1 kg de falda de ternera en un trozo
    3 dientes de ajo pelados
    60 ml de aceite de oliva
    120 ml de zumo de naranja amarga
    1 cdta. de recado rojo (pasta de achiote)

Corte la carne en filetes de 1 cm de grosor.
    Triture el ajo con el aceite, el zumo de naranja y el recado rojo en una batidora a velocidad máxima 2 minutos. Sale, frote los filetes con la mezcla y déjelos marinar durante 1 hora. Luego, usando unos ganchos, cuelgue los filetes al aire libre y déjelos secar 8 horas como mínimo. Cuando estén secos, retírelos de los ganchos.
    Prepare una parrilla y, cuando esté caliente, coloque los filetes y áselos de 3 a 5 minutos por cada lado.

Lengua de ternera

Intimidante para algunos, es relativamente fácil de cocinar y se prepara de múltiples maneras en toda la región. Si se cocina a fuego lento, su carne queda increíblemente tierna. En América Latina se encuentra en guisos, escabechada, en tacos o en lonchas finas como fiambre para sándwiches.

Lengua a la vinagreta

Lengua a la vinagreta
Argentina, Paraguay, Uruguay

Preparación: 20 minutos,
más toda la noche para marinar
Cocción: 1 hora

※ ⌀

Para 4 personas

Cocida, en filetes finos y marinada, la lengua a la vinagreta con guarnición de ensalada y papas es un plato de comida rápida típico de los pequeños restaurantes y bodegones de toda la zona de Río de la Plata.

    1,9 litros de agua
    450 g de lengua de ternera
    1 diente de ajo picado
    1 cebolla blanca picada
    1 cda. de perejil picado fino
    1 cdta. de pimiento rojo picado fino
    4 cdas. de aceite de oliva

    60 ml de vinagre de vino blanco
    2 huevos duros picados

Vierta el agua en una olla, sale y llévala a ebullición. Añada la lengua y cuézala a fuego lento durante 1 hora o hasta que esté tierna. Retírela del agua y déjela enfriar ligeramente. Pélala con la ayuda de un cuchillo, córtala en filetes finos y resérvelos.
    Para preparar la vinagreta, mezcle el ajo con la cebolla, el perejil, el pimiento, el aceite, el vinagre y los huevos en un bol y salpimiente al gusto.
    Coloque la lengua en un plato, vierta la vinagreta por encima y déjela marinar toda la noche en el frigorífico.
    Sírvala fría o a temperatura ambiente napada con un poco de la vinagreta.

Lengua guisada

Lengua guisada ⌾
Panamá

Preparación: 20 minutos
Cocción: 3 horas y 30 minutos

※ ⌀

Para 4 personas

La lengua en salsa es un exquisito plato típico de todos los hogares y restaurantes tradicionales llamados *fondas* en Panamá.

    1 lengua de ternera limpia
    1,2 litros de agua
    2 puerros, solo la parte blanca, picados finos
    1 cebolla blanca picada
    3 dientes de ajo picados
    1 hoja de laurel
    1 pimiento verde despepitado y en dados
    3 zanahorias peladas y en dados
    2 tomates pelados y en dados
    475 ml de vino blanco
    475 ml de caldo de ternera
    2 cdas. de aceite de oliva
    1 cdta. de tomillo seco
    225 g de guisantes escaldados
    1 cda. de perejil picado
    sal y pimienta molida
    arroz blanco cocido, para servir

Vierta el agua en una olla, añada la lengua, los puerros, la cebolla, el ajo, el laurel, el pimiento, los tomates y las zanahorias, sale y cuézalo todo a fuego lento de 1 hora o hasta que la lengua esté tierna. Retírela, pélala con la ayuda de un cuchillo.
    Añada la lengua a la olla con el agua, los puerros, la cebolla, el ajo, el laurel, el pimiento, las zanahorias y los tomates. Retire la lengua y córtela en trozos de 2,5 cm.
    Pase el caldo de cocción y las verduras a una batidora, añada el vino y el caldo de ternera y tritúrelo todo hasta obtener una mezcla fina.
    Caliente a fuego medio el aceite en una cazuela y selle los filetes de lengua 2 minutos por cada lado. Añada la salsa triturada y el tomillo y salpimiente. Baje el fuego y cuézalo 30 minutos. Agregue los guisantes y rectifique de sal y pimienta si fuera necesario. Esparza el perejil picado por encima.
    Sirva la lengua caliente con arroz como guarnición.

Lengua guisada

Vísceras

Por regla general, las achuras o vísceras requieren más tiempo y mimo que otras piezas que solo necesitan un toque de sal antes de colocarlas en la parrilla, pero, para muchos, son las mejores partes porque ofrecen todo un mundo de sabores y texturas diferentes.

Mollejas

Mollejas ⬚
Argentina, Paraguay, Uruguay

Preparación: 10 minutos
Cocción: 25 minutos

❊ ∅ ❊❊
Para 10 personas

De todas las achuras o vísceras que forman parte de un asado, quizá ninguna despierte tanta pasión como las mollejas. La típica de un buen asado es la constituida por la glándula timo de una ternera, situada delante de la tráquea y compuesta de una parte alargada, la garganta (no comestible), y de una redonda muy sabrosa y apreciada, la nuez. Cuando se preparan bien, tienen un exterior ligeramente crujiente y un sabor delicado.

    10 mollejas de ternera
    1,5 litros de agua fría
    250 ml de vinagre de vino blanco
    2 cdas. de sal
    2 limones (limas), 1 en zumo y 1 en cuñas
    sal

Primero caliente una parrilla de carbón. Si es de estilo argentino, se pondría a media altura con un calor intermedio y constante.
    Lave bien las mollejas, colóquelas en una cazuela con el agua, el vinagre y la sal y llévelas a ebullición. Baje el fuego y cuézalas unos 10 minutos. Escúrralas y páselas a un bol de agua con hielo. Cuando se hayan enfriado, retírelas y séquelas con cuidado.
    Sale las mollejas, colóquelas en la parrilla y áselas 5 minutos. Deles la vuelta, sale de nuevo y áselas otros 5 minutos. Antes de retirarlas de la parrilla, alíñelas con el zumo de limón. Sírvalas con las cuñas de limón.

Anticuchos de corazón

Pinchos de corazón de ternera
Bolivia, Perú

Preparación: 20 minutos,
más 3 horas para marinar
como mínimo
Cocción: 10 minutos

❊ ∅
Para 8 personas

Cuando cae la noche en Lima, se instalan parrillas de carbón en las aceras y en los aparcamientos. En unos «palitos» (brochetas de bambú) se ensartan, a razón de tres por palito, corazones de ternera cortados en trozos y condimentados con ajo, ají panca, pimienta, vinagre, comino y sal y se asan a la parrilla, solo unos minutos por cada lado, mientras se les unta con más marinada. Una ración va acompañada de una pequeña papa cocida y un trozo de maíz de grano grande junto con salsas picantes a base de chiles autóctonos, como el rocoto o el ají amarillo con huacatay (menta negra). Algunos vendedores tienen clientes incondicionales y agotan su mercancía en muy poco tiempo. Estas carretillas o carritos callejeros comenzaron a aparecer en Lima en la década de 1830, aunque los orígenes de la receta son muy anteriores. Aunque cuando los conquistadores llegaron al continente los quechuas de las tierras altas ya asaban brochetas de carne sobre hogueras, la versión moderna de los anticuchos se remonta a la época de la esclavitud en el Perú, cuando los esclavos de las cocinas de las haciendas aprovechaban los despojos que de otra manera se tiraban.

    1 corazón de ternera
    250 g de pasta de ají panca
    2 cdas. de pasta de ajo asado
    60 ml de vinagre de vino tinto
    1 cda. de orégano seco
    1 cdta. de comino molido
    120 ml de aceite vegetal
    sal y pimienta molida

Primero limpie bien el corazón de ternera, retirando los nervios y la grasa. Córtelo en dados de 4 cm y ensártelos en brochetas de madera, 3 trozos en cada una. Colóquelas en un plato o bandeja.
    En una batidora, triture a velocidad media la pasta de ají panca con la pasta de ajo, el vinagre, el orégano y el comino 2 minutos, mientras incorpora el aceite. Salpimiente y vierta la mezcla sobre las brochetas, asegurándose de cubrir la carne por completo. Déjelas marinar 3 horas como mínimo o preferentemente toda la noche en el frigorífico. Retire las brochetas del frigorífico 1 hora antes de utilizarlas.
    Prepare una parrilla a fuego vivo. Ase las brochetas directamente sobre el fuego 3 o 4 minutos por cada lado, untándolas con la marinada mientras se asan.
    Sírvalas calientes, con salsa picante.

Chinchulines

Intestinos de ternera a la parrilla
Argentina, Paraguay, Uruguay

Preparación: 10 minutos,
más 2 horas en remojo
Cocción: 25 minutos

❊ ∅ ❊❊
Para 5-6 personas

Se dice que los intestinos delgados de la carne de ternera, llamados *chinchulines*, se asaron por primera vez en una parrilla en la Patagonia durante el invierno, cuando el aislamiento del lugar obligó a ello. De cocción lenta, suelen ser lo primero que se sirve en un asado.

    450 g de intestinos delgados de ternera
    1,9 litros de agua
    2 cdas. de vinagre de vino blanco
    120 ml de zumo de lima (limón)
    sal gruesa

Lave bien los intestinos, colóquelos en un bol con el agua y el vinagre y déjelos en remojo 2 horas. Escúrralos, lávelos bien y séquelos. Córtelos en tiras de 12 cm.
    Prepare una parrilla de carbón a fuego medio. Sale los intestinos y colóquelos en la parrilla, pero no directamente sobre las llamas. Áselos 15 minutos o hasta que estén crujientes. Deles la vuelta y áselos 10 minutos más.
    Páselos a un plato, alíñelos con el zumo de lima y sírvalos calientes.

Mollejas

Panelada

Guiso brasileño de intestinos y callos de ternera
Brasil

Preparación: 20 minutos
Cocción: 2 horas y 30 minutos   Para 6 personas

Los intestinos, y a veces los callos y otras vísceras, se cuecen a fuego lento en una salsa que enmascara el olor desagradable asociado a la cocción de la casquería.

 450 g de intestinos de ternera
 450 g de callos de ternera
 2 hojas de laurel
 2 cdas. de aceite de oliva
 1 cebolla blanca picada
 4 dientes de ajo picados
 1 pimiento rojo despepitado y picado
 2 tomates pelados y picados
 1 cda. de copos de chile machacados
 1 cda. de recado rojo (pasta de achiote)
 1 cda. de perejil picado
 sal y pimienta molida

Corte los intestinos y los callos en cuadrados de 2,5 cm, póngalos en una cazuela y cúbralos con agua fría. Llévelos a ebullición y añada el laurel. Baje el fuego y cuézalos 2 horas, removiendo. Retire la cazuela del fuego y déjelos enfriar hasta que la grasa suba a la superficie. Retírela y reserve el agua de cocción, los callos y los intestinos. Caliente a fuego medio el aceite en otra cazuela y sofría la cebolla 10 minutos. Añada el ajo y el pimiento y sofríalos 10 minutos más. Agregue los tomates y, cuando rompa a hervir, los intestinos y los callos escurridos junto con 250 ml del caldo de cocción. Incorpore los copos de chile y el recado rojo y salpimiente. Llévelo a ebullición, esparza el perejil y sirva el guiso caliente.

Guatita, papas con librillo

Callos guisados ecuatorianos
Ecuador

Preparación: 20 minutos
Cocción: 2 horas y 30 minutos   Para 6 personas

Plato de fin de semana, son callos guisados con maníes y otras especias y espesados con papas o servidos encima.

 900 g de callos de ternera
 3 cebolletas
 2 dientes de ajo picados
 1 cda. de perejil picado
 2,4 litros de agua
 2 cdas. de aceite vegetal
 1 cdta. de recado rojo (pasta de achiote)
 ½ cebolla blanca picada
 1 ají amarillo despepitado y picado
 120 g de maníes (cacahuetes) sin sal tostados
 1,5 litros de leche
 1 cda. de cilantro picado
 1,8 kg de papas (patatas) peladas
 2 huevos duros picados
 sal y pimienta molida

Lave los callos con agua fría y déjelos 15 minutos. Colóquelos en una cazuela con las cebolletas, el ajo y el perejil.

Cúbralos con el agua y llévelos a ebullición. Baje el fuego y cuézalos 2 horas. Escúrralos y córtelos en trozos.
En otra cazuela, caliente el aceite con el recado rojo y sofría la cebolla y el ají amarillo 10 minutos.
Mientras, triture los maníes en una batidora 2 minutos o hasta obtener una pasta fina (puede añadir un poco de leche para que se integren mejor). Cuando la cebolla y el ají estén tiernos, añada la pasta de maní, la leche y los callos. Esparza el cilantro y salpimiente. Cuézalos a fuego lento 25 minutos, removiendo de vez en cuando.
Mientras el guiso se cocina a fuego lento, cueza las papas en una olla de agua hirviendo con sal. Escúrralas, pélelas y córtelas en trozos. Resérvelas calientes.
Retire la cazuela de los callos del fuego y añada los huevos picados. Coloque los trozos de papa calientes en una fuente y nápelas con los callos guisados de manera uniforme. Sírvalos calientes.

Callos guisados

Brasil: *dobradinha*; Costa Rica, Nicaragua, Venezuela: *sopa de mondongo;* El Salvador: *sopa de pata*; México: *menudo*; Panamá: *mondongo a la culona*; Perú: *cau cau*

Preparación: 30 minutos
Cocción: 2 horas   Para 6 personas

Hay diversas versiones en América Latina. Son recetas sabrosas, casi siempre diferentes, incluso en una misma región, y se dice que van bien para la resaca. Esta receta es un guiso básico de callos. Puede prepararla tal cual o añadir condimentos e ingredientes según la variante regional que desee elaborar. Por ejemplo, para el *menudo* mexicano, añada maíz y chiles. Para el *cau cau* peruano, necesitará papas, pasta de ají amarillo y cúrcuma. Para la *dobradinha* brasileña, no olvide añadir frijoles blancos. Para una *sopa de pata* salvadoreña, es imprescindible el chayote y las patas de ternera. Y para algunas versiones centroamericanas, puede añadir garbanzos y chorizo.

 450 g de callos de ternera
 2 hojas de laurel
 1 cda. de aceite de oliva
 ½ cebolla blanca picada
 2 dientes de ajo picados
 1 cdta. de comino seco
 900 g de papas (patatas) peladas, cocidas y en trozos
 2 cdas. de cilantro picado
 sal y pimienta molida
 arroz blanco cocido, para servir

Lave bien los callos con agua fría y déjelos 15 minutos. Colóquelos en una olla a presión con el laurel y añada agua fría hasta cubrirlos (unos 2 litros). Salpimiente, cierre la olla y cuézalos a fuego medio 1 hora y 30 minutos desde que se alcanza la presión máxima. Libere la presión y abra la tapa. Escurra los callos, reservando 1,5 litros del caldo de cocción, y córtelos en cuadrados de 1 cm.
Caliente a fuego medio el aceite en una cazuela y sofría la cebolla y el ajo 10 minutos o hasta que estén blandos y ligeramente dorados. Añada los callos y el caldo reservado. Agregue el comino, salpimiente y cuézalos 10 minutos. Añada las papas cocidas y cuézalo todo 15 minutos más. Para terminar, esparza el cilantro picado por encima y remueva bien.
Rectifique de sal y pimienta si fuera necesario y sírvalos calientes con arroz como guarnición.

Guiso de cola

Guiso colombiano de rabo de buey
Colombia

Preparación: 20 minutos,
más toda la noche para marinar
Cocción: 4 horas

※ ∅
Para 6 personas

Aunque a veces es casi todo hueso, el rabo de buey tiene una carne grasa muy tierna y aporta sabores complejos a un plato cuando se cocina a fuego lento. Esta receta, menos picante que otras variantes de la región, es un guiso sabroso y saciante, la comida típica de fin de semana en los Andes colombianos. Se suele servir con una guarnición de yuca, papas o arroz.

    1,8 kg de rabo de buey en trozos
    1 cebolla blanca picada
    3 cebolletas, solo la parte blanca, picadas
    4 dientes de ajo picados
    750 ml de caldo de ternera
    170 g de tomates picados
    2 zanahorias peladas y en trozos grandes
    4 papas (patatas) peladas y en trozos
    ½ cdta. de comino molido
    ¼ de cdta. de recado rojo (pasta de achiote)
    10 g de cilantro picado
    sal y pimienta molida

Coloque el rabo de buey en un bol, salpimiente y añada la cebolla, las cebolletas y el ajo. Déjelo marinar toda la noche en el frigorífico, removiendo de vez en cuando.

Pase la mezcla a una olla, vierta el caldo de ternera (si la carne no quedara cubierta, añada agua fría hasta cubrirla) y llévelo a ebullición. Baje el fuego, tape la olla y cuézalo 2 horas. Agregue los tomates y prosiga con la cocción durante 1 hora y 30 minutos más, removiendo de vez en cuando. Añada las zanahorias, las papas, el comino y el recado rojo, remueva bien y cuézalo a fuego lento, tapado, otros 30 minutos o hasta que todos los ingredientes estén tiernos. Para terminar, esparza el cilantro picado por encima y remueva bien. Rectifique de sal y pimienta si fuera necesario.

Sírvalo caliente.

Picante a la tacneña

Patas y callos de ternera picantes al estilo de Tacna
Perú

Preparación: 20 minutos,
más 20 minutos en remojo
Cocción: 2 horas y 30 minutos

※ ∅
Para 4 personas

Este guiso picante de patas y callos es originario del departamento de Tacna, en el extremo sur del Perú, cerca de la frontera con Chile. Antes de la introducción del ganado y de otros ingredientes europeos, una versión de este guiso espeso y aromático se hacía con los callos de los camélidos, como los guanacos y las llamas.

    1 pata de ternera
    450 g de callos de ternera
    200 g de charqui desmenuzado (carne de llama seca o cecina de ternera)
    2 cdas. de aceite de oliva
    ½ cebolla blanca picada
    3 dientes de ajo picados
    125 g de pasta de ají panca
    1 cdta. de comino molido
    1 cdta. de orégano seco
    900 g de papas (patatas) peladas, cocidas y en trozos

Ponga la pata, los callos y el charqui en una cazuela de agua con sal y llévela a ebullición. Baje el fuego y cuézalo todo 2 horas o hasta que el charqui esté tierno y la carne de la pata se desprenda fácilmente del hueso. Escúrralo, reservando 750 ml del agua de cocción. Deshuese la pata y corte los callos en rodajas largas.

En una sartén a fuego medio, tueste el charqui 2 minutos por cada lado, páselo a un bol de agua con hielo y déjelo en remojo 20 minutos. Escúrralo.

Mientras, caliente a fuego medio el aceite en una cazuela y sofría la cebolla y el ajo 10 minutos. Añada el ají panca, el comino y el orégano y salpimiente. Remueva y vierta el caldo de cocción reservado. Añada el charqui, la carne de la pata, los callos y las papas y cuézalo todo durante 15 minutos. Rectifique de sal y pimienta si fuera necesario

Sírvalo caliente.

Guiso de ternera guyanés

Guayana Francesa, Guyana, Surinam 🔲

Preparación: 20 minutos,
más toda la noche en remojo
Cocción: 2 horas y 30 minutos

❋ ⌀

Para 8 personas

El ingrediente secreto de este sabroso guiso guyanés
es el *cassareep*, parecido a la melaza, una salsa negra
espesa que se elabora reduciendo el zumo extraído de
la yuca amarga y aromatizándolo con especias. Actúa
como un agente aromatizante y colorante y aporta
un delicioso sabor a caramelo al guiso. Originalmente,
las comunidades indígenas utilizaban esta salsa no
solo para dar sabor a la carne, sino también para con-
servarla varios días durante sus largas travesías por
el río o expediciones de caza. Las primeras versiones
de *pimentero* consistían en carnes de caza, pescado
o verduras cocidas a fuego lento con *cassareep* en
ollas de barro sobre hogueras y la receta se extendió
a todo el sur del Caribe y Nueva Inglaterra. Se puede
conservar en ollas durante mucho tiempo, incluso años,
simplemente añadiendo más *cassareep* cada vez que
se agrega más carne. Hoy en día, en Guyana es el plato
típico del día de Navidad o de los días festivos y se suele
servir con arroz o *roti*.

452 g de rabo de buey en trozos
450 g de redondo de ternera en trozos de 2,5 cm
1 diente de ajo picado
1 cebolla blanca en dados
1 cdta. de hojas de tomillo fresco
1 cdta. de sal
1 cdta. de pimienta molida
1 cdta. de azúcar moreno
2 cebolletas picadas
2 chiles wiri wiri enteros (o Scotch Bonnet)
120 ml de cassareep
1 ramita de canela
2 cdas. de perejil picado

Ponga el rabo de buey y la carne de ternera en un bol
con el ajo, la cebolla, el tomillo, la sal y la pimienta
molida y remueva bien. Déjelo marinar, preferentemente
toda la noche, en el frigorífico.
   Caliente a fuego medio una cazuela de fondo
grueso. Añada el azúcar y remueva hasta que se
caramelice y adquiera un color marrón intenso, unos
4 minutos. Agregue la ternera y dórela de 5 a 6 minutos,
removiendo de vez en cuando. Retírela de la cazuela y
resérvela. Repita la operación con el rabo de buey hasta
que esté dorado. Resérvelo.
   Coloque la marinada en la cazuela y sofría las
cebolletas y los chiles unos 5 minutos. Vierta la mitad
del *cassareep*, remueva bien y sofríalo unos 2 minutos
más. Ponga el rabo de buey de nuevo en la cazuela,
junto con la canela, vierta suficiente agua para cubrirlo
y llévelo a ebullición. Baje el fuego y cuézalo durante
40 minutos. Añada la ternera junto con el *cassareep*
restante y agregue más agua si fuera necesario (no debe
estar por encima de la carne). Prosiga con la cocción
durante 1 hora y 30 minutos o hasta que las carnes estén
tiernas y la salsa espesa. Rectifique de sal y pimienta si
fuera necesario.
   Sirva el guiso caliente con el perejil picado esparcido
por encima.

Caldo de mocotó, cowheel soup, sopa de pata de vaca

Sopa de patas de ternera
Belice, Brasil, Guyana, Panamá

Preparación: 20 minutos
Cocción: 4 horas y 30 minutos

❋ ⌀

Para 6 personas

No hay unanimidad sobre si los esclavos que trabajaban en Charqueadas, en Rio Grande do Sul, fueron los
primeros en condimentar las patas de ternera para el
caldo de *mocotó* o si se trata de una adaptación de
una receta portuguesa de los primeros colonos. Sin
embargo, en las zonas rurales de Brasil, a menudo
empobrecidas, este guiso gelatinoso nació por necesidad, utilizando una pieza que se vendía por casi nada
o sencillamente se regalaba. En lugares como el *sertão*
(zona rural semidesértica), el caldo de *mocotó* era el
alimento de supervivencia y sus sabores reconfortantes
están arraigados en la memoria nacional brasileña.
Preparaciones similares de sopas de pata de ternera,
con diferentes condimentos, se pueden encontrar
en países ubicados en el Caribe, como Belice, Guyana
y Panamá.

900 g de patas de ternera limpias y en trozos
(pídaselo al carnicero)
el zumo de 1 limón (lima)
1 cebolla blanca picada
2 dientes de ajo picados
20 g de cilantro picado, y un poco más para servir
3 cdas. de perejil picado
2 cdas. de menta picada
1 chile malagueta
2 cdtas. de achiote en polvo
2 cdtas. de comino molido
1 cda. de pasta de tomate
1,5 litros de agua
sal y pimienta molida
cebolletas picadas, para servir

Coloque las patas de ternera en una cazuela y añada
agua fría hasta cubrirlas. Sale, vierta el zumo de limón
y llévelas a ebullición a fuego vivo. Deseche el líquido
y limpie la cazuela. Lave bien las patas y colóquelas de
nuevo en la cazuela. Cúbralas con agua fría y llévelas
a ebullición. Baje el fuego y cuézalas 3 o 4 horas hasta
que estén tiernas. Cuélelas, reserve el caldo de cocción
y déjelas enfriar.
   Mientras, mezcle la cebolla con el ajo, el cilantro,
el perejil, la menta, el chile, el achiote, el comino y la
pasta de tomate en una batidora. Añada 120 ml del caldo
de cocción reservado y tritúrelo todo hasta obtener una
mezcla fina.
   Deshuese las patas y corte la carne en trozos.
   En una olla, vierta el caldo de cocción restante y el
agua, añada la carne de las patas y la mezcla triturada
y llévelo a ebullición a fuego medio. Baje el fuego y
cuézalo 30 minutos más, agregando más agua según
la consistencia deseada. Salpimiente.
   Sírvalo en boles de sopa con el cilantro y las
cebolletas esparcidos por encima.

Ternera

Guiso de ternera guyanés

Cerdo

La autopista serpentea hacia el oeste desde San Salvador, atravesando pueblos coloniales encalados y verdes colinas de plantaciones de café. Acaba de cesar una lluvia torrencial y emana vaho del pavimento en el pueblo de Juayúa, donde una mujer con un delantal blanco está de pie junto a una mesa en la acera bajo un paraguas floreado, como lo lleva haciendo décadas. Y, frente a ella, una docena de ollas y botes cubiertos con paños de cocina. Cruza dos trozos de hoja de plátano sobre una bolsa de plástico para formar un bol y, en el centro, pone chicharrones, trozos salados de cerdo frito con la grasa y la piel adheridas, junto con tiras de yuca frita. De otro bol saca el *curtido*, una ensalada ligeramente fermentada, y lo vierte sobre la carne antes de servírselo al primero de una larga fila de clientes que van llegando a medida que el cielo despeja.

Los conquistadores introdujeron el cerdo en el siglo XVI y se extendió rápidamente por todo el territorio. Diferentes razas se mezclaron y adaptaron a distintos ámbitos, apareciendo razas nuevas. Ahora, resulta difícil imaginar la región sin ellos, ya que su versátil carne se utiliza en innumerables preparaciones. La piel se fríe en enormes potes, las entrañas se guisan, las patas se encurten y la manteca se utiliza para freír. Se asa entero en asadores verticales o en *cajas chinas*. Se convierte en salchichas y se cocina con flores o se coloca en sándwiches con rodajas de camote. Las comunidades mayas lo marinan con cítricos y especias y lo asan en fosas calientes humeantes. Si esto es lo que han podido hacer aquí con la carne de cerdo en quinientos años, imagine lo que puede encontrar dentro de otros quinientos.

Chicharrón, torresmo

Chicharrones
Varios países

Preparación: 10 minutos,
más 1 hora para salar
Cocción: 1 hora

Para 8 personas

La definición de chicharrones, torreznos en otras partes o *torresmos* en portugués, no es la misma en toda América Latina. Se prepara en casi todas las zonas donde hay cerdos y en esencia significa «cerdo frito». Sin embargo, en algunos países es solo la piel de cerdo frita; en otros, como Brasil, Colombia y el Perú, son trozos de cerdo fritos, generalmente con la piel y la grasa adheridas; e incluso en otros, como Bolivia, son costillas de cerdo cocinadas en su propia grasa.

- 1,8 kg de panceta de cerdo con la piel
- 250 g de sal marina
- 1 cda. de manteca
- 2 dientes de ajo majados
- 2 hojas de laurel
- 2 limones (limas) en cuñas, para servir

Frote la panceta con la sal y déjela reposar durante 1 hora.

Lave bien la panceta bajo un chorro de agua fría, séquela y córtela en trozos de unos 5 x 1,5 cm.

En una cazuela de fondo grueso, derrita la manteca a fuego medio. Añada el ajo y el laurel y remueva bien un par de minutos. Agregue los trozos de panceta, baje el fuego y sofríalos 45 minutos, dándoles la vuelta cada 15 minutos.

Suba el fuego y selle a fuego vivo los trozos de panceta por todos los lados 15 minutos. Retírelos y córtelos en trozos más pequeños.

Sírvalos calientes con cuñas de limón.

Lomo de cerdo pinchado

Solomillo de cerdo al estilo nicaragüense
Nicaragua

Preparación: 20 minutos,
más 20 minutos para reposar
Cocción: 2 horas

Para 6 personas

El término *pinchado* hace referencia, en este caso, al método utilizado para que la carne absorba la marinada. En Nicaragua, las recetas de cerdo como esta son típicas de las fiestas navideñas.

- 2 cebollas blancas picadas
- 2 pimientos rojos despepitados y en tiras
- 2 chayotes descorazonados y picados
- 1 rama de apio picada
- 1 zanahoria pelada y picada
- 2 cdas. de vinagre
- 1 cdta. de recado rojo (pasta de achiote)
- 1,4 kg de solomillo de cerdo
- 115 g de mantequilla
- 5 papas (patatas) peladas y en dados
- 2 tomates pelados y picados
- 250 ml de agua
- azúcar, al gusto
- sal y pimienta molida
- arroz blanco cocido, para servir

En un bol, mezcle la cebolla con los pimientos, los chayotes, el apio y la zanahoria. Añada el vinagre y el recado rojo y salpimiente. Haga varias incisiones profundas en el solomillo y rellénelas, lo máximo posible, con la mezcla de verduras. Déjelo reposar 20 minutos.

Derrita a fuego medio la mantequilla en una cazuela y selle el solomillo 5 minutos por cada lado o hasta que se dore. Añada las verduras picadas restantes, las papas, los tomates y el agua. Baje el fuego, tape la cazuela y cuézalo todo durante 1 hora y 45 minutos o hasta que la carne esté tierna. Rectifique de sal y pimienta: si quedara demasiado ácido, añada una pizca de azúcar y sal.

Retire el solomillo de la cazuela, córtelo en filetes y sírvalo caliente con arroz como guarnición.

Linguiça com mandioca, chouriço com mandioca

Salchicha brasileña con yuca
Brasil

Preparación: 10 minutos
Cocción: 35 minutos

Para 4 personas

La combinación de yuca con salchichas de cerdo curadas como la *linguiça*, sazonadas con ajo y pimentón, o el *chouriço* ligeramente sazonado, que a veces se elabora con sangre como la morcilla, es la versión brasileña de salchicha con papas. Se toma en el desayuno o como aperitivo en los *botequins*.

- 680 g de yuca pelada
- 1 cda. de mantequilla
- 450 g de linguiça o chouriço en rodajas
- ½ cebolla roja picada
- ½ cebolla blanca picada
- 2 dientes de ajo majados
- 2 cdas. de perejil picado
- 6 cebollinos picados
- sal y pimienta molida

Coloque la yuca en una cazuela, cúbrala con agua y llévela a ebullición. Baje el fuego y cuézala unos 20 minutos o hasta que esté tierna. Escúrrala y córtela en trozos.

En una olla, derrita la mantequilla a fuego medio y fría la salchicha unos 5 minutos. Añada los dos tipos de cebolla y el ajo y sofríalos durante 6 minutos. Agregue la yuca, el perejil y el cebollino y sofríalo todo 4 minutos más. Salpimiente.

Sírvalo caliente.

Linguiça com mandioca, chouriço com mandioca

Fricasé

Guiso de cerdo picante
Bolivia

Preparación: 20 minutos,
más toda la noche en remojo
Cocción: 3 horas y 15 minutos

Para 6 personas

Este guiso picante, muy similar a un pozole mexicano, se suele servir por las mañanas en los Andes bolivianos. Se remonta al periodo colonial y es una adaptación de un *fricasé* francés con ingredientes autóctonos.

225 g de mote seco (maíz nixtamalizado andino)
340 g de chuño (papas [patatas] deshidratadas) pelado
1,4 kg de lomo de cerdo con la piel
1 litro de agua
1 cdta. de hojas frescas de orégano
3½ cdas. de pasta de ají amarillo
1 cdta. de comino seco
4 dientes de ajo picados
2 cdas. de pan rallado (opcional)
sal y pimienta molida

Ponga el mote en un bol, añada agua fría hasta cubrirlo y déjelo toda la noche. Repita la operación con el chuño. Coloque el mote con su agua de remojo en una olla y cuézalo 40 minutos a fuego medio (si fuera necesario, añada más agua para cubrirlo por completo) o hasta que los granos se abran. Escúrralos y resérvelos.

Lave el chuño hasta que el agua salga limpia. Colóquelo en una cazuela de agua hirviendo con sal y cuézalo 20 minutos. Escúrralo y resérvelo.

Mientras, corte el lomo en trozos de 6 cm. Lávelo con agua fría y colóquelo en otra cazuela. Cúbralo con el agua, sale, añada el orégano y lleve a ebullición. Baje el fuego y cuézalo de 1 hora y 30 minutos a 2 horas.

Para preparar las especias para la carne, coloque la pasta de ají amarillo en la batidora junto con el comino, el ajo, el zumo de limón y pimienta al gusto y tritúrelo bien.

Cuando el lomo esté hecho, vierta la mezcla de especias en la cazuela y prosiga con la cocción a fuego medio 20 minutos más. Si la salsa quedara demasiado líquida, añada el pan rallado para espesarla. Remueva bien y cuézalo otros 15 minutos.

Sirva el mote y el chuño en un plato con trozos de lomo y nápelo todo con la salsa caliente.

Maniçoba

Hojas de yuca picadas con cerdo
Brasil

Preparación: 20 minutos
Cocción: 5 días

Para 10 personas

Las hojas de la planta de yuca, llamada *maniva*, contienen cianuro, por lo que, para que sean comestibles, se deben picar fino y cocerlas 1 semana. Como la *maniçoba*, un guiso de hojas de yuca y cerdo típico de los estados brasileños de Pará y Bahía, requiere varios días de cocción y se suele preparar en grandes tandas y es típica en las reuniones familiares o fiestas señaladas.

2,7 kg de hojas de yuca
450 g de tocino en trozos de 2,5 cm
450 g de carne-de-sol (véase pág. 264)
450 g de linguiça calabresa en rodajas
450 g de chouriço en rodajas
450 g de paio (salchicha curada tradicional brasileña) en rodajas
450 g de manteca
450 g de jamón en trozos de 5 cm
450 g de solomillo de cerdo en trozos de 5 cm
450 g de rabo de cerdo en trozos de 2,5 cm
450 g de orejas de cerdo
8 dientes de ajo picados
pimienta molida
arroz blanco cocido, para servir
farofa (véase pág. 98), para servir

Retire las nervaduras y los tallos de las hojas de yuca y lávelas. Píquelas lo más fino posible: tritúrelas por tandas en un molinillo o una picadora de carne o macháquelas en un mortero de madera. Coloque las hojas trituradas o machacadas en una cazuela, cúbralas con agua y llévelas a ebullición. Baje el fuego y cuézalas 1 día como mínimo. Nota: por la noche se puede apagar el fuego, pero durante el día debe seguir cociéndolas a fuego lento hasta la noche y proseguir la cocción de nuevo por la mañana. Agregue más agua para mantener las hojas cubiertas.

Después de 1 día de cocción, agregue el tocino a la cazuela con las hojas de yuca y llévelo a ebullición. Baje el fuego y prosiga con la cocción a fuego lento 2 días más, añadiendo más agua cuando sea necesario.

El quinto día, añada la carne. Cuézalo a fuego lento 1 día más, añadiendo agua cuando sea necesario.

En la mañana del sexto día, agregue el ajo y pimienta molida. Cuézalo 6 horas y rectifique de sal y pimienta si fuera necesario. La carne debe estar tierna. Se sirve caliente con arroz y *farofa*.

Virado à paulista

Plato combinado paulista
Brasil

Preparación: 20 minutos,
más 6 horas en remojo
Cocción: 1 hora y 15 minutos

Para 8 personas

En São Paulo, el *virado à paulista* es el plato tradicional de los lunes, perfecto para comenzar la semana con energía. Suele ser un *prato feito* o plato del día barato en los restaurantes del centro, que combina alimentos sencillos que se utilizan desde la época colonial.

625 g de frijoles negros secos
2 litros de agua
200 g de tocino picado
1 cebolla blanca picada
2 linguiças en trozos de 2,5 cm
5 dientes de ajo picados
140 g de harina de yuca
8 chuletas de cerdo
2 cdas. de perejil picado
2 cdas. de aceite de oliva
2 cdas. de mantequilla
sal y pimienta molida

Para servir
kale salteado
8 huevos fritos
arroz blanco cocido
plátano macho maduro pelado, en rodajas y frito

Ponga los frijoles negros en un bol, añada agua hasta cubrirlos y déjelos en remojo 6 horas o toda la noche. Escúrralos, colóquelos en una cazuela, cúbralos con agua y añada un poco de sal. Llévelos a ebullición y cuézalos 10 minutos. Baje el fuego y cuézalos, tapados, unos 50 minutos más o hasta que estén tiernos. Escúrralos de nuevo, reservando la mitad del agua de cocción, y divida los frijoles en dos partes iguales.

Pase una de ellas a la batidora y tritúrelos a velocidad media 1 minuto con suficiente agua de cocción hasta obtener una pasta homogénea.

Caliente a fuego medio otra cazuela y añada el tocino. Remueva 8 minutos o hasta que se haya derretido y sofría la cebolla, las salchichas y la mitad del ajo 5 minutos. Agregue el puré de frijoles, los frijoles enteros y la harina de yuca, remueva bien y salpimiente. Cuézalo todo a fuego lento, removiendo de vez en cuando.

Mientras, sazone las chuletas con el ajo restante, sal, pimienta y el perejil. En una sartén, caliente el aceite de oliva y selle las chuletas 5 minutos por cada lado o hasta que estén doradas.

Para servir, coloque una chuleta de cerdo en cada plato con un poco de kale, frijoles con salchichas, un huevo frito, arroz y rodajas de plátano macho frito.

Revolcado

Guiso de cabeza de cerdo y entrañas
Guatemala

Preparación: 20 minutos
Cocción: 3 horas y 30 minutos   Para 6 personas

Este sencillo guiso de color rojo que data del periodo colonial en Guatemala está preparado con una de las partes menos valoradas del cerdo, la cabeza, aunque a menudo se emplean también las entrañas, el corazón y el hígado.

    1 cabeza de cerdo
    225 g de entrañas de cerdo
    3 granos de pimienta negra
    225 g de tomatillos en cuartos
    900 g de tomates en cuartos
    1 cebolla blanca picada
    3 chiles pasilla despepitados
    1 chile guaque
    4 dientes de ajo majados
    1 cda. de achiote en polvo
    sal
    12 tortillas de maíz (véase pág. 136), para servir.

Lave la cabeza y las entrañas de cerdo bajo un chorro de agua fría. Colóquelas en una olla, cúbralas con agua, añada sal y los granos de pimienta y cuézalas a fuego medio 2 horas y 30 minutos, añadiendo agua cuando sea necesario para que permanezcan siempre cubiertas.

Retire la cabeza y las entrañas de la cazuela, deshuese la cabeza y corte la carne y las entrañas en trozos de unos 4 cm. Resérvelos.

En una sartén, sofría a fuego medio los tomatillos y los tomates 10 minutos. Repita la operación por separado con la cebolla, los chiles y el ajo. Pase todos los ingredientes tostados a una batidora junto con el achiote y tritúrelos a velocidad media hasta obtener una pasta homogénea, añadiendo un poco de agua si fuera necesario. Vierta la pasta en una cazuela a fuego medio y remueva bien. Agregue la carne y las entrañas y cuézalo todo 15 minutos. Rectifique de sal y pimienta si fuera necesario y sirva el guiso caliente con tortillas como guarnición.

Fritada

Cerdo frito ecuatoriano
Ecuador

Preparación: 15 minutos
Cocción: 1 hora y 35 minutos   Para 6 personas

La fritada, trozos de cerdo cocidos y fritos en su propia grasa, se sirve en pequeños restaurantes tradicionales llamados *huequitos* y en puestos situados en los arcenes de las carreteras por todo Ecuador, especialmente en la sierra. La guarnición suele ser al gusto de cada cocinero, aunque suele incluir Llapingachos (véase pág. 86), papas, mote, habas o trozos de queso.

    5 dientes de ajo picados
    1 cebolla blanca picada gruesa
    2 cdtas. de sal
    $1/4$ de cdta. de pimienta molida
    $1/4$ de cdta. de comino molido
    475 ml de agua
    900 g de panceta de cerdo en dados de 5 cm

Ponga todos los ingredientes, excepto la panceta, en una cazuela a fuego vivo y llévelos a ebullición.

Cuando el agua rompa a hervir, añada la panceta. Baje el fuego y cuézalo todo durante 1 hora, removiendo de vez en cuando o hasta que el agua se haya absorbido por completo. Prosiga con la cocción de la panceta en su propia grasa hasta que se dore por todos los lados, unos 35 minutos. Sirva la fritada caliente.

Flor de izote con chorizo

Pétalos de izote con chorizo
El Salvador

Preparación: 10 minutos
Cocción: 25 minutos   Para 4 personas

En toda América Central, las flores, como el *pito* de color rojo brillante o las flores rosas de *madre cacao*, suelen ser parte integral de algunas recetas. En El Salvador es habitual el uso en cocina de los pétalos blancos de izote, la flor de la yuca pata de elefante o yuca de interior (*Yucca elephantipes*), a menudo utilizada como planta ornamental. Se pueden preparar guisados, fritos con huevos o encurtidos y también se emplean para rellenar pupusas. Tenga en cuenta que es importante utilizar solo los pétalos, ya que los pistilos y los estambres pueden resultar bastante amargos.

    2 litros de pétalos de izote
    2 cdas. de aceite de oliva
    1 cebolla blanca picada
    3 dientes de ajo picados
    10 tomates cherry cortados por la mitad
    $1/2$ jalapeño despepitado y picado
    450 g de chorizo en trozos de 2,5 cm

Vierta agua en una olla y llévela a ebullición, añada los pétalos y cuézalos 5 minutos. Escúrralos y resérvelos.

Caliente a fuego vivo el aceite en una cazuela y saltee la cebolla y el ajo 5 minutos. Añada los tomates y el jalapeño, baje el fuego y sofríalos 5 minutos. Agregue el chorizo, baje el fuego y sofríalo 3 minutos. Añada los pétalos cocidos y cuézalo 3 minutos a fuego lento.

Remueva bien y sírvalo caliente con arroz.

Chorizo tableño

Chorizo estilo Las Tablas
Panamá

Preparación: 40 minutos,
más toda la noche para marinar
Cocción: 4 horas y 10 minutos

Para 10 unidades

La ciudad colonial de Las Tablas, en medio de los ranchos y la selva tropical de Azuero, es quizá la más rica en folclore y tradiciones. Los pueblos de alrededor son famosos por sus chorizos de cerdo picantes, ahumados y de color rojo por el achiote que contienen. Se fríen en su propia grasa y se toman con tortillas de maíz y queso blanco o se trocean y acompañan con arroz.

    450 g de paleta de cerdo picada fina
    425 g de panceta de cerdo picada fina
    3 dientes de ajo picados
    1 cebolla roja picada fina
    ½ pimiento rojo despepitado y picado fino
    ½ cda. de hojas de culantro (o cilantro) picadas
    1 cda. de aceite de achiote
    1 ají chombo despepitado y picado
    tripa de chorizo de unos 1,5 m de longitud
    sal y pimienta molida

En un bol, mezcle con las manos las carnes con el ajo, la cebolla, el pimiento, el culantro, el aceite de achiote y el ají y salpimiente. Cúbralo con film transparente y deje marinar la mezcla toda la noche en el frigorífico.

Al día siguiente, prepare una parrilla o una hoguera.

Ponga la tripa en un bol con agua caliente y déjela 30 minutos. Escúrrala, coloque el extremo abierto en el tubo de relleno de una embutidora y enrolle tres cuartos de la tripa en él. Gire la embutidora despacio y vaya guiando la carne dentro de la tripa hasta que esté rellena, asegurándose de que no quede demasiado apretada. Retuerza la tripa en 10 porciones iguales, atando los pliegues con bramante. Cuelgue los chorizos sobre la parrilla o el fuego y déjelos ahumar 4 horas.

Los chorizos quedarán tiernos por dentro y de color rojo brillante por fuera debido al aceite de achiote. Refrigérelos hasta que los vaya a utilizar.

Para servir, corte los chorizos en rodajas y fríalas sin aceite en una sartén a fuego medio 3 minutos o hasta que se doren por los dos lados.

Arrollado huaso

Rollo de cerdo
Chile

Preparación: 20 minutos,
más 5 horas para marinar
Cocción: 2 horas

Para 4 personas

Durante el periodo colonial de Chile, un *huaso* era considerado un jinete hábil, un vaquero, que solía vestir con un poncho. En el siglo xx ya se habían convertido en parte esencial del folclore chileno y este plato, que se remonta a España, recibió este nombre como homenaje a ellos. Se pueden utilizar diferentes cortes y la capa exterior puede ser piel o *malaya*, parte de la falda.

    900 g de lomo de cerdo
    200 g de tocino
    120 ml de vinagre de vino tinto

    1 cdta. de comino molido
    1 cda. de orégano seco
    1 cda. de merkén (polvo de chile ahumado)
    1 diente de ajo picado
    900 g de piel de cerdo en un cuadrado de 25 cm
    4 litros de caldo de ternera
    arroz blanco cocido, para servir

Corte el lomo y el tocino en tiras de 2,5 cm de grosor. En un bol, mezcle el vinagre con el comino, el orégano, el *merkén* y el ajo. Salpimiente. Añada la carne y remueva. Déjela marinar 5 horas en el frigorífico.

Extienda la piel de cerdo en una superficie limpia. Coloque las tiras de tocino y de lomo en la parte inferior de la misma y enróllela, presionando, para formar un cilindro. Átelo con bramante a intervalos regulares para asegurarlo y cierre bien los extremos para evitar que el relleno se salga, usando más bramante si fuera necesario. Envuelva el rollo en un paño de cocina.

Ponga el rollo envuelto en una cazuela, vierta el caldo de ternera y llévelo a ebullición a fuego vivo. Baje el fuego y cuézalo, tapado, 2 horas, dándole la vuelta después de 1 hora. Retire la cazuela del fuego y déjelo en el caldo hasta que se enfríe lo suficiente para poder manipularlo.

Retire el rollo del caldo, abra el paño de cocina, corte el bramante y deséchelo. Corte el rollo en filetes de 2,5 cm de grosor y sírvalo caliente con arroz.

Cuchuco de trigo con espinazo de cerdo

Sopa de espinazo de cerdo y bulgur
Colombia

Preparación: 20 minutos
Cocción: 1 hora y 15 minutos

Para 8 personas

Tradicional de las tierras altas de Cundinamarca y Boyacá en el centro de Colombia, el cuchuco es una sopa espesa originaria del pueblo muisca. Cuchuco es el término chibcha para referirse a los granos rotos, como el maíz agrietado o el bulgur, que se obtienen durante la molienda. A la llegada de los españoles, la sopa pasó a ser una fusión de ingredientes del Viejo y del Nuevo Mundo.

    900 g de espinazo de cerdo en trozos de 7,5 cm
    3 cebolletas, solo la parte verde, picadas
    225 g de bulgur
    3 dientes de ajo picados
    2,4 litros de agua
    225 g de papas (patatas) peladas en trozos
    450 g de papas (patatas) criollas lavadas
    (o cualquier papa (patata) amarilla pequeña)
    225 g de guisantes
    120 g de habas
    5 hojas de col en juliana
    4 cdas. de harina de trigo
    arroz blanco cocido, para servir

Coloque el espinazo en una olla con las cebolletas, el bulgur y el ajo. Cúbralos con el agua, llévelos a ebullición y cuézalos 40 minutos. Retire el espinazo y añada las papas, los guisantes y las habas. Salpimiente y cuézalos 15 minutos a fuego medio. Añada la col e incorpore la harina poco a poco. Coloque de nuevo el espinazo en la cazuela y baje el fuego. Tape la cazuela y cuézalo todo 20 minutos más. Rectifique de sal y pimienta si fuera necesario y sírvalo caliente.

Cerdo

Cuchuco de trigo con espinazo de cerdo

Estofado de San Juan

Guiso de San Juan
Chile

Preparación: 20 minutos
Cocción: 2 horas y 15 minutos

Para 8 personas

Este guiso del centro y sur de Chile es típico de la noche de San Juan, que coincide con el solsticio de invierno en el hemisferio sur, el Año Nuevo mapuche, llamado *Wiñoy Tripantu*. En su origen, la codorniz y otras aves de caza pequeñas se incluían en el guiso, que se servía en platos de barro.

2 cdas. de aceite de oliva
7 cebollas blancas, 3 picadas y 4 en rodajas
80 g de guindas secas
900 g de costillar de cerdo ahumado
en costillas individuales
6 dientes de ajo picados
900 g de chuletas de cerdo ahumado
900 g de salchichas de cerdo ahumado en trozos
de 2,5 cm
870 ml de vino blanco
425 ml de vinagre de vino blanco
3 hojas de laurel
1 cdta. de merkén (polvo de chile ahumado)
1 cdta. de comino molido
8 muslos de pollo
sal y pimienta molida

Caliente a fuego medio el aceite en una sartén y saltee la cebolla picada 10 minutos o hasta que esté transparente. Resérvela.

En una olla de fondo grueso, ponga, por capas, la cebolla en rodajas, las guindas, las costillas y encima la cebolla salteada. Añada una capa de ajo, luego las chuletas de cerdo y, finalmente, los trozos de salchicha. Vierta el vino y el vinagre, agregue el laurel, el *merkén* y el comino y salpimiente. Llévelo a ebullición, sin remover. Baje el fuego, tape la olla y cuézalo durante 1 hora y 30 minutos. Añada los muslos de pollo y prosiga con la cocción, tapado, 30 minutos más. Rectifique de sal y pimienta si fuera necesario y sírvalo caliente.

Chicharô hu'itî

Costillas de cerdo con harina de maíz ▢
Paraguay

Preparación: 10 minutos
Cocción: 30 minutos

Para 4 personas

Este contundente plato matutino proporciona suficiente energía para todo el día a personas que trabajan en el campo y suele llevar solo tres ingredientes. El cerdo, generalmente costillas, se rocía con zumo de limón y se hornea, se asa a la parrilla o se fríe y luego se cubre con harina de maíz tostada. También se pueden añadir hierbas frescas como el orégano.

680 g de costillas de cerdo individuales
en trozos de 5 cm
120 ml de zumo de limón (lima)
225 g de harina de maíz
sal
4 trozos de yuca cocida, para servir
cuñas de limón (lima), para servir

Sale las costillas y rocíelas con el zumo de limón. Caliente a fuego medio una sartén y fría las costillas en su propia grasa 20 minutos o hasta que estén doradas, dándoles la vuelta de vez en cuando.

Mientras, tueste la harina de maíz en una sartén a fuego medio unos 6 minutos, removiendo de vez en cuando. Resérvela en un bol.

Añada las costillas al bol y remueva hasta que queden bien cubiertas con la harina tostada. Sírvalas calientes con la yuca cocida y cuñas de limón para exprimir por encima.

Mute

Guiso de carne y maíz molido
Colombia

Preparación: 30 minutos,
más toda la noche en remojo
Cocción: 4 horas

Para 6 personas

En Colombia, el término *mute* se suele utilizar para cualquier sopa de maíz, pero en los departamentos centrales del norte de Boyacá y Santander es más específico. Se trata de un guiso contundente que emplea diferentes cortes de carne, maíz, frijoles, verduras y pasta.

85 g de frijoles negros secos
85 g de garbanzos secos
450 g de callos de ternera en cuadrados de 2,5 cm
120 ml de zumo de limón (lima)
1 costillar de cerdo de 450 g en costillas individuales
450 g de solomillo de ternera en trozos de 2,5 cm
450 g de lomo de cerdo en trozos de 2,5 cm
1 tomate pelado y picado
2 cebolletas picadas
30 g de cebolla blanca picada
1 diente de ajo picado
1/2 cdta. de comino molido
1/4 de cdta. de achiote molido
100 g de calabaza de invierno pelada y picada
1 zanahoria pelada y en rodajas
4 papas (patatas) peladas y en dados de 1 cm
170 g de maíz molido
75 g de coditos (pasta corta seca)
sal
1 cda. de cilantro picado, para servir

Coloque los frijoles y los garbanzos en boles separados. Cúbralos con agua y déjelos en remojo toda la noche. Escúrralos.

Lave los callos en un bol de agua con hielo y zumo de limón. Colóquelos en una cazuela, cúbralos con agua con sal y llévelos a ebullición. Baje el fuego y cuézalos 2 horas o hasta que estén tiernos. Escúrralos y resérvelos.

Ponga todas las carnes en una olla, incluyendo los callos cocidos, así como los frijoles, los garbanzos, el tomate, las cebolletas, la cebolla, el ajo, el comino y el recado rojo. Añada suficiente agua para cubrirlo todo y llévelo a ebullición a fuego vivo. Baje el fuego y cuézalo durante 1 hora y 30 minutos. Agregue la calabaza, la zanahoria, las papas y el maíz y prosiga con la cocción 20 minutos más. Para terminar, añada la pasta y cuézalo otros 8 minutos o hasta que todos los ingredientes estén tiernos. Rectifique de sal si fuera necesario.

Esparza el cilantro picado y sírvalo caliente.

Cerdo

Chicharô hu'itî

Chifrijo

Cerdo crujiente, arroz y frijoles 🍲
Costa Rica

Preparación: 30 minutos,
más 40 minutos para marinar
Cocción: 20 minutos

❀ ∅
Para 4 personas

Miguel Cordero, el propietario del Cordero's Bar en Tibás, en las afueras de San José afirmó, en 1979, haber sido el primero en servir *chifrijo*, un plato que ahora está presente en casi todas las cantinas de Costa Rica. El nombre es una combinación de las sílabas de sus ingredientes principales: *chi* por «chicharrón» y *frijo* por «frijoles». Estos últimos suelen ser tiernos o rojos, aunque también se utilizan otras variedades. Los chicharrones pueden ser trozos de cerdo frito o la piel frita. El *chifrijo* se toma con chips de tortilla, como unos nachos, y se sirve con *chilera*, una mezcla casera de verduras encurtidas. En las últimas dos décadas, la preparación clásica ha dado lugar a numerosas variantes que pueden incluir una base de arroz o ingredientes adicionales como aguacates.

    ½ cda. de sal
    1 cdta. de chile en polvo
    1 cdta. de tomillo seco
    1 cda. de orégano seco
    4 cdas. de aceite vegetal
    225 g de costillas de cerdo en trozos de 2,5 cm
    225 g de pata de cerdo en trozos de 2,5 cm

    Para servir
    375 g de arroz cocido
    730 g de frijoles refritos (véase pág. 172)
    375 g de pico de gallo (véase pág. 404)
    tortillas de maíz (véase pág. 136)
    1 aguacate cortado por la mitad pelado, deshuesado y en rodajas
    rodajas de limón (lima)
    1 jalapeño en rodajas

En un bol, mezcle la sal con el chile en polvo, el tomillo y el orégano. Sazone toda la carne con la mezcla y déjela marinar 40 minutos.
     Caliente a fuego vivo el aceite en una sartén. Añada las costillas y la pata y baje el fuego a medio. Séllelas bien 20 minutos hasta que estén doradas y crujientes, dándoles la vuelta una vez. Páselas a un plato forrado con papel de cocina para eliminar el exceso de aceite.
     Para servir, disponga una capa de arroz en cuatro boles, añada los frijoles, la pata y las costillas de cerdo y el pico de gallo y sírvalo con tortillas y rodajas de aguacate, de limón y de jalapeño como guarnición.

Tacos árabes

Tacos con salsa
México

Preparación: 20 minutos,
más 2 horas para marinar
como mínimo
Cocción: 15 minutos

∅
Para 4 personas

Un restaurante que sirve comida típica de Oriente Medio llamado La Oriental, inaugurado en 1933 frente a la Catedral de Puebla (aunque ya no está ubicado allí), se cree que fue el primero en servir tacos árabes. Si bien su intención era asar el cordero al estilo *shawarma* en un *trompo*, un asador vertical giratorio, y servirlo en finas lonchas, resultaba caro, así que decidieron hacerlo con carne de cerdo, más asequible. La marinada siguió siendo la misma, pero las salsas de yogur se sustituyeron por salsa de chile chipotle. En lugar de una tortilla, utilizan un pan plano llamado *pan árabe*, una variante entre pan de pita y *lavash*. Posteriormente, la receta se extendió a Ciudad de México, donde se conoce como tacos al pastor.

    450 g de lomo de cerdo en tiras finas
    5 cdas. de aceite vegetal
    4 panes árabes (panes planos)

    Para la marinada
    1 cebolla blanca en rodajas
    40 g de perejil picado
    1 cda. de orégano seco
    3 hojas de laurel
    2 cdas. de tomillo fresco
    2 dientes de ajo picados
    1 cdta. de comino molido
    el zumo de 3 limones (limas)
    2 cdtas. de vinagre de vino blanco
    120 ml de agua

    Para la salsa
    5 cdas. de salsa de chile chipotle
    1 cda. de orégano seco
    2 dientes de ajo picados
    1 cda. de pasta de tomate
    4 cdas. de vinagre de vino blanco
    1 cdta. de sal

Coloque todos los ingredientes de la marinada en una fuente de horno, añada el lomo y mezcle bien, asegurándose de que la carne quede bien cubierta. Déjelo marinar un mínimo de 2 horas o toda la noche en el frigorífico.
     Mientras, para preparar la salsa, ponga todos los ingredientes en una batidora y tritúrelos a velocidad máxima hasta obtener una pasta homogénea.
     Caliente a fuego vivo el aceite en una sartén. Escurra la carne de la marinada y fríala de 10 a 15 minutos, removiendo con frecuencia.
     Para servir, coloque la carne en el centro del pan árabe y nápela con la salsa.

Chifrijo

Cochinita pibil

Cerdo marinado asado ⬚
México

Preparación: 20 minutos,
más toda la noche para marinar
Cocción: 4 horas

✳ ⌀
Para 6-8 personas

Cochinita es el cochinillo y *pibil* significa «enterrado» en maya. La receta tradicional asa el cochinillo entero a fuego lento en una fosa caliente revestida de piedras, pero cocinar solo la paletilla en una parrilla o en el horno es lo más habitual en muchos restaurantes pequeños y en los hogares.

6 cdas. de semillas de achiote
2 cdas. de orégano seco
2 cdas. de pimienta negra en grano
1¹⁄₂ cdas. de jengibre molido
1¹⁄₂ cdtas. de comino
1 cdta. de clavos
2 cdas. de canela molida
1 cdta. de sal, y un poco más para sazonar, si fuera necesario
12 dientes de ajo grandes picados gruesos
350 ml de zumo de naranja amarga
1 paleta de cerdo de 2,2-2,7 kg en trozos de 7,5 cm de ancho
6 hojas de plátano sin la nervadura central y cortadas por la mitad

Para servir
cebollas rojas encurtidas
salsa de chile habanero
tortillas de maíz (véase pág. 136)

Ponga las semillas de achiote, el orégano, la pimienta, el jengibre, el comino, el clavo y la canela en un mortero o molinillo de especias y macháquelas hasta obtener un polvo (trabaje por tandas si fuera necesario).

En una batidora, triture la mezcla de especias con la sal, el ajo y el zumo de naranja amarga hasta obtener una pasta de textura arenosa. Ponga la carne de cerdo en un bol grande, vierta la pasta de especias, remueva bien y déjelo marinar toda la noche en el frigorífico.

Encienda una parrilla de carbón y déjela hasta que las brasas estén cubiertas de ceniza (o precaliente un horno a 165 °C).

Ase las hojas de plátano en la parrilla 1 o 2 minutos para hacerlas más flexibles y forre con ellas el fondo y los bordes de una bandeja de horno, superponiéndolas y dejándolas sobresalir por los bordes de la bandeja. Coloque el cerdo en el centro y vierta la marinada encima. Doble los bordes de las hojas de plátano sobre la carne. Utilice más hojas de plátano para cubrirla por completo. Asegúrese de que el paquete quede bien sellado para que el líquido no se evapore.

Ponga la fuente en la parrilla (o en el horno) y tápela. Áselo hasta que la carne esté tierna, de 3 horas y 30 minutos a 4 horas. Para mantener una temperatura uniforme, añada más carbón con frecuencia.

Rectifique de sal si fuera necesario. Corte la carne en trozos más pequeños, incluso puede deshuesarla.

Sírvalo con cebollas rojas encurtidas, salsa de chile habanero y tortillas de maíz.

Tatemado de Colima

Cerdo marinado picante
México

Preparación: 25 minutos,
más 3 horas para marinar
Cocción: 2 horas y 45 minutos

✳ ⌀
Para 6 personas

En Colima, el *tatemado*, un guiso de cerdo picante, tiene un sabor peculiar gracias al vinagre de coco elaborado con tuba fermentada (savia de coco). Si no la encuentra, el vinagre de coco del sudeste asiático u otros vinagres suaves, como el de sidra de manzana, pueden ser unos buenos sustitutos.

680 g de paleta de cerdo en trozos
680 g de costillar de cerdo en costillas individuales
120 ml de vinagre de coco o de sidra de manzana
6 chiles guajillo
¹⁄₂ cdta. de semillas de cilantro
3 chiles ancho
1 cda. de manteca
3 dientes de ajo pelados
¹⁄₂ cdta. de comino molido
3 clavos
¹⁄₂ cdta. de pimienta molida
¹⁄₂ cda. de jengibre fresco picado
475 ml de agua
3 cebolletas, solo la parte blanca, cortadas por la mitad
¹⁄₄ de cdta. de nuez moscada molida
sal

Para servir
tortillas de maíz (véase pág. 136)
4 rábanos en cuartos

Mezcle la paleta de cerdo con las costillas, el vinagre y un poco de sal en un bol y deje marinar la carne 3 horas como mínimo.

Precaliente el horno a 180 °C.

Descorazone los chiles guajillo, pero conserve las semillas y tuéstelas con las semillas de cilantro en una sartén a fuego vivo 8 minutos, moviendo la sartén constantemente para evitar que se quemen. Páselas a un mortero y macháquelas. Resérvelas.

Lleve a ebullición un cazo con agua, añada los chiles ancho y guajillo y escáldelos 5 minutos. Escúrralos y páselos a un bol de agua con hielo. Retírelos y séquelos.

Caliente a fuego medio la manteca en una cazuela y fría los chiles 4 minutos por cada lado. Páselos a una batidora junto con el ajo, el comino, los clavos, la pimienta molida, el jengibre y la mezcla de semillas machacadas. Añada el agua, tritúrelo hasta obtener una pasta y cuélela.

Ponga el cerdo en una fuente de horno. Sale y nápelo con la pasta de chile. Cubra la fuente con papel de aluminio y hornéelo unas 2 horas o hasta que la carne esté tierna. Retire el papel de aluminio y áselo 15 minutos más.

Disponga las cebolletas encima de la carne, espolvoree la nuez moscada sobre ellas y áselo otros 5 minutos.

Sírvalo templado con tortillas de maíz y rábanos como guarnición.

Cochinita pibil

Adobo arequipeño

Guiso de cerdo al estilo de Arequipa
Perú

Preparación: 15 minutos,
más toda la noche para marinar
Cocción: 1 hora y 40 minutos

Para 6 personas

Los adobos están presentes en toda América Latina, pero sobre todo en el Perú y México. Son salsas espesas a base de pasta de chiles que se solían utilizar para marinar la carne. Cuando los españoles llegaron al Nuevo Mundo introdujeron el vinagre en la preparación, a menudo para reemplazar la chicha de jora (cerveza de maíz) que acompañaba a los chiles. En algunas regiones del Perú, como Cuzco y Arequipa, los bares tradicionales llamados *picanterías* sirven sus adobos más como una sopa y tienen un color rojo intenso debido al ají panca.

900 g de paleta de cerdo
1 cda. de pasta de ajo asado
3 cdas. de pasta de ají panca
60 ml de vinagre de vino tinto
950 ml de chicha de jora (véase pág. 388)
8 cdas. de pasta de cebolla blanca (mezcla de cebolla cocida)
4 granos de pimienta de Jamaica
1 cda. de orégano seco
225 g de cebolla roja en rodajas gruesas
1 ají rocoto
sal y pimienta molida
hojas frescas de orégano, para servir

Corte el cerdo en 4 trozos iguales y salpimiente. Colóquelos en un bol, añada las pastas de ajo y de ají panca, el vinagre, la chicha de jora y la pasta de cebolla y remueva bien, asegurándose de que la carne quede completamente cubierta y déjela marinar en el frigorífico toda la noche o 12 horas como mínimo.

Ponga el cerdo con la marinada en una cazuela y añada la pimienta de Jamaica y el orégano. Tape la cazuela y llévelo a ebullición. Baje el fuego y cuézalo durante 1 hora y 30 minutos. Añada la cebolla roja, remueva bien y cuézalo 5 minutos más. Agregue el ají, llévelo a ebullición y cuézalo otros 5 minutos. Retire el ají, remueva bien y rectifique de sal y pimienta si fuera necesario.

Sírvalo caliente con hojas frescas de orégano esparcidas por encima.

Carapulca

Guiso de cerdo con papas secas
Perú

Preparación: 20 minutos,
más toda la noche en remojo
Cocción: 4 horas y 30 minutos

Para 4 personas

En su origen, la carapulca era un guiso elaborado con papas secas (deshidratadas), charqui (carne salada y seca), maníes, chiles y otros condimentos, alimentos que se podían conservar largos periodos de tiempo y, por lo tanto, consumirse mucho más allá de la temporada de cosecha. Después de la conquista, se introdujeron ingredientes del Viejo Mundo en la receta, como el cerdo y las cebollas. A menudo se sirve con Sopa seca (véase pág. 307) o arroz blanco.

450 g de papas (patatas) secas
2 cdas. de manteca
900 g de costillar de cerdo en costillas individuales
½ cebolla blanca picada
1 cda. de pasta de ajo
1 cda. de pasta de ají mirasol
2 cdas. de pasta de ají panca
2 clavos
1 ramita de canela pequeña
120 ml de vino tinto
475 ml de caldo de ternera
4 cdas. de maníes (cacahuetes) picados
1 cdta. de comino molido
1 cdta. de orégano molido
sal y pimienta molida
salsa criolla (véase pág. 406), para servir

Ponga las papas secas en un bol y cúbralas con agua fría. Déjelas en remojo toda la noche.

En una olla de barro o cazuela, caliente a fuego medio 1 cucharada de manteca y selle bien las costillas 5 minutos por cada lado o hasta que estén doradas. Retírelas y resérvelas. Caliente la manteca restante en la misma olla o cazuela y sofría la cebolla 8 minutos. Añada la pasta de ajo y las pastas de ají y remueva bien. Agregue los clavos y la canela y sofríalo todo a fuego medio 10 minutos o hasta que se caramelice.

Escurra las papas y añádalas a la olla junto con las costillas. Vierta el vino y el caldo y agregue los maníes picados, el comino y el orégano. Salpimiente, baje el fuego y cuézalo, tapado, 4 horas. Rectifique de sal y pimienta si fuera necesario y remueva bien.

Sírvalo caliente en boles de sopa, adornado con salsa criolla.

Adobo arequipeño

Manitas de cerdo

Siguiendo la tradición de aprovechar todas las partes del cerdo en la región, las patitas, patas o manitas de cerdo se usan en innumerables recetas. Su carne gelatinosa se puede encurtir o emplear para dar sabor a los caldos y espesar salsas. Dependiendo del carnicero, puede ser necesario retirar o chamuscar los pelos y rasparlas bien antes de cocinarlas.

Saus de patitas de puerco

Manitas de cerdo afroantillanas
Panamá

Preparación: 20 minutos,
más 3 horas para marinar
Cocción: 25 minutos

Para 8 personas

Saus, también escrito *sao* o *sous*, es una forma afroantillana de cocinar las manitas de cerdo. La mezcla de la acidez, el picante del ají chombo y la carne gelatinosa de las manitas es una combinación sorprendente y deliciosa. Se suelen servir como aperitivo, típico en días de fiesta y celebraciones familiares.

> 1,8 kg de manitas de cerdo limpias y cortadas
> por la mitad (pídaselo a su carnicero)
> 475 ml de zumo de limón (lima)
> 175 ml de vinagre de vino blanco
> 3 ajíes chombo descorazonados y picados
> 900 g de pepino pelado y en rodajas finas
> 3 dientes de ajo picados
> 2 cebollas blancas en rodajas
> 1 cda. de cilantro picado
> sal

Ponga las manitas en una olla y cúbralas con agua fría. Llévelas a ebullición, cuézalas 10 minutos y escúrralas. Retire los restos de grasa o de sangre y colóquelas de nuevo en la olla. Añada agua con sal hasta cubrirlas, llévelas a ebullición y cuézalas 15 minutos. Retírelas.

Vierta el zumo de limón y el vinagre en un bol, añada los ajíes, el pepino, el ajo y las cebollas. Sale y agregue las manitas de cerdo junto con el cilantro. Remueva bien y déjelas marinar 3 horas como mínimo a temperatura ambiente.

Sírvalas templadas en un bol.

Patita con maní

Manitas de cerdo con salsa de maní ⌷
Perú

Preparación: 15 minutos
Cocción: 4 horas y 5 minutos

Para 4 personas

Picante, gelatinosa y ligeramente dulce, la patita con maní es uno de los grandes desconocidos de la gastronomía peruana. Como sucedió con los Anticuchos de corazón (véase pág. 268), la Sangrecita de pollo (véase pág. 308) y con otros platos elaborados con partes de los animales que de otra manera se hubieran descartado, durante la época de los virreyes, los esclavos encontraron la manera de conseguir que las patas de cerdo y de ternera resultaran tan deliciosas como los cortes de primera categoría que no estaban a su alcance. El morro, la papada o la oreja también pueden formar parte del guiso.

> 450 g de patas de ternera
> 2 manitas de cerdo limpias
> 2 cdas. de manteca
> ½ cebolla blanca picada
> 1 cda. de pasta de ajo asado
> 2 cdas. de pasta de ají panca
> 475 ml de caldo de ternera
> 1 cdta. de comino molido
> 1 cdta. de orégano seco
> 50 g de maníes (cacahuetes) picados
> 900 g de papas (patatas) peladas y en dados
> de 2,5 cm
> 8 g de menta picada
> sal y pimienta molida
> arroz blanco y ensalada, para servir

Ponga las patas de ternera en una olla de agua con sal y cuézalas a fuego medio 3 horas. Retírelas, deshuéselas y corte la carne en dados de 1 cm. Resérvelas.

Coloque las manitas de cerdo en otra olla y cúbralas con agua fría. Llévelas a ebullición, cuézalas 10 minutos y escúrralas. Retire los restos de grasa o de sangre y póngalas de nuevo en la olla. Añada agua con sal hasta cubrirlas, llévelas a ebullición y cuézalas 15 minutos. Escúrralas, reservando 950 ml del agua de cocción. Córtelas en dados de 1 cm y resérvelas.

En una olla de barro o cazuela, caliente a fuego medio la manteca y sofría la cebolla y las pastas de ajo y de ají panca 8 minutos. Agregue la carne, el caldo de ternera, el agua de cocción reservada, el comino y el orégano y salpimiente. Remueva bien y añada los maníes. Cuézalo todo 15 minutos a fuego medio, agregue las papas y prosiga con la cocción otros 15 minutos. Rectifique de sal y pimienta si fuera necesario y esparza la menta por encima.

Sírvalo caliente en platos soperos con arroz o ensalada como guarnición.

Patita con maní

Aves de corral

Poco después de las once de la mañana, la clientela comienza a aparecer en una pequeña fonda bajo la sombra de un mamoncillo en el borde de una acera de la avenida Perú, en la ciudad de Panamá. El quiosco de metal está pintado de rojo, tiene persianas enrollables y algunas banquetas frente al mostrador. Solo vende pollo frito y patacones. Es una de las pocas fondas que ha conseguido sobrevivir entre los rascacielos de la concurrida avenida.

En su interior hay una cocina básica con una freidora llena de aceite caliente. El fondero echa un trozo de pollo, lo deja burbujear hasta que está crujiente y lo retira con una espumadera de metal. Lo coloca en un plato de papel con unos patacones y se lo da a la persona que espera en el mostrador, una mujer que trabaja en un edificio de oficinas cercano. Ella coge un bote de salsa picante, lo aliña a su gusto y le da un mordisco. Esta interacción entre vendedor y cliente se repetirá una y otra vez, cientos de veces hasta el final de la tarde.

Aunque es probable que los pollos no llegaran a América Latina hasta después del año 1500 d. C., desde el este y el oeste casi simultáneamente, si callejea por cualquier área urbana siempre encontrará a alguien preparando pollo. Verá pollos enteros girando en asadores, pechugas desmenuzadas servidas en tacos y tortas y trozos de gallina guisándose a fuego lento en una olla. Incluso las mollejas se ensartan y se asan a la parrilla y la sangre se sazona y se fríe.

Los pequeños pavos autóctonos y los patos criollos (subespecie doméstica de la especie *Cairina moschata*) fueron domesticados en la región mucho antes del contacto con el Viejo Mundo, lo que se constata en la minuciosidad de sus preparaciones. Las aves de corral autóctonas de América Latina se suelen guisar con hierbas y verduras o en potentes salsas hechas con chiles y especias.

Pollo al disco

Pollo al disco de arado
Argentina

Preparación: 30 minutos
Cocción: 1 hora y 55 minutos,
más 10 minutos para reposar

Para 12 personas

Normalmente preparado en grandes cantidades durante un asado, el pollo «al disco» se guisa en un disco de arado, una sartén redonda de 60 centímetros de ancho y 15 centímetros de profundidad como mínimo. Es parecido a una paella (que puede ser un buen sustituto), pero más grande, más hondo y más resistente, y originalmente era un disco de arado en desuso, con un agujero en el centro por donde pasaba el eje del arado, que se podía colocar directamente sobre un fuego de leña. Las verduras, como el maíz y las papas, se pueden cocinar junto con el pollo si lo desea.

    475 ml de aceite vegetal
    3 pollos enteros en 8 trozos cada uno
    1,4 kg de cebollas blancas picadas
    5 dientes de ajo picados
    1 pimiento rojo despepitado y en juliana
    900 g de zanahorias peladas y en juliana
    10 cebolletas, solo la parte blanca, picadas
    2,2 litros de vino tinto
    1 cda. de copos de chile machacados
    1 cda. de orégano seco
    3 hojas de laurel
    750 ml de caldo de pollo, si fuera necesario
    3 cdas. de perejil picado
    sal y pimienta molida

Prepare un fuego de carbón y, cuando esté listo, caliente el disco de arado. Vierta poco a poco la mitad del aceite en espiral, cubriendo toda la superficie. Caliéntelo 5 minutos y añada los trozos de pollo. Fríalos 30 minutos hasta que se chamusquen, removiendo con una cuchara de madera cada 10 minutos para evitar que se peguen. Retírelos y resérvelos.

Vierta el aceite restante en el disco y caliéntelo 5 minutos antes de agregar la cebolla, el ajo y el pimiento. Remueva bien y sofríalos 15 minutos hasta que la cebolla esté transparente. Añada las zanahorias y las cebolletas y sofríalo todo 20 minutos, removiendo con frecuencia. Agregue el pollo junto con el vino y remueva bien. Añada los copos de chile, el orégano y el laurel y salpimiente. Cuézalo 40 minutos, removiendo con frecuencia y comprobando de vez en cuando que no está demasiado seco; añada el caldo de pollo a medida que sea necesario.

Retire el pollo, esparza el perejil en la salsa y rectifique de sal y pimienta si fuera necesario. Retire el disco de arado del fuego y deje reposar la salsa 10 minutos para que se enfríe ligeramente.

Sirva los trozos de pollo calientes napados con la salsa.

Ariran guisou, pollo guisado

Pollo guisado estilo Belice
Belice, Honduras

Preparación: 30 minutos,
más toda la noche para marinar
Cocción: 1 hora

Para 6 personas

Este guiso de pollo, muy condimentado, es un plato reconfortante típico de las familias garífunas de Belice y Honduras. No hay una receta estándar, solo pollo guisado con lo que haya en la despensa y lo que crezca en la huerta. Se suele servir con arroz y frijoles o Arroz con coco (véase pág. 63).

    1,4 kg de muslos de pollo sin piel
    2 cdas. de aceite de coco
    250 ml de caldo de pollo
    sal

    Para la marinada
    60 ml de zumo de limón (lima)
    3 cdas. de salsa Worcestershire
    2 cdtas. de azúcar
    2 cdtas. de pimienta molida
    1 cda. de recado rojo (pasta de achiote)
    1 hoja de laurel
    2 cdtas. de cúrcuma molida
    1 cdta. de comino molido
    4 dientes de ajo picados
    2 cebollas blancas en rodajas

En un bol, mezcle todos los ingredientes de la marinada. Sale los muslos de pollo y añádalos al bol. Remueva con las manos, asegurándose de que queden bien cubiertos. Tape el bol y déjelos marinar toda la noche en el frigorífico.

Caliente a fuego medio el aceite de coco en una cazuela y selle los muslos de pollo, por tandas (reservando la marinada), 5 minutos por cada lado o hasta que estén dorados. Páselos a un plato a medida que estén sellados.

En la misma cazuela, vierta la marinada reservada y cuézala 5 minutos a fuego medio, removiendo. Añada el pollo, vierta el caldo y llévelo a ebullición. Baje el fuego, tape la cazuela y cuézalo 30 minutos.

Sírvalo caliente.

Coxinha

Croquetas brasileñas de pollo
Brasil

Preparación: 1 hora
Cocción: 1 hora y 15 minutos   Para 25-30 unidades

A diferencia de los *nuggets* de pollo, que utilizan la carne desmenuzada y tienen formas que no imitan trozos de pollo reales, la *coxinha* brasileña tiene forma de muslo. Cuenta la leyenda que, a finales del siglo XIX, uno de los hijos de la princesa Isabel de la ciudad de Limeira solo comía muslos de pollo. Un día, al no disponer de ellos, pero sí de otras partes de pollo, el cocinero de la casa desmenuzó la carne y le dio forma de muslo. El joven príncipe lo aprobó y la *coxinha* se hizo famosa. Hoy en día, hay innumerables variantes regionales que añaden rellenos como queso, maíz, guisantes e incluso yaca (*Artocarpus heterophyllus*).

> 4 papas (patatas) grandes o yucas lavadas
> 2 pechugas de pollo deshuesadas
> 2 ramas de apio picadas
> 20 g de perejil picado
> 520 g de harina común
> 1 cda. de aceite de oliva
> 1 cebolla picada fina
> 2 dientes de ajo picados finos
> 4 tomates pelados y picados
> 2 huevos
> 100 g de pan rallado
> 1,5 litros de aceite vegetal (u otro aceite neutro)
> sal y pimienta molida

Coloque las papas y el pollo en una olla con suficiente agua para cubrirlos. Añada el apio, el perejil y un poco de sal. Cuézalo a fuego medio 20 minutos o hasta que las papas y el pollo estén tiernos. Retire las papas y el pollo, reservando el caldo de cocción, y déjelos enfriar. Pele las papas y aplástelas. Desmenuce el pollo en un plato y salpimiente.

En un bol, mezcle el puré de papas con la harina. Salpimiente y amase, añadiendo suficiente caldo de cocción (unos 750 ml), hasta obtener una masa homogénea. Forme de 25 a 30 bolas y resérvelas.

Para preparar el relleno, caliente a fuego medio el aceite de oliva en una sartén y sofría la cebolla y el ajo hasta que estén transparentes. Añada los tomates y sofríalos hasta que se absorba todo el líquido. Incorpore el pollo desmenuzado y rectifique de sal si fuera necesario.

Aplaste cada bola de masa con las manos para formar discos. Ponga 1 cucharada del relleno de pollo en el centro de cada uno de ellos, pellizque la parte superior de la masa para sellarla y dele forma de lágrima.

Bata los huevos en un bol y ponga el pan rallado en otro. Reboce las croquetas en el huevo y páselas después por el pan rallado.

Vierta suficiente aceite vegetal para freír en una cazuela de fondo grueso, asegurándose de que no supere los dos tercios de su capacidad, y caliéntelo a 177 °C. Fría las *coxinhas*, por tandas, unos 8 minutos hasta que se doren. Páselas a un plato forrado con papel de cocina para eliminar el exceso de aceite.

Sírvalas calientes.

Empadão de frango, pastel de polvorosa

Empanada de pollo
Brasil, Venezuela

Preparación: 30 minutos,   Para 8 personas
más 20 minutos para enfriar
Cocción: 50 minutos

En la mayor parte de América Latina, es un plato muy popular tanto en los hogares como en las panaderías. Pueden ser redondas como un pastel o rectangulares, de tamaño individual o grandes y servidas en porciones. En Brasil hay una versión mini para comer con la mano, la *empadinha*, un clásico en las fiestas de cumpleaños.

> 2 cdas. de aceite de oliva
> 2 cebollas picadas finas
> 2 dientes de ajo picados
> 2 tomates picados
> 900 g de pechuga de pollo cocida y desmenuzada
> 60 g de aceitunas verdes picadas
> 140 g de granos de maíz
> 130 g de guisantes
> 210 g de palmitos picados
> 225 g de puré o salsa de tomate
> 1 cda. de salsa picante
> 475 ml de caldo de pollo
> 650 g de harina común, más 1 cda. extra
> 75 ml de leche
> 20 g de perejil picado
> 4 yemas de huevo
> 350 g de mantequilla en dados pequeños
> 120 ml de agua fría
> sal y pimienta molida
> arroz blanco cocido y ensalada, para servir

Caliente a fuego medio el aceite en una olla y sofría la cebolla y el ajo 2 minutos. Añada los tomates y sofríalos hasta que se ablanden. Agregue el pollo desmenuzado, las aceitunas, el maíz, los guisantes y los palmitos. Añada el puré de tomate y la salsa picante, remueva hasta que se incorporen y vierta el caldo. Disuelva la cucharada de harina en la leche, viértala en la olla y remueva. Baje el fuego a medio-bajo y cuézalo, removiendo con frecuencia, 10 minutos. El relleno debe quedar cremoso y ligeramente espeso. Esparza el perejil y salpimiente. Retire la olla del fuego y déjelo enfriar por completo.

En un bol, mezcle los 650 g de harina con 1 cucharadita de sal. Añada 3 yemas de huevo y remueva. Agregue la mantequilla y frótela con la harina con la yema de los dedos hasta obtener una textura arenosa. Añada suficiente agua fría por tandas, varias cucharadas cada vez, y amase hasta obtener una masa fina. Envuélvala con film transparente y déjela enfriar 20 minutos.

Precaliente el horno a 180 °C.

Corte un tercio de la masa y resérvela. Extienda la masa restante con un rodillo hasta obtener un disco lo suficientemente grande para forrar la base y los bordes de un molde desmontable redondo de 23 cm. Coloque la masa en el fondo del molde y presiónela con un tenedor.

Añada el relleno frío y distribúyalo de manera uniforme por la base. Forme otro disco con la masa restante y colóquelo sobre el relleno, pellizcando los bordes para sellar la empanada. Pinche la superficie con un tenedor para que el vapor pueda salir y píntela con la yema de huevo restante ligeramente batida.

Hornee la empanada de 25 a 35 minutos o hasta que se dore. Sírvala caliente con ensalada o arroz.

Frango com quiabo

Pollo con ocra
Brasil

Preparación: 20 minutos,
más 40 minutos para marinar
Cocción: 1 hora

Para 6 personas

El pollo, introducido en Brasil por los portugueses, y la ocra, traída por los esclavos, eran ingredientes fáciles de encontrar en Minas Gerais en el siglo xix, cuando el transporte de alimentos y suministros desde otras regiones era escaso. Los guisos sencillos como este, generalmente acompañados de harina de yuca, eran típicos de la época y lo siguen siendo hoy en día.

- 900 g de muslos de pollo sin piel
- 5 dientes de ajo picados
- 1 cdta. de recado rojo (pasta de achiote)
- 2 cdas. de zumo de limón (lima)
- 3 cdas. de aceite de oliva
- 450 g de ocra en trozos de 1 cm
- 1 cebolla blanca en rodajas
- 1 tomate pelado, despepitado y picado
- 1 cda. de perejil picado
- sal y pimienta molida
- arroz blanco cocido, para servir

Coloque el pollo en un bol, añada el ajo y salpimiente. En otro bol, mezcle el recado rojo con el zumo de limón y vierta la mezcla sobre el pollo. Cúbralo con film transparente y déjelo reposar 40 minutos en el frigorífico.

Mientras, caliente a fuego medio 1 cucharada de aceite en una sartén y sofría la ocra 20 minutos, sin dejar de remover, hasta que pierda su textura viscosa. Déjela enfriar, escúrrala y resérvela.

Caliente a fuego vivo las 2 cucharadas de aceite restantes en una cazuela y saltee la cebolla 15 minutos hasta que esté dorada y caramelizada. Agregue el tomate y el pollo y selle este último 5 minutos por cada lado o hasta que se dore. Vierta suficiente agua caliente para cubrir la mitad del pollo, sale, tape la cazuela y cuézalo a fuego medio 20 minutos. Añada la ocra y remueva bien. Rectifique de sal y pimienta si fuera necesario.

Esparza el perejil picado por encima y sírvalo caliente con arroz a un lado.

Xinxim de galinha

Guiso de pollo bahiano 🍲
Brasil

Preparación: 20 minutos,
más 30 minutos para marinar
Cocción: 45 minutos

Para 6 personas

El *xinxim de galinha* es la personificación de los ingredientes bahianos por excelencia: camarones, aceite de *dendê*, maníes y leche de coco. Dedicado a la diosa Oxum en los rituales del candomblé, es uno de los platos afrobrasileños más emblemáticos y se suele degustar junto con otros platos regionales como el Caruru de camarão (véase pág. 228) o el Vatapá (véase pág. 228).

- 1 pollo entero (1,8-2,3 kg) en trozos
- 2 cdas. de zumo de limón (lima)
- 4 dientes de ajo picados
- 1 cdta. de pimienta molida
- 120 ml de aceite de dendê
- 2 cebollas blancas picadas
- 2 cdas. de cilantro picado
- 50 g de maníes (cacahuetes) tostados y picados
- 60 g de anacardos picados
- 2 cdas. de jengibre rallado
- 120 g de camarones (gambas) secos
- 250 ml de leche de coco
- sal

En un plato, aderece los trozos de pollo con el zumo de limón, el ajo, la pimienta molida y un poco de sal. Déjelo reposar 30 minutos a temperatura ambiente.

Caliente a fuego medio el aceite en una cazuela y selle los trozos de pollo 10 minutos por cada lado, removiendo de vez en cuando.

Mientras, coloque la cebolla, el cilantro, los maníes, los anacardos y el jengibre en una batidora. Tritúrelos a velocidad media hasta obtener una pasta fina. Añádala al pollo junto con los camarones secos y cuézalo a fuego medio 20 minutos o hasta que el pollo esté tierno. Vierta la leche de coco y llévelo a ebullición. Rectifique de sal y pimienta si fuera necesario.

Sirva el *xinxim* templado.

Xinxim de galinha

Pepián de pollo

Pollo guisado guatemalteco con especias
Guatemala

Preparación: 40 minutos
Cocción: 1 hora y 10 minutos

Para 4 personas

El pepián, el más apreciado de todos los recados o guisos guatemaltecos, es un guiso muy completo a base de carnes y una contundente mezcla de especias que se asan antes de la cocción. Se prepara en los hogares, pero también lo sirven los vendedores ambulantes y los puestos en los mercados, generalmente acompañado de arroz y tortillas.

    1 pollo entero de 1,4 kg en 8 trozos
    3 cebollas peladas, 2 en cuartos y 1 entera
    2 chiles guaque secos despepitados
    2 chiles pasilla secos despepitados
    210 g de pepitas (pipas de calabaza)
    110 g de semillas de sésamo
    6 granos de pimienta negra
    6 clavos
    1 cda. de orégano seco
    ½ ramita de canela
    1 cdta. de semillas de cilantro
    3 dientes de ajo pelados
    9 tomates
    60 ml de agua
    1 chayote en rodajas gruesas
    3 papas (patatas) peladas y en trozos
    sal
    2 cdas. de cilantro picado grueso
    arroz blanco cocido, para servir

Coloque el pollo en una olla y vierta suficiente agua para cubrirlo. Sale, añada la cebolla en cuartos y llévelo a ebullición. Baje el fuego y cuézalo 25 minutos.

Mientras, ase los chiles secos en una sartén sin aceite a fuego medio 10 minutos, dándoles la vuelta una vez, y páselos a un bol. Repita la operación con las pepitas, las semillas de sésamo, los granos de pimienta, los clavos, el orégano, la canela, las semillas de cilantro y el ajo en la misma sartén y páselos al bol.

Ase la cebolla entera en la misma sartén 7 minutos o hasta que esté dorada. Colóquela en el bol con los chiles y las semillas y repita la operación con los tomates.

Ponga todos los ingredientes asados en una batidora con el agua y tritúrelos a velocidad media 2 minutos hasta obtener una pasta. Añádala a la olla con el pollo tras los 25 minutos de cocción y cuézalo a fuego lento 20 minutos más o hasta que la salsa se reduzca. Agregue el chayote y las papas y prosiga con la cocción otros 10 minutos o hasta que estén tiernos. La salsa debe quedar fina y ligera.

Sirva el pepián caliente con el cilantro esparcido por encima y el arroz a un lado.

Ajiaco

Guiso colombiano de pollo y papas
Colombia

Preparación: 20 minutos
Cocción: 1 hora y 45 minutos

Para 8 personas

Hay guisos contundentes de carnes y papas llamados *ajiaco* en Colombia, Cuba y el Perú. Todos son platos autóctonos que se adaptaron con la llegada de los españoles y todos son diferentes. En Colombia, es un guiso de montaña que combina el pollo con tres tipos de papas colombianas: criolla, pastusa y sabanera (se pueden sustituir por papas Russet, rojas y Yukon Gold). Si hay un sabor que no consigue identificar, será probablemente el de la hierba andina *Galinsoga parviflora* conocida como *guasca* en Colombia, *piojo* en México y *albahaca silvestre* en España, que tiene un sabor que recuerda al del laurel.

    3 pechugas de pollo sin piel
    475 ml de agua
    3 mazorcas de maíz cortadas por la mitad
    3 cebolletas, solo la parte blanca, picadas
    2 dientes de ajo picados
    750 ml de caldo de pollo
    3 papas (patatas) sabaneras peladas y en rodajas gruesas
    8 papas (patatas) criollas enteras
    3 papas (patatas) pastusas peladas y en rodajas gruesas
    5 cdas. de guasca (albahaca silvestre)
    3 cdas. de cilantro picado
    sal y pimienta molida

    Para servir:
    alcaparras
    rodajas de aguacate
    crema mexicana (o nata)

Ponga el pollo y el agua en una olla. Añada el maíz, las cebolletas, el ajo y el caldo. Salpimiente y llévelo a ebullición. Baje el fuego, tape la olla y cuézalo unos 40 minutos o hasta que el pollo esté tierno.

Retire el pollo, desmenúcelo y resérvelo. Prosiga con la cocción de las verduras otros 30 minutos. Agregue las papas y la guasca (albahaca silvestre) y cuézalo 30 minutos más (añada más agua a medida que sea necesario).

Rectifique de sal y pimienta si fuera necesario y coloque el pollo de nuevo en la olla. Esparza el cilantro por encima, caliéntelo bien.

Sírvalo con alcaparras, aguacate y crema mexicana.

Ajiaco

Gallina achiotada

Gallina rellena 🖵
Costa Rica

Preparación: 20 minutos
Cocción: 1 hora

Para 4 personas

La gallina *achiotada*, una de las recetas más emblemáticas de Guanacaste, en el noroeste de Costa Rica, se suele preparar para las cenas de los días de fiesta y en reuniones familiares y de amigos. Se sirve con tortillas de maíz y huevos duros.

    1 pollo entero de unos 2,3 kg
    2 hojas de culantro
    4 dientes de ajo, 2 majados y 2 picados
    2 cdas. de manteca
    8 papas (patatas) peladas y en rodajas de 1 cm
    120 g de tocino picado
    1 cebolla blanca picada
    1 chile habanero despepitado y picado
    2 tomates pelados y en dados
    250 ml de caldo de pollo
    1 cdta. de orégano seco
    2 ramitas de perejil
    1 ramita de tomillo
    225 g de mantequilla
    2 cdas. de recado rojo (pasta de achiote)
    sal y pimienta molida
    tortillas de maíz (véase pág. 136)

Coloque el pollo en una cazuela y vierta suficiente agua para cubrirlo tres cuartas partes. Añada un poco de sal, las hojas de culantro y el ajo majado y llévelo a ebullición a fuego vivo. Baje el fuego y cuézalo 15 minutos. Dele la vuelta y cuézalo otros 15 minutos.

Mientras, caliente a fuego vivo la manteca en otra cazuela. Añada las papas, baje el fuego y sofríalas, sin dejar de remover, 10 minutos. Agregue el tocino, la cebolla, el chile, los tomates y el ajo picado y sofríalo todo 10 minutos. Añada el caldo y el orégano, salpimiente y cuézalo 15 minutos más o hasta que el caldo se evapore. Retírelo del fuego y resérvelo.

Retire el pollo y rellénelo por la cavidad del cuello con la mezcla de papas. Añada las ramitas de perejil y tomillo y cierre la piel sobre la cavidad con palillos o bramante para asegurarlo.

Caliente a fuego medio la mantequilla en otra cazuela. Añada el recado rojo, remueva bien, coloque el pollo de lado y séllelo 15 minutos, regándolo con la mantequilla de achiote. Dele la vuelta y repita la operación hasta que el pollo esté tierno.

Sírvalo caliente con tortillas.

Gallo en chicha

Guiso de pollo salvadoreño
El Salvador, Guatemala

Preparación: 20 minutos,
más 8 horas para marinar
Cocción: 2 horas

Para 4 personas

Típico de ocasiones especiales en El Salvador y algunas zonas de Guatemala, el gallo o pollo se guisa con cerveza de maíz, frutas y panela. La salsa resultante es dulce, ácida y un poco *funky* en el mejor sentido de la palabra. Es como un *coq au vin* salvadoreño. Elaborada con cáscaras de maíz y piña, la chicha salvadoreña es como un cruce entre la Chicha de jora (véase pág. 388) andina y el Tepache (véase pág. 390). La puede sustituir por cualquiera de los dos o por cerveza o sidra.

    2 cdas. de zumo de limón (lima)
    475 ml de chicha salvadoreña
    100 ml de vinagre de sidra de manzana
    3 dientes de ajo picados
    $\frac{1}{2}$ cdta. de semillas de mostaza
    1 cdta. de pimienta rosa molida
    1 gallo o pollo entero de unos 2,3 kg en 8 trozos
    3 cdas. de manteca
    225 g de costillas de cerdo
    3 clavos
    1 chile dulce descorazonado y picado
    250 ml de vino blanco
    300 g de ciruelas picadas
    280 g de pasas picadas
    3 papas (patatas) peladas y en dados
    1 ramita de canela
    8 hojas de laurel
    4 tomates pelados, despepitados y en dados
    2 zanahorias peladas y ralladas
    sal y pimienta molida

En un bol, mezcle el zumo de limón con la chicha, el vinagre de sidra de manzana, el ajo, las semillas de mostaza y la pimienta rosa y sale. Frote los trozos de pollo con la mezcla. Cubra el bol y déjelo marinar 8 horas (o toda la noche) en el frigorífico.

Caliente a fuego vivo 2 cucharadas de manteca en una cazuela. Retire el exceso de marinada del pollo (reservándola) y añada los trozos a la cazuela. Baje el fuego a medio y fríalos unos 5 minutos por cada lado o hasta que se doren. Retírelos y resérvelos.

En la misma cazuela, caliente la cucharada de manteca restante y repita la operación con las costillas de cerdo. Añada el pollo, los clavos, el chile y la marinada reservada a la cazuela con las costillas, tápela y llévelo todo a ebullición (añada un vaso de agua caliente si fuera necesario). Baje el fuego y cuézalo durante 1 hora.

Añada el vino, las ciruelas, las pasas, las papas, la canela, el laurel, los tomates y las zanahorias. Remueva bien y cueza otros 40 minutos a fuego lento. Compruebe el punto de sal y pimienta.

Sírvalo templado en platos hondos.

Gallina achiotada

Pollo encebollado

Pollo encebollado salvadoreño
El Salvador

Preparación: 15 minutos,   Para 6 personas
más 30 minutos para marinar
Cocción: 55 minutos

Es prácticamente imposible que conozca a un salvadoreño que, al probar esta receta, no rememore de inmediato su infancia y le venga a la mente la imagen de su madre o abuela con una olla de pollo encebollado cociendo a fuego lento en la cocina impregnándolo todo con su dulce aroma. Para un bistec encebollado, solo debe sustituir el pollo por carne de ternera.

    3 chiles guajillo secos
    2 cdas. de mostaza
    1½ cdas. de salsa Worcestershire
    3 dientes de ajo picados
    1 pollo entero de 1,4 kg en 8 trozos
    235 g de mantequilla
    5 cebollas blancas en rodajas
    120 ml de vino blanco
    1 hoja de laurel
    un puñado de pan rallado, si fuera necesario
    sal y pimienta molida
    arroz blanco cocido, para servir

Coloque los chiles en un bol, cúbralos con agua hirviendo y déjelos en remojo 10 minutos. Escúrralos, despepítelos y córtelos en trozos pequeños.
    Mientras, en otro bol, mezcle la mostaza con la salsa Worcestershire y el ajo y salpimiente. Frote los trozos de pollo con la mezcla y déjelos marinar 30 minutos.
    Caliente a fuego medio 2 cucharadas de la mantequilla en una cazuela y selle los trozos de pollo 7 minutos por cada lado o hasta que se doren. Retírelos y resérvelos.
    En la misma cazuela, caliente la mantequilla restante a fuego vivo y saltee la cebolla 5 minutos. Añada los chiles y saltéelo todo otros 5 minutos o hasta que la cebolla esté transparente y tierna. Retire la cazuela del fuego.
    Ponga el pollo ya dorado en otra cazuela, añada la mezcla de cebolla y chiles, el vino, el laurel y vierta suficiente agua para cubrirlo. Sale y llévelo a ebullición. Baje el fuego a medio y cuézalo 20 minutos o hasta que esté bien hecho. Si la salsa quedara demasiado ligera, añada un poco de pan rallado y cuézalo otros 10 minutos.
    Sírvalo caliente con arroz.

Colombo de poulet

Colombo de pollo
Guayana Francesa

Preparación: 20 minutos,
más toda la noche para marinar
Cocción: 30 minutos   Para 4 personas

El *Colombo de poulet* es un tipo de curry criollo que se originó en el Caribe francés en el siglo XIX, elaborado por los trabajadores de las plantaciones de azúcar procedentes de la India. Este guiso tropical de pollo con leche de coco se sazona con *poudre de Colombo* (polvo Colombo), una mezcla de curry sin una receta estándar, pero generalmente preparada con especias que pueden incluir semillas de cilantro, fenogreco, cúrcuma, semillas de mostaza, granos de pimienta negra, comino y clavo. También se añade arroz tostado de grano largo, que actúa como espesante. En los mercados del Caribe, esta mezcla de especias se comercializa en forma de polvo.

    1 pollo entero (1,8-2,3 kg) en 4 trozos
    2 cdas. de aceite vegetal
    1 cda. de mantequilla
    ½ chalota picada
    2 dientes de ajo picados
    ½ chile Scotch Bonnet picado
    1 cda. de pimienta de Cayena
    2 cdas. de zumo de limón (lima)
    1 calabacín en dados de 1 cm
    1 berenjena en dados de 1 cm
    1 cda. de perejil picado
    1 cdta. de tomillo seco
    1 cebollino picado
    475 ml de caldo de pollo
    250 ml de leche de coco
    sal y pimienta molida

    Para la marinada
    3 cdas. de polvo Colombo
    ½ chalota picada fina
    2 dientes de ajo picados finos
    1 cdta. de semillas de cilantro molidas
    1 cda. de vinagre de vino blanco
    250 ml de agua
    arroz blanco cocido, para servir

Coloque los trozos de pollo en un plato y salpimiéntelos. Ponga los ingredientes de la marinada en un bol y remueva bien. Vierta la mezcla sobre el pollo para cubrirlo y déjelo marinar toda la noche en el frigorífico.
    Caliente a fuego medio el aceite y la mantequilla en una cazuela y sofría la chalota, el ajo, el chile y la pimienta de Cayena, sin dejar de remover, 10 minutos o hasta que la chalota esté transparente. Retire el pollo de la marinada (reservando esta), páselo a la cazuela y séllelo por ambos lados. Agregue el zumo de limón, el calabacín y la berenjena y remueva bien. Añada el perejil, el tomillo y el cebollino. Vierta la marinada y el caldo de pollo y baje el fuego. Tape la cazuela y cuézalo 15 minutos a fuego lento hasta que el pollo esté tierno. Vierta la leche de coco, remueva bien y rectifique de sal y pimienta si fuera necesario.
    Sírvalo caliente con arroz.

Colombo de poulet

Pollo en jocón

Guiso guatemalteco de pollo verde
Guatemala

Preparación: 20 minutos
Cocción: 1 hora

Para 8 personas

Este guiso aromático de pollo cocinado a fuego lento en una salsa de tomatillos, y cilantro es típico de las comunidades mayas de Guatemala. Se suele espesar con pipas de calabaza y, a veces, también con tortillas o masa de maíz.

70 g de semillas de calabaza tostadas
35 g de pepitas (pipas de calabaza)
2,3 kg de pechugas de pollo deshuesadas y sin piel
2 tomates pelados y picados
75 g de cilantro picado grueso
680 g de tomatillos
3 cdas. de aceite de oliva
3 jalapeños despepitados y en rodajas
4 dientes de ajo picados
2 pimientos verdes despepitados y picados
1 cebolla blanca picada
sal y pimienta molida

Para servir
rodajas de aguacate
arroz blanco
tortillas de maíz (véase pág. 136)

Pique gruesas las semillas y las pipas de calabaza y macháquelas en un mortero hasta obtener un polvo.
Coloque el pollo y los tomates en una cazuela. Vierta suficiente agua para cubrirlos, sale y llévelos a ebullición. Baje el fuego y cuézalos unos 30 minutos a fuego lento. Retire el pollo, reservando el caldo de cocción, y déjelo enfriar. Desmenúcelo y resérvelo.
Ponga el cilantro con los tomatillos y 250 ml del caldo de cocción en una batidora y tritúrelos a velocidad media menos de 1 minuto. Reserve la mezcla.
Caliente a fuego medio el aceite en una cazuela y sofría los jalapeños, el ajo, los pimientos y la cebolla 10 minutos o hasta que estén blandos. Vierta 750 ml del caldo de cocción y la mezcla de cilantro y tomatillos. Agregue las semillas y las pipas de calabaza machacadas y cuézala a fuego lento 10 minutos o hasta que espese. Añada el pollo desmenuzado y cuézalo otros 10 minutos. Salpimiente y remueva bien. Rectifique de sal y pimienta si fuera necesario y sírvalo con arroz, rodajas de aguacate y tortillas de maíz.

Pollo al estilo de Guyana

Guyana

Preparación: 20 minutos, más toda la noche para marinar
Cocción: 45 minutos

Para 4 personas

Este pollo dorado y endulzado con una salsa preparada con azúcar moreno y diferentes condimentos es un plato tradicional de gran parte del Caribe de habla inglesa; sin embargo, la adición de un extracto reducido de yuca conocido como *cassareep* hace que esta versión sea claramente guyanesa. Sírvalo con *roti* o arroz blanco.

½ cdta. de jengibre fresco picado
4 dientes de ajo picados
½ cdta. de pimienta molida
1 cdta. de hojas de tomillo fresco
½ cdta. de pimentón
2 cebollas de verdeo picadas
1,8 kg de muslos de pollo sin piel y en trozos de 4 cm (pídaselo a su carnicero)
3 cdas. de aceite de oliva
1½ cdas. de azúcar moreno
½ cebolla blanca picada
2 chiles wiri wiri
4 cebolletas picadas
1 cda. de tomillo seco
2 ramitas de canela
10 clavos
½ cda. de polvo de cinco especias
2 cdas. de salsa Worcestershire
2 cdas. de salsa de soja
3 cdas. de cassareep
475 ml de agua hirviendo
sal
arroz blanco cocido, para servir

En un bol, mezcle el jengibre con 1 cucharadita del ajo, la pimienta, el tomillo fresco, el pimentón y las cebollas de verdeo. Sale y añada el pollo. Frótelo bien con las manos y déjelo marinar toda la noche en el frigorífico.
Caliente a fuego medio el aceite en una cazuela, añada el azúcar y remueva bien hasta que empiece a caramelizarse. Agregue la cebolla, el ajo restante, el chile y las cebolletas. Remueva 5 minutos y añada el pollo marinado, el tomillo, la canela, los clavos, el polvo de cinco especias, la salsa Worcestershire, la salsa de soja y el *cassareep*.
Baje el fuego, tape la cazuela y cuézalo 20 minutos. Vierta el agua hirviendo y prosiga con la cocción, destapado, 15 minutos más o hasta que el pollo esté tierno. Rectifique de sal y pimienta si fuera necesario y sírvalo caliente en platos hondos con arroz.

Pollo al estilo de Guyana

Pulique

Guiso de pollo del Altiplano guatemalteco
Guatemala

Preparación: 20 minutos,
más 1 hora en remojo
Cocción: 1 hora y 15 minutos

Para 4 personas

Originario de Jalapa y Guazacapán, en el departamento de Santa Rosa en el Altiplano de Guatemala, el pulique se suele preparar con pollo, pero también con ternera, pavo o cualquier otra carne disponible. Algunas variantes de las zonas costeras incluso utilizan marisco. Es un plato de origen precolombino, aunque se adaptó a los ingredientes españoles durante el periodo colonial.

- 270 g de arroz
- 1 pollo entero de unos 1,4 kg en trozos
- 1,9 litros de agua
- 450 g de tomates pelados y en dados
- 120 g de tomatillos
- ½ cebolla blanca picada
- 1 chile guaque ligeramente asado
- 2 dientes de ajo pelados
- 1 ramita de epazote
- 2 cdas. de cilantro picado
- 1 güisquil (chayote) en dados
- 75 g de judías verdes
- 2 papas (patatas) medianas peladas y en dados
- 1 cdta. de recado rojo (pasta de achiote)
- 2 cdtas. de harina de maíz
- 4 granos de pimienta
- sal y pimienta molida
- tortillas de maíz (véase pág. 136)

Ponga el arroz en un bol con agua fría y déjelo en remojo durante 1 hora.

Mientras, coloque los trozos de pollo y el agua en una olla, sale y llévelo a ebullición. Baje el fuego y cuézalo 45 minutos.

Escurra el arroz y colóquelo en una batidora junto con los tomates, los tomatillos, la cebolla, el chile y el ajo. Tritúrelo a velocidad media 1 minuto o hasta obtener una pasta homogénea. Añada la pasta a la olla con el pollo, llévelo a ebullición y baje el fuego. Agregue el epazote, el cilantro y el chayote, remueva bien y cuézalo 5 minutos. Añada las judías verdes, las papas y el recado rojo y prosiga con la cocción 10 minutos más.

En un bol, bata con las varillas la harina de maíz con 120 ml del caldo de cocción y viértalo de nuevo en la olla. Añada los granos de pimienta, tape la olla y cuézalo otros 10 minutos.

Rectifique de sal y pimienta. Retire el epazote y, si fuera necesario, los granos de pimienta. Sírvalo caliente en platos hondos con tortillas como guarnición.

Ají de gallina

Pollo guisado en salsa cremosa de ajíes
Perú

Preparación: 20 minutos
Cocción: 1 hora

Para 6-8 personas

El ají de gallina tiene sus raíces en el manjar blanco típico de la España medieval, un plato en el que el pollo se cubría con una salsa dulce y cremosa elaborada con leche, azúcar, almendras, agua de rosas y arroz. Llegó a Lima en el siglo XVI y, con el tiempo, se convirtió en un plato salado y se adaptó a los ingredientes del Nuevo Mundo como el ají y las pacanas. Además, la receta que ahora se conoce en el Perú como manjar blanco, similar al dulce de leche, surgió del plato español original. Tradicionalmente, se preparaba con gallina, pero hoy en día el pollo es lo más habitual.

- 1 pollo entero de unos 1,8 kg
- 8 dientes de ajo picados
- 1 rama de apio picada
- 1 hoja de laurel
- 1 zanahoria pelada y en trozos
- 6 rebanadas de pan blanco
- 250 ml de leche
- 2 cdas. de aceite vegetal
- 2 cebollas rojas picadas
- 6 cdas. de pasta de ají amarillo
- 2 cdas. de pacanas picadas
- 450 g de papas (patatas) cocidas y en rodajas gruesas
- 2 cdas. de queso parmesano rallado
- 3 huevos duros cortados por la mitad
- 10 aceitunas negras
- arroz blanco cocido, para servir (opcional)

Coloque el pollo en una cazuela con la mitad del ajo, el apio, el laurel y la zanahoria. Añada suficiente agua para cubrirlo todo y sale. Llévelo a ebullición y cuézalo 35 minutos o hasta que el pollo esté tierno.

Mientras, ponga el pan en un bol, cúbralo con la leche y déjelo en remojo.

Retire el pollo, reservando el caldo de cocción. Déjelo enfriar y desmenúcelo.

En una sartén, caliente a fuego medio el aceite y sofría el ajo restante, la cebolla y la pasta de ají amarillo 10 minutos. Agregue el pan remojado y remueva. Si la salsa quedara demasiado espesa, añada gradualmente un poco de caldo de cocción, removiendo bien. Agregue el pollo desmenuzado y las pacanas a la sartén y rectifique de sal si fuera necesario.

Disponga las papas en un plato, nápelas con el ají de gallina caliente y esparza el parmesano por encima. Adórnelo con los huevos duros y las aceitunas negras.

Sírvalo templado, con arroz a un lado, si lo prefiere

Pamplona

Rollo de pollo
Uruguay

Preparación: 30 minutos
Cocción: 40 minutos

Para 4 personas

Se cree que la primera pamplona uruguaya fue creada en 1963 por un carnicero en el departamento de Florida, que enrolló diferentes rellenos en filetes de carne de cerdo muy finos para comercializarlos de forma novedosa. Actualmente, es un plato típico durante los asados y de la cocina casera de todo el país, donde generalmente se prepara con pollo. Además, a muchos les gusta cubrir el exterior con lonchas de tocino.

- 1 cda. de mantequilla
- 100 g de palmito picado
- 1 pimiento rojo despepitado y en rodajas
- 4 pechugas de pollo deshuesadas
- 1 cdta. de orégano seco
- 1 cdta. de pimentón
- 2 dientes de ajo picados

4 filetes de jamón finos
225 g de tocino en dados
60 g de mozzarella rallada
1 cda. de perejil picado
sal y pimienta molida

Precaliente una parrilla de carbón a temperatura media.

En una sartén, caliente a fuego medio la mitad de la mantequilla. Añada el palmito y el pimiento, sale y saltéelos 8 minutos. Resérvelos.

Corte cada pechuga de pollo por la mitad horizontalmente, sin llegar al fondo, y ábralas. Si es necesario, para hacerlas lo más delgadas posible, ponga una lámina de plástico sobre ellas y golpéelas ligeramente con un mazo para carne. Salpimiente y esparza el orégano, el pimentón y el ajo por encima. En un extremo de cada pechuga abierta, coloque un filete de jamón, un poco de tocino y un poco de la mezcla de palmito y pimiento y esparza mozzarella y perejil picado por encima.

Enrolle cada pechuga presionando suavemente hasta formar un cilindro y átelo con bramante para asegurarlo.

Engrase la parrilla con la mantequilla restante y coloque los rollos de pollo encima. Áselos unos 15 minutos por cada lado o hasta que se doren. Cuando estén listos, colóquelos en una tabla de cortar y córtelos en rodajas. Sirva las rodajas de pamplona calientes.

Sopa de lima

Sopa de pollo al estilo de Yucatán
México

Preparación: 10 minutos
Cocción: 50 minutos   Para 4 personas

Los limones de esta «sopa» que, en realidad, es un guiso de pollo con tomate, se conocen como limones agrios o amargos, típicos de todo Yucatán. Son de color verde oscuro y menos ácidos que un limón común, aunque se pueden sustituir por limones persas o de Tahití o una combinación de zumo de limón y pomelo.

    4 pechugas de pollo
    120 g de tomates
    ½ cebolla blanca picada
    4 dientes de ajo pelados
    3 granos de pimienta negra
    2 cdtas. de orégano seco
    1 ramita de canela
    3 clavos
    2 estrellas de anís
    el zumo de 2 limones (limas) agrios
    1 chile habanero
    1,4 litros de caldo de pollo

Coloque las pechugas de pollo en una cazuela y sale. Cúbralas con el caldo de pollo y llévelas a ebullición. Baje el fuego y cuézalas 10 minutos hasta que estén tiernas. Retire el pollo, reservando el caldo de cocción. Déjelo enfriar y desmenúcelo.

En una sartén, ase a fuego vivo los tomates, la cebolla y el ajo, asegurándose de que se doren por todos los lados. Retire la sartén del fuego y resérvelos.

En otra sartén, tueste los granos de pimienta, el orégano, la canela, el clavo y el anís estrellado 4 minutos, agitando la sartén constantemente.

Coloque todos los ingredientes excepto el pollo en una cazuela junto con el caldo reservado y llévelo

a ebullición. Baje el fuego a medio y cuézalo, tapado, 20 minutos, removiendo cada 5 minutos. Apague el fuego y cuele la sopa. Viértala de nuevo en la cazuela y añada el pollo desmenuzado. Sale.

Sopa seca

Sopa seca
Perú

Preparación: 20 minutos
Cocción: 50 minutos   Para 4 personas

Este oxímoron es un plato tradicional de Chincha y otras regiones de la costa sur del Perú. Se llama así porque el caldo se suele cocer en una olla de barro hasta que se seca, aunque la consistencia puede variar de unas recetas a otras. Generalmente, se sirve con Carapulca (véase pág. 288).

    250 ml de aceite vegetal
    2 cdas. de recado rojo (pasta de achiote)
    2 cebollas blancas picadas
    5 dientes de ajo picados
    4 muslos de pollo con piel y huesos
    1 cdta. de comino molido
    4 tomates pelados y en dados
    2 zanahorias peladas y picadas
    40 g de albahaca
    950 ml de caldo de pollo
    4 cdas. de perejil picado
    900 g de espaguetis

Caliente a fuego medio-alto el aceite en una cazuela de fondo grueso y sofría el recado rojo 2 minutos. Agregue la cebolla y el ajo y sofríalos 10 minutos. Sazone el pollo con el comino y un poco de sal y pimienta y añádalo a la cazuela. Fríalo de 5 a 7 minutos por cada lado, retírelo y resérvelo. Agregue los tomates y las zanahorias a la cazuela y sofríalos 6 minutos.

Ponga las hojas de albahaca con el caldo de pollo en una batidora y tritúrelo hasta obtener una salsa homogénea. Viértala en la cazuela, llévelo a ebullición a fuego lento y añada el perejil y los espaguetis. Rectifique de sal y pimienta si fuera necesario y ponga el pollo de nuevo en la cazuela. Cuézalo 15 minutos a fuego medio, removiendo con frecuencia, hasta que los espaguetis estén cocidos y el pollo tierno. Sírvalo en un plato hondo.

Sopa teóloga

Sopa de pollo y ají
Perú

Preparación: 20 minutos   Para 8 personas
Cocción: 1 hora y 30 minutos

Se cuenta que, a mediados del siglo xv, las mujeres viudas mochica que trabajaban en un convento de dominicas prepararon por primera vez esta sopa de pan para el clero en la época de la fundación del pueblo moche, al sur de Trujillo, en la costa norte del Perú. Suele llevar pollo o pavo, pero también se puede hacer sin carne.

6 rebanadas de pan blanco
750 ml de leche fresca
1 pollo entero de unos 1,8-2,3 kg en 8 trozos
1 puerro picado grueso
2 ramas de apio picadas
1 zanahoria pelada y en trozos
1 cdta. de orégano seco
2 cdas. de aceite de oliva
1 cebolla blanca picada
2 dientes de ajo picados
2 ajíes amarillos despepitados y aplastados
1 tomate pelado, despepitado y picado
3 papas (patatas) peladas y en dados pequeños
225 g de queso fresco en dados de 1 cm
20 g de perejil picado
sal y pimienta molida

Ponga el pan en un bol, cúbralo con 475 ml de leche y déjelo en remojo.

Mientras, coloque el pollo en una olla junto con el puerro, el apio, la zanahoria y el orégano. Añada suficiente agua para cubrirlo, salpimiente y llévelo a ebullición a fuego vivo. Baje el fuego, tape la olla y cuézalo 45 minutos o hasta que esté tierno. Retire el pollo, cuélelo y reserve el caldo de cocción.

En una batidora, ponga el pan remojado y 250 ml del caldo de cocción y tritúrelo a velocidad máxima 1 minuto o hasta obtener una pasta homogénea. Resérvela.

Caliente a fuego vivo el aceite en otra olla y saltee la cebolla, el ajo, los ajíes y el tomate 8 minutos, sin dejar de remover. Baje el fuego, añada la pasta de pan y remueva 6 minutos o hasta que la salsa espese. Vierta 950 ml del caldo de cocción y llévelo a ebullición. Baje el fuego y cuézalo 15 minutos. Añada las papas y el queso fresco y prosiga con la cocción 10 minutos más hasta que las papas estén tiernas. Vierta la leche restante y agregue el pollo. Esparza el perejil por encima, rectifique de sal y pimienta si fuera necesario y sirva la sopa caliente en platos hondos.

Chupe de gallina

Sopa de gallina
Venezuela

Preparación: 20 minutos
Cocción: 1 hora y 10 minutos   Para 6 personas

Los chupes, unas sopas espesas a base de papas, son más representativos de Bolivia, Chile y el Perú, pero las regiones andinas de Venezuela también tienen sus propias variantes. El chupe de gallina, tradicionalmente elaborado con gallina, aunque el pollo es ya bastante más habitual desde hace unos años, es un guiso

cremoso de pollo y papas que resulta muy reconfortante en las frías noches de la montaña.

1 pollo entero de unos 1,8-2,3 kg
950 ml de caldo de pollo
1 cebolla blanca picada
2 dientes de ajo picados
900 g de papas (patatas) peladas y en dados
6 mazorcas de maíz en trozos de 2,5 cm
1 pimiento rojo despepitado y en dados
450 g de queso fresco en dados de 1 cm
950 ml de leche
250 ml de nata
2 cdas. de hojas de cilantro picadas gruesas
sal y pimienta molida

Ponga el pollo en una olla. Añada el caldo, la cebolla y el ajo y llévelo a ebullición a fuego vivo. Baje el fuego y cuézalo, tapado, 40 minutos. Retire el pollo y cuele el caldo en una cazuela. Deshuese el pollo y córtelo en trozos de 5 cm.

Lleve el caldo a ebullición, baje el fuego a medio, añada las papas, el maíz y el pimiento y cuézalos 15 minutos. Agregue los trozos de pollo junto con el queso fresco, la leche y la nata y salpimiente. Llévelo a ebullición y cuézalo 15 minutos más.

Esparza el cilantro por encima y sírvalo caliente en platos hondos.

Sangrecita de pollo

Sangrecita de pollo frita 🍳
Perú

Preparación: 10 minutos   ⚛ ⌀ ✳
Cocción: 20 minutos   Para 4 personas

Rica en hierro, esta receta de sangre de pollo sazonada y frita es una forma barata y deliciosa de ayudar a combatir la anemia, un problema de salud importante entre la población infantil de gran parte de América Latina. Es esencial no cocer demasiado la sangre, que debe quedar cremosa. Se suele servir sobre yuca o papas cocidas con pan, pero también puede ser una de las capas de una Causa a la limeña (véase pág. 88).

120 ml de agua
475 ml de sangre de pollo
3 cdas. de aceite vegetal
1 cebolla blanca picada
2 dientes de ajo picados
2 ajíes amarillos despepitados y picados
1 cebolleta picada
1 cdta. de orégano seco
1 cdta. de menta picada
1 cda. de hojas de cilantro
sal y pimienta molida
450 g de yuca o papas (patatas) cocidas y en rodajas gruesas, para servir
ensalada de cebolla roja y pimiento rojo, para servir

Lleve a ebullición el agua y vierta la sangre de pollo. Cuézala hasta que se coagule y solidifique, 1 o 2 minutos. Cuele la sangre, déjela enfriar y trocéela.

En una sartén, caliente a fuego medio el aceite y sofría la cebolla, el ajo, los ajíes y la cebolleta unos 10 minutos. Añada la sangre, el orégano, la menta y el cilantro y remueva bien 5 minutos. Retire la sartén del fuego y rectifique de sal y pimienta si fuera necesario.

Sírvala templada con la yuca o las papas cocidas y la ensalada a un lado.

Sangrecita de pollo

Pepián de pavita

Guiso de pavo con arroz
Perú

Preparación: 30 minutos
Cocción: 1 hora y 25 minutos

Para 6 personas

En el Perú, el pepián es un tipo de guiso espeso que data del periodo colonial, cuando tuvieron lugar los primeros intentos de fusión entre el Nuevo y el Viejo Mundo. En algunas zonas del país, están elaborados con maíz y se suelen servir con conejo o cuy; sin embargo, en la región de La Libertad, en el norte, el arroz es el ingrediente base y el pavo su acompañamiento habitual.

    900 g de pechugas de pavo
    1 puerro picado grueso
    4 cebollas rojas, 1 picada gruesa y 3 en rodajas finas
    1 zanahoria pelada y en trozos
    3 granos de pimienta negra
    540 g de arroz
    2 cdas. de aceite vegetal
    7 dientes de ajo picados
    170 g de pasta de ají panca
    170 g de pasta de ají amarillo
    120 ml de chicha de jora (véase pág. 388)
    sal y pimienta molida

Coloque las pechugas de pavo en una cazuela con el puerro, la cebolla picada, la zanahoria y los granos de pimienta. Añada suficiente agua para cubrirlo y llévelo a ebullición. Baje el fuego y cuézalo, tapado, 40 minutos. Retire el pavo, cuélelo y reserve el caldo de cocción. Desmenuce el pavo en trozos grandes.

Lave el arroz y extiéndalo sobre papel de cocina. Con la ayuda de un rodillo, aplástelo ligeramente para romperlo, pero sin triturarlo por completo.

Caliente a fuego medio el aceite en una cazuela y saltee la cebolla en rodajas y el ajo 8 minutos. Añada las pastas de ají panca y ají amarillo y la chicha de jora. Baje el fuego y cuézalo todo 15 minutos. Vierta 2,8 litros del caldo de cocción reservado (añada agua caliente si no hubiera suficiente) y suba el fuego. Cuando el caldo rompa a hervir, añada el arroz, baje el fuego a medio y cuézalo 20 minutos. Rectifique de sal y pimienta.

Para servir, disponga un poco de pavo desmenuzado en cada plato y vierta la sopa por encima.

Pavo en relleno negro

Pavo con relleno negro 🍲
Belice, México

Preparación: 30 minutos,
más toda la noche en remojo
Cocción: 1 hora y 40 minutos

Para 6 personas

El color negro de este guiso de pavo yucateco con *buut*, o albóndigas, proviene del recado negro, la pasta de color oscuro elaborada con chiles y especias. En algunas comunidades mayas de la región se prepara en una olla puesta en un *píib* u horno de tierra, con las albóndigas cubriendo las yemas de huevo duro del relleno del pavo.

    30 chiles cha'wa (chiles de árbol)
    7 granos de pimienta negra
    7 chiles de Chapa
    4 clavos
    1 cda. de semillas de comino
    1 cda. de aceite vegetal
    3 dientes de ajo picados
    1 cebolla blanca picada
    4 pechugas de pavo
    225 g de lomo de cerdo picado
    2 tomates picados
    1 chile xcatic descorazonado y picado
    10 hojas de epazote
    250 g de masa de maíz (véase pág. 123)
    475 ml de caldo de pollo
    6 huevos duros
    sal y pimienta molida

Tueste a fuego vivo los chiles *cha'wa* en una sartén sin aceite 10 minutos o hasta que estén completamente chamuscados, sin dejar de remover. Colóquelos en un bol, vierta suficiente agua fría para cubrirlos y un poco de sal y déjelos en remojo toda la noche.

Al día siguiente, ponga una sartén a fuego medio, añada 4 de los granos de pimienta negra y 4 de los chiles Chapa junto con los clavos y las semillas de comino y tuéstelos durante 5 minutos, agitando la sartén, hasta que estén ligeramente tostados y páselos a una batidora. Caliente el aceite en la misma sartén y saltee el ajo y ½ cebolla hasta que se doren, unos 6 minutos. Añádalos a la batidora junto con los chiles *cha'wa* escurridos y tritúrelo todo a velocidad media hasta obtener una pasta homogénea. Resérvela.

Coloque las pechugas de pavo en una cazuela con suficiente agua fría para cubrirlas. Añada los granos de pimienta y los chiles de Chapa restantes y llévelo a ebullición. Cuézalo a fuego medio 30 minutos. Retire las pechugas de pavo y frótelas con la pasta.

En una sartén, selle las pechugas 4 minutos por cada lado. Déjelas enfriar, desmenúcelas y colóquelas de nuevo en la sartén. Baje el fuego y sofríalas 10 minutos.

En un bol, mezcle la carne de cerdo picada con los tomates, la cebolla restante y el chile *xcatic*. Salpimiente, continúe mezclando con las manos y forme albóndigas del tamaño de una pelota de golf. Añada el epazote y las albóndigas a la sartén y sofríalo todo a fuego medio 20 minutos.

Diluya la masa de maíz en el caldo de pollo, viértalo en la sartén y cuézalo 10 minutos o hasta que la sopa espese. Rectifique de sal y pimienta si fuera necesario y añada los huevos duros.

Para servir, reparta el pavo y las albóndigas entre 6 platos hondos y ponga un huevo duro en cada uno.

Pavo en relleno negro

Pavo en escabeche oriental

Pavo al estilo de Yucatán
México

Preparación: 30 minutos
Cocción: 1 hora y 15 minutos   Para 6 personas

Este guiso de pavo se llama así porque proviene de la ciudad yucateca de Valladolid, que está al este, u oriente, de la capital de la península, Mérida, no porque tenga influencia asiática. Lleva lo que se conoce como «recado blanco», una pasta blanca típica de Valladolid que se puede usar para marinar o aliñar.

900 g de pechuga de pavo
1 cebolla blanca en cuartos
5 dientes de ajo majados
1 cda. de orégano seco
1,9 litros de agua
2 cdas. de vinagre de vino blanco
6 chiles xcatic o güero
8 dientes de ajo asados
½ cebolla roja en rodajas finas
60 ml de zumo de naranja amarga
2 cdas. de aceite vegetal
sal

Para el recado blanco
3 cdas. de pimienta blanca molida
1 cda. de pimienta negra en grano
2 cdtas. de semillas de cilantro tostadas
4 cdas. de comino molido
5 clavos
1 cdta. de canela molida
2 cdtas. de sal marina
60 ml de zumo de naranja amarga

Coloque el pavo con la cebolla blanca, el ajo y el orégano en una cazuela. Vierta el agua, sale y llévelo a ebullición. Baje el fuego y cuézalo 30 minutos o hasta que la carne esté tierna. Retire el pavo, cuélelo y reserve el caldo de cocción. Cuando haya enfriado, córtelo en filetes de 1 cm de grosor.

Para preparar el recado blanco, ponga todos los ingredientes en un mortero y macháquelos bien. Resérvelo.

Vierta 750 ml del caldo de cocción en una cazuela y añada 1 cucharada del recado. Agregue el vinagre, los chiles y el ajo asado y llévelo a ebullición a fuego vivo. Baje el fuego y cuézalo todo unos 15 minutos. Añada la cebolla roja, prosiga con la cocción 15 minutos más y retire la cazuela del fuego.

Retire la cebolla y los chiles, páselos a un bol y resérvelos. Diluya el recado restante en el mortero con el zumo de naranja amarga y frote los filetes de pavo con la mezcla.

Caliente a fuego vivo el aceite en una sartén y selle los filetes de pavo 2 minutos por cada lado.

Sírvalos en un plato hondo, vierta un poco de caldo y disponga la cebolla y los chiles por encima.

Kak'ik

Sopa guatemalteca de pavo
Guatemala

Preparación: 30 minutos
Cocción: 1 hora y 10 minutos   Para 8 personas

La receta del *kak 'ik*, una sopa de pavo picante típica de Cobán, la capital del departamento de Alta Verapaz en el centro de Guatemala y enclave principal del pueblo maya q'eqchi', el grupo étnico más numeroso del país, ha permanecido prácticamente inalterable desde hace siglos. Su sorprendente sabor es fruto de la combinación de tomatillos, achiote, hierbas y chiles ahumados, como el chile cobanero. A veces se añaden también ingredientes autóctonos y de temporada como el tomate de árbol y el samat, una especie de cilantro silvestre. Se suele servir con arroz, tortillas o tamales.

1 pavo entero de unos 4,5 kg deshuesado y en 8 trozos (pídaselo a su carnicero)
6 ramitas de cilantro
10 ramitas de menta
2 cebollas blancas peladas, 1 en cuartos y 1 entera
3 cdas. de semillas de sésamo
2 cdas. de pepitas (pipas de calabaza)
4 granos de pimienta negra
4 granos de pimienta rosa
1 pimiento rojo despepitado
2 chiles guaque
1 chile pasilla
6 dientes de ajo pelados
8 tomates pelados y cortados por la mitad
120 g de tomatillos
1 cdta. de recado rojo (pasta de achiote)
1 cdta. de polvo de chile cobanero

Coloque el pavo en una olla con el cilantro, la menta y la cebolla en cuartos. Añada suficiente agua para cubrirlo y llévelo a ebullición. Baje el fuego, tape la olla y cuézalo 45 minutos.

Mientras, en una sartén, tueste a fuego medio las semillas de sésamo, las pepitas y los granos de pimienta 8 minutos, sin dejar de remover. Retírelos y resérvelos.

Disponga el pimiento, los chiles, el ajo, la cebolla entera, los tomates y los tomatillos en una bandeja de horno y áselos con el grill caliente 3 o 4 minutos o hasta que se empiecen a chamuscar. Deles la vuelta y áselos otros 3 minutos.

Ponga los ingredientes tostados y asados en una batidora junto con el recado rojo y el polvo de chile y tritúrelos a velocidad máxima 2 minutos, añadiendo un poco del caldo de cocción del pavo si fuera necesario. Vierta la mezcla en la olla con el pavo y cuézalo 10 minutos. Rectifique de sal.

Sirva la sopa en platos hondos con un trozo de pavo en cada uno.

Arroz con pato
a la chiclayana

Arroz verde con pato al estilo de Chiclayo
Perú

Preparación: 20 minutos
Cocción: 1 hora y 5 minutos

Para 4 personas

El arroz con pato no solo se prepara en el Perú, pero la receta tradicional de Lambayeque, en el norte del país, con su arroz verde y el uso de cerveza (o chicha) para el caldo, es diferente a cualquier otra.

    1 cda. de aceite vegetal
    1 pato en 4 trozos
    2 dientes de ajo picados
    680 g de guisantes
    3 cdas. de pasta de ají amarillo
    350 ml de cerveza negra
    60 g de hojas de cilantro picadas gruesas
    950 ml de caldo de pollo
    450 g de calabaza loche rallada
    120 g de calabaza de verano en dados
    900 g de arroz
    sal y pimienta molida

Caliente a fuego vivo el aceite en una cazuela y selle el pato 4 minutos por cada lado o hasta que se dore. Retírelo y resérvelo. En la misma cazuela, saltee el ajo con los guisantes 5 minutos, añada la pasta de ají amarillo y saltéelo todo 5 minutos más.

Ponga la cerveza con el cilantro en una batidora y tritúrelo 1 minuto. Vierta la mezcla en la cazuela junto con el ajo, los guisantes y la pasta de ají amarillo. Añada el caldo de pollo, la calabaza rallada y en dados, salpimiente y llévelo a ebullición. Agregue el pato y cuézalo 20 minutos o hasta que esté tierno. Retire el pato y manténgalo caliente. Añada el arroz (agregue más agua si fuera necesario) y cuézalo 25 minutos a fuego lento hasta que esté tierno.

Remueva y añada los trozos de pato. Rectifique de sal y pimienta.

Sírvalo templado.

Ceviche de pato

Ceviche de pato
Perú

Preparación: 20 minutos,
más 45 minutos para marinar
Cocción: 1 hora

Para 6 personas

El ceviche de pato, típico de las provincias costeras del norte de Lima y de la región de Ancash, trasciende los límites del término *ceviche*. Además de estar preparado con pato, se sirve caliente. Algunos sostienen que no es un auténtico ceviche, aunque el proceso de transformación de la carne por la acidez de las naranjas amargas y la sal sí se produce, solo que la proteína se cocina aún más al fuego.

    250 ml de zumo de naranja amarga
    1 cdta. de comino
    4 dientes de ajo picados
    2 ajíes amarillos despepitados y picados
    3 ajíes mirasol despepitados y picados
    2 ajíes limo despepitados y picados
    3 pechugas de pato
    3 muslos de pato
    3 cdas. de aceite vegetal
    1 cebolla blanca picada gruesa
    2 cebollas rojas en rodajas finas
    sal y pimienta molida

    Para servir
    450 g de yuca cocida y en rodajas
    1 ají rocoto descorazonado y en rodajas

En un bol, mezcle el zumo de naranja amarga con el comino, la mitad del ajo, la mitad del ají amarillo y del ají mirasol y el ají limo y salpimiente. Ponga el pato en un plato, frótelo con la mezcla y déjelo marinar 45 minutos.

Caliente a fuego medio 1 cucharada de aceite en una cazuela y selle el pato 5 minutos por cada lado o hasta que esté dorado. Retírelo y resérvelo.

En la misma cazuela, caliente las otras 2 cucharadas de aceite y sofría el ajo restante, la cebolla blanca y el ají amarillo y el ají mirasol restantes 10 minutos. Agregue el pato con la marinada y llévelo a ebullición. Baje el fuego y cuézalo 15 minutos. Añada la cebolla roja y prosiga con la cocción 15 minutos más. Rectifique de sal y pimienta si fuera necesario.

Para servir, coloque rodajas de yuca en el fondo de cada plato, disponga un trozo de pato encima, nápelo con la salsa y adórnelo con rodajas de rocoto.

Pato no tucupi

Pato en salsa tucupí 🖻
Brasil

Preparación: 45 minutos,
más toda la noche para marinar
Cocción: 3 horas y 30 minutos

⁂ ⌀
Para 4 personas

Al igual que la sopa de Tacacá (véase pág. 104), típica
también del estado de Pará en el norte de Brasil, este
intenso guiso se prepara con una mezcla de caldo
de yuca fermentada llamado *tucupí* y hojas picantes
y entumecedoras de *jambú*, hierba de los dientes o
paracress, que se suaviza con el pato desmenuzado, las
verduras y otros condimentos. Se suele servir con arroz
blanco, chiles y harina de yuca.

    1 pato de unos 1,4 kg
    2 cdas. de aceite vegetal
    1 cebolla blanca picada gruesa
    1 zanahoria pelada y en rodajas
    1 puerro en rodajas
    1 rama de apio picada
    1 ramita de tomillo
    350 ml de vino blanco
    750 ml de tucupí
    1 manojo de hojas de jambú
    sal y pimienta molida

    Para la marinada
    1 cebolla blanca picada gruesa
    1 zanahoria pelada y en rodajas
    1 puerro en rodajas
    1 hoja de laurel
    1 ramita de tomillo
    350 ml de vino blanco

En un bol, mezcle todos los ingredientes de la
marinada y salpimiente. Frote el pato con la mezcla
y déjelo marinar toda la noche en el frigorífico. Déjelo
a temperatura ambiente 1 hora antes de utilizarlo.
   Precaliente el horno a 160 °C. Coloque el pato
en una fuente de horno con la marinada, cúbralo con
papel de aluminio y áselo durante 1 hora y 40 minutos
o hasta que la carne esté tierna y pueda desprenderse
fácilmente del hueso. Retírelo del horno y, cuando esté
lo suficientemente frío para manipularlo, deshuéselo
(reservando los huesos).
   Suba la temperatura a 200 °C. Coloque los huesos
de pato en la fuente de horno y hornéelos 40 minutos,
dándoles la vuelta después de 20 minutos para que se
asen de manera uniforme.
   Mientras, caliente a fuego vivo el aceite en una
cazuela y saltee la cebolla, la zanahoria, el puerro, el
apio, el tomillo y el vino 15 minutos, sin dejar de remover.
Agregue los huesos de pato asados, remueva bien y
añada suficiente agua para cubrirlos. Tape la cazuela y
cuézalos a fuego lento 45 minutos. Cuélelos y reserve
el caldo.
   En otra cazuela, mezcle el *tucupí* con 475 ml del
caldo reservado. Llévelo a ebullición y añada las hojas
de *jambú* y la carne de pato. Rectifique de sal y pimienta.
   Sírvalo caliente en platos hondos.

Pato en chirmol

Pato en salsa de chile
Belice, México

Preparación: 25 minutos
Cocción: 1 hora y 15 minutos

⌀
Para 6 personas

Una combinación de las palabras náhuatl *chilli* y *mulli*
(«mezcla»), el *chirmol*, que también se escribe *chimol*
o *chirmole*, es típico de Tabasco, Chiapas y Yucatán y
puede variar considerablemente de unas zonas a otras.
En esencia, es una salsa de chile, menos compleja que
un mole, pero no menos intensa. Se suele preparar con
algún tipo de ave, como pato o pavo, aunque también se
puede utilizar pollo o incluso carne de ternera.

    2¹/₂ cdas. de aceite vegetal
    1¹/₂ cebollas blancas picadas
    4 dientes de ajo picados
    3 tomates en dados
    3 granos de pimienta negra
    1 cdta. de orégano seco
    ¹/₂ ramita de canela
    45 g de pipas de calabaza
    4 chiles ancho despepitados y en tiras
    350 ml de caldo de pato
    3 tortillas de maíz (véase pág. 136) de 10 cm
    duras o tostadas
    1 pato entero con la pechuga y los muslos separados
    sal
    arroz blanco cocido, para servir

En una sartén, caliente a fuego vivo 1 cucharada de
aceite y saltee la cebolla y el ajo 8 minutos o hasta que
estén dorados y blandos. Añada los tomates y saltéelo
todo unos 5 minutos más. Resérvelo.
   En otra sartén, tueste los granos de pimienta,
el orégano, la canela y las pipas de calabaza. Páselos
a un plato y resérvelos.
   Caliente a fuego medio-alto ¹/₂ cucharada de aceite
en la misma sartén y tueste los chiles 5 minutos. Baje
el fuego y tuéstelos 10 minutos más. Resérvelos.
   Ponga la mezcla de cebolla, los ingredientes secos
tostados, los chiles y 120 ml del caldo en una batidora y
tritúrelos hasta obtener una salsa homogénea, desme-
nuzando poco a poco las tortillas a medida que lo tritura,
añadiendo más caldo si fuera necesario.
   Caliente a fuego vivo la cucharada de aceite restante
en una cazuela y selle el pato 4 minutos por cada lado
o hasta que esté dorado. Vierta la salsa sobre el pato
y añada el caldo restante. Baje el fuego y cuézalo
25 minutos o hasta que la carne esté tierna y la salsa se
haya reducido hasta obtener la consistencia deseada.
   Sírvalo caliente con arroz.

Aves de corral

Pato no tucupi

Carnes e insectos autóctonos

En el Valle Sagrado de los Incas, en las afueras de Cuzco, varios hombres del pueblo de Urquillos cavan un hoyo grande y encienden un fuego en su interior para preparar pachamanca, un banquete ritual, un tributo a la tierra. Encima del fuego, sobre una rejilla metálica, colocan decenas de piedras de río redondas del tamaño de un pomelo. Cuando las piedras están calientes, forran el hoyo con ellas. Envuelven en hojas de plátano carnes autóctonas como la de alpaca y la de cuy (conejillo de Indias), pero también la de cerdo, marinadas con una pasta de huacatay y ají amarillo, y las colocan sobre las piedras calientes, junto con yuca, camotes, otros tubérculos autóctonos y habas. Hierbas recién cosechadas como el paico (epazote), el orégano y el cilantro se disponen por capas entre las carnes y verduras y cubren todo con lonas de arpillera húmedas. Para finalizar, tapan bien el hoyo con más piedras calientes y tierra. Mientras los alimentos se asan, solo se verá un gran montículo de tierra humeante.

Después de unas horas, retiran la tierra y todos colaboran para desenterrar las piedras y apilarlas a un lado. La arpillera y las hierbas se tiran, las carnes y los tubérculos se limpian bien y se colocan encima de una manta de colores junto con *uchucuta*, una salsa de chile machacada en un mortero de piedra que se ha preparado mientras se cocinaba la pachamanca. Finalmente, juntos, comparten los alimentos de la tierra.

Conejo

Los conejos, tanto las especies autóctonas como las introducidas, se encuentran en toda América Latina. Aunque se sabe con certeza que los aztecas criaban un número importante de conejos dentro de los límites de la ciudad de Teotihuacán, el consumo de conejos no ha sido, en general, muy habitual en el resto de la región.

Conejo escabechado

Conejo en escabeche 🖼
Chile

Preparación: 15 horas,
más 15 horas para marinar
Cocción: 45 minutos

� Ø
Para 4 personas

El conejo europeo (*Oryctolagus cuniculus L.*) se introdujo en el centro de Chile en el siglo XIX con fines de cría, pero pronto se escaparon, se multiplicaron (¡como conejos!) y, en el último siglo, se han convertido en un problema importante, causando estragos en los ecosistemas autóctonos y en las tierras de cultivo de gran parte del centro y sur del país. Por suerte, también están deliciosos. Esta adaptación de una receta española, servida fría o caliente, es una de las preparaciones más típicas de Chile.

    1 conejo entero en 8 trozos
    475 ml de vinagre de vino tinto, más 1 cda. extra
    950 ml de agua
    3 dientes de ajo picados
    2 cdas. de orégano fresco
    120 ml de aceite de oliva
    2 cebollas rojas en rodajas gruesas
    1 zanahoria pelada y en rodajas
    ½ pimiento rojo despepitado y en tiras
    ½ cda. de comino molido
    1 hoja de laurel
    250 ml de vino blanco
    sal y pimienta molida

Ponga los trozos de conejo en un bol, añada los 475 ml de vinagre y el agua y déjelos marinar 12 horas en el frigorífico.
    En otro bol, mezcle un tercio del ajo con el orégano, 1 cucharada de vinagre y un poco de sal y pimienta. Escurra el conejo, añádalo al bol, remueva bien y déjelo marinar 3 horas más.
    Caliente a fuego medio el aceite en una cazuela y selle el conejo 3 minutos por cada lado o hasta que esté dorado. Retírelo y resérvelo. En la misma cazuela, añada la cebolla, el ajo restante, la zanahoria y el pimiento y saltéelos 8 minutos. Coloque de nuevo el conejo en la cazuela, agregue el comino y el laurel y sale. Vierta el vino, baje el fuego y cuézalo, tapado, 30 minutos o hasta que esté tierno.
    Sírvalo caliente o frío.

Picante de conejo

Conejo guisado picante
Bolivia, Chile, Perú

Preparación: 20 minutos,
más 10 horas en salmuera
Cocción: 1 hora y 30 minutos

✶ Ø
Para 6 personas

Esta receta típica de las Tierras Altas guisa el conejo en una salsa aromática elaborada con productos autóctonos de temporada. Siempre hay ajíes, pero también se pueden añadir maníes, tomates, chuño, ajo, cebolla y hierbas. Se suele servir sobre papas o con arroz o quinua.

    6 trozos de conejo (patas y costillas)
    5 cdas. de aceite vegetal
    4 dientes de ajo picados
    1 cebolla blanca picada
    1 zanahoria pelada y rallada
    2 cdas. de hojas de cilantro picadas
    750 ml de agua caliente
    1 cda. de cúrcuma molida
    ½ cdta. de comino molido
    900 g de papas (patatas) cocidas
    sal y pimienta molida
    arroz blanco cocido, para servir

    Para la salmuera
    950 ml de agua fría
    85 g de sal

Para preparar la salmuera, mezcle el agua con la sal en un bol. Añada los trozos de conejo y déjelos reposar 10 horas en el frigorífico. Retírelos, lávelos y sacúdalos bien para secarlos.
    Caliente a fuego vivo el aceite en una olla y selle los trozos de conejo 5 minutos por cada lado o hasta que estén dorados. Retírelos y resérvelos. Añada el ajo, la cebolla y la zanahoria a la olla y sofríalos a fuego medio 8 minutos. Agregue el cilantro y sofríalo todo 5 minutos.
    Coloque el conejo de nuevo en la olla y vierta el agua caliente. Añada la cúrcuma y el comino y salpimiente. Remueva, tape la olla y cuézalo a fuego lento 1 hora, removiendo cada 15 minutos, hasta que esté tierno. Después de 1 hora, retire las costillas y resérvelas. Continúe cociendo las patas de 15 a 30 minutos más. Vuelva a poner las costillas en la olla.
    Pele las papas cocidas y aplástelas con un tenedor. Añada el puré de papas a la olla, remueva bien y sirva el conejo guisado caliente con arroz.

Cuy

Domesticado en los Andes hace más de 5000 años, el cuy (conejillo de Indias) es una carne sostenible que sigue teniendo gran importancia en la región. Rico en proteínas y bajo en grasa y colesterol, su sabor es similar al del conejo. En los hogares andinos, se suelen tener en jaulas, parecidas a pequeñas casas, y se les alimenta con restos de verduras y alfalfa. No es una carne de consumo diario, sino que se suele reservar para cumpleaños y ocasiones especiales. Se pueden asar a la parrilla o en el horno, freírlos, preparar paté con el hígado o cocinarlos bajo tierra como una pachamanca y servirlos con salsa de maní o con papas picantes como guarnición.

Conejo escabechado

Cuy frito, cuy chactado

Conejillo de Indias frito ⬛
Colombia, Ecuador, Perú

Preparación: 15 minutos,
más 1 hora para reposar
y 2 horas para marinar
Cocción: 10 minutos

Para 1 persona

Cuando se fríe, a veces bajo el peso de una piedra, la piel del cuy queda crujiente como la de los chicharrones. Se suele servir entero y aplastado. Puede intentar separar la carne con un cuchillo y un tenedor, pero lo mejor es comerlo con las manos como si fuera un trozo de pollo frito. Sírvalo con papas cocidas, Salsa criolla (véase pág. 406), Uchucuta (véase pág. 408) y un vaso de Chicha de jora (véase pág. 388).

1 cuy (conejillo de Indias) entero y sin las vísceras
250 ml de chicha de jora (véase pág. 388)
120 ml de zumo de limón (lima)
2 dientes de ajo picados
2 cdas. de pasta de ají panca
1 cdta. de orégano seco
950 ml de aceite vegetal
140 g de harina de maíz

Lave el cuy con agua fría 5 minutos para eliminar los restos de sangre. Séquelo con papel de cocina y déjelo reposar 1 hora a temperatura ambiente.

Mientras, en un bol, mezcle la chicha de jora con el zumo de limón, el ajo, la pasta de ají panca y el orégano y remueva. Salpimiente el conejillo y frótelo con la marinada. Déjelo marinar 2 horas.

Vierta el aceite en una olla de fondo grueso, asegurándose de que no supere los dos tercios de su capacidad, y caliéntelo a 190 °C. Reboce el cuy con la harina de maíz y fríalo de 5 a 8 minutos o hasta que esté crujiente y dorado. Retírelo con una espumadera y páselo a un plato forrado con papel de cocina para eliminar el exceso de aceite. Sírvalo caliente.

Picante de cuy, cuy colorado

Guiso de conejillo de Indias picante
Perú

Preparación: 15 minutos,
más 1 hora para reposar
Cocción: 15 minutos

Para 1 persona

Cortado por la mitad y cubierto con una espesa salsa roja de chiles y maníes, esta receta impacta menos que cuando se sirve el animal entero. Tal vez sea la mejor manera de probarlo por primera vez. Es típico de los Andes centrales del Perú, en departamentos como Ancash, Junín y Ayacucho.

1 cuy (conejillo de Indias) entero y sin las vísceras
2 dientes de ajo picados
4 cdas. de pasta de ají panca
2 cdas. de aceite vegetal
2 papas (patatas) cocidas y en rodajas gruesas
25 g de maníes (cacahuetes) triturados (sin sal)
1 cdta. de orégano seco
arroz blanco cocido, para servir

Lave bien el cuy bajo un chorro de agua fría 5 minutos para eliminar los restos de sangre. Séquelo con papel de cocina y déjelo reposar 1 hora a temperatura ambiente.

Córtelo en 4 trozos y salpimiente. Mezcle el ajo con 1 cucharada de pasta de ají panca y frote la carne.

Caliente a fuego medio el aceite en una cazuela y selle el cuy 4 minutos por cada lado o hasta que esté crujiente y dorado. Retírelo y resérvelo.

En la misma cazuela, coloque las papas, la pasta de ají panca restante, los maníes y el orégano y salpimiente. Sofríalo todo 3 minutos, añada el cuy y remueva bien. Rectifique de sal y pimienta si fuera necesario.

Sírvalo caliente con arroz.

Insectos

En muchas regiones de América Latina, los insectos son una fuente abundante y eficiente de proteínas y sabor. Huevos, ninfas, larvas, crisálidas e insectos adultos son el ingrediente principal de cientos de recetas desde México hasta el Amazonas. Salados y fritos, pueden utilizarse para aportar textura a un plato o degustarse solos. Pueden tener sabor a ahumado, a nuez o a hierba limón, aportar un toque especial a las ensaladas y salsas o utilizarse como colorante natural.

Chapulines

Chapulines
México

Preparación: 10 minutos,
más 5 horas en remojo
Cocción: 5 minutos

Para 4 personas

Recolectados durante la temporada de lluvias en varias zonas de América Central y México, especialmente en Oaxaca, los saltamontes del género *Sphenarium*, conocidos como *chapulines*, eran parte esencial de las dietas precolombinas. Sumergidos en agua hirviendo y secados al sol, se encuentran en grandes cestas en los mercados y se venden a granel. No tienen demasiado sabor por sí mismos, aunque absorben bien el del ajo, el limón, la sal y los chiles cuando se tuestan en un comal o en una sartén. Degústelos como aperitivo o espárzalos sobre los tacos o las *tlayudas*.

950 ml de agua
550 g de cal (óxido de calcio)
450 g de chapulines frescos sin alas ni patas
2 cdas. de aceite
1 chile serrano despepitado y picado grueso
sal
1 limón (lima) en cuñas, para servir

Mezcle el agua con la cal en un bol y añada los chapulines poco a poco. Déjelos en remojo 4 horas y escúrralos con cuidado. Vuelva a ponerlos en el bol con agua limpia y déjelos en remojo durante 1 hora más. Séquelos bien y resérvelos. Nota: si usa chapulines deshidratados, sáltese este paso.

Ponga el aceite y el chile en una sartén y caliéntelo a fuego vivo. Añada los saltamontes y fríalos 4 minutos, sin dejar de remover. Páselos a un plato forrado con papel de cocina. Sale.

Sírvalos templados con cuñas de limón.

Cuy frito, cuy chactado

Tacos de chinicuiles

Tacos de gusano de maguey con tomatillos
México

Preparación: 20 minutos
Cocción: 30 minutos ❀ ⌀
Para 6 personas

Los *chinicuiles* o gusanos de maguey son las larvas rojizas de la polilla *Comadia redtenbacheri*, que habita en las raíces de las plantas de agave. Recolectados durante la temporada de lluvias, en los estados centrales mexicanos de Tlaxcala e Hidalgo, son uno de los «gusanos» (en realidad, orugas) que puede encontrar en una botella de mezcal. No se comen crudos y, por lo general, se degustan con tomatillos en los tacos, aunque también en moles o como condimento con sal y chiles.

    20 tomatillos
    1 chile serrano
    ½ cebolla blanca picada
    1 cda. de cilantro picado
    2 dientes de ajo picados
    1 cda. de aceite de oliva
    300 g de gusanos de maguey
    sal
    6 tortillas de maíz (véase pág. 136), para servir

Tueste los tomatillos en una sartén sin aceite 3 minutos, dándoles la vuelta con frecuencia. Repita la operación con el chile y la cebolla. Machaque los tomatillos con el chile, la cebolla, el cilantro y la mitad del ajo y reserve.
    En una cazuela, caliente el aceite y saltee el ajo restante 3 minutos. Añada los gusanos y tuéstelos, sin dejar de remover, 4 minutos. Sale y retírelos del fuego.
    Para servir, caliente las tortillas en una sartén antiadherente 2 minutos por cada lado. Vierta la salsa de tomatillos de manera uniforme sobre las tortillas y disponga los gusanos de maguey tostados encima.

Mixiotes de escamoles

Paquetitos de larvas de hormiga
México

Preparación: 10 minutos
Cocción: 20 minutos ❀ ✳
Para 4 personas

El *mixiote*, carne aderezada (como conejo, pollo o ternera) envuelta en hojas de maguey y cocida al vapor, es un plato típico de las Tierras Altas semiáridas del sur de México. Se puede preparar con escamoles, las larvas comestibles de las hormigas *Liometopum apiculatum*, que solo están disponibles de 2 a 3 meses al año, entre febrero y abril. A veces llamados *caviar mexicano* por su limitada oferta y elevado precio, tienen un delicado sabor a nuez y una textura parecida al queso fresco.

    2 cdas. de mantequilla
    ½ cebolla blanca en rodajas finas
    350 g de escamoles
    1 chile poblano asado, despepitado y picado
    1 cda. de epazote picado
    4 hojas de maguey en cuadrados de 18 cm

Caliente a fuego medio la mantequilla en una cazuela y sofría la cebolla 5 minutos. Añada los escamoles y el chile. Sale, agregue el epazote y rehóguelo todo a fuego lento 10 minutos, sin dejar de remover.

Divida la mezcla de escamoles en 4 porciones iguales y colóquelas en el centro de las hojas de maguey. Doble cada hoja para cerrarla y átelas con bramante para asegurarlas. Vierta unos 5 cm de agua en una vaporera y llévela a ebullición. Ponga la cesta (asegurándose de que el agua no la toca) y coloque los paquetes de maguey dentro. Tape la vaporera y cuézalos 5 minutos o hasta que las hojas estén tiernas. Sirva los *mixiotes* calientes.

Hormigas culonas

Hormigas fritas
Colombia

Preparación: 10 minutos
Cocción: 5 minutos ❀ ⌀ ❀❀ ✳
Para 4 personas

Unas de las hormigas cortadoras de hojas más comunes (*Atta laevigata*), llamadas *hormigas culonas*, son un manjar en el departamento de Santander, Colombia, una costumbre que tiene su origen en la cultura guane. Se consumen las hembras, con su abdomen lleno de huevos, y solo durante unas pocas semanas al año en abril y mayo, cuando abandonan su nido y las familias que trabajan en el campo dejan cualquier tarea que estén haciendo para atraparlas. Tradicionalmente, se asan vivas y luego se salan sin alas ni patas. Tienen un sabor terroso y a nuez parecido al de las palomitas de maíz.

    200 g de hormigas culonas, sin las patas y las alas
    2 cdas. de aceite vegetal

En una olla de barro o cazuela, caliente a fuego vivo el aceite. Añada las hormigas y agite constantemente la olla 5 minutos o hasta que las hormigas estén bien tostadas. Retírelas del fuego y páselas a un plato forrado con papel de cocina para eliminar el exceso de aceite. Sale y sírvalas calientes.

Mojojoy, suri

Larvas de gorgojo a la parrilla
Bolivia, Brasil, Colombia, Ecuador, Perú, Venezuela

Preparación: 15 minutos,
más 1 hora para marinar ❀ ⌀ ❀❀
Cocción: 10 minutos Para 8 personas

En los mercados de todo el Amazonas, las pequeñas larvas del gorgojo cigarrón o picudo negro de la palma (*Rhynchophorus palmarum*), a menudo recogidas del interior de los troncos de la palma de aguaje, se pueden ver a la venta vivas en grandes recipientes de plástico. Se suelen preparar en brochetas a la parrilla, aunque también se pueden guisar en su propia grasa con un poco de agua. Tienen una piel dura y un interior mantecoso y su cabeza negra y consistente es bastante amarga, por lo que es mejor desecharla.

    900 g de larvas de gorgojo cigarrón
    5 dientes de ajo picados
    120 ml de aceite vegetal

Lave las larvas con agua fría 1 minuto, séquelas y colóquelas en un bol. Añada el ajo, el aceite y un poco de sal, remueva bien y déjelas marinar durante 1 hora.
    Precaliente una parrilla de carbón. Inserte las larvas marinadas en brochetas y colóquelas en la parrilla. Áselas 5 minutos por cada lado o hasta que estén crujientes y doradas. Sírvalas calientes.

Carnes e insectos autóctonos

Pisillo de venado

Venado

Desde el pequeño pudú de Chile hasta el ciervo de los pantanos de Paraná en Brasil, los venados habitan en casi todos los ecosistemas de América Latina, aunque muchas especies autóctonas están en peligro de extinción. El venado cola blanca, en concreto, muy abundante en la región, era una fuente de alimento especialmente importante para los mayas y otras civilizaciones precolombinas y su consumo sigue siendo habitual en muchas comunidades rurales e indígenas.

Pisillo de venado

Venado seco y desmenuzado 🍲 (pág. 323)
Colombia, Venezuela

Preparación: 15 minutos,
más 5 horas en remojo como mínimo
Cocción: 55 minutos

🌿 ∅
Para 8 personas

En Los Llanos, las sabanas tropicales que se extienden desde el este de Colombia hasta el oeste de Venezuela, el *pisillo* se prepara con venado o chigüire, más conocido en otras regiones como *capibara* o *carpincho*. Una vez cazado, la carne se seca al sol y se sala, se fríe en manteca, se sazona y se machaca con una piedra o en un mortero. Se puede usar como relleno para empanadas o arepas o acompañar con arroz blanco, frijoles, yuca o plátanos macho como guarnición.

- 900 g de carne de venado salada y seca
- 1½ cebollas blancas, 1 en rodajas gruesas y ½ picada
- 2 cdas. de manteca
- 5 dientes de ajo picados
- 1 chile picante picado
- ½ pimiento verde despepitado y picado
- 5 tomates picados
- arroz blanco cocido, para servir

Ponga la carne seca en un bol y vierta suficiente agua fría para cubrirla. Déjela en remojo 5 horas como mínimo.

Escurra la carne, pásela a una cazuela y cúbrala de nuevo con agua. Añada la cebolla en rodajas y llévela a ebullición. Tape la cazuela y cuézala a fuego lento 30 minutos o hasta que esté tierna.

Mientras, caliente a fuego medio la manteca en otra cazuela y sofría la cebolla y el ajo picados 7 minutos. Añada el chile, el pimiento y los tomates y sofríalos a fuego lento, sin dejar de remover, 10 minutos.

Escurra la carne y déjela enfriar lo suficiente para poder manipularla. Desmenúcela y colóquela en la cazuela con las verduras. Suba el fuego y cuézalo todo 5 minutos. Sale.

Sírvalo templado con arroz.

Chocolomo de venado

Guiso yucateco de venado picante 🍲
México

Preparación: 30 minutos
Cocción: 2 horas

🌿 ∅
Para 20 personas

Las raíces de este plato se remontan a las ofrendas de ciervos recién sacrificados que los mayas hacían a los dioses, un ritual en el que se utilizaban todas las partes del animal. Tras la llegada del ganado a Yucatán, el ambiente festivo de las corridas de toros facilitó la transición a la carne de toro en la receta y, de hecho, ahora también se prepara con carne y vísceras de ternera. El nombre es una combinación de la palabra maya *choko*, que significa «caliente», y la palabra española *lomo*. El conejo, el pato y otras carnes de caza también resultan apropiadas para esta preparación.

- 7 litros de agua
- 2 cdas. de pimienta negra en grano
- 2 cabezas de ajo con los dientes separados y majados
- 2 chiles xcatic, despepitados
- 2 chiles dulces, despepitados
- 1 cda. de hojas de menta
- 1 ramita de orégano fresco
- 40 g de hojas de cilantro
- 1,8 kg de lomo de venado en trozos de 2,5 cm
- 450 g de corazón de venado en trozos de 2,5 cm
- 1 sesada de venado en trozos de 2,5 cm
- 450 g de hígado de venado
- 2 cdas. de aceite de oliva
- 2 cebollas blancas picadas
- 8 tomates picados gruesos
- 4 chiles habaneros picados gruesos
- 1 cda. de orégano seco
- 250 ml de zumo de naranja amarga

Vierta el agua en una olla, añada los granos de pimienta, el ajo, los chiles, la menta, el orégano y el cilantro (reserve 1 cucharada), llévela a ebullición y agregue el lomo y el corazón de venado. Cuando rompa a hervir de nuevo, baje el fuego, tape la olla y cuézalo todo 40 minutos. Añada la sesada y el hígado y cuézalo a fuego lento durante 1 hora desde que rompa a hervir de nuevo.

Mientras, caliente a fuego medio el aceite en una cazuela y sofría la cebolla, los tomates y los chiles habaneros. Añada el orégano, la cucharada de cilantro reservada y salpimiente. Sofríalo, removiendo, 8 minutos. Vierta el zumo de naranja amarga y sofríalo todo 5 minutos más. Baje el fuego y manténgalo caliente.

Cuando las carnes estén tiernas, retírelas de la olla. Limpie el hígado retirando las venas blancas del interior y córtelo en trozos.

Coloque todos los trozos de carne en platos hondos y vierta un poco de caldo por encima. Disponga un poco de salsa de chile y sírvalo caliente.

Chocolomo de venado

Dzik de venado

Salpicón de venado
México

Preparación: 15 minutos
Cocción: 1 hora y 15 minutos,
más 30 minutos para reposar

※ ⌀
Para 10 personas

Asado en un *píib*, una barbacoa preparada en un hoyo, y después desmenuzado y marinado con naranja amarga, rábanos y hierbas, el *dzik* de venado es una forma de salpicón que se suele tomar en tacos y tostadas.

 2 dientes de ajo
 30 g de orégano seco
 1 cda. de pimienta negra molida
 3 clavos
 2 cdas. de comino molido
 1 ramita de canela
 2 cdas. de semillas de cilantro
 300 ml de zumo de naranja amarga
 2 hojas de plátano
 1 pierna de venado de 1,8 kg
 80 g de hojas de cilantro picadas
 1 cebolla blanca picada
 10 rábanos picados
 tostadas o tortillas, para servir

Caliente a fuego medio una sartén o un comal y ase el ajo 10 minutos hasta que se chamusque ligeramente, dándole la vuelta de vez en cuando.

Coloque el orégano, la pimienta, los clavos, el comino, la canela y las semillas de cilantro en una sartén a fuego medio y tuéstelos 3 minutos, agitando la sartén constantemente para evitar que se quemen. Páselos a un mortero junto con el ajo asado y machaquelos hasta obtener una pasta homogénea. Dilúyala en 2 cucharadas de zumo de naranja amarga y resérvela.

Precaliente el horno a 180 °C. Pase rápidamente las hojas de plátano sobre una llama para ablandarlas. Frote la pierna de venado con la pasta diluida y salpimiente. Envuélvala con las hojas de plátano, colóquela en una fuente de horno y hornéela durante 1 hora.

Retire la pierna del horno y déjela enfriar para poder manipularla. Deshuésela, desmenuce la carne y pásela a un bol. Añada el cilantro, la cebolla y los rábanos. Salpimiente y vierta el zumo de naranja restante para cubrir el salpicón. Déjelo enfriar 30 minutos antes de servirlo a temperatura ambiente con tostadas o tortillas.

Camélidos

Las llamas y las alpacas fueron domesticadas hace varios miles de años en América del Sur. Las llamas más grandes eran apreciadas como animales de carga, aunque también se comía su carne, a menudo deshidratada para hacer charqui. Más pequeñas que las llamas, las alpacas se criaban principalmente por su lana y su carne, que es magra, un poco dulce y con un sabor suave similar al de la carne de ternera. La alpaca es un buen sustituto de esta última en platos como el Lomo saltado (véase pág. 261), simplemente asada a fuego vivo como un filete (solo medio hecho para que no quede duro), o picada para preparar hamburguesas. El uso de la carne de sus ancestros salvajes, los guanacos y las vicuñas, es menos habitual. Mientras que los guanacos sí se cazan a veces por su carne, las vicuñas están protegidas y son más buscadas por su valioso pelaje.

Adobo de alpaca

Alpaca en salsa picante ▢
Perú

Preparación: 10 minutos,
más toda la noche para marinar
Cocción: 50 minutos

※ ⌀
Para 4 personas

La carne suave de la alpaca absorbe bien los sabores de los adobos picantes a base de vinagre del sur del Perú. Sírvala con papas cocidas o quinua.

 7 cdas. de aceite vegetal
 1/2 cebolla pelada y picada
 4 dientes de ajo picados finos
 4 cdas. de pasta de ají panca
 120 ml de vinagre de vino blanco
 3 cdtas. de sal
 1/2 cdta. de pimienta molida
 900 g de lomo de alpaca en trozos

Caliente 6 cucharadas de aceite en una cazuela y saltee la cebolla, el ajo y la pasta de ají panca 5 minutos. Añada el vinagre, la sal y la pimienta. Páselo a un robot de cocina y tritúrelo. Vierta la mezcla en un bol, añada la alpaca y cúbralos bien. Déjela marinar toda la noche. Caliente a fuego medio la cucharada de aceite restante en una sartén. Retire la alpaca de la marinada y dórela 2 minutos por cada lado. Retire del fuego. Ponga la alpaca y la marinada en una cazuela a fuego lento. Tape la cazuela y cuézala 45 minutos, añadiendo un poco de agua si comenzara a secarse. Sirva los trozos de alpaca napados con la salsa en un plato.

Charqui de llama

Charqui de llama
Bolivia, Chile, Perú

Preparación: 7 días

※ ⌀ ⁂
Para 8-10 personas

Derivado del quechua charqui, o *ch'arki*, la cecina es la carne deshidratada del altiplano sudamericano, donde ha sido un ingrediente básico durante miles de años. Para reducir el contenido de agua y evitar el crecimiento microbiano es importante colgar la carne en un lugar bien ventilado, con mucho sol y noches frescas. Tradicionalmente se hace con camélidos, como la llama, la alpaca o el guanaco, aunque puede hacerse con carne de venado, vaca o cordero. Se come tal cual, rehidratada en guisos o desmenuzada en otras recetas

 1,8 kg de carne de llama
 900 g de sal

Retire la grasa de la carne y congélela 1 o 2 horas. Saque del congelador y golpee con un ablandador. Córtela en contra de la fibra en tiras de 5 mm de grosor como máximo. Ponga una capa de sal en una bandeja, coloque las tiras de carne y cúbralas con el resto de la sal. Deje reposar 1 o 2 días o hasta que la carne se oscurezca y se deshidrate. Cuelgue las tiras de carne en un lugar soleado, seco y bien ventilado, protegida de los insectos, de 5 a 7 días, girando las tiras cada día para que se sequen de manera uniforme. Por la noche, cúbralas con un paño o una bolsa de fibra para evitar que se humedezcan. Cuando estén secas y quebradizas, estarán listas para comer.

Carnes e insectos autóctonos

Adobo de alpaca

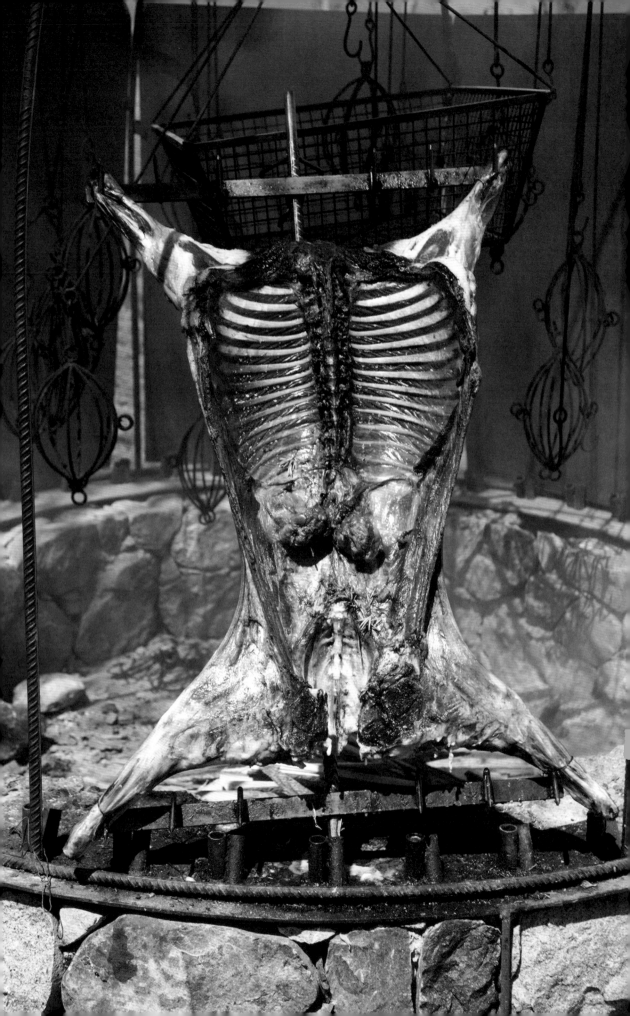

Cordero y cabrito

El viento persistente ruge y un fuego crepita antes del amanecer a la orilla de un lago en la Patagonia. Un ganadero toma un sorbo de mate y apila más madera de lenga (*Nothofagus pumilio*) para alimentar las llamas. Cuando el fuego está listo, se acerca a un cobertizo cercano a buscar el cordero que sacrificó hace unos días. Ya está preparado, desollado y sin las entrañas, pero lo ha dejado allí colgado para que la carne se oree. También ha mezclado la sangre obtenida con *merkén*, sal y zumo de lima y ha dejado que se coagule antes de cortarla en dados gelatinosos para comerla con pan.

Abre el cordero en canal y realiza varios cortes en el costillar para que se cocine más fácilmente. Lo coloca en una cruz de hierro, enganchándolo bien por los cuartos traseros y los delanteros, y atraviesa el costillar con otro hierro para que se mantenga bien estirado durante el asado. Después, clava la cruz de hierro a un par de metros de las brasas con el cordero por el lado del hueso hacia ellas. Durante las próximas 4 o 5 horas, le dará la vuelta de vez en cuando para asegurarse de que se asa de manera uniforme. Bebe cerveza mientras añade más leña al fuego y rocía la carne con chimichurri y, a veces, también con un poco de su cerveza. El tiempo pasa despacio, pero, por fin, llega la hora de comer.

El cordero se introdujo de forma masiva en las vastas y poco pobladas praderas de la Patagonia chilena y argentina a finales del siglo xix. Sedujo a colonos de Europa y Chiloé, lo que cambió la cultura y la gastronomía de la región para siempre.

Las cabritos llegaron a América con el segundo viaje de Cristóbal Colón en 1493 y se extendieron desde el Caribe al resto de la región. En algunos lugares de América Latina, a menudo en ecosistemas marginales, el cabrito es un alimento básico, el ingrediente principal de muchas recetas deliciosas.

Cordero al palo, asado al palo, asado a la estaca

Cordero a la estaca
Argentina, Chile, Uruguay

Preparación: 20 minutos
Cocción: 5 horas   Para 8-12 personas

El cordero estirado en una cruz de hierro, asándose lentamente junto al fuego durante horas, es quizá la receta más emblemática de las praderas de la Patagonia. A veces, se sacrifican varios corderos y se colocan alrededor del fuego a la vez. Nota: también puede asar solo el costillar, lo que acortará considerablemente el tiempo de asado.

1 cordero entero limpio sin piel ni entrañas
(de 6 a 10 meses de edad, 9-15 kg)
sal

Necesitará: una cruz de hierro (hecha con acero inoxidable) y alambre de acero

Empiece por preparar el fuego. Utilice la leña más dura y seca disponible. Forme un pequeño círculo de piedras, coloque la leña en su interior y enciéndala.
Con un cuchillo, marque las costillas del cordero realizando 5 cortes verticales. Coloque el cordero en la parte superior de la cruz (el lado del hueso tocando la estaca), sujetándolo primero verticalmente y luego horizontalmente con alambre de acero y/o ganchos, dependiendo del tipo de estaca. Rocíe un poco de agua sobre el cordero y espolvoréelo con sal.
Clave la estaca en el suelo, a unos 60 cm del fuego. Mantenga la carne a unos 75 cm del suelo, inclinando la estaca a 70 grados; el lado del hueso debe estar frente al foco de calor. Ponga la mano entre el cordero y el fuego para comprobar que el calor llega hasta el cordero. Mantenga siempre un fuego constante y uniforme, añadiendo más leña a medida que sea necesario. Después de 2 o 3 horas, dele la vuelta y áselo 1 o 2 horas más. El cordero estará listo cuando la carne se desprenda del hueso con facilidad.
Retire con cuidado el alambre de acero y aparte la estaca del fuego. Trocee el cordero y sírvalo caliente.

Costillar de cordero

Costillar de cordero a la parrilla
Uruguay

Preparación: 5 minutos,
más 3 horas para marinar   Para 4 personas
Cocción: 20 minutos,
más 15 minutos para reposar

El cordero es la carne que se suele utilizar en los asados, típicos del fin de semana, en Uruguay. Puede ser el costillar, la paletilla o la pierna ligeramente sazonados, a menudo con poco más que una pizca de sal.

1 costillar de cordero preparado a la francesa
(carré de cordero)
1 cdta. de sal
3 dientes de ajo picados
las hojas de 2 ramitas de romero
la ralladura de ½ lima (limón)

2 cdas. de aceite de oliva
sal y pimienta molida

Recorte cualquier resto de grasa de los huesos pelados y retire la membrana que recubre las costillas.
Sale el cordero y prepare una marinada con el ajo, el romero, la ralladura de lima y el aceite de oliva. Frote el costillar con la mezcla y déjelo marinar varias horas.
Caliente una parrilla de carbón hasta que se forme una capa de ceniza blanca. Envuelva cada hueso pelado del costillar con papel de aluminio.
Forme una corona de brasas alrededor de una pequeña cantidad de carbón en el centro de la parrilla. Cuando esté caliente, coloque el costillar con el lado del hueso hacia las brasas en el centro de la rejilla. Áselo unos 10 minutos, salpimiente, dele la vuelta y áselo de 8 a 10 minutos más o hasta que un termómetro de carne marque entre 60 y 63 °C. Retírelo del fuego y déjelo reposar unos 15 minutos. Córtelo en costillas individuales para servir.

Caldo de cabeza de cordero

Sopa de cabeza de cordero
Bolivia

Preparación: 20 minutos
Cocción: 1 hora y 15 minutos   Para 4 personas

En el altiplano existen canciones sobre este nutritivo caldo, una sopa elaborada con cabeza de cordero que se suele tomar por las mañanas. En el altiplano, el arroz y las papas a menudo se agregan para darle cuerpo, mientras que en otros lugares de los Andes se añaden mote, chiles o hierbas silvestres. Una receta similar, el *thimpu* de cordero, sustituye la cabeza por las patas.

1 cabeza de cordero limpia
950 ml de agua
1 zanahoria en rodajas
1 cebolla blanca pequeña picada
1 rama de apio picada
1 ramita de perejil
1 ramita de cilantro
45 g de arroz
8 chuños (papas [patatas] deshidratadas)
remojados y pelados
2 papas (patatas) peladas y cortadas por la mitad
sal

Para servir
cuñas de limón (lima)
llajua (véase pág. 408)

Ponga la cabeza de cordero en una olla. Vierta el agua, sale y llévela a ebullición a fuego medio. Añada la zanahoria, la cebolla, el apio, el perejil y el cilantro. Baje el fuego y cuézalo 45 minutos. Agregue el arroz y los chuños y cuézalo todo otros 10 minutos. Añada las papas y prosiga con la cocción 15 minutos más o hasta que estas estén tiernas. Retire la olla del fuego.
Retire la cabeza y córtela por la mitad. Coloque los dos trozos en un bol hondo y vierta el caldo y las verduras por encima.
Sírvalo como en los hogares bolivianos con las cuñas de limón y la llajua como guarnición.

Caldo de cabeza de cordero

Barbacoa de borrego

Cordero con salsa de verduras y chiles 🍲
México

Preparación: 15 minutos,   🌿 🔪
más toda la noche en remojo   Para 4 personas
Cocción: 4 horas y 30 minutos

En México, el término barbacoa generalmente se
refiere al método tradicional de cocer al vapor la carne
en un hoyo cavado en la tierra revestido de ladrillos.
El hoyo, que tiene poco más de 90 cm de profundidad,
se calienta encendiendo un fuego de leña. Una vez
reducido a brasas, se cubre con hojas de agave o de
aguacate tostadas y se coloca encima una olla con
caldo sobre la que se dispone una parrilla con la carne,
que se envuelve en las mismas hojas. Se pone un paño
húmedo encima, se tapa el hoyo con tierra, más piedras
calientes y carbón y se deja cocer la carne unas 8 horas.
En Guanajuato, la barbacoa se suele preparar con chivo,
mientras que en los estados del norte como Sonora y
Chihuahua lo típico es utilizar cabeza de ternera. Sin
embargo, en el centro de México, se prefiere la carne
de cordero. Se suele cocinar junto con la *pancita*, el
estómago del cordero relleno con vísceras, y servir
con un consomé, preparado con el caldo y la grasa. La
siguiente receta no requiere un hoyo, solo una vaporera
o una olla de cocción lenta.

    3 hojas de aguacate o agave
    1 papa (patata) grande pelada y en cuartos
    2 zanahorias medianas peladas y en rodajas
    1 cebolla blanca mediana en dados
    4 dientes de ajo majados
    2 cdas. de chile guajillo en polvo
    1 cda. de chile ancho en polvo
    1 cda. de vinagre de sidra
    1 cda. de comino molido
    $1/4$ de cdta. de canela molida
    $1/2$ cdta. de orégano mexicano seco
    55 g de garbanzos secos, remojados en agua
    toda la noche
    1 paletilla de cordero de unos 1,8 kg
    1,5 litros de agua
    sal

    Para servir
    tortillas de maíz (véase pág. 136)
    cebolla blanca en dados y cilantro picado
    cuñas de limón (lima)

Caliente a fuego medio las hojas de aguacate o de agave
colocándolas en el centro de una sartén 4 minutos por
cada lado. Retírelas y resérvelas.
    En una vaporera, coloque todos los ingredientes
excepto el cordero, el agua, la mitad de la cebolla y las
hojas. Ponga la cesta encima. Sale el cordero, colóquelo
dentro de la cesta, ponga las hojas encima y vierta el
agua (no deje que cubra el cordero). Cubra la vaporera
con papel de aluminio antes de colocar la tapa. Llévelo
a ebullición a fuego medio. Baje el fuego y cueza 4 horas.
    Retire las hojas y deshuese el cordero. Desmenuce
la carne y pásela a una fuente.
    Para preparar la salsa, desengrase el caldo de
cocción, viértalo en una cazuela y añada la media
cebolla restante. Cuézalo a fuego medio 20 minutos,
agregando sal si fuera necesario.
    Mezcle el cordero con la salsa y sírvalo caliente
encima de las tortillas templadas con una ensalada
de cebolla y cilantro y unas cuñas de limón.

Seco de cordero

Guiso peruano de cordero con cilantro
Perú

Preparación: 30 minutos   🌿 🔪
Cocción: 3 horas y 30 minutos   Para 5-6 personas

Los *secos*, típicos de la costa central y norte del Perú,
son guisos de cocción lenta que se caracterizan por
sus salsas espesas y aromáticas preparadas con una
gran variedad de hierbas, además de ajíes y una base
de Chicha de jora (véase pág. 388).

    120 ml de aceite vegetal
    1,8 kg de paletilla de cordero en trozos de 5 cm
    2 cebollas blancas picadas finas
    1 cda. de ajo picado
    4 cdas. de pasta de ají amarillo
    1 cda. de pasta de ají panca
    $1/2$ cda. de comino molido
    20 g de cilantro picado
    250 ml de chicha de jora (véase pág. 388)
    o de cerveza negra
    475 ml de caldo de ternera
    130 g de guisantes
    1 zanahoria en rodajas de 1 cm
    900 g de papas (patatas) cocidas
    sal y pimienta molida

    Para servir
    arroz blanco cocido
    frijoles amarillos

En una cazuela, caliente a fuego medio la mitad del
aceite y selle la carne 2 minutos por cada lado o
hasta que se dore. Retírela de la cazuela y resérvela.
En la misma cazuela, añadiendo más aceite si fuera
necesario, sofría la cebolla y el ajo 10 minutos o hasta
que estén blandos y transparentes. Añada las pastas
de ají, el comino y el cilantro, salpimiente y sofríalo
todo 15 minutos más.
    El aceite y la grasa se separarán de los sólidos. En
ese momento, coloque la carne de nuevo en la cazuela
junto con la chicha de jora o la cerveza. Vierta el caldo
para cubrir la carne y tape la cazuela. Cuézalo a fuego
lento varias horas, revisándolo cada 30 minutos más
o menos. El cordero debe quedar lo suficientemente
tierno como para poder cortarlo con una cuchara.
    Unos 15 minutos antes de retirarlo del fuego,
añada los guisantes, la zanahoria y las papas cocidas.
Rectifique de sal y pimienta si fuera necesario.
    Sírvalo caliente con arroz y frijoles amarillos
como guarnición.

Barbacoa de borrego

Seco de chivo, seco de cabrito

Cabrito al ají
Ecuador, Perú

Preparación: 10 minutos,
más toda la noche en remojo
y 1 hora para marinar
Cocción: 2 horas y 10 minutos

Para 8 personas

Este guiso presenta sutiles diferencias entre Ecuador y el Perú. En el Perú, la chicha de jora o la cerveza negra son la base de la salsa y se sirve con arroz blanco y frijoles amarillos, e incluso, a veces, con un Tamalito verde (véase pág. 133). En Ecuador, la chicha de jora se suele sustituir por un zumo de fruta, de naranjilla o de tamarindo, y se sirve con plátanos macho fritos y arroz amarillo.

- 450 g de frijoles amarillos secos
- 5 cdas. de aceite vegetal
- 1 cebolla blanca picada
- 4 dientes de ajo picados
- 1 cdta. de orégano seco
- 1 cdta. de comino molido
- 250 ml de chicha de jora (véase pág. 388) o de cerveza negra
- 1½ cdas. de pasta de ají amarillo
- 1,8 kg de cabrito en trozos de 5 cm
- ½ cdta. de cúrcuma molida
- 40 g de cilantro picado
- 450 g de yuca cocida y en tiras gruesas
- sal y pimienta molida

Ponga los frijoles en un bol, añada agua fría hasta cubrirlos y déjelos en remojo toda la noche. Al día siguiente, escúrralos y resérvelos.

En una cazuela, caliente 2 cucharadas de aceite, añada la mitad de la cebolla y del ajo y saltéelos 5 minutos. Agregue el orégano y el comino, salpimiente y remueva bien. Añada los frijoles y agua suficiente para cubrirlos, tape la cazuela y llévelos a ebullición. Baje el fuego y cuézalos durante 1 hora y 30 minutos, removiendo cada 20 minutos, hasta que estén tiernos.

Mientras, en un bol, mezcle la chicha de jora o la cerveza con el ajo restante y la mitad de la pasta de ají amarillo y salpimiente. Añada el cabrito y frótelo con la mezcla. Déjelo marinar durante 1 hora en un lugar fresco.

Caliente a fuego medio el aceite restante en otra cazuela y sofría la cebolla y la pasta de ají amarillo restantes y la cúrcuma 5 minutos. Añada el cabrito marinado y el cilantro y remueva bien. Vierta agua suficiente para cubrirlo, tape la cazuela y llévelo a ebullición. Baje el fuego y cuézalo 30 minutos. Retire la cazuela del fuego y rectifique de sal y pimienta si fuera necesario. Sírvalo caliente.

Cabrito a la cacerola

Cabrito guisado
Chile

Preparación: 25 minutos
Cocción: 40 minutos

Para 4 personas

El cabrito es realmente algo insólito en gran parte de Chile, pero su consumo es habitual en el árido Norte Chico. Allí se prepara «al disco», en una gran sartén redonda; se asa en una cruz de hierro, como el Cordero al palo (véase pág. 330) de la Patagonia; o se guisa a la cazuela como en esta sencilla receta.

- 4 trozos de cabrito de unos 120 g cada uno
- 6 cdas. de aceite vegetal
- 115 g de mantequilla
- 2 dientes de ajo picados
- 2 cebolletas picadas
- 1 cda. de perejil picado
- 900 g de papas (patatas) lavadas y en dados de 2,5 cm
- 2 ramitas de tomillo
- sal y pimienta molida

Salpimiente el cabrito. Caliente a fuego vivo 4 cucharadas de aceite en una cazuela. Añada el cabrito, baje el fuego y sofríalo de 20 a 30 minutos o hasta que la carne esté tierna. Retírelo de la cazuela y resérvelo. Elimine el exceso de aceite y caliente a fuego medio la mitad de la mantequilla. Agregue el ajo, las cebolletas y el perejil y sofríalos 8 minutos. Coloque de nuevo el cabrito en la cazuela y retírela del fuego.

Mientras, en otra cazuela, caliente a fuego medio la mantequilla y el aceite restantes. Añada las papas y el tomillo, baje el fuego y cuézalas, removiendo con frecuencia, 30 minutos o hasta que las papas estén tiernas.

Para servir, coloque las papas con el cabrito en una fuente y nápelo todo con el caldo.

Chivo al coco

Guiso de cabrito con leche de coco 🍲
Venezuela

Preparación: 30 minutos
Cocción: 1 hora y 50 minutos

Para 4 personas

En las zonas costeras occidentales de Venezuela, la carne de cabrito es de consumo habitual. Desmenuzada o en trozos y cocinada con leche de coco, el chivo al coco es un sustancioso plato de almuerzo que se sirve con arroz blanco o puré de plátanos macho como guarnición.

- 1 cda. de aceite vegetal
- ½ cebolla blanca picada
- 3 dientes de ajo picados
- ½ pimiento rojo despepitado y picado
- 1 pimiento verde despepitado y picado
- 4 tomates pelados, despepitados y en dados
- 1 cdta. de recado rojo (pasta de achiote)
- 750 ml de leche de coco
- 900 g de cabrito en trozos de 2,5 cm
- 2 cebolletas, solo la parte verde, picadas finas
- 1 limón (lima) en cuñas
- sal y pimienta molida

Caliente el aceite en una cazuela y sofría la cebolla, el ajo, los pimientos, los tomates y el recado rojo 7 minutos o hasta que las verduras estén tiernas. Vierta la leche de coco y llévela a ebullición. Agregue la carne y, cuando rompa a hervir de nuevo, baje el fuego a medio y cuézalo todo 10 minutos. Salpimiente, baje el fuego de nuevo y cuézalo de 1 a 1 hora y 30 minutos o hasta que la carne esté tierna, removiendo cada 15 minutos más o menos para evitar que se formen ampollas en la superficie de la carne o se queme. Si comenzara a pegarse, añada agua caliente a medida que sea necesario.

Rectifique de sal y pimienta. Esparza las cebolletas y sírvalo caliente con las cuñas de limón como guarnición.

Chivo al coco

Cabrito al curry

Guyana, Surinam

Preparación: 20 minutos
Cocción: 1 hora y 5 minutos

Para 6 personas

El cabrito es común en los países del Caribe, donde se sirve guisado o asado, aunque en Guyana y Surinam casi siempre se prepara al curry. Allí, cocinar cabrito implica una armonía entre el garam masala y el curry en polvo, mientras que en otras zonas del Caribe el primero no se utiliza, por lo que esta receta tiene un sabor único.

1,4 kg de cabrito en trozos de 2,5 cm
60 ml de zumo de limón (lima)
2 cdas. de vinagre de vino blanco
1½ cdas. de curry en polvo
1 cda. de comino molido
1 cda. de garam masala
2 cdas. de aceite de oliva
½ cebolla blanca picada
6 dientes de ajo picados
2 chiles wiri wiri picados
3 cebolletas picadas
sal y pimienta molida

Salpimiente el cabrito y frótelo con el limón y el vinagre.

En un bol, mezcle el curry con el comino y el garam masala y añada suficiente agua, poco a poco, mientras bate con unas varillas hasta obtener una pasta. Resérvela.

Caliente a fuego vivo el aceite en una cazuela y agregue la cebolla, el ajo y los chiles. Baje el fuego, añada la pasta de curry, remueva y sofríalo 2 minutos. Escurra los trozos de cabrito, colóquelos en la cazuela y remueva. Tape la cazuela y cuézalo 20 minutos o hasta que la carne haya liberado sus propios jugos. Vierta agua para cubrir la carne hasta la mitad y cuézalo todo, destapado, otros 40 minutos más o hasta que la carne esté tierna.

Rectifique de sal y pimienta y esparza las cebolletas. Sírvalo caliente con arroz o *rotí* como guarnición.

Chirimpico

Guiso de asaduras de cabrito
Perú

Preparación: 30 minutos
Cocción: 1 hora y 40 minutos

Para 6 personas

En la región de Lambayeque, en el norte del Perú, los callos, el hígado, el vientre, las entrañas, el corazón y la sangre se trocea, sazona y guisa con calabaza *loche* y chicha de jora o zumo de limón. Se sirve con yuca, camote o Sangrecita (véase pág. 308) de sangre de cabrito.

450 g de callos de cabrito
225 g de corazón de cabrito
225 g de hígado de cabrito
2 hojas de laurel
3 cdas. de aceite vegetal
1 cebolla roja picada
3 dientes de ajo picados
2 cdas. de pasta de ají panca
2 cdas. de vinagre de vino blanco
190 g de granos de maíz frescos
80 g de sangre de cabrito
120 g de cilantro en hojas
sal y pimienta molida

Lave bien los callos, el corazón y el hígado. Corte el corazón y el hígado en trozos de 2,5 cm y resérvelos.

Ponga los callos en una cazuela, vierta agua con sal hasta cubrirlos, añada el laurel y lleve a ebullición. Baje el fuego y cuézalos 1 hora. Retírelos del fuego y córtelos en trozos de 2,5 cm. Reserve 475 ml del caldo de cocción.

En una olla de barro, caliente a fuego vivo el aceite. Selle los trozos de corazón 4 minutos y salpimiente. Baje el fuego y añada la cebolla, el ajo, la pasta de ají panca y el vinagre. Rehóguelo 10 minutos, removiendo. Agregue los callos y el hígado, vierta el caldo de cocción reservado y añada el maíz. Llévelo a ebullición y cuézalo 7 minutos.

Agregue la sangre y el cilantro y prosiga con la cocción 15 minutos más. Remueva bien y rectifique de sal y pimienta si fuera necesario.

Sírvalo caliente en platos hondos.

Birria de chivo

Chivo mexicano marinado y asado 🔲
México

Preparación: 20 minutos,
más toda la noche para marinar
Cocción: 4 horas y 5 minutos

Para 8 personas

En los estados del centro de México, como Jalisco y Zacatecas, es la carne preferida para la birria, un adobo o marinada preparado con chiles, especias y otros condimentos. La carne de ternera y cordero también es habitual y, aunque tradicionalmente la birria se asaba despacio en un hoyo en la tierra, hoy se suele preparar en el horno. En Jalisco, donde se originó la receta, se sirve en platos de barro con cebolla, salsa y limón. Es un plato típico para ocasiones especiales, aunque tanto en Guadalajara como en Tijuana es el más apreciado en los puestos de tacos nocturnos, con una taza de consomé.

2 cdas. de pimienta negra en grano
2 chiles ancho despepitados
4 chiles guajillo despepitados
8 chiles cascabel despepitados
8 dientes de ajo pelados
½ cebolla blanca picada
1 cda. de comino molido
4 clavos
1 cdta. de orégano seco
120 ml de vinagre de vino blanco
1 pierna de cabrito de 1,8-2 kg
225 g de tomates asados, pelados y sin semillas
sal
tortillas de maíz (véase pág. 136), para servir

Caliente a fuego medio una sartén y tueste los granos de pimienta y los chiles 5 minutos o hasta que se empiecen a formar ampollas en la piel. Páselos a una batidora con el ajo, la cebolla, el comino, los clavos, el orégano y el vinagre y tritúrelo hasta obtener una mezcla fina. Añada un poco de agua, debe tener una consistencia espesa.

Salpimiente la pierna de cabrito, colóquela en una bandeja de 28 x 18 x 5 cm y extienda la mezcla por encima. Cúbrala con papel de aluminio y refrigérela toda la noche.

Saque la carne del frigorífico 1 hora antes de utilizarla. Precaliente el horno a 180 °C. Ponga la bandeja tapada en el horno y ase la pierna 4 horas. Retire la bandeja del horno. Saque 250 ml del jugo de cocción y páselo a una batidora con los tomates asados y tritúrelos hasta obtener una salsa fina. Rectifique de sal y pimienta.

Sirva la carne caliente con la salsa y las tortillas.

Cordero y cabrito

Birria de chivo

Dulces y postres

El sol golpea la espalda de un grupo de cortadores de caña de azúcar de ascendencia africana e india en un campo de caña de azúcar cerca de la costa de Guyana. Han llegado con las primeras luces del amanecer para realizar el mayor trabajo posible antes de las nueve de la mañana, cuando el sol empieza a brillar sobre las hojas verdes. El terreno es demasiado blando para las máquinas pesadas, por lo que el trabajo debe ser manual: los cortadores se amazamorran y cortan los gruesos tallos a ras del suelo con un machete de hoja ancha. Las serpientes venenosas acechan bajo el lodo y los tallos caídos y en cualquier momento puede aparecer un caimán en un canal cercano. Cada trabajador corta varias toneladas de caña al día y lleva sobre la cabeza fardos de largos tallos atados con hojas secas de caña que pueden llegar a pesar hasta cincuenta kilos. Los fardos se descargan en una pequeña barcaza que un tractor arrastra hasta un molino cercano donde la caña se refina parcialmente para convertirla en granos grandes de color dorado por la melaza natural que contienen.

En el siglo XVI, las Guayanas fueron uno de los primeros lugares del Nuevo Mundo en cultivar caña de azúcar, junto con Brasil y varias islas del Caribe. Con dos estaciones lluviosas que alternan con dos de sequía, hay dos cosechas por año, con las que podían satisfacer la demanda ilimitada que se esperaba del Viejo Mundo en los siglos venideros. El cultivo cambió el paisaje para siempre y fue el responsable de la llegada de millones de esclavos y trabajadores contratados.

Antes de la introducción del azúcar refinado, las ganas de tomar algo dulce se satisfacían con frutas, miel y jarabes naturales. En el siglo XVI, los conventos y monasterios españoles y portugueses trajeron consigo sus postres tradicionales a América, adaptando sus recetas a los ingredientes autóctonos y creando otras nuevas fruto de la fusión de ambas cocinas. Aparecieron cremas de caramelo como el dulce de leche y la *cajeta*, natillas de huevo y frutas de sartén. El azúcar empezó a estar presente en muchas preparaciones. Se añadió al chocolate, a las frutas y al hielo picado. Incluso las verduras como la calabaza, el maíz y los frijoles pueden endulzarse y formar parte de deliciosos postres.

Alfajor santafesino

Alfajores estilo Santa Fe
Argentina

Preparación: 30 minutos,
más 30 minutos para reposar
Cocción: 15 minutos

Para 10 unidades

El alfajor llegó al Nuevo Mundo en el siglo XVI desde Andalucía, donde tenía forma de cilindro y estaba relleno de almendras y nueces trituradas y miel. En general, en América del Sur, los alfajores son dos galletas finas de masa de trigo o maíz con rellenos de frutas o de dulce de leche y, en algunos lugares, bañadas con azúcar, merengue, coco rallado o chocolate. En la provincia argentina de Santa Fe, las galletas son más hojaldradas, se suele añadir una capa extra de masa y dulce de leche y se bañan con un glaseado blanco.

    460 g de harina común, y un poco más
    para espolvorear
    5 yemas de huevo
    1 cdta. de sal
    1 cda. de anís
    6 cdas. de agua templada
    115 g de mantequilla en dados
    460 g de dulce de leche (véase pág. 374)

    Para el glaseado
    1 clara de huevo
    190 g de azúcar glas
    1 cda. de zumo de limón (lima)
    200 g de azúcar extrafino
    3 cdas. de agua

Forme un volcán con la harina en una superficie de trabajo. Haga un hueco en el centro y añada las yemas de huevo, la sal, el anís y el agua templada. Incorpore los ingredientes húmedos a la harina amasando ligeramente. Agregue la mantequilla y continúe amasando durante 10 minutos hasta obtener una masa homogénea y elástica. Cúbrala con film transparente y déjela reposar 30 minutos a temperatura ambiente.
Precaliente el horno a 200 °C.
Espolvoree un poco de harina sobre una superficie de trabajo y extienda la masa con un rodillo hasta obtener un grosor de 3 mm. Con un cortapastas de 7,5 cm, forme 20 discos y colóquelos en una bandeja de horno forrada con papel vegetal. Pinche los discos con un tenedor y hornéelos de 10 a 12 minutos o hasta que se doren. Retire la bandeja del horno y déjelos enfriar unos minutos antes de pasarlos a una rejilla metálica para que se enfríen por completo.
Extienda el dulce de leche en cada galleta y únalas de dos en dos presionando ligeramente.
En un bol, bata con unas varillas la clara de huevo con el azúcar glas y el zumo de limón hasta que espese. Mientras, caliente a fuego medio el azúcar con el agua en un cazo hasta que se disuelva, llévela a ebullición y cuézala 5 minutos. Vierta poco a poco el jarabe en la mezcla de clara de huevo, batiendo constantemente, hasta que el glaseado tenga una consistencia media. Viértalo sobre los alfajores hasta que estén completamente cubiertos y déjelos secar en una rejilla metálica.
Sírvalos a temperatura ambiente.

Alfajores de Matilla

Alfajores chilenos
Chile

Preparación: 30 minutos
Cocción: 45 minutos

Para 12 unidades

En las localidades de Matilla y Pica en la costa norte chilena, los alfajores son grandes, gruesos y desiguales con tres capas de masa, rellenos de manjar u otras cremas dulces y llevan coco rallado esparcido por encima. Son muy diferentes a los alfajores comercializados, todos redondos y de igual tamaño, y se suelen vender por medias docenas envasados en bolsas de plástico.

    425 g de harina común, y un poco más
    para espolvorear
    1 cdta. de sal
    6 huevos
    $\frac{1}{3}$ de taza de aguardiente
    1 cda. de mantequilla
    400 g de azúcar extrafino
    1 cdta. de canela molida
    $\frac{1}{4}$ de cdta. de clavos molidos
    475 ml de agua hirviendo

Precaliente el horno a 200 °C.
En un bol, mezcle 400 g de la harina con la sal, los huevos, el aguardiente y la mantequilla. Remueva bien con las manos y amase hasta obtener una masa fina y homogénea.
Coloque la masa en una superficie de trabajo enharinada y extiéndala con un rodillo hasta formar un rectángulo de 5 mm de grosor. Dóblelo por la mitad y repita la operación dos veces. Estire la masa con el rodillo una vez más hasta obtener el mismo grosor y utilice un cortapastas de 7,5 cm para formar unos 36 discos de masa.
Forre dos bandejas de horno con papel vegetal y coloque los discos de masa dejando espacio entre ellos para que se puedan expandir. Hornéelos unos 10 minutos o hasta que se doren. Retire las bandejas del horno y déjelos enfriar.
Mientras, prepare el relleno. Ponga a fuego medio el azúcar con la harina restante, la canela y el clavo en una cazuela y cuézalos, sin dejar de remover, de 15 a 20 minutos o hasta que el azúcar empiece a caramelizarse. Vierta poco a poco el agua hirviendo, sin dejar de remover, y cuézalo otros 15 minutos o hasta que espese. Retire la cazuela del fuego y déjelo enfriar hasta que esté templado.
Extienda el relleno templado sobre las galletas, apilando 3 por cada alfajor y dejando que el relleno se desborde por los lados. Esparza por encima las migas que se hayan desprendido de la masa.
Sírvalos a temperatura ambiente.

Alfajor santafesino

Bolanchao

Buñuelos de mistol
Argentina

Preparación: 20 minutos
Cocción: 10 minutos

Para 15-20 unidades

En el semiárido Gran Chaco del noroeste de Argentina, el fruto rojo del árbol de mistol (*Ziziphus mistol*), a veces utilizado para elaborar vino de frutas, se machaca hasta obtener una pasta con la que se forman unas bolas, que se rebozan con harina de algarroba y se hornean. Es una receta ancestral, en vías de desaparición, que se puede conservar largos periodos de tiempo.

>   900 g de frutos de mistol
>   450 g de harina de algarroba tostada

Precaliente el horno a 190 °C.
   En un mortero, machaque los frutos de mistol, retirando las semillas de la pulpa, hasta obtener una masa de textura arenosa. Forme bolas del tamaño de una pelota de golf y rebócelas con harina de algarroba. Colóquelas en una bandeja de horno y hornéelas de 5 a 10 minutos o hasta que estén doradas. Retire la bandeja del horno y deje enfriar los buñuelos antes de servirlos.

Huevos quimbos

Yemas de huevo almibaradas
Argentina, Chile

Preparación: 20 minutos, más 1 hora para enfriar
Cocción: 10 minutos

Para 15 unidades

Llamados huevos nevados o huevos moles en España, donde la preparación era típica de las provincias de Granada y Jaén, los huevos *quimbos* fueron introducidos a través de los conventos en toda América Latina durante el siglo XVIII. La receta surgió como una forma de aprovechar las yemas de huevo que sobraban al preparar recetas que solo requerían las claras y que iban desde púdines hasta un aglutinante que se añadía al mortero utilizado en la construcción de iglesias para conseguir una mezcla más resistente.

>   1 huevo
>   6 yemas de huevo
>   ½ cdta. de extracto de vainilla
>   1 cda. de harina común
>   400 g de azúcar superfino
>   475 ml de agua

Precaliente el horno a 180 °C.
   En un bol, bata el huevo con las yemas hasta que la mezcla duplique su tamaño y adquiera un color pálido. Añada el extracto de vainilla y continúe batiendo. Agregue la harina poco a poco con una espátula hasta obtener una mezcla fina y pásela a una manga pastelera.
   Rellene pequeños moldes semiesféricos o cápsulas para magdalenas de 4 cm de diámetro. Hornéelos de 7 a 10 minutos o hasta que estén dorados. Retírelos del horno, colóquelos en una rejilla metálica y déjelos enfriar.
   En una cazuela a fuego medio, disuelva el azúcar en el agua para preparar un almíbar. Viértalo sobre las yemas y déjelas enfriar y reposar durante 1 hora más o menos en el frigorífico antes de servirlas.

Fresco y batata, postre vigilante, Martín Fierro, Romeu e Julieta, bocadillo con queso

Queso y pasta de frutas 🔲
Argentina, Brasil, Colombia, Uruguay

Preparación: 5 minutos

Para 4 personas

El autor argentino José Hernández era muy querido por sus historias sobre la vida de los gauchos sudamericanos, sobre todo por Martín Fierro. Siempre pedía un postre, normalmente hecho de capas iguales de dulce de membrillo y queso blanco semifirme. Era la versión uruguaya del postre argentino *vigilante*, que utiliza pasta de camote, y se llamó Martín Fierro en su honor.
   La humilde combinación de una pasta dulce y un queso blanco semifirme es muy habitual en muchas regiones de América Latina. La receta es tan sencilla como poner una capa sobre otra de las muchas opciones de quesos y pastas que existen. En Brasil y Colombia, donde se utiliza pasta de guayaba, se llama *Romeu e Julieta*, por la obra de Shakespeare, y *bocadillo con queso*, respectivamente.

>   250 g de queso Colonia o queso fresco
>   (o cualquier queso blanco semiduro)
>   250 g de Goiabada (véase pág. 370) u otra pasta
>   de frutas, como membrillo, camote (boniato), etc.

Corte el queso y la pasta de frutas en cuadrados del mismo tamaño o en la forma que desee. Coloque la pasta de frutas sobre el queso y sírvalo con palillos.

Crema de nances con leche condensada

Belice

Preparación: 15 minutos

Para 4 personas

El fruto de color amarillo brillante del árbol de nance (*Byrsonima crassifolia*) es típico de los climas tropicales desde México hasta Brasil y de todo el Caribe. En Belice, donde se conoce como *craboo*, madura de julio a septiembre. Cuando está maduro es bastante dulce, por lo que se consume fresco en los postres, pero también como helado, cocido con azúcar para confituras o fermentado para elaborar un vino de fruta y, de vez en cuando, en recetas saladas, para rellenar carnes o aportar un toque diferente a los guisos. Este puré de nances con leche condensada es el postre casero más típico de Belice.

>   300 g de nances
>   170 g de leche condensada

Machaque los nances en un mortero de madera hasta que estén completamente deshechos, pero con tropezones. Retire las semillas y mézclelos con la leche condensada. Si lo prefiere, sirva la crema fría.

Fresco y batata, postre vigilante, Martín Fierro, Romeu e Julieta, bocadillo con queso

Milhojas de dulce de leche, milhojas con arequipe

Milhojas de dulce de leche
Argentina, Chile, Colombia, Uruguay

Preparación: 1 hora y 10 minutos, más 2 horas y 30 minutos para reposar
Cocción: 10 minutos

Para 6 personas

En múltiples culturas de todo el planeta se prepara algún tipo de pastel basado en el milhojas francés. En América Latina existen diferentes variantes, aunque la mayoría utiliza una pasta fina y hojaldrada con capas de dulce de leche, también llamado *manjar* o *arequipe*.

    175 g de harina común, y un poco más
    para espolvorear
    1/2 cdta. de sal
    170 g de mantequilla fría en dados pequeños
    6 cdas. de agua helada
    1 cda. de zumo de limón (lima)
    690 g de dulce de leche (véase pág. 374)
    140 g de azúcar glas
    ramita de menta, para adornar (opcional)

En un bol, mezcle la harina con la sal. Con unas varillas, bata la mantequilla con la harina hasta que se incorpore. Vierta el agua y el zumo de limón y remueva bien con una cuchara de madera hasta obtener una masa consistente.

Pase la masa a una superficie de trabajo espolvoreada con un poco de harina y amásela con las manos, no más de 5 minutos para evitar que se caliente. Forme un rectángulo, cubra la masa con film transparente y déjela reposar 30 minutos en el frigorífico.

Espolvoree de nuevo la superficie de trabajo con harina y extienda la masa con un rodillo hasta obtener un rectángulo de 5 mm de grosor. Lleve un lado hacia el centro de la masa y repita la operación con el otro lado, doblando la masa en tres capas. Cúbrala de nuevo con film transparente y refrigérela 30 minutos.

Coloque la masa con el extremo doblado hacia usted y vuelva a estirarla para formar un rectángulo. Realice tres pliegues de nuevo, cúbrala y refrigérela 30 minutos. Repita la operación, con el extremo doblado hacia usted, dos veces más. Cubra la masa y refrigérela 1 hora.

Precaliente el horno a 190 °C. Forre dos bandejas de horno con papel vegetal.

Extienda la masa una vez más y córtela en 10 o 12 rectángulos de 12,5 x 25,5 cm. Colóquelos en las bandejas y hornéelos 10 minutos o hasta que suban y estén dorados. Retírelos del horno y déjelos enfriar.

Una vez se hayan enfriado, extienda dulce de leche en uno de los milhojas y cúbralo con otro. Repita la operación con los milhojas y el dulce de leche restantes. Espolvoree el azúcar glas a través de un colador de malla fina.

Sírvalos a temperatura ambiente.

Fein tau weiyema

Pastel garífuna de calabaza
Belice, Honduras

Preparación: 15 minutos
Cocción: 15 minutos

Para 8 personas

Este pastel de calabaza es típico de las comunidades garífunas que habitan en las costas de Belice y Honduras.

    mantequilla, para engrasar
    60 ml de aceite vegetal
    300 g de azúcar extrafino
    60 ml de leche
    1 cda. de extracto de vainilla
    1 1/2 cdtas. de canela molida
    1/2 cdta. de sal
    900 g de puré de calabaza
    260 g de harina común

Precaliente el horno a 180 °C. Engrase un molde redondo de 23 cm de diámetro.

En un bol, mezcle el aceite con el azúcar, la leche, el extracto de vainilla, la canela, la sal y el puré de calabaza. Incorpore la harina y remueva. Vierta la mezcla en el molde y alise la superficie con una espátula. Hornéelo 1 hora o hasta que un palillo insertado en el centro salga limpio. Déjelo enfriar y córtelo en porciones para servir.

Galletas de pasas y coco

Belice

Preparación: 20 minutos
Cocción: 15 minutos

Para 15 unidades

Preparados con lo más básico de una despensa beliceña, estos dulces se toman a cualquier hora del día.

    260 g de harina común
    115 g de mantequilla sin sal en pomada,
    y un poco más para engrasar
    100 g de azúcar moreno, y un poco más
    para espolvorear
    70 g de pasas
    1 cdta. de canela molida y de nuez moscada molida
    2 cdtas. de levadura en polvo
    100 g de coco rallado
    2 huevos
    1 cdta. de extracto de vainilla
    120 ml de leche de coco

Precaliente el horno a 180 °C.

Tamice la harina en un bol y añada la mantequilla. Frótelas con los dedos hasta conseguir una textura arenosa. Agregue el azúcar, las pasas, la canela, la nuez moscada, la levadura en polvo y el coco y amase bien.

En otro bol, bata los huevos con el extracto de vainilla y la leche de coco hasta obtener una textura fina. Vierta la mezcla sobre los ingredientes secos y amase. La masa debe quedar uniforme y pegajosa.

Forre dos bandejas de horno con papel vegetal untado con mantequilla. Con una cuchara engrasada, deje caer cucharadas colmadas de masa del mismo tamaño en las bandejas, unas 14 en total. Espolvoree azúcar moreno por encima y hornee las galletas 15 minutos o hasta que se doren. Retírelas del horno, colóquelas en una rejilla metálica y déjelas enfriar.

Milhojas de dulce de leche, milhojas con arequipe

Calzones rotos

Dulces de masa frita
Chile

Preparación: 20 minutos
Cocción: 10 minutos · Para 20 unidades

Estos dulces chilenos están espolvoreados con azúcar glas y pueden ser finos y crujientes o más gruesos y similares a una rosquilla. Se dice que su nombre proviene de una señora que los vendía en la Plaza de Armas de Santiago. Un día, una ráfaga de viento le levantó la falda dejando al descubierto sus calzones rotos. Desde ese momento fue conocida como la señora de los calzones rotos y el nombre se trasladó a los dulces que vendía.

  400 g de harina común, y un poco más
  para espolvorear
  100 g de azúcar extrafino
  1 cdta. de levadura en polvo
  3 cdas. de mantequilla en pomada
  2 yemas de huevo
  1 huevo
  1 cdta. de ralladura de limón (lima)
  aceite vegetal, para freír
  azúcar glas, para espolvorear

Tamice la harina en un bol y mézclela con el azúcar y la levadura en polvo. Añada la mantequilla, las yemas, el huevo entero y la ralladura de limón y remueva. Añada poco a poco, 1 cucharada cada vez, agua hasta obtener una masa consistente pero fina.
    Enharine ligeramente una superficie de trabajo y extienda la masa con un rodillo hasta que tenga un grosor de 3 mm. Córtela en rectángulos de 10 x 5 cm. Haga una incisión longitudinal en el centro de cada rectángulo, de unos 4 cm de longitud, y pase uno de los extremos más cortos a través de la incisión hasta el otro lado, estirándolo sobre sí mismo. Colóquelos en una bandeja.
    Vierta suficiente aceite vegetal para freír en una cazuela de fondo grueso, asegurándose de que no supere los dos tercios de su capacidad, y caliéntelo a 177 °C. Fría los calzones, 3 o 4 a la vez, 1 minuto por cada lado. Retírelos con una espumadera y páselos a un plato forrado con papel de cocina.
    Cuando se hayan enfriado un poco, espolvoréelos con azúcar glas y sírvalos.

Cherimoya alegre

Chirimoya con naranja
Chile

Preparación: 10 minutos
Cocción: 20 minutos · Para 4 personas

Considerada por Mark Twain «la fruta más deliciosa conocida», la chirimoya (*Annona cherimola*) es autóctona de los Andes, pero hoy se cultiva en regiones tropicales de todo el mundo. Su pulpa blanca, dulce y cremosa es perfecta para preparar postres, como esta sencilla receta de Chile que, en su forma más básica, utiliza únicamente dos ingredientes: zumo de naranja y chirimoya.

  475 ml de zumo de naranja
  200 g de azúcar blanco
  90 ml de Cointreau
  2 chirimoyas
  2 naranjas peladas

Caliente a fuego medio el zumo de naranja con el azúcar y llévelo a ebullición, removiendo hasta que el azúcar se haya disuelto. Baje el fuego y cuézalo, destapado, 15 minutos. Añada el Cointreau y déjelo enfriar.
    Corte las chirimoyas por la mitad, retire las semillas, extraiga la pulpa con una cuchara y pásela a un bol. Corte las naranjas en trozos pequeños, retire las semillas y añádalas al bol junto con la mezcla de zumo de naranja. Remueva bien y sírvala en platos fríos.

Kuchen de mora

Tarta chilena de moras
Chile

Preparación: 20 minutos,
más 1 hora para reposar
Cocción: 55 minutos · Para 8 personas

Se estima que unos 300 000 colonos alemanes llegaron a Chile entre 1845 y 1914, transformando la composición cultural del sur del país. Por esta razón, el término *kuchen*, de origen alemán, fue el adoptado en Chile para referirse a unos pasteles elaborados con huevos, harina y azúcar. Por lo general, tienen una cobertura de *streusel* (una superficie dulce crujiente) o de celosía (enrejado) y entre sus ingredientes hay frutas de temporada como moras, bayas de murta o arrayán o manzanas.

  170 g de harina común
  ½ cdta. de sal
  100 g de azúcar glas
  115 g de mantequilla en dados, y un poco más
  para engrasar
  3 yemas de huevo batidas
  1 cdta. de extracto de vainilla
  2 huevos
  100 g de azúcar extrafino
  40 g de maicena
  3 cdas. de leche entera
  325 ml de nata
  450 g de moras

Tamice la harina en un bol, añada la sal y el azúcar glas y remueva bien. Agregue la mantequilla y frótela con la yema de los dedos hasta obtener una masa de textura arenosa. Añada las yemas de huevo y el extracto de vainilla y continúe amasando hasta obtener una masa fina y homogénea. Coloque la masa entre dos láminas de papel vegetal y extiéndala con un rodillo hasta formar un disco de 25 cm de diámetro. Deje reposar la masa durante 1 hora en el frigorífico.
    Precaliente el horno a 200 °C.
    Ponga la masa fría en un molde para tartas engrasado de 23 x 2,5 cm, presionando a lo largo de los bordes. Pinche el fondo de la masa con un tenedor, hornee la tarta 10 minutos y retírela del horno.
    Mientras, prepare la cobertura. En un bol, bata los huevos enteros con el azúcar hasta que adquieran un color más pálido y el azúcar se haya disuelto. En otro bol, diluya la maicena en la leche y viértala sobre la mezcla de huevo. Bata bien, mientras añade la nata, hasta que todos los ingredientes se hayan incorporado.
    Baje la temperatura a 180 °C. Esparza las moras sobre la base y vierta lentamente la mezcla de nata. Hornee la tarta 45 minutos hasta que la superficie esté dorada. Retire la tarta del horno y déjela enfriar.
    Sírvala a temperatura ambiente.

Calzones rotos

Mote con huesillos

Melocotones con bayas de trigo 🔲
Chile

Preparación: 5 minutos,
más toda la noche en remojo
y para enfriar
Cocción: 1 hora y 15 minutos

Para 6 personas

Para la mayoría de los chilenos, este postre frío preparado con mote (bayas de trigo) cubierto de huesillos (melocotones deshidratados) almibarados es uno de los más tradicionales, incluso hay un refrán que dice «más chileno que el mote con huesillos». En verano, lo venden embotellado en los puestos ambulantes y en los mercados, y también se prepara habitualmente en los hogares.

  250 g de melocotones deshidratados
  75 g de chancaca (panela)
  la cáscara de 1 naranja
  1 ramita de canela
  130 g de azúcar blanco
  250 g de mote (bayas de trigo)

Lave los melocotones bajo un chorro de agua fría y colóquelos en un bol. Vierta agua suficiente para cubrirlos y déjelos en remojo toda la noche.
  Al día siguiente, pase los melocotones con su agua de remojo a una cazuela con la chancaca, la cáscara de naranja y la canela y llévelos a ebullición a fuego medio. Baje el fuego y cuézalos 45 minutos, removiendo con frecuencia. Añada el azúcar y prosiga con la cocción, sin dejar de remover, otros 30 minutos. Retire la cazuela del fuego, pase los melocotones a un bol, reservando el jarabe de cocción, y déjelos reposar en el frigorífico.
  Mientras, ponga las bayas de trigo en otra cazuela, vierta agua suficiente para cubrirlas y llévelas a ebullición a fuego medio. Tape la cazuela y cuézalas 30 minutos o hasta que estén tiernas. Escúrralas y déjelas enfriar. Resérvelas en el frigorífico.
  Reparta entre 6 vasos grandes las bayas de trigo, 1 cucharada colmada en cada uno, y los melocotones y rocíelos con el jarabe reservado.
  Sírvalos fríos.

Queso en capas con bocadillo

Cuadrados de queso con pasta de guayaba
Colombia

Preparación: 15 minutos

Para 4 personas

En Mompox, un distrito colonial ubicado en una isla del río Magdalena (Colombia), el queso de capa, un queso de consistencia elástica parecido a la mozzarella, se extiende en tiras largas y finas que se enrollan en cuadrados y se venden en los puestos ambulantes. Se combina con pastas de frutas o frutas confitadas y, en Mompox, a veces se enrolla con bocadillo, pasta de guayaba. No le resultará fácil encontrar el queso de capa, pero lo puede sustituir por el queso Oaxaca o quesillo, de sabor y textura similares.

  275 g de queso de capa o queso Oaxaca
  120 g de bocadillo de guayaba (véase pág. 370)
  en 4 cuadrados

Corte el queso en 4 tiras de igual tamaño y estírelas lo más finas posible sin romperlas. Ponga un cuadrado de pasta de guayaba en el extremo de una tira de queso. Doble el queso sobre el cuadrado (extendiéndolo con un rodillo hacia el otro extremo) varias veces y córtelo. Gire el cuadrado y doble la tira de queso sobre el lado expuesto de la pasta de guayaba varias veces. Repita la operación de doblar, cortar y girar hasta acabar con la tira de queso. Repita la operación con las tiras de queso y los cuadrados de pasta de guayaba restantes.

Champús

Maíz, piña y lulo
Colombia, Ecuador

Preparación: 30 minutos,
más toda la noche en remojo
Cocción: 3 horas y 15 minutos

Para 6 personas

Muy popular en el valle del Cauca, Colombia, y en la frontera con Ecuador, el *champús* es una bebida fría y refrescante, típica de los vendedores ambulantes, que se prepara con maíz, panela y frutas como piña o lulo, de sabor ácido y también llamado *naranjilla*, así como hierbas y especias. Existen variantes de esta bebida en el Perú, donde se utilizan otras frutas, como el membrillo, la guanábana y las manzanas.

  340 g de granos de maíz secos
  1 ramita de canela
  225 g de panela (o azúcar mascabado)
  5 clavos
  2 cdtas. de ralladura de naranja
  250 ml de agua
  10 lulos (naranjillas) pelados y aplastados
  1 piña pelada, descorazonada y en dados pequeños

Ponga el maíz seco en un bol, vierta agua suficiente para cubrirlo y déjelo en remojo toda la noche.
  Lave el maíz bajo un chorro de agua fría y colóquelo en una cazuela junto con la canela. Vierta agua suficiente para cubrirlo y llévelo a ebullición. Baje el fuego y cuézalo, sin tapar, 3 horas o hasta que esté tierno, removiendo de vez en cuando para evitar que se pegue al fondo y añadiendo más agua si fuera necesario.
  Ponga una taza de maíz cocido en una batidora, tritúrelo a velocidad media 1 minuto y añádalo de nuevo a la cazuela.
  En un bol, mezcle la panela con los clavos, la ralladura de naranja y el agua y viértalo en la cazuela junto con el puré de lulo y los dados de piña. Cuézalo 5 minutos a fuego lento hasta que la panela se haya disuelto. Retire la cazuela del fuego y déjelo enfriar, añadiendo más panela o agua si fuera necesario.
  Sírvalo frío con cubitos de hielo.

Mote con huesillos

Totopostes

Rosquillas de maíz
Costa Rica, El Salvador, Guatemala, Honduras, Nicaragua

Preparación: 20 minutos
Cocción: 50 minutos, más 15 minutos para reposar

Para 12 unidades

Este postre de origen precolombino, todavía presente en gran parte de América Central, se elabora a base de maíz mezclado con agua y algún tipo de grasa, luego se envuelve en cáscaras y se asa en cenizas. En Costa Rica, los *totopostes* son más dulces, tienen forma de rosquilla y se elaboran con coco rallado y queso. Se los conoce por ser el alimento saciante que consumían los soldados durante la guerra de 1921 con Panamá.

    225 g de mantequilla
    350 ml de leche entera
    100 g de azúcar blanco
    225 g de queso rallado (cualquier queso blanco firme)
    50 g de coco rallado
    1 cdta. de sal
    450 g de masa de maíz (véase pág. 123)

Precaliente el horno a 180 °C.
Ponga la mantequilla con la leche y el azúcar en un cazo y caliente la mezcla 5 minutos o hasta que el azúcar se disuelva; no debe hervir. Retire y deje enfriar.
En un bol, mezcle el queso con el coco, la sal y la masa de maíz y remueva bien.
Forme un volcán con los ingredientes secos, haga un hueco en el centro y vierta poco a poco la mezcla de mantequilla y leche, amasando hasta obtener una mezcla fina y homogénea. Forme 12 bastones de 15 cm de longitud y una los extremos de cada uno para formar una rosquilla. Colóquelas en una bandeja de horno forrada con papel vegetal y hornéelas 40 minutos o hasta que estén doradas. Retire la bandeja del horno y déjelas enfriar 15 minutos.
Caliente una parrilla a 190 °C. Ase los *totopostes* 5 minutos hasta que se empiecen a formar manchas marrones oscuras. Sírvalos templados.

Salpores de arroz

Salpores de arroz
El Salvador

Preparación: 15 minutos
Cocción: 20 minutos

Para 15 unidades

Los *salpores* de arroz son muy populares en El Salvador y los encontrará en todas las panaderías del país. También se pueden hacer con harina de maíz o maicena y pueden tener diferentes formas. A veces se espolvorean con azúcar coloreado.

    400 g de harina de arroz
    200 g de azúcar extrafino, y un poco más para espolvorear
    1 cdta. de canela molida
    1 cdta. de sal
    1 cdta. de levadura en polvo
    115 g de manteca a temperatura ambiente
    2 huevos batidos

Precaliente el horno a 180 °C.
En un bol, ponga todos los ingredientes secos y remueva bien. Añada la manteca y amase con las manos hasta que se integre. Vierta poco a poco los huevos mientras amasa hasta obtener una masa fina y homogénea. Divida la masa en 15 porciones iguales. Deles forma de bola y aplástelas para formar discos u óvalos de 1 cm de grosor. Presione ligeramente la superficie con un tenedor y espolvoree azúcar por encima.
Colóquelos en una bandeja de horno forrada con papel vegetal y dórelos 20 minutos.
Sírvalos templados.

King Kong

Dulce relleno de manjar clásico e higos
Perú

Preparación: 30 minutos
Cocción: 25 minutos

Para 4 personas

En 1933, tras la proyección de la película *King Kong* en la región norteña peruana de Lambayeque, la gente empezó a llamar así a este dulce típico de la región, conocido hasta ese momento como *alfajor de Lambayeque*. Una panadera llamada Victoria Mejía lo había creado una década antes porque el típico alfajor no le parecía lo suficientemente grande. En lugar de dos capas de galletas pequeñas colocó cuatro grandes rellenas de manjar blanco y mermelada de frutas (normalmente de fresa o piña). A veces, también se incluye el dulce de *maní*, una pasta hecha de maníes machacados cocidos con chancaca (panela) y camotes. Son muchas las panaderías que tienen como especialidad este postre, que puede ser redondo o rectangular y que incluso puede llegar a pesar varios kilos.

    1,6 kg de harina común
    100 g de mantequilla fría en dados
    6 yemas de huevo
    120 ml de agua
    1 pizca de sal
    manjar blanco (véase pág. 374) o dulce de leche (véase pág. 374)
    elección de dos rellenos: mermelada de fresa o piña, pasta de membrillo o de higo o dulce de maníes (cacahuetes)

Precaliente el horno a 190°C.
Tamice la harina en un bol y añada la mantequilla en dados. Frótelas con la yema de los dedos hasta conseguir una textura arenosa. Agregue las yemas de huevo, el agua y una pizca de sal y amase hasta obtener una masa lisa y uniforme. Extienda la masa con un rodillo hasta formar una lámina fina y córtela en 4 rectángulos iguales. Coloque los rectángulos de masa en una bandeja de horno forrada con papel vegetal y hornéelos 25 minutos o hasta que estén dorados. Retire la bandeja del horno y déjelos enfriar.
Para preparar las capas, reserve una galleta limpia para cubrir el alfajor, unte otra con manjar blanco y las dos restantes con los rellenos de su elección. Apílelas, finalizando con la galleta reservada.

Alegrías

Barritas de amaranto con miel y frutos secos
México

Preparación: 15 minutos
Cocción: 30 minutos,
más 5 minutos para reposar

Para 6-8 personas

Este dulce, que se remonta, como mínimo, a la época de los aztecas, que lo llamaban *tzoali*, era típico de las ofrendas rituales. Hoy en día se puede encontrar en las panaderías de todo México.

- 250 g de semillas de amaranto
- 30 g de nueces
- 30 g de maníes (cacahuetes)
- 70 g de pepitas (pipas de calabaza)
- 540 g de panela (o azúcar mascabado)
- 120 ml de agua
- 140 g de miel o sirope de agave

Caliente a fuego medio una sartén. Tueste las semillas de amaranto hasta que estén doradas y páselas a un bol. Repita la operación, por separado, con las nueces, los maníes y las pipas.

Coloque la panela con el agua y la miel o el agave en una cazuela y cuézalo todo a fuego lento 15 minutos, sin dejar de remover, hasta obtener un caramelo. Déjelo enfriar 5 minutos antes de añadirlo a la mezcla seca. Remueva bien.

Forre una bandeja con papel de aluminio. Extienda la mezcla con una espátula y déjela enfriar. Córtela en porciones cuadradas o rectangulares con un cuchillo humedecido y sírvalas.

Sawine

Pastel de vermicelli
Guayana Francesa, Guyana

Preparación: 10 minutos
Cocción: 30 minutos,
más 2 horas para enfriar

Para 12 personas

Al igual que el *paysum* indio o el *seviyan* pakistaní, este pastel de fideos es un postre tradicional de los musulmanes de las Guayanas y Trinidad para celebrar el Aíd al Fitr, que marca el final del Ramadán, aunque también se puede servir en cualquier festividad u ocasión especial.

- mantequilla, para engrasar
- 1 cda. de aceite vegetal
- 200 g de vermicelli u otra pasta larga y fina
- 475 ml de agua
- 2 ramitas de canela
- 1 cdta. de sal
- ½ cdta. de nuez moscada molida
- ½ cdta. de cardamomo molido
- ½ cdta. de jengibre molido
- 1,5 litros de leche condensada
- 50 g de azúcar extrafino
- 1½ cdtas. de extracto de vainilla
- 35 g de pasas
- 60 g de cerezas deshidratadas picadas

Engrase con mantequilla una fuente de 23 x 33 cm y resérvela.

Caliente a fuego medio el aceite en una sartén. Rompa los vermicelli en trozos más pequeños y dórelos en la sartén, removiendo con frecuencia.

Mientras, caliente a fuego vivo el agua con la canela, la sal y las especias en una cazuela y llévela a ebullición. Baje el fuego, añada los vermicelli tostados y cuézalos 15 minutos o hasta que la pasta esté bien cocida y el agua se haya reducido a unos dos tercios. Agregue la leche condensada, el azúcar, el extracto de vainilla, las pasas y las cerezas y retire la cazuela del fuego; debe tener una consistencia similar a la de un pudin. Páselo a la fuente preparada y refrigérelo 2 horas como mínimo hasta que se enfríe.

Córtelo en porciones y sírvalo frío.

Cassava pone

Pastel de yuca
Guyana

Preparación: 20 minutos
Cocción: 1 hora

Para 10 personas

En su forma más básica, este gelatinoso pastel dorado está hecho principalmente con yuca y coco rallados, además de azúcar y especias. Sin embargo, en algunas variantes se añade calabaza y zanahoria y, a veces, también pueden llevar pasas.

- 60 g de yuca rallada
- 40 g de coco fresco rallado
- 100 g de azúcar extrafino
- 1 cdta. de extracto de vainilla
- 1 cda. de canela molida
- 1 cdta. de pimienta negra recién molida
- 1 cda. de nuez moscada molida
- 3 cdas. de mantequilla en pomada, y un poco más para engrasar
- 350 ml de leche evaporada (sin azúcar)
- 350 ml de leche condensada

Precaliente el horno a 180 °C. Engrase el fondo y los lados de una bandeja de horno cuadrada de 20 cm de ancho y 4 cm de profundidad.

Ponga la yuca y el coco en un bol y mézclelos bien con las manos. Añada los ingredientes restantes y remueva bien hasta que se integren.

Ponga la mezcla en la bandeja preparada y hornéela durante 1 hora o hasta que esté dorada y un cuchillo insertado en el centro salga limpio pero un poco pegajoso. Retire el pastel del horno y déjelo enfriar.

Córtelo en cuadrados y sírvalo.

Plátanos en mole

Plátanos macho en mole
Guatemala

Preparación: 10 minutos
Cocción: 30 minutos
Para 8 personas

En Guatemala, el mole es dulce. No se utiliza para platos salados, como en México, sino que se suele servir sobre plátanos macho fritos. También lleva chiles pasilla, que le otorgan un toque picante, pero hay menos especias en comparación con los moles mexicanos y una mayor proporción de canela, sésamo y chocolate.

1 chile pasilla
120 g de semillas de sésamo
1 ramita de canela
1 cda. de pepitas (pipas de calabaza)
2 tomates pelados
475 ml de agua
6 plátanos macho maduros
2 cdas. de aceite vegetal
240 g de chocolate con leche

Caliente un comal y tueste el chile, el sésamo, la canela y las pipas 6 minutos, removiendo de vez en cuando. Retire 1 cucharada de sésamo tostado y resérvelo para adornar. Pase los ingredientes restantes a una batidora.
Caliente a fuego vivo el mismo comal o sartén y ase los tomates hasta que estén bien dorados por todos los lados. Páselos a la batidora junto con los otros ingredientes y vierta el agua. Tritúrelo todo a velocidad media hasta obtener una mezcla fina.
Pele los plátanos y córtelos en rodajas diagonales. Caliente el aceite en una sartén y fría las rodajas de plátano 4 minutos por cada lado. Retírelas de la sartén y páselas a un plato forrado con papel de cocina.
Vierta la mezcla triturada en una cazuela y llévela a ebullición. Baje el fuego y añada el chocolate. Cuézalo hasta que se derrita, de 3 a 5 minutos, y remueva bien. Agregue el plátano frito y cuézalo 5 minutos más.
Sirva las rodajas de plátano templadas napadas con la salsa de chocolate y las semillas de sésamo reservadas.

Garbanzos en miel

Garbanzos dulces
Guatemala

Preparación: 15 minutos,
más toda la noche en remojo
Cocción: 1 hora y 15 minutos
Para 6 personas

En esta receta, típica de Semana Santa, los garbanzos, introducidos en América Central durante la época colonial, se sirven con un jarabe dulce.

450 g de garbanzos secos
½ cdta. de sal
400 g de panela (o azúcar mascabado)
1 ramita de canela

Ponga los garbanzos en un bol. Vierta agua suficiente para cubrirlos, añada la sal y déjelos en remojo toda la noche.
Escurra los garbanzos y lávelos bien. Colóquelos en una cazuela, vierta agua para cubrirlos y llévelos a ebullición. Baje el fuego a medio y cuézalos, sin tapar, 45 minutos. Escúrralos y déjelos enfriar.

Pele los garbanzos, colóquelos en la cazuela, cúbralos con agua y llévelos a ebullición. Añada la panela y la canela y prosiga con la cocción 25 minutos hasta que espese. Pase los garbanzos a un plato hondo y déjelos enfriar antes de servir.

Sopa borracha

Bizcocho borracho
Panamá

Preparación: 30 minutos,
más 1 hora en remojo
Cocción: 1 hora y 5 minutos,
más 2 horas para reposar
Para 8 personas

La *sopa borracha* ni es sopa ni le emborrachará. Sin embargo, estos cuadrados de bizcocho empapados en alcohol y bañados con un jarabe dulce y frutas secas son típicos de las fiestas y otros eventos festivos, donde sí es muy probable haber bebido un poco más de la cuenta cuando el postre llega a la mesa.

280 g de ciruelas deshidratadas
280 g de pasas
475 ml de ron
475 ml de moscatel
475 ml de brandy
mantequilla, para engrasar
9 huevos, con las yemas y las claras separadas
300 g de azúcar extrafino
400 g de harina común
2 cdtas. de levadura en polvo
1 cdta. de sal
la ralladura de 1 limón (lima)
½ cda. de extracto de vainilla
475 ml de agua
2 ramitas de canela
300 g de azúcar moreno
2 rodajas de limón (lima)
10 clavos

Ponga las ciruelas deshidratadas y las pasas en un bol y vierta el ron, el moscatel y el brandy. Deje que se empapen durante 1 hora como mínimo.
Precaliente el horno a 190 °C. Engrase el fondo y los lados de una bandeja de hornear cuadrada de 20 cm de ancho y 4 cm de profundidad.
Ponga las claras de huevo en un bol y bátalas con las varillas hasta que estén firmes. En otro bol, bata las yemas con el azúcar extrafino hasta que estén pálidas y aireadas y viértalas, poco a poco, en el bol con las claras, mientras sigue batiendo. Mezcle la harina con la levadura en polvo, la sal, la ralladura de limón y el extracto de vainilla e incorpore la mezcla, poco a poco, al bol con los huevos. Debe hacerlo todo con rapidez para mantener la mayor cantidad de aire posible.
Vierta la mezcla en la bandeja engrasada y hornee el bizcocho 45 minutos o hasta que un cuchillo insertado en el centro salga limpio. Déjelo enfriar.
Mientras, coloque el agua, la canela, el azúcar moreno, las rodajas de limón y los clavos en una cazuela y llévelo todo a ebullición. Baje el fuego y cuézalo durante 20 minutos o hasta que haya espesado. Escúrralo y déjelo enfriar. Cuando el jarabe esté lo suficientemente frío, viértalo en el bol con las frutas en remojo y remueva bien.
Desmolde el bizcocho y córtelo en cuadrados de 2,5 cm. Colóquelos en un plato hondo y vierta el jarabe por encima, asegurándose de que queden bien cubiertos. Refrigérelos 2 horas en el frigorífico y sírvalos con las frutas remojadas esparcidas por encima.

Plátanos en mole

Mbaipy he'ê, polenta dulce

Polenta dulce paraguaya
Paraguay

Preparación: 15 minutos
Cocción: 20 minutos   Para 10 personas

Este pastel de harina de maíz tiene la textura de un pudin de pan, está endulzado con jarabe de caña de azúcar y se sirve caliente, a menudo acompañado de un chocolate a la taza.

> 100 g de azúcar extrafino
> 5 cdas. de agua
> 870 ml de leche entera
> 450 g de harina de maíz
> 280 g de melaza
> la ralladura de 1 naranja

En una cazuela, mezcle el azúcar con el agua y cuézalo a fuego medio 10 minutos, agitando la cazuela lentamente (no remueva) hasta obtener un caramelo dorado oscuro. Retire la cazuela del fuego.

Caliente a fuego medio la leche en otra cazuela hasta que rompa a hervir y añada poco a poco la harina de maíz, mientras remueve, hasta que rompa a hervir de nuevo. Agregue la melaza y la ralladura de naranja, baje el fuego y cuézalo 5 minutos, sin dejar de remover.

Ponga la mezcla de harina de maíz en un bol y vierta lentamente el caramelo por encima.

Sirva la polenta templada.

Helado de lúcuma

Helado de lúcuma
Perú

Preparación: 10 minutos,
más 6 horas para enfriar y batir
Cocción: 25 minutos   Para 4 personas

La lúcuma se encuentra a lo largo de las laderas inferiores de la zona occidental de los Andes y es uno de los frutos característicos del Perú (y del norte de Chile). Su sabor, especialmente en los dulces, no se parece a ninguna otra fruta que haya probado. A veces se le llama *fruta del huevo* por su pulpa seca, de color amarillo anaranjado, que es similar en textura y color a la yema de un huevo duro, pero cuyo sabor es una mezcla entre la calabaza y el azúcar moreno. El fruto, del tamaño de una pelota de béisbol, ha sido durante mucho tiempo un alimento básico de la cocina indígena y, de hecho, está representado en la cerámica de las antiguas civilizaciones costeras del Perú. Tiene una piel verde fina, que se desprende cuando está maduro, y una semilla marrón. El helado de lúcuma se vende más que el de fresa o el de chocolate; incluso las cadenas de comida rápida lo tienen en sus menús. Los mejores se pueden encontrar en el trayecto de la ruta Panamericana cerca de la ciudad de Chilca, al sur de Lima, una parada obligatoria de camino a las playas del sur, donde numerosos puestos venden helados artesanales de lúcuma, higos y otras frutas autóctonas.

> 475 ml de nata para montar
> 6 yemas de huevo
> 130 g de azúcar extrafino
> 120 ml de jarabe de maíz ligero
> 200 g de pulpa de lúcuma
> 1 cdta. de extracto de vainilla

Caliente 325 ml de la nata al baño María con el agua hirviendo a fuego medio.

Mientras, bata con las varillas las yemas de huevo con el azúcar y el jarabe de maíz en un bol metálico. Vierta 60 ml de la nata caliente, sin dejar de batir, y pase esta mezcla junto al resto de la nata en el baño María. Cuézalo removiendo con una cuchara de madera hasta que la mezcla comience a espesar y esté a punto de hervir, unos 15 minutos. Colóquelo en un baño María inverso.

Añada la pulpa de lúcuma, el extracto de vainilla y la nata restante y bátalo hasta que se incorpore todo. Refrigérelo hasta que se enfríe, 4 o 5 horas. Bata la mezcla en una heladera y siga las instrucciones del fabricante.

Bojo

Bizcocho de yuca y coco
Surinam

Preparación: 20 minutos,
más toda la noche en remojo
Cocción: 1 hora 40 minutos   Para 10 personas

En la época de la esclavitud en Surinam (1651-1863), las mujeres afrosurinamesas a menudo se veían obligadas a criar a sus hijos solas. Para mantener a sus familias, vendían diferentes tipos de pasteles, como este esponjoso bizcocho sin harina preparado con coco rallado y yuca, que llevaban en platos sobre la cabeza. Hoy en día, es típico de los días de fiesta y suele llevar ron, canela y otras especias. Se puede servir caliente o frío.

> 85 g de sultanas
> 75 ml de ron
> 350 g de yuca pelada, lavada y en trozos
> 200 g de coco rallado
> 65 g de azúcar extrafino
> 1 cdta. de canela molida
> 1 cdta. de sal
> 2 huevos
> 60 ml de leche de coco
> 1 cda. de extracto de vainilla
> 2 cdtas. de extracto de almendra
> 4 cdas. de mantequilla derretida, y un poco más para engrasar

Coloque las sultanas en un bol, cúbralas con el ron y déjelas en remojo toda la noche.

Ponga la yuca en una cazuela, vierta agua suficiente para cubrirla y llévela a ebullición. Baje el fuego a medio y cuézala, sin tapar, 40 minutos o hasta que esté tierna. Escúrrala, retire el corazón duro y déjela enfriar. Rállela fina con un rallador de queso.

Precaliente el horno a 165 °C. Engrase el fondo y los lados de un molde de 20 cm de diámetro y 5 cm de profundidad.

En un bol, mezcle la yuca con el coco. Añada el azúcar, la canela y la sal.

En otro bol, bata con las varillas los huevos con la leche de coco y los extractos de vainilla y almendra. Vierta la mezcla sobre el bol con la yuca y remueva bien. Añada la mantequilla derretida y las pasas con el ron y remueva hasta que se incorporen bien. Vierta la mezcla en la bandeja de horno preparada.

Hornee el bizcocho durante 1 hora o hasta que esté dorado. Retírelo del horno y desmóldelo mientras aún esté caliente.

Sírvalo a temperatura ambiente.

Mbaipy he'ẽ, polenta dulce

Membrillos al horno

Membrillos rellenos al horno
Uruguay

Preparación: 20 minutos
Cocción: 35 minutos

Para 8 personas

El membrillo, introducido en Uruguay durante el periodo colonial, se cultiva principalmente en los departamentos de Montevideo y Canelones. A menudo se utiliza para preparar pasteles o mermelada, pero la mejor receta quizá sea simplemente relleno con nata y horneado.

8 membrillos maduros
el zumo de 2 limones (limas)
115 g de mantequilla, y un poco más para engrasar
3 cdas. de nata para montar
140 g de azúcar glas

Pele los membrillos, córtelos por la mitad y retire el corazón duro. Colóquelos en un bol, vierta agua suficiente para cubrirlos y el zumo de limón (para evitar que se oxiden) y déjelos reposar 10 minutos.

Precaliente el horno a 180 °C. Forre una bandeja de horno con papel de aluminio ligeramente engrasado con mantequilla.

En un bol, bata con las varillas la mantequilla con la nata y la mayor parte del azúcar hasta obtener una masa fina y homogénea. Escurra los membrillos, sacúdalos para secarlos y colóquelos en la bandeja de horno. Reparta el relleno entre los membrillos y espolvoree el azúcar restante por encima con la ayuda de un colador de malla fina. Hornéelos 35 minutos hasta que estén tiernos.

Retírelos del horno y sírvalos calientes.

Cocada baiana

Pastelitos de coco bahianos
Brasil

Preparación: 15 minutos
Cocción: 15 minutos

Para 50 unidades

Las cocadas, típicas de muchas regiones de América Latina, son dulces de coco horneados que pueden tener múltiples formas, ir adornados con nueces o teñirse con colorantes alimentarios. En Bahía, las cocadas tienen forma de bola o de galleta plana y son típicas de los puestos ambulantes, a menudo junto con el *Acarajé* (véase pág. 172); también las ofrecen los vendedores ambulantes que transitan por las playas. Por lo general, solo llevan dos ingredientes: coco rallado y azúcar. Suelen ser blancas, doradas cuando el coco está tostado o de un tono más oscuro cuando están elaboradas con azúcar moreno y coco quemado.

mantequilla, para engrasar
250 ml de agua
400 g de azúcar moreno
375 g de coco rallado
120 ml de leche condensada

Forre una bandeja con papel vegetal ligeramente engrasado con mantequilla.

Coloque el agua y el azúcar en una cazuela. Remueva bien y llévelo a ebullición, sin remover, hasta que alcance los 104 °C. Añada el coco y la leche condensada, remueva bien y retire la cazuela del fuego.

Con la ayuda de 2 cucharas, forme porciones de masa, dispóngalas en la bandeja y déjelas enfriar por completo. Use una espátula para pasar las cocadas a una fuente.

Golfeado

Caracolas glaseadas venezolanas
Venezuela

Preparación: 20 minutos,
más 1 hora para leudar
Cocción: 35 minutos

Para 6 unidades

La versión venezolana de los rollitos o bollitos de canela (típicos en la actualidad del norte de Europa y Estados Unidos) está rellena de queso rallado y glaseada con un jarabe preparado con panela llamado *melado*. Presentes en prácticamente todas las panaderías de Venezuela, a veces llevan una loncha extra de queso de mano, un queso blanco suave utilizado para preparar arepas y cachapas.

20 g de levadura fresca
100 g de azúcar extrafino
1 cda. de sal
115 g de mantequilla
250 ml de leche templada
400 g de harina común, y un poco más
para espolvorear
2 huevos
400 g de panela (o azúcar mascabado)
250 g de queso de mano rallado (o mozzarella)
1 cdta. de semillas de anís
120 ml de agua

En un bol, coloque la levadura con el azúcar y la sal. Derrita la mitad de la mantequilla y viértala junto con la leche templada en el bol. Remueva bien con una cuchara de madera y añada poco a poco la harina hasta obtener una masa de textura arenosa. Agregue los huevos y amase con las manos hasta que se incorporen.

Coloque la masa en una superficie enharinada y continúe amasando hasta obtener una masa fina y homogénea. Estire la masa con un rodillo hasta obtener un rectángulo de 5 mm de grosor.

Extienda la mantequilla restante sobre la masa, espolvoréela con tres cuartos de la panela y esparza el queso y las semillas de anís por encima. Enrolle la masa para formar un cilindro consistente y córtelo en rodajas de 4 cm de grosor. Colóquelas en una bandeja de horno forrada con papel vegetal, cúbralas con un paño de cocina y déjelas leudar 1 hora a temperatura ambiente.

Precaliente el horno a 180 °C.

Hornee las caracolas 20 minutos o hasta que suban y estén doradas.

Mientras, caliente la panela restante con el agua en un cazo y llévela a ebullición. Retire el cazo del fuego y mantenga el jarabe caliente. Retire la bandeja del horno, pinte las caracolas con el jarabe y colóquelas de nuevo en el horno de 5 a 10 minutos más.

Sírvalas templadas.

Membrillos al horno

Pasteles, tartas y tartaletas

Las recetas de tartaletas dulces horneadas llegaron a la región con los colonos europeos y se adaptaron a las frutas y rellenos autóctonos. En la mayoría de los casos, suelen ser pasteles pequeños individuales, aunque siempre hay excepciones.

Empanadillas de coco

Belice 🍳

Preparación: 30 minutos
Cocción: 25 minutos

Para 20 unidades

El coco es la base de muchos dulces beliceños, como la *coconut crust* y la *coconut tart*, cuyos nombres a veces se usan indistintamente. Los ingredientes son prácticamente los mismos, pero, en general, la *coconut crust* tiene forma de empanadilla y está rellena de coco rallado y caramelizado, mientras que la *coconut tart* es una tartaleta redonda con el relleno expuesto.

2 cocos frescos
400 g de azúcar blanco
1 cdta. de extracto de vainilla
1 cdta. de jengibre fresco rallado
½ cdta. de nuez moscada molida
530 g de harina común
1 cdta. de sal
115 g de mantequilla en dados, y un poco más para engrasar

Precaliente el horno a 200 °C.

Abra los dos cocos y reserve la leche. Ralle la pulpa y colóquela en una cazuela junto con el azúcar, la vainilla, el jengibre y la nuez moscada. Caliéntelo a fuego medio, sin dejar de remover para evitar que se queme, 15 minutos o hasta que el azúcar empiece a caramelizarse. Retire la cazuela del fuego y déjelo enfriar.

Ponga la harina con la sal y la mantequilla en un bol. Frote la mantequilla y la harina con la yema de los dedos hasta conseguir una textura arenosa. Añada poco a poco la cantidad suficiente de leche de coco reservada para que la masa se integre y amásela hasta conseguir una textura fina y homogénea. Forme unas 20 bolas del tamaño de una pelota de golf y resérvelas.

Forre una bandeja de horno con papel vegetal. Engrase con mantequilla una superficie de trabajo y aplaste una de las bolas de masa con las manos. Coloque 1 cucharada del relleno de coco en el centro y cierre la masa doblándola por la mitad. Presione los bordes con un tenedor para sellarlos y pase la empanadilla a la bandeja de horno. Repita la operación con la masa y el relleno restantes.

Hornee las empanadillas 10 minutos o hasta que estén doradas y crujientes. Retírelas del horno, déjelas enfriar un poco.

Sírvalas templadas.

Triángulos de piña

Guyana

Preparación: 30 minutos, más 1 hora para enfriar
Cocción: 1 hora y 5 minutos

Para 12 unidades

Estas tartaletas triangulares rellenas de piña son un básico de las panaderías guyanesas. La receta, como otras, se creó durante el dominio británico de Guyana.

1 piña mediana madura pelada, descorazonada y en trozos
50 g de azúcar blanco
100 g de azúcar moreno
½ cdta. de nuez moscada molida
½ cdta. de canela molida
1 cdta. de extracto de vainilla

Para la masa
450 g de harina común
2 cdtas. de azúcar
1 pizca de sal
75 g de mantequilla
75 ml de aceite vegetal
175 ml de agua fría
1 clara de huevo batida
2 huevos batidos

Ponga la piña en un robot de cocina y tritúrela a velocidad media hasta obtener un puré fino. Páselo a una cazuela, añada el azúcar blanco y moreno, la nuez moscada y la canela y llévelo a ebullición. Baje el fuego y cuézalo 40 minutos, removiendo con frecuencia, o hasta obtener una consistencia similar a la de una mermelada. Retire la cazuela del fuego y déjelo enfriar.

Para preparar la masa, tamice la harina, el azúcar y la sal en un bol. Añada la mantequilla y el aceite. Usando un cortapastas o una espátula, mezcle la mantequilla con la harina hasta conseguir una textura arenosa. Vierta el agua fría poco a poco y amase. Forme un cilindro y colóquelo sobre una lámina de film transparente. Hágalo rodar con las manos hasta que tenga unos 30 cm de longitud. Envuélvalo con film transparente y refrigérelo durante 1 hora como mínimo.

Precaliente el horno a 180 °C.

Forre una bandeja de horno con papel de aluminio. Corte el cilindro en rodajas (unas 15 en total) de 2,5 cm de grosor. Aplástelas con la palma de la mano hasta obtener discos de 18 cm de diámetro. Pinte los bordes con clara de huevo y coloque 1 cucharada del relleno de piña en el centro de cada uno, a unos 2,5 cm del borde. Doble 3 lados hacia el centro para formar un triángulo.

Pinte todos los triángulos con el huevo batido y haga una incisión con un cuchillo en el centro para que el vapor pueda salir durante la cocción. Hornéelos 25 minutos o hasta que se doren. Retírelos del horno y déjelos enfriar 30 minutos antes de servirlos.

Sírvalos templados.

Empanadillas de coco

Pasta frola de dulce de membrillo

Tarta de dulce de membrillo
Argentina, Paraguay, Uruguay

Preparación: 10 minutos,
más 15 minutos para reposar
Cocción: 35 minutos

Para 8 personas

La pasta frola es una adaptación de la *crostata alla marmellata*, introducida en Sudamérica por los inmigrantes italianos. Es una tarta de masa quebrada con una celosía en la superficie que deja ver parte de la pasta de membrillo de su interior. Normalmente, se toma para merendar con una taza de infusión o mate.

530 g de harina común, y un poco más
para espolvorear
1¹/₂ cdtas. de bicarbonato de sodio
¹/₂ cdta. de sal
100 g de azúcar blanco
115 g de mantequilla en dados, y un poco más
para engrasar
1 cdta. de extracto de vainilla
1 huevo
1 yema de huevo
450 g de dulce de membrillo
120 ml de oporto o agua

Para el acabado
1 huevo batido

Tamice la harina, el bicarbonato de sodio, la sal y el azúcar en un bol. Añada la mantequilla y frótela con la yema de los dedos hasta obtener una textura arenosa. Agregue el extracto de vainilla, el huevo entero y la yema y remueva bien. Coloque la mezcla sobre una superficie enharinada y amase hasta obtener una masa lisa y homogénea. Cúbrala con film transparente y refrigérela 15 minutos.
     Precaliente el horno a 180 °C. Engrase un molde de 20 cm de diámetro con mantequilla.
     Ponga el dulce de membrillo en una cazuela con el oporto o el agua y caliéntelo a fuego medio de 3 a 5 minutos hasta que se derrita lo suficiente como para poder extenderlo. Resérvelo caliente.
     Divida la masa en dos porciones, una con dos tercios de la masa y la otra con el tercio restante para el enrejado. Extienda con un rodillo la porción más grande hasta obtener un disco de 6 mm de grosor. Colóquelo en el molde, presionando la masa contra los bordes. Pinche el fondo con un tenedor y extienda el dulce de membrillo por encima.
     Estire con un rodillo el trozo de masa restante hasta obtener un disco y córtelo en tiras de 1 cm de grosor. Colóquelo encima de la tarta en un patrón cruzado y pellizque los extremos con la base para sellarlos. Pinte las tiras de masa con el huevo batido y hornee la tarta 30 minutos o hasta que la superficie se dore.

Frutas de sartén

En América Latina, el arte de freír también está presente en los dulces. Las masas se elaboran con trigo, maíz, plátanos comunes o macho, yuca o calabaza y se espolvorean con azúcar o se rocían con miel o jarabe. También son típicos los rellenos de chocolate o dulce de leche.

Mandoca

Rosquillas de harina de maíz y plátano
Venezuela

Preparación: 15 minutos,
más 25 minutos para reposar
Cocción: 35 minutos

Para 20 unidades

Estas rosquillas de harina de maíz y plátano macho fritas, típicas del estado de Zulia, se toman calientes con mantequilla y queso, principalmente para desayunar.

1 plátano macho maduro
200 g de panela (o azúcar mascabado)
250 ml de agua
¹/₂ cdta. de sal
1 cdta. de semillas de anís
180 g de queso fresco desmenuzado
560 g de harina de maíz
aceite vegetal, para engrasar y freír
mantequilla, para servir

Pele el plátano y cuézalo en un cazo con agua hirviendo 10 minutos hasta que esté tierno. Escúrralo, déjelo enfriar y aplástelo con un tenedor.
     En un bol, mezcle el azúcar con el agua, batiendo con unas varillas hasta que el azúcar se haya disuelto por completo. Añada la sal, las semillas de anís, el puré de plátano y el queso fresco y agregue, poco a poco, la harina de maíz removiendo con una cuchara de madera hasta obtener una masa firme y homogénea. Si fuera necesario, agregue más agua o harina de maíz para lograr la consistencia deseada. Refrigérela 15 minutos.
     Engrase ligeramente una bandeja de horno.
     Divida la masa en 20 porciones iguales y forme bastones de 8 x 1 cm. Una los extremos, dándole la forma de una gota de agua. Coloque las rosquillas en la bandeja engrasada y déjelas reposar 10 minutos.
     Vierta suficiente aceite vegetal para cubrir las rosquillas hasta la mitad en una olla de fondo grueso, asegurándose de que no supere los dos tercios de su capacidad, y caliéntelo a 185 °C. Fría las rosquillas, por tandas, 3 minutos por cada lado o hasta que estén doradas y crujientes. Retírelas con una espumadera y páselas a un plato forrado con papel de cocina para eliminar el exceso de aceite.
     Sírvalas templadas con mantequilla como guarnición.

Prestiños

Pestiños costarricenses
Costa Rica

Preparación: 20 minutos,
más 30 minutos para reposar
Cocción: 20 minutos

Para 15 unidades

Los *prestiños*, la versión costarricense de los
tradicionales pestiños españoles típicos de Andalucía,
se venden envasados en bolsas de plástico en todos
los puestos de fruta ubicados en los arcenes de las
carreteras del norte de Costa Rica. Se suelen rociar con
tapa de dulce, un jarabe elaborado con azúcar de caña
sin refinar, aunque también se puede utilizar miel caliente
o jarabe de arce.

>   400 g de harina común
>   1 cdta. de sal
>   1 huevo batido
>   aceite vegetal, para freír
>
>   Para el jarabe
>   200 g de azúcar blanco
>   200 g de azúcar moreno
>   ½ cdta. de sal
>   250 ml de agua

Mezcle la harina con la sal en un bol. Añada el huevo
batido y remueva. Agregue, poco a poco, suficiente
agua, mientras amasa hasta obtener una masa fina
pero no pegajosa. Divida la masa en 15 porciones
iguales, cúbralas con un paño de cocina y refrigérelas
30 minutos.
  Estire con un rodillo cada trozo de masa hasta
obtener discos finos.
  Vierta suficiente aceite vegetal para freír en una olla
de fondo grueso, asegurándose de que no supere los dos
tercios de su capacidad, y caliéntelo a 177 °C.
  Para hacer el jarabe, coloque el azúcar blanco y
moreno con la sal y el agua en una cazuela y remueva
bien. Llévelo a ebullición a fuego medio y retire la cazuela
del fuego. Déjelo enfriar un poco mientras realiza el
siguiente paso.
  Fría los prestiños, por tandas, 3 minutos por cada
lado o hasta que estén dorados y crujientes. Retírelos
con una espumadera y páselos a un plato forrado con
papel de cocina para eliminar el exceso de aceite.
Rocíelos con el jarabe y sírvalos calientes.

Rellenitos de plátano

Buñuelos de plátano rellenos de frijoles y canela
Guatemala

Preparación: 20 minutos,
más toda la noche en remojo
Cocción: 1 hora y 25 minutos

Para 15 unidades

Estos buñuelos, de forma ovalada, son un dulce
reconfortante que se prepara todo el año. Se elaboran
con puré de plátanos macho y se rellenan con un puré
de frijoles refritos, chocolate y canela. A menudo se
espolvorean con azúcar o se rocían con nata o miel.

>   120 g de frijoles negros secos
>   10 plátanos macho pelados y en trozos
>   aceite vegetal, para freír
>   120 g de azúcar extrafino
>   1 cdta. de canela molida
>   azúcar moreno, para espolvorear
>   sal

Ponga los frijoles en un bol. Vierta abundante agua fría
para cubrirlos y déjelos en remojo toda la noche o hasta
24 horas.
  Escurra los frijoles y colóquelos en una cazuela con
agua suficiente para cubrirlos generosamente y un poco
de sal. Llévelos a ebullición y cuézalos 10 minutos. Baje
el fuego y cuézalos, tapados, unos 50 minutos más o
hasta que estén tiernos, añadiendo más agua si fuera
necesario. Escúrralos y resérvelos.
  Mientras, coloque los plátanos en otra cazuela,
añada agua suficiente para cubrirlos y llévelos a
ebullición. Cuézalos de 15 a 20 minutos o hasta que
estén tiernos. Escúrralos (reservando el agua), páselos
a una batidora y tritúrelos 2 minutos, añadiendo un poco
de agua de cocción si fuera necesario. Déjelo enfriar.
  Escurra los frijoles, páselos a una batidora y
tritúrelos hasta obtener un puré espeso. Caliente
1 cucharada de aceite en una sartén y añada el puré de
frijoles. Agregue el azúcar y la canela y cuézalo a fuego
lento 10 minutos. Retire la sartén del fuego y resérvelo.
  Cuando el puré de plátano se haya enfriado, forme
15 bolas del tamaño de una pelota de golf. Aplástelas
con la palma de la mano y coloque ½ cucharada del puré
de frijoles en el centro de cada disco. Una los bordes
para envolver el relleno y deles forma de óvalo.
  Vierta suficiente aceite vegetal para cubrir el
fondo de una sartén y caliéntelo a fuego medio. Fría
los buñuelos 2 minutos por cada lado o hasta que estén
dorados y crujientes. Retírelos de la sartén y páselos
a un plato forrado con papel de cocina. Déjelos enfriar
un poco y sírvalos calientes con azúcar moreno espolvoreado por encima.

Buñuelos de yuca y queso

Buñuelos de yuca y queso
Colombia, Nicaragua, Panamá, Venezuela

Preparación: 20 minutos
Cocción: 15 minutos
Para 20 unidades

Redondos o en forma de disco, los buñuelos se preparan en múltiples zonas de América Latina. Introducidos por los españoles, que generalmente los elaboraban con harina de trigo y levadura, aquí se suelen utilizar ingredientes autóctonos como la yuca o la calabaza. Los buñuelos de yuca, a menudo con queso, bien dorados y rociados con jarabe son típicos de varios países.

200 g de azúcar moreno
1 ramita de canela
el zumo de ½ limón (lima)
250 ml de agua
950 ml de aceite vegetal
60 g de queso cuajada rallado
300 g de yuca rallada
2 huevos batidos
¼ de cdta. de sal
1 cdta. de levadura en polvo

Ponga el azúcar, la canela, el zumo de limón y el agua en una cazuela y llévelo a ebullición. Baje el fuego y cuézalo 10 minutos o hasta que tenga la consistencia de un jarabe. Déjelo a fuego lento para mantenerlo caliente.

Caliente a 190 °C el aceite vegetal en una cazuela de fondo grueso, asegurándose de que no supere los dos tercios de su capacidad.

Mientras, en un bol, mezcle el queso con la yuca, los huevos, la sal y la levadura en polvo. Amase con las manos hasta obtener una masa fina y homogénea. Con una cuchara, eche porciones de masa en el aceite y fríalas 5 minutos o hasta que se doren. Retire los buñuelos con una espumadera y páselos a un plato forrado con papel de cocina para eliminar el exceso de aceite.

Sírvalos calientes con el jarabe templado rociado por encima.

Bananos calados

Plátanos fritos colombianos
Colombia

Preparación: 5 minutos
Cocción: 10 minutos
Para 2-4 personas

Los plátanos fritos en mantequilla, bañados con una salsa de panela y acompañados con helado de vainilla, son un postre típico colombiano delicioso y muy sencillo.

2 naranjas
2 cdas. de mantequilla
4 plátanos pelados y cortados por la mitad a lo ancho
4 cdas. de panela (o azúcar mascabado)
1 ramita de canela

Ralle las cáscaras de las naranjas muy finas hasta obtener 1 cucharada de ralladura. Corte las naranjas por la mitad y exprímalas, reservando 120 ml del zumo.

En una sartén, caliente a fuego medio la mantequilla hasta que adquiera un ligero tono dorado. Añada los plátanos junto con la panela, la ralladura y el zumo de naranja y la canela. Fríalos 4 minutos, rociándolos con la mantequilla caliente, hasta que estén dorados. Retire los plátanos y la canela y deje reducir la salsa hasta que tenga la consistencia de un jarabe. Sirva los plátanos napados con el jarabe.

Picarones

Rosquillas de calabaza y camote
Peru

Preparación: 15 minutos, más 2 horas y 15 minutos para reposar
Cocción: 1 hora y 20 minutos
Para 25-30 unidades

Estas rosquillas fueron creadas por los esclavos africanos en Lima durante el Virreinato del Perú, quienes adaptaron la masa para incluir calabaza y, a veces, camote. Se suelen vender en los puestos callejeros del país rociados con miel de chancaca, una miel que se obtiene de la caña de azúcar sin refinar.

680 g de camotes (boniatos)
680 g de calabaza
1 cda. de semillas de anís
10 g de levadura fresca
1 cda. de azúcar blanco
250 ml de agua templada
450 g de harina común
aceite vegetal, para freír

Para la miel de chancaca
400 g de panela (o azúcar mascabado)
1 ramita de canela
1 naranja cortada por la mitad
1 plátano macho maduro pelado
1 hoja de higuera
6 clavos

Pele los camotes y la calabaza y córtelos en trozos de 5 cm. Colóquelos en una cazuela con las semillas de anís y vierta suficiente agua fría para cubrirlos. Cuézalos de 15 a 20 minutos o hasta que estén tiernos. Escúrralos y aplástelos.

En un bol, mezcle la levadura con el azúcar y el agua templada. Déjelo reposar 15 minutos.

En otro bol, mezcle el puré de camote y calabaza con la mezcla de levadura. Añada la harina poco a poco mientras amasa enérgicamente con las manos 15 minutos o hasta obtener una masa lisa y homogénea. Cubra la masa con un paño de cocina y déjela reposar 2 horas.

Mientras, para preparar la miel de chancaca, coloque la panela con la canela, las mitades de naranja, el plátano, la hoja de higuera y el clavo en una cazuela. Vierta agua suficiente para cubrirlo todo y cuézalo a fuego medio, destapado, 35 minutos o hasta que la mezcla espese. Cuélela y manténgala caliente.

Vierta suficiente aceite vegetal para freír en una olla de fondo grueso, asegurándose de que no supere los dos tercios de su capacidad, y caliéntelo a 190 °C.

Tome pequeñas cantidades de masa con las manos y realice un agujero en el centro de cada una para formar rosquillas. Fríalas, por tandas, 5 minutos, rociándolas con el aceite caliente. Retírelas con una espumadera y páselas a un plato forrado con papel de cocina para eliminar el exceso de aceite.

Sírvalas calientes rociadas con la miel de chancaca.

Dulces y postres

Bananos calados

Granizados

Especialmente en las regiones tropicales de América Latina, los granizados van mucho más allá de unas pocas gotas de jarabe de colores. Los ingredientes pueden cambiar radicalmente de una región a otra, pero cualquier vendedor siempre tendrá a su disposición un auténtico arsenal de frutas frescas, jarabes caseros, aderezos de leche condensada y una gran variedad de nueces, galletas y golosinas.

Salpicón payanés

Granizado de moras al estilo de Popayán 🔲
Colombia

Preparación: 15 minutos

Para 4 personas

También llamado salpicón de Baudilia en honor a su creadora, que se cree era descendiente de esclavos. Se dice que la receta original centenaria de este granizado típico de la ciudad colombiana occidental de Popayán utilizaba hielo raspado del casquete de nieve del volcán Puracé, al sureste de la ciudad, y que ya se vendía en la ciudad antes de la llegada de los sistemas de refrigeración. La leyenda cuenta que el libertador sudamericano Simón Bolívar describió en sus cartas la emoción que sintió al probar la helada combinación de moras, lulo y guanábana. La receta ha cambiado poco a lo largo de los años, aunque algunas variantes añaden leche condensada o ralladura de naranja.

    5 lulos (naranjillas)
    440 g de hielo picado
    3 tazas de moras aplastadas y congeladas
    400 g de azúcar blanco
    250 ml de zumo de naranja
    340 g de pulpa de guanábana
    1 naranja en cuñas, para servir

Corte los lulos por la mitad y extraiga la pulpa con una cuchara. Resérvela en el frigorífico.

En un bol, mezcle el hielo picado con las moras congeladas y la pulpa de lulo. Añada el azúcar y el zumo de naranja y remueva con una cuchara de cóctel. Quedará una mezcla espesa, aunque puede agregar agua si lo prefiere.

Para servir, coloque trozos grandes de guanábana en el fondo de 4 vasos y vierta la mezcla de moras y lulo sobre ellos. Sírvalos con cuñas de naranja para exprimir por encima.

Cholado

Granizado colombiano
Colombia

Preparación: 30 minutos
Cocción: 20 minutos

Para 6 personas

En el sofocante valle del Cauca, este sorbete es una especie de copa helada de frutas. El hielo picado se rocía con jarabes de colores con sabor a maracuyá y mora y leche condensada, se cubre con trozos de frutas frescas, como plátanos y lulo, y se adorna con barquillos.

    450 g de azúcar blanco
    475 ml de agua
    3 gotas de colorante alimentario (rojo, verde o amarillo)
    1 piña pelada y descorazonada
    2 manzanas rojas peladas y descorazonadas
    3 plátanos
    2 lulos (naranjillas) pelados
    la pulpa de 1 maracuyá
    225 g de arándanos
    6 tazas de hielo
    el zumo de 3 limones (limas)
    6 cdas. de leche condensada

Ponga el azúcar con el agua en una cazuela y caliéntela suavemente hasta que el azúcar se disuelva. Añada el colorante alimentario y cuézalo de 15 a 20 minutos hasta que la salsa tenga la consistencia de un jarabe. Retire la cazuela del fuego y resérvelo.

Corte la piña, las manzanas, los plátanos y los lulos en trozos pequeños. Triture el hielo y mézclelo con el zumo de limón.

En cada vaso, coloque 2 cucharadas de hielo picado y un poco del jarabe coloreado. Reparta luego la mitad de las frutas, de la pulpa de maracuyá y de los arándanos entre los vasos. Repita la operación hasta llenarlos, terminando con 1 cucharada más de jarabe y de leche condensada. Remueva con una cuchara de cóctel antes de servir.

Churchill

Churchill
Costa Rica

Preparación: 5 minutos

Para 1 persona

Si conduce por el paseo marítimo y los alrededores de Puntarenas, Costa Rica, verá numerosos carritos y quioscos anunciando un Churchill, un tipo de granizado. Se dice que el creador de este refrescante aperitivo fue un comerciante que tenía un parecido notable con el entonces primer ministro de Gran Bretaña, Winston Churchill, y que caminaba por el Paseo de los Turistas de Puntarenas pidiendo siempre lo mismo: hielo, un edulcorante de frutos rojos brillante llamado jarabe de cola y leche condensada. Con los años se crearon diferentes variantes, que utilizan leche en polvo o añaden fruta picada, malvaviscos o golosinas.

    220 g de hielo picado
    2 cdas. de jarabe de cola
    120 ml de leche condensada
    1 cda. de leche en polvo
    1 cda. de helado de vainilla

En un vaso, coloque 1 cucharada de hielo picado y cúbralo con el jarabe de cola. Añada otra capa de hielo picado y cúbrala con la leche condensada y la leche en polvo. Para terminar, agregue el helado de vainilla y sírvalo de inmediato.

Salpicón depayanés

Postres cremosos

El arroz con leche, así como las cremas dulces de frutas, frijoles y maíz cocidos son postres caseros típicos de la región.

Chucula

Batido ecuatoriano de plátano macho
Ecuador

Preparación: 5 minutos,
más 45 minutos para enfriar
Cocción: 30 minutos

Para 5-6 personas

Entre las comunidades amazónicas del noreste de Ecuador, la *chucula* es un alimento básico. La receta más sencilla es simplemente una mezcla de plátanos maduros, agua, especias y un edulcorante como la panela o la miel. Es muy fácil de preparar, solo hay que cocerlo en una cazuela, y se puede tomar caliente o frío. La receta se ha adaptado a otras regiones del país y la leche suele sustituir al agua, lo que le da una consistencia similar a la de un batido.

    4 plátanos macho maduros pelados y en rodajas
    475 ml de leche entera
    2 clavos
    4 ramitas de canela
    1 cdta. de extracto de vainilla
    2 cdas. de azúcar
    chocolate negro, para adornar

Ponga los plátanos macho en una cazuela, vierta agua suficiente para cubrirlos y llévelos a ebullición. Cuézalos de 10 a 15 minutos o hasta que estén tiernos. Escúrralos y aplástelos hasta obtener un puré.

Mientras, en otra cazuela, caliente la leche con los clavos, la canela y el extracto de vainilla. Cuando rompa a hervir, retire la canela y los clavos y añada el puré de plátano macho y el azúcar. Remueva bien y cuézalo a fuego medio 15 minutos.

Retire la cazuela del fuego y déjelo enfriar unos minutos. Decore con unas virutas de chocolate negro antes de servir.

Mazamorra morada, colada morada

Maíz morado con frutas secas
Bolivia, Ecuador, Perú

Preparación: 10 minutos
Cocción: 1 hora y 50 minutos

Para 12 personas

La preparación de la mazamorra morada es similar a la de la Chicha morada (véase pág. 390). Es habitual preparar la chicha y utilizar las sobras para preparar mazamorra al día siguiente. Se cuece con piña y frutas secas y se espesa con harina de camote. Se suele servir con Arroz con leche (véase pág. 369) y, en ese caso, se conoce como sol y sombra.

    1,8 kg de granos de maíz morado seco
    3 litros de agua
    1 ramita de canela
    8 clavos
    120 g de melocotones secos
    120 g de orejones de albaricoque
    120 g de cerezas secas
    120 g de ciruelas secas (pasas)
    300 g de azúcar blanco
    110 g de harina de camote (boniato)
    el zumo de 2 limones (limas)
    canela molida, para espolvorear

Ponga el maíz en una cazuela con el agua, la canela y los clavos y llévelo a ebullición. Baje el fuego y cuézalo, tapado, durante 1 hora como mínimo o hasta que el agua adquiera un color morado intenso. Cuélelo, deseche los sólidos y reserve el agua de cocción. Aparte 475 ml de la misma y vierta la cantidad restante en una cazuela.

Añada las frutas secas a la cazuela y cuézalas, sin tapar, 20 minutos o hasta que las frutas estén moradas. Añada el azúcar y prosiga con la cocción 20 minutos más.

Mientras, bata con las varillas la harina de camote con los 475 ml de agua de cocción reservados hasta que se disuelva. Vierta la mezcla en la cazuela con las frutas, remueva y llévela a ebullición. Cuando rompa a hervir, vierta el zumo de limón y cuézala a fuego medio, sin tapar, otros 10 minutos o hasta que espese. Retire la cazuela del fuego.

Sírvala templada en una taza con canela espolvoreada por encima.

Chucula

Nicuatole

Dulce de maíz oaxaqueño
México

Preparación: 10 minutos,
más 3 horas para enfriar y reposar
Cocción: 15 minutos

Para 12 personas

Este atole dulce y gelatinoso se vende en los mercados de Oaxaca cortado en cubos y dispuesto sobre hojas de plátano, a veces con sabor a frutas de temporada como mango y piña. Para la versión más tradicional de *nicuatole* se cuece una mezcla de canela, maíz molido o masa de maíz y leche y se deja enfriar en una olla de barro con grana cochinilla (insecto utilizado como colorante natural). La forma original precolombina de la receta probablemente utilizara savia de maguey en lugar de azúcar.

> 600 g de masa de maíz (véase pág. 123)
> 1,2 litros de agua
> 475 ml de leche entera
> 250 g de azúcar blanco
> 1 ramita de canela

Ponga la masa de maíz y el agua en un bol y mézclelo con las manos hasta obtener una pasta fina y homogénea.

Coloque la pasta de maíz en una olla de barro o una cazuela con la leche, el azúcar y la canela. Remueva bien, llévelo a ebullición a fuego medio y cuézalo unos 15 minutos, removiendo con frecuencia, hasta que tenga la consistencia de una masa. Retire la olla o cazuela del fuego y viértalo en un molde grande o en 6 o 12 más pequeños. Déjelo enfriar unas 3 horas o hasta que esté completamente cuajado.

Sírvalo frío.

Chocao

Mazamorras de plátano y leche de coco
Panamá

Preparación: 10 minutos
Cocción: 15 minutos

Para 4 personas

Los plátanos, cuanto más negros mejor, cocinados con leche de coco, jengibre y un poco de miel o azúcar son la base de esta receta típica de la escasamente poblada provincia de Darién, en Panamá. A veces también se añaden pasas o canela.

> 475 ml de leche de coco
> 8 plátanos maduros pelados y en rodajas
> 1 cdta. de jengibre fresco rallado
> 1 cdta. de sal
> 100 g de azúcar moreno
> canela molida, para espolvorear

Vierta la leche de coco en una cazuela y llévela a ebullición a fuego medio. Añada los plátanos y cuézalos 4 minutos, mientras los aplasta. Agregue el jengibre, la sal y el azúcar. Rectifique el condimento si fuera necesario y prosiga con la cocción 10 minutos más hasta que la leche se haya evaporado ligeramente y la mezcla esté espesa.

Sirva el chocao en tazas, con canela por encima.

Canjica, mugunzá

Maíz con leche
Brasil

Preparación: 15 minutos,
más toda la noche en remojo
Cocción: 1 hora y 40 minutos

Para 8-12 personas

La *canjica* es la versión con maíz del arroz con leche. En las regiones del noreste de Brasil, donde se llama *mugunzá*, también se prepara con coco o leche de coco. Es el postre típico de las Festas Juninas, las fiestas invernales brasileñas que se celebran en junio.

> 450 g de granos de maíz secos
> 1,75 litros de agua
> 1,75 litros de leche entera
> 400 g de azúcar blanco
> 3 ramitas de canela
> 5 clavos
> 80 g de coco rallado
> canela molida, para espolvorear

Lave el maíz y colóquelo en un bol. Vierta agua fría suficiente para cubrirlo y déjelo en remojo toda la noche.

Escurra el maíz, páselo a una cazuela con el agua y llévelo a ebullición. Baje el fuego y cuézalo, tapado, durante 1 hora o hasta que esté tierno.

Escúrralo, colóquelo en otra cazuela con la leche, el azúcar, la canela y los clavos y cuézalo a fuego lento 20 minutos, sin dejar de remover. Añada el coco y prosiga con la cocción otros 15 minutos hasta que la mezcla esté espesa pero cremosa.

Ponga la *canjica* en un bol grande o en vasos individuales y déjela enfriar en el frigorífico.

Espolvoree canela por encima antes de servir.

Dulces y postres

Frijol colado

Pudin de frijoles
Perú

Preparación: 20 minutos,
más toda la noche en remojo
Cocción: 2 horas

Para 12 personas

Al sur de Lima, en los valles de Cañete y Chincha, este pudin de frijoles negros con semillas de sésamo tostadas esparcidas por encima es un plato tradicional de Semana Santa, aunque hoy en día se prepara en cualquier época del año. La receta data de la época del Virreinato, cuando las comunidades afroperuanas lo vendían en calabazas secas que sellaban con pasta de trigo para su transporte.

- 900 g de frijoles negros secos
- 1,5 kg de azúcar blanco
- 1 cdta. de semillas de anís
- 1 cdta. de clavo molido
- 1 cdta. de semillas de sésamo tostadas y molidas, y un poco más para adornar
- 250 ml de leche entera

Lave los frijoles y colóquelos en un bol. Vierta agua fría suficiente para cubrirlos y déjelos en remojo toda la noche.

Escúrralos y dispóngalos en una superficie de trabajo. Cúbralos con un paño de cocina y aplástelos ligeramente con un rodillo de cocina para que la piel se desprenda. Limpie los frijoles (retirando todas las pieles) y colóquelos en una cazuela. Vierta agua suficiente para cubrirlos y cuézalos a fuego medio, removiendo con frecuencia, durante 1 hora o hasta que estén completamente tiernos.

Escúrralos, páselos por un colador de malla fina para obtener un puré y colóquelo en otra cazuela junto con el azúcar. Cuézalo durante 1 hora, removiendo con frecuencia con una cuchara de madera para evitar que se queme, hasta que la mezcla esté espesa y se pueda desprender fácilmente de los lados de la cazuela. Añada las semillas de anís, el clavo y las semillas de sésamo y remueva bien. Vierta la leche y remueva de nuevo. Llévelo a ebullición y retire la cazuela del fuego. Páselo a una fuente y esparza las semillas de sésamo molidas por encima.

Sirva el pudin templado.

Arroz con leche

Arroz con leche
Varios

Preparación: 15 minutos
Cocción: 25 minutos

Para 8-12 personas

El arroz con leche no es una creación latinoamericana, pero hay pocos rincones de la región donde no se encuentre este postre.

- 190 g de arroz de grano corto
- 1,2 litros de agua
- 1 ramita de canela
- 490 ml de leche evaporada (sin azúcar)
- 490 ml de leche condensada
- 1 cdta. de extracto de vainilla
- canela molida, para servir

Ponga el arroz con el agua y la canela en una cazuela y cuézalo a fuego medio, tapado, 15 minutos o hasta que esté tierno, pero no blando. Añada la leche evaporada y la condensada, baje el fuego y prosiga con la cocción, sin dejar de remover para evitar que se pegue, otros 10 minutos, sin tapar, o hasta que el arroz esté cremoso. Agregue el extracto de vainilla y remueva bien. Retire la ramita de canela.

Sirva el arroz en tazas o vasos individuales espolvoreado con canela molida.

Conservas de frutas

Además de prolongar la vida útil de las innumerables variedades de frutas de la región, las pastas, mermeladas, confituras y otras conservas de frutas tienen un amplio uso. Se untan en el pan; se utilizan para rellenar pasteles, tartas y tartaletas; se toman con queso o se degustan solas.

Dulce de brevas, brevas caladas

Dulce de higos
Colombia

Preparación: 15 minutos, más toda la noche en remojo
Cocción: 1 hora y 40 minutos

Para 12 personas

Los primeros higos se plantaron en México en 1560 y poco a poco se extendieron por el resto de América Central y del Sur. Aunque no se consumen tanto como otros frutos, se plantan en altitudes bajas y medias en muchos rincones de la región. En Colombia, se suelen cortar a lo largo, se dejan en remojo en un bol con agua y zumo de limón toda la noche y luego se cuecen en una mezcla de canela y agua. Normalmente se sirven con queso fresco.

    24 higos
    el zumo de 1 limón (lima)
    450 g de panela (o azúcar mascabado)
    2 ramitas de canela
    1,6 litros de agua

Haga una incisión en forma de cruz en la parte superior de cada higo, sin llegar a cortarlos. Colóquelos en un bol, vierta agua fría suficiente para cubrirlos, añada el zumo de limón y déjelos en remojo toda la noche.
Ponga la panela y la canela en una cazuela con el agua, remueva bien y llévela a ebullición sin tapar. Cuando la panela se haya disuelto, añada los higos escurridos. Baje el fuego y cuézalos, removiendo con frecuencia, durante 1 hora y 30 minutos o hasta que tenga la consistencia de un jarabe. Retírelo del fuego y déjelo enfriar antes de servir.

Goiabada, bocadillo de guayaba, conserva de guayaba

Pasta de guayaba
Brasil, Colombia, Venezuela

Preparación: 10 minutos
Cocción: 1 hora y 10 minutos, más 1 hora para enfriar

Para 10 personas

La pasta de guayaba es una adaptación latinoamericana de la pasta o dulce de membrillo español, que se suele tomar con queso. A veces se le llama bocadillo veleño, porque el principal centro de fabricación mundial se encuentra en la ciudad colombiana de Vélez, en el departamento de Santander. En algunos lugares, se envuelve en hojas de bijao porque ayuda a preservar su sabor.

    900 g de guayaba pelada y en cuartos
    800 g de azúcar blanco
    el zumo de 1 limón (lima)

Ponga la guayaba en una cazuela, añada agua suficiente para cubrirla y cuézala a fuego medio, tapada, durante 30 minutos o hasta que esté tierna. Escúrrala y pásela a una batidora. Tritúrela hasta obtener una pasta y pásela por un colador de malla fina. Colóquela en una cazuela con el azúcar y remueva bien. Cuézala a fuego lento, removiendo, 40 minutos o hasta que la mezcla tenga un color rojo brillante y se pueda ver el fondo de la cazuela. Vierta el zumo de limón y remueva bien.
Vierta la pasta de guayaba en un molde cuadrado de 20 cm de ancho y 5 cm de profundidad, usando una espátula de silicona para extenderla de manera uniforme. Déjela enfriar y refrigérela durante 1 hora hasta que haya cuajado.

Murta con membrillo

Murta con membrillo
Chile

Preparación: 15 minutos
Cocción: 25 minutos, más 5 horas para reposar

Para 10 personas

La guayaba chilena (*Ugni molinae*), llamada *murta*, *murtilla* o *uñi* en Chile, pertenece a la misma familia que la guayaba, solo que es más pequeña, parecida a una baya de color rojo oscuro y con un sabor similar al de las fresas silvestres. Se encuentra en gran parte del sur de Chile y se suele utilizar para preparar licor y mermeladas o en conserva con membrillo.

    1,2 litros de agua
    680 g de azúcar blanco
    1 ramita de canela
    5 membrillos
    1 kg de bayas de murta

Esterilice un tarro grande.
Vierta el agua en una cazuela, añada el azúcar y la canela y remueva bien. Llévelo a ebullición a fuego medio, retire la ramita de canela y reserve el jarabe.
Pele los membrillos, descorazónelos y córtelos en rodajas finas. Retire los tallos de las bayas de *murta*.
Ponga las frutas en el tarro y vierta el jarabe sobre ellas. Cierre bien la tapa para sellarlo.
Envuelva el tarro en un paño de cocina y colóquelo en una cazuela. Vierta agua suficiente para cubrirlo tres cuartos y llévela a ebullición. Cuézalo 20 minutos y retire la cazuela del fuego. Saque el tarro de la cazuela y déjelo enfriar. Déjelo reposar 5 horas como mínimo antes de consumirlo.
Resérvelo en el frigorífico una vez abierto. Se puede conservar hasta 1 año.

Dulces y postres

Dulce de cayote

Mermelada de cidra cayote
Argentina, Bolivia

Preparación: 10 minutos
Cocción: 2 horas y 30 minutos

※ ⌀ 🍶 ♡ ✿

Para 3-4 tarros
de 475 ml

La pulpa fibrosa de la calabaza cidra cayote (*Cucurbita ficifolia*), también llamada *calabaza confitera, espagueti o de hojas de higuera*, es el ingrediente principal de esta conserva, típica del extremo norte de Argentina y del sur de Bolivia. A menudo se toma con nueces y queso.

      1 cidra cayote
      azúcar
      el zumo de 1 limón (lima)
      3 clavos
      1 cdta. de canela molida

Coloque la cidra cayote entera en una parrilla a fuego medio o en un horno de barro. Ásela 30 minutos, dándole la vuelta de vez en cuando para que la piel se chamusque por todos los lados. Cuando la calabaza esté tierna por dentro, retire la piel quemada y las semillas.
      Pese la pulpa y calcule la misma cantidad de azúcar. Coloque ambos ingredientes en una cazuela, añada el zumo de limón, los clavos y la canela y remueva bien. Cuézala a fuego lento, sin tapar, hasta que tenga una consistencia similar a la mermelada y un color miel, de 1 hora y 30 minutos a 2 horas.
      Pase la mermelada a tarros esterilizados y ciérrelos bien. Se puede conservar hasta 1 año.

Miel de ayote

Calabaza de bellota confitada
Costa Rica, El Salvador, Honduras, Nicaragua

Preparación: 20 minutos
Cocción: 1 hora y 5 minutos

※ ⌀ 🍶 ♡

Para 8 personas

La calabaza de bellota (*Cucurbita pepo* var. *turbinata*), también conocida como *calabaza de pimiento* o *calabaza de Des Moines*, se cuece con canela y *tapa de dulce* (panela) y su textura acaramelada es la de una confitura, bastante más espesa que la miel. De delicioso sabor, se suele tomar sola, templada o fría.

      450 g de panela (o azúcar mascabado)
      1,2 litros de agua
      1 ramita de canela
      4 clavos
      4 hojas de higuera
      las cáscaras de 2 naranjas
      1,8 kg de calabaza de bellota

Caliente a fuego medio la panela con el agua, la canela, los clavos, las hojas de higuera y las cáscaras de naranja en una cazuela y cuézala hasta que se disuelva.
      Mientras, pele la calabaza, retire las semillas y el corazón duro y córtela en dados de 2 cm.
      Cuando la panela se haya disuelto por completo, agregue la calabaza y cuézala, sin tapar, durante 1 hora o hasta que tenga la consistencia de un jarabe con un color dorado oscuro. Retire las hojas de higuera y la ramita de canela y sírvala caliente.

Conserva/miel de chiverre

Miel de cidra cayote
Costa Rica

Preparación: 20 minutos, más 3 días
Cocción: 2 horas y 30 minutos

※ ⌀ 🍶 ♡ ✿

Para 230-340 g

La pulpa de la calabaza cidra cayote (*Cucurbita ficifolia*), llamada *chiverre* en Costa Rica, se cuece con *tapa de dulce*, la panela local, para elaborar una pasta dulce de color marrón oscuro que tiene diferentes usos en la cocina costarricense. Se puede untar en una rebanada de pan, usar como relleno en empanadas horneadas, para preparar caramelos o para glasear carnes.

      ¼ de calabaza chiverre
      200 g de panela (o azúcar mascabado)
      250 ml de agua
      1 ramita de canela
      2 clavos

Precaliente el horno a 180 °C.
      Coloque la calabaza en una bandeja de horno y ásela 30 minutos. Retírela del horno.
      Cuando esté lo suficientemente fría para manipularla, córtela por la mitad, retire la pulpa y deseche la piel, las semillas y cualquier hebra suelta. Corte la pulpa en trozos pequeños y aplástela con un mazo para carne. Envuélvala con una muselina y exprímala para eliminar toda el agua.
      Caliente a fuego medio la panela con el agua en una cazuela y cuézala hasta que se disuelva. Añada la canela, los clavos y la calabaza y cuézalo a fuego lento unas 2 horas o hasta que la calabaza adquiera un color miel. Retire la cazuela del fuego, pase la calabaza a una fuente y déjela enfriar.
      Sírvala a temperatura ambiente.

Zapallos en almíbar

Calabaza en almíbar 🔲
Argentina, Uruguay

Preparación: 20 minutos,
más 2 horas y toda la noche
para reposar
Cocción: 30 minutos, más 1 hora
para enfriar

Para 8 personas

Cortada en dados y preparada en almíbar, el zapallo
presenta un exterior crujiente y un interior más blando.
Sabe a caramelo y se suele servir como postre sin otro
acompañamiento.

    1,1 kg de zapallo (calabaza)
    1,75 litros de agua, más 250 ml para la cal
    40 g de cal viva (óxido de calcio)
    900 g de azúcar blanco
    1 cdta. de extracto de vainilla

Pele el zapallo, retire las semillas y el corazón duro y
córtelo en dados de 2,5 cm. Colóquelo en una cazuela
y añada 875 ml del agua (es decir, la mitad de la
cantidad indicada).
    Diluya la cal viva en los 250 ml de agua y viértala
en la cazuela con el zapallo. Déjelo macerar 2 horas.
    Escurra el zapallo y lávelo. Séquelo y colóquelo en
un bol. Cúbralo con el azúcar y refrigérelo toda la noche.
    Ponga el zapallo con el azúcar en una cazuela,
añada el extracto de vainilla y el agua restante y cuézalo
a fuego medio, sin tapar, 30 minutos o hasta que esté
tierno. Páselo junto con el jarabe a una fuente y déjelo
enfriar 1 hora.
    Sírvalo a temperatura ambiente.

Koserevá de apepú

Confitura de naranja amarga y melaza
Paraguay

Preparación: 20 minutos
Cocción: 3 horas y 40 minutos

Para 840 g

El *koserevá* está hecho de *apepús*, o naranjas amargas,
cocidas con melaza. Se suele tomar solo o con una
loncha de queso Paraguay.

    12 apepús (naranjas amargas)
    840 g de melaza
    3 clavos
    1,5 litros de agua

Pele las naranjas, reservando las cáscaras. Córtelas
en cuartos, retire la membrana blanca y resérvelas.
Ponga las cáscaras en una cazuela y vierta agua suficiente para cubrirlas. Llévelas a ebullición y cuélelas.
Repita la operación 4 veces.
    En la misma cazuela, mezcle la melaza y los clavos
con el agua, las cáscaras y la pulpa de naranja. Cuézalo
a fuego lento, sin tapar, 2 o 3 horas o hasta que tenga
una consistencia espesa y brillante, removiendo de
vez en cuando. Retire la cazuela del fuego y pase la
confitura a un tarro.
    Sírvala a temperatura ambiente.

Cabellitos de papaya biche, dulce de lechosa

Papaya confitada
Colombia, Venezuela

Preparación: 5 minutos,
más 1 hora en remojo
Cocción: 25 minutos

Para 4-6 personas

La papaya verde confitada es un dulce presente
en varias zonas del país bajo nombres diferentes.
En Venezuela, donde se conoce como dulce de lechosa,
es típica de Navidad y se prepara en trozos o aplastada.
En Colombia, es menos dulce y se corta en tiras finas.

    1 papaya verde
    1,2 litros de agua
    1 cdta. de bicarbonato de sodio
    200 g de panela o azúcar de caña
    5 clavos
    1 cdta. de canela molida

Pele la papaya, córtela por la mitad y retire las semillas.
Córtela en tiras de unos 5 mm de grosor.
    Vierta el agua en una cazuela, añada el bicarbonato
de sodio y la papaya. Déjela en remojo durante 1 hora o
hasta que esté tierna. Escúrrala, reservando 250 ml del
agua de remojo.
    Vierta el agua reservada en otra cazuela, añada
la panela, los clavos y la canela y llévelo a ebullición
a fuego medio. Cuando la panela se haya disuelto,
agregue la papaya y cuézala a fuego medio-bajo hasta
que haya absorbido todo el líquido. Déjela enfriar antes
de servirla.

Zapallos en almíbar

Cremas dulces para untar

Las cremas dulces para untar, que se presentan en una amplia variedad de formas, se utilizan como relleno en innumerables pasteles, tartas y pastas en toda la región, entre los que destacan los alfajores. También se rocían sobre helados o flanes, se untan en rebanadas de pan, se usan para rellenar churros o simplemente se degustan solas.

Dulce de leche, doce de leite, arequipe, cajeta

Dulce de leche
Argentina, Brasil, Colombia, México, Paraguay, Uruguay, Venezuela

Preparación: 10 minutos
Cocción: 2 horas y 20 minutos Para 565 g

El dulce de leche se prepara cociendo a fuego lento la leche (preferentemente leche cruda) y el azúcar en una cazuela de fondo grueso, para que se caramelice y se produzca la reacción de Maillard, que le da su sabor distintivo. Es un proceso delicado que requiere atención constante, ya que hay que remover la mezcla continuamente para que no se queme. El tiempo de cocción se reduce considerablemente si se utiliza leche condensada azucarada en lugar de leche y azúcar. Hay sutiles matices regionales tanto en la preparación como en los ingredientes. Por ejemplo, a veces se añade vainilla y otras especias; se utiliza leche de cabra, como en la *cajeta* mexicana; o presenta un color más claro, como el *arequipe* en Colombia y ciertas zonas de Venezuela.

   870 ml de leche entera
   350 g de azúcar blanco
   ½ cdta. de bicarbonato de sodio
   ½ cdta. de extracto de vainilla

Vierta la leche en una cazuela de fondo grueso y añada el azúcar. Caliéntela a fuego medio y remueva bien con una cuchara de madera hasta que el azúcar se disuelva. Añada el bicarbonato de sodio y el extracto de vainilla y prosiga con la cocción a fuego medio, sin dejar de remover, unas 2 horas más, asegurándose de que no hierva. Una vez haya espesado y adquirido un color marrón, retire la cazuela del fuego y continúe removiendo 10 minutos más. Vierta el dulce de leche en un plato y déjelo enfriar.
   Sírvalo a temperatura ambiente.

Manjar blanco, manjar

Manjar blanco
Chile, Ecuador, Panamá, Perú

Cocción: 1 hora y 30 minutos, más el tiempo para enfriar
Para 680 g

Llamado *blanc-manger* o *blancmange* en Europa, esta crema dulce es típica del Perú y Panamá y de ciertas zonas de Ecuador y Chile. Aunque a veces se usan indistintamente, presenta sutiles diferencias con el Dulce de leche (véase a la izquierda). Es de color más claro, más espeso y, a veces, lleva limón y canela. Se usa como relleno para alfajores, tejas y otras pastas.

   475 ml de leche entera
   475 ml de leche evaporada (sin azúcar)
   1 cdta. de extracto de vainilla
   1 cdta. de canela en polvo

Ponga la leche entera con la leche evaporada, la vainilla y la canela en una cazuela de fondo grueso y llévelas a ebullición a fuego medio, removiendo constantemente con una cuchara de madera. Cuando rompa a hervir, baje el fuego y prosiga con la cocción durante 1 hora y 30 minutos aproximadamente, removiendo y rascando continuamente el fondo y los lados de la cazuela para que no se queme, hasta que la crema espese y se pueda ver el fondo de la cazuela al mover la cuchara. Tan pronto como llegue a este punto, retire la cazuela del fuego (es importante que no lo cueza demasiado). Deje enfriar el manjar blanco antes de servirlo.

Pequeños dulces

Aunque los pequeños dulces de elaboración industrial están por todas partes en las calles de América Latina, hacerlos en casa es una práctica habitual y todo un arte. Suelen utilizar edulcorantes naturales y están aromatizados con frutas. El esfuerzo es mínimo en la mayoría de los casos y son un postre fácil y delicioso.

Brigadeiros

Bolas de chocolate brasileñas
Brasil

Cocción: 15 minutos, más 15 minutos para enfriar

Para 30 unidades

Servidos después de la tarta en todas las fiestas de cumpleaños infantiles en Brasil, los *brigadeiros* datan de una campaña presidencial de mediados de los cuarenta. En lugar de vender pines electorales, los partidarios del candidato Eduardo Gomes, cuyo rango militar era brigadier, o *brigadeiro* en portugués, decidieron vender dulces en sus mítines. Justo después de la Segunda Guerra Mundial, la leche y el azúcar escaseaban, así que utilizaron leche condensada, que mezclaron con mantequilla y chocolate. Gomes perdió las elecciones, pero la receta de los *brigadeiros* se extendió rápidamente por todo el país. En las décadas siguientes surgieron innumerables variantes, agregando maracuyá o coco e incluso rellenándolos con *cachaça*.

    870 ml de leche condensada
    4 cdtas. de cacao en polvo sin azúcar
    5 g de mantequilla
    virutas de chocolate o de colores, cacao en polvo, coco rallado o avellanas trituradas, para rebozar

Caliente a fuego medio la leche condensada con el cacao en polvo y la mantequilla en una cazuela. Remueva continuamente unos 15 minutos o hasta que la mezcla esté espesa pero cremosa. Pásela a un bol y déjela enfriar a temperatura ambiente unos 20 minutos.

Con la ayuda de una cuchara de helado o una cuchara, forme pequeñas bolas y rebócelas bien con virutas de chocolate o de colores, cacao en polvo, coco rallado o avellanas trituradas.

Colóquelas en minicápsulas de papel para bombones y sírvalas.

Paçoca de amendoim

Dulces brasileños de maníes y yuca
Brasil

Preparación: 15 minutos
Cocción: 5 minutos

Para 4 personas

Maníes, harina de yuca y azúcar es todo lo que necesita para preparar este sencillo caramelo redondo o cuadrado típico de Minas Gerais, São Paulo y el sudeste de Brasil. Preparados desde antes de la llegada de los portugueses con maníes y harina de yuca, en las recetas tradicionales, los maníes se asan y se machacan en un *pilão* o mortero, aunque hoy en día se suele utilizar una batidora o un robot de cocina. En el noreste de Brasil, en otra variante de la receta, llamada *Paçoca sertaneja* o de carne seca (véase pág. 264), se machaca la carne secada al sol en un mortero y se cuece con la harina de yuca.

    250 g de maníes (cacahuetes) pelados (sin sal)
    250 g de harina de yuca
    5 cdas. de azúcar

Precaliente el horno a 180 °C. Ponga los maníes en una bandeja de horno y hornéelos 5 minutos para que liberen los aceites. Páselos a una batidora y tritúrelos 1 minuto hasta obtener una pasta espesa. Añada la harina de yuca y el azúcar y triture todo a velocidad media hasta obtener una mezcla fina.

Esparza la mezcla en una superficie plana de unos 2,5 cm de profundidad y córtela en pequeños cuadrados para servir.

Bebidas

En una gasolinera de un pueblo al sudeste de Asunción, Paraguay, hay grandes tanques de agua, tanto caliente como fría, junto a los de gasolina. Un vehículo para, el conductor se baja y rellena su termo. Los tanques están patrocinados por una marca de yerba mate, lo que anima a los viajeros a seguir degustando esta amarga infusión mientras continúan su ruta. En el interior del coche, el amigo que va en el asiento del copiloto llena la *guampa*, un cuerno de toro ahuecado, con mate mezclado con hierbas y vierte el agua fría. Introduce la bombilla, una pajita metálica con un filtro en un extremo, y pasa el tereré, la versión fría de yerba mate, a los compañeros de los asientos traseros. Cuando se acaba, el copiloto añade más agua y le pasa la *guampa* al conductor. La irán rellenando y se la irán pasando entre ellos hasta que lleguen a su destino.

Paraguay, Uruguay, Argentina y Chile son los mayores consumidores de infusiones del mundo, principalmente de yerba mate, especie arbórea cultivada por primera vez por los pueblos guaraní y tupí. En la década de 1650, los jesuitas domesticaron la planta y establecieron las primeras plantaciones en la región, lo que facilitó la expansión de su consumo. Es uno de los numerosos tés e infusiones preparados con hierbas y plantas autóctonas de la región, que se utilizan para estimular, refrescar y curar dolencias menores.

Desde bebidas con frutas y maíz fermentadas hasta espumosos chocolates, los preparados líquidos son uno de los grandes olvidados de la gastronomía latinoamericana. Se utilizan para sobrellevar el calor tropical o entonar el cuerpo en el frío glacial de la montaña. Las bebidas alcohólicas latinoamericanas típicas (como el tequila, el mezcal, el pisco, la *cachaça* y el ron) están presentes hoy en día en todo el mundo; sin embargo, la cultura de los cócteles de la región se remonta a más de un siglo.

Refresco de mocochinchi

Refresco de orejones
Bolivia

Preparación: 10 minutos,
más toda la noche en remojo
Cocción: 2 horas

Para 4 personas

Este refresco es típico del verano en toda Bolivia. Se prepara con mocochinchi y los vendedores ambulantes ubicados en las esquinas de las calles y plazas lo venden en tarros de cristal. Se puede añadir zumo de naranja, pasas, cáscara de limón y otros ingredientes.

    570 g de mocochinchi (orejones)
    1,5 litros de agua
    1 ramita de canela
    300 g de azúcar

Ponga los mocochinchi en un bol y vierta agua fría hasta cubrirlos. Déjelos en remojo toda la noche.
    Escúrralos y colóquelos en una cazuela. Vierta el agua y llévelos a ebullición. Baje el fuego, añada la canela y cuézalos, sin tapar, 2 horas.
    Aproximadamente 15 minutos antes de finalizar la cocción de los mocochinchi, caliente a fuego medio el azúcar en cazo. Derrítala, removiendo con una espátula hasta que esté dorada y haya espesado. Vierta el caramelo en la cazuela de los mocochinchi y remueva lentamente hasta que se disuelva por completo.
    Retire la cazuela del fuego y deseche la ramita de canela. Déjelo enfriar y sírvalo con cubitos de hielo.

Aguapanela con limón, papelón con limón

Agua de panela con limón 🍲
Colombia, Venezuela

Preparación: 5 minutos,
más el tiempo para enfriar
Cocción: 10 minutos

Para 8 personas

Esta infusión de panela o rapadura (que se suele vender en bloques o conos) es la versión latinoamericana del té helado, pero sin té. La siguiente receta es la más parecida a la versión colombiana y se suele utilizar como base para las chichas de frutas autóctonas. Hay diferencias sutiles en la preparación según las zonas. El *aguapanela* también se puede servir caliente y, a veces, se le añade una loncha de queso fresco, leche o café. Se cree que es buena para curar resfriados y otros problemas respiratorios.

    950 ml de agua
    225 g de panela (o azúcar mascabado)
    el zumo de 2 limones (limas)
    rodajas de limón (lima), para servir

En una cazuela, lleve a ebullición el agua con la panela a fuego medio, removiendo hasta que la panela se haya disuelto por completo. Retire la cazuela del fuego, vierta la mezcla en una jarra y refrigérela. Cuando se haya enfriado, añada el zumo de limón, remueva bien y sirva el *aguapanela* con rodajas de limón.

Limonada de coco

Limonada de coco
Colombia

Preparación: 5 minutos

Para 2 personas

Si está pasando unos días en la sofocante costa caribeña de Colombia, inevitablemente, acabará tomándose un vaso de limonada de coco y, al menos en ese momento, no querrá volver a beber otra cosa nunca más.

    250 ml de leche de coco
    550 g de hielo picado
    el zumo de 3 limones (limas)
    3 cdas. de azúcar moreno o panela
    1 limón (lima) en rodajas, para servir

Triture todos los ingredientes (excepto las rodajas de limón) en una batidora a velocidad máxima 1 minuto. Sírvala fría con rodajas de limón.

Chicheme

Bebida dulce de maíz y leche
Costa Rica, Panamá

Preparación: 10 minutos,
más toda la noche en remojo
Cocción: 1 hora

Para 6 personas

El *chicheme*, preparado con maíz trillado, similar al agrietado, es una bebida dulce, similar a unas mazamorras frías, típica de diferentes zonas de Panamá y Costa Rica. En Guanacaste, el *chicheme* se elabora con maíz *pujagua* o morado y se deja fermentar varios días antes de su consumo.

    340 g de maíz trillado (o agrietado)
    1,7 litros de agua
    3 cdas. de maicena disuelta en 1½ cdas. de agua
    250 ml de leche evaporada (sin azúcar)
    150 g de panela (o azúcar mascabado)
    200 g de azúcar blanco
    6 clavos
    1 cda. de nuez moscada rallada
    2 ramitas de canela

Coloque el maíz en un bol con 7 tazas de agua y déjelo en remojo toda la noche.
    Pase el maíz y el agua de remojo a una cazuela y llévelo a ebullición a fuego vivo. Baje el fuego a medio y cuézalo 40 minutos. Retire la cazuela del fuego y déjelo en remojo unos 10 minutos hasta que esté templado. Páselo a una batidora, tritúrelo a velocidad media 2 minutos y colóquelo de nuevo en la cazuela.
    Añada la mezcla de maicena y bátalo con unas varillas. Agregue la leche evaporada, la panela, el azúcar blanco, los clavos, la nuez moscada y la canela. Caliente a fuego medio la mezcla y cuézala 10 minutos o hasta que espese, removiendo de vez en cuando. Retire la cazuela del fuego y déjelo enfriar.
    Sírvalo frío.

Aguapanela con limón, papelón con limón

Agua de sapo

Agua de sapo
Costa Rica

Preparación: 10 minutos
Cocción: 5 minutos

Para 10 personas

Créame, no hay sapos entre los ingredientes de esta bebida refrescante típica de la provincia de Limón en la costa caribeña de Costa Rica.

150 g de panela (o azúcar mascabado)
50 g de jengibre fresco picado
950 ml de agua
250 ml de zumo de limón (lima)

En una cazuela, bata con unas varillas la panela con el jengibre picado y la mitad del agua. Llévelo a ebullición a fuego medio y cuézalo hasta que la panela se haya disuelto por completo, unos 5 minutos. Retire la cazuela del fuego y vierta el agua restante. Déjela enfriar y añada el zumo de limón.
   Sírvala fría con cubitos de hielo.

Canelazo

Aguardiente de canela
Colombia, Ecuador

Preparación: 5 minutos
Cocción: 5 minutos

Para 6 personas

El *canelazo*, típico de los vendedores ambulantes de las tierras altas de los Andes, especialmente durante la Navidad, se suele tomar también en la sobremesa. A veces se mezcla con zumos de frutas, como los de maracuyá, mora y lulo (naranjilla).

8 ramitas de canela
200 g de panela (o azúcar mascabado)
1,5 litros de agua
60 ml de aguardiente

Mezcle la canela con la panela y el agua en una cazuela. Remueva con unas varillas y llévelo a ebullición. Baje el fuego y cuézalo 5 minutos, sin dejar de remover, hasta que la panela se haya disuelto. Retire la cazuela del fuego y agregue el aguardiente.
   Sírvalo caliente.

Refresco de ensalada

Refresco de ensalada 🔲
El Salvador

Preparación: 30 minutos,
más 1 hora para enfriar

Para 8 personas

El remedio perfecto para los calurosos días de verano salvadoreños. Utiliza frutas típicas de la región como el anacardo (o su zumo o pulpa) y el mamey, aunque si no los encuentra puede prescindir de ellos.

1 piña mediana pelada y descorazonada
3 mangos pelados y deshuesados
2 manzanas verdes peladas y descorazonadas
2 mameyes pelados y despepitados
5 naranjas
2 anacardos
1 pizca de sal
2 cdas. de azúcar
1,9 litros de agua
75 g de lechuga picada (opcional)

Corte la piña, los mangos, las manzanas y los mameyes en dados pequeños de menos de 1 cm y colóquelos en un bol. Exprima las naranjas y los anacardos, vierta el zumo en el bol con la fruta y añada la sal y el azúcar. Remueva y déjelo macerar durante 1 hora en el frigorífico.
   Para servir, vierta el agua y agregue la lechuga, si lo desea, y sírvalo frío.

Sangrita

Cóctel de naranja y tomate
México

Preparación: 10 minutos,
más el tiempo para enfriar

Para 4 personas

La historia cuenta que la receta original de la *sangrita* de Guadalajara, que data de la década de los veinte, se preparó con el zumo colado de las sobras del pico de gallo local, una ensalada de frutas con chile típica del desayuno. Su color rojo brillante proviene del chile rojo en polvo y del zumo de granada. Muchas recetas, especialmente en Estados Unidos, utilizan zumo de tomate en vez de granada, pero no logran el mismo equilibrio. Se suele acompañar con un buen tequila blanco. Las dos bebidas se sirven en vasos de chupito altos llamados *caballitos* y se toman de manera alterna a pequeños sorbos.

120 ml de zumo de naranja recién exprimido
60 ml de zumo de granada
1 cda. de zumo de limón (lima)
1 pizca de pequín (o cualquier chile rojo) en polvo
1 pizca de azúcar (opcional)
tequila blanco, para servir

Mezcle todos los ingredientes en un bol. Rectifique de chile en polvo y zumo de limón al gusto. Si lo desea, también puede añadir una pizca de azúcar. Remueva bien y refrigérelo.
   Sírvalo acompañado de tequila blanco, ambas bebidas en vasos de chupito altos.

Bebidas

Refresco de ensalada

Horchata de morro

Horchata de semillas de morro
El Salvador, Honduras, Nicaragua

Preparación: 15 minutos
Cocción: 25 minutos

Para 6 personas

Nombre genérico que abarca una amplia variedad de bebidas vegetales a base de leche originarias del Mediterráneo, la horchata, muy consumida en México y en otras zonas de la región, fue introducida por los españoles, donde es típica de Valencia. La principal diferencia es que esta horchata machaca las semillas del fruto del *coatecomate* (*Crescentia alata*), conocido también como *morro* o *jícaro*, originario de los climas secos de América Central (a la venta en los mercados hispanos y en Internet).

- 450 g de semillas de morro
- 180 g de arroz blanco cocido
- 70 g de semillas de sésamo
- 125 g de maníes (cacahuetes) picados
- 70 g de pepitas (semillas de calabaza)
- 50 g de cacao en polvo
- agua o leche fría

Tueste a fuego medio las semillas de morro en una sartén 5 minutos, sin dejar de remover. Repita la operación por separado con el arroz, el sésamo, los maníes y las pepitas de calabaza. Una vez se hayan enfriado, páselas a una batidora y tritúrelas a velocidad máxima, rascando los lados una o dos veces, hasta obtener un polvo. Añada el cacao y remueva bien.
Por cada 120 ml de agua o leche, añada 1 cucharada de polvo de horchata. Cuélela y sírvala fría.

Refresco de tamarindo

Refresco de tamarindo
El Salvador, Nicaragua, Guatemala

Preparación: 5 minutos,
más el tiempo para enfriar
Cocción: 1 hora

Para 4 personas

Originario de África, el tamarindo llegó, probablemente, al Nuevo Mundo con la trata de esclavos y su cultivo se extendió rápidamente por las zonas tropicales del continente. En América Central, preparada con la pulpa agridulce de las vainas (a veces vendida en bloques compactos), es perfecta para los días calurosos.

- 560 g de vainas de tamarindo seco
- 100 g de azúcar blanco
- 1,2 litros de agua hirviendo
- 1 pizca de sal

Retire la cáscara de las vainas de tamarindo y cualquier resto de hilos fibrosos adheridos.
Coloque las vainas de tamarindo con el azúcar en un bol refractario y vierta el agua hirviendo hasta cubrirlas. Déjelas en remojo 1 hora. Remueva bien y deseche las semillas, reservando solo la pulpa y el líquido.
Pase la pulpa y el líquido de remojo a una batidora y tritúrelo hasta obtener una mezcla fina. Si lo prefiere, cuélela para desechar posibles restos de pulpa. Sale al gusto, viértalo en una jarra o botella y refrigérelo.
Sírvalo frío.

Musgo marino, isinglass, musgo irlandés

Infusión de musgo irlandés con leche y especias
Panamá

Preparación: 15 minutos,
más toda la noche en remojo
Cocción: 45 minutos

Para 4 personas

Esta bebida vigorizante, dulce, densa y muy proteínica se encuentra en diversas formas en varias zonas del Caribe, generalmente bajo el nombre de musgo irlandés o musgo marino. Su base son las algas marinas de los géneros *Gracilaria* o *Eucheuma*, que se secan al sol una vez cosechadas. La infusión se preparó por primera vez en Panamá en la década de 1840 por migrantes llegados de Jamaica, Guadalupe y Barbados para trabajar en el ferrocarril interoceánico. Los puestos de la carretera y fondas de la ciudad portuaria caribeña de Colón y sus alrededores, así como las familias de Bocas del Toro, venden la bebida, a veces en botellas de licor recicladas. El sabor del musgo marino es bastante fuerte, por lo que se suele añadir una cantidad considerable de especias aromáticas, como clavo y nuez moscada, para hacerlo más agradable. El nombre de *isinglass* (o *icing glass*) deriva de la corrupción del término danés *huisenblas*, una gelatina comercial de pescado, que a menudo se añade como espesante. Se considera un afrodisíaco y bueno para el sistema digestivo.

- 56,7 g de musgo marino irlandés seco
- 2 cdas. de zumo de limón (lima)
- 600 ml de agua
- 1 ramita de canela
- 1 clavo
- 2 cdtas. de goma arábiga
- $\frac{1}{2}$ cdta. de nuez moscada molida
- 200 ml de leche evaporada (sin azúcar), y un poco más si fuera necesario
- 175 ml de leche condensada
- 1 cda. de azúcar
- sal, al gusto

Coloque las algas en un bol, vierta agua helada suficiente para cubrirlas y añada el zumo de limón. Cubra el bol con film transparente y colóquelo en el frigorífico. Déjelas en remojo toda la noche.
Al día siguiente, vierta la cantidad de agua indicada en una cazuela, añada la canela y el clavo y llévela a ebullición. Agregue las algas y cuézalas a fuego medio, sin tapar, 40 minutos. Cuélelo, desechando las algas y reservando solo el agua. Coloque el agua infusionada de nuevo en la cazuela junto con la goma arábiga, la nuez moscada, la leche evaporada y la condensada. Remueva bien y llévelo a ebullición. Añada el azúcar y 1 pizca de sal y retire la cazuela del fuego. Rectifique de azúcar y sal si fuera necesario y déjelo enfriar. Cuando se haya enfriado, si la mezcla resultara demasiado espesa, añada más leche.
Sírvalo helado.

Atoles

Desde que ha existido la masa de maíz, probablemente haya habido atole o atol, término que deriva del náhuatl *ātōlli* (aguado). Se cuenta que a los conquistadores españoles les parecía una bebida bastante insípida, por lo que, en algún momento, se empezó a elaborar con leche, tal y como lo conocemos hoy en día. Sin embargo, las recetas básicas más antiguas lo preparaban cociendo a fuego lento la masa de maíz (véase pág. 123) cocida y machacada en agua, aunque es probable que estuviera aromatizado con miel, vainilla, canela, chocolate, chile y/o varias frutas.

Con el tiempo, el piloncillo (panela), azúcar de caña sin refinar, se convirtió en el edulcorante estándar y, en las últimas décadas, las harinas comerciales de maíz y la masa harina han sustituido en general a la masa: una pérdida de calidad importante. El atole es de consumo habitual en gran parte de Mesoamérica, a menudo por la mañana, comprado en las esquinas de las calles, en los mercados o preparado en casa. Pueden ser sencillos (simplemente la masa diluida en agua), dulces (chocolate, vainilla, calabaza), con frutos secos (almendra, nuez, maní) o afrutados (piña, fresa, mango). Se pueden preparar con maíz fresco o con maíz tostado y molido llamado *pinole*. E incluso el maíz puede sustituirse con arroz, avena o trigo.

Atol de elote

Bebida caliente de leche y maíz fresco
El Salvador, Guatemala, Honduras, México

Preparación: 20 minutos
Cocción: 20 minutos
Para 6 personas

Preparado con maíz fresco, este atole dulce se vende en los puestos de los mercados centroamericanos y de las esquinas de las calles durante la temporada de la cosecha. Los granos de maíz se muelen en un metate para proporcionarle una textura cremosa. El *chileatole* mexicano, también elaborado con maíz fresco, se puede preparar siguiendo esta receta, solo tendrá que sustituir la leche y la canela por epazote y chiles tostados triturados.

    6 mazorcas de maíz amarillo descascarillado
    550 ml de agua
    200 g de azúcar
    475 ml de leche
    1 ramita de canela
    1 pizca de sal

Lave las mazorcas y desgránelas. En una batidora, triture a velocidad máxima los granos con el agua 2 minutos.
   Pase la mezcla a una cazuela junto con el azúcar, la leche y la canela y cuézalo a fuego medio, sin dejar de remover. Cuando rompa a hervir, sale y prosiga con la cocción 10 minutos más.
   Sírvalo templado.

Atol de piña

Bebida caliente de piña
El Salvador

Preparación: 20 minutos
Cocción: 25 minutos
Para 10 personas

Mientras que las versiones mexicanas del atole de piña son similares a un atole estándar, es decir, se preparan con masa de maíz y algunos trozos de piña, en la versión salvadoreña el ingrediente fundamental es la piña y solo se utiliza una pequeña cantidad de maicena como espesante.

    3 piñas medianas
    475 ml de agua
    2 ramitas de canela
    6 granos de pimienta de Jamaica
    400 g de panela (o azúcar mascabado)
    4 cdas. de maicena disuelta en 475 ml de agua

Pele las piñas y retire los corazones duros. Córtelas en dados pequeños o tritúrelas en una batidora a velocidad máxima hasta obtener un puré con trozos. Caliente a fuego medio la piña con el agua en una cazuela y añada la canela, la pimienta de Jamaica y la panela. Baje el fuego y cuézalo 15 minutos, removiendo con una cuchara de madera cada 5 minutos más o menos. Añada poco a poco la mezcla de maicena y continúe removiendo 5 minutos o hasta que espese. Sírvalo caliente.

Champurrado

Chocolate caliente con maíz
México

Preparación: 10 minutos
Cocción: 30 minutos
Para 12 personas

En la época de los aztecas, las primeras formas de champurrado eran probablemente bastante amargas al prepararse con granos de cacao en vez de chocolate procesado, lo habitual hoy en día. Es una bebida típica del Día de los Muertos y de Navidad, aunque es bastante común desayunar champurrado con tamales o churros cualquier día.

    1,5 litros de agua
    100 g de panela
    1 ramita de canela
    200 g de chocolate mexicano en trozos
    200 g de masa de maíz fresca (véase pág. 123
    o use masa harina) mezclada con 250 ml de agua

Vierta el agua en una cazuela, añada la panela y la canela y llévelo a ebullición. Baje el fuego y cuézalo 10 minutos o hasta que la panela se haya disuelto por completo. Agregue el chocolate y remueva constantemente con una cuchara de madera durante 5 minutos o hasta que se derrita.
   Vierta la mezcla de masa de maíz en la cazuela y continúe batiendo con unas varillas para que no se formen grumos. Suba el fuego y llévelo a ebullición. Baje el fuego de nuevo y cuézalo 15 minutos, sin dejar de remover, o hasta que la mezcla espese.
   Sirva el champurrado caliente.

Bebidas de cacao

Según Hernán Cortés, la comida del emperador azteca Moctezuma II era una bebida espumosa preparada con semillas de cacao, es decir, granos de cacao, aromatizada con vainilla y especias que bebía en una copa de oro. «La bebida divina, que proporciona energía y combate la fatiga», dijo Cortés en 1519. «Una sola taza de esta bebida fortalece tanto al soldado que puede caminar todo el día sin necesidad de tomar ningún otro alimento».

Hace más de 3500 años los olmecas ya fermentaban, tostaban y machacaban las semillas amargas para preparar bebidas y mazamorras y hay pruebas de que la cultura mayo-chinchipe de Ecuador lo había hecho incluso mucho antes. Más tarde, los mayas incrementaron la producción y empezaron a condimentarlo con hierbas y especias. El cacao pasó a ser un alimento ritual y un símbolo de prestigio y, cuando los españoles llegaron lo convirtieron en un dulce, añadiéndole azúcar para hacer chocolate.

Las bebidas elaboradas con granos de cacao continúan siendo de consumo habitual en toda Mesoamérica, muchas de ellas siguiendo recetas ancestrales. Se espesan con nueces o masa de maíz, se endulzan con miel o piloncillo (panela) y se condimentan con vainilla, cáscara de naranja y chiles. A menudo se baten con un molinillo de madera, un utensilio tradicional formado por un palo de madera con una rueda gruesa y dentada en su extremo inferior que se sostiene entre las palmas de las manos y se hace girar frotando una contra otra para crear una agradable espuma en la bebida. También se utiliza para preparar atoles.

Pinolillo, pinol, tiste

Bebida de maíz tostado, cacao y miel
Guatemala, Costa Rica, Nicaragua, Panamá

Preparación: 10 minutos
Cocción: 30 minutos

Para 4 personas

En Nicaragua, el consumo de pinolillo, una bebida de maíz y cacao, está tan difundido que a menudo se refieren a sí mismos como *pinoleros*. De textura arenosa, se suele servir en las duras cáscaras de jícaro y, aunque la mayoría de las recetas caseras solo usan polvo de cacao y harina de maíz, el auténtico sabor proviene del maíz y las semillas de cacao recién machacadas (que, probablemente, dejarán algún sedimento en el vaso). El tiste es bastante similar, aunque tiende a usar mayor cantidad de granos de cacao. En algunos preparados, como los de Panamá, el pinol se hace solo con maíz tostado, sin cacao.

> 170 g de granos de maíz secos
> 60 g de granos de cacao
> ¼ de cdta. de pimienta de Jamaica molida
> ¼ de cdta. de canela molida
> 1 clavo
> 250 ml de leche, y un poco más al gusto
> 250 ml de agua, y un poco más al gusto
> 3 cdas. de miel

Tueste a fuego medio los granos de maíz en una cazuela de hierro fundido o en un comal de 15 a 20 minutos, sin dejar de remover, hasta que se doren. Repita la operación con los granos de cacao de 7 a 10 minutos hasta que estallen. Déjelos enfriar y retire las cáscaras frotando con las manos. Coloque las virutas o puntas de cacao y el maíz tostados junto con la pimienta de Jamaica, la canela y el clavo en un metate, un molino de mano o un molinillo de café y macháquelo o tritúrelo. Obtendrá una mezcla bastante gruesa, por lo que deberá repetir la operación una o dos veces más hasta conseguir una textura más fina.

Pase la mezcla a una jarra y vierta la leche y el agua. Añada la miel y remueva con una cuchara de madera o un molinillo hasta obtener una mezcla fina. Añada más agua y/o leche al gusto y sírvalo.

Tejate

Bebida de maíz y cacao 🖸
México

Preparación: 45 minutos
Cocción: 10 minutos

Para 8 personas

Cada *tejatero* tiene su propia receta, aunque en Oaxaca casi siempre es una mezcla de maíz nixtamalizado, cacao, semillas de mamey y rosita de cacao (*Quararibea funebris*), también llamada *flor de cacao* o *flor del árbol del funeral*. Se machaca todo con agua en un molino comunitario o de piedra hasta obtener una pasta y se amasa hasta que se forma espuma en la superficie. Se sirve con un poco de la espuma y almíbar simple.

> 85 g de granos de cacao
> 1 semilla de mamey
> 50 g de rosita de cacao (flores de cacao)
> 450 g de masa de maíz (véase pág. 123)
> almíbar simple o azúcar, al gusto

Tueste a fuego medio los granos de cacao, la semilla de mamey y la rosita de cacao en una cazuela de hierro fundido o un comal, sin dejar de remover, hasta que las semillas de cacao estallen, de 7 a 10 minutos. Cuando se hayan enfriado, retire las cáscaras de los granos de cacao frotando con las manos. Machaque los ingredientes tostados en un metate, añadiendo un poco de agua a medida que sea necesario, hasta obtener una pasta. También puede triturarlos en un robot de cocina.

En un bol, coloque la pasta de cacao con la masa de maíz y vierta agua fría, poco a poco, mientras amasa hasta que la mezcla esté líquida y una cantidad significativa de espuma blanca haya subido a la superficie. Añada cubitos de hielo para enfriarla y almíbar o azúcar al gusto.

Nota: para preparar un almíbar simple, caliente 240 ml de agua con 200 g de azúcar blanco a fuego medio hasta que el azúcar se disuelva.

Tejate

Chilate, atol chilate

Bebida de arroz y cacao
El Salvador, Guatemala, Honduras, México

Preparación: 30 minutos,
más 40 minutos en remojo
Cocción: 10 minutos

Para 8 personas

La mayoría de las recetas de chilate son una mezcla de cacao con maíz tostado, entre ellas las de las comunidades chortí y lenca de El Salvador, Guatemala y Honduras. Sin embargo, en los pueblos de Costa Chica, en el estado mexicano de Guerrero, el chilate se suele preparar con arroz en lugar de cacao y maíz tostado, aunque algunas variantes utilizan *pataxte* (*Theobroma bicolor*) como sustituto. Si lo desea, puede añadir chiles secos al cazo para remojarlos con el arroz.

    180 g de arroz
    1 ramita de canela
    115 g de granos de cacao
    950 ml de agua
    100 g de panela

Coloque el arroz y la canela en un cazo y vierta agua fría suficiente para cubrirlo. Déjelo en remojo unos 30 minutos.
    Mientras, tueste a fuego medio los granos de cacao en una cazuela de hierro fundido o en un comal, sin dejar de remover, hasta que estallen, de 7 a 10 minutos. Cuando se hayan enfriado, retire las cáscaras frotando con las manos.
    Añada las puntas o virutas de cacao a la cazuela con el arroz remojado, remueva y déjelo en remojo 10 minutos más. Escúrralo y macháquelo en un metate o tritúrelo en un robot de cocina hasta obtener una pasta, añadiendo un poco de agua si fuera necesario.
    En un bol, coloque la mezcla de arroz y cacao, vierta el agua y remueva bien hasta obtener una mezcla fina. Cuélela para que no queden grumos. Añada la panela y sirva el chilate a temperatura ambiente o con cubitos de hielo.

Infusiones

En gran parte de América Latina, las infusiones se suelen preparar con plantas autóctonas, generalmente con una connotación medicinal. Las hierbas, hojas, cortezas, raíces, flores y semillas se infusionan en agua caliente para curar dolencias de todo tipo. En algunas zonas del Amazonas, la guayusa (*Ilex guayusa*), las hojas con cafeína de los acebos autóctonos, mantienen despiertos a los cazadores indígenas durante toda la noche. En los Andes, las hojas de coca ayudan a aliviar los efectos del mal de altura.

Agua de Jamaica, agua de saril

Infusión de hibisco
Belice, El Salvador, Costa Rica, Guatemala, Honduras, México, Nicaragua, Panamá

Preparación: 5 minutos,
más 10 minutos para reposar
y enfriar
Cocción: 5 minutos

Para 10 personas

Esta infusión preparada con flores de hibisco (*Hibiscus sabdariffa*) tiene un sabor agrio similar al de los arándanos. Es una de las *aguas frescas* más comunes en México y se encuentra en gran parte de América Central. En Panamá y regiones de Costa Rica, donde se conoce como agua de *saril*, adquiere un sabor más afroantillano, ya que le añaden zumo de limón y, a veces, jengibre.

    1,5 litros de agua
    20 g de flores de hibisco secas
    70 g de azúcar

Lleve a ebullición el agua en una cazuela. Añada las flores de hibisco y cuézalas 3 minutos. Retire la cazuela del fuego, agregue el azúcar y remueva hasta que se disuelva. Deje reposar la infusión 10 minutos, cuélela sobre una jarra y déjela enfriar antes de servir.

Tereré

Yerba mate helada
Paraguay

Preparación: 5 minutos

Para 1 persona

Aunque todavía es habitual tomar yerba mate caliente durante el verano, el tereré, su versión fría, es la preferida con diferencia. Bebida nacional de Paraguay, el tereré es de origen guaraní y tiene toda una tradición cultural a su alrededor. A menudo, se añaden determinadas hierbas medicinales y cada combinación tiene un nombre específico. Por ejemplo, el tereré *tantano* o de pantano incorpora hierbas medicinales según la dolencia. En el noreste de Argentina y el sudoeste de Brasil, el tereré se llama *ruso* cuando se añaden zumos de cítricos, práctica habitual entre las comunidades de inmigrantes de ese país. Para beber tereré, se necesita una *guampa*, un recipiente un poco más grande que la típica calabaza usada para el mate caliente. A menudo es un cuerno de toro ahuecado, aunque también puede ser simplemente un vaso. También es necesario tener una bombilla, una pajita metálica, para no ingerir la infusión. No la remueva, solo tome unos cuantos sorbos hasta que el agua se haya acabado, vierta agua de nuevo y pásela al resto.

    yerba mate, al gusto

Llene su *guampa* hasta la mitad con yerba mate, vierta agua helada e introduzca la bombilla. Rellene con agua a medida que sea necesario hasta que no tenga sabor.

Tereré

Mate cocido

Infusión quemada paraguaya
Paraguay

Preparación: 5 minutos
más 8 minutos para reposar
Cocción: 10 minutos

Para 4 personas

En las zonas rurales de Paraguay, esta infusión hecha a base de yerba mate y azúcar y cocinada en carbón vegetal, es la bebida típica del desayuno. De sabor peculiar, casi ahumado, se sirve con leche y azúcar y, en algunas zonas, maníes.

3 cdas. de azúcar
3 cdas. de yerba mate
950 ml de agua

En un plato refractario, ponga el azúcar en un lado y la yerba mate en el otro.
Sobre una llama, caliente pequeños trozos de carbón hasta que estén al rojo vivo y colóquelos sobre el azúcar y la yerba. Déjelo 8 minutos, removiendo el carbón de vez en cuando para que el azúcar se derrita y se mezcle con la yerba. Retire el carbón y coloque la mezcla en una cazuela con el agua. Llévelo a ebullición, cuélelo y sírvalo caliente.

Emoliente

Infusión de cebada
Bolivia, Colombia, Ecuador, Perú

Preparación: 5 minutos
Cocción: 15 minutos

Para 10 personas

En los fríos días andinos pocos remedios son tan eficaces como una taza de esta infusión, a menudo preparada por unas vendedoras ambulantes llamadas *emolienteras*. Las diferentes regiones la adaptan a los ingredientes locales. En la zona de Cuzco se añaden semillas del fruto del cactus rojo airampo, y en el norte del Perú, algarrobina, un jarabe preparado con el fruto del algarrobo negro. Otros agregan maca, aloe vera o polen, pero cualquier hierba silvestre sirve.

1,5 litros de agua
230 g de cebada perlada
50 g de cola de caballo
65 g de linaza
7 g de hojas de boldo
100 g de azúcar
el zumo de 2 limones (limas)

Ponga todos los ingredientes excepto el azúcar y el zumo de limón en una cazuela y lleve a ebullición. Cueza a fuego lento 10 minutos. Retire la cazuela del fuego y cuele. Añada el azúcar y el zumo de limón y remueva con una cuchara de madera. Sírvalo templado.

Chichas y bebidas fermentadas

Durante la época incaica, la importancia de la chicha, una cerveza de maíz de bajo contenido alcohólico, experimentó un gran incremento. Se dice que los gobernantes incas bebían chicha en copas de oro como homenaje a la salida del sol, y que se presentaban ofrendas de chicha a los gobernantes fallecidos para apaciguar sus espíritus. Todavía hoy, bajo el sistema de *ayni*, un concepto de reciprocidad en las comunidades andinas o *ayllus*, la siembra, la cosecha y las labores de construcción se hacen con la ayuda de otros, y siempre hay chicha. ¡Siempre!

En toda América Latina, la fermentación es un método de conservación, un modo de añadir sabor y de elaborar alcohol. *Chicha* puede tener significados diferentes según las regiones. En los Andes suele ser equivalente a chicha de jora, una cerveza de maíz de bajo contenido alcohólico, pero también hay chicha morada, preparada con maíz morado no fermentado. En algunas partes de Colombia, Venezuela y América Central, se puede referir a una bebida preparada con frutas fermentadas o arroz. En México, el tepache es una bebida fermentada preparada con piña y azúcar, mientras que el pulque se hace con la savia fermentada del maguey o agave.

Chicha de jora

Cerveza de maíz ▢
Bolivia, Colombia, Ecuador, Perú

Preparación: 10 minutos,
más toda la noche en remojo
y 6 días para secar y fermentar
Cocción: 2 horas y 5 minutos

Para 10 personas

En los Andes, cuando una casa tiene chicha de jora para vender, colocan fuera un palo con una bolsa de plástico, roja o blanca, según la ubicación, como una bandera. En el interior, la cerveza de maíz agria y de bajo contenido alcohólico se vende en vasos de medio litro, a veces endulzada con frutas, como fresas, lo que se conoce como *frutillada*. Antes del primer sorbo, parte de la espuma de la superficie se derrama para la *pachamanca*, la madre tierra. La chicha ha sido una bebida básica en los Andes desde hace más de mil años y no se debe subestimar su importancia. Las recetas varían de unos chicheros a otros. En su forma más básica es de color naranja pálido con un sabor agrio, parecido al de la sidra, aunque su intensidad puede variar. Originalmente se obtenía al masticar y escupir granos de maíz, dejándolos fermentar, en lugar de germinar. También se utiliza, por ejemplo, en guisos andinos como el adobo.

1,4 kg de mazorcas de maíz jora (de abolladura)
900 g de cebada perlada
5 litros de agua
200 g de panela (o azúcar mascabado)

Separe los granos de las mazorcas, páselos a un bol, vierta agua para cubrirlos y déjelos toda la noche. Al día siguiente, escúrralos y lávelos bien. Coloque un paño de cocina en un lugar fresco y esparza el maíz encima, cúbralo con otro paño de cocina y déjelo germinar 2 días.
Una vez haya germinado, extiéndalo encima de otro paño en un lugar soleado y déjelo 2 o 3 días. Macháquelo.
Tueste la cebada en una sartén 5 minutos, agitándola.
Lleve a ebullición 2 litros del agua. Añada el maíz y la cebada, baje el fuego y cuézalos, sin tapar, 1 hora, removiendo para que no espese. Vierta el agua restante y prosiga con la cocción 1 hora más. Retire del fuego.
Cuando se haya enfriado, añada la panela. Cuélelo sobre una jarra y cúbralo con un paño de cocina o, si es posible, cuélelo sobre un recipiente de barro con tapa. Déjelo fermentar 3 días como mínimo, removiéndolo una vez al día. Cuando se empiece a formar una espuma en la superficie, la chicha estará lista.

Bebidas

Chicha de jora

Chicha morada

Ponche de maíz morado
Perú

Preparación: 15 minutos
Cocción: 45 minutos,
más el tiempo para enfriar

Para 5-6 personas

La chicha morada es una chicha de iniciación para abrir la mente a las bebidas preparadas con maíz. Es dulce, un poco afrutada y sin fermentar, por lo que muchos niños en el Perú la toman en lugar de los refrescos. Se dice que la antocianina es rica en antioxidantes y buena para combatir la anemia.

1,9 litros de agua
4 mazorcas de maíz morado cortadas por la mitad
½ ramita de canela
2 clavos
la corteza de ½ piña
1 membrillo en dados medianos
el zumo de 2 limones (limas)
chancaca (panela), al gusto
1 manzana roja descorazonada y en dados,
para servir

Ponga el agua, las mazorcas, la canela, los clavos, la corteza de piña y el membrillo en una olla y llévelo a ebullición. Baje el fuego y cuézalo 45 minutos o hasta que el maíz esté tierno. Cuele el ponche sobre una jarra y déjelo enfriar en el frigorífico. Cuando se haya enfriado, añada el zumo de limón y chancaca al gusto. Sirva la chicha morada fría con los dados de manzana.

Chicha de piña, tepache, carato de piña

Bebida de piña fermentada
Ecuador, México, Panamá, Venezuela

Preparación: 10 minutos,
más 2 días para fermentar
Cocción: 10 minutos

Para 10 personas

Muy típica de los vendedores ambulantes en todo México, esta refrescante bebida de piña se fermenta ligeramente y en poco tiempo sin necesidad de un iniciador. En otras partes de la región se pueden encontrar preparados similares con nombres diferentes. Es perfecta para mezclar con cerveza o licores.

1,9 litros de agua
200 g de panela
1 piña mediana
1 ramita de canela
3 clavos

Lleve el agua a ebullición en una olla y añada la panela. Remueva hasta que se disuelva por completo, de 5 a 7 minutos. Retírela del fuego y déjela enfriar.
    Pele la piña y coloque la corteza en un tarro con la canela y los clavos. Vierta, poco a poco, el agua dulce y cubra el tarro con un paño de cocina. Déjelo fermentar 2 días como mínimo en un lugar seco y fresco. Pruebe el tepache y agregue más azúcar o agua al gusto.
    Cuélelo y sírvalo frío con cubitos de hielo.

Tejuino

Bebida de masa de maíz fermentada
México

Preparación: 5 minutos,
más 3 días para fermentar
Cocción: 10 minutos

Para 6 personas

Típico de los estados mexicanos de Jalisco y Colima, el tejuino es una bebida de masa de maíz ligeramente fermentada que los vendedores ambulantes sirven fría en vasos o bolsas de plástico. Algunos le añaden nieve de lima, una cucharada de sorbete de limón.

950 ml de agua
400 g de panela (o azúcar mascabado)
450 g de masa de maíz (véase pág. 123)
el zumo de 4 limones (limas)
sal
2 limones (limas), 1 en cuñas y otro en rodajas
hielo picado

Lleve a ebullición 710 ml del agua en una cazuela y añada la panela. Remueva 3 minutos o hasta que la panela se haya disuelto por completo.
    En un bol, bata con las varillas la masa de maíz con los 240 ml de agua restantes. Vierta el agua endulzada y remueva bien. Pase la mezcla a una olla o vasija de barro y déjela enfriar. Agregue el zumo de limón, cubra la olla con un paño de cocina o una muselina y deje fermentar la mezcla 3 días en un lugar seco y fresco.
    Para servir, frote el borde de un vaso con una cuña de limón y sal. Remueva bien el tejuino y viértalo en el vaso sobre hielo picado y una rodaja de limón.

Chicha de pejibaye

Chicha de pejibaye 🔲
Costa Rica, Panamá

Preparación: 5 minutos,
más 2 días para fermentar
Cocción: 10 minutos

Para 1 litro

Llamado *pejibaye*, *chontaduro* o *pupunha* según las zonas de la región, el fruto de color amarillo rojizo de la palma de rápido crecimiento del mismo nombre (*Bactris gasipaes*) tiene una gran variedad de usos. En comunidades indígenas como los boruca de las regiones montañosas de Costa Rica, así como en la frontera de Panamá, es una de las frutas favoritas para la elaboración de chichas.

1,4 kg de pejibayes maduros
475 ml de agua
100 g de dulce de tapa (panela)

Coloque los pejibayes y el agua en una cazuela y llévelos a ebullición. Baje el fuego, cuézalos 10 minutos y retire la cazuela del fuego.
    Mientras aún están calientes, retire las semillas y triture la pulpa junto con la piel. Cuele la pulpa, extrayendo tanto líquido como pueda sin que los sólidos pasen a través del colador. Añada el dulce de tapa (panela) y vierta la mezcla en una jarra o vasija de vidrio o de barro y cúbrala con un paño de cocina o una muselina. Déjela fermentar 2 días en un lugar seco y fresco.

Bebidas

Chicha de pejibaye

Fresco de súchiles

Bebida guatemalteca de fruta fermentada
Guatemala

Preparación: 10 minutos,
más 1 semana para fermentar
Cocción: 15 minutos

Para 10 personas

En Guatemala, esta bebida, típica de Semana Santa, está preparada con maíz y cebada tostados, saborizados con frutas y remojados en agua antes de dejarlos fermentar.

- 350 g de granos de maíz amarillo fresco
- 430 g de cebada perlada
- 4 cdas. de pimienta negra en grano
- 1 cda. de semillas de anís
- 2 cdas. de clavos
- ½ ramita de canela
- 200 g de panela (o azúcar mascabado)
- 750 ml de agua hirviendo
- la corteza de 1 piña
- 2 cdas. de jengibre fresco picado

Tueste el maíz en un comal 10 minutos, sin dejar de remover. Repita la operación 5 minutos con la cebada, la pimienta, el anís y los clavos. Coloque los ingredientes tostados en una vasija de barro, con la canela y la panela. Vierta el agua hirviendo y remueva. Añada la corteza de piña y el jengibre. Cubra la olla con un paño y asegúrelo con bramante. Deje fermentar la mezcla 1 semana, removiéndola cada dos días. Cuélela antes de servir.

Masato de arroz, chicha de arroz

Bebida de arroz fermentada
Colombia, Venezuela

Preparación: 10 minutos,
más toda la noche en remojo
y 3-14 días para fermentar
Cocción: 20 minutos

Para 10 personas

Típico de los departamentos colombianos de Cundinamarca, Santander, Tolima y Boyacá, a menudo se toma con Almojábanos con queso (véase pág. 112) o galletas. En Venezuela, donde se llama *chicha de arroz*, no se fermenta.

- 180 g de arroz
- 2 ramitas de canela
- 4 clavos
- 150 g de azúcar
- canela molida, para servir

Cubra el arroz con agua fría en un bol y déjelo toda la noche. Escúrralo y lávelo un par de veces. Lleve el agua a ebullición en una cazuela y añada el arroz, la canela y los clavos. Baje el fuego y cuézalo 15 minutos, removiendo cada 5 minutos con una cuchara de madera. Retire la cazuela del fuego y déjelo enfriar. Deseche la canela y los clavos, páselo a una batidora y tritúrelo 2 minutos. Cuélelo; debe obtener un líquido espeso. Incorpore el azúcar.

Si lo desea, puede enfriar la bebida y servirla directamente, aunque la mayoría prefiere dejarla fermentar. Para ello, después de añadir el azúcar, pase el *masato* a una olla de barro y déjelo fermentar de 3 días a 2 semanas, dependiendo del grado de alcohol que desee. Remueva todos los días y compruebe el punto de dulzor, agregando más azúcar, canela y clavos si lo desea. Sirva el *masato* frío, espolvoreado con canela molida.

Chicha bruja

Chicha bruja
Nicaragua

Preparación: 10 minutos,
más toda la noche en remojo
y 4 días para fermentar
Cocción: 10 minutos

Para 12 personas

No existe una receta estándar para preparar esta bebida en vías de desaparición. Solo unos pocos siguen haciéndola en el centro del país, como San Juan de Oriente.

- 225 g de granos de maíz secos
- 950 ml de agua
- 600 g de panela rallada
- 3 cdas. de extracto de vainilla

Lave el maíz y déjelo en remojo toda la noche. Escúrralo y lávelo. Macháquelo en un molino o robot de cocina hasta obtener una mezcla gruesa. En una olla, mezcle el maíz con el agua y lleve a ebullición. Retire la cazuela del fuego, añada la panela y el extracto de vainilla y remueva. Pase la mezcla a una olla de barro y cúbrala con un paño. Déjela fermentar 4 días en un lugar seco y fresco.

Cauim, masato de yuca

Bebida de yuca fermentada
Brasil, Ecuador, Perú

Preparación: 15 minutos,
más 5 días para fermentar
Cocción: 20 minutos

Para 10 personas

Las comunidades indígenas de la selva amazónica elaboran esta bebida como las comunidades andinas preparan la chicha de jora. El almidón se convierte en azúcar al masticarlo, aunque muchos añaden azúcar antes de fermentarla. Con un contenido alcohólico bastante bajo, se consume en grandes cantidades los días de fiesta. En algunas comunidades, solo las mujeres la preparan.

- 2,7 kg de yuca pelada y en trozos
- 475 ml de agua hirviendo
- Para la opción 1
- 475 ml de agua caliente
- 400 g de azúcar
- 3,5 g de levadura seca (opcional)

Cueza la yuca en una cazuela 20 minutos o hasta que esté tierna. Escúrrala y pásela a un bol. Macháquela con una cuchara o mortero de madera. Después hay dos opciones.

Opción 1: añada el agua caliente y el azúcar y remueva. Para acelerar la fermentación, agregue la levadura seca activada en agua caliente.

Opción 2: mastique la yuca y escupa en un bol. Las enzimas descomponen el almidón y lo convierten en azúcar.

Los pasos restantes son iguales. Colóquelo en un lugar oscuro y déjelo fermentar de 5 a 10 días (cuanto más fermente, más contenido alcohólico). Remueva una vez al día y, el último día, añada el agua hirviendo. Cuele la mezcla y reserve solo el líquido. Para servir, hierva el líquido una vez más.

Sírvalo caliente.

Cauim, masato de yuca

Cócteles

Algunas de las mejores bebidas espirituosas del mundo (rones, piscos, *singanis*, *cachaças*, mezcales), además de un inmenso surtido de aguardientes y otras bebidas, se producen en Latinoamérica. Seguramente habrá oído hablar de los famosos margaritas, pero aquí encontrará también bebidas con las que quizá no esté tan familiarizado.

Chuflay, chilcano

Chuflay, chilcano
Bolivia, Perú

Preparación: 10 minutos

Para 1 persona

El chuflay y el chilcano, dos versiones de la misma bebida de los destilados de uva singani y pisco de Bolivia y el Perú, son *highballs* típicos para los días calurosos. Para obtener un resultado excelente, use el mejor *ginger ale* (o cerveza de jengibre) que pueda encontrar.

2 rodajas de limón (lima)
2-3 cubitos de hielo
60 ml de singani o pisco
120 ml de ginger ale
2 gotas de angostura

Coloque una de las rodajas de limón al fondo de un vaso alto y añada los cubitos de hielo. Vierta el *singani* o el pisco y el *ginger ale* y remueva bien. Por último, agregue las gotas de angostura y sírvalo con la rodaja de limón restante.

Clericot

Sangría sudamericana
Argentina, Uruguay

Preparación: 10 minutos

Para 10 personas

Introducida por los británicos que viven en Argentina y Uruguay, que la llamaron copa *Claret*, esta bebida veraniega es una de las favoritas de las fiestas de Nochevieja. Cada uno tiene su propia receta, mezclando frutas de temporada con el vino de su elección, generalmente un blanco seco. Algunos también añaden brandy, triple seco u otros licores.

2 botellas (750 ml) de vino blanco frío
4 melocotones en dados de 1 cm
1 naranja mediana en dados de 1 cm
1 manzana pelada y en dados de 1 cm
150 g de fresas en cuartos
1 limón (lima) en 8 trozos
azúcar al gusto (opcional)
cubitos de hielo, para servir

Mezcle todos los ingredientes en una jarra. Si utiliza azúcar, remueva hasta que se disuelva. Añada los cubitos de hielo y sírvala.

Caipirinha

Caipiriña
Brasil

Preparación: 10 minutos

Para 1 persona

Si alguna vez visita Brasil, seguro que, por un motivo u otro, una caipiriña acabará en sus manos y tendrá que aceptar su destino y tomársela. Hay quien la considera un mojito brasileño, pese a que no lleva hierbabuena, solo el polivalente limón y azúcar, y que el sabor del licor base puede resultar mucho más peculiar que el del ron. La *cachaça* es el resultado de la destilación del jugo fermentado de la caña de azúcar, a diferencia del ron, que se elabora con melaza y puede tener un sabor terroso y vegetal. Aunque la caipiriña propiamente dicha es la bebida que se prepara con limón, las variantes con otras frutas (como anacardo, maracuyá o mango) también se denominan a menudo con el mismo término.

½ limón (lima) en cuñas o en rodajas, más una rodaja para servir
2 cdtas. de azúcar
hielo picado
60 ml de cachaça

Coloque el limón en un vaso bajo. Añada el azúcar y macháquelo con la mano de un mortero para exprimir el zumo de limón. Agregue hielo picado, añada la *cachaça* y remuévalo con una cuchara de cóctel. Sirva la caipiriña adornada con una rodaja de limón.

Terremoto

Terremoto
Chile

Preparación: 10 minutos

Para 5-6 personas

La leyenda cuenta que unos reporteros alemanes que cubrían un terremoto en marzo de 1985 llegaron a El Hoyo, un antro en Santiago, y le pidieron al camarero algo refrescante. Y este, sin pensárselo dos veces, puso una bola de helado de piña en un vaso de medio litro lleno de pipeño, un vino joven corriente, generalmente tinto, muy común en Chile. «Esto sí que es un terremoto», exclamó uno de los reporteros.

115 g de helado de piña, y un poco más para servir
750 ml de vino pipeño
75 ml de jarabe de granadina

En una jarra, mezcle todos los ingredientes con una cuchara de cóctel hasta obtener una mezcla uniforme.
    Ponga un poco de helado de piña en cada vaso y vierta el líquido por encima. Sírvalo con una pajita.

Terremoto

Licor de oro

Licor de oro
Chile

Preparación: 20 minutos,
más 1 semana para macerar

Para 2 litros

Hace siglos, los huilliches del archipiélago de Chiloé preparaban licores con granos fermentados, como la quinua, y los coloreaban con frutas. Hacia finales del XVI, la creencia de que el oro tenía propiedades medicinales estaba en pleno apogeo y se preparaba un licor con virutas de oro flotando en su interior. En el pueblo de Chonchi se creó este extraño y maravilloso licor amarillo que añade cáscara de lima y azafrán en lugar del caro oro para darle sabor y color y utiliza una base de suero de leche y aguardiente (nota: en Chile, el aguardiente se elabora a partir de la destilación de los restos de la uva exprimida para la elaboración del vino, al igual que la *grappa* italiana). Se dice que la receta original está custodiada por unos pocos herederos, pero algunos pequeños productores venden este licor, al que suelen añadir zumo de papaya para realzar su color.

> 950 ml de agua hirviendo
> 1 kg de azúcar
> 10 clavos
> 1 pizca de azafrán
> 2 vainas de vainilla
> las cáscaras y el zumo de 2 limas (limones)
> 1 litro de leche entera
> 950 ml de aguardiente (90 % alcohol)

En un bol, mezcle el agua hirviendo con el azúcar, los clavos y el azafrán. Remueva con unas varillas hasta que el azúcar se disuelva. Corte las vainas de vainilla, raspe el interior y añada a la mezcla. Agregue las cáscaras y el zumo de lima y remueva. Vierta la leche y el aguardiente y remueva de nuevo hasta que la leche cuaje.
Déjelo macerar 1 semana en un lugar fresco, removiendo cada 24 horas.
Pase la mezcla por una muselina; debería llevarle un par de horas para extraer todo el líquido. Pase el licor a unas botellas y resérvelo en el frigorífico.
Sírvalo en pequeñas cantidades.

Chiliguaro

Chiliguaro
Costa Rica

Preparación: 5 minutos,
más el tiempo para enfriar los vasos

Para 6 personas

El guaro es el aguardiente nacional de Costa Rica, un licor barato y potente que produce una resaca espantosa. Todos los bares de Costa Rica saben cómo preparar un *chiliguaro*, que, por cierto, ayuda a curar la propia resaca.

> el zumo de 2 limones (limas), y un poco más
> para los vasos
> 2 cdtas. de sal, y un poco más para los vasos
> 950 ml de zumo de tomate
> 60 ml de licor de guaro
> 1 cda. de salsa picante
> 1 cdta. de salsa Worcestershire
> 1 cdta. de pimienta negra molida
> cubitos de hielo

Ponga a enfriar 6 vasos en el frigorífico. Cuando estén fríos, impregne los bordes con un zumo de limón y sal.
Coloque todos los ingredientes en una batidora y tritúrelos a velocidad máxima 1 minuto. Viértalo en los vasos y sírvalo frío.

Macuá

Macuá
Nicaragua

Preparación: 5 minutos

Para 1 persona

Con el mismo nombre que un ave común en el país, el macuá es una bebida tropical de ensueño. Declarado cóctel nacional de Nicaragua en el año 2006 tras un concurso de ámbito nacional, fue creado por un pediatra de Granada. Puede utilizar ron blanco o añejo, preferentemente nicaragüense.

> 3 cdas. de ron
> 2 cdas. de zumo de naranja
> 2 cdas. de néctar de guayaba
> 1 cda. de zumo de limón (lima)
> $1/2$ cda. de almíbar simple
> 3 cubitos de hielo
>
> Para adornar
> 1 cereza
> 1 rodaja de naranja

Ponga todos los ingredientes en una coctelera y agite bien 2 minutos. Cuélelo y sírvalo en un vaso alto con cubitos de hielo, adornado con la cereza y la naranja insertadas en un palillo.

Pisco sour

Pisco sour
Chile, Perú

Preparación: 5 minutos

Para 1 persona

En los años veinte, inspirado por el *whiskey sour*, Victor Morris, un estadounidense dueño de un bar en Lima, utilizó pisco para crear una nueva versión. Aunque hay pruebas de que el pisco se mezclaba con limón y clara de huevo anteriormente, la versión del Bar Morris perfeccionada con los años por el barman peruano Mario Bruiget fue la que adquirió popularidad. Tanto el Perú como Chile lo reclaman como bebida nacional, pero la receta no es idéntica en ambos países. En Chile no se utilizan las claras de huevo y se emplea el pisco chileno, que tiene un método de producción diferente.

> 6 cdas. de pisco
> 2 cdas. de zumo de limón (lima)
> 2 cdas. de almíbar simple
> 1 cda. de clara de huevo
> 3 cubitos de hielo
> 3 gotas de angostura

En una coctelera, coloque todos los ingredientes excepto la angostura. Agítelo menos de 1 minuto y cuélelo sobre un vaso bajo. Deje caer las gotas de angostura sobre la superficie espumosa.
Sírvalo frío.

Pisco sour

Salsas y aderezos

Con pocas excepciones, los latinoamericanos se enorgullecen de aportar todo el sabor dulce, ácido, amargo, salado y umami que pueden a sus platos. Y lo hacen de formas muy diversas. Puede ser una ensalada de col fermentada para añadir un toque picante y textura a una tortilla, una marinada a base de aceite para potenciar el sabor de las carnes asadas o mezclas de aliños cuya receta «secreta» se transmite de generación en generación.

Esta es la tierra del chile y de las salsas picantes. Las variedades de chile autóctonas se pican, se tuestan en un comal, se machacan en un mortero o se fermentan para preparar salsas que pueden convertir un simple bol de arroz en un plato delicioso. Aunque muchas ya se han incluido en las recetas a lo largo de este libro, a continuación le mostramos algunas salsas y aderezos adicionales para enriquecer aún más su despensa.

Choka de coco

Aderezo de coco tostado y molido ▢
Guyana

Preparación: 5 minutos
Cocción: 5 minutos

Para 4 personas

El término *choka* alude a una forma de preparar alimentos que llegó a Guyana y al Caribe meridional desde la India. Los ingredientes, como la berenjena, el pescado salado o, en este caso, el coco se asan al fuego y luego se machacan muy fino, a menudo a mano con *lorha* y *sil* (el *sil* es una pieza cilíndrica y la *lorha* un bloque grueso, ambos de piedra, que se utilizan para moler, y que también se conocen como *ladrillo masala*). Después, el polvo se mezcla con cebollas, ajo, chiles y especias. Tradicionalmente, el *choka* de coco se toma con arroz y *dhal* o *Roti* (véase pág. 22). Está mejor recién hecho, aunque se puede conservar en un recipiente hermético en el frigorífico unos días.

 1 coco
 3 dientes de ajo picados
 ½ cebolla blanca picada
 2 chiles wiri wiri descorazonados
 sal

Abra el coco, retire la cáscara y reserve solo la pulpa. En una parrilla caliente sobre fuego abierto o en una sartén, ase la pulpa poco a poco, removiendo de vez en cuando, hasta que esté chamuscada por todos los lados. Debería llevarle unos minutos.
 Corte la pulpa en trozos grandes y colóquelos en una *lorha* y *sil* o en un molinillo de especias. Macháquelo o tritúrelo con el ajo, la cebolla y los chiles. Sale y sírvalo.

Chimichurri

Chimichurri
Argentina, Uruguay

Preparación: 15 minutos

Para 250 ml

Esta salsa preparada principalmente con perejil, ajo y aceite de oliva se suele utilizar para untar las carnes que se van a asar a la parrilla o como aderezo en la mesa. El chimichurri es típico de Argentina y Uruguay, aunque se puede encontrar en asadores o parrillas en prácticamente cualquier zona de la región.

 80 g de hojas de perejil
 2 cdas. de orégano fresco
 3 dientes de ajo picados
 20 g de cebollino picado
 1 chile rojo despepitado y picado fino (opcional)
 2 cdas. de vinagre de vino tinto
 1 cda. de zumo de limón (lima)
 120 ml de aceite de oliva
 sal y pimienta molida

Pique las hojas de perejil lo más finas posible. Ponga los ingredientes en un bol, remueva bien y salpimiente. Se puede conservar hasta 3 semanas en el frigorífico.

Molho de alho

Salsa de ajo brasileña
Brasil

Preparación: 5 minutos
Cocción: 10 minutos

Para 250 ml

En Brasil, el *molho* es el aderezo típico de las carnes asadas, aunque existen diferentes preparaciones. El *molho à campanha*, similar al pico de gallo, es una guarnición de tomates, cebollas y pimientos picados en aceite de oliva. En muchas *churrascarias* también encontrará el *molho de alho*, una salsa de ajo que se rocía sobre carnes y verduras o se unta sobre el pan.

 2 cdas. de mantequilla
 5 dientes de ajo picados
 2 cdas. de harina común
 250 ml de leche
 115 g de mayonesa
 ¼ de cdta. de orégano fresco
 sal y pimienta molida

Caliente a fuego vivo la mantequilla en un cazo y añada el ajo. Baje el fuego y rehóguelo, sin dejar de remover, 15 minutos o hasta que se dore. Espolvoree la harina y remueva bien 3 minutos. Vierta la leche y remueva 2 minutos más o hasta que los ingredientes se hayan incorporado. Retire el cazo del fuego y añada la mayonesa y el orégano. Salpimiente y continúe removiendo 5 minutos o hasta obtener una salsa fina y homogénea. Sírvala caliente como aderezo para el pescado o la carne a la parrilla.

Hogao

Sofrito colombiano
Colombia

Preparación: 10 minutos
Cocción: 15 minutos

Para 250 ml

El *hogao* es un aderezo que se utiliza como base en innumerables platos colombianos. Los ingredientes y las proporciones varían de una región a otra y cada cocinero tiene su propia receta. Es bastante sencillo de preparar, pero también puede comprarlo ya hecho.

 3 cdas. de aceite vegetal
 2 cebolletas picadas
 1 diente de ajo picado
 5 tomates pelados y picados
 1 cdta. de comino molido
 sal y pimienta molida

En un cazo, caliente a fuego vivo el aceite vegetal. Añada las cebolletas, el ajo y los tomates. Baje el fuego, agregue el comino y pimienta al gusto y remueva unos 10 minutos o hasta que la salsa espese. Rectifique la sazón, sale y retire el cazo del fuego.

Choka de coco

Salsa verde chilena

Salsa verde chilena
Chile

Preparación: 10 minutos

Para 250 ml

En Chile, esta sencilla salsa verde se usa en perritos calientes, sándwiches, pan, mariscos, carnes y sopas.

> 1/2 cebolla blanca
> 160 g de hojas de perejil
> 2 cdas. de aceite de oliva
> 1 cda. de zumo de limón (lima)
> sal y pimienta molida

Pique la cebolla lo más fina posible y colóquela en un bol. Pique las hojas de perejil lo más finas posible y mézclelas con la cebolla. Añada el aceite de oliva y el zumo de limón y salpimiente. Refrigere la salsa. Se puede conservar 1 o 2 semanas en el frigorífico.

Vinagre de plátano

Vinagre de plátano
Costa Rica

Preparación: 10 minutos,
más 1 semana para colar

Para 250 ml

En Costa Rica y en otras zonas de América Latina donde se cultivan plátanos, este vinagre es un producto básico en los hogares y se suele vender también en los mercados de productos agrícolas. Se usa como base para la típica *chilera*, los tarros de verduras encurtidas siempre presentes en todas las mesas costarricenses, donde a menudo se hace con plátanos ricos en almidón, como el guineo negro. Si la variedad de plátano es demasiado dulce, el vinagre tendrá un sabor plano. Puede usarlo de inmediato, aunque los sabores serán cada vez más complejos a medida que pasen los meses (iy los años!).

> 5 plátanos muy maduros

Pele los plátanos y aplástelos. Coloque el puré en una muselina y átela bien con bramante, dejando un trozo largo para colgarlo.
Use una olla de barro o un cubo de plástico con una buena tapa. Cuelgue la muselina de la tapa, asegurándose de que no toque el fondo de la olla o del cubo. Déjelo escurrir durante 1 semana, después de la cual encontrará un vinagre oscuro en el fondo del recipiente. El tiempo exacto dependerá de la madurez de los plátanos. Cuele el líquido sobre un tarro.

Curtido

Ensalada de repollo salvadoreña 🔲
El Salvador

Preparación: 20 minutos,
más 3 días como mínimo
para reposar

Para 10 personas

Esta ensalada de repollo es un acompañamiento esencial para las Pupusas (véase pág. 126), aunque también se utiliza en los tamales y en otros platos tradicionales salvadoreños. Se suele preparar unos días antes de utilizarla, para que fermente ligeramente. Se puede conservar en el frigorífico más de 1 mes.

> 1 repollo blanco en juliana
> 1 cebolla blanca en rodajas finas
> 1 zanahoria pelada y en rodajas finas
> 1/4 de coliflor, solo los ramilletes pequeños
> 1,5 litros de agua hirviendo
> 250 ml de vinagre de manzana
> 1 hoja de laurel
> 3 cdas. de sal

Ponga todas las verduras en una olla. Vierta el agua hirviendo, tape la olla y déjelas reposar 15 minutos. Cuele las verduras y páselas a un tarro. Añada el vinagre, el laurel y la sal. Remueva bien, cierre el tarro y déjelas reposar 3 días como mínimo.

Alguashte

Aderezo de semillas de calabaza
El Salvador

Preparación: 10 minutos
Cocción: 20 minutos

Para 250 ml

Este aderezo típico de El Salvador, de origen precolombino, se utiliza con alimentos dulces o salados y se puede encontrar en la mayoría de los puestos ambulantes. A menudo se espolvorea sobre las frutas y verduras, pero también se utiliza para condimentar sopas, atoles y salsas. Se puede conservar en un recipiente hermético a temperatura ambiente 1 semana.

> 120 g de semillas de calabaza (preferentemente ayote) con cáscara
> 35 g de granos de maíz cocidos
> 1 chile verde seco despepitado y picado (opcional)
> sal

En una sartén, tueste a fuego medio las semillas de calabaza 12 minutos, agitando la sartén constantemente. Ponga las semillas junto con el maíz y el chile en una batidora y tritúrelos hasta obtener una harina. Sale al gusto.

Nota: para convertirlo en una salsa, mezcle en un cazo la harina obtenida con 60 ml de agua y cebollas y tomates asados al gusto. Cuézalo todo 5 minutos o hasta que la salsa espese.

Salsas y aderezos

Curtido

Salprieta

Aderezo de maíz y maníes 🔲
Ecuador

Preparación: 15 minutos
Para 475 ml

En la provincia ecuatoriana de Manabí, la *salprieta* se espolvorea sobre plátanos macho asados, arroz o platos de pescado. Allí utilizan un tipo de maíz llamado *canguil blando*, unos pequeños granos de maíz puntiagudos que también se hacen estallar para preparar palomitas.

    450 g de maníes (cacahuetes) tostados y picados
    450 g de maíz tostado
    1 cdta. de comino molido
    1/2 cdta. de pimienta negra molida
    1 cda. de aceite de achiote
    2 cdas. de cilantro picado
    sal

En un mortero, machaque los maníes con el maíz hasta obtener un polvo. Páselo a un bol, añada el comino, la pimienta negra y el aceite de achiote y remueva bien. Sale. Consérvelo en un lugar fresco hasta que lo vaya a utilizar. Añada el cilantro justo antes de servir.

Chimol

Salsa de tomates y rábanos
El Salvador, Honduras

Preparación: 15 minutos,
más 10 minutos para macerar
Para 250 g

En algunas regiones de América Central, los rábanos se añaden al tradicional pico de gallo, que se utiliza para aliñar carnes.

    5 tomates pelados y picados
    2 rábanos en dados pequeños
    1/2 cebolla roja picada fina
    1 cda. de cilantro picado
    1 cdta. de orégano seco
    2 cdas. de zumo de limón (lima)
    sal y pimienta molida

Mezcle los tomates con los rábanos y la cebolla en un bol y añada el cilantro, el orégano y el zumo de limón. Remueva bien y déjelo macerar 10 minutos. Salpimiente y refrigérelo hasta que lo vaya a utilizar.

Pico de gallo

Pico de gallo
México

Preparación: 10 minutos,
más 15 minutos para enfriar
Para 475 g

En el peor de los casos, el pico de gallo es una mezcla acuosa de tomates y cebollas picados. Sin embargo, no tiene por qué ser así. En México, el pico de gallo suele ser delicioso, preparado con tomates reliquia y chiles picantes que enriquecen el sabor de cualquier plato. En algunas regiones se añaden extras como jícama, pepinos, aguacates, tomatillos y diversas frutas.

    4 tomates en dados
    1/2 cebolla blanca picada fina
    2 chiles serranos descorazonados y picados
    3 cdas. de zumo de limón (lima)
    2 cdas. de cilantro picado
    sal y pimienta molida

Mezcle con cuidado todos los ingredientes en un bol y salpimiente. Cubra el bol con una tapa o film transparente y refrigérelo 15 minutos antes de servir. Se conservará hasta 3 días en el frigorífico.

Sikil p'aak

Salsa yucateca de semillas de calabaza y tomates
México

Preparación: 15 minutos
Cocción: 20 minutos
Para 475 ml

Esta salsa espesa tradicional de Yucatán se suele servir con tortillas o chips de tortilla. La textura depende de cómo se prepare el puré y de cuáles sean los ingredientes. Normalmente se utilizan semillas de calabaza con cáscara, lo que le da una textura más arenosa, aunque también se pueden usar las semillas descascarilladas, llamadas *pepitas*.

    225 g de tomates en cuartos
    1 cebolla blanca pelada y en cuartos
    2 chiles habaneros
    120 g de semillas de calabaza crudas
    2 cdas. de cilantro picado
    1 cda. de zumo de limón (lima)
    sal

Caliente a fuego vivo los tomates con la cebolla y los chiles en una sartén. Tuéstelos bien 20 minutos o hasta que se chamusquen por todos los lados.
Mientras, coloque las semillas de calabaza en un mortero y macháquelas hasta obtener un polvo. Añada las verduras chamuscadas y el cilantro y macháquelo todo hasta obtener una pasta. Agregue el zumo de limón y sale. Sirva la salsa a temperatura ambiente.

Salprieta

Salsa verde

Salsa de tomatillos picante
México

Preparación: 15 minutos
Cocción: 15 minutos

꙰ ⌀ 🐟 ♡ ᗐᗐᗐ ꙳
Para 475 ml

En México, la salsa verde preparada con tomatillos y chiles se usa como aderezo en huevos, enchiladas y numerosos antojitos. Se conservará 3 días.

    8 tomatillos verdes
    2 dientes de ajo pelados
    2 chiles serranos
    ½ cebolla blanca picada
    sal

Vierta agua en una cazuela hasta la mitad y llévela a ebullición. Añada los tomatillos, el ajo y los chiles y cuézalos 15 minutos o hasta que estén tiernos. Escúrralos, reservando 250 ml del agua de cocción.
  Ponga las verduras escurridas en un mortero y machãquelas hasta obtener una mezcla fina, añadiendo el agua de cocción reservada si fuera necesario. También las puede triturar en una batidora.
  Sale y reserve la salsa en el frigorífico hasta que la vaya a utilizar.

Recado rojo, pasta de achiote

Pasta de achiote
Belice, México

Preparación: 15 minutos

꙰ ⌀ 🐟 ♡ ꙳
Para 250 ml

Las semillas de achiote molidas aportan un color rojizo y un sabor a nuez y pimienta a los alimentos y se usan en toda América Latina. En forma de pasta, se suele utilizar para marinar carnes o dar color a la masa de tamales y empanadas. Se conservará aproximadamente 1 mes en el frigorífico.

    3 cdas. de semillas de achiote
    ½ cda. de comino molido
    1 cdta. de orégano seco
    12 granos de pimienta negra
    2 chiles de chapa
    3 dientes de ajo
    2 chiles serranos secos
    120 ml de zumo de naranja amarga
    120 ml de agua
    2 cdas. de vinagre de vino blanco

Ponga todos los ingredientes en un mortero y machãquelos hasta obtener una pasta. También los puede triturar en una batidora a velocidad media 2 minutos o hasta obtener una pasta homogénea. En cualquier caso, pásela después por un colador de malla fina sobre un recipiente hermético.

Tucupí

Extracto de yuca
Brasil, Colombia, Ecuador, Perú

Preparación: 15 minutos, más 14 horas para reposar
Cocción: 1 hora y 30 minutos

꙰ ⌀ 🐟 ♡ ᗐᗐᗐ
Para 2 litros

Para hacer *tucupí*, la yuca brava, más amarga que otras variedades, se ralla y se exprime con un *tipiti*, una especie de prensa de paja trenzada, y luego se deja reposar, durante horas o a veces días, para que el líquido y el almidón se separen por decantación y también para eliminar el cianuro que contiene. El líquido resultante se cuece, mientras que el almidón y la pulpa sobrante se utilizan para producir harina de tapioca y de yuca. En muchas zonas de la selva amazónica, se utiliza como base para sopas como el Tacacá (véase pág. 104) y platos tradicionales como el Pato *no tucupi* (véase pág. 314). Aunque existen formas comerciales, se suele comprar la preparación artesanal que se vende en los mercados en botellas de soda de plástico. Por otra parte, el *tucupí* se puede reducir más todavía y aderezarse para elaborar salsas como el *tucupi preto*, también llamado *tucupí* negro o ají negro, o *cassareep*. Es conveniente utilizarlos al cabo de 1 semana.

    2,9 kg de yuca amarga (M. esculenta)
    4 dientes de ajo majados
    4 hojas de achicoria
    sal y pimienta molida

Pele y ralle la yuca. Exprima el líquido amarillo de la pulpa en un cubo. Déjelo reposar 12 horas como mínimo, para que el almidón se separe del líquido. Retire el almidón que se ha asentado en el fondo del cubo y resérvelo para otra preparación. Cubra el líquido con un paño de cocina y déjelo fermentar 1 o 2 horas.
  En una olla, lleve a ebullición el líquido junto con el ajo y la achicoria. Salpimiente y cuézalo durante 1 hora y 30 minutos. Déjelo enfriar y consérvelo en botellas en el frigorífico.

Salsa criolla

Salsa de cebolla, ají amarillo y cilantro
Perú

Preparación: 10 minutos, más 1 hora para reposar

꙰ ⌀ 🐟 ♡ ᗐᗐᗐ
Para 375 ml

En el Perú, esta salsa de cebolla ligeramente picante se usa para todo, desde ceviches hasta sándwiches.

    1 cebolla roja en rodajas finas
    1 ají amarillo despepitado y en tiras finas
    1 cda. de cilantro picado
    2 cdas. de zumo de limón (lima)
    1 cdta. de aceite de oliva
    sal y pimienta molida

Ponga la cebolla en un bol. Añada suficiente agua helada con sal para cubrirla y déjela en remojo 30 minutos. Escúrrala y séquela. Colóquela junto con los ingredientes restantes en otro bol, salpimiente al gusto y remueva bien. Cubra el bol con film transparente y refrigérela 30 minutos antes de utilizarla.

Salsas y aderezos

Salsa ocopa

Salsa peruana de ají amarillo, huacatay y queso fresco
Perú

Preparación: 10 minutos
Cocción: 20 minutos

Para 475 ml

Utilizada de manera similar a la salsa huancaína en las Papas a la huancaína (véase pág. 89), la *ocopa*, de Arequipa, es verde por la adición de huacatay (*Tagetes minuta*), a veces llamado *menta negra*, que crece en gran parte de los Andes.

- 2 cdas. de aceite vegetal
- 1 cebolla blanca picada
- 2 dientes de ajo picados
- 6 ajíes amarillos despepitados y picados
- 30 g de hojas de huacatay
- 4 galletas saladas
- 275 g de queso fresco (ricotta o paneer)
- 80 g de maníes (cacahuetes) tostados
- 175 ml de nata para montar
- sal

En una sartén, caliente a fuego medio 1 cucharada de aceite vegetal y sofría la cebolla, el ajo y los ajíes 10 minutos o hasta que estén dorados. Agregue las hojas de huacatay, baje el fuego y rehóguelo todo 10 minutos más.

Páselo a una batidora junto con las galletas, el queso fresco, los maníes y la nata. Tritúrelo a velocidad media 2 minutos y sale. Debe obtener una consistencia espesa. Si fuera necesario, agregue el aceite vegetal restante y remueva hasta que emulsione y la salsa adquiera la textura deseada.

Mojo

Salsa uruguaya para carne
Uruguay

Preparación: 10 minutos,
más 4 días para macerar

Para 250 ml

Al igual que el chimichurri, el mojo se utiliza como marinada para las carnes asadas o como aderezo para servirlas. Se conservará durante 1 semana o de 2 a 3 semanas en el frigorífico.

- 250 ml de aceite de oliva
- 1 cda. de vinagre de vino tinto
- 1 cda. de alcaparras picadas gruesas
- 3 dientes de ajo picados
- 2 cebollas tiernas picadas
- sal y pimienta

Coloque todos los ingredientes en un tarro y salpimiente al gusto. Remueva bien y cierre el tarro. Deje macerar la salsa a temperatura ambiente 4 días como mínimo.

Ají pebre

Salsa chilena picante
Chile

Preparación: 15 minutos,
más 30 minutos para macerar

Para 250 ml

La comida chilena suele ser menos picante que en otras zonas de la región, pero esta salsa es la excepción. Es un aderezo de mesa muy habitual, usado en carnes asadas, pan, empanadas, humitas y sándwiches. El grado de picante puede variar considerablemente de una receta a otra, dependiendo de la cantidad de chile utilizada. Se conservará hasta 3 días.

- 80 g de hojas de perejil picadas
- 80 g de hojas de cilantro picadas
- 2 dientes de ajo picados
- 1 tomate pelado y picado grueso
- ½ cebolla roja picada
- 2 ajíes cristal despepitados y picados
- 2 cdas. de aceite de oliva
- 1 cda. de pasta de rocoto
- sal y pimienta molida

Coloque todos los ingredientes en un bol, salpimiente al gusto y remueva bien. Deje reposar la salsa durante 30 minutos, rectifique de sal y pimienta si fuera necesario y sírvala a temperatura ambiente.

Llajua, llajwa

Salsa boliviana picante ⬚
Bolivia

Preparación: 15 minutos

※ ⬚ ⬚ ⬚ ⬚ ⬚
Para 250 ml

Esta salsa de chiles fresca con tropezones se utiliza
en los Andes bolivianos para añadir especias a las
empanadas y salteñas, para untar en el pan y para
aderezar las carnes. Se conservará hasta 3 días.

> 1 tomate pelado y picado grueso
> 2 ajíes locoto (rocoto)
> 2 cdtas. de quirquiña (cilantro boliviano)
> 2 cdtas. de huacatay (menta negra peruana)
> 1/2 cebolla blanca picada
> sal

Ponga todos los ingredientes en un mortero y
macháquelos hasta obtener una mezcla fina. Sale
y consérvela a temperatura ambiente hasta que la
vaya a utilizar.

Pasta de ají amarillo

Pasta de ají amarillo
Perú

Preparación: 10 minutos
Cocción: 15 minutos

※ ⬚ ⬚ ⬚ ⬚ ⬚
Para 250 ml

La pasta de ají amarillo es de uso habitual en la cocina
peruana, incluso cuando hay chiles frescos disponibles.
Si tiene una tanda de ajíes amarillos frescos, esta
pasta es una buena manera de alargar su vida útil sin
secarlos. Si prefiere una pasta menos picante, escalde
los ajíes 3 veces, cambiando el agua cada vez, antes
de prepararla.

> 1,5 litros de agua
> 2 cdas. de vinagre de vino blanco
> 1 cdta. de azúcar
> 5 ajíes amarillos, despepitados y cortados
> por la mitad
> 1 cda. de aceite vegetal

Ponga el agua con el vinagre y el azúcar en una cazuela
y llévelo a ebullición. Cuando rompa a hervir, añada los
ajíes, llévelo a ebullición de nuevo y cuézalos 10 minutos.
    Escúrralos y lávelos bajo un chorro de agua
fría 5 minutos o hasta que se enfríen por completo.
Séquelos y páselos a una batidora junto con el aceite
vegetal. Tritúrelos a velocidad media 2 minutos o hasta
obtener una pasta fina. Pásela por un colador sobre un
recipiente hermético. Se conservará hasta 1 semana
en el frigorífico. También puede congelar la pasta
en una bandeja de cubitos de hielo cubierta con film
transparente y durará varios meses.

Uchucuta

Salsa andina de ají rocoto, huacatay y maníes
Perú

Preparación: 15 minutos
Cocción: 5 minutos

※ ⬚ ⬚
Para 250 ml

En los Andes, la salsa de chile *uchucuta* se prepara
moliendo los ingredientes en un batán, una piedra plana
de moler o en un mortero. En su forma básica lleva solo
chiles y hierbas y, a veces, una verdura machacada con
un poco de líquido, como chicha de jora, para aportar
textura y sabor. Se sirve como guarnición de tubérculos
o carnes a la parrilla. Se conservará hasta 3 días en
el frigorífico.

> 1 cda. de chicha de jora (véase pág. 388)
> o aceite vegetal
> 1/2 cebolla roja picada
> 4 dientes de ajo picados
> 2 ajíes rocoto despepitados y picados
> 1 cda. de cilantro picado
> 30 g de huacatay picado (menta negra peruana)
> 30 g de hojas de chincho picadas (una hierba
> autóctona, también llamada culantrillo; o use 15 g de
> huacatay)
> 50 g de queso fresco
> 150 g de maníes (cacahuetes) picados gruesos
> sal

En una sartén, caliente a fuego medio el aceite y sofría
la cebolla, el ajo y los ajíes 5 minutos. Agregue todas las
hierbas y sale. Pase la mezcla a un mortero junto con el
queso fresco y los maníes. Macháquelo hasta obtener
una salsa gruesa.

Chintextle

Pasta oaxaqueña de chile ahumado
México

Preparación: 10 minutos
Cocción: 2 minutos

※ ⬚ ⬚ ⬚ ⬚
Para 375 ml

Esta pasta nutritiva y ahumada se puede esparcir
sobre las *tlayudas* o usar como marinada para las
carnes asadas. Se conservará de 2 a 3 semanas a
temperatura ambiente o hasta 3 meses en el frigorífico.

> 10 chiles pasilla despepitados
> 3 dientes de ajo pelados
> 2 hojas de aguacate
> 225 g de camarones (gambas) secos
> 120 ml de vinagre de sidra de manzana
> sal

Caliente a fuego medio un comal y ase los chiles, el ajo
y las hojas de aguacate 2 minutos, removiendo de vez en
cuando con cuidado de que no se quemen. Colóquelos
en un mortero y machaquelos bien con los camarones
secos. Vierta el vinagre poco a poco hasta obtener la
consistencia deseada. Sale.

Llajua, llajwa

Ají de maní

Salsa de maníes picante
Colombia

Preparación: 15 minutos
Cocción: 20 minutos

Para 375 ml

Popular en Popayán y Cali, en el suroeste de Colombia, esta salsa de maníes picante se utiliza en los tamales y en las Empanadas de pipián (véase pág. 46). Se conservará hasta 1 semana en el frigorífico.

 2 cdas. de aceite vegetal
 2 cebolletas picadas gruesas
 10 g de hojas de cilantro
 90 g de maníes (cacahuetes) tostados
 1 diente de ajo picado
 ¼ de cdta. de recado rojo (pasta de achiote)
 ½ cdta. de comino molido
 1 chile tabasco o habanero despepitado y picado
 475 ml de agua
 sal y pimienta molida

Caliente a fuego vivo el aceite en una sartén y sofría las cebolletas con el cilantro 7 minutos sin dejar de remover. Pase la mezcla a una batidora junto con los ingredientes restantes, salpimente al gusto y tritúrelo a velocidad media 1 minuto o hasta obtener una pasta homogénea. Caliente a fuego lento la pasta en una sartén y cuézala 10 minutos. Pase la salsa a un bol y déjela enfriar antes de utilizarla.

Salsa borracha

Salsa con pulque
México

Preparación: 5 minutos
Cocción: 10 minutos

Para 250 ml

La savia de maguey fermentada y con bajo contenido alcohólico llamada *pulque*, una bebida de origen precolombino, sirve como base para esta salsa, aunque puede sustituirla por cerveza si no la encuentra. De cualquier manera, el alcohol se evapora. Es una guarnición típica de una Barbacoa de borrego (véase pág. 332). Se conservará hasta 3 días en el frigorífico.

 250 ml de pulque
 60 ml de zumo de naranja
 4 chiles pasilla despepitados y picados gruesos
 ½ cebolla blanca picada
 2 dientes de ajo asados y picados
 60 ml de agua
 80 g de queso añejo o cotija desmenuzado
 sal

Caliente a fuego medio el pulque con el zumo de naranja en un cazo. Añada los chiles y cuézalos 10 minutos. Déjelos enfriar.
 Pase los chiles y el líquido de cocción a una batidora junto con la cebolla, el ajo y el agua y tritúrelos a velocidad media 2 minutos o hasta obtener una mezcla fina. Sale y esparza el queso añejo por encima antes de servir la salsa.

Chamoy

Salsa de fruta deshidratada y chile
México

Preparación: 5 minutos
Cocción: 15 minutos

Para 475 ml

Se cree que los inmigrantes chinos trajeron a México formas de hacer frutas saladas y encurtidas o secas, pero, en las últimas décadas el país ha añadido chiles y la salsa ha adquirido identidad propia. Gran parte del *chamoy* que se vende hoy en día es un caramelo o salsa industrial; sin embargo, cuando se prepara en casa sus usos son infinitos. Puede utilizarlo para glasear, rociar fruta fresca, mezclarlo en cócteles o verterlo sobre hielo picado. Se conservará hasta 2 meses en el frigorífico en un recipiente hermético.

 150 g de umeboshi (o albaricoques)
 40 g de flores de hibisco secas
 3 cdas. de azúcar
 30 g de chile de árbol molido
 60 ml de zumo de naranja
 120 ml de zumo de limón (lima)

Ponga las *umeboshi* y las flores de hibisco en una cazuela. Añada suficiente agua para cubrirlas tres cuartos y llévelas a ebullición. Baje el fuego y cuézalas 10 minutos.
 Escúrralas y colóquelas en una batidora junto con el azúcar y el chile y tritúrelo todo a velocidad media 1 minuto o hasta obtener una pasta fina y pegajosa.
 Coloque de nuevo la pasta en la cazuela y caliéntela 3 minutos. Agregue los zumos de naranja y limón y remueva bien. Rectifique la sazón, añadiendo sal al gusto. Retire la cazuela del fuego y deje enfriar la salsa.
 Sírvala a temperatura ambiente.

Chamoy

LISTA DE PRECIOS

Causa Ferreñafana	S/.10.00
Cabrito Arroz con Frijol	S/.10.00
Pepián de Pava	S/.14.00
Arroz con Pato	S/.12.00
Pato Arvejado	S/.12.00
Ceviche de Toyo o Mixto	S/.10.00
Espesado Lunes	S/.8.00
Carne Seca	S/.10.00

NOTA: Los Precios Incluyen I.G.V

Atendemos todos los días.

Gracias por su Visita

Glosario

Aceite de dendê:
Aceite espeso, de color rojo anaranjado y sabor fuerte, extraído de la pulpa de la palma africana. Se utiliza mucho en el estado de Bahía, en el norte de Brasil.

Achiote:
Semillas rojas del árbol del mismo nombre (*Bixa orellana*) que crece en las zonas tropicales de América Central y del Sur, también llamado *urucum*. Estas semillas proporcionan a los alimentos un color rojo anaranjado y un sabor a nuez y pimienta. Se muelen hasta convertirlas en polvo y se pueden utilizar directamente en los platos o infusionarse para obtener un aceite o una pasta (como el recado rojo).

Antojitos:
Aperitivos típicos de los mercados y puestos de comida callejeros, sobre todo en México. Es, en realidad, un término poco preciso, ya que pueden llegar a constituir un menú completo. La masa de maíz, en forma de tortillas, tamales o tortas de masa, como las *gorditas*, es el nexo de unión.

Arracacha:
Raíz nudosa de pulpa blanca, amarilla o morada originaria de los Andes. Cocida o asada, tiene un sabor dulce y a nuez. Presenta diferentes nombres regionales, como apio, *mandioquinha* o zanahoria blanca.

Bijao:
Término común para varios tipos de plantas tropicales de América Central y del Sur, generalmente la especie *Calathea lutea*. Sus grandes hojas verdes y cerosas se utilizan de forma similar a las de plátano para envolver alimentos como los juanes o la *patarashca*.

Calabaza pipián:
Variedad de cucurbitácea cultivada comúnmente en partes del sur de México y América Central que se cosecha cuando está inmadura. A veces se le llama *calabaza cushaw* y se suele utilizar para guisos o como relleno de pupusas.

Cassareep:
Agente aromatizante y conservante muy utilizado en la cocina guyanesa. Para elaborar este líquido negro y espeso se reduce el zumo de la yuca amarga y se mezcla con canela y el clavo.

Cecina:
Término genérico para las carnes secas o curadas que cambia su definición exacta según la región. En América del Sur, la cecina se refiere normalmente a la carne de cerdo, mientras que, en México y América Central, la cecina puede ser de cerdo o de ternera.

Chancaca:
Similar a la panela, la chancaca es el jarabe dulce elaborado con el azúcar de caña sin refinar en el Perú, Chile y Bolivia. Se suele aromatizar con canela y ralladura de naranja y se utiliza para rociar dulces fritos como los picarones o las sopaipillas.

Charqui:
También escrito *charque* o *ch'arki*, es un término quechua para designar la carne seca. En las preparaciones tradicionales se utiliza carne de llama o de caza, aunque ahora las carnes de vacuno o de cordero son habituales. Se puede comer tal cual o rehidratarse en sopas o guisos. En inglés se conoce como *jerky*, que deriva del término charqui.

Chaya:
Las nutritivas hojas verdes de este arbusto de rápido crecimiento, también llamado *chicasquil* o árbol espinaca, son de consumo habitual en gran parte de México y América Central. Las hojas contienen ácido cianhídrico, por lo que no se pueden comer crudas.

Chayote:
También conocido como güisquil, *chuchu* o *calabaza mirlitón*, el chayote es un fruto de color verde claro y forma de pera que pertenece a la familia *Cucurbitaceae*. Su carne y su piel, crujientes y comestibles, tienen un sabor suave. Se come crudo, como el pepino, pero también se puede hornear, saltear o añadir a los guisos.

Chicha de jora:
Cerveza de maíz de bajo contenido alcohólico que data de la época de los incas y sigue siendo de consumo habitual en los Andes hoy en día. Se elabora a partir de la jora, granos de maíz germinados. Se extraen los azúcares y se hierve el mosto y se deja fermentar en vasijas de barro. Tiene un aspecto turbio, amarillo pálido, y un sabor agrio. Se suele aromatizar con diferentes frutas o especias. En el Perú, se utiliza para preparar algunas recetas, como los sudados y los adobos.

Chicharrón:
Llamado *torresmo* en portugués, chicharrón significa en esencia «cerdo frito», pero la definición no es la misma en toda América Latina. En algunos países es solo la piel de cerdo frita, mientras que en otros son trozos de cerdo fritos, generalmente con la piel y la grasa adheridas. Y en otros, como Bolivia, son costillas de cerdo cocinadas en su grasa.

Chiles:

– **Ají amarillo:** de color naranja, aunque se le llama amarillo, es muy utilizado en toda la región andina, especialmente en la cocina peruana. Tiene un sabor único y afrutado y un picor similar al de un chile tabasco. Muchas recetas lo utilizan en forma de pasta, que se puede comprar o preparar en casa, y a menudo se utiliza para elaborar salsas. También se puede utilizar crudo, molido en polvo o frito. Cuando se deja secar al sol, se llama ají mirasol.

– **Ají charapita:** chile amarillo del tamaño de un guisante procedente de la Amazonía peruana, muy picante y con un marcado sabor cítrico. Se suele mezclar con cocona para preparar salsas o se utiliza como condimento para los ceviches.

– **Ají chombo:** chile muy picante, rojo o amarillo, que se parece al habanero. Autóctono de Panamá, a veces se encuentra en otros lugares de América Central como ají panameño.

– **Ají dulce:** término genérico para diferentes variedades de chiles pequeños y dulces de toda América Latina. Como su propio nombre indica, tienen un sabor dulce y suave.

– **Ají limo:** chile muy picante que presenta una gran variedad de colores (rojo, naranja, amarillo, verde, blanco, púrpura, etc.). Es el preferido para la preparación del ceviche.

– Ají panca: un ají seco de color rojo intenso con un sabor ahumado y a bayas, con un picor suave. Se cultiva en la costa del Perú y a menudo se encuentra en forma de pasta. Se utiliza para adobos, guisos y salsas.

– Ancho: variedad seca del chile poblano que presenta un picor entre moderado y suave y un sabor ahumado.

– Cascabel: chile redondo, suave y de color rojo oscuro con un sabor suave que se utiliza para guisos y salsas en la cocina mexicana. Cuando se seca, las semillas suenan en su interior como un sonajero.

– Cheiro: muy picante y afrutado, es un chile brasileño de color morado. Son buenos sustitutos de los chiles habaneros o Scotch Bonnet.

– Chilacate: típico del oeste de México, se utiliza fresco o seco. Tiene un sabor ligeramente dulce y el picor va de suave a intenso.

– Chilcostle: chile rojo cada vez más escaso que forma parte de varios platos de la región mixteca oaxaqueña, como el mole colorado y el mole amarillo. Tiene un sabor afrutado y a nuez y un picor medio.

– Chile de árbol: chile mexicano pequeño y fino, muy picante, que se utiliza sobre todo para las salsas.

– Chilhuacle/chilcahuatle negro: de sabor pronunciado, es esencial en la elaboración del mole negro de Oaxaca, ya que es el ingrediente que le da al plato su sabor y color característicos.

– Cobanero: chile rojo terroso, ahumado y afrutado, autóctono de la ciudad guatemalteca de Cobán que se utiliza para el kak'ik, y en salsas y aliños.

– Costeño: de color rojo y amarillo, este chile picante mexicano se utiliza sobre todo para guisos y salsas, especialmente los moles.

– Guajillo: chile rojo seco con un picor de suave a medio, utilizado para preparar salsas en el centro y el norte de México. En Guatemala, una variante del Altiplano central se denomina a veces guaque.

– Güero: chile picante y ligeramente dulce, de color amarillo pálido o verde, procedente del norte de México y del suroeste de Estados Unidos. En el sureste de México se le llama xcatic.

– Habanero: cultivado sobre todo en el sur de México y en zonas de América Central, es picante y tiene un sabor afrutado y un aroma floral. Con un color que va del amarillo anaranjado al rojo brillante, los habaneros presentan una gran variedad de cultivares, producidos mediante la cría selectiva.

– Jiquitaia: mezcla ancestral de chiles elaborada por el pueblo baniwa en la región del Alto Río Negro, en el noroeste de Brasil. Muy picante, se utiliza para aromatizar carnes, pescados o guisos.

– Malagueta: muy utilizado en guisos y salsas en el estado brasileño de Bahía, es un chile pequeño, fino, rojo y extremadamente picante.

– Morita: variedad de chile jalapeño rojo ahumado. Es similar al chile chipotle, aunque ahumado durante menos tiempo y con un sabor más afrutado.

– Mulato: chile seco de color negro parduzco, con un picor entre suave y medio, elaborado a partir de una variedad de chile poblano que adquiere un color rojo intenso al madurar. Se usa en moles y guisos.

– Pasilla: variedad seca del chile chilaca, largo y delgado. Su grado de picor va de suave a intenso y se utiliza principalmente en las salsas. En Guatemala, se llama chile pasa.

– Rocoto/locoto: el rocoto, que se encuentra en todos los Andes, se parece a un pimiento por ser carnoso y jugoso, pero tiene un sorprendente grado de picor. Es bastante versátil y se puede utilizar crudo, en pasta, horneado, frito o en guisos.

– Sambo/zambo: chile rojo, terroso y ahumado procedente de Alto Verapaz (Guatemala) que se utiliza principalmente para hacer salsas.

– Serrano: originario de los estados mexicanos de Puebla e Hidalgo, es un chile fresco, generalmente verde, que se parece a un jalapeño pequeño, pero más picante.

– Wiri wiri: chile diminuto y picante que pasa de verde a amarillo y de amarillo a rojo cuando está maduro. Muy empleado en la cocina guyanesa.

Chipilín:
Muy utilizada en El Salvador, Guatemala y el sur de México, esta planta de hojas verdes se encuentra sobre todo en pupusas, tamales y sopas.

Chuño (papa deshidratada):
Las comunidades aimara y quechua del sur de los Andes elaboran estas papas liofilizadas dejándolas a la intemperie durante las glaciales heladas nocturnas o a remojo en fríos arroyos, secándolas al sol y pisándolas para desecarlas. Las papas conservan sus nutrientes y adquieren una vida útil que se puede prolongar durante una década, al tiempo que pierden su peso y permiten un fácil transporte. Se pueden rehidratar y comer tal cual o moler hasta obtener una harina que se utiliza como espesante en sopas y guisos.

– Papas amarillas: término genérico para diferentes variedades de papas con una pulpa amarilla de textura cremosa. Son un ingrediente emblemático de recetas peruanas como la causa y las papas a la huancaína.

– Papas coloradas: pequeñas papas de piel rojiza del sur de Colombia, utilizadas para guisos y machacadas con maníes, achiote y otros condimentos para hacer pipián.

– Papas secas: papas deshidratadas y secas, cortadas en dados pequeños, que suelen ser la base de la tradicional carapulca.

Comal:
Plancha plana típica de México y América Central para calentar tortillas o tostar chiles y especias. Algunos son cóncavos y están hechos de barro o de arcilla natural sin esmaltar. Son similares al budare venezolano, utilizado para calentar arepas.

Crema mexicana:
Cremosa y ligeramente picante, tiene una consistencia similar a la crème fraîche. Aunque presentan sutiles diferencias, puede ser intercambiable con versiones centroamericanas como la crema salvadoreña o la crema hondureña.

Culantro:
Hierba verde con hojas largas y dentadas de sabor similar al cilantro, pero más fuerte y aromático. Se utiliza mucho en la cocina de la región del Caribe y alrededores y también se puede encontrar con el nombre de cilantro mexicano. En algunas zonas del Perú, donde el cilantro se llama culantro, se conoce como *sacha* culantro.

Curtido:
Condimento ligeramente fermentado de El Salvador, elaborado con col y, a veces, cebolla, zanahoria, orégano y chiles.

Dulce de leche:
Se elabora calentando leche azucarada hasta conseguir una consistencia similar a la del caramelo. Los nombres regionales, que pueden implicar ligeras variaciones en su preparación, son *doce de leite*, manjar blanco, *arequipe* y *cajeta*.

Epazote:
Llamado paico en los Andes y presente en gran parte de América Latina, el epazote es una hierba de sabor potente que se puede utilizar fresca o seca. Es conocido por sus propiedades antiflatulentas y se suele añadir a los frijoles.

Guineos:
Plátanos amarillos sin madurar, que se deben cocinar antes de comerlos. No se deben confundir con los plátanos macho, que tienen más almidón.

Harina de maíz:
En su definición más básica, la harina de maíz es un grano de maíz seco finamente molido; sin embargo, existen innumerables variantes en la región y no suelen ser intercambiables, ya que cada una tiene un uso concreto.

– Masa harina: masa elaborada con la harina de maíz nixtamalizado para eliminar el germen y el revestimiento exterior de los granos antes de su molienda. Para las recetas mexicanas como las tortillas de maíz, los *sopes*, las *gorditas* o los tamales, cuando no se hacen con masa fresca, es probable que se necesite masa harina.

– Masarepa: masa de maíz que se seca y se muele hasta obtener una harina de maíz precocida, utilizada sobre todo para hacer arepas y cachapas en Colombia y Venezuela.

– Maseca: versión comercial de la harina de maíz instantánea que solo necesita mezclarse con agua para hacer la masa para tortillas, tamales, pupusas o atoles.

Huacatay:
Hierba fuerte y aromática de la familia de las caléndulas, originaria de los Andes peruanos. A veces llamada *menta negra*, se utiliza sobre todo para aromatizar guisos y salsas.

Huitlacoche:
Agallas que produce el tizón del maíz, la trufa mexicana. Para los agricultores de todo el mundo este hongo azulado es una plaga, pero en México se considera un manjar por su sabor peculiar a tierra húmeda. Se suele añadir a tacos, tamales y quesadillas.

Jícama:
Tubérculo rico en almidón típico de México de sabor ligeramente dulce.

Jitomate:
En México, los tomates rojos se pueden llamar jitomates o tomates, dependiendo de la zona.

Linguiça:
Salchicha de cerdo ahumado con sabor a ajo y pimentón típica de Brasil.

Longaniza:
Embutido largo y estrecho elaborado con carne de cerdo picada y sazonada con pimienta negra. Existen múltiples variantes regionales. Por ejemplo, en Argentina y Uruguay se añade anís, mientras que en las versiones mexicanas se agregan chiles.

Loroco:
Flor comestible utilizada en la cocina de El Salvador y Guatemala.

Maíz chulpe:
Variedad especial de maíz que se utiliza principalmente para hacer cancha (granos de maíz tostados), en algunas partes de Sudamérica.

Mashua:
Presente sobre todo en el Perú y Bolivia, tiene un sabor y una textura que recuerdan al nabo cuando se cocina. Cuando se toma cruda, tiene un sabor picante y una textura crujiente.

Merkén:
También escrito merquén, mezcla de pimienta molida hecha con el chile cacho de cabra. Es un condimento tradicional del pueblo mapuche en Chile.

Metate:
Piedra de moler tradicional de Mesoamérica utilizada para machacar granos y semillas, que se emplean para hacer masa de maíz. Suele ser de roca volcánica porosa, como el basalto o la andesita.

Mote:
También llamado sémola andina, se elabora a partir de diversas variedades de maíz de grano grande sometidas a la nixtamalización. Se emplea desde Ecuador hasta Argentina.

Nopales:
Hojas de la chumbera. Se pueden comer crudos o cocinados.

Oca:
Pequeño tubérculo tradicional de la región andina que se presenta en múltiples colores. Tiene una textura cerosa y un sabor ligeramente dulce. Es el segundo tubérculo más cultivado en los Andes después de la papa.

Olluco/ulluku/papa lisa/melloco:
Consumidos crudos o cocidos, estos tubérculos presentan una gran variedad de formas y tamaños y colores brillantes. Se cultivan en los Andes desde hace varios miles de años y siguen siendo un alimento básico, al igual que sus hojas verdes, muy saludables.

Orégano mexicano:
Hierba de sabor terroso y cítrico que se utiliza en platos mexicanos y centroamericanos. A diferencia del orégano común, pertenece a la familia de las verbenas, por lo que no son intercambiables en las recetas.

Panela/piloncillo/rapadura:
Azúcar de caña integral sin refinar que se obtiene por ebullición y evaporación del jugo de la caña de azúcar. Se encuentra bajo diferentes nombres y formas en muchas partes de América Latina.

Pepitas:
Semillas sin cáscara de ciertas variedades de calabaza que no necesitan pelarse.

Pepitoria:
Polvo de origen maya que se elabora tostando y moliendo las semillas de calabaza, utilizado principalmente en Guatemala y países vecinos. Se emplea para espesar salsas, pero sobre todo como especia espolvoreada sobre los alimentos.

Plátanos macho:
A veces llamados plátanos verdes, suelen ser de tamaño más grande y con una piel más gruesa que los amarillos, más dulces. Ricos en almidón, necesitan ser cocinados y se pueden utilizar maduros o inmaduros.

Quesos:

– Queijo coalho: queso de cuajo firme y de textura elástica que se utiliza para asar, típico del noreste de Brasil.

– Queijo minas/mineiro: típico del estado brasileño de Minas Gerais, se presenta en tres variedades: fresco (frescal), semicurado (meia-cura) y curado. Esta última es la más utilizada para cocinar, por ejemplo, en el pão de queijo.

– Quesillo: término genérico que adquiere diferentes significados en toda la región. En la mayoría de los casos, se refiere a un queso blanco blando. En Venezuela, sin embargo, es un postre, similar al flan.

– Queso añejo: queso firme, salado y curado que se suele elaborar con leche de cabra desnatada, aunque cada vez se utiliza más la leche de vaca desnatada.

– Queso blanco: aunque es un término genérico, se suele referir a un queso de sabor suave cuya consistencia varía de blanda a firme.

– Queso chaqueño: queso de leche de vaca semiduro de Bolivia, a veces llamado queso benianco.

– Queso Colonia: queso amarillo de dureza media, típico del departamento de Colonia (Uruguay). Introducido por inmigrantes suizos en la década de 1850, es similar al gruyer y al emmental.

– Queso cotija: tradicional de Michoacán (México), es un queso de leche de vaca añejo, de sabor fuerte y salado, con una textura granulosa. A menudo se esparce en los platos como guarnición, por ejemplo, en el elote.

– Queso cuajada/queijo coalhada: típico de Colombia, América Central y zonas rurales de Brasil, es un tipo de cuajada que llegó a la región desde la península ibérica. Es un queso fresco, cremoso y de sabor suave.

– Queso de capa: queso blanco suave, parecido a la mozzarella, procedente de Mompox (Colombia), que se presenta en finas tiras y se enrolla en pequeños cuadrados, muy típico de los puestos ambulantes.

– Queso de mano: variante del queso fresco elaborada con una combinación de cuajada de leche de vaca y oveja típica de Venezuela.

– Queso duro: queso salado y curado en seco, procedente de El Salvador, que se suele vender en grandes bloques y se utiliza sobre todo desmenuzado o rallado.

– Queso fresco: queso versátil con un sabor suave elaborado con leche de vaca o, a veces, de cabra. Se produce en toda la región con sutiles variaciones de sabor y textura. Se puede desmenuzar, tomar solo o rallarlo para espesar salsas. Un buen sustituto puede ser el paneer.

– Queso llanero: queso de leche de vaca, duro, salado y blanco, que se suele utilizar para cubrir arepas y cachapas en Venezuela.

– Queso mantecoso: queso blando, de color amarillo pálido, elaborado con leche de vaca y producido principalmente en el sur de Chile.

– Queso Oaxaca: queso blanco semiduro de vaca que tiene una textura similar a la de la mozzarella o el queso hilado. A veces se llama quesillo o queso asadero. Muy apreciado por su facilidad para fundirse, se utiliza para quesadillas, tacos y enchiladas.

– Queso palmita: queso fresco, blanco y salado, similar al de Oaxaca, que se produce en el estado venezolano de Zuila y en Costa Rica.

– Queso Paraguay/kesú paraguai: muy empleado en la cocina paraguaya, este queso tierno de leche de vaca tiene un sabor ligeramente ácido.

– Queso ranchero: término genérico que designa a los quesos mexicanos frescos, blandos y cuajados, elaborados con leche de vaca o de cabra.

– Queso seco: queso fresco, duro y salado, típico de América Central, que se puede desmenuzar, rallar o freír.

Tamarillos/tomate de árbol/ sacha tomate:
Fruto ovalado, de color naranja vivo o amarillo, originario de los Andes. Tiene un sabor intenso y complejo, un poco dulce, y se suele comer crudo o usarse para preparar zumos o salsas.

Tapioca: fécula blanca y granulada extraída de las raíces de yuca que se utiliza para hacer púdines o para elaborar beiju, un pan plano que se suele rellenar como una crepe en algunas zonas de Brasil.

Tomatillos:
Pequeños tomates verdes, también llamados tomates en algunas regiones de México.

Tucupí:
Líquido ácido, de color amarillo anaranjado brillante, que se obtiene de la yuca amarga. La yuca se pela, se ralla y se exprime su zumo; tras unos días de reposo, el líquido resultante se debe hervir antes de consumirlo. Se utiliza sobre todo en las regiones amazónicas y es un ingrediente característico de recetas como el tacacá y el pato al tucupí. Se vende en los mercados en botellas de plástico, como los refrescos, aunque también existen formas comerciales. Se puede reducir más para preparar una salsa llamada tucupi preto o tucupí negro.

Yuca:
Arbusto tropical y semitropical, originario del oeste de Brasil y también llamado mandioca (no se debe confundir con la yuca ornamental), que se cultiva en gran parte de América Latina por su raíz comestible rica en almidón. Además de asarla, freírla o hervirla, la yuca puede fermentarse para hacer bebidas o salsas, o molerse en harina para hacer panes, entre otras preparaciones.

– Farofa: harina de yuca tostada, a veces mezclada con harina de maíz y/u otros ingredientes como carnes ahumadas o verduras.

– Harina de yuca: llamada farinha en portugués, tiene una textura muy fina y se utiliza sobre todo para hornear. No contiene gluten y a menudo puede sustituir a la harina de trigo en las recetas.

Índice

Agradecimientos del autor

Un libro como este, que traspasa tantas fronteras (políticas y geográficas), no habría sido posible sin la ayuda de un sinfín de amigos y colegas de todo el territorio.

Además de las evocadoras imágenes de Nick, también participó nuestra fotógrafa y asidua colaboradora Jimena Agois, que dio vida a las recetas de manera sorprendente.

Nuestro equipo de Central y Mater Iniciativa, que reúne gente de los más recónditos rincones de Latinoamérica, fue una pieza clave para la creación, adaptación y puesta a prueba de las recetas. En primer lugar, y sobre todo, Camila Chávez Vinatea, que lideró el equipo en el Perú, conformado por Ken Motohasi Herrera, Nicanor Vieyra, Bernabé Simón-Padrós, Carlos Valderrama, Luis Valderrama, Camila Unzueta, Valentino Galán Cortés, Santiago Fernández, Luis Escobedo, Lorena Serrudo, Gal Chacín, Cesar Del Río, Pedro Trujillo, Ignacio Linian, Braian Graneros, Laura Tibaquirá, Gustavo Castañeda, Ines Castañeda, Francisco Castillo, Rodrigo Mejía, Sofía Tertzakian, Rodrigo Cabrera, Hibett Antiporta, Jefferson García y Daniela Herrera, por no mencionar a las decenas de personas que participaron indirectamente con su duro trabajo en las cocinas de Central y Kjolle. Otros muchos aportaron manteles, vajillas y cristalería para las fotografías (en ocasiones, prestadas por sus madres). También he de agradecer especialmente a Martha Mora su ayuda con la introducción.

Despúes están las miles de personas en cuyas manos nos pusimos para intentar comprender las recetas, las culturas y los paisajes de origen. Cocineros y antropólogos, escritores y queseros, restauradores y biólogos colaboraron por correo electrónico, por teléfono, por mensajes, en persona y a nuestro lado, ayudándonos en nuestra investigación y probando los platos, además de encargarse del arduo trabajo de recolectar ingredientes con los que pudiéramos trabajar. Necesitaríamos otro libro para poder nombrarlos a todos.

Por último, queremos dar las gracias a todo el equipo de Phaidon, en especial a Emily Takoudes, que sigue apostando por nosotros. Las recetas no serían lo mismo sin los incansables esfuerzos de Lisa Pendreigh, Sally Somers y Caroline Stearns. El diseño se lo debemos al increíble trabajo de Christopher Lawson y Marcos Villalba. Hélène Gallois Montbrun, Pedro Martín y Baptiste Roque-Genest también fueron imprescindibles a la hora de planificar una traducción del libro que todos pudiéramos comprender.

Sobre el autor

Después de cocinar en los mejores restaurantes del mundo, Virgilio Martínez volvió a Lima en 2009 y abrió Central. Desde 2013 figura en la lista de los 50 Mejores Restaurantes del Mundo y ha sido nombrado el mejor restaurante de Latinoamérica en múltiples ocasiones. Es cofundador de Mater Iniciativa, que documenta los ingredientes autóctonos de América Latina, y sigue expandiendo su trabajo hasta lugares tan lejanos como Tokio o Moscú. Además de sus restaurantes en Lima, dirige Mil Centro en los Andes, sobre las terrazas de Moray, un espacio de investigación interdisciplinar de las tradiciones andinas y los cientos de cultivares de los alrededores, una labor conjunta con las comunidades de Mullakas Misminay y Kacllaraccay.

Mater Iniciativa, dirigida por Malena Martínez, es una organización interdisciplinaria con sede en Perú que fomenta la megadiversidad sin fronteras. Su misión es articular conocimientos a través de la investigación, la interpretación y las expresiones culturales.

El autor y fotógrafo Nicholas Gill ha viajado por toda Latinoamérica y es el coautor de los libros de la editorial Phaidon *Central*, también con Virgilio Martínez, y *Slippurinn: Recipes & Stories From Iceland*, con Gísli Matthías Auðunsson.

Notas sobre las fotografías

Pág. 6: mujer vendiendo fruta en la ciudad de Cartagena (Colombia).

Pág. 8: salar de Uyuni, el más grande del mundo, en Bolivia.

Pág. 10: laguna colorada, lago superficial de color rojo del sudoeste de Bolivia por las algas y minerales.

Pág. 11: paisaje salvaje cerca de la frontera entre Bolivia y Chile desde las alturas.

Pág. 12: baño relajante en Salvador de Bahía, al norte de Brasil.

Pág. 13: las áridas condiciones del desierto de Atacama, en el norte de Chile, dan lugar a plantas de sabores únicos, como la rica rica y la rosa del año.

Pág. 14: las cataratas de Kaieteur, en el río Potaro de Guayana, tienen la cascada más grande del mundo.

Pág. 15: Solar do Unhão, un complejo del siglo XVI, centro de distribución del azúcar de Bahía (Brasil).

Pág. 16: mujer guayanesa vendiendo *bora* o judías verdes ecológicas en el mercado de Stabroek, en Georgetown (Guayana).

Pág. 18: hornear pan es una tradición de quinientos años de antigüedad en San Juan Totolac (México).

Pág. 48: en la década de 1940, la migración de El Salvador convirtió la pupusa, que solía ser una masa circular poco conocida, en un plato de comida callejera a nivel internacional.

Pág. 60: arroz recolectado a mano de un campo en la península de Azuero (Panamá).

Pág. 82: agricultor de Quechua recoge patatas de un campo cerca de la localidad de Huatata, en los Andes peruanos.

Pág. 106: la conservación de variedades de maíz reliquia, como esta del valle Urubamba, en el Perú, son esenciales para la supervivencia de las cocinas ancestrales de Latinoamérica.

Pág. 144: en São Paulo (Brasil) un agricultor cuida de su huerto como parte de un proyecto de recuperación de la flora y la fauna del Vale do Paraíba.

Pág. 170: los esclavos africanos llevados a las plantaciones de azúcar de Brasil fueron subastados en el barrio de Pelourinho de Salvador de Bahía, uno de los mercados de esclavos más grande del Nuevo Mundo.

Pág. 182: una mujer clasifica plátanos recién recogidos en una pequeña isla del lago de Nicaragua, cerca de Granada.

Pág. 198: el paria, un queso blando andino fabricado en el distrito de Ocongate, a la venta en Cuzco, en el mercado de San Pedro del Perú.

Pág. 210: en el río Amazonas, en el puerto de Manaus (Brasil), un pescador muestra sus capturas de la mañana.

Pág. 246: la parrilla, una brasa sobre la que se cocinan varios cortes de carne para un asado o una barbacoa.

Pág. 274: patas de jamón curadas colgando del techo en el Mercado del Puerto de Uruguay.

Pág. 292: un gallo hace equilibrios en un banco en la remota costa pacífica de Colombia, en Coqui.

Pág. 316: los *chapulines*, saltamontes del género *Sphenarium*, se recolectan en la temporada de lluvias en México y se venden al peso en los mercados locales.

Pág. 328: cordero entero asándose a fuego lento en una cruz de hierro junto al fuego en el valle de Uco en Mendoza (Argentina).

Pág. 338: las calaveras de azúcar se usan para decorar las ofrendas de los difuntos del Día de los Muertos en México.

Pág. 376: un carrito repleto de piñas recorre la playa de Trancoso, al norte de Brasil.

Pág. 398: los chiles, como los del norte de Brasil, sirven como base en casi toda Latinoamérica.

Pág. 412: menú en la puerta de un restaurante típico de Ferreñafe, al norte del Perú.

Pág. 417: el verano está en todo su esplendor a las afueras de Pucón, en el distrito de Los Lagos de Chile.

▨▨▨▨▨▨▨▨▨▨▨▨▨▨▨▨▨▨▨▨▨▨▨▨▨▨▨▨▨▨

Notas sobre las recetas

La harina será harina común, salvo que se indique lo contrario.

El azúcar será azúcar blanco, salvo que se indique lo contrario.

La mantequilla será mantequilla sin sal, salvo que se indique lo contrario.

La leche será leche entera, salvo que se indique lo contrario

La nata será nata fresca para montar, salvo que se indique lo contrario.

Los huevos serán huevos de tamaño grande (L) y preferiblemente ecológicos y de corral, salvo que se indique lo contrario.

La pimienta negra será recién molida, salvo que se indique lo contrario.

La sal marina será sin refinar, salvo que se indique lo contrario.

El chocolate será chocolate negro y mínimo con un 70 % de cacao, salvo que se indique lo contrario.

El pan rallado será fresco, salvo que se indique lo contrario.

Las frutas y verduras, como las cebollas y las manzanas, serán de tamaño mediano, y deberán estar lavadas y peladas, salvo que se indique lo contrario.

Cuando se emplee ralladura de cítricos, siempre se usarán frutos ecológicos sin encerar.

Las hierbas siempre serán frescas, salvo que se indique lo contrario.

Las hierbas, flores, hojas y brotes siempre serán frescos, de procedencia limpia y segura. Tenga cuidado al recolectar ingredientes, solo se deben ingerir si un experto determina que son comestibles. Las setas deben estar limpias.

El pescado y los crustáceos deben estar limpios y eviscerados (y el pescado fileteado) antes de la preparación de la receta, salvo que se indique lo contrario.

Cuando no se especifiquen cantidades (es el caso del aceite, la sal y las hierbas aromáticas utilizadas para terminar un plato), las cantidades serán siempre discrecionales y flexibles.

Los tiempos de preparación y cocción son orientativos, pudiendo variar en función del horno. Si utiliza un horno de convección (de aire), siga las indicaciones del fabricante.

Tenga cuidado al preparar recetas que conlleven un cierto riesgo, incluido el uso de altas temperaturas, llamas directas y procesos de fritura. Al freír, añada los alimentos poco a poco para que el aceite no salte, vista ropa de manga larga y no deje la sartén sola.

Para freír, caliente el aceite a la temperatura indicada o hasta que al echar un trocito de pan se dore en 30 segundos. Después de freír, retire el exceso de aceite sobre papel de cocina.

Tenga cuidado al preparar productos fermentados, asegúrese de que los utensilios están limpios y consulte a un experto en caso de duda.

Cuando esterilice tarros o botellas para conservas, lávelos con agua caliente y un poco de jabón, y enjuáguelos bien. Precaliente el horno a 140 °C si es de aire y a 120 °C si es de gas. Coloque los tarros o botellas en una bandeja de horno y déjelos secar en su interior. Llene los tarros o botellas cuando aún estén templados y séllelos rápidamente.

Para las medidas se utiliza el sistema métrico decimal.

Las cucharadas y cucharaditas siempre serán rasas, salvo que se indique lo contrario.

1 cdta. = 5 ml

1 cda. = 15 ml

En algunas recetas se utilizan huevos, carnes y pescados crudos o poco hechos. Los niños, ancianos, mujeres embarazadas, enfermos o las personas con deficiencias del sistema inmunitario deberían evitar tomarlos.

Phaidon Press Limited
2 Cooperage Yard
Londres E15 2QR

Phaidon Press Limited
65 Bleecker Street
Nueva York, NY 10012

phaidon.com

Primera edición en español 2021
© 2021 Phaidon Press Limited

ISBN 978 1 83866 354 4
ISBN 978 1 83866 384 1
(edición firmada)

Directora editorial: Emily Takoudes
Editora de proyecto: Lisa Pendreigh
Producción: Jane Harman
y Rebecca Price
Material gráfico: Ana Teodoro
Responsable de la edición en
español: Baptiste Roque-Genest
Traducción del inglés:
Ángeles Llamazares, Laura Castro
y Elena Aranaz
Realización de la edición en español:
Cillero & de Motta

Diseño: Villalba Lawson

Fotografías: Jimena Agois, salvo las
págs. 6, 8, 10, 11, 12, 13, 14, 15, 16, 18,
48, 60, 82, 106, 144, 170, 182, 198,
210, 246, 274, 292, 316, 338, 376,
398, realizadas por Nicholas Gill.

Impreso en China

La editorial desea agradecer
a Vanessa Bird, Julia Hasting,
Jo Ireson, Sarah Kramer, João
Mota, Ellie Smith, Tracey Smith,
Sally Somers, Caroline Stearns
y Emilia Terragni su colaboración
en este libro.